生物基燃料技术经济评估

主　编　孙培勤
副主编　孙绍晖　常　春　魏新利
主　审　陈俊武

中国石化出版社

内 容 提 要

本书由陈俊武院士主持选定各章节的题目和内容并担任主审。本书的生物基燃料技术经济评估立足于国内外最新技术进步成果，并结合我国国情，展望今后25~35年的发展趋势，采用了当今先进的评估方法：TEA(技术经济分析)、NER(净能量比)和LCA(生命周期分析)，对具有产业化前景的生物质转化为运输燃料的十多种途径(原料包括：草本植物、木本植物、微藻、脂肪类生物质，产品包括：醇类燃料、酯类燃料、烃类燃料、氢气等)做出科学评估，对于每条路径都给出具体的技术经济指标，分析路径自身的特色优势和障碍不足，对技术进步可能引起的突破性进展进行分析和预测，最后通过技术经济综合论证，推荐提出优化的生物质替代石油基运输燃料的路径，既近期可行，又兼顾长远发展。本专著与国内外同类专著相比，在内容覆盖面、论证广度和深度以及资料数据的新颖性等方面，均具有鲜明的特色。鉴于生物运输燃料产业化正处于起步阶段，本专著的编制或能为国家能源战略的决策提供有意义的参考。

本书学术性和实用性强，具有一定的理论水平，读者对象是从事石油和石油化工行业、能源行业、化学行业的广大科技工作者和管理人员，包括教育、科研、设计、生产等方面的专业人员和高等院校学生。

图书在版编目(CIP)数据

生物基燃料技术经济评估 / 孙培勤主编. —北京：中国石化出版社，2015.11
ISBN 978-7-5114-3672-6

Ⅰ.①生… Ⅱ.①孙… Ⅲ.①生物燃料-技术经济分析 Ⅳ.①F407.2

中国版本图书馆CIP数据核字(2015)第250116号

中国石化出版社出版发行

地址：北京市东城区安定门外大街58号
邮编：100011 电话：(010)84271850
读者服务部电话：(010)84289974
http://www.sinopec-press.com
E-mail：press@sinopec.com
北京柏力行彩印有限公司印刷
全国各地新华书店经销

*

787×1092毫米 16开本 33.25印张 810千字
2016年1月第1版 2016年1月第1次印刷
定价：198.00元

前　言

人类实现工业化近200年以来，大量应用煤炭、石油，对发展经济、改善生活，发挥了重要作用，却带来了能源消费不可持续性，产生了大气升温和环境污染的严重后果。要解决环境和气候问题，需要构建新的能源系统，开发和利用可再生能源(太阳能、风能、生物质能等)。生物质能除了可以在改善世界一次能源结构、降低化石能源需求量方面作出重要贡献以外，还可在减少温室气体排放、保障能源供应安全、改善贸易平衡、促进农村发展和改进城市废弃物处理方式等方面发挥作用。生物基运输燃料替代石油基运输燃料是保证能源安全，解决环境和气候问题的重要措施。

生物质种类不同(分为草本植物、木本植物、微藻、脂肪类生物质四类)，转化途径多种多样，可转化为醇类燃料、酯类燃料、烃类燃料、氢气等。在众多的生物质转化为运输燃料的路径中有哪几条路径能够最终走向工业化，并在替代石油基运输燃料方面占据主导地位，这是我们在研究之初就应该思考和预测的问题。

陈俊武院士从国家能源战略研究的高度出发，提出需要对替代石油基运输燃料的路径统一进行评估和对比论证，经过科学的论证方法，找准将来重点研究的方向和路径，集中力量进行重点攻关，力争早日取得突破性进展，加速工业化进程。郑州大学在生物质能源研究方面具有较雄厚的工作基础，多个课题组已开展多年的研究工作，部分成果已实现向生产力的转化。郑州大学石油补充替代能源研究团队的青年人在陈俊武院士的指导下，从2009年初开始已在国内率先开展“生物质能源替代石油基运输燃料路径的评估和对比论证工作”，经过5年多的努力完成了评估论证工作，研究成果的主要内容概括在本专著中出版。

生物基燃料技术经济评估立足于国内外最新技术进步成果，并结合我国国情，展望今后25~35年的发展趋势，采用了当今先进的评估方法：TEA(技术经济分析)、NER(净能量比)和LCA(生命周期分析)，对具有产业化前景的生物质转化为运输燃料的十多种途径做出科学评估。对于每条路径都给出具体的技术经济指标，分析路径自身的特色优势和障碍不足，对技术进步可能引起的突破性进展进行分析和预测，最后通过技术经济综合论证，推荐提出优化的生物质替代石油基运输燃料的路径，既近期可行，又兼顾长远。初步认为，本专著与国内外已出版的专著比较，在内容覆盖面、论证广度和深度以及资料数据的新颖性等方面，均具有鲜明的特色。鉴于生物运输燃料产业化正处于起步阶段，本专著的编制或能为国家能源战略的决策提供有意义的参考。

本书的章节安排和写作分工如下：

主　编：孙培勤

副主编：孙绍晖、常春、魏新利

主　审：陈俊武

第一章　生物质资源	李春年
第二章　生物质供应链	常春
第三章　生物质气化生产合成气	孙培勤
第四章　合成气制合成油	孙培勤　方书起
第五章　合成气制合成乙醇	王世磊　孙培勤
第六章　合成气发酵制乙醇	常春　李宪民
第七章　生物质快速热解制生物原油	张长森　孙培勤
第八章　生物原油制运输燃料	李春年　张瑞芹
第九章　纤维素发酵制乙醇	常　春
第十章　发酵法制生物丁醇	常　春
第十一章　生物油脂制生物柴油和喷气燃料	孙绍晖
第十二章　微藻制生物燃料	孙绍晖　马国杰
第十三章　生物质发酵制氢	李　涛　任保增
第十四章　生物质化学催化法制取运输燃料	孙绍晖
第十五章　生物基化工产品	白　净
第十六章　技术经济综合论证	陈俊武　魏新利

因著者们的专业知识有限，本书内容定有错误和不妥之处，敬请读者指正！

目　录

第一章　生物质资源

第一节　前　言

生物质是指利用大气、水、土壤等通过光合作用而产生的各种有机体，包括植物、动物和微生物。生物质能是低碳、可再生的一次能源。生物质资源的现代化应用是采用不同工艺技术，将生物质转化为各种“载能体”(energy carriers)，如生物燃料、生物热、生物电、生物化学品和生物材料等。生物质能除了可以在改善世界一次能源结构、降低化石能源需求量方面做出重要贡献以外，还可在减少温室气体(GHG)排放、保障能源供应安全、改善贸易平衡、促进农村发展和改进城市废弃物处理方式等方面发挥作用。

目前，全球每年一次能源消费总量为500EJ，其中生物质资源的年用量占10%左右(45EJ±10EJ)。在生物质资源中，70%为非商品能源，供一些发展中国家的农村用作民用炊事和取暖燃料；用于生产现代生物燃料的数量较少，约8EJ用于发电、供热和工业燃料，约1.7EJ用于生产运输用生物燃料。据国际能源署(IEA)“运输生物燃料路线图”预测[1]，2050年世界一次能源需求量为670EJ，生物质资源需求量为145EJ，相当于一次能源需求总量的20%左右，其中用于生产生物燃料的为65EJ，用于发电供热的为80EJ。满足上述需求是一项巨大的挑战，除了采取政策扶持、可持续地发展能源作物以外，还需要合理利用各种农林业废弃物、残渣，实现合理利用资源和减少占用耕地。

第二节　生物质能源应用现状和前景

一、生物质能源应用现状

全球生物质能源消费量呈逐年增长趋势，近年已从20世纪70年代中期的每年25EJ增长至每年55EJ，约占世界一次能源消费量的10%左右。消费品种包括农林业和城市废弃物等，还有少量的糖料(甘蔗、甜菜)、谷物(玉米)和植物油，其中农林业废弃物大部分被用作传统的民用燃料，糖料、谷物和植物油主要用于生产第一代生物燃料。

据IEA报告《生物质能的现状和前景评述》中的数据[2]，目前，可再生能源用量约占一次能源消费量的13%。生物质能在可再生能源用量中的份额为77%，水电和其他可再生能(包括太阳能、风能和地热等)的份额分别为15%和8%，参见图1-1。

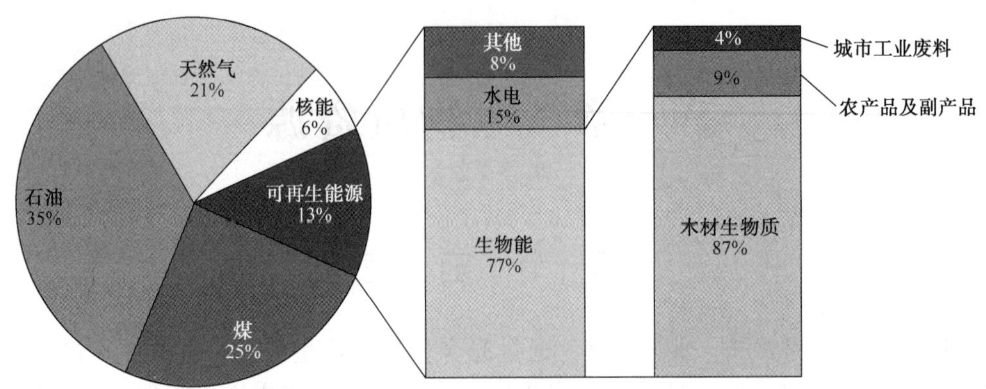

图 1-1 生物质能源在一次能源消费量中的份额

目前全世界约有 27 亿人口(非洲、东南亚等发展中国家的农村)仍然在使用传统生物质废弃物(木材、薪炭、农业秸秆和牲畜粪便等)作为炊事和取暖用燃料，生物质资源的传统利用方式不仅热效率低(仅约 10%)、浪费能源，还会造成空气污染，危害人们健康。

二、先进生物燃料生产现状和发展前景

2010 年，全世界生物燃料产量为 59. 3Mt 标油，全部为第一代生物燃料，其中乙醇为 54Mt，生物柴油为 12Mt；主要原料为甘蔗、玉米，少量为油菜籽、葵花籽和其他农业产品。近年来，美国等国家为第二代生物燃料技术的研究开发投入了大量资金，但仍然有一些技术障碍需要通过研发和工业示范来克服。迄今为止，在发展中国家中只有中国、巴西和印度等国开展了第二代生物燃料技术的研究，并准备建设工业示范装置。预计第二代生物燃料技术可于 2020 年前后在一些国家实现工业化生产。

全球运输燃料消费量大约占到石油消费总量的 50%，产生的二氧化碳排放量约相当于全球与能源相关的温室气体排放量的 25%。降低运输部门温室气体排放量的可行方案包括使用生物燃料、提高汽车发动机效率、推广使用混合动力汽车和电动汽车等，但重型卡车、海运货轮及航空运输不宜电气化和使用燃料电池技术，这部分温室气体减排就只能依靠研发新型生物燃料(生物柴油、生物航空煤油等)来解决。

目前，对于发展第二代生物燃料尚有几个问题存在争议：

① 以纤维素生物质为原料生产的生物燃料能否解决环境、原料供应等方面的不可持续问题。

② 什么是发展中国家发展生物质能源产业的最佳技术路线(生物质用作生物燃料原料或发电燃料)？对于大多数发展中国家来说，目前急需解决的问题是实现电气化和改用清洁的炊事用燃料(尤其是在农村)，发展第二代生物燃料技术不应作为优先选项。

③ 可以用作第二代生物燃料原料的农林业废弃物的资源量，能否满足 IEA 预测的不同情景下的中远期生物燃料需求量。

④ 研发专用能源作物种植技术，建成完整的生物质供应链系统，是否有助于创造就业机会，促进农业发展。

第三节　生物质资源评述

一、说明

生物质能源来自太阳能。植物生长过程中吸收太阳能，通过光合作用将大气中的 CO_2 转化成生物能；世界生物质每年可储存的能量约为 2100EJ，大大超过世界每年一次能源总需求量(2010 年世界一次能源消费量为 500EJ)。除了农产品(粮食、棉花、油料、糖料等)、林产品(木材等)供人类消费外，用生物质废料生产生物能产品(生物电、生物燃料、生物材料和化学品)的数量仍很低。利用生物质资源生产生物能产品的潜力是巨大的。

为弄清楚中远期内生物能资源可用量及其在世界一次能源供应量中的份额，必须首先取得生物质资源的数据。不同研究报告给出的生物能资源量数据差距很大，主要原因是评估的基准不同。

生物质资源量可有不同的定义[3]，说明如下：

① 理论资源量(theoretical potential)：不考虑土地使用情况的生物能源作物的理论产量。

② 地理资源量(geographic potential)：按可用于种植生物能源作物土地的地理面积预测，不考虑收获损失的生物质能源产量。

③ 技术资源量(technical potential)：从适合种植生物能源作物的土地上可收获的生物质资源量。

④ 经济资源量(economic potential)：技术上可收获的，经济上具有竞争力的生物质能源的可收获量。

⑤ 可持续资源量(sustainable potential)：考虑可用土地数量，不会对自然生态(如危害生物多样性，对土壤、水的质量造成影响)、环境和社会经济造成负面影响，可用作生产生物产品原料的资源量。

评估生物质资源量，首先应说明生物质能源的技术资源量和可持续资源量两个定义的差别。仅根据生产技术和自然情况得出的资源量，称为“技术资源量”。由于没有考虑多项对环境、社会影响的约束因素，所以生物质的技术资源量可能比可持续资源量高。生物质能源的可持续资源量约相当于“技术资源量”的 10%~30%。

近 20 多年来，许多生物能源研究报告预测了世界和地区的中远期(2030~2050 年)生物质能源可供应量。由于采用的评估方法和考虑影响因素的不同(例如：粮食需用量、可用的水资源和土地面积、对生物多样性、保护自然生态以及其他可持续性发展问题的影响)，所得的生物质资源数据有较大差异，变化范围在 50EJ/a(相当于目前的生物质用量)到500EJ/a(相当于世界一次能源总需要量)之间。生物质资源的最高预测值为 1500EJ/a。

在评估生物质资源量时还需考虑以下因素：

① 实际上，只有少量的生物质可在保护生态、经济可行(如：保证粮食供应、合理利用水资源、减少温室气体排放)的条件下转化为各种生物能产品。

② 并不是全部生物质资源量均能用作生产运输燃料的原料，还有其他用途(发电供热、生产生物化学品和生物材料，以及用作肥料、牲畜饲料和民间取暖、炊事燃料等)。文献估计，2050 年的生物燃料和发电/供热的生物质用量相当，即各占 50%。

③ 生物质资源的可持续应用还取决于全生物链(包括生物质原料生产、收货、运输、转化、生物燃料的应用)各项技术的研发和取得成果(包括：开发高效率的原料收获、采集、打包及运输、预处理和储存方法，生物质转化技术，生物燃料应用技术)。

二、世界生物质资源数据汇总

可再生的生物质能源资源包括以下品种：

① 专用生物能源作物。

② 农业废料：农作物秸秆、稻麦草、糠壳等废料。

③ 林业废料：森林采伐废料、木材加工废料、生活废木料等。

④ 城市废料及其他。

下面将文献中的“世界生物质资源”数据摘要汇编如下：

(1)IEA2009 年发布的“生物能源年度报告”[4]

根据文献数据预测了中远期(2050 年)世界一次能源和生物质能源的需用量。相关数据如下：

2010 年世界一次能源消费量为 500EJ/a，其中生物质能源消费量为 50EJ/a；预测 2050 年世界一次能源消费量为 600~1000EJ/a，生物质能源需用量为 50~250EJ/a；生物质能源的技术资源量为 50~1500 EJ/a，生物质能源的可持续资源量为 200~500 EJ/a。分布情况为：① 农、林业废料总量约 100EJ；② 森林工业超产约 80 EJ；③ 种植能源作物约 120EJ；④ 退化土地种植能源作物约 70EJ；⑤农业提高产率约 140EJ。

(2)世界能源展望 WEO-2006 预测的“2050 年世界生物质能源的可供应资源量”

表 1-1 为 2050 年世界生物质资源的可供应资源量[5]。

表 1-1　2050 年世界生物质资源的可供应量

项　　目	可供应量①		说　　明
	亿 t(干)	亿 toe	
利用现有农田收获的生物质能源	0~369 平均值 53~159	0~167 平均值 24~72	过剩耕地数量：10 亿~20 亿 hm^2；生物质产量：8~12t(干)/(hm^2·a)
利用贫瘠土地收获的生物质能源	31~80	14~36	贫瘠土地最高可用量：17 亿 hm^2；生物质产量：2~5 t(干)/(hm^2·a)
农业废料	9~38	4~17	废料产量取决于播种面积、粮食产率和耕作方式
林业废料	15~80	7~36	低值为保护林业持久性的资源量，高值为技术资源量，包括木材加工的废料
牲畜粪便	2~29	1~13	低值为目前的世界使用量，高值为技术资源量，采集率不详
有机废料	2~22	1~10	与经济发展和生物质用量有关
总　　计	22~580 平均值 133~263	10~262 平均值 60~119	“低值”为只利用“废料”的生物质可供应量(不种植能源作物)，“高值”代表“利用优质耕地发展高效农业”，空出多余耕地种植能源作物

① 生物质热值按 19GJ/t(干)计算。

(3)能源技术展望(ETP-2008)的预测结果

2050年世界生物质能源资源量可达120~1200EJ，表1-2为2050年世界生物质能源资源可供应量[6]的分布情况。

表1-2　2050年世界生物质能源资源可供应量

项　目	资源量		
	亿t①	折合EJ	折合亿toe②
能源作物	0~350	0~700	0~167
贫瘠土地的能源作物	30~50	60~100	14~24
林业废料	15~75	30~150	7~36
农业废料	8~35	15~70	4~17
有机废料	3~25	5~50	1.2~12
动物粪便	3~28	5~55	1.2~13
合计	60~600	120~1200	29~286

① 生物质热值按20GJ/t(干)计算。

② 按1toe=42GJ计算。

(4)IEA生物质能源Bioenergy[2]的估算结果

根据可用于种植生物能源的土地面积，得出的中远期(2050年)生物质能源的技术资源量如表1-3。

表1-3　中远期(2050年)生物质能源的技术资源量

生物质种类	定　义	2050年生物质资源量		
		亿t(干)/a	EJ/a	亿toe
用多余的农田生产能源作物	利用剩余土地(扣除生产粮食、饲料和其他农、林产品需用的耕地)生产的生物能源作物，包括：①常规能源作物，如玉米、甘蔗、甜菜、油菜籽、棕榈油、大豆等；②木质纤维素能源作物，如杨树、柳树、柳枝稷、芒草等	0~370	0~700	0~167
贫瘠土地生产的能源作物	利用砍伐后的林场、退化的耕地和贫瘠土地所生产的能源作物	32~58	60~110	14~26
农业废料	粮食生产、加工所得的废料，如收获庄稼的秸秆和粮食加工的糠壳等	8~37	15~70	4~17
林业废料	木材砍伐和加工的废料，如：木材砍伐过程的树头和枝杈，木材加工过程的锯末、树皮；林场清理、间伐所收获的木料等	16~79	30~150	7~36
牲畜粪便	牲畜粪便中的生物质	3~29	5~55	1~13
有机废料	包括废木料、城市的固体废料等	3~26	5~>50	1~12
总　计	—	32~580	<60~1100	14~260

(5)生物质资源量数据汇总

根据上述生物质的技术资源量和可持续资源量数据汇总如表1-4。

表1-4 生物质的技术资源量和可持续资源量汇总[①]

数据来源	技术资源量/EJ	可持续资源量/EJ
IEA-2009	50~1500	200~500
WEO-2006	—	250~500
ETP-2008	120~1200	120~360[①]
IEA Bioenergy	60~1100	60~330[①]

① 按"技术资源量"的30%估算"可持续资源量"。

三、专用生物能源作物

1. 能源作物品种[3]

先进生物燃料技术使用纤维素生物质为原料。自然生态系统中生物质品种繁多，不同国家、地区可根据本地的气候、土壤等自然条件培育、种植专用能源作物。西方国家开发中的能源作物品种如下：

(1)速生木本作物

适宜的品种有柳树(willow)、白杨(poplar)、桉树(eucalytus)和刺槐(locust)等品种。生长特性：适合于种植在贫瘠土壤中，具有生长速度快、可减少土地的风化、提高土壤积炭和肥力。收获和运输特点：每3~7年收获一次；可常年采伐(落叶树适合于在冬季、落叶时收割)；人工收割的劳动强度大；机械收割时，需采用改良的牧草收割机；能量密度低，不适合长途运输。

据报道，瑞典已种植了15000hm^{2}的柳树(Salix wilow)，收割的产品送到联合供热-发电厂(CHP)，用作(煤炭-木材)混烧锅炉的燃料。

(2)多年生草类

主要发展品种包括：芒草(miscanthus)、柳枝稷(switchgrass)金丝雀苇草(reed canary grass)、约翰逊草(Johnson grass)等。草本植物适合于种植在贫瘠土壤中，管理工作量小。具有生长速度快、减少土地风化、提高土壤积炭和肥力的功能。草本植物可使用现有的牧草收割机收割，用打包机打捆，无需使用专用收割机械。一般是在秋、冬季收割。

柳枝稷为禾本科稷属，丛生型和多年生草本植物，株高约1~2m。土生品种生长在美国中部平原和东部地区。习性特点是适合在干旱土壤中生长，是耐旱、耐盐碱、耐瘠薄、适应性强的草种。种植和管理简单，在干旱、半干旱地区，低洼易涝和盐碱地区，土壤贫瘠的山区和半山区均可种植。柳枝稷是新兴的、正在积极开发的能源作物，适合用作第二代生物燃料的原料。

芒草属多年生禾本科植物，约有20多个品种。分布于亚热带非洲、亚洲南部地区。我国约有10多种，如高山芒、黄金芒、金县芒、五节芒、柴芒等。

芬兰已试种了约16000hm^{2}的芦苇金丝雀草(reed canary grass)，用作发电/供热工厂的燃料。

(3)一年生能源作物

以高产高粱(high-yield sorghum)为主。高粱品种包括：谷物高粱、饲料高粱、甜高粱

（茎秆中含糖分）和纤维高粱（茎秆富含木质纤维素）等品种。后两种高产率高粱是开发中的能源作物。

2. 各种农作物单位面积产量

粮食、油料和生物能源作物均为农作物，其单位面积产量与气候、土壤条件和地理位置等多种因素有关。粮食作物的平均产量：10~12t（干）/hm^2，约折合670~800kg/亩。能源作物的能量产率：180~250GJ/hm^2，约折合9~13t（干）/hm^2［按生物质热值=19GJ/t（干）计］。桉树、杨树和柳树等速生树种，可在3~7年生长期内收割几次；种植多年生草类作物可每年收获一次。

与种植粮食作物相比，能源作物的田间管理、收获工作量均较少。化肥、农药用量也低于种植粮、油作物。种植能源作物的能量投入产出比约为1∶（10~20）之间，与使用农业机械的能耗和运输距离有关。

利用劣质土地种植能源作物不仅化学肥料用量少，并且有利于改良土壤。树木的落叶腐化后，会使土壤中的有机营养组分和积炭量增高。

3. 土地问题

（1）世界可耕地面积

据IEA的WEO-2008数据，世界土地总面积为132亿hm^2。农业用地总面积约为50亿hm^2，约相当于土地总面积的40%。其中，可耕地面积15亿hm^2（约占>10%），为生产粮食、油料和棉花等农产品的用地。35亿hm^2（1/4以上）为草原和森林，用于放牧牲畜，生产肉类、奶制品和木材。每年约有700~800万hm^2的森林被开垦为农田。

第一代生物燃料所用的原料以粮食、甘蔗、油料等农产品为主，生产原料的用地面积约相当于农田总面积的1%。

目前世界人口已接近70亿，一次能源总消费量为120亿toe左右。据联合国粮农组织（FAO）预测，2050年世界人口将增长至90亿。粮食需用量将增长70%。增长量的90%可以靠提高单产和提高耕种密度来解决。还需要再扩大耕种面积7000万hm^2[1]。

（2）开发耕地的潜力

据FAO-2009预测，非洲的撒哈拉沙漠以南和拉丁美洲的一些发展中国家总共可扩大耕地面约1.2亿hm^2。一些工业化国家靠提高产量和改进耕作技术，可减少粮食种植面积0.5亿hm^2。这些国家就能提供可耕地1.7亿hm^2，可作为发展能源作物和/或提高粮食产量用地。

此外，世界的贫瘠土地和退化土地总面积约为10亿hm^2，由于盐碱度高、不适合种植粮食。但经过复垦后可种植专用能源作物。

（3）生产生物燃料所需耕地

常规生物燃料用粮食、油料为原料，所占用耕地面积高于用纤维素生物质原料生产先进生物燃料。

种植粮油作物和能源作物均占用耕地，但是，按单位面积计算的生物燃料产率有较大差别。文献数据表明：按单位面积收获的能量（GJ/hm^2）计，种植能源作物的能量收率高于粮食和油料作物。例如：多年生草类或速生木材，按能量计的产率为90~120GJ/hm^2［折合生物质产率为5~6t（干）/hm^2］。而种植粮、油作物的能量收获率比能源作物低得多。例如，用油料作物生产生物柴油：折合的单位面积能量收获率仅为30~50GJ/hm^2。

综合 WEO-2006 数据，用粮食、油料作原料的第一代生物燃料技术和以纤维素生物质为原料的第二代生物燃料生产技术，在节约耕地上有较大的优越性。

表 1-5 为不同情景的 2030 年生物燃料用量和用地情况比较，其中“参考情景”和“替代政策情景”代表第一代生物燃料技术。

表 1-5　2030 年不同情景的生物燃料需用量和用地情况比较[5]

<table>
<tr><th colspan="2" rowspan="2">项　　目</th><th rowspan="2">2004 年实际值</th><th colspan="3">2030 年需用量</th></tr>
<tr><th>参考情景</th><th>替代政策情景</th><th>第二代生物燃料情景</th></tr>
<tr><td colspan="2">生物燃料需用量/亿 toe</td><td>0. 155</td><td>0. 924</td><td>1. 467</td><td>2. 10</td></tr>
<tr><td colspan="2">运输燃料总用量/亿 toe</td><td>15. 5</td><td>31. 0</td><td>29. 3</td><td>21. 0</td></tr>
<tr><td colspan="2">生物燃料份额/%</td><td>1. 0</td><td>3. 0</td><td>5. 0</td><td>10. 0</td></tr>
<tr><td rowspan="2">生物燃料用地面积</td><td>亿 hm^2</td><td>0. 138</td><td>0. 345</td><td>0. 528</td><td>0. 585</td></tr>
<tr><td>占可耕地/%</td><td>1. 0</td><td>2. 5</td><td>3. 8</td><td>4. 2</td></tr>
<tr><td colspan="2">生物燃料产量指标/(toe/hm^2)</td><td>1. 13</td><td>2. 67</td><td>2. 78</td><td>3. 59</td></tr>
</table>

第二代生物燃料情景和替代政策情景的比较结果如下：

① 提高了生物燃料用量：2030 年生物燃料用量从“替代政策情景的”1. 467 亿 toe 提高至“第二代生物燃料情景的”2. 10toe，提高了 43%。

② 提高了“生物燃料产量指标”：从 2. 78toe/hm^2 提高到 3. 59toe/hm^2。

③ 提高了“生物燃料用量分率”：生物燃料用量占总用量的份额，从 5. 0% 提高至 10. 0%。

④ 用地面积下降：尽管生物燃料用量提高了 43%，用地面积仅增加了 11%(用地面积从 0. 528hm^2 提高至 0. 585hm^2)。

用纤维素生物质原料生产生物燃料的用地面积低于使用粮食原料。由此可知：纤维素生物质能源作物的占地面积和生物燃料产量指标(toe/hm^2)均好于使用粮油作物。

由于使用农林业废料生产生物燃料不需占用耕地，下面对生产生物燃料需用的生物质原料包括农林业废料和专用能源作物时的耕地需要情况进行分析。

根据 IEA 文献“运输用生物燃料技术路线图(2011)预测，2050 年，Blue-map 情景下的生物燃料需用量为 7. 6 亿 toe(32EJ)[1]。生产生物燃料需用的生物质原料包括农林业废料和专用能源作物时，能源作物需要占用耕地估算结果如下：

2050 年世界生产生物燃料需用量为 32EJ，生物质原料的转化效率按 50%计，总用量 64 EJ；原料需用量的 50%为能源作物时，能源作物用量 32EJ。能源作物的热值按 19GJ/t(干)，需用量 17 亿 t；种植能源作物单位面积产量按 15t(干)/hm^2 计；占用耕地面积 1. 1 亿 hm^2。世界农田总面积 50 亿 hm^2，能源作物用地占农田总面积的 2%。

图 1-2 为 2050 年世界生物燃料需用量(左图)和占用耕地面积(右图)。

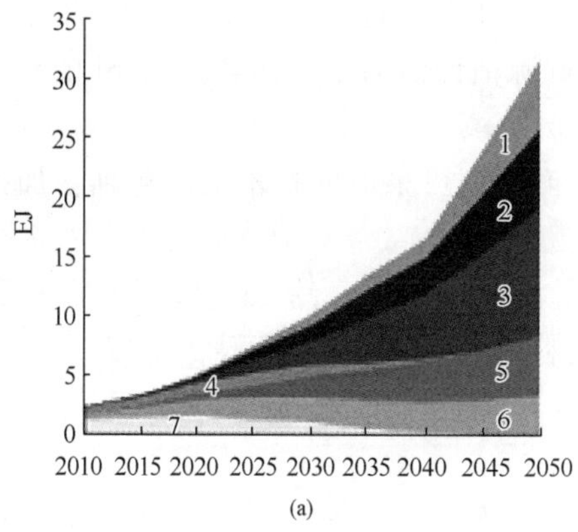

(a)

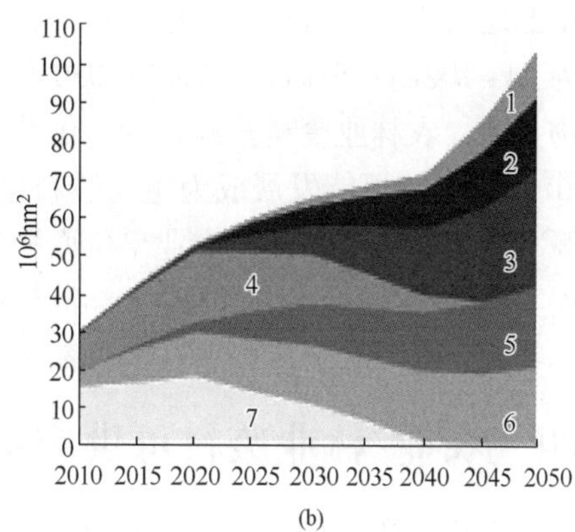

(b)

图 1-2　2050 年世界生物燃料需用量和需用的耕地面积[1]

1—生物甲烷；2—生物航油；3—先进生物柴油；4—常规生物柴油；
5—纤维素乙醇；6—甘蔗乙醇；7—常规乙醇

数据表明：2050 年生物燃料“用地指标”为 6.9 toe/公顷。

(4)世界各个地区的土地资源量

影响能源作物产量的主要因素是可用的耕地面积。各个地区的土地资源状况说明如下[3,1]：

① 欧洲：欧盟国家主要靠提高土地利用率和提高粮食产率来发展能源作物生产。乌克兰拥有约 0.4 亿 hm^2 的土地可用于生物燃料原料的种植；俄罗斯的欧洲地区也拥有广袤的闲置可耕地，适合发展能源作物。

② 北美洲：美国能源部 2005 年研究报告表明，通过提高单位面积产量和改进管理，至 2050 年约有 0.22 亿 hm^2 耕地可用于种植能源作物。加拿大的林业、农业产能和广袤的土地资源，可为生产生物燃料提供足够的能源作物和农林业废料。

③ 中南美洲：适宜的气候条件和广袤的待开发耕地、牧场，使拉丁美洲成为适合发展生物能源作物的地区。研究数据表明，2050 年拉美地区的生物能产量为 89~281EJ，其中专用的能源作物产量为 47~221EJ，生长过剩的林业产品约为 22EJ，林业废料 1EJ，农业废料 10~11EJ。

巴西计划将大面积的牧场改为可耕地，使甘蔗种植面积从 440 万 hm^2(2008)扩大到 800 万 hm^2(2017)。

④ 非洲：一些国家的家用燃料仍以生物质能为主，生物质能源消费量在一次能源消费量中占较高的比例，发展能源作物的潜力很大。

文献数据表明，非洲撒哈拉沙漠以南地区拥有大量的可耕地面积。目前的粮食产率较低，改进管理和提高耕作技术既可提高粮食产量，还可空出更多耕地用于种植能源作物。据 Smeets 估计，非洲约有 1 亿~7 亿 hm^2 可耕地适合发展能源作物，包括农、林业废料的生物质能总产量约为 30 亿 t(干)，总能量值约 49EJ(折合 11.7 亿 toe)。

⑤ 亚洲：不同地区的生物能源发展潜力差别很大。

南亚地区贫困人口多，发展生物质能源潜力有限。据 Hoogwijk (2005)数据，2050 年南亚地区的生物能产量为 14~46EJ；另据 Smeets(2007)估计值，2050 年资源量为 23~37EJ，以利用剩余耕地种植的木材生物质为主(15~25EJ)，农林业废料约 10EJ。

东亚地区资源潜力较好。据 Hoogwijk（2005）数据，不同土地利用方案的 2050 年生物资源量为 24～102EJ；Smeets（2007）2050 年生物质能资源估计值为 23～194EJ，以种植专用能源作物为主，农林业废料资源较少，仅约为 10EJ。

⑥ 大洋洲：可能发展成为生物燃料原料的主要产区，可采取的技术措施包括：加强水利灌溉、牧场改耕地和提高农业单位面积产量等。

据文献数据，Hoogwijk 估计大洋洲生物质资源量为 40～114EJ（约 25～70 亿 t），以种植能源作物为主，农林业废料所占的份额很小（林业废料约 0.6EJ，农业废料 2～5EJ）。

四、农业/林业废料可供应量[3]

在第二代生物燃料工业发展初期，农、林业废料仍是主要原料。预计专用能源作物在 2020 年后才能进入市场，用能源作物为原料的份额仍较低（只有百分之几）。以下预测：目前和中远期的农、林业废料可供应量；2030 年使用农、林业废料的生物燃料产量。

1. 目前的世界农林业废料总产量

农业废料以粮食作物的秸秆、粮食加工废料为主；林业废料包括采伐原木产生的废料、燃料木材的废料、城市废木料等。预测农林业废料需要的基础数据：粮食/工业圆木的产量，废料与粮食、圆木的质量比（*RPR*）。

粮食、油料产品的加工方法种类繁多，所以粮油二次加工的废料产率数据较少。

主要粮食产品的 *RPR* 值，参见表 1-6。

表 1-6 一些粮食的 *RPR* 值

项目	水分/%	*RPR*
玉米	15	1.50
高粱	15	2.62
水稻	15	1.50
小麦	15	1.20
燕麦	15	2.00
荞麦	15	1.50
谷子	40	1.00
甘蔗	75	0.30
甜菜	75	0.65

森林采伐所收获的林业一次废料可按 *RPR*=0.6 估算，即每收获 $1m^3$ 工业圆木，废料产量为 $0.6m^3$；采伐燃料木材所得的残渣也用作燃料使用，故 *RPR*=0.6。圆木加工过程可生成一定量的二次废料，根据文献[3]可设定木材加工的 *RPR*=0.5，即每加工 $1m^3$ 工业圆木可收获 $0.5m^3$ 二次废料。

据文献数据[3]，目前世界的农业废料年产量约 51 亿 t（干），采伐原木和木材加工所产的废料总量为 5 亿 t（干），农、林业废料总产量约为 56 亿 t（干）。

综合文献中的农林废料数据，归纳为以下计算式，可用于估算农林业废料可用量：

农业废料可用量（亿 t）= 粮食年产量（亿 t）×0.75；

林业废料可用量(亿 t)= 圆木年产量(亿 m^3)×0.3。

2004~2010 年世界粮食年均产量 68.2 亿 t，工业圆木年均产量 17 亿 m^3。计算后得农业废料可用量 51 亿 t(干)，林业废料可用量 5 亿 t(干)，2004~2010 年期间，世界农林业废料年均可收获量为 56 亿 t。

2. 用作生物燃料原料的农林业废料可用量

实际上，并非全部农、林业废料均可用作生物燃料的原料。除了传统民用燃料、牲畜饲料、肥料等用途外，在生物燃料发展初期，农林业废料将首先用作发电/供热的燃料、生产生物 SNG(沼气)等用途。

评估生物质原料可用量时，只有一部分农林业废料可用作生物燃料的原料。较早的研究中设定：生物能资源量的 25%可用作生物燃料的原料。IEA 的《生物燃料可持续生产的研究报告》认为，采用 25%的生物质原料可得率过于乐观。采用生物质原料可用量(占农林业废料的分率)为 10%较为适当。

目前世界农林业废料总产量为 56 亿 t(干)。可供率分别按 10%、25%计算，则生产生物燃料原料的可用量分别为 5.6 亿 t(干)和 14 亿 t(干)。

3. 中远期(2030 年)农林业废料可用量和生物燃料产量预测

根据粮食和林产品的年均增长率数据，可以预测出 2030 年世界粮食和工业圆木产量，从而得出农林业废料可用量和生物燃料原料可用量。

据联合国粮农组织(FAO)预测，世界粮食年均增长率为 1.3%，2030 年世界粮食总产量将在 2007 年产量的基础上增长 35%，达到年产 92 亿 t。预测的 2030 年农业废料可用量为 69 亿 t(干)。

世界工业原木的年均增长率可按 2.5%计算，2007 年工业圆木产量为 16.2 亿 m^3，2030 年世界工业原木总产量将达到 24 亿 m^3，林业废料可用量为 7.0 亿 t。

根据以上计算可得 2030 年农林业废料总年产量约为 76 亿 t(干)，废料的可用率仍分别按 10%、25%计，则生物燃料的原料可用量分别为 8.0 亿 t(干)和 19.0 亿 t(干)。

不同工艺路线的生物燃料产率指标如下：

① 热化学转化——费托合成技术生产 BTL 柴油：0.173toe/t(干)生物质原料。

② 生物化学路线生产纤维素乙醇：0.171toe/t(干)生物质原料。

按照上述原料可用量和生物燃料产率指标，可测算出 2030 年各种生物燃料产量，参见表 1-7。

表 1-7　2030 年用农林业废料为原料的生物燃料产量

生产方案	BTL 柴油		纤维素乙醇	
	可用量 10%	可用量 25%	可用量 10%	可用量 25%
可用原料量/(亿 t/a)	8.0	19.0	8.0	19.0
/EJ	12.0	28.5	12.0	28.5
生物燃料产量/(亿 toe/a)	1.38	3.28	1.37	3.25
/EJ	5.8	13.8	5.7	13.6

说明：世界能源展望-2009(WEO-2009)[7]中，按 450 情景预测的 2030 年生物燃料需用量为 2.80 亿 toe。

如表 1-7 所示：

① 农林废料可用率按 25%计算，2030 年原料可用量为 19 亿 t(干)，生物燃料产量为：木纤乙醇 3.25 亿 toe，或 BTL 柴油 3.28 亿 toe。

② 农林废料可用率按 10%计算，则生物燃料产量减少至 1.4 亿 toe。

由此可以归纳以下几点：

① 生物燃料产量与原料可用量有关，在低可用率(占农林业废料的分率=10%)条件下，农林业废料可用量只有 8 亿 t，还需使用能源作物为原料(约 8 亿 t)，才能达到 450 情景的生物燃料用量；

② 在原料可用量为 25%条件下，预测的生物燃料产量可达 3.3 亿 toe。在原料可用量为 20%条件下，生物燃料产量就可符合 450 情景预测的生物燃料用量；

③ 各个国家的农林业废料可用量和发展能源作物的地理条件各异，需要因地制宜地制定发展规划。

预测结果说明，在 2030 年建成完整的生物质原料系统设施后，就可获得质量合格、供应及时的纤维生物质原料。二代生物燃料技术实现工业化生产之后，生物燃料的 GHG 减排和降低化石燃料消费目标就能实现。

五、生物质资源的可持续性

由于对温室气体排放量持续增长，对气候变化和能源安全等的关注，促进了生物能产品(包括生物燃料、生物电和生物化学品等)的发展。近年来，对于用生物燃料替代化石燃料的 GHG 减排效应等也有争论，包括：

① 第一代的常规生物燃料的减排效应较差。

② 种植能源作物需要直接或间接改变土地用途，会降低生物燃料的 GHG 减排效应，甚至产生负面效应。

③ 生产能源作物对粮食安全的影响如何。

④ 发展能源作物生产对经济、社会的影响。

以下对生产生物燃料和生产生物质原料的可持续性分别说明[1]。

1. 生物燃料生产的可持续性

生物燃料实现可持续生产的几项主要技术指标总结、归纳如下：

① 生物质原料用量。2050 年生产生物燃料的原料品种和用量：农林业废料 10 亿 t，种植专用能源作物约 36 亿 t，生物质原料总用量为 46 亿 t(干)(约 80EJ)。

② 生物燃料产量。2010 年产量为亿 0.57 亿 toe(2.4EJ)，近期(2016 年)将增长至 0.8 亿 toe(3.4EJ)，远期(2050 年)生物燃料产量达到 7.6 亿 toe(32EJ)。

③ 生物燃料品种。随着工艺技术进步和使用纤维素原料，先进生物燃料可于 2030 年前后实现工业化生产，预计 2050 年生物燃料品种以纤维乙醇、甘蔗乙醇、BTL 柴油和生物航煤(Biojet)为主，产量增长。常规生物燃料(玉米乙醇和植物油 FAME)将从 2030 年前后开始减产和陆续停产，甘蔗乙醇仍维持较高的产能。

④ GHG 减排目标。2010 年世界 GHG 总排放量为 28Gi(CO_2当量，下同)，2050 年计划的减排目标：GHG 总排放量降至 14Gi；不执行新能源政策和气候政策，2050 年 GHG 排放量为 57Gi。

⑤ 化石燃料替代率。生物燃料占运输燃料用量份额将从 2010 年的 2%，提高至 2050 年

的 27%；

⑥ 种植能源作物用地面积。2010 年生物质原料用地面积为 0.3 亿 hm^2，2050 年种植能源作用用地面积为 1 亿 hm^2。

⑦ 与农业生产(粮食)争地问题。最近研究表明，发展生物燃料对粮食价格的影响有限。

⑧ 生物燃料价格。预计先进生物燃料价格可在 2030 年前后实现与化石燃料持平。

用生物燃料替代一部分化石燃料消费量的环境目标，是降低使用燃料的 GHG 排放量。各种生物燃料的减排效应如下：

生物燃料生产、使用全过程的可持续性应从环境、社会和经济等多方面进行衡量，尤其需要特别关注改变土地用途对环境、气候变化产生的影响。

可用“生命循环周期”方法比较生物燃料和石油燃料的 GHG 排放量的差别，参见图 1-3。

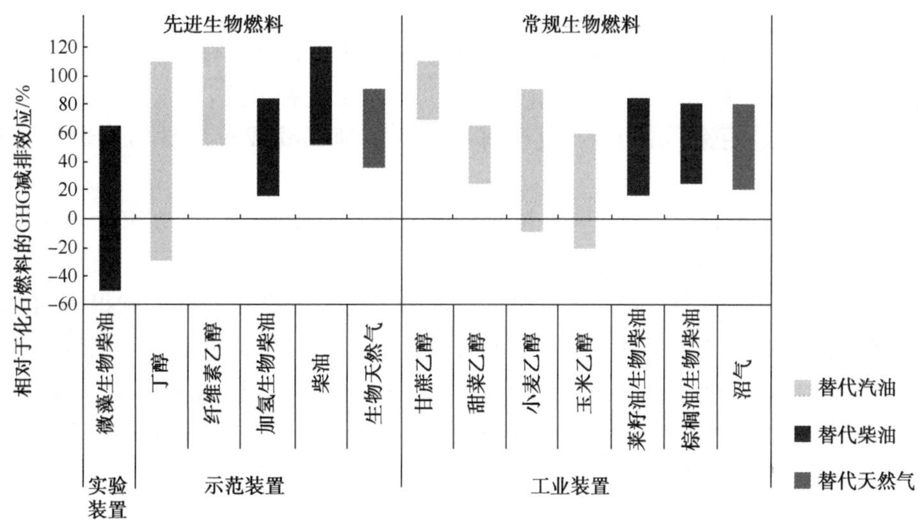

图 1-3 各类生物燃料的 GHG 减排效应比较结果

图 1-3 中的数据表明，各种生物燃料的减排量范围很宽，主要与转化工艺和原料生产方式以及化肥用量等多种因素有关。例如，常规生物燃料的 GHG 减排量较低，玉米乙醇为 -20%~60%，菜籽油生物柴油为 15%~80%；先进生物燃料较高，纤维素乙醇为 50%~120%，BTL 柴油为 50%~120%。

上述结果说明：

① 将现有种粮的耕地改种能源作物，由于可能造成土壤肥力和碳含量下降，使 GHG 减排效降低，甚至会造成 GHG 排放量增加。

② 二代生物燃料尚未工业化生产，GHG 减排量是根据示范装置的数据估算的，不确定性较高。

③ 图中数据说明：甘蔗乙醇的 GHG 减排效应好于其他常规生物燃料(玉米乙醇、植物油生物柴油)。

2. 生物质原料生产的可持续性

发展生物质能源对环境、社会和国民经济产生的影响是多方面的。例如：种植能源作物需占用土地，就可能对生物燃料的 GHG 减排效应产生负面影响。在环境方面，还可能对土壤质量、水消费量和水质量以及对保持生物多样性产生影响。对社会发展产生促进就业、提高农民收入的效应。在经济方面，发展生物燃料生产除了在经济上具有保证能源自给和减少原油进口、平衡国际贸易、促进经济发展等效应外，发展生物能产业(包括种植能源作物、生产生物燃料/电力)的可持续性与许多技术经济问题有关。

种植能源作物，发展生物燃料生产，对环境、社会和经济产生的效应的高低、正负，与地区特点、政策措施和工艺技术等多种因素相关，不能得出通用的结论。因此，生物能产品方案需要根据国情、地区特点情况作出最佳的选择。

近年来，对生物质原料供应和生物能产品生产方案的可持续性有较多的争论，一些技术课题(例如，由于种植生物能源作物“间接改变土地用途”，造成 GHG 排放量的变化)，由于缺少工业生产数据，仍不能精确地量化。所以，只能对生物质能源的可持续供应问题，综合说明如下。

(1)种植能源作物对环境的影响——改变土地用途对环境的影响

种植能源作物占用耕地，改变了土地用途，可有以下两种方式：

① 直接改变土地用途(dLUC)：直接将种粮的耕地或砍伐天然林的土地用于种能源作物。

② 间接改变土地用途(iLUC)：“种粮的耕地改种能源作物后，需要再砍伐热带雨林或用其他高储碳的土地用来种植粮食”。

这种“间接改变土地用途”的方式，对环境的影响更为复杂，不同文献得出的“iLUC 对环境的影响”结论也有较大的差别。例如，Fargione 等 2008 年的研究数据：巴西砍伐热带雨林改种甘蔗产生的“排碳效应”为 165tCO_2/(hm^2 · a)；而燃料乙醇的碳减排能力仅为 9.8tCO_2/(hm^2 · a)。数据表明，偿还排碳时间为 17 年。若砍伐储碳量更高的黑土带森林(或其他生态系统)，则偿还排碳需要的时间会更长。尽管此结论较为夸大，却表明 iLUC 对减排的影响需要更深入的研究，才能得出精准的结论。

为了发展生物能源，需要将农田、林场或自然保护地改种能源作物(例如，砍伐天然林，用于种植能源作物)。这种改变土地用途就相应地改变了大气和土壤中的储碳量(carbon stock)的平衡，就是破坏了生物能系统的 GHG 平衡。

可用以下数据说明，“间接改变土地用途”降低了生物燃料的 GHG 减排效应。三种燃料的 GHG 减排效应均按“单位能量值产生的比排放量”计算，单位按 gCO_2当量/MJ 计。

① 用林业废料生产乙醇燃料：22gCO_2当量/MJ(代表使用废料作原料，没有“间接改变土地用途”问题)。

② 玉米生产的乙醇燃料：77~105gCO_2当量/MJ(包括“间接改变土地用途”产生的CO_2排放量为 30gCO_2当量/MJ)。

③ 汽油：95gCO_2当量/MJ(代表化石燃料，为美国加州环保局 2009 年规定值)。

数据说明，“间接改变土地用途”造成的CO_2比排放量增加值很高，甚至可能使生物燃料的CO_2排放量高于化石汽油。

(2)种植能源作物对环境的影响——其他环境问题

种植生物能源作物还可能对土壤质量、水资源和生物多样性产生影响，包括正、负两方面：

① 正面效应：多年生能源作物可以经年对土壤产生覆盖效应，有利于保持土壤含水量；

减少风力、流水对土壤的侵蚀作用；能源作物的树根、落叶可以提高土壤的碳含量。

② 负面效应：除了对 GHG 排放的影响外，为种植能源作物改变土地用途还可产生对大气、水体和土壤造成污染的问题。例如，造成大气酸化、水体营养化、对水质量和可用量造成影响、土壤侵蚀和养分失衡；由于栖息地减少就会危害生物多样性等生态环境问题。这些对环境的负面影响与种植能源作物的品种和耕种技术有关。

若发展生物质原料需要引进国外的能源作物品种或进口生物质原料，就需要防止对当地生物多样性的破坏效应。生物能的环境效应说明如下：

① 用农产品(粮食和油料)生产的常规生物燃料，单位土地面积的能量产率(GJ/hm^2)低于先进生物燃料，对大气和水体的污染效应也很高，甚至高于所替代的化石燃料。

② 用纤维生物质和农林业废料为原料，生产生物燃料/生物电，全供应链的污染物排放量低于所替代的化石燃料。

③ 从发展看，随着能源作物种植和生物燃料的生产发展和技术进步，可进一步改善全供应链的环境污染效应。

美国从 20 世纪 80 年代开始研究能源作物，已筛选了近百种植物可用作能源作物。一些欧盟国家也致力于能源作物的研究，从中国引进了芒草(miscanthus)等植物品种，试验将其用作能源作物的可行性。

(2)种植能源作物对社会的影响

种植能源作物，发展二代生物燃料技术的最大动力是可以创造就业，提高农民收入和促进国民经济发展。就业机会与使用的生物原料种类有关，种植能源作物和生产运输产品需要较多的劳动力；使用农林业废料为原料时，创造的就业机会就相对较少。发展生物燃料生产技术需要各行业工程技术人员参与。

种植能源作物对社会发展产生的负面影响是：种植能源作物占用耕地，与粮食争地，影响粮食生产和安全；用农业废料生产生物燃料后，可造成牲畜饲料、农村用燃料短缺；“种植能源作物会与粮食生产争地，导致粮价上涨，影响粮食供应”是近年讨论的热点。

最新研究结果表明，发展生物燃料生产，对粮价的影响有限，理由是：

① 种植生物能源作物占用耕地较少。生产常规生物燃料、粮食油料等原料所占用的耕地面积为 0.3 亿 hm^2；约仅占总耕地面积(50 亿 hm^2)的 0.6%。2050 年生产生物燃料需要的耕地面积为 1 亿 hm^2 左右(农林业废料用量份额为 20%)，仅占总耕地面积的 2%。

② 生产生物燃料生产过程可副产一定量的饲料(如豆饼、酒糟等)、可节约粮食用量。

③ 采取措施能够减少能源作物的耕地占用量，相应降低“间接改变土地用途”的风险。

④ 2008 年以来世界粮价大幅下降，影响粮价变化的因素很多，气候变化、油价上涨、贸易投机和货币贬值等都是影响粮价的因素。至今，哪个最重要尚无定论。

(3)种植能源作物对经济的影响

生物能产业链对国民经济的影响是多方面的，主要包括：对保障能源安全和自给、对平衡国际贸易、对国家基本建设投资和生物燃料生产成本等经济指标的影响。

2011 年中国一次能源总消费量为 24.3 亿 toe，年增长率约 11%。其中原油消费量为 4.53 亿 t，原油产量为 2.03 亿 t，原油年进口量已达 2.52，进口率超过 55%，需用的外汇约 0.2 万亿美元。发展生物燃料生产可相应地减少原油进口量，节约外汇。

但是，生物燃料工厂是高投资的建设项目，需要通过研究开发改进生产工艺才能降低建设投资和燃料生产成本。

二代生物燃料工艺是发展中的技术，尚未实现工业生产。尽管生物燃料享有减税、补贴等政策优惠，其生产成本仍高于化石汽、柴油，生物燃料实现经济的可持续性，必须在价格上能与化石汽、柴油竞争。

生物燃料的经济可持续性与许多工艺技术问题相关，包括：生物燃料生产方案、工艺路线、工厂规模、建设投资和生产成本等诸多技术课题。本书的后续各章将详细讨论不同生产方案的技术经济问题。

3. 提高能源作物生产的可持续性

可采取的措施归纳如下：

(1)种植能源作物的 GHG 减排效应综合分析

① 种植第一代生物原料(粮食、油料等)占用的土地面积和化肥用量均较高。第二代生物燃料发展初期，以使用农林业废料为主。工业化后，能源作物用量将逐渐增长，种植能源作物原料对环境产生的负面效应(由于肥料和水用量均降低)仍然低于一代生物原料。

② 减少种植生物质原料的用地就意味着降低 GHG 排放的负效应，相应提高了第二代生物燃料的 GHG 减排效应。

③ 除了占用耕地问题外，减少种植能源作物的化肥用量也很重要[GHG 和污染物(氮化物)排放量与化肥用量有关]。发展第二代生物燃料技术，使用纤维素生物质原料的目的就是为了实现更好的 GHG 减排效应。

(2)以下措施有助于减少种植能源作物对环境产生的负面效应

① 提高农林业废料的利用率；减少能源作物种植量，少占用耕地。

② 用退化土地、贫瘠土地种植生物能源作物，有助于提高土壤的碳储量，减少土壤退化和侵蚀。

③ 改进种植方法，提高产率并减少对生物多样性的危害。

④ 改进生物炼厂生产流程，实现生物质分级利用，有助于减少原料用量。

⑤ 改进土地管理，合理利用土地。

(3)优化产品方案，提高生物质原料的可持续供应

① 提高生物质原料的转化效率，可降低生物质原料用量。

② 最大限度地减少 GHG 排放量。

③ 优化生物质原料的产品方案，因地制宜地制定产品方案。例如，为减少进口原油量，应发展新一代的生物燃料技术，生产生物运输燃料；为利用已有的煤炭发电设施，可发展煤炭-生物质混合气化-发电技术；为有效利用已有的天然气系统设施，发展生物甲烷生产，向工厂、家庭供气。

④ 生物炼厂工业化，实现生物质原料的“分级利用技术”，以降低原料用量、提高产值。

⑤优化供应链系统设施，为生物燃料工厂供应质量合格、价格稳定的生物质原料。

(4)提高生物质原料可持续性的“四项基本原则”

① 提高生物质原料利用效率就可以：

- 提高每吨生物质原料的化石燃料替代率；
- 发展可提高生物燃料产率的工艺技术。

② GHG 减排量的最大化：

• 按生物能的生命周期(life cycles)计算以下几种最低 GHG 减排量：改变土地利用造成的排放量(按 CO_2 当量计算)；使用废料的减排量；种植能源作物的减排量(按每公顷 CO_2 当量计算)。

• 支持采用 GHG 排放量最低的转化技术。

• 尽量将各种废料用作生物质原料。

• 禁止或尽量减少利用可耕地和草地种植能源作物。

③ 按政策要求，优化生物质原料的利用方案：

• 为降低原油进口量，尽量利用生物质原料生产运输生物燃料；

• 采用煤炭-生物质气化-联合循环发电技术，改善环境和降低煤炭消费量；

• 为减少天然气消耗量，可用生物质原料生产替代天然气。

④ 防止与生产粮食、油料竞争：

• 提高粮食产率可以空出可耕地，用于种植能源作物；

• 生物炼厂用‘分级利用技术’将生产燃料的废料转化为其他产品；

• 在保证粮食安全的前提下制定生物能发展战略。

4. 改进能源作物种植技术，实现生物质原料的可持续生产

(1)开发、优选适用的能源作物品种

需要开发新品种能源作物，如多年生草类和速生木材。草类包括柳枝稷、五节芒、草原草。速生树木包括桉树、杨树、柳树和刺槐等。这些能源作物具有高产，收获、采集周期长，可稳定供应，可减少储存量(降低储存费用)等优点。

改良培育、选种技术已经在农业上做到提高粮食淀粉含量和油料作物的油脂含量的效果。这些技术同样可用于提高生物能源作物的单位面积的产量。

用遗传技术可以开发出能源作物新品种，可以提高单位面积的生物燃料产率；减少农药、化肥用量和减少用水量(减少灌溉用水或在干旱土地上耕种)，改良土壤(提高土壤中有机物含量)等效应。例如：用遗传技术开发的紫花苜蓿，是一种优质饲草。一些草类植物也可用遗传改良技术培育成适合生产生物燃料的草类品种。

应该因地制宜选择适用的能源作物品种。例如：美国选用玉米秸秆和柳枝稷为发展方向，欧洲以开发速生木材和草类作物为主。

(2)改进耕作方式

介绍几种创新的种植技术[8]：

萨凡纳(Savannah)草地：是“新型”草地生态系统。在草地上稀疏地种植树木，使树木的树冠不至于全部遮住阳光，使草类能够充分生长。这种耕作方式称为“草地萨凡纳”(grassland Savannah)，它不仅合理利用了日光和土地，还具有保护水资源的效应。目前，全世界约有 20%的土地为萨凡纳式草地。

农林业联合系统(agroforestry)是联合利用农业、林业技术收到互动效益。在土地上种植树木、灌木、庄稼并可放牧牲畜。这种土地利用方式可以收到提高效益、保持生物多样性、可持续发展的联合效应。

为了提高生物质原料生产可持续性应发展农林联合系统(agroforestry)，种植多年生能源作物。与种植一年生的作物相比，这些耕作方式可提高能源作物产率，减少化肥用量；还有保护生物多样性的效果。实施农林联合系统还具有保护水源和减少土壤风化的效果。

许多种油料作物和木质纤维素植物，如柳枝稷和一些速生的灌木可以在不适宜种植粮、棉作物的土地上种植，收获生物质原料，这就可不至于影响粮食生产。

(3)研发新技术，提高能源作物的产率

培育良种提高农产品产量和质量的研发已取得成果，在农业生产中广泛应用。借鉴这些经验，就能够实现提高能源作物产量的目标。

研发中的课题示例如下：

① 提高光合效率，调控与氮代谢有关的基因，提高生物质产量的研究已取得初步成果。

② 改进作物的生长性能，包括：采用基因技术(通过过度表达“谷氨酸胺”合成基因)，使一种白杨树高度增长了141%；优化树干-树叶架构；优化氮的吸收效应，降低根部的消耗、提高碳分配，促进树干直径和高度增长；抑制或缩短树木休眠期，延缓树叶衰老以促进其发育、生长；提高作物的抗旱、耐冷和抗病虫害能力；抑制或延缓作物的开花能力。

③ 调整能源作物化学组成，生产可提高转化效率的生物质原料，例如调节生物质中木质素和纤维素的组成。

(4)合理种植能源作物，有利于提高土地质量

因地制宜种植能源作物可收到改良土壤的效应。示例如下：

澳大利亚西部地区由于过度采伐森林，形成了大面积(几百万公顷)盐碱地。经过复垦后，在田间和河流沿岸种植桉树和其他能源作物，产生了降低地下水位、减少土壤的盐碱度的效果；靠消耗土壤中有机物(牲畜粪)和减少施肥，降低水体(河流、湖泊)中营养组分含量，收到改善水质的效应。

(5)优化供应链系统

优化供应链系统可提高生物质原料的质量，降低运输成本。例如，生物质原料经过就地预处理(粉碎、切片、压锭、烘烤、快速热解等技术)，提高了能量密度、容重，就可减少运量、降低运输成本。

六、中国的生物质能资源

可用于生产第二代生物燃料的生物质原料主要有农业生物质原料(农业废弃物)、林业生物质原料(林业废弃物)和专用能源作物。中国粮食、油料等农产品产量大，秸秆等废弃物产量也高，但秸秆的常规用途广泛、用量大；中国森林资源丰富，所产林业废弃物主要用于生产纤维板、造纸原料等，可用于生产能源产品(生物燃料、生物电等)的农林业废弃物相对较少。我国能源作物生产仍处于研发和规划阶段。以下分别按“农业生物质原料”、“林业生物质原料”和“专用能源作物”进行阐述[4]。

1. 农业生物质原料

中国国土面积960万km^2，农业区总土地面积为5.528亿hm^2(约83亿亩)，其中大部分为永久草地和牧场，可耕地面积约为25亿亩，适合种植粮食油料作物的耕地面积约占可耕地面积的70%左右(18亿亩)。2010年中国农产品总种植面积为1.319亿hm^2，其中粮食种植面积为1.0987亿hm^2，油料作物为1397万hm^2。2010年全国粮食总产量54640万t，油料产量3240万t。

研究文献提供的农业废料产量数据不尽相同，农业废料量的数据范围为5亿~15亿

t。由于不确定因素较多，预测资源量也较困难。以下根据文献数据，归纳、总结为以下经验式；可以根据粮食总产量、耕地面积和 RPR（秸秆/粮食比）等参数，估算秸秆产量（或可用量）。

以下为推荐的“秸秆产量经验式”和我国农业废料产量估算结果。粮食产量按亿 t/a 计，耕地面积按亿亩计，秸秆产量按亿 t（干）计，估算结果如下：

（1）按 $RPR=1.3\sim1.5$（与粮食品种有关）计算秸秆总产量：

$$\text{秸秆总产量(亿 t)} = \text{粮食年产量(亿 t)} \times RPR \tag{1}$$

中国秸秆总产量=5.5 亿 t×1.3=7.1 亿 t（干）

（2）按秸秆可用量指标（=0.75）计算秸秆可用量：

$$\text{秸秆可用量(亿 t)} = 0.75 \times \text{粮食产量(亿 t)} \tag{2}$$

秸秆可用量=5.5 亿 t×0.75=4.1 亿 t

（3）按秸秆收率（玉米=0.5t/亩）和耕地面积计算秸秆总产量：

$$\text{秸秆总产量(亿 t)} = \text{种植面积(亩)} \times \text{秸秆产率} \tag{3}$$

秸秆产率=0.5t/亩；秸秆产量=16 亿亩×0.5=8 亿 t

农业废料资源量和使用情况的文献数据如表 1-8，可以说明农业废料用作生物质原料的可行性和可用量。

表 1-8　农业生物质废料资源量

项　　目	文献[9]		文献[3]	
	亿 t（干）	%	亿 t（干）	%
生物质废料资源量①	7.20	100	5.43	100
其中：玉米秸秆	1.90	24	1.82	34
麦秆	1.30	16	1.09	20
稻草	2.40	30	1.82	34
秸秆用途				
造纸	0.16	2	0.2	4
饲料	1.45	20	1.94	35
民用燃料	3.40	47	1.14	21
还田	1.08	15	1.08	20
焚烧和废弃	1.12	16	1.08	20

① 废料包括其他秸秆和粮食加工的二次废料。

2. 林业生物质原料

中国林地总面积约 2.05 亿 hm^2（约 31 亿亩），森林覆盖率为 18.2%，树木存量约 136 亿 m^3，森林资源量为 125 亿 m^3。我国国土辽阔，兼有几个不同的气候带和植被生物群，包括热带雨林、红树林、亚热带常绿阔叶林、落叶林以及温带草原、沙漠和半沙漠等。由于地形、气象和土壤条件的多样性，适合种植不同树种和专用能源作物。

2010 年我国木材产量为 7284 万 m^3。根据采样调查数据，木材加工的废料收率约相当于原木采伐量的 35%左右，木材加工废料的 30%用于生产纤维板和造纸原料，少部分用作燃料。据估计，全国每年林业废弃物产量约 6.5 亿 t。

3. 专用能源作物

中国发展专用能源作物的原则是：不影响粮食生产、不与粮食争地、不破坏环境。

我国专用能源作物的生产尚处于发展、试种初期，目前以发展麻风树等木本油料作物为主，用于生产生物柴油。第二代生物燃料原料以培育甜高粱为主，用于生产燃料乙醇。我国在多年生草本、速生木材用作生物质原料方面，与工业化国家相比，仍处于研发初期。中国拥有广阔的未开发土地，适合种植能源作物，关键是要解决选择、培育能源作物品种，研发培育技术，降低生产成本和解决物流运输等瓶颈问题。

我国拥有大片荒漠地区，地理位置独特，气候、环境和土壤条件也适合发展生物能源作物。例如，内蒙古、宁夏、甘肃和新疆等省区的荒漠总面积约为 157 万 km^2，其中沙漠化土地约为 32. 3 万 km^2，可耕地和后备可耕地分别有 1230 万 hm^2 和 1600 万 hm^2，大部分地区日照丰富、昼夜温差大，颇适合于种植能源作物。

根据“第六次林业资源调查”数据，中国西部地区的灌木林总面积约 4530 万 hm^2，灌木资源潜量约 3. 0 亿~4. 0 亿 t。不过，这些灌木多数生长在森林之间，自然条件恶劣，缺乏适用的采伐机具，故采集较为困难，估计可回收量约在 2. 5 亿 t 左右。

4. 我国中远期生物质原料可用量预测

中国的中远期生物质资源可用量采取以下方法预测：① 收集技术文献中的中国生物质资源量数据；② 采用经验关联式估算资源量；③ 参照美国生物质资源的评估方法和预测结果，测算我国中远期生物质资源可用量。

中国农林业废弃物资源丰富，但用途广，可用作生物质原料的数量较少，发展生物质能产品，必须依靠能源作物。如果按照 2015 年开始试种能源作物考虑，2020 年前后可收获产品，预计 2022 年可投入生产。

表 1-9 为中国农林业废料产量和可用作生物质原料的数量，可作为预测中远期生物质资源量的基础数据。

表 1-9　当前中国农林业废料资源可用量[3]　　亿 t(干)/a

项目	实际产量	未使用量亿 t(干)/年
一次废料小计	5. 1	1. 9
其中：农业废料	4. 5	1. 8
林业废料	0. 6	0. 1
二次废料小计	1. 0	0. 5
其中：农业废料	0. 9	0. 4
林业废料	0. 1	0. 1
合　计	6. 1	2. 4

预测的中国中远期生物质原料可用量见表 1-10。

表 1-10 中远期中国生物质原料可用量预测

亿 t(干)

项 目	2012 年	2022 年	2030 年
农业废料	2.5	3.5	4..1
林业废料	1.0	1.1	1.2
能源作物	—	2.5	4.0
合 计	3.5	7.1	9.3

七、美国的生物质能资源

美国“发展生物能产品计划”的目标是：利用本国的生物质资源，建成生物能工业体系。中远期的计划是：利用国内的 10 亿 t 生物质能源资源，生产生物能产品(包括：生物燃料、电力和化学品)，实现每年替代石油消费量的三分之一。

美国能源部与农业部合作，于 2005 年编制了《生物质资源报告-2005》(BTS-2005)，2011 年又发表了《10 亿吨生物质资源报告-革新版》。BTS-2005 报告为战略性评估(strategic assessment)。BTS-2011 报告是在 BTS-2005 的基础上，对生物质资源的“全面性评估”(comprehensive assessment)；BTS-2005 的预测时间为 2050 年，BTS-2011 的预测期间为 2012~2030 年，用“BTS-2011”的生物原料数据，可以预测中远期生物燃料产量和生物发电量。下面介绍这两份报告的主要评估结论。

(一) BTS-2005 研究结果[10]

木质纤维生物质资源包括林业废料、农业废料和专用能源作物。评估的结论如下：

(1)农业生物质资源

包括种植专用能源作物和回收农业废料。能源作物包括多年生草类(柳枝稷、芒草(miscanthus))、速生木材(杨树、柳树、桉树等)和一年生作物等品种。农业废料以秸秆为主。

占用耕地总面积 1.183 亿 hm^2，其中：种植能源作物的耕地 0.223 亿 hm^2；提高粮食的单位面积产量，将空出的耕地种植能源作物；改进秸秆回收方法，秸秆回收率提高至 75%；生产一代生物燃料的粮食、油料用量为 0.87 亿 t；农业生物质资源可用量达到 9.98 亿 t。

(2)林业生物质资源

林业生物质资源目前消费量为 1.42 亿 t。按照设定的条件，预测结果：林业生物质资源量的可收获量为 3.67 亿 t，约为目前实际消费量的 2.5 倍。

(3)总资源量

预计本世纪中期的生物质资源可用量为 13 亿 t，参见表 1-11。

表 1-11　2050 年美国生物质资源预测结果

项　　　目	资源量/[Mt(干)/a]
林业生物质资源	
林业产品的废料	145
伐树和清理林场废料	64
森林间伐废料	60
燃料木材	52
城市废木料	47
合　计	368
农业生物质资源	
农作物废料	428
种植专用能源作物	377
其他加工废料、牲畜粪便	106
生产生物燃料的粮食、油料	87
合 计	998
生物质资源总计	1366

(二) BTS-2011 报告[11]

报告认为：美国若能每年持久地收获 10 亿 t(干)生物质原料，用于生产生物燃料，就可以替代国内每年 1/3 的石油消费量。BTS-2011 报告预测了生物质资源的可用量。目标是在本世纪中期(2040~2050 年)，能为生物燃料工厂/生物电厂提供充足的、质量合格的生物质原料。

BTS-2011 的生物质资源评估过程是：设定情景、设计专用模型(POLYSYS 模型)、根据文献数据“设定评估条件”，通过模拟计算求得在设定条件下的“生物质资源可用量”。假定的评估条件包括：各种生物质产率、回收方法、土地利用情况、估算年度等。根据拟定的 2 种情景得出不同的结果，其中：基准情景代表生物质资源最低可用量；高产率情景为最高可用量。

评估的主要结果：

1. 生物质资源的种类

生物质资源种类繁多，性质各异。不同国家的生物原料品种、存量也不同。

BTS-2011 报告评述的生物质资源包括以下品种。

(1) 林业生物质资源及废料：包括砍伐原木的废料(包括树头、枝杈)、林场间伐收获的燃料木材、幼树；为消除火灾隐患割除的木料和废料。二次废料包括锯末、城市木材废料等。

(2) 农业生物质资源及废料：农业生物质主要指生产乙醇的原料玉米、生产生物柴油的植物油。BTS-2011 报告采用的农业废料以玉米秸秆为主。

(3) 专用能源作物

① 包括 3 个品种：多年生草类，包括柳枝稷、芒草(miscanthus)等；速生木本作物(wood crops)，包括杨树、柳树、松树和桉树等；一年生作物，如高产的高粱(high-yield sorghum)。

② 能源作物可用量：基准情景条件下，收购价格为 40~60 美元/t(干)，2030 年的能源作物可用量为 0.037 亿~4.00 亿 t。

高产率情景条件下，能源作物可用量与收购价格(40~60 美元/t)和产量的年均增长率(2%~4%)等因素有关。2030 年的最高可用量为 6.58 亿~7.99 亿 t，参见表 1-12。

表 1-12　两种情境下的专用能源作物可用量　　亿 t(干)/a

项　　目	<40 美元/t(干)			<50 美元/t(干)			<60 美元/t(干)		
	2017	2022	2030	2017	2022	2030	2017	2022	2030
基准情景	0.037	0.14	0.34	0.46	1.24	2.18	1.01	2.82	4.00
高产率情景(2%)①	0.13	0.47	0.69	0.75	2.39	3.78	1.39	4.09	5.40
高产率情景(3%)①	0.26	0.79	1.62	1.01	3.24	5.20	1.60	4.76	6.58
高产率情景(4%)①	0.39	1.14	2.61	1.24	3.99	6.22	1.80	5.64	7.99

① 为产量年均增长率。

(4)微藻：近期美国的“发展生物能源规划”已将高生产率的微藻作为发展中的生物质资源。由于缺乏生产数据，BTS-2011 报告未能对微藻生产能力和资源量作出评估。

2. 发展能源作物占用的耕地面积

种植能源作物需要占用农用耕地和/或放牧牲畜的草地。在基准情景下，生产能源作物占用的耕地面积为 0.24 亿 hm^2；高产率情景占用的耕地面积为 0.32 亿 hm^2。

3. 发展能源作物的经济效益

发展能源作物需要将一定数量的种粮耕地和放牧牲畜草地改种能源作物。因此，种植能源作物的经济收益必须高于种植粮食和养殖牲畜的收益。

在评估能源作物的相对获利能力时，重要的经济数据是种植能源作物单位面积产率和收购价格。不同品种能源作物的产率差别很大(多年生草类为 8~23t/hm^2，木材为 9~25t/hm^2，一年生能源作物为 15~22t/hm^2)，由于缺乏实际生产数据，不同地区的生产数据差别也很大。只能根据美国农业部公布的“2030 年农牧业收益”和 BTS-2011 的高产率情景的“2030 年经济收益”两组数据作出比较。

两组数据表明，将一部分农田和牧场改种能源作物后，在收购价为 50 美元/t 情况下，不仅农牧业收益未减少，而且包括能源作物的总收益高于农牧业收益的预测值，参见表 1-13。

表 1-13　USDA 和 BTS-2011 的 2030 年农牧业收益比较结果

项目	USDA 农牧业收益预测值	BTS-2011 高产率情景
粮食收益/亿美元	496	779①
畜牧业收益/亿美元	1235	1219
总收益/亿美元	1731	1998

① 为粮食和能源作物的总收益。

(四) 两种情景的生物质资源评估结果

BTS-2011 生物质资源评估报告按两种情景(基准情景和高产率情景)预测中远期生物质资源可供应量，设定的年度区间为 2012~2030 年。说明如下：

(1)基准情景

基准情景代表生物质资源的中远期最低可用量。

基准情景设定的条件：生物质收购价格按 40~60 美元/t(干)计，品种包括：农业废料、林业废料和专用能源作物。

2012 年从林场、农业耕地可获得的生物质资源量为 1.38 亿~2.58 亿 t(干)。2022 年的资源可用量分别为 1.87 亿~6.02 亿 t，2030 年增长至 2.43 亿~7.67 亿 t，参见表 1-14。

可以看出，提高生物质原料的收购价格，就可以提高生物质资源的可用量。

表 1-14　基准情景不同价格的生物质资源可用量

项　目	<40 美元/t(干)				<50 美元/t(干)				<60 美元/t(干)			
	2012 年	2017 年	2022 年	2030 年	2012 年	2017 年	2022 年	2030 年	2012 年	2017 年	2022 年	2030 年
林业资源及废料	0.79	0.81	0.82	0.83	0.91	0.92	0.93	0.95	0.97	0.98	1.00	1.02
农业资源及废料	0.59	0.77	0.92	1.26	1.43	1.74	2.01	2.45	1.62	1.92	2.21	2.65
能源作物	0	0.04	0.14	0.34	—	0.46	1.24	2.10	—	1.01	2.82	4.00
合计	1.38	1.61	1.87	2.43	2.34	3.11	4.18	5.51	2.58	3.92	6.02	7.67

注：① 表中数据为可用的生物质资源量，即扣除了“已使用的”资源量。

② 数据说明，能源作物在 2017 年后才可逐年提高产量。

表 1-15 为每吨收购价格为 60 美元，基准情景的生物质资源总量(包括已使用量和可用量)。

表 1-15　基准情景的生物质资源可用量

项　目	资源量/亿 t(干)			
	2012 年	2017 年	2022 年	2030 年
生物质资源总量	4.73	6.76	9.14	10.94
已使用的生物质资源量	2.14	2.84	3.12	3.28
其中：林业资源	1.29	1.82	2.10	2.26
农业资源	0.85	1.03	1.03	1.03
可用的生物质资源量	2.58	3.92	6.02	7.67
其中：林业生物质资源及废料	0.97	0.98	1.00	1.02
农业生物质资源及废料	1.62	1.92	2.21	2.65
能源作物	0	1.01	2.82	4.00

在基准情景、生物质原料收购价格为 40~60 美元/t(干)情况下，可以根据不同年度的生物质资源可用量，预测生物燃料产量或生物质发电量，参见图 1-4。

图 1-4 中，左侧纵坐标代表生物燃料产量(单位为 Mt/a)；右侧纵坐标代表生物质资源

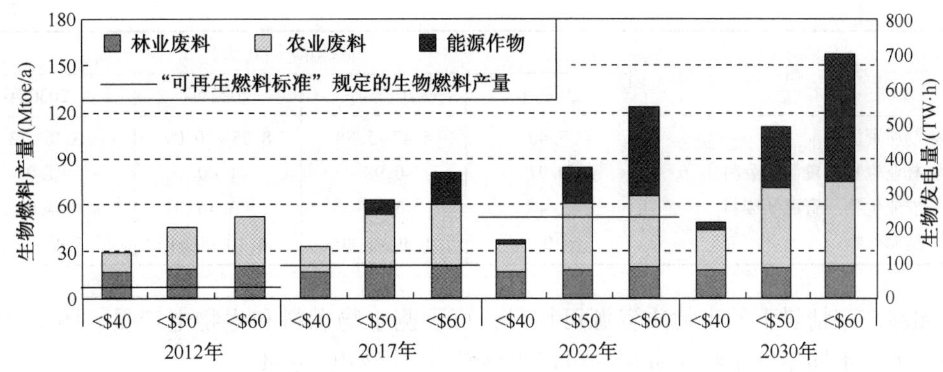

图 1-4　基准情景下不同年度的生物燃料产量和生物发电量

发电量(TW・h)。可以看出：2022 年，当生物质原料价格为 60 美元/t，生物质资源可用量为 6.02 亿 t。全部用于发电，发电量可达 520TW・h；全部用作生物燃料的原料时，生物燃料产量可达 1.2 亿 toe。

(2)高产率情景

提高能源作物产量的年均增长率，基准情景为 1%，高产率情景分别按 3 种年增长速率，即 2%、3%和 4%，预测中远期生物质资源可用量，3 种生物质原料价格按 60 美元/t(干)计算。表 1-16 为高产率情景下，收购价格为每吨 60 美元条件下的生物质资源可用量。

表 1-16　高产率情景的生物质资源可用量　　亿 t

项目	能源作物产量年均增长率=2%				能源作物产量年均增长率=3%				能源作物产量年均增长率=4%			
	2012 年	2017 年	2022 年	2030 年	2012 年	2017 年	2022 年	2030 年	2012 年	2017 年	2022 年	2030 年
林业资源及废料	0.97	0.98	1.00	1.02	0.97	0.98	1.00	1.02	0.97	0.98	1.00	1.02
农业资源及废料	2.44	3.10	3.47	4.05	2.44	3.10	3.46	4.04	2.44	3.07	3.46	4.03
能源作物	—	1.39	4.09	5.40	—	1.60	4.76	6.58	—	1.80	5.64	7.99
合计	3.40	5.48	8.56	10.47	3.40	5.68	9.22	11.64	3.40	5.86	10.09	13.04

表 1-17 为高产率情景下的生物质资源评估结果，生物质资源的产地价格按 60 美元/t(干)计算。数据包括：生物质资源总量、已使用的资源量、可用的资源量。

表 1-17　高产率情景的生物质资源量

项　　目	资源量/亿 t(干)			
	2012 年	2017 年	2022 年	2030 年
生物质资源总量(增长率：2%~4%)	5.55	8.31~8.72	11.68~13.22	13.74~16.33
已使用的生物质资源量	2.14	2.84	3.12	3.28
其中：林业资源	1.29	1.82	2.10	2.26
农业资源	0.85	1.03	1.03	1.03

续表

项目	资源量/亿 t(干)			
	2012 年	2017 年	2022 年	2030 年
可用的生物质资源量	3. 40	5. 47～5. 88	8. 55～10. 09	10. 46～13. 05
其中：林业生物质资源及废料	0. 97	0. 98	1. 00	1. 02
农业生物质资源及废料	2. 44	3. 10	3. 46	4. 04
能源作物	0	1. 39～1. 80	4. 10～5. 64	5. 43～7. 99

按照高产率情景下的生物质资源可用量，可预测生物燃料和生物电产量。图 1-5 为高产率情景下，不同年度生物质资源的可产生物燃料(生物电)数量。

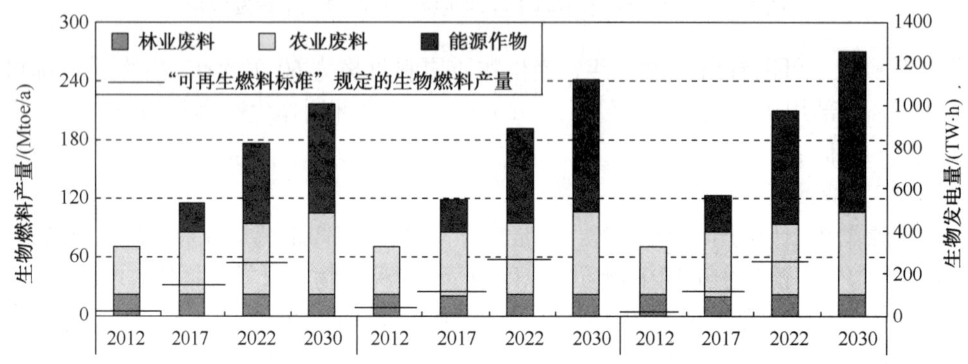

图 1-5　高产率情景下不同年度的生物燃料产量和生物发电量

图 1-5 中的生物质资源数据表明，在高产率情景、收购价为每吨 60 美元条件下，2022 年的生物质资源可用量为 10 亿 toe，可产生物燃料 2 亿 toe，用于发电，总发电量接近 1 万亿度(kW · h)。

几点结论：

① 提高生物质原料可用量主要靠专用能源作物产量的增长。

② 林业废料和农业废料可用量基本保持恒定，对资源可用量的影响较小。

③ 提高生物质原料收购价格有助于提高生物质原料产量。收购价从 40 美元/t 提高至 50 美元/t、60 美元/t 后，可显著提高生物质资源可用量(1 倍到 2 倍)。

④ BTS-2011 报告表明，高产率情景的生物质原料可用量，可满足美国能源部 EISA(能源独立及安全法)和 RFS"可再生燃料标准"修订的生物燃料发展目标。

第四节　不同情景预测的生物质原料需用量

国际能源机构采用不同的数学模型，按设定的情景预测以下中远期数据：

① 世界一次能源需用量；

② 生物质能的可供应量及需用量；

③ 与能源相关的 GHG 减排量。

预测的主要结果如下：

一、IEA 预测 2050 年一次能源和生物能需用量及 GHG 减排效应[1]

目前(2011 年)常规生物质能总消费量为 50EJ(11.9 亿 toe)，占可再生能源总消费量的份额约 75%。主要用途是农村的炊事/取暖燃料，使用效率很低(按高热值基准计算约10%~20%)。

BlueMap 情景设定，发展生物燃料生产，2050 年的 GHG 减排目标：GHG 总减排量为 43Gt。BlueMap 情景：2050 年一次生物质原料总需用量为 71 亿 t(干)(约 140EJ，折合 33 亿 toe)。生物能产品产量及其分布情况见表 1-18。

表 1-18　两种情景的 2050 年生物质能源需用量

项　目	2050 年需用量	
	基准情景	BlueMap 情景
世界一次能源总需用量	221 亿 toe (930EJ)	159 亿 toe (670EJ)
世界一次生物质总需用量②	40.6 亿 t(干)(80EJ)	71 亿 t(干)(140EJ)
占一次能源总需用量的比例	9%	21%
生物能产品的产量①	14 亿 toe (60EJ)	18.5 亿 toe (80EJ)
生物能产品用量分布		
工业用量	3.8 亿 toe (16EJ)	5.4 亿 toe (23EJ)
运输用量	1.6 亿 toe (7EJ)	7.6 亿 toe (32EJ)
其他用量	8.5 亿 toe (36EJ)	5.6 亿 toe (24EJ)

① 用生物质原料生产的电力/热、生物燃料等产品。

② 生物质原料的高热值(HHV)= 19.7GJ/t(干)。

IEA“生物燃料技术路线图”的发展目标是在未来 40 年内，优先发展先进生物燃料技术和生物质发电/供热技术。2050 年一次生物质能总用量为 140EJ，其中，65EJ 用于生产生物燃料；运输燃料产量为 7.6 亿 toe。

BlueMap 情景的能源/环境效应小结：

① 一次能源总消费量降至 159 亿 toe。

② 生物质原料用量 71 亿 t(干)，占一次能源总用量的 21%。

③ 运输生物燃料用量显著增长(达 7.6 亿 toe)，占运输燃料总用量的 28%。

④ 可再生能源发电量占总发电量的 48%，发电系统的 GHG 排放量降低 76%，CO_2排放强度降至 67g/(kW · h)。

⑤GHG 减排效应：GHG 总排放量比 2007 年减少了 70%~80%，大气中 CO_2浓度稳定至 450μL/L，可实现大气温度降低 2℃的目标。

二、WEO-2009 预测的生物燃料需用量[7]

国际能源署(IEA)的“国际能源展望”(WEO-2009)，预测了不同情境下，2030 年世界能源消费量数据、CO_2排放量和 GHG 减排效应。说明如下：

(1) 参考情景

不改变现行政策情况下，2030 年世界一次能源总消费量将在 2007 年基础上增长 40%，

达到 168 亿 toe。生物质原料需用量为 35 亿 t(干)[67EJ]

化石燃料仍是主要一次能源，煤炭和天然气仍是主要发电燃料。GHG 排放量在 2005 年基础(42.4Gt)上逐年增长。2020 年 GHG 排放量为 50.7Gt。此后持续增长，2030 年和 2050 年将分别增长至 56.5 Gt 和 68.4Gt。

(2)450 情景

全世界合作，采取统一政策和行动，将大气中温室气体浓度稳定至 450μL/L，大气温度升高值≯2℃。

2030 年世界一次能源需用量为 144 亿 toe，比参考情景减少 14%。一次生物质原料需用量为 46 亿 t(干)[82EJ]，比参考情景增长了 22%。

450 情景设定：2020 年全世界与能源有关的 GHG 排放量达到最高值(30.9Gt)；低于同期参考情景的排放量(34.5 Gt)。此后再逐年下降，2030 年降低至 26.4 Gt(比 2007 年减少 10%)，2050 年可降至 14.5Gt。

表 1-19 为 2030 年生物质和生物燃料消费量数据，表 1-20 为不同情景预测的生物质原料需用量。

表 1-19　2030 年世界生物质原料和生物燃料消费量

项　　目	2030 年的需用量/亿 toe(EJ)	
	参考情景	450 情景
世界一次能源需用量	167.90 (705.2EJ)	143.89 (604.3EJ)
世界一次生物质需用量	16.04 (67.4EJ)	19.52 (82.0EJ)
占一次能源的份额/%	9.6	13.6
生物能产品总消费量	12.70(53.3EJ)	14.46(60.7EJ)
生物能产品用量分布		
工业部门	2.92 (12.3)	3.51(14.7)
生物燃料	1.33 (5.6)	2.80(11.8)
其他	8.45(35.5)	8.17(34.3)

注：根据 WEO-2009 数据整理。

表 1-20　不同情景预测的生物质原料需用量

项　　目		一次生物质原料需用量/亿 toe			2007~2030 年平均增长率/%
		2007 年	2020 年	2030 年	
参考情景	一次能源	120.13	134.88	167.90	1.5
	生物质原料	11.76	14.28	16.04	1.4
450 情景	一次能源	120.13	136.00	143.89	0.8
	生物质原料	11.76	14.61	19.52	2.2

资料来源：根据 World Energy Outlook-2009 数据整理。

450 情景的能源/环境效应小结：

① 2030 年一次能源消费量为 144 亿 toe。

② 2030 年生物质原料用量 46 亿 t(干)，占一次能源总用量的 14%。

③ 运输生物燃料产量 2.78 亿 toe，占运输燃料总用量的 9.3%。

④ GHG 减排效应：2030 年实现 GHG 排放量降低至 26.4Gt，2050 年降低至 14.5Gt。

三、ETP-2008(能源技术展望-2008)的预测结果[6]

ETP-2008(Energy Technology Prespectives.-2008)根据现行的能源和气候政策，设定了三种情景：基准情景、ACT 情景和 Blue-Map 情景。预测了 2050 年世界一次能源需用量和 GHG 减排效应。将 BlueMap 情景的预测结果与基准情景的比较结果说明如下：

ETP-2008 预测的数据与较早的 ETP-2006 的 ACT 情景、Tech Plus 情景，和 WEO-2007 的参考情景(Reference scenario)、450μL/L 情景的估算结果基本一致，只是将预测时间延长至 2050 年。

(1) 基准情景(Baseline scenario)

是不实施新政策，世界能源消费量、GHG 排放量和各项发展都是不可持续的。2050 年世界一次能源需用量增长至 233 亿 toe，石油需用量比 2005 年增长了 70%，CO_2排放量增长 130%，达到 62 Gt。

(2) ACT 情景

2050 年的 GHG 排放量将减少至 35Gt，仍维持在 2005 年的水平。

(3) Blue-Map 情景

2050 年的世界一次能源需用量为 180 亿 toe，一次生物质原料需用量为 83 亿 t(干)(150EJ)。

2050 年的 CO_2总减排量为 48.0Gt，净排放量需降低至 14Gt。

Blue Map 情景对“节能、GHG 减排”均持乐观态度，技术条件是：必须加速先进技术的工业化，并广泛推广新技术。否则 Blue-Map 情景设定的目标就无法实现。

采用的先进技术包括：

① 推广应用 CCS 技术，燃煤电厂、工业、燃料转化等系统推广应用 CCS 技术。

② 生物燃料系统与 CCS 联合组成 BECSS 系统，可实现 CO_2零排放。生物质气化、发酵工艺可生成比烟气更为纯洁的 CO_2，就可降低 CCS 过程的生产费用，降低 CO_2封存的能耗。美国 Ilinois 州已于 2010 年建成了一套 BECSS 示范项目，CO_2日回收量为 1000t，回填至地下 2000m 岩层中。

③ 提高能源产品的使用效率。

④ 运输系统采用新型替代燃料，包括生物燃料和氢燃料。

⑤ 推广可再生能源的应用，包括太阳能、风能、地热、核能等。

表 1-21　2050 年世界一次能源和一次生物质原料消费量　　亿 teo(EJ)

项　　目	基准(Baseline)情景	Blue-Map 情景
世界一次能源需用量	232.68 (977)	180.25(750)
世界一次生物质原料需用量	21.42(90.0)	36.05 (150)
占一次能源的份额	9.2%	20.0%
生物质最终产品消费总量	12.82(53.8)	20.03 (84.1)
占总消费量的份额	8.1%	19.0%

续表

项目	基准(Baseline)情景		Blue-Map 情景	
最终产品消费总量		占比/%		占比/%
其中，工业部门	3.60(15.1)	6.7	8.22(34.5)	18.3
生物燃料	1.10(4.5)	2.2	7.0(29.1)	26.0
其他	8.16(34.3)	15.6	4.88(20.5)	15.5

说明：根据 ETP-2008 的数据整理。

Blue-Map 情景的能源/环境效应小结：

① 2050 年世界一次能源消费量降至 180 亿 toe。

② 生物质原料用量 36 亿 toe[折合 83 亿 t(干)]，占一次能源总用量的 20%。

③ 运输生物燃料产量 7 亿 toe。

④ GHG 减排效应：2050 年可实现的 GHG 减排量 48Gt。

四、WEO-2012 预测的生物燃料用量和生物能发电量[12]

世界能源展望-2012(WEO-2012)按照三种情景(新政策情景、现行政策情景和 450 情景)，以新政策情景为主预测了 2035 年生物燃料用量和生物能发电量。

2035 年世界生物能发电量为 1487TW · h，生物燃料用量为 2.25 亿 toe。

生物质资源发展前景的预测结果，归纳如下：

① 可再生能源发电增长最快，2015 年可再生能源发电量约相当于煤发电量的 1/2，至 2035 年可再生能源发电量将占总发电量的 1/3，接近于煤炭发电量。

② 2035 年，用于发电和生产生物燃料的生物质原料消费量将比 2010 年增长 4 倍。

③ 新政策情景，2035 年生物燃料年用量将增长至 2.25 亿 toe(450 万桶/d)(按汽柴油当量计，2010 年的年用量为 0.65 亿 toe)。其中，乙醇年用量将从 0.5 亿 toe 增长至 2035 年的 1.2 亿 toe。2035 年不同国家的道路运输燃料中生物柴油用量的份额：巴西 37%，美国 19%，欧盟 16%。

④ 全世界生物质资源充足，可以满足生物燃料和生物电所需的原料供应，不至于与粮食生产争地。

⑤ 生物质能源需求量持续增长归因于：生物质原料的生产成本降低，化石燃料价格和碳价格上涨，国家对生物能项目给予补贴。

⑥ 由于新政策导致可再生能源的推广应用，使 2035 年 GHG 减排量为 4.1Gt，减轻了空气污染，缓解了水资源供应紧张。

⑦ 各项补贴政策应随生物能产品产量上升，生产成本下降而逐步调整。

2035 年不同情景的生物燃料用量和生物能发电量见表 1-22。

表 1-22 不同情景的 2035 年生物燃料用量和生物能发电量

项目	2010	新政策情景		现行政策情景		450 情景	
		2020	2035	2020	2035	2020	2035
生物能发电量/(TW · h)	331	696	1487	668	1212	750	2033

续表

项　　目	2010	新政策情景		现行政策情景		450 情景	
		2020	2035	2020	2035	2020	2035
生物燃料用量/(万 toe/a)	6500	12000	22500	10500	18500	14000	41000
其中，道路运输燃料	6500	12000	22000	—	18000	14000	34000
航空燃料	—	—	500	—	500	—	4000
国际海运	—	—	—	—	—	—	300
生物燃料占运输燃料总量比例/%	2	4	6	4	5	5	14

几点结论：

① 在新政策情境下，2035 年生物燃料用量将比 2010 年(6500 万 toe)有较大的增长，达到 2. 25 亿 toe，生物能发电量为 1487TW · h。主要是由于美洲和欧盟一些国家都制定了运输燃料中必须调入生物燃料的政策。

② 在新政策情景下，生物燃料品种仍以生物乙醇和生物柴油为主，2010 年这两种燃料的年用量分别为 5000 万 toe 和 1500 万 toe，2035 年分别增长至 1. 70 亿 toe 和 0. 55 亿 toe。

③ 在新政策情景下，生物燃料用量占运输燃料总量中的份额：从 2010 年的 2%提高至 2035 年的 6%；450 情境下，2035 年生物燃料份额可提高至 14%。

④ 在新政策情景下，至 2035 年，将推广使用生物航空燃料，年用量为 500 万 toe；450 情景下，2035 年生物航空燃料用量将提高至 0. 4 亿 toe，国际海运生物燃料用量为 300 万 toe。

图 1-6 为新政策情景下各种生物质原料用量变化趋势图，从图 1-6 可以看出，2010~2035 年期间生物质原料用量有以下变化：

① 糖基/淀粉农作物、油料作物和林业废料用量下降；

② 农业废料用量有较大的增长；

③ 木质纤维能源作物开始应用，用量将逐渐增长。

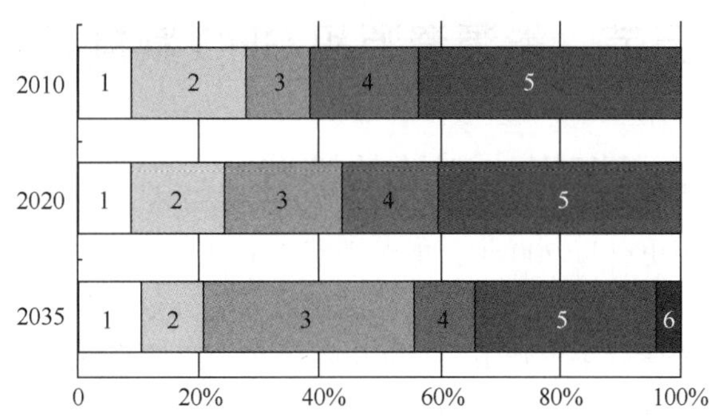

图 1-6　新政策情景下各种生物质原料用量的变化趋势

1—林业产品；2—林业废料；3—农业废料；4—油料作物；5—糖基/淀粉　农作物；6—木质纤维能源作物

五、生物质资源的几点结论

① 需要注意识别生物质资源的定义，多数评估结果为地理资源藏量或技术资源藏量，采用经济资源(藏量)的数据较少，表 1-23 为 2050 年世界生物能资源量数据汇总。

表 1-23　2050 年世界生物质资源量

数据来源	2050 年世界生物能资源量/(EJ/a)
Fisher & Schrattenholzer 数据，2011 年①	350~450
Hoogwijk et al 数据，2003 年	50~1150
Hoogwijk et al 数据，2005 年	300~700
IEA 数据，2006 年	80~1100
IEA 平均值数据，2006 年①	250~520
Smeets et al 数据，2007 年②	370~1550
BlueMap 情景，2050 年生物原料需用量③	140

① 为经济资源量估算值。
② 为技术蕴藏量估算值。
③ 换算为生物质原料量。

② 生物质原料用量估计，中远期的生物质原料需用量数据汇总如表 1-24。

表 1-24　中远期的生物质原料需用量

数据来源	情景(年度)	需用量	相当于一次能源比例/%
IEA	Blue-Map(2050 年)	140EJ(33 亿 toe)	21%(159 亿 toe)
WEO-2009	450 情景(2030 年)	82EJ(19.5 亿 toe)	13.6%(144 亿 toe)
ETP-2008	Blue Map 情景(2050 年)	150EJ(36 亿 toe)	20%(180 亿 toe)

③ 生物质原料用量占一次能源的份额，预测 2050 年世界生物质原料用量相当于一次能源的 20%。

④ 生物质原料资源丰富，但分布不均匀，合理开发，有效利用就可以满足生物燃料和生物电所需的原料供应，不至于与粮食生产争地。

第五节　能源资源和 GHG 减排问题

一、工业化推动了煤炭、石油的消费

人类实现工业化的历史已近 200 年，能源消费方面从使用传统的可再生资源转型为化石能源(煤炭、石油)。大量应用煤炭、石油，对发展经济、改善生活，发挥了重要作用，却带来了能源消费不可持续性后果，形成了“为发展经济，改善生活就需要不断提高化石能源消费，也相应产生了大气升温和污染环境的后果”。

研究说明，实现工业化近 150 多年以来，由于煤炭、石油消费量增加，使得大气中 CO_2 浓度持续升高，导致大气温度比工业化之前约升高了 0.8℃。

消费化石能源产生的环境效应和对生活的影响，说明如下：

1. 发展工业生产导致化石能源消费量快速增长

从 20 世纪 60 年代至今的半个世纪，世界和我国的一次能源与原油、煤炭消费量持续增长，增长率远高于工业化初期，相关数据参见表 1-25、表 1-26。

表 1-25 近半个世纪的世界化石能源消费量 亿 toe/a

年度	一次能源	原油	煤炭
1965	38.63	15.31	14.81
1980	66.40	29.75	18.07
1990	81.19	31.54	22.37
2000	90.80	35.58	23.64
2010	120.0	40.24	35.56
2010/1965 比值	3.10	2.60	2.40

表 1-26 中国历年化石能源消费量 亿 toe/a

年度	一次能源	原油	煤炭
1965	1.83	0.11	1.66
1980	4.16	0.854	3.05
1990	6.85	1.13	5.30
2000	9.67	2.24	6.67
2010	24.32	4.29	17.14
2010/1965 比值	13.1	39.0	10.3

数据说明，近半个世纪的世界化石能源消费量成倍地增长，中国呈数量级增长。

2. GHG 排放量随化石燃料消费量急剧增长

工业化前期的 150 多年，由于消费煤炭和原油产生的 CO_2 累计排放量约 2000Gt，其中，约 60%CO_2 排放量从大气层中移出，滞留在大气层中的 CO_2 约为 800Gt。所产生的环境效应为，大气平均温度约比工业化之前上升了约 0.8℃，大气中 CO_2 浓度提高了近 100μL/L(从 270μL/L 提高至 380μL/L)。

工业化前 100 多年，CO_2 排放量逐年上升，年平均排放量约为 15Gt。而 2007 年消费化石能源产生的 CO_2 排放上升到 30Gt，参见表 1-27。

表 1-27 2007 年世界 CO_2 排放量数据

项 目	排放量/Gt	占比/%
煤炭	12.2	40.9
石油	11.9	39.9
天然气	5.7	19.2
合 计	29.8	100

与 20 世纪 60 年代的 CO_2 年排放量相比，21 世纪第一个 10 年的 CO_2 排放量成倍地增长，且将持续增长，对人民生活将带来更大危害。

3. 工业生产和人民生活均需要消费能源产品

各个国家的工业化程度和人民生活水平各异，产生的 CO_2 排放量也不同，表 1-28 为

2007 年按部门统计的 CO_2 排放量数据。

表 1-28 2007 年按部门统计的 CO_2 排放量

项目	排放量/Gt	占比/%
发电/供热	13.4	44.8
制造业	6.7	19.0
运输	6.6	22.1
商业和民用	3.2	10.7
海运和空运	1.0	3.3
合计	29.8	100.0

二、能源资源

化石能源为实现工业化作出了贡献，也相应产生了环境和气候问题，就需要构建新型能源系统解决能源系统的不可持续性。以下分类简要说明化石能源(原油、煤炭、天然气)、可再生能源(太阳能、风能、生物质能等)的资源现状和发展前景。

(一)化石能源资源

1. 原油

据 BP-2010 年数据，世界原油可采储量为 1817 亿 toe，包括加拿大的油砂资源(233 亿 toe)为 2050 亿 toe。洁净能源发展初期，化石能源消费量仍将经历持续提高用量的阶段，待低碳替代燃料产量提高后，原油需用量才能逐渐降低。

2010 年世界原油消费量为 40.3 亿 toe。在 2030 年之前，用作运输燃料和石化产品原料的原油消费量仍将保持增长趋势。WEO-2013 预测，2035 年原油将主要用作运输燃料和石化原料，运输业的原油消费量约 30 亿 toe，石化原料的需用量为 7 亿 toe。此后，随着电动汽车和混合动力汽车的发展，汽油消费量将减少。

按 2DS 情景分析预测，2050 年世界原油消费量将降低 27%，煤炭消费量降低 36%，天然气略有降低。

2. 煤炭

煤炭是最丰富的化石能源资源，总储量为 1 万亿 t(其中，约 75%为硬煤，约 25%为褐煤)，分布于 70 多个国家。按目前的用煤量计算，足够使用 150 年。

中国的煤炭资源丰富，但人均煤炭资源拥有量偏低。据国土资源部的数据，我国煤炭资源可采储量为 2040 亿 t，以发电用煤为主，75%为烟煤，12%为无烟煤，13%为褐煤。煤炭储量分布主要集中于华北、西北地区，储量比率分别为 43%和 24%。

2050 年煤炭用量将减少，主要用作发电燃料、煤制油(CTL)、煤制甲醇-甲醇制乙烯(MTO)的原料。

3. 天然气

据 2010 年数据，世界天然气的探明可采储量为 187.5 万亿 m^3，蕴藏量丰富的天然气将能够应对全世界能源需求量的增长。

中国天然气资源较低，占世界可采储量的份额约 1.3%。

预计未来 30 年将是天然气需用量快速增长时期，2035 年常规天然气产量预计达到最高值(约 4.0 万亿 m^3)后，产量将逐年降低，2050 年产量约为 3.6 万亿 m^3。

中国天然气消费的发展前景，预期民用和发电用天然气量将增长。据国际能源署(IEA)发布的天然气市场中期展望(2014 年 6 月)指出，2019 年中国天然气需求量将从目前的用量(1600 亿 m^3)，2019 年增长至 3150 亿 m^3，增长率为 90%。

(二)可再生能源

可再生能源是可持续补充，来自太阳和地球内部的能源资源，包括太阳能、风能、水力能、海洋能、地热和生物质能等。利用这些资源可生产替代燃料、电力和氢燃料等能源产品。

世界可再生能源潜含量丰富，充分发展就能替代一定量的化石能源。BP 公司于 2010 年预测：2030 年后，可再生能源(包括太阳能、风能、地热和生物质能)在一次能源消费量中的份额将增长至 20%左右；化石能源在一次能源中的份额将从 87%(2010 年)，至 2050 年将降至≤30%。

可再生能源品种繁多，下面重点说明太阳能、风能、生物质能。

(1)太阳能

太阳能是地球上光能、热能的唯一来源，每年从太阳传送到地球上的能量约为 5.4×10^6 EJ，按热量计相当于 126 万亿 toe，可谓是廉价、取之不尽的洁净能源。地面可接受的太阳辐射能量与地区的地形、日照时数、气候条件等因素有关。

太阳能可用不同工艺方法转化为电力、燃料等能源产品。

太阳能光伏发电-电解水制氢是氢燃料时代的洁净燃料生产系统，尽管目前存在经济障碍，却是重要发展方向。

培育具有光合作用的微藻合成类脂物，再将类脂物转化为生物柴油等产品，也是太阳能转化为低碳燃料的工艺技术。

(2)风能

风能是太阳辐射引起的大气对流运动，实质上是太阳能转化的动能量。风力的能量密度与风速、地形、地理位置等有关，在 40km/h 的风速下，风力的能量密度为 1000W/m^2。风能的利用以发电为主，风电是发展最快的可再生电力技术。

据世界气象组织估计，全世界风能资源总量约为 2.7 万 kW，比水力能大得多。发展风力发电技术的主要障碍是风电价格还不能与火电、水电价格竞争。

风能发电技术发展方向是研发风电联合应用技术，例如，风电-制氢、风电-海水淡化和风电-水利灌溉等。

(3)生物质能

生物质资源是生产替代运输燃料的重要原料，包括以下品种：

① 粮食、油料和糖料作物，是第一代生物燃料的原料。

② 农、林业废料和城市废料。

③ 专用能源作物。

④ 微藻。

中国的生物质资源特点是国土面积辽阔，发展潜力大；人口众多，人均拥有量偏低。预计发展前景，低碳生物燃料占一次能源量的比例≯20%。

三、能源消费和 GHG 减排[13]

1. 能源消费与 GHG 减排和控制大气升温的关系

国际能源总署(IEA)用情景分析方法研究了能源转型、利用低碳能源产生的CO_2减排效应和控制大气升温的效果。

采用低碳能源和降低一次能源消费量等措施可降低CO_2排放量，从而控制大气升温限度。下面按照设定的三种情景，说明 2050 年实现CO_2排放量减半的目标和措施，表 1-29 是CO_2减排量与大气升温的关系。

表 1-29　CO_2减排量与大气升温的关系

情景	大气升温限度/℃	大气 GHG 浓度/(μL/L)(CO_2当量)	大气CO_2浓度/(μL/L)	2050 年CO_2减排量/%(相对于 2000 年)
2DS	2.0~2.4	445~490	350~400	-50%~-85%
4DS	3.2~4.0	590~710	485~570	+10%~+60%
6DS	4.9~6.1	885~1130	660~790	+90%~+110%

应该指出，大气中的温室气体包括二氧化碳、甲烷、氧化亚氮(N_2O)、氢氟碳化物(HFC)和气溶胶。2004 年，按CO_2当量计算的主要 GHG 气体占总排放量的份额为：CO_2 75%(其中，燃烧化石燃料占约 60%)，$CH_4$17%，N_2O约 7%，其他约 1%。

2050 年实现 2DS 情景的减排目标，相对于 4DS 情景的CO_2减排量为 24 亿 t，相对于 6DS 情景的CO_2减排量为 42 亿 t，参见表 1-30。

表 1-30　相对于 6DS 情景的CO_2减排量

项　目	CO_2减排量/Gt	占比/%
美国	4.6	11.0
OECD 欧洲	3.0	7.0
OECD 其他国家	4.2	10.0
中国	11.3	27.0
印度	5.0	12.0
其他经济体	5.9	14.0
其他非 OECD 国家	8.0	19.0
合　计	42.0	100.0

从表 1-31 可知，需要采取一系列技术措施才可实现 2DS 情景的CO_2减排目标。

表 1-31　2DS 情景实现CO_2减排的措施

项　目	CO_2减排量/Gt	占比/%
提高燃料和电力使用效率	16.0	38.0
改换燃料品种	6.3	15.0
提高发电效率、改换发电燃料	2.1	5.0

续表

项　目	CO_2减排量/Gt	占比/%
使用核电	2.5	6.0
使用可再生能源	7.1	17.0
采用 CCS 技术	8.0	19.0
合　计	43..0	100.0

三种情景的 2050 年一次能源需用量和 GHG 减排量汇总如表 1-32。

表 1-32　不同情景的一次能源需用量和 GHG 减排量

项　目	一次能源需用量		GHG 排放量/Gt	GHG 减排量/Gt②
	亿 toe	%①		
2009 年	114	100	30	—
2DS 情景，2050 年	154	135	16	-14
4DS 情景，2050 年	188	165	40	+10
6DS 情景，2050 年	211	185	58	+28

① 为相对于 2009 年的一次能源用量/GHG 减排量。

与 2009 年相比，2050 年不同情景的一次能源需用量和 GHG 减排量与大气升温效应的关系说明如下：

① 2DS 情景：一次能源用量增长 35%；GHG 减排 14%，可以实现气候升温≯2℃。

② 4DS 情景：一次能源用量增长 65%；GHG 增排 10%，气温超标 3~4℃；影响生活。

③ 6DS 情景：一次能源用量增长 85%；GHG 增排 28%，气候升温>6℃，可产生气候灾难。

2. 按部门分析 CO_2 排放量

工业生产和人民生活均需消费能源产品，每个国家的工业化水平和人民生活标准各异，产生的 CO_2 排放量也不同。表 1-33 为 2007 年按部门统计的 CO_2 排放量数据。

表 1-33　按部门统计的 CO_2 排放量

项　　目	CO_2排放量/Gt	占比/%
发电/供热	13.4	44.8
制造业(工业)	6.7	19.0
运　输	6.6	22.1
商业和民用	3.2	10.7
海运和空运	1.0	3.3
合　　计	29.8	100.0

数据表明，发电、工业生产和交通运输是产生 CO_2 排放的主要部门，总份额高达约 85%。

以下分别说明发电、运输、工业、建筑系统的节能、减排措施。

(1) 发电

发电/供热系统是主要的CO_2排放源。

① 实现2DS情景的减排目标，以燃煤发电为主的国家，其煤炭用量和发电用煤量均需要减少40%以上。

② 若目前仍有许多老旧、低效率的燃煤电厂仍在运行，就需要改建或停运。

③ 使用廉价、劣质煤炭发电是产生高排放的主要原因。

④ 燃煤电厂实现大幅度减排，必须采用CCS技术，将CO_2排放量降低至<100g/(kW·h)。

⑤ 推广先进的燃煤发电技术，降低CO_2排放量。

2DS情景的电力需用量将降低，2050年总发电量为41000TW·h，4DS情景约为43500TW·h。

2DS情景的发电燃料用量，在一次能源消费总量中仍占较大的比重。2050年，约57%发电量是靠使用可再生燃料(其中，太阳能发电和风电各占15%，核能发电占20%)，其余的43%发电量仍需使用煤炭燃料，大部分燃煤电厂应采用CCS技术。2DS情景2050年燃煤电厂的煤炭用量将比2009年用量减少45%。不同发电技术的CO_2减排效应见表1-34。

表1-34　各种发电技术的CO_2减排效应

项　　目	CO_2排放量/[t/(MW·h)]
煤炭USC发电	0.777
煤炭-生物质发电	0.622
煤发电+CCS	0.142
煤炭IGCC发电	0.708
天然气-NGCC发电	0.403
核电	0.005
太阳能-CSP发电	0.017
太阳能PV发电	0.009
风能发电	0.002

实现2DS情景(2050年实现升温低于2℃的GHG减排目标)的电力系统减排目标，需要从以下方面改进技术，参见表1-35。

表1-35　电力系统需采用的技术

项　　目	减排效应/%
可再生能源发电	29
提高燃料/电力的使用效率	31
采用CCS技术	20
改用低碳燃料	9
核能发电	8
提高发电效率	3
总减排效应	100

2009年，全世界燃煤发电量约占总发电能力的40%。2009年煤炭发电量8000TW·h，产生的CO_2排放量约占发电总排放量的75%。预测2050年，燃煤电厂产生的CO_2排放量可

降低至 45%，实现燃煤电厂的减排效应，主要靠采用 CCS 技术。

（2）运输

2050 年运输业的 GHG 减排量，在 2005 年基础上（2005 年 GHG 排放量 26 亿 tCO_2 当量）降低至 5.2 亿 t，减排率为 80%。

设定三种低碳情景，推广使用先进汽车和研发先进燃料技术生产低碳燃料，实现 GHG 减排 80%的效果。

① 综合情景（Portfolio scenario）：成功地推广先进汽车和先进燃料技术，达到 GHG 减排和降低原油消费量目标；成功地推广先进的汽车技术和低碳燃料技术。在小汽车市场方面，推广用液化天然气（CNG）、氢气和电力为燃料的小汽车。

② 燃烧情景（Combustion scenario）：运输燃料市场以使用生物燃料和天然气的高效率的汽车为主，大力推广用生物质原料生产的低碳运输燃料。

③ 电气化情景（Electrification scenario）：在小汽车方面，推广电动汽车，包括蓄电池汽车（BEV）、插电式混合动力汽车（PHEV）和燃料电池汽车（FCEV）等。

实现“降低运输燃料消费量、减少 CO_2 排放”的技术措施，包括：

① 使用的低碳燃料，包括纤维生物质生产的低碳燃料、天然气、低碳电力和氢气，降低碳排放强度，低碳燃料为 35gCO_2/MJ，（小汽车）汽油 FCI 为 93gCO_2/MJ（平均值），减排效应见表 1-36。

② 减少人均乘车里程，降低燃料消费。

③ 开发新型公交汽车，节约燃料。

④ 提高汽车的燃油效率，降低每百公里耗油量（平均耗油量从 9.5L/100km 降低至 2.14L/100km，减排效应见表 1-36）。

表 1-36　各种减排措施的效应

减排措施	减排效应/%
使用低碳燃料	35
提高燃油效率	55
减少运输燃料用量	10

⑤ 陆路运输、海运和空运使用低碳燃料。

运输业降低耗油率指标和 2DS 情景的生物燃料用量，参见表 1-37 和表 1-38。

表 1-37　2050 年运输业耗油量降低率指标

项　目	耗油量降低率/%　2010 年 = 100%
小汽车	-50
中型/重型卡车	-40
航空	-50
铁路	-30
水运	-5

表 1-38　2050 年 2DS 情景的生物燃料的用量

项　目	用量/亿 toe	占比/%
陆路客运	2.81	37
陆路货运	2.00	26
航空	2.00	26
水运	0.84	11
合计	0.76	100

三种低碳情景消费的运输燃料是用生物质原料生产的，电动汽车的电力是用可再生能源/天然气发生的。三种低碳情景的生物质原料使用量为 6.0~7.5 亿 t(干)/a，见表 1-39。

表 1-39　2050 年不同情景的生物质原料用量

项　目	2050 年生物质原料用量/[亿 t(干)/a]					
	玉米	林业废料	速生木材	农业废料	能源作物	合计
综合情景	0.12	0.48	0.96	1.54	2.59	5.69
燃烧情景	0.01	0.57	1.32	2.38	3.23	7.51
电力情景	0.05	0.43	1.26	1.58	3.20	6.52

（3）工业

2050 年，不同情景工业系统的 CO_2 排放量见表 1-40。

表 1-40　2050 年工业系统的 CO_2 排放量

项　目	CO_2 排放量/Gt
2 DS 情景	6.7
4 DS 情景	10.0
6 DS 情景	12.0

近 20 年来亚洲地区工业快速发展，2009 年，世界工业生产的能源消费量升高至 126EJ（约 30 亿 toe），其中亚洲地区占 41%。

近 10 多年来，许多工业部门的能效率显著提高，碳排放强度也有较大改善。工业系统能源消费量增长，主要是由于生产力提高的原因。

各个工业部门都需要采用新工艺技术以提高能效率，降低碳排放量。

2050 年实现能源系统的 CO_2 排放量减少一半的目标，工业系统的 CO_2 减排率应不低于 20%。

依靠提高能效率的 CO_2 减排效应偏低，还需要采用新生产技术，包括：

① 工业生产过程采用 CCS 技术回收 CO_2 是可行的。一些能源转化工艺，例如：CTL、煤炭直接液化、煤制甲醇-MTO 烯烃技术等，均适合采用 CCS 技术。优点是：工艺过程可回收高纯度的 CO_2，故可降低 CCS 生产费用。

② 生产新技术实例，钢铁工业用天然气替代煤炭，精制炼钢过程用氢气作还原剂替代焦炭，纸浆、造纸工业的废液用作气化原料。

③ 实现 2DS 减排目标，2010~2050 年期间，工业部门技术改造的投资约为 10.7~12.5

万亿美元。

④ 工业部门能源消费量增长，主要原因是发展中国家的工业材料/产品需求量增长。

(4) 建筑业、商业的能耗和减排

2050 年建筑物的减排目标：相对于 2009 年的 CO_2减排量应不低于 60%。与 4DS 情景相比，2DS 情景 2050 年的建筑业的能量节约指标为 32EJ(7.6 亿 toe)。首先需要改善建筑物的保温性能，可以降低采暖和空调的能耗；使用低耗电的家用电器。

2050 年的住宅户数将增长 65%，服务业建筑面积将增长 72%，2050 年的总能耗约比 2009 年增长 11%，占总能源消费量的比例不大。

2DS 情景 2050 年的服务业能耗量将比 2009 年增长 40%，4DS 情景的增长率为 75%。

每家住户的总能耗指标(包括采暖、热水、照明、空调、电器设备和炊事用)随地区而异。数据如下：

① OECD 国家：

2009 年总能耗指标：65GJ/户；

2050 年目标：2DS 情景，45GJ/户；

4DS 情景，60GJ/户；

节能措施：主要靠提高能效。

② 非 OECD 国家：

2009 年总能耗指标：40GJ/户；

2050 年目标：2DS 情景，25GJ/户；

4DS 情景，30 GJ/户；

节能措施：主要靠炊事和采暖不再使用常规生物质能源。

四、气候变化和 GHG 排放

1. ETP-2012[14] 报告设定两种情景，研究了“2075 年实现 CO_2零排放问题”

按照以下两种情景预测 2075 年的 GHG 零排放情况：

① 替代 2DS 情景(Alternative 2DS Scenarios)：设定的条件为 2050 年后，技术普及、推广进度更快一些，例如生物能技术。替代 2DS 情景 2075 年的 CO_2净排放量可降低至 4Gt。

② 延长 2DS 情景(Extended 2DS Scenarios)：设定提高效率和技术进步等仍按照 2035～2050 年的进度进行，2075 年的 CO_2净排放量为约 10Gt。

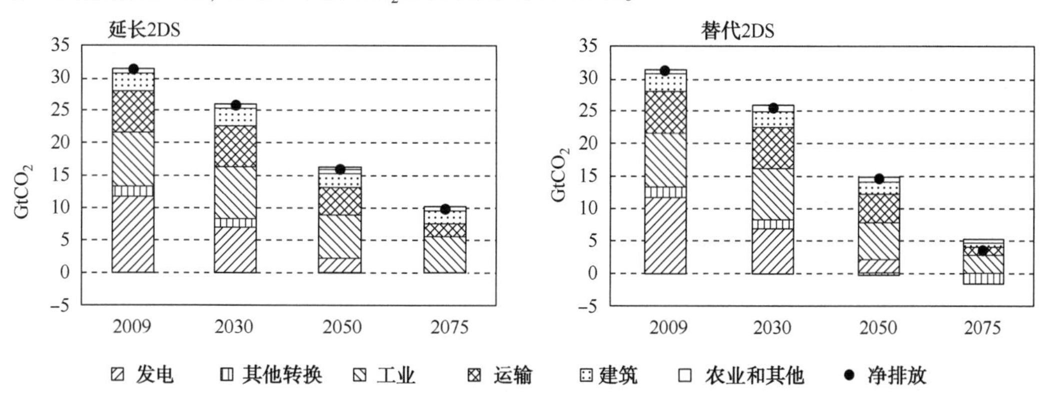

图 1-7 2075 年两种情景的 CO_2净排放量

图 1-7 为 2075 年两种情景的 CO_2 净排放量。替代 2DS 情景 2075 年的 CO_2 净排放量可降低至 4Gt，只是接近于零排放，但仍不是零排放。延长 2DS 情景 2075 年的 CO_2 净排放量高于替代 2DS 情景。

图 1-8 为 2075 年两种情景的能源消费量。一次能源消费量至 2075 年，两种情景的能源消费量均有增长，但化石能源消费量下降。替代 2DS 情景 2075 年的能源消费量为 900EJ（214 亿 toe），延长 2DS 情景 2075 年的能源消费量为 850EJ（约 200 亿 toe）。

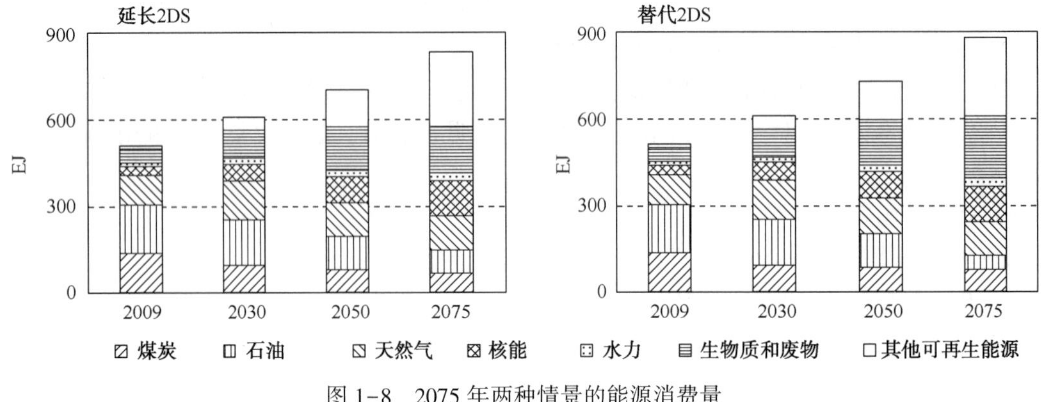

图 1-8　2075 年两种情景的能源消费量

2. IPCC-2013 年的气候变化评估结果[15]

（1）自 20 世纪 50 年代观察到的气候变化（包括气候变暖、海洋升温、积雪和冰量减少和温室气体浓度增加）现象，是千年来所未曾见到的。

从 1870 年代开始工业化以来，人类开始应用化石能源作燃料，导致 GHG 排放量持续增加，产生的环境效应总结如下：

① 大气升温：近 30 年来，地表温度明显高于过去 150 年（1850~2010 年）的任何一个 10 年。1983~2012 年的 30 年，可能是北半球 1400 多年以来气候最暖的 30 年。

② 1880~2012 年期间，全球陆地和海洋表面温度升高了 0.85℃（0.65~1.06℃）。而 2003~2012 年期间的平均升温幅度为 0.78℃（0.72~0.85℃）。

③ 海洋变暖：自 1870~1971 年以来，海洋上层（0~700m）开始变暖；1971~2010 年期间，海洋上层变暖更为明显。

④ 冰冻圈变化：近 20 年以来，格陵兰冰盖和南极冰盖持续损失，全球冰川均在退缩，北极海冰和北半球积雪面积缩小。

⑤ 海平面升高：从 20 世纪初期以来，海平面上升速度不断加快，1901~2010 年，全球海平面上升了 0.19m（0.17~0.21m），上升速率超过了过去 2000 年的平均值。

（2）气候变化的驱动因子

改变地球的能量收支是气候变暖的驱动因子。可以用“辐射强迫”（RF）对气候变化的驱动因子进行“量化”。可有两种计算方法：① 根据每种气体浓度的变化计算其辐射强迫值；② 根据气体排放量计算其辐射强迫值。两种估计方法的人为辐射强迫值是一致的。

2011 年（相对于 1750 年）由于人类活动产生的辐射强迫值为 2.29W/m²（1.13~3.33W/m²）。

正辐射强迫值可使气候系统吸收能量，导致气候变暖；负辐射强迫值会导致地球表面变冷。

几种气体产生的辐射强迫值：仅 CO_2 排放产生的辐射强迫值为 1.68 W/m^2(1.33~2.03W/m^2)；仅甲烷(CH_4)排放产生的辐射强迫值为 0.97 W/m^2(0.74~1.20W/m^2)；卤代烃排放(耗损平流层的臭氧)产生的辐射强迫值为 0.18 W/m^2(0.01~0.35W/m^2)；气溶胶的强迫效应是产生“净冷却效应”，大气中气溶胶总效应的辐射强迫为 -0.9 W/m^2(-1.9~-0.1W/m^2)。

(3) 实现 GHG 零排放的 RCP(典型浓度路径)情景

人为的 CO_2 累计总排放量与地表温度呈近似的直线关系。气候变化具有持续性，至 2100 年末期，CO_2 排放对气候变化的影响可能持续到几个世纪。

气候变暖的幅度与累计的 CO_2 排放量有关，若早期的 CO_2 排放量较多，就需要降低后期的容许排放量。

1750~2011 年(即 260 年期间)累计的总碳排放量为 555(470~640)Gt。其中，使用化石能源产生的碳排放量为 375(345~405)Gt。因毁林、改变土地利用产生的碳排放量为 180(100~260)Gt。

总碳排放的去向分布，240(230~250)Gt 的碳积累到大气中，155(125~185)Gt 的碳被海洋吸收，陆地生态系统积累的碳为 160(70~250)Gt。

截至 2011 年，人类活动产生的累计 CO_2 排放量达 1890Gt(排碳量 515Gt)。

联合国政府间气候变化委员会(IPCC)第五次评估报告(AR5)第一小组报告[15]对 21 世纪内由于人为排放引起的气候变化按地球系统模式模拟设定了四种情景，分别为 RCP2.6、RCP4.5、RCP6.0 和 RCP8.5，它们代表相应的辐射强迫数值(W/m^2)。RCP 2.6 属于极低强迫水平的减缓情景，RCP4.5 和 RCP.6.0 为中等稳定情景，RCP8.5 则是温室气体排放非常高的情景。四种情景代表了世界在 21 世纪实施的不同气候政策。对 RCP.6.0 和 RCP.8.5 情景，到 2100 年辐射强迫还没有达到峰值，对 RCP 2.6 情景，辐射强迫先达到峰值，然后下降；对 RCP 4.5 情景，到 2100 年辐射强迫在 2100 年前达到了稳定。

四种情景的大气 CO_2 浓度分别约为：421μL/L(RCP2.6)、538μL/L(RCP4.5)、670μL/L(RCP6.0)和 936μL/L(RCP8.5)。

按估计概率 66% 以上的数据，得出的 2012~2100 年间累计 CO_2 排放量是 510Gt(RCP2.6)、2180Gt(RCP4.5)、3080Gt(RCP6.0)和 6180Gt(RCP8.5)。表 1-41 列举了四种 RCP 情景下的碳排放量，表 1-42 列举了四种 RCP 情景的大气升温幅度和海平面上升高度，图 1-9 表示了四种 RCP 情景下的曲线走势。

表 1-41　RCP 情景 2012~2100 年的累计碳排放

项　目	2012~2100 年累计碳排放			
	GtC		$GtCO_2$	
	平均值	范围	平均值	范围
RCP-2.6 情景	270	140~410	990	510~1505
RCP-4.5 情景	780	595~1005	2860	2180~3600
RCP-6.0 情景	1060	840~1250	3885	3080~4585
RCP-8.5 情景	1685	1415~1910	6180	5185~7005

表 1-42　四种 RCP 情景的大气升温幅度和海平面上升高度

项　　目	平均升温幅度/℃		海平面平均上升高度/m	
	2045～2065 年	2081～2100 年	2045～2065 年	2081～2100 年
RCP-2.6 情景	0.4～1.6	0.3～1.7	0.17～0.32	0.36～0.55
RCP-4.5 情景	0.9～2.0	1.1～2.6	0.19～0.33	0.32～0.63
RCP-6.0 情景	0.8～1.8	1.4～3.1	0.12～0.32	0.33～0.63
RCP-8.5 情景	1.4～2.8	2.5～4.8	0.22～0.38	0.45～0.82

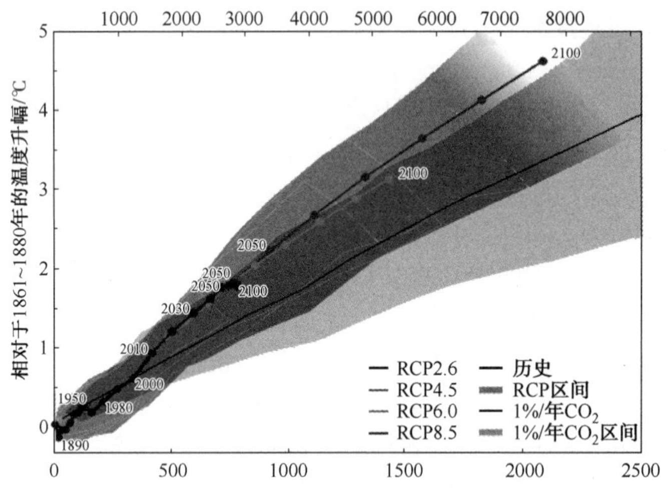

图 1-9　四种 RCP 情景下累计排碳量和气温升高幅度走势图

根据当前趋势，CO_2年排量已超过 30Gt，且有增无减，估计 2012～2050 年间 CO_2累计排量将超过 1000Gt。RCP2.6 情景 2012～2100 年间允许的累计 CO_2排量为 510Gt，故 RCP2.6 情景应排除；RCP4.5 情景 2012～2100 年间允许的 CO_2累计排放量为 2180Gt，此情景可以成立。图 1-9 中与此情景对应的温度升高达 2.7℃，偏高的温升将使地球上多数人民生活艰难。应控制累计 CO_2排量低于 2180Gt，最好为 1500Gt。此种情况要求 2050～2100 年间累计排碳少于 400Gt，人均约 40t，即在 25 年内(2050～2075 年)从人均 2.5t 降到 1t 以内。以上数字好似纸上谈兵，但确有一定的科学依据。

第六节　生物质的性质

纤维素生物质中的有机化合物是由 CO_2、H_2O 通过吸收太阳能的光合作用生成的，每年通过光合作用储存于生物质中的太阳能量为 2100EJ，约相当于 500 亿 t 石油当量(toe)。而目前全世界人每年消费的一次能源总量仅约为 110 亿～120 亿 toe。

了解纤维素生物质的化学组成、物理及热力学性质，建成生物分子的分析数据库，是研发生物质转化、生物燃料生产技术的重要条件和理论基础。

纤维素生物质中的三种主要成分是[16]：纤维素、半纤维素、木质素，其他微量组分包括：萜类、甘油三酯、蛋白质、无机物等。纤维素生物质的性质及其有机化合物组成说明如下：

一、纤维素生物质的分析数据

一些纤维素生物质的工业分析、元素分析、热值和有机化合物组分等数据汇总如下。

1. 工业分析

表 1-43 列出了几种生物质原料的工业分析数据。

表 1-43　几种生物质原料的工业分析

生物质原料种类	生物质原料工业分析/%			
	水分	挥发分	固定碳	灰分
衫木	3.27	81.20	14.79	0.74
榉木	5.90	79.0	14.50	0.60
松木	6.00	76.60	17.00	0.40
杨木	6.70	80.30	11.50	1.50
柳木	3.50	78.00	16.90	1.60
桦木	11.10	70.00	18.60	0.30
枫木	5.60	74.20	16.60	3.60
玉米秸	6.10	76.00	13.20	4.70
玉米芯	4.87	71.95	17.25	5.93
麦秸	10.30	69.70	15.80	4.20
稻草	3.61	67.80	16.39	12.20
稻壳	5.62	62.61	13.95	17.82
花生壳	7.88	68.10	22.42	1.60
棉秸秆	6.78	68.54	20.17	3.97

（1）水分

按照水分的存在形态划分，生物质中的水分包括游离水分和结晶水。游离水分又可分为外在水分和内在水分。外在水分是生物质表面附着的水分和在生物体的大毛细孔(直径>10^{-5} cm)中存留的水分。外在水分含量变化很大，最高可达 60%。在常温下自然干燥时，可将大部分外在水分脱除掉。内在水分含量比较稳定，一般在 5%左右，需在 105～110℃下干燥，才能将生物质的内在水分脱除掉。

用生物质原料生产生物燃料，首先需要进行干燥以脱除生物质的游离水分，这需要消耗较高的能量。生物质原料的化合结晶水含量一般很少，如灰分中的 $Al_2O_3 \cdot 2SiO_2 \cdot 2H_2O$，当温度超过 200℃，结晶水才能分解、逸出。

（2）挥发分

生物质在隔绝空气条件下加热到一定温度时，可生成液态和气态的挥发分产物。各类生物质的挥发分含量均较高，远远高于煤炭中挥发分的含量。生物质和煤炭的挥发分含量的比较数据，参见表 1-44。

表 1-44 生物质和煤炭的挥发分

项　目	挥发分/%
农作物秸秆	63~80
木材	70~78
无烟煤	≤10
烟煤	20~40
褐煤	40~60

(3) 固定碳

生物质脱除挥发分后的产物为焦渣，其中包括固定碳组分和灰分。生物质的固定碳是相对于挥发分中的含碳而言的，以单质形式存在的碳组分，一般指生物质燃烧所得灰渣中残留的“未燃烧碳”。

生物质中的固定碳含量比煤炭少得多，一般为 14%~25%，煤炭中固定碳含量通常为 50%~90%。

(4) 灰分

生物质中的灰分为不可燃的矿物质，包括高岭土($Al_2O_3\cdot 2SiO_2\cdot 2H_2O$)、二氧化硅($SiO_2$)和其他金属氧化物等，表 1-45 为几种生物质灰分中的矿物质组成数据。

表 1-45 生物质中灰分中的矿物质含量

种　类	SiO_2	Al_2O_3	Fe_2O_3	CaO	MgO	Na_2O	K_2O	SO_3
麦秸	56.8	-	0.50	5.8	2.00	6.0	14.8	7.6
玉米秸	18.60	-	1.50	13.5	2.90	13.3	26.4	8.8
稻草	78.46	1.38	0.14	2.2	3.03	1.79	9.93	0.34
稻壳	90~97	-	0.40	0.2~1.5	0.1~2.0	1.75	0.6~1.6	0.1~1.1
木材	0.09	1.0~75.0	0.5~2.3	10~60	1.4~1.7	≤10.0	1.5~41	-

2. 生物质元素组成及热值

生物质的元素组成以碳、氢、氧为主，其总和约占生物质的 98%以上，硫、氮等元素含量较少。表 1-46 为几种生物质的元素分析和热值(无灰干基)数据。

表 1-46 几种生物质的元素组成及热值

种　类	元素分析(无灰干基)/%					热值/(MJ/kg)	
	C	H	O	N	S	HHV	LHV
衫木	51.40	6.00	42.30	0.06	0.03	20.50	19.19
榉木	49.70	6.20	43.80	0.28	0.01	19.43	18.08
松木	51.00	6.00	42.90	0.08	0.00	20.35	19.05
红木	50.80	6.00	43.00	0.05	0.03	20.80	19.49
杨木	51.60	6.00	41.70	0.60	0.02	19.24	17.93
柳木	49.50	5.90	44.10	0.42	0.04	19.92	18.63
桦木	49.00	6.10	44.80	0.10	0.00	19.74	18.41

续表

种 类	元素分析(无灰干基)/%					热值/(MJ/kg)	
	C	H	O	N	S	HHV	LHV
枫木	51.30	6.10	42.30	0.25	0.00	20.23	18.90
玉米秸秆	49.30	6.00	43.60	0.70	0.11	19.07	17.75
玉米芯	47.20	6.00	46.10	0.48	0.01	19.03	17.73
麦秸	49.60	6.20	43.40	0.61	0.07	19.88	18.53
稻草	48.30	5.30	42.20	0.81	0.09	18.80	17.64
稻壳	49.40	6.20	43.70	0.30	0.40	17.37	16.02
花生壳	54.90	6.70	36.90	1.37	0.10	22.87	21.42
棉秸	49.80	5.70	43.10	0.69	0.22	19.33	18.09

二、纤维素生物质中的有机化合物组分

典型的木质纤维素生物质是高分子有机化合物组成的复合体，包括纤维素、半纤维素、木质素等组分，纤维素含量为40%~50%，半纤维素为25%左右，木质素为25%左右。

微藻和一些作物的种子是特殊生物质资源，可含有类脂物(lipids)、糖类和淀粉等能量物质。

1. 纤维素[$C_6(H_2O)_5]_n$

纤维素是高分子碳水化合物，是由葡萄糖分子通过β键链接而成的结晶聚合物，其分子式是$(C_6H_{10}O_5)_n$，式中的n为聚合度。木材纤维素的聚合度约为10000，不同来源的纤维素相对分子质量在5000~250000范围内。图1-10为纤维素的分子结构图。

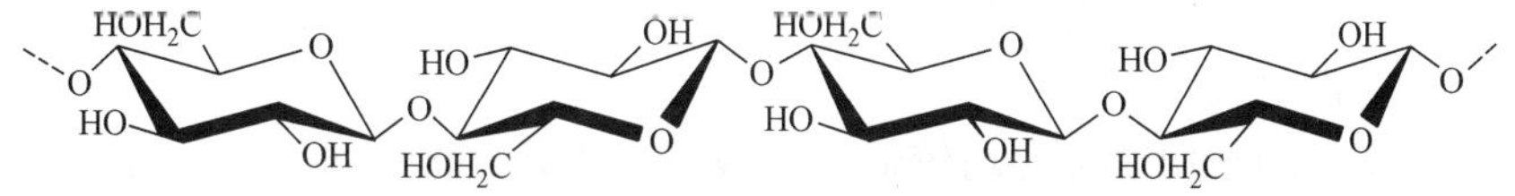

图1-10 纤维素分子结构图[17]

从分子结构而言，纤维素是以*D*-吡喃式葡萄糖基为基环，基环之间以β-糖苷键联接，形成线型大分子。纤维素的大分子葡萄糖基上带有许多羟基，相互之间受分子引力和氢键的作用使分子链之间聚集成束，这种束状结构称为超分子结构。

纤维素的化学性质主要取决于分子中的羰基和醛基(糖苷键)的化学性质，纤维素转化的化学反应包括酯化、氧化、碱性降解和酸水解等。木质纤维素发酵法制乙醇必须经过纤维素的水解过程。

纤维素加热后可使聚合度下降，发生炭化或石墨化反应。按照反应温度的不同，全过程可分为4个阶段：

① 在<150℃范围内，纤维素中的吸附水被解吸。

② 在150~240℃之间，纤维素的某些葡萄糖基开始脱水。

③ 在240~400℃之间，葡萄糖的糖苷键开始断裂，一些C—H键和C—C键也开始断裂，生成挥发性化合物。

④ 在>400℃后，纤维素的残余部分芳环化并逐步形成石墨结构。

通常在隔绝空气加热至275~450℃条件下，纤维素可生成气态、液态化合物和炭。

2. 半纤维素[$C_{10}H_{12}O_3$]$_n$

半纤维素是由五碳糖和六碳糖组成的无定形高聚糖(amorphous polysaccharide)，包括：半乳糖葡甘露聚糖(galactoglucomannan)和阿拉伯葡甘露聚糖(arabinglucuronoxylan)，可参见图1-11。

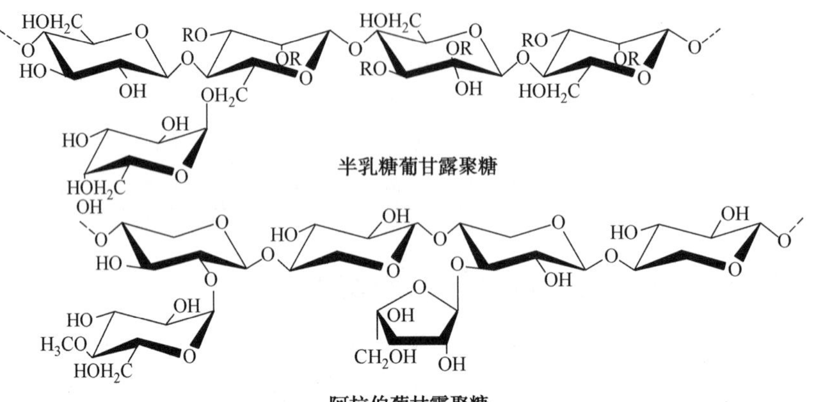

图1-11　半纤维素分子结构图[17]

半纤维素是由不同的糖单元聚合而成的高聚糖，包括多戊糖、多己糖和糖醛酸等组分。其中，戊糖以木糖为主，其次为阿拉伯糖；己糖包括甘露糖和半乳糖和少量的葡萄糖；糖醛酸包括葡萄糖醛酸和半乳糖醛酸。

不同植物中的半纤维素含量和化学结构也各不相同，如阔叶林木材的半纤维素主要由聚木糖和少量的聚葡萄糖、聚甘露糖组成，针叶林木材半纤维素是由半乳糖、葡萄糖、聚甘露糖和相当多的聚木糖组成。

半纤维素高聚糖的平均聚合度均较低，一般都在100~600之间。例如：聚木糖的平均聚合度约为100~300，聚甘露糖的平均聚合度约为100，而聚半乳糖的平均聚合度约为200~600。

由于半纤维素基本上为无定形结构，所以比纤维素更容易发生酯化、醚化、氧化和酸水解等化学反应。

半纤维素可以在酸性溶液中水解，生成单糖。各种半纤维素的水解速率也不同，一般说来，6碳的已糖糖苷比5碳的戊糖糖苷难以水解，吡喃糖苷比相应的呋喃糖苷难以水解，酸型糖苷比相应的非酸型糖糖苷难以水解。

3. 木质素[$C_{10}H_{12}O_3$]$_n$

自然界中的植物是由纤维增强的结构，其中的木质素为“胶合材料”，将纤维材料胶合到一起。木质素存在于植物细胞壁中，是“三维交联结构”的有机聚合物，其化学结构与酚醛树脂相似。

木质素与纤维素、半纤维素等共同组成植物的结构，木材的木质素含量一般为20%~40%，禾本科植物秸秆的木质素含量一般为14%~25%。

木质素是由带烷基的酚单元组成的无定形多核芳烃聚合物。一般认为，木质素是由3种不同的结构单元组成的，即愈创木酚基型、紫丁香酚基型和对丙苯酚基型 3 种结构单元。不同生物质的木质素中，三种结构单元的比例也不同。针叶林的木质素中，结构单元以愈创木酚为主；阔叶林的木质素中，主要是愈创木酚和紫丁香酚；禾本科草类的木质素由愈创木酚、紫丁香酚和对丙苯酚组成。在每个酚基邻位的位置上有时被 1 个或 2 个甲氧基(methoxy group)所取代，在对位的位置上有一个 C_3—基团。

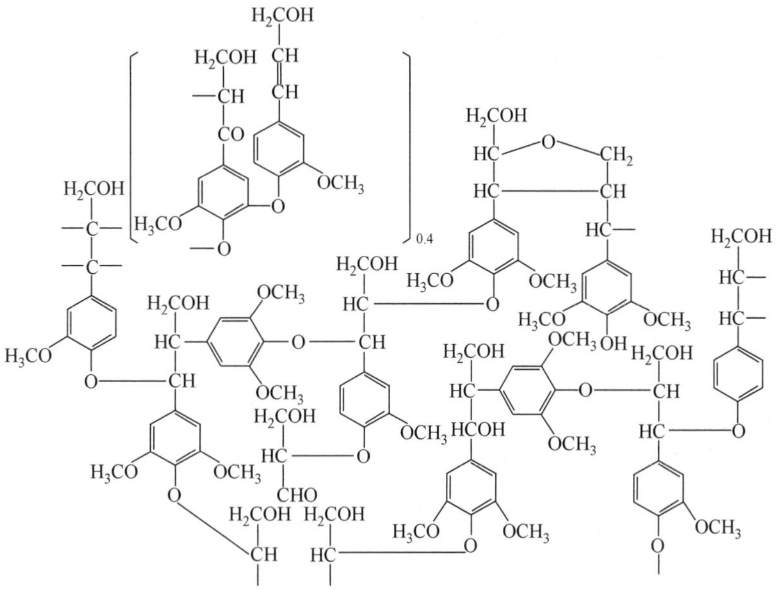

图 1-12　木质素分子结构图[17]

木质素高温热解后可以生成木炭、焦油、木醋酸和气体。热解温度为 350~450℃。产品收率取决于木质素的化学组成、反应温度和热解设备结构等因素。

木质素的氧含量较低，故热值相对较高。目前，木质素的应用仍以用作燃料发电或发生蒸汽为主，或是气化生产合成气。木质素生产乙醇或其他化学品的技术尚不成熟。可能的用途是木质素氧化生产香兰素(vanillin)或二甲基亚砜(dimethyl sulfoxide)。

综合以上所述可知，木质纤维素生物质是由交联的半纤维素、纤维素和木质素聚合物组成的非均质混合物。纤维素是葡萄糖的结晶聚合物，半纤维素是由己糖(包括 *D*-葡萄糖、*D*-半乳糖和 *D*-甘露糖)和戊糖(包括 *D*-木糖和 *L*-阿拉伯糖)共同组成的非结晶聚合物。纤维素和半纤维素共同组成生物质的碳水化合物成分，约占生物质(干基)总量的 2/3。其余部分为木质素和少量的蛋白质、油类和蜡等组分。木质素是由带烷基的酚单元组成的高能聚合物。

其他组分还有：

① 萜类(terpens)[$C_{10}H_6$]；

② 甘油三酯[$C_xH_yO_6$]；

③ 有机蛋白质[C，O，N，S]，包括：核苷酸(Nueleotides)[C，O，N，S]、磷脂(phospholipide)[C，O，P]；

④ 矿物质，包括 K、Se、Si、Mg、Ca、Fe 等。

表 1-47 为一些木质纤维生物质的典型组成，表 1-48 为几种玉米秸秆和几种草类的组成数据。

表 1-47　木质纤维生物质的典型组成　　%(干基)

原料	硬木			软木	草类
	刺槐	杂交杨树	桉树	松树	柳枝稷
纤维素	41.61	44.70	49.50	44.55	31.98
glucan6C 葡萄糖	41.61	44.70	49.50	44.55	31.98
半纤维素	17.66	18.55	13.07	21.90	25.19
聚木糖	13.86	14.56	10.73	6.30	21.09
聚阿拉伯糖	0.94	0.82	0.31	1.60	2.84
聚半乳糖	0.93	0.97	0.76	2.56	0.95
聚甘露糖	1.92	2.20	1.27	11.43	0.30
木质素	26.70	26.44	27.71	27.67	18.13
灰分	2.15	1.71	1.26	0.32	5.95
酸类	4.57	1.48	4.19	2.67	1.21
可抽出物①	7.31	7.12	4.27	2.88	17.54
高热值/(GJ_{HHV}/t 干物质)	19.5	19.6	19.5	19.6	18.6

① 可抽出物为低分子有机物，包括芳烃类、萜类和醇类物质。

表 1-48　玉米秸秆和几种草类的组成　　%(干基)

项　目	纤维素	半纤维素			
	聚葡萄糖	聚半乳糖	聚木糖	聚阿拉伯糖	聚甘露糖
玉米秸秆	39~41	1.0~1.2	20~23	2.4~3.4	0.5~0.7
柳枝稷	36~41	1.0~1.1	23~25	3.0~3.4	0.1~0.8
胡枝子(serica lespedez)①	34~42	1.6~1.8	10~14	1.3~1.6	2.0~2.5
硬木	39~44	0.7~1.2	13.~17	0.4~1.1	1.0~1.3

① 胡枝子，一种豆科草本植物。

三、纤维素生物质的性质和化学组成与化石燃料区别[16]

纤维素生物质与化石燃料在性质和化学组成方面的根本差异决定了生物燃料生产工艺的路线。工艺技术的基础是如何从纤维素生物质中脱氧，另一项技术是如何调整碳链的长度以便生产特定的生物燃料(例如生产柴油、航空燃料等)。

木质纤维素生物质的主要成分是由葡萄糖聚合物组成的纤维素、五碳糖和六碳糖的低聚物组成的半纤维素、木质素以及少量可抽出物组分组成的。以石油为原料生产的运输燃料是由多种碳链长度不等，沸点范围不同的烃(烷烃、芳烃等)混合物。

就原料的元素组成而言，纤维素生物质与运输燃料的根本区别是前者的氧含量高(>40%)；而各种运输燃料是沸点范围不同的烃混合物，氧含量为 0。将木质纤维素转化为生物燃料的关键技术是从糖类原料中脱除氧分子得到烃产品。最佳的脱氧型式是生成 CO_2 和 H_2O，因为这两种分子的燃烧热值均为 0。这样，就可以将原料中的能量全部富集到生物燃料产品中，提高能量回收率。

碳水化合物脱氧可有多种化学路线，生产不同的中间体[包括一碳产品(CO、CH_4和C)、合成气等]，从中间体生产生物燃料可生成不同的工艺方案。

表 1-49 纤维素生物质和汽、柴油化学组成的比较

项 目	纤维素生物质	汽油	柴油
碳链长度	[5~6]n	5~10	12~20
O/C 分子比	1	0	0
H/C 分子比	2	1~2	2
常温下的相特征	固态	液态	液态
极性	极性	非极性	非极性
主要的分子结构	线性/环状化合物	带支链烷烃/芳烃/环烷烃和不饱和烃	饱和直链烷烃

参 考 文 献

[1] IEA. Technology roadmap biofuels for transport[EB/OL]. 2011. http://www.iea.org/publications/freepublications/publication/biofuels_ roadmap.pdf.

[2] IEA. Bioenergy—a sustainable and reliable energy source, Main report[EB/OL]. Bioenergy: ExCo, 2009.06. http://www.seai.ie/Renewables/Bioenergy/Bioenergy_ - _ a_ Sustainable_ and_ Reliable_ Energy_ Source_ MAIN_ REPORT.pdf.

[3] Eisntraut A. Sustainable production of second-generation biofuels[EB/OL]. Information Paper Feb 2010. http://www.iea.org/publications/freepublications/publication/second_ generation_ biofuels.pd.

[4] Bauen A, Berndes G. Bioenergy—a sustainable and reliable energy source: A review of status and prospectives [EB/OL]. IEA Bioenergy Exco 2010. 01. http://www.seai.ie/Renewables/Bioenergy/Bioenergy_ %E2%80%93_ a_ Sustainable_ and_ Reliable_ Energy_ Source_ MAIN_ REPORT.pdf.

[5] IEA. World energy outlook 2006 [EB/OL]. http://www.worldenergyoutlook.org/media/weowebsite/2008-1994/WEO2006.pdf.

[6] IEA. Energy technology perspectives-2008: Scenarios & Strategies to 2050[EB/OL]. http://www.iea.org/techno/etp/ETP_ 2008_ Exec_ Sum_ English.pdf.

[7] IEA. World energy outlook 2009 [EB/OL]. http://www.worldenergyoutlook.org/media/weowebsite/2009/WEO2009.pdf.

[8] Fritsche U R, Oko-Institut, et al. Better use of biomass for energy[EB/OL]. Position Paper of IEA RETD and IEA Bioenergy, Dec 2009. http://www.ieabioenergy.com/wp-content/uploads/2013/10/Better-Use-of-Biomass-for-Energy-Position-Paper.pdf.

[9] 靳胜英. 我国非粮燃料乙醇的原料资源量分析[J]. 中外能源, 2011, 16(5): 40-45.

[10] Robert D P. Biomass as feedstock for a bioenergy and bioproducts industry: the technical feasibility of a billion -ton annual supply[EB/OL]. http://www1.eere.energy.gov/bioenergy/pdfs/final_ billionton_ vision_ report2.pdf.

[11] US DOE. US billion-ton update: bionass supply for a bioenergy and bioproducts Industry. Aug. 2011[EB/OL]. http://www1.eere.energy.gov/biomass/pdfs/billion_ ton_ update.pdf.

[12] IEA. World energy outlook 2012[EB/OL]. http://www.iea.org/publications/freepublications/publication/

english. pdf.

[13] 陈俊武，陈香生．中国中长期碳减排战略目标研究[M]. 北京：中国石化出版社，2012.

[14] IEA. Energy technology perspectives-2012[EB/OL]. http://www.iea.org/textbase/npsum/ETP2012SUM.pdf.

[15] IPCC(政府间气候变化专门委员会) 2013 年气候变化第五次评估报告，决策者摘要

[16] Petrus L, Minke Noordermeer. Biomass to biofuels, a chemical perspective[J]. Green Chemistry, 2006, 8: 861~867.

[17] Breaking the chemical and engineering barriers to lignocellulosic biofuels: next generation hydrocarbon biorefineries[M]. sponsored by The National Science Fundation, American Chemical Sociaty. The Department OF Energy, June 2007.

第二章　生物质资源供应链

随着人们对生物质资源开发利用的重视，对生物质资源的需求在不断增加。如何保证大量生物质资源的收集、贮存、运输的顺利实施，已经成为生物质能源研究领域中重要的问题。可以预测，随着对生物质原料需求的日益增加，生物质原料的供应链将是决定生物质资源开发利用实现工业化、商业化的重要基础保障。众所周知，虽然生物质原料来源广泛、数量巨大，但由于大多数生物质原料的密度很低，且分布分散，因此原料的收集、运输、预处理，直至进入工厂的整个物流过程，已经成为影响原料成本的关键问题。此外，由于原料的种类多样，而现有的物流系统并不能适用所有的生物质原料，因此，如何开发有效、经济且适用于不同种类的大规模生物质原料供应链系统显得尤其重要[1]。

第一节　生物质原料供应链

一、生物质原料种类

生物质原料资源种类众多，常见的生物质原料主要包括：农业废弃物、林业废弃物、能源作物、藻类和城市固体废弃物等。农业废弃物通常是指农作物收获后余留在田地中的剩余物，常见的农业废弃物包括玉米秸秆、小麦秸秆、燕麦和大麦秸秆等，此外农产品加工业废弃物，如稻壳、玉米芯等也属于农业废弃物资源的范畴。林业废弃物是指采伐作业后的木材或植物残余物，以及木材加工的残余废弃物等。能源作物是指经专门种植用以提供能源原料的草本和木本植物，如高粱、油菜、柳枝稷等。能源作物可以在荒山、荒坡和盐碱地等边际性土地上种植，具有较大的生产潜力。藻类主要包括许多大型海藻、微藻、蓝藻细菌等，它们通过光合作用可快速生长，因藻类体内含有高含量的油脂，可以作为柴油、汽油和航空燃料的重要原料。城市固体废弃物属于城市垃圾中的一部分，可以作为潜在的生物质气化原料[2]。

目前，以纤维素生物质为代表的生物质资源是当前开发利用的主要原料，主要包括农业废弃物、林业废弃物、能源作物等。在中国，纤维素原料资源丰富，仅农作物秸秆、皮壳一项，每年产量就达 7 亿多吨，这些数量巨大的纤维素原料未来将是生产生物能源的主要原料来源。在许多地区，由于纤维素原料的供应受到限制，因此，将能源作物种植在荒地或退化的土地上是较好的方法。通过育种(包括基因修饰)，新型的能源作物不仅可提高产量、减少用水，而且降低对肥料的依赖。近年来，藻类资源越来越引起人们的关注，其中的微藻因具有脂类物质含量较高、生物量大、生长周期短、易培养等优点，已经成为制备生物质液体燃料的良好材料。总之，上述生物质资源为生物质液体燃料的生产提供了广泛的原料来源，也为生物质能源的多样性发展提供了坚实的物质基础[3]。

针对生物质原料供应链系统而言，由于上述生物质原料的性质各不相同，因而也造成了原料供应链的差异，需要针对不同的生物质原料开发适宜的原料供应链系统。在开发有效的生物质供应链系统中，需要重点考虑生物质原料特性对供应链系统设计的影响，如：原料的灰分、尺寸、形状、密度、水渗透性和湿含量等，这些重要的原料属性对原料供应链系统的组成具有重要的影响，如表 2-1 所示。

表 2-1　生物质原料供应链设计中重要的原料属性

生物质特性	对供应链系统的影响
灰分	设备磨损
颗粒尺寸和形状	粉磨效率、存储容量
原料密度	输送和处理效率、运输经济性、存储容量
水渗透性	干燥效率
水分含量	粉磨效率、运输经济性、输送和处理效率、存储稳定性

二、生物质原料供应链组成

生物质原料供应链是由生物质到生物燃料整个生产过程的桥梁。在整个物流系统中，主要包括生物质原料的收获与收集、原料储存、原料预处理、运输等步骤。保证整个物流有效、经济地运行，是实现生物燃料大规模商业化生产的关键所在[4]。

生物质原料的收获与收集是整个供应链的第一步，它是生物质从起始到储存的关键步骤，该步骤包括：粉碎、收获、收集及打包等操作。储存是原料生物质保持稳定的关键步骤，在生物质进行预处理前，保持原料的稳定均一是生物质后续转化的物质基础。预处理步骤是通过物理、化学或生物的方法将生物质转化为更加稳定的形式，以利于运输和转化。运输即是通过运输基础设施，如卡车、铁路、船运或管线等，将生物质运输至生物炼制厂。这些步骤构成了完整的生物质供应链，如图 2-1 所示。

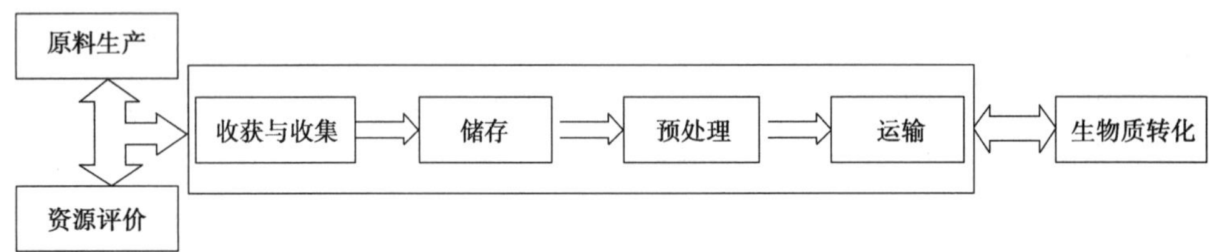

图 2-1　生物质原料供应链

针对不同的生物质原料，供应链的各个步骤都面临着相似的工程问题，针对现有生物质供应链的不足，需要在各个环节进行优化设计和改进，一些需要重点考虑的工程问题如表 2-2 所示。

表 2-2　生物质供应链需要考虑的工程问题

生物质供应链系统的工程挑战		针对问题
收获和收集	设备能力、组成、预处理要求、环境影响、增加干燥效率	现有的或传统的收获设备不适合能源作物或短期轮作木质作物
储存	收缩、成分影响、预处理影响、可溶性糖捕获	水分引起的生物降解导致原料干物质和质量的损失

续表

生物质供应链系统的工程挑战		针对问题
预处理	设备能力、设备效率、原料容积、密度、成分影响、预处理影响	现场预处理，如：研磨和(或)化学预处理通常比较耗能
运输	卡车能力、装料密度、装料与卸料效率、社会影响	原料较低的溶剂密度导致运输效率下降和成本增加

三、生物质原料供应链技术

由于生物质资源种类的差异，不同的生物质原料的供应链技术也不尽相同，以下主要针对纤维素生物质资源的供应链技术进行重点介绍。

1. 收获与收集

纤维素生物质原料中，农作物废弃物，例如，小麦秸秆、玉米秸秆等所占的比例最大，也是目前主要的纤维素生物质原料来源，因此秸秆的收获与收集是生物质供应链系统中的主要研究课题。

首先，收割是整个原料收集过程的第一步，收割的方法和技术不仅影响着原料的储存、运输和加工，还对土壤的松紧和侵蚀有重要的影响。目前，纤维素原料(如玉米秸秆、小麦秸秆等)的收割过程主要分三步进行，第一步是联合收割机在行进过程中收割庄稼，收割剩余的生物质在收割机后排成一列；第二步由拖拉机牵引的打捆机将生物质进行打捆；第三步由拖拉机将打好的捆托运至田边。目前，虽然这种收割方式已经比较成熟，但它还不足以满足大规模生物质炼制企业所需原料的要求。现有的打包收割方式主要存在以下弊端：易造成原料夹带泥土和石块，污染原料；需要专门的设备和劳力，增加原料成本费用；由于设备车辆频繁在田间移动，将导致土壤疏松度破坏，且不利于保持土壤中碳水平的稳定。所以，为了满足未来持续大规模生产所需原料的要求，开发可持续性的收割技术已势在必行。

可持续性收割是以获得最大量的纤维原料为目的，同时能够保证土壤和作物的可持续性开发利用。选择性收割技术的开发有望实现该目的，选择性收割即针对作物的结构特点进行收割，将满足工业用原料的主要成分进行收割，同时保留对土壤和作物生长有利的组分，以实现原料收割和可持续利用利益最大化的双重目的。为此，有学者提出开发单通收割机(single-pass harvester)的设想，以满足原料收割的实用性、可持续性和经济性。单通收割机的特点主要是：在单向行进中针对作物组分特点，同时进行生物质和粮食的选择性收割，并保留作物的剩余组分，以有利于土壤的保护。这种收割方式不仅能降低对土壤的破坏，而且减少了原料收割的成本和能量消耗。此外，还有学者在研究气动大容量生物质处理系统，如果该技术能够成功，必将极大地促进和提高生物质原料的处理系统。

纤维原料经收割后，通常以打包的形式进一步收集。目前的原料打包收集系统存在着诸如原料体积密度低、单位成本高、大规模处理困难等不足，难以满足未来大规模应用的要求。为此，人们提出大规模收集技术(Bulk harvesting and collection systems)，该技术有望成为未来原料收集的方向。大规模收集技术主要根据可持续收割技术的要求，在满足实用性、可持续性和经济性的前提下，实现大规模收集。这种收集方式如果开发成功，将能够有效地克服目前打包收集系统的不足。

目前，原料的收集仍存在着很多问题需要解决，在设备和工艺上需要下大力气进行技术攻关，未来不仅要满足大规模纤维乙醇工艺所需原料的要求，还有满足生物质在其他生物质能源领域中对原料需求的要求。有关原料在近期和中长期发展技术的趋势如下表 2-3 所示。

表 2-3 近期及中长期发展的原料收割相关技术

发展技术	近期(三年内)	中长期(十年内)
可持续性选择性收割	建立满足可持续收割技术的经济数据和模型；发展有利于可持续性和经济性的田间技术	发展满足选择性收割目的的生物质分离技术；建立满足工程设备设计所需的生物质质量评价和控制标准
单通收割技术	发展单向同时收割生物质和粮食的技术	发展经济可持续行的集成原料收集设备和方法
大规模收集系统	发展降低设备和操作费用 50%的原料收集方法和装备；发展适宜不同原料的散装收集系统	发展与联合收割机配套的新型设备

大多数生物质原料具有热值低、密度小、松散、杂乱的自然形态和易燃性。如松散状态下的稻草和小麦秆的密度为 40~50kg/m^3，打成包后软质秸秆的密度为 200~250kg/m^3。这就决定了生物质原料不易整理、存放和装车，运输难度大，运输成本高。这些特点决定了生物炼制企业对原料收集范围不宜太大，也限制了企业的生产规模。虽然，企业的生产规模越大，单位产品的设备和人员成本越低，但生产规模的扩大对原料的需求也增加，这就意味着必须扩大原料的收集距离，才能保证原料的来源。通常，影响原料的收集范围或可获取量的因素包括农作物的种类和生长周期、种植习惯和收割方式、已用于其他用途的原料量及农民出售的积极性等。这些影响因素不仅类别多，而且不确定性大。因此，对生物质原料收集范围的估算十分困难。

以秸秆原料为例，燃料的收集范围一般可按式(2-1)计算得出：

$$R = \sqrt{\frac{M}{\pi \eta_1 \eta_2 M_2}} \tag{2-1}$$

式中 M——秸秆利用企业每年所需燃料量，kg；

R——秸秆收购半径，m；

η_1——秸秆可获得系数；

η_2——秸秆可供应系数；

M_2——单位面积秸秆产量，kg。

由于各地农民种植习惯和收割方式的不同及部分秸秆用于农民自用、造纸、养殖、沼气和建筑原料等用途，全国秸秆可获得系数平均值 η_1 约为 0.5。在秸秆可供应范围内，部分秸秆地处边远地区，道路不畅通，或因农忙农民不愿意出售秸秆等原因都会影响秸秆可供应量，可供应系数 η_2 一般为 0.3~0.5。式(2-1)中，

$$M_2 = KM_1 \tag{2-2}$$

式中 M_1——农作物单位面积产量；

K——草谷比。

不同文献中的草谷比差异非常大，其原因在于测试的条件不同。有的文献中秸秆包括了

农作物地下的根部，因此草谷比较高。含水量不同和植株的品种不同(高秆和矮秆)也是影响草谷比的因素。但近年来随着农作物新品种的培育和栽培措施的不断改善，农作物产量不断提高，草谷比呈下降趋势。不同农作物的 K、M_1 及根据 M_1 下限值计算出的秸秆产量 M_2 见表 2-4。

表 2-4　不同农作物秸秆量

农作物	K	M_1/(kg/m²)	M_2/(kg/m²)
玉米	0.9	0.548~0.6	0.493
水稻	0.78	0.645~1.103	0.503
小麦	0.73	0.467~0.488	0.34
棉花	3.53	0.138~0.142	0.487
大豆	0.75	0.195~0.225	0.146
油菜	1.29	0.195~0.206	0.25

在实际的生产实践中，依据公式(2-1)计算得到的理论收集半径值往往偏低。因此，建议 η_1 取值为 0.25~0.35，一般取 0.3；η_2 取值范围调整为 0.16~0.2，一般取 0.18。

此外，对原料收集面积的估算还可以应用式(2-3)进行估算：

$$Area = \frac{D}{Y \cdot F_1 \cdot F_2} \tag{2-3}$$

式中　$Area$——以工厂为圆心的收集面积；

D——生物炼制企业对原料年需求量；

Y——每年单位面积收集的原料量；

F_1——能够收到原料土地占全部耕地的比例；

F_2——种植农作物的可耕土地的比例。

从式(2-3)可以看出，随着原料土地收集比例的提高，原料收集半径将大大缩短，原料运输成本将大大降低。除了从资源量确定生物质资源的收集半径，还必须从经济的角度，综合考虑合理资源收集半径的测算。即要使收集半径内，生物质资源转化产品的总费用(包括：运输费用+收购费用+生物质产品生产费用+生物质预处理生产费用等)低于现有产品或替代能源产品的费用。因此，只有综合考虑资源量的满足和产品经济性的合理这两方面因素，才能制定出合理的原料收集半径。目前，我国在原料收集半径、工厂规模、产品生产成本之间的基础数据还比较匮乏，从已有的生物质发电、生物质秸秆乙醇等示范工厂的经验看，在现有技术水平的条件下，生物质秸秆的收集半径多在 50 km 以内[5]。

2. 原料储存和预处理

发展经济性良好的储存技术也是生物质供应链系统中的重要环节。为了实现未来大规模生产的要求，对于季节性很强的纤维原料必须能达到能贮藏两年的要求，同时还要尽量避免纤维原料的腐败变质，以及降低贮藏成本。因此，大力发展新的原料储存技术至关重要。

目前，纤维原料的储存方式可分为干式和湿式两种，对于纤维原料如秸秆通常以干式打包的形式进行贮藏，即秸秆在打包前，要在田间自然风干至 15%~35%的含水量范围，如果秸秆原料含水量过大，很容易造成秸秆的腐败，最终导致原料有效成分的流失。虽然，这种储存方式已被成功开发并应用，但以这种方式储存原料的规模有限，难以满足未来大规模利用纤维原料进行生物炼制的需求。如当储存原料在 1.0Mt 规模时，这种贮藏方式将有可能不再实用。因此，其他的储存方式应当给予考虑。

生物质造粒作为一种干式储存技术，能够有效地克服原料腐败流失的问题。经过造粒的原料不仅使原料不易自燃，而且可使原料密度增大，表面积降低。但是，目前生物质造粒的成本还比较高，因此现阶段还难以成为原料干式储存的主要方式。另外一种可替代的原料储存方式为湿式储存。湿式储存过程中，由于原料中湿度过高，原料极易腐败，所以可以通过青贮的方法来消除其中的氧气，以降低原料腐败变质。目前，青贮方法已成功应用于甜高粱和甘蔗渣的贮藏，如果进一步降低建设和维护成本，该方法将可能成为解决储存中原料稳定性的有效方法。

总之，原料的来源、可用性和地理位置将最终决定原料的储存方式。在特定的情况下，不同的储存方式应灵活调整，如对于季节性的纤维原料，新收割、湿度大的原料可以缩短储存时间，干燥的原料可适当延长储存时间。干式储存和湿式储存也可综合考虑，以最终达到保证原料质量的前提下，降低储存成本。有关原料在近期和中长期发展相关技术的趋势如表 2-5 所示。

表 2-5　近期及中长期发展的原料储存相关技术

发展技术	近期(三年内)	中长期(十年内)
原料质量检测	建立实时原料成分检测方法和技术；建立原料质量测定的标准方法	对不同目的用途原料质量和成分的确定
干式储存系统	发展干式储存的设备和设计；评估不同参数对原料储存损失的影响；调查储存中的病虫害影响	
湿式储存系统		发展干式贮藏的设备和设计；评估不同参数对原料储存损失的影响；确定原料贮运中对环境的影响；评估湿式储存中降低用水量的方法以及废水产生和处理的方法；评估其他预处理方法

此外，为了便于生物质的运输和后续的生物转化过程，发展生物质原料预处理技术也十分必要。预处理技术是通过物理、化学或生物的方法将生物质转化为更加稳定的形式，以利于运输和转化。常见的方法有：致密化(压块、烘烤)、现场热解、研磨、干燥、化学处理、青贮、分级处理、混配等。但目前的预处理方法仍存在成本较高、效率低的不足。因此，发展低成本的致密化技术成为该领域研究的热点。此外，在原料储存过程中利用酸、石灰、或臭氧对生物质原料进行预处理也是有益的尝试，这不仅可以强化生物质的物理结构的改变，还可以减少后续原料处理的费用。

3. 原料的运输

原料运输技术也是生物质原料供应链系统的重要技术之一。开发适用于不同尺寸、形状、质地的原料运输系统将有效地降低生物质原料的运输成本。由于生物质密度较低，大量生物质原料的运输将增加原料装卸及运输的费用。因此上述的预处理技术可以有效降低原料的运输费用。此外，在原料运输技术的研究中，需要评估重型车辆对农村道路和运输网络的影响，同时研究其他运输方式。

四、生物质原料供应链模式

生物质原料供应链模式的选择是保证供应链经济、高效实施的前提，建立良好供应链运行模式，是保证生物质原料物流从田间到生物炼制企业的重要环节。以我国当前秸秆原料供应链模式分析，现存的秸秆原料物流一般由秸秆利用企业、秸秆收储组织、秸秆收集专业户和农户构成，常见的模式主要有：自收自用模式、分散收储模式和集约化收储模式三种。自收自用模式就是自己组织人力和机具直接进行秸秆收集、收购和储存，以备自用。收储主体是农户、秸秆利用专业户或秸秆利用企业。这种模式下，专业化程度低，相对收储成本较高。分散收储模式主要以秸秆经纪人为主体，秸秆经纪人把分散农户组织起来，分散收储、加工，为秸秆利用企业常年提供秸秆原料。这种模式的特点是较为灵活，能充分调动广大农户广泛参与秸秆收储加工，秸秆能得到充分的收集和利用。其缺点是不稳定的供给关系导致较大的市场波动。一旦秸秆利用企业收购出现波动，必然导致下游收储环节较大的波动，秸秆被废弃的风险较高。集约化收集模式是在上述基础上的发展进步，它主要以专业秸秆收储公司为主体。这些公司一般具有固定的收储基地，先进的收集、加工、运输设备，充足的流动资金和相对完善的管理体系，并与秸秆利用企业有相对稳定的供给关系。集约化收储模式具有收储规模大、机械化程度高、收储半径大、成本低、秸秆加工和储存也比较规范等优点，但必须注意安全防火和天气等因素导致歉收而引起的供货违约风险。上述三种模式目前在我国共存，其中自收自用和分散收储模式是当前的主要形式，其收储量占到总量的90%以上。集约化收储模式收储量还不到总收储量的10%，但集约化收储专业公司和农村专业合作社会随着秸秆利用规模的扩大而不断涌现，代表着未来的主要发展方向。

针对我国生物质资源物流特点，有研究者提出生物质原料供应链可划分为：“有、收、包、运、存、保”六部分。狭义的“有”是指目标区域的农林生物质资源存量以及可获得量等问题；广义的“有”是要根据具体项目的投资发展战略，调查、研究适合发展生物质资源工业化应用的不同区域，研究编制生物质资源工业化应用发展的基本战略和规划。同时研究确定项目拟投资建设的具体地区、县、市等，重点调研该地区具体投资的软硬环境。“收”主要是指农林生物质资源的收集问题。“包”是指农林生物质资源的包装或者预加工等问题，其中打包或者预处理的规格、标准等，需要根据项目的技术路线和具体经济性分析等来研究制定。打包、预处理以及载货卸货是一块比较大的成本，需要研究并予以合理优化。“运”是指农林生物质资源的运输，包含跨区协调、调运等问题。“存”是指农林生物质资源存储点设置、存储标准和具体要求。“保”是指生物质原料存储的质量、安全保证，防范霉烂、虫、鼠、火、人为破坏等。防品质下降重点是防潮防雨，其次是防火防盗。目前，在我国由于生物质产业不成熟、模式不清晰、装备不配套，生物质资源工业化收集面临着不小的困难，也没有较成熟的完备流程。从总体降低原料收集成本和农村现代化发展方向看，农林生物质资源收集要走“工业化、规模化、机械化”发展道路，只有这样，农村才能留下更多的人才、资金，才能有自我良性循环发展的机会[6]。

美国生物质原料供应链的研究中提出了较明确的方法和模式，美国能源部(DOE)2011年发布了生物质年期规划目标。在原料供应的研究设计中，分别对资源评估和原料物流提出了阶段目标。在资源评估目标中，计划近期建立年可用量44.0Mt干重生物质资源的地理和经济标准；到2017年，建立155.0Mt干重规模的地理、经济、质量和环境标准。在原料的物流目标方面：到2012年，降低干草本原料(如：田间干玉米秸秆)从收获到生物转化工厂的费用，达到35美元/干吨；降低木质原料从收获到气化反应器的价格至46.37美元/干吨，降低木质原料从收获到热解反应器的价格至56.77美元/干吨(以上价格均指2007年美元价格)。到2017年，能够使更广泛的木质生物质原料达到相同的目标。从战略性目标看，对于生物质原料的目标是建立可持续性的技术，能够提供安全、可靠、满足生物能源工业需求的生物质资源。最终的结果(2030年或以后)是实现能够以可持续的和具有价格竞争力的方式，提供每年1.0Gt生物质资源的技术和方法[7]。

在生物质原料供应链模式研究，美国能源部提出了先进统一模式的原料供应体系(Advanced Uniform-Format Feedstock Supply System)，如图2-2所示。

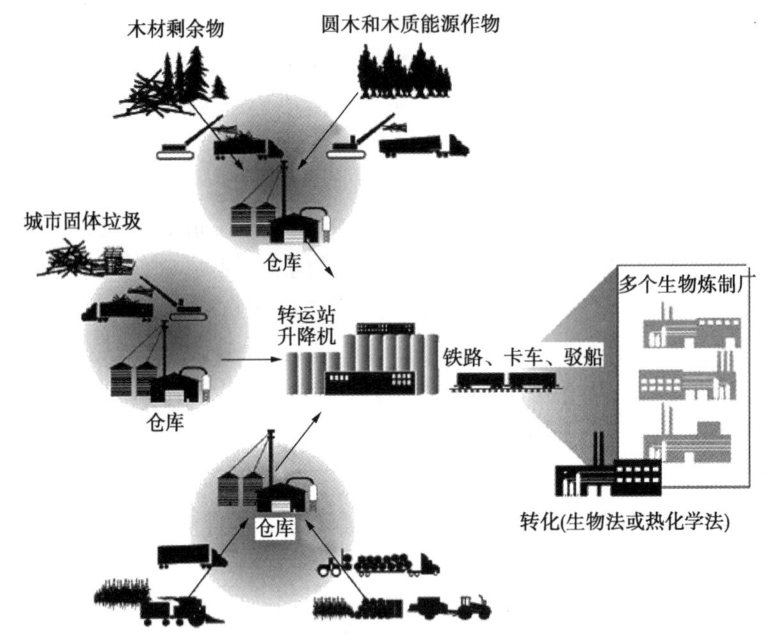

图2-2　先进统一模式原料供应系统

该原料供应体系中，原始的生物质资源可以转化为生物炼制企业的生产原料商品，并将有稳定、高密度、高质量的特点。该系统能够使难以利用或未充分利用的资源通过就地的生物质预处理站点，转化为大量稳定、高密度的流动性原料，可以直至原料供应体系的终端。采用这种商品化原料的供应体系，不仅可以减少生物炼制企业的生产风险，还可以促进当地原料的收割方式，也有利于农作物种植的多样性和农作物轮种的实践操作。

五、生物质原料供应链研究和开发

生物质原料供应链需要满足大规模、连续化生物质资源的供应，为此还需要从物流的各个环节进行研究、设计。目前，还应当考虑从以下相关的研究领域内继续进行研究开发：

① 原料的质量和物理性质应满足生物燃料的最优化生产。利用基因组学和农艺学策略实现生物质产量的最大化，并提高原料质量。

② 进行必要的田间试验以评价新的生物质原料。

③ 生物质原料的基因改造是生物质原料研究的重要课题。通过基因工程的手段，使原料易于预处理和转化，从而降低生产的成本。

④ 通过设计并改造植物细胞壁组成和结构来提高生物燃料产量。

⑤ 针对不同的生物质原料开发特定的收获系统。

⑥ 开发原料储存系统，保证原料的一致性。

⑦ 为了降低运输费用，开发原料的预处理系统，实现原料的就地加工来提高能量密度。

⑧ 开发低成本、低能耗和低操作费用的打包和处理系统。

⑨ 为了保证大量原料供应和储存的持续性，同时保证原料的质量，开发整合优化的基础设施和处理系统。

第二节　生物质原料收集经济评价

生物质原料收集的经济性受到许多因素的制约，尤其是物流过程的影响最为显著。目前，传统的食用作物(如：甘蔗、玉米、油菜籽、棕榈油)和林业产品(圆木、纸浆)已经形成了具有竞争力的物流系统。这些经验在一定程度上可以借用于新型的能源作物上。然而，对于大多数田间废弃物，建立发展具有成本优势的供应链是一个巨大的挑战，因为原料的收集、运输、预处理等过程显著提高了原料的成本[8]。

为了满足大规模生物炼制企业对生物质原料物流的需求，必须考虑以下因素带来的影响：

① 相比于化石燃料，生物质能量密度较低，水含量高(最高可达55%)。可以采用粉碎、打包、捆绑等方式增加能量密度，降低水含量也非常重要。同时降低运输费用，提高原料物理性质。

② 增大企业规模有利于提高生物炼制企业的经济性，但随着原料需求的增加，长距离的运输将提高原料的费用。因此，要权衡这两个因素来确定最经济的企业规模。先进的预处理技术，如原料成型(生物质压块)或热化学预处理(热解或干燥)能进一步增加原料密度，有利于实现原料的长距离运输。

③ 原料的贮存和季节性收获也是影响的重要因素。如秸秆的收获时间相对较短，但要满足全年的使用时，原料的贮存将是一个重要的问题。此外，原料的防火、防潮也是储存要考虑的重要问题。如果采用先进的预处理方法，将能够解决部分问题。

④ 在费用和能量消耗方面，利用船运的方式输送原料优于火车或汽车运输。将生物质以高能量密度形式运输与大型海运船舶相结合，有利于实现跨洲际的原料运输链。而低密度的生物质运输方式，如木片或打捆，以卡车运输，最大的经济运输距离一般限制

在 100km 内。

生物质原料收集的成本不仅决定了生物质炼制企业的规模，而且其成本最终将反映在终产品的价格上，因此解决好原料收集与产品成本的关系是生物质能源和生物质化工产品经济性的关键问题之一。Aden 等以玉米秸秆乙醇厂为例，讨论了收集半径与生产规模间的关系。通过假设，不同原料收集土地比例(10%、50%、100%)下，二者间的关系如图 2-3 所示[9]。

从图 2-3 中可以看出，随着工厂规模的增大，原料的收集半径的增加呈指数关系，这说明纤维乙醇厂的建设规模不能过大，否则原料的供给将得不到保障。相同规模下，原料收集土地比例越大，原料的收集半径就越小；相同的收集半径下，原料收集土地的比例越大，则建厂的规模就有可能增大。所以，在考虑建厂时，必须选择所选厂址周围原料土地比例高的地点。如在 10%的原料收集土地比例下，每天处理 2000t 秸秆规模时，原料的收集半径约为 50 英里。

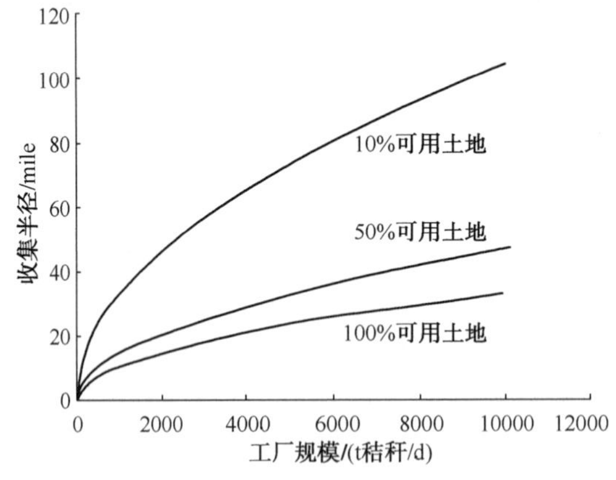

图 2-3　工厂规模与收集半径的关系

1mile = 1609m

Huang 等利用原料模型，对纤维乙醇企业原料收集土地比例变化对运输价格的影响进行了分析计算，结果如图 2-4 所示。如按照每天处理 2000 t 秸秆的规模进行计算，当原料收集土地比例由 10%增至 30%时，原料的运输价格由每吨干重 8 美元降至约 4. 5 美元[10]。

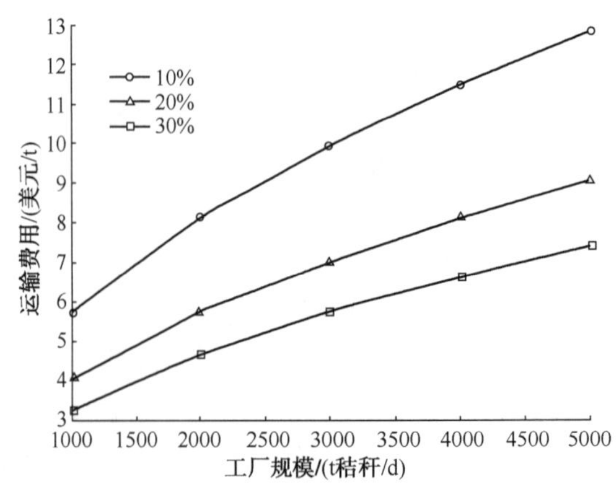

图 2-4　不同原料收集土地比例下工厂规模与运输价格的关系

随着今后对生物质资源的大量需求，生物质资源的价格在现有的技术条件下也会水涨船高。为了满足未来可持续且具有竞争力的原料供应链，发展相关的技术将成为降低原料成本的关键。美国能源部在2012年发布的年期规划中，对不同生物质原料的供应链经济指标进行规划，并对供应链各个组成部分的费用进行了比较[7]。例如，图2-5和表2-6列举了干草本生物质原料在生化转化过程原料供应链的物流成本。

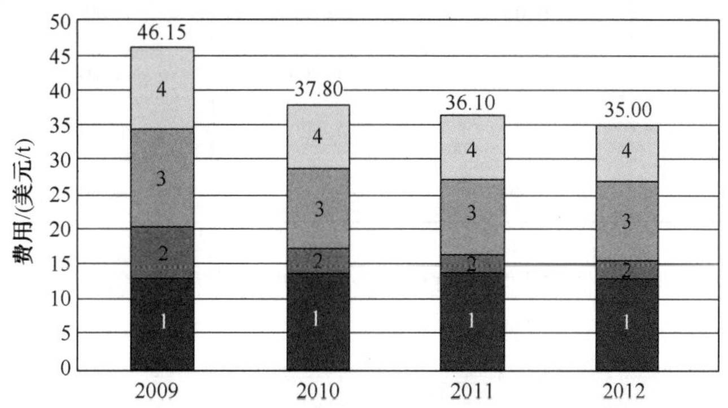

图2-5　干草本生物质原料(如干玉米秸秆)的物流费用

1—收获与收集；2—储存和排队；3—预处理；4—运输和处理

表2-6　干草本生物质原料(如干玉米秸秆)的物流费用明细(2007年美元基准)　美元/t

项　目	2009年技术现状	2010年技术现状	2011年计划	2012年计划
原料供应链总费用	46.15	37.80	36.10	35.00
收获与收集	13.30	13.80	13.80	13.15
储存与运输	7.25	3.50	2.65	2.45
预处理	14.15	11.45	10.65	11.50
运输与处理	11.45	9.05	9.00	7.90

图2-6和表2-7列举了木质生物质原料在气化转化途径中的物流成本。

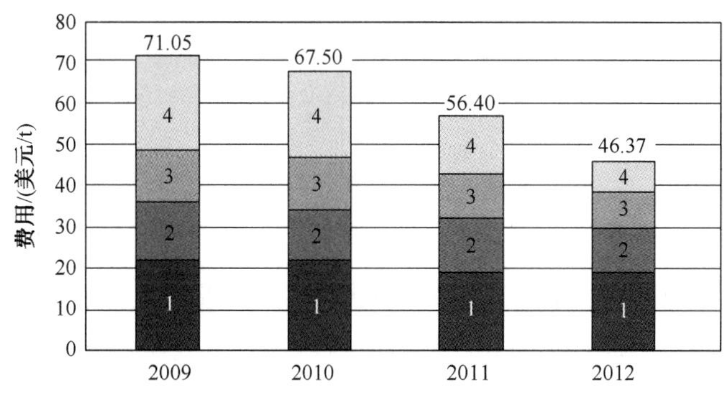

图2-6　用于生物质气化木质生物质原料的物流费用

1—收获与收集；2—着陆预处理；3—运输与处理；4—厂内接收与处理

表 2-7 用于生物质气化木质生物质原料的物流费用明细(2007 年美元基准) 美元/t

项 目	2009 年技术现状	2010 年技术现状	2011 年计划	2012 年计划
原料供应链总费用	71.05	67.50	56.40	46.37
收获与收集	22.30	21.30	19.40	18.75
储存与运输	0.00	0.00	0.00	0.00
着陆预处理	13.60	13.60	12.20	11.42
运输与处理	12.50	12.00	10.50	8.95
厂内接收与处理	22.65	20.60	14.30	7.25

图 2-7 和表 2-8 列举了木质生物质原料在热解转化途径中的物流成本。

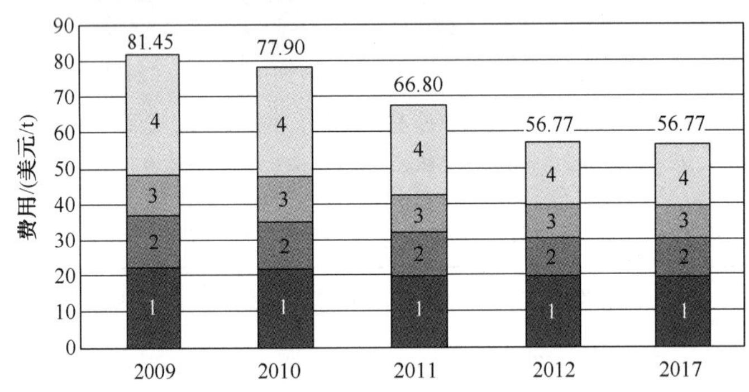

图 2-7 用于生物质热解木质生物质原料的物流费用

1—收获与收集；2—着陆预处理；3—运输与处理；4—厂内接收与处理

表 2-8 用于生物质热解木质生物质原料的物流费用明细(2007 年美元基准) 美元/t

项 目	2009 年技术现状	2010 年技术现状	2011 年技术现状	2012 年计划	2017 年计划
原料供应链总费用	81.45	77.90	66.80	56.77	56.77
收获与收集	22.30	21.30	19.40	18.75	18.75
储存与运输	0.00	0.00	0.00	0.00	0.00
着陆预处理	13.60	13.60	12.20	11.42	11.42
运输与处理	12.50	12.00	10.50	8.95	8.95
厂内接收与处理	33.05	31.00	24.70	17.65	17.65

从以上图表的数据可以看出，随着原料收集技术的进步，不同转化路径的原料供应链费用都能实现大幅度下降，但由于原料自身属性及转化加工方式的差异，不同原料的供应链费用也存在着一定差异，因此，针对不同的原料和转化路径，原料供应链的费用需要针对性地考虑。

目前，在生物质原料经济评价的研究中，我国还缺乏相关生物质原料经济性研究的系统成果，虽然生物质项目在启动前大都进行了相关技术经济分析，但很少就未来生物质收储运的细节展开研究。总体上，物流的战略地位未受到足够重视，也缺乏项目启动前对生物质物流的预研。此外，目前我国的生物质能产业，物流经济性不高，需要耗费大量的人力、物力进行收集、储存、运输等。以秸秆发电为例，考虑到收购过程中车损、燃油及人力消耗，即使宽松估计，经济收购半径不宜超过 50km，生物柴油所需的地沟油收购半径也只有 300km 左右。而木本植物制油的路线则更显昂贵，其成本到底多高迄今没有准确的估计。与发达国家农场为主的农业生产方式不同，我国以农户为主，户均耕地占有面积很小，生物质资源分散，保证生物质能源企业原料供应是一个复杂的系统工程。例如，国家发展改革委 2008 年所调研的四个生物质发电项目，其项目可研中预测的秸秆到厂价约为每吨 150 元，但实际情况是，农民卖给秸秆收购站的价格就已达到 150 元左右，收购站再加上必要的加工费（切碎、加工、打包及设备折旧）、运输费和人工费，到厂价就达到 250 元以上，加之农作物秸秆收获季节性强，大量储存占地较多，并需要建设防火安全设施，在加工、堆放、装卸过程中又不可避免地发生重量和发热量的损耗，最终的秸秆入炉价格都在 300 元左右，并呈继续上升趋势。

由于缺乏相关研究，在生物质物流财政扶持政策方面也缺乏相关支持，作为新兴的生物质能源产业还属于弱势产业，有关生物质物流费用的政策也不明确，这进一步导致在物流环节中的不可预测费用的增加，最终使原料的价格大大超过预期。此外，我国生物质原料收集区域的规划通常是按照行政区域进行划分，这势必导致行政部门在规划时，只关注局部区域内生物质资源量供应，必然导致局部区域的企业重复建设和资源量的不平衡分配。因此在生物质原料供应区域划分中，建议按照自然经济区进行划分，以实现统筹布局、合理开发，有效保障生物质资源量的充足供应，这不仅利于降低原料供应链的成本，而且能有效促进生物质能源企业的健康发展。总之，在生物质原料收集方面，需要学者及政府部门进一步深入研究，确立我国未来的生物质原料收集有效模式和相关政策，促进生物质能源产业持续健康的发展。

第三节　生物质原料贸易

随着全球生物质能源的快速增长，对生物质的需求也日益增加。在工业化发达国家中，生物质资源已经得到了开发利用，而多余生物质资源的开发可能面临供应基础设施缺乏和生产费用较高的障碍。在大多数发展中国家，潜在的生物质资源量很大，而且人工和土地的价格较低，因此生物质资源的生产成本也比较低。在供大于求的情况下，出口生物质资源就成为可能，这不仅可以增加收入，还可以创造更多的就业岗位。因此，生物质资源的国际市场将在今后生物质能源发展中得到发展。以下对主要的一些生物质资源商品的贸易情况进行介绍。

一、生物质资源商品交易

生物质成型颗粒是所有生物质商品中交易最成功的代表。由于相比于其他生物质固体燃料具有技术经济上的优势，对生物质成型颗粒的需求也迅速增加。粗略的估计，在 2004 到 2006 年间，生物质成型颗粒的增加量达到了 50%。目前，大多数成型颗粒的生产和消耗主要集中在欧洲。2006 年，全球的产量约在 6~7Mt，其中欧洲为 3~4Mt，美国和加拿大产量为 2Mt。目前，生物质成型颗粒的贸易流向主要集中在欧美国家。在欧洲，贸易的流向是从东欧流向西欧，大约 35%的产品都是跨界贸易。从洲际贸易看，加拿大是最大的贸易出口国，其次是美国。预计未来，在今后的几十年里，西欧是生物质成型颗粒需求量最大的地区。2012 年，全球的产量可以达到 12Mt，其中三分之一被进行国际间的贸易。

其他国际贸易的生物质产品包括：木片、废木材、圆木、各种农业废弃物、棕榈油、大豆油和各种植物油、生产柴油等。木片主要作为木材纸浆生产的原料进行交易，由于其能量密度低，且湿度大，不能成为用于能源生产应用的良好原料。废木的贸易主要在欧洲，如荷兰、德国和瑞典等国之间。贸易的动力主要是由于欧洲的一些国家禁止燃烧垃圾，同时这些国家在该领域进行补贴，并且也具有良好的硬件燃烧设施。圆木也是生物质资源贸易的产品之一，例如，芬兰生物能源的大部分份额依赖于进口圆木。各种生物质废弃物中，如棕榈油生产的废弃物(棕榈核压榨物和壳)出口到英国、荷兰和意大利。其他能够进行国际贸易的农业废弃物，如麦壳、橄榄压榨滤饼、可可和花生壳，主要用于与煤共燃发电厂的原料。随着欧洲及全球其他地区对生物柴油需求量的增加，棕榈油、大豆油和其他植物油的国际贸易也不断增加。目前，马来西亚和印度尼西亚是棕榈油的主要生产和出口国，大豆油主要是在阿根廷。

此外，产品贸易中的生物乙醇作为大宗生物能源产品，已经具备了较好的贸易基础。许多国家都具有较好的基础和物流体系。美国和巴西是世界最大的生物乙醇制造国和消费国，2006 年全球 90%的生物质乙醇由这两个国家生产。巴西是世界上出口量最大的国家，其次是美国和法国，巴西出口的市场主要有美国、日本和欧洲。在对汽油消费量预测的基础上，预计到 2030 年全球对乙醇的需求将达到 $272\times10^6\text{m}^3$，约$(24\sim46)\times10^6\text{m}^3$用于国家贸易。虽然仅巴西的产量可以满足贸易的需求，但其他国家(发展中国家)也可能成为具有大规模生产和消费的国家。主要生物质交易路线参见图 2-8。

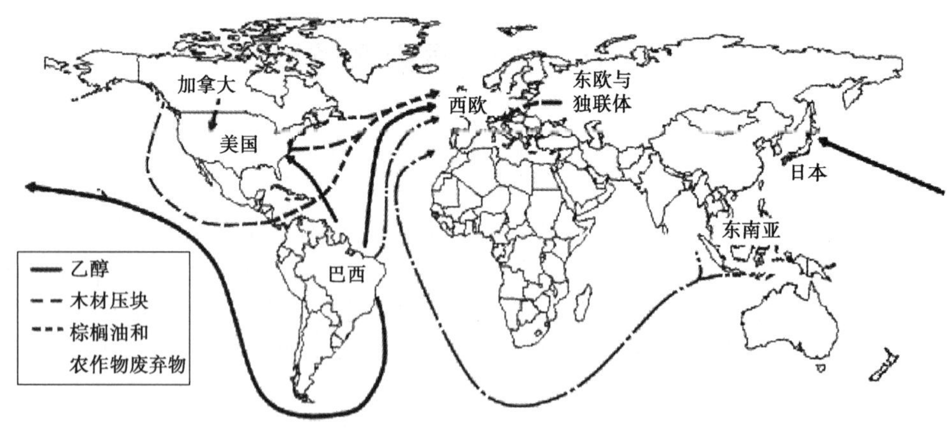

图 2-8　主要生物质交易路线

二、生物质资源交易的影响

生物质能源需求的增加对生物质资源交易会产生重要的影响。以木材为例，木材用途广泛，具有不同的应用方式。随着应用于能源领域木材量的增加，预计到 2020 年木材在欧洲

供应的缺口将达到 $300\times10^6m^3$。由于木材具有一定的生长周期，因此其缺口必须通过进口，或通过分享其他行业的份额来弥补。这将会导致木材交易价格的上涨。在一些国家(如瑞典)，对用于能源需求木材增加所造成的影响早已显现，政府通过对造纸和木板企业进行补贴，才得以在原料需求方面具有竞争性。而生物质热电企业更是依赖政府的补贴才能够满足原料的购买力。

相比于木材，农业生物质资源的交易更加复杂。首先，价格的变化会受到农民对农作物种植选择的影响。此外，液体燃料的增加会导致生物质资源应用领域的变化，产生一系列的影响。如以菜籽油生物柴油为例，2005 年，非食用菜籽油的使用首次超过食用菜籽油的使用，这也导致了菜籽油饼应用的增加，从而使菜籽油饼的价格下跌了 40%。生物柴油工业的发展还造成了一系列的连锁影响，如：应用于食品工业的菜籽油价格上涨，而其他植物油生产商却从中受益；甘油的价格下跌，而化妆品和制药企业又可以从中受益。类似的情形也出现在燃料乙醇工业中，如：用于燃料乙醇生产的粮食会与人和动物的需求产生竞争，但是 DDGS 可以用于动物的饲料，反过来可以降低粮食需求增加造成的粮食价格上涨。

生物质资源的价格与生物质能源的价格二者互相影响。生物燃料的价格对生物质资源价格的影响，会随着更多国家生物燃料目标的制定而日益增加。许多学者提出了不同的模型，但结论并不统一。一些研究指出，生物燃料工业对农业商品价格的影响并不直接，这是因为可以利用不同农作物进行代替，并扩大农作物产量来缓解这些影响。也有一些研究指出，一些因素对价格的影响比生物燃料工业的影响更加显著，如：收入和人口的增长、气候的影响、农产品市场中的对冲基金、出口税率、国家政策等。

第四节　生物质原料供应链展望

随着对生物质原料需求的日益增加，生物质原料的供应链将是决定生物质资源开发利用的基础保障。为了使生物质能源实现大规模的石油替代，并实现工业化和商业化的运行，开发高效经济的生物质原料供应链已势在必行。以下几个方面是生物质原料供应链的发展需要考虑的关键问题：

一、获取更多的生物质资源

首先，应在现有的生产种植规模条件下，提高现有生物质资源的种植和管理水平以扩大产率。其次，可以培育新型的能源作物，如通过基因工程手段改造能源作物，使其具有高产率的同时，具有施肥量小、抗病虫害、抗干旱的特点。此外，可以利用浅滩、旱田、荒漠土地等进行新型能源作物的推广种植。同时，大力发展综合收集技术，提高生物质原料的收集量。

二、优化生物质供应链

在考虑种植某一能源作物时，应当考虑“如何收集”的问题。不同的作物，其收集的适宜方式不尽相同。应当考虑以下几点：满足重型机械和拖车在潮湿的气候下作业；预留满足短期贮存生物质料堆的土地面积；种植布局合理，便于收割机灵活操作；收割机配备拖车，使原料收集与收割同步；便于运输车辆靠近路边；通过设计实现机械装置的能力匹配，避免额外的费用。以上问题都是预先考虑到的设计细节。

生物质原料的物流必须要满足一年到头能够提供大量符合标准的生物质原料的要求。为此，有必要建立分散的生物质原料收集基地，每个原料基地应设在生物质资源密集区域内，考虑到运输成本，其收集辐射半径不宜过大，可以在 5km 以内，也可充分利用荒地或空闲地。生物质原料基地应尽可能地使用机械作业，配备基本的机械设备和运输工具，以提高原料收集效率和水平，适应大规模利用原料的需要。

此外，原料的贮存也成为重要的环节。固体的生物质原料通常储存在室外，但由于呼吸作用，往往会造成成分的流失。因此降低原料中的水分或排出氧气有利于减少原料干物质的流失。可以通过自然干燥或青贮的方式来贮存原料。此外，大量干燥原料的贮存的防火必须注意，定期翻料散热是通常的解决方法。

固体生物质原料的收集以及原料的加工过程，对原料的传输处理设备提出了挑战，这也是导致早期生物质能源工程失败的重要原因之一。由于泵的磨损、夹杂物、管道腐蚀、管道弯曲阻力等原因，原料的输送总会时不时出现阻塞。因此，生物质燃料处理装置是一个工厂设计、维护和操作最困难的部分。通过改进传输设备设计，以及使用抗腐蚀材料有可能克服这些问题，但这又将导致设备价格的提高，有必要通过技术进步来改善这一局面。

三、建立生物质燃料标准

由于大量生物质原料的来源和种类不同，其成分也不尽相同。因此原料的质量具有可变性和不可预见性，这对转化产品的质量也可能带来巨大的影响。因此，建立生物质燃料标准显得更为重要。在这方面，生物质成型燃料和生物柴油的相关标准已经走在前面，相关的标准已经出台。随着不同生物质燃料产品的出现，相关的标准必须首先建立。

四、政府政策扶持

在生物质原料收集政策上，建议当地政府应大力支持。政府部门可以在禁烧生物质、取缔小型造纸厂、普及推广环境保护等方面加大宣传和治理力度，政策上扶植农区从事生物质收集和预处理加工的经纪人，对生物质收购价格提出保护性意见；同时，应当避免生物质利用的其他项目建设，减少争资源状况，并且改进生物质收集区域的农业种植结构和农民作业习惯，以适应生物质回收的需要，为生物质需求企业控制生物质资源给予帮助和协调，保障生物质燃料加工基地的生物质资源供应量。

参 考 文 献

[1] 朱郭海霞，左月明，张虎．生物质能利用技术的研究进展[J]．农机化研究，2011，6：178-185.

[2] 刘钢，黄明皎．秸秆发电厂燃料收集半径与装机规模[J]．电力建设，2011，32(3)：72-75.

[3] 朱新华，杨中平．陕西省秸秆资源收储体系研究[J]．农机化研究，2011，7：69-72.

[4] Roadmap for agriculture biomass feedstock supply in the United States[EB/OL]. 2003，11. http：//feedstock-review. ornl. gov/pdf/hess/roadmap_ for_ ag_ biomass_ feedstock_ supply_ in_ us. pdf

[5] 张晟义，张卫东．我国能源生物质供应物流面临的运营、战略与体制问题剖析[J]．生态经济，2012，5：109-113.

[6] 庄会永，张雁茹，田雅林．中国农林生物质工业化收集应用模式的研究[J]．中国工程科学，2011，13(2)：102-106.

[7] US Department of Energy. Biomass multi - year program plan [EB/OL]. 2012, 4. http://www1. eere. energy. gov/bioenergy/pdfs/mypp_ november_ 2012. pdf.

[8] IEA Bioenergy. Bioenergy—a sustainable and reliable energy source main report[EB/OL]. 2009, 6. http://www. seai. ie/Renewables/Bioenergy/Bioenergy_ - _ a_ Sustainable_ and_ Reliable_ Energy_ Source_ MAIN_ REPORT. pdf.

[9] Aden A, Ruth M, Lbsen K, et al. Lignocellulosic biomass to ethanol process design and economics utilizing co-current dilute acid prehydrolysis and enzymatic hydrolysis for corn stover[EB/OL]. NREL/TP-510-32438, 2002. http://www. nrel. gov/docs/fy02osti/32438. pdf.

[10] Huang H J, Ramaswamy S, Al-Dajani W, et al. Effect of biomass species and plant size on cellulosic ethanol: A comparative process and economic analysis[J]. Biomass and Bioenergy, 2009, 33(2): 234-246.

第三章　生物质气化生产合成气

第一节　概　　述

生物质气化是以生物质为原料，以空气、氧气或水蒸气为气化剂，在高温的条件下，通过热化学反应转化为含有一氧化碳、氢气和甲烷等可燃气体的过程。生物质气化产生的可燃气可用于供热、供气和发电，生物质气化产物经净化和组分调整成为合成气后，再经催化合成可得到液体运输燃料或化工原料。以生产合成气为目的的生物质气化，与以生产燃气为目的的常规气化有着本质区别，即它不是以热值为追求目标，而是要使生物质尽可能多地转化为富含 H_2、CO 的合成气，其中的无用气体和碳氢化合物要尽可能少，以减轻后续重整变换的难度。

从全世界的情况看，生产合成气的主要原料是天然气、煤炭和其他碳氢化合物，用生物质生产合成气尚待工业化[1]。以合成气为原料可多路径生产运输燃料，如混合醇、氢气、汽油、柴油、合成气发酵制乙醇等。从生物质能源生产替代运输燃料需要首先将生物质转换为质量合格的合成气，一般合成气的生产成本占运输燃料生产成本的60%以上。用生物质生产合成气和气体精制过程的工艺条件和生产流程均与用煤和天然气为原料基本相似。由于生物质性质和组成与煤炭和天然气有很大的差别，所以生物质生产合成气的工艺又不同于用煤和天然气。从生物质生产替代运输燃料的研究开发重点也以造气过程的研发为主。后续以合成气为原料生产运输燃料的目的产物和工艺不同，对前期合成气的生产质量要求不同，相应所选的气化炉和气化工艺也有所不同。

生物质气化技术早在 18 世纪就已出现。第二次世界大战期间，为解决石油燃料的短缺，用于内燃机的小型气化装置得到广泛使用。20 世纪五六十年代，随着煤炭和石油等化石能源的广泛应用，能源短缺的问题得到暂时性缓解。由于生物质气化技术的不完善和利用率低等原因，生物质气化技术的发展和应用产生了延滞。20 世纪 70 年代，受石油危机的影响，世界各国再一次深刻地认识到化石燃料能源的不可再生性，重新开始了对生物质能源的开发和研究。

经过几十年的发展，欧美等国的生物质气化技术取得了很大的成就。生物质气化设备规模较大，自动化程度高，工艺较复杂，主要以供热、发电和合成液体燃料为主，目前开发了多系列已达到示范工厂和商业应用规模的气化炉[2]（如表 3-1）。生物质气化领域处于领先世界水平的国家有欧美的瑞典、丹麦、奥地利、德国、美国和加拿大等。

表 3-1 国外气化炉应用列表

国家	气化炉类型	原料	效率/%	规模/(t/d)	应用
美国 Taylor	双流化床气化炉	可降解垃圾和废木料	发电效率 35~40	300~400	热电联产
美国 Silvagas	双流化床气化炉	木材	发电效率 35~40	540	热电联产和柴油
美国 Range Fuels	气流床气化炉	林业废弃物、木材	热效率 75	125	乙醇或混合醇
美国 Pearson	气流床气化炉	废木料、锯末、稻秆等	热效率 70.5	43	乙醇或混合醇
德国 CHOREN	气流床气化炉	能源作物、木材	热效率 90.5	198	合成柴油
丹麦 Carbona	鼓泡流化床	木材	发电效率 28	100~150	热电联产
芬兰 VIT	循环流化床	林业废弃物和副产物		60	合成柴油
芬兰 Foster	循环流化床	塑料、木材、轮胎、枕轨		336	热电联产
瑞典 CHRISGAS	循环流化床	木材、秸秆		86	热电联产
德国 Uhde	循环流化床	MSW	气化效率 81	15	燃料油
加拿大 Plasco	等离子体气化炉	MSW、塑料	热效率 75	100	发电
美国 InEnTec	等离子体气化炉	轮胎、炉渣、医疗废物		218	热电联产氢气甲醇和乙醇

我国对生物质气化研究起步较晚，始于 20 世纪 80 年代。经过近 30 年的努力，我国生物质气化技术也取得了较大的进步，我国自行研制的集中供气、发电、户用气化炉等产品已进入实用化试验及示范阶段，形成了多个系列的气化炉[3]（如表 3-2），可满足多种物料的气化要求，在生活用能、发电、供暖等领域得到应用。但其容量大都是小型的，大容量的气化设备仍处于实验室研究阶段。

表 3-2 国内生物质典型气化炉列表

气化炉类型	气化效率/%	热值/(MJ/m^3)	规模	应用	研究单位
上吸式 GSQ-1100	75	5.0	1080~2630MJ/h	供热	中科院广州能源所
下吸式 ND 系列	65~75	4.8~6.1	500~650 MJ/h	供热	中国农业机械化研究院
下吸式 HQ/HD-280	70	4.5~5.0	8~10m^3/h	户用气化	中国农业机械化研究院
下吸式 XFL	72~75	5.0	100~500 户	集中供气	山东能源研究所
热管式气化炉		8.0~10.0		热电联产	南京工业大学能源学院
LZ 干馏热解气化炉	28.8	14.0	1000 户	集中供气	大连市环科设计研究院
GB-210W-22000 型干馏气化热解气化炉	100		40t/d	城市生活垃圾处理	上海万强科技开发有限公司,
锥形流化床气化炉	67.5	4.0~6.0	3MW	供电、供气、供热	中国林业科学研究院林产化学工业研究所
下吸式固定床气化炉	75	5.5~6.5	0.05MW	发电	辽宁市能源所
流化床气化炉	78		4MW	发电	中科院广州能源所

生物质合成气是生物燃料生产过程的中间产品，合成气生产液体燃料的工艺路线有以下

几种：

① 费托合成生产烃燃料；

② 合成甲醇；

③ 合成混合醇；

④ 合成气发酵：使用厌氧微生物发酵合成气生产乙醇或其他化学品；

⑤ 生物质联合气化(BIGCC)发电/供热；

⑥ 合成气制氢。

本章重点讨论的内容如下：

① 生物质气化生产合成气工艺技术；

② 生物质气化炉型特点；

③ 生物质和煤共同气化；

④ 生物质气化生产合成气技术经济；

⑤ 生物质合成气制氢。

第二节　生物质气化生产合成气工艺技术

生物质气化制合成气工艺过程包括：原料预处理和干燥、生物质气化、合成气净化和合成气转化和调制四个工序。下面分四部分进行介绍。

一、生物质气化原料的预处理

需要根据气化原料的品种和气化炉的要求进行生物质原料的预处理。

各种生物质的化学组成和水分含量差别大，进厂的生物质原料需要经过预处理才能满足气化技术对进料“质量均匀”的要求。

生物质预处理过程一般包括切碎、筛分、磁分离和干燥等工序；还包括生物质原料的改质处理。改质技术包括热解、烘烤和低温气化等技术。例如：生物质先经过热处理生成生物油或生物焦等中间产品，再用作气化的原料。这可以提高能量密度和容重、降低运输费用。

(1) 粉碎

生物质原料的“比表面积”(表面积/体积)越高(粒径较小)，越有利于提高气化反应速率。粒径较小的进料可在气流中呈悬浮状态，更小的颗粒可以呈流化状态。需要根据气化炉型采取适宜的原料粉碎方法。生物质粗碎方法包括切片、切块和团球等方法。为制成更小的颗粒可采用研磨法加工，但这是高能耗的处理方法。为除去较大块径物料和杂质可用筛分处理。

采用气流床气化炉进行生物质原料的气化，进料粒径应粉碎至1mm。

(2) 干燥技术

到货的木材原料水分可达30%～50%。为了提高气化过程的冷煤气效率，生物质原料需要经过干燥(将含水率降至10%～15%)才能用作气化原料。

常用的干燥温度为100～120℃，可将木料的水分降至10%左右。

干燥过程的能耗高，需用热量约相当于原料能量的8%～10%。各种合成过程所产的低压蒸汽或热烟气，是适合于用作生物质干燥的热源。

将生物质含水率降至10%以下的干燥成本会急剧增加。

生产过程中产生的低压蒸汽、热烟气都是适合于用作原料干燥的热源。为了防止生物质切片在进气化炉之前发生自燃和粉尘爆炸，需要用CO_2或氮气保护。

一般的生物质干燥工序设计参数是：生物质原料为木材碎片，水含量约为50%。原料用卡车运来，进厂经过称重后送到储场。原料木片从储场用皮带输送机(经过磁选分离和筛分)和螺旋输送机送进回转干燥器。使用气化炉半焦燃烧的烟气作为干燥的热源，烟气温度为120℃ 。干燥后，木片水含量一般降至12%。从干燥器排出的烟气用旋风分离器和袋式过滤器除去粉尘后排入大气，经过干燥的原料木片送至气化炉。

(3) 团球和压锭技术

可制成直径5~12mm、长度10~30mm的圆柱体或将锯末压制成锭。压制过程产生的高温可将木质素转化成为胶体物，并使木质纤维粘合到一起。木材经压锭后可使水分从20%~50%降至10%以下。

团球和压锭是成熟的木料初加工技术，可以将容重提高到650kg/m^3。瑞典用压锭技术将木材加工的锯末就地压锭，用作发电燃料替代煤炭。其主要优点是质量均匀、能量密度大、便于运输。压锭后的容重(650kg/m^3)约比软木碎片或锯末高2倍。热值可达17GJ/kg，约比木片高17%。

压锭和团球的成本：加拿大的压锭木料产量达1.5Mt/a，主要出口到欧洲；俄罗斯的年产量约为0.6Mt，大部分出口到欧洲、中国和日本。欧洲地区压锭木材的加工成本平均价约为50~80欧元/t。加拿大约为60~84美元/t。

(4) 木材生物质烘烤(Torrefaction)技术

木材烘烤技术是在温度200~300℃、缺氧条件下缓慢热处理技术。原有的纤维素结构被破坏、生成干燥的、低含氧的(类似煤炭)生物焦(bio-coke)。虽然烘烤技术可以处理各类生物质，但仍以处理木材为主。

烘烤技术可将木材从吸湿性物料转变成疏水性物料，经过烘烤的木料经过长途运输和露天储存均不会再吸收水分和降低热值。

经过烘烤的木料可以再压锭，与未经烘烤的木料相比，约可降低运输费用50%。生物焦的脆性好，易于研磨。实验证明：研磨生物焦的能耗约比木材粉碎至相同粒径所需的能耗减少80%。经过烘烤(及磨碎)的木材适合用作气流床气化炉的原料。

(5) 生物质热解技术

生物质在缺氧状态下的热分解技术，生成固体的焦炭(charcoal)、液态的生物油(bio-oil/pyrolysis oil)和气体(pyrolysis-gas)。各个组分产率取决于操作温度和气体在高温下的停留时间。在500℃和极短的停留时间(1秒左右)下，液态生物油产率可达最高值(占产出能量的75%左右)，焦和气体产率分别为12%和13%左右。

采用热解技术作为生物质气化的预处理工序，具有以下优点：

① 可以提高气化原料的容重和能量密度，降低运输成本。

② 生物油用作气化原料具有技术和经济优势，例如木材生物质用气流床气化炉生产合成气需要将原料破碎至1mm颗粒，破碎的能耗和生产费用均很高。热裂解生物油和生物焦经过研磨制成生物浆(Bio-slurry)即可直接用作气流床气化炉的进料。

③ 采取生物质原料分散式就地热解预处理方式生产生物油，然后将生物油运送到气化-合成工厂生产液体燃料，可以减少运输量和降低运输成本。

(6) 低温气化技术

或称自热式裂解技术，为生物质在400~500℃的低温气化技术，生成富含焦油的气体和固体焦炭(char)。需要向低温气化室中通入适量的氧气以造成一定量的生物质部分燃烧，以提供过程所需的热量。焦油和经过粉碎的焦炭再用作气化原料生产合成气。为了避免焦油凝结，需要防止气体在连接管路中降温和保持高、低温化均为高压操作。例如：Choren 开发的气化技术就是采用低温气化技术进行生物质预处理，回转式低温气化器的操作压力为0.5MPa。

二、生物质气化

预处理干燥后的生物质进入气化炉气化生成粗合成气。生物质气化过程是一系列复杂的热化学反应，气化炉中的反应包括干燥、热解、气化和燃烧四个阶段。经过预处理的生物质在气化炉中，约于600℃温度下发生热解反应，生成气体中包括解离气体、气体挥发分、H_2、CO、CO_2、焦油和水蒸气。由于生物质中的挥发分含量(70%~86%，干基)高于煤炭(30%)，所以生物质气化的热解反应比煤炭更为重要。挥发分在气相中的热裂化反应可降低焦油量，热解反应的副产物是生成不挥发的焦炭(半焦)和灰分。在气化炉中的第二反应为焦炭与氧气、蒸气和氢气的反应，生成 H_2、CO、CO_2等气体，未转化的焦炭燃烧产生热量为热解反应提供所需的热量。

生物质的气化过程和从气化炉出来的粗合成气组成，受原料、气化炉型式和气化炉的操作条件三方面因素的影响。

生物质原料中主要化学成分纤维素、半纤维素、木质素的比例不同，挥发分、固定碳、灰分含量不同，碳、氢、氧、硫、氮元素组成不同，将导致气化效果和合成气组成不同。一般情况下，麦秸秆、木屑、高梁秸秆气化效果较好，玉米秸秆的气化效果较差。

生物质原料的气化特性不但影响气化指标，也决定了气化方法和气化反应器的选择。原料成分组成中固定碳含量越低、挥发分的含量越高，越容易在较低的温度下进行较完全的气化，得到的合成气的热值也越高。合成气热值并不是按挥发分的含量成比例地增加。原料中的生物质碳的反应性越高，生物质碳容易在较低的温度下与 CO_2和 H_2O 进行反应，生成 CO 和 H_2；生物质中的灰分及 N、S 元素的含量低，可以减少气化过程的后处理工艺，减少除尘和脱硫装置，降低成本，保护环境。原料的反应性和结渣性对气化过程也有很大的影响，反应性较好的原料，可以在较低的温度下操作，气化过程中不易结渣，有利于操作。原料的粒度及粒径分布影响气化过程，原料的粒度较小能够提供较多的反应表面积，有利于气化反应的进行，原料颗粒的粒径分布是否均匀对气化炉中的气流分布影响很大。

生物质气化使用的气化炉多是以煤炭气化所用炉型的进一步改进，流化床气化炉是适合于大规模生产合成气的炉型。为了避免合成气被氮气稀释，导致下游工艺设备过大和生产成本增高，不推荐使用吹空气的气化炉。吹氧式气化炉对减小气体净化设备规格、节约压缩机能耗和提高合成气在反应器中的分压都是有利的。生物质制合成气常用的气化炉型有直接吹氧的高压 GTI(早期称 IGT)气化炉和间接加热的常压 BCL 气化炉。这两种气化炉的工艺特点是可生产中热值合成气，气体的 H_2/CO 比例范围广。表 3-3 是直接加热 GTI 气化炉和间接加热 BCL 气化炉的工艺指标。

表 3-3　气化炉的工艺指标

项目	GTI 气化炉	GTI 气化炉，最大氢气操作	BCL 气化炉
炉型	直接加热，鼓泡流化床	直接加热，鼓泡流化床	间接加热，循环流化床
生物质水含量			
干燥前/%	30	30	30
干燥后/%	15	15	10
蒸气用量/[kg/kg 进料(干)]	0.3	0.8	0.019
氧气用量/[kg/kg 进料(干)]	0.3	0.38	0
空气用量/[kg/kg 进料(干)]	0	0	2.06
反应温度/℃	982	920	863
炉出口压力/MPa	3.45	2.5	0.12
气体产率/[kmol/t 进料(干)]	82	121	45.8
气体摩尔分数[湿基(干基)]			
H_2O	0.318(—)	0.48(—)	0.199(—)
H_2	0.208(0.305)	0.24(0.462)	0.167(0.208)
CO	0.15(0.22)	0.115(0.221)	0.371(0.463)
CO_2	0.239(0.35)	0.16(0.30)	0.089(0.111)
CH_4	0.0819(0.12)	0.005(0.009)	0.126(0.157)
C_2H_4	0.0031(0.005)	0	0.042(0.052)
C_2H_6	0	0	0.006(0.0074)
O_2	0	0	0
N_2	0	0	0
合成气低位热值(湿基)/(MJ/Nm^3)	6.7	3.90	12.7
煤气效率/%	HHV=82.2 LHV=78.1	HHV=72.1 LHV=60.9	HHV=80.5 LHV=82.5

气化炉的操作条件，如温度、压力、气化剂、气化剂与原料的比值等都影响合成气的组成和质量。温度升高，气体产率增加，焦油及炭的产率降低，气体中氢及碳氢化合物含量增加，H_2/CO 比率随温度的升高而升高。压力增大，脱除挥发分的速度减慢，裂解反应加强，产生的焦油量也减少；压力提高，可以提高生产能力，还可以减少带出物损失。在同样的生产能力时，提高压力，可以减小气化炉容积，减小后续工段的设备尺寸，且净化效果好。

三、生物质合成气的净化

生物质合成气中的有害杂质组成与含量与以天然气和煤炭为原料制备合成气不同，生物质粗合成气既不能满足下游合成过程催化剂(对原料气)的质量要求，也无法达到发电技术(包括未来的燃料电池、燃料电池-燃气透平混合发电机)的燃料气质量标准。所以，生物质合成气的净化过程比用天然气、煤炭合成气复杂得多。

以生物质为原料用不同的气化炉生产的粗合成气均含有一定数量的焦油、氨、卤族化合物、硫、碱性化合物和粉尘等。这些杂质会造成合成催化剂堵塞和中毒，燃气透平磨蚀，故必须经过净化。下面的图 3-1 是从气化炉出来的粗合成气净化除去杂质的一般流程[4]。

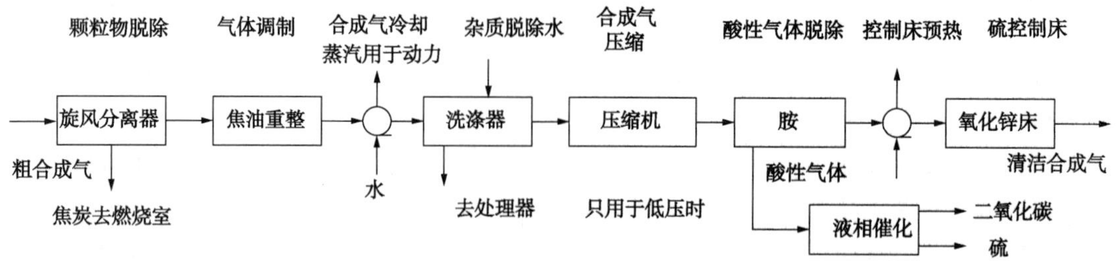

图 3-1　一般的合成气净化流程图

净化流程包括：旋风分离器除去颗粒物；焦油重整器除焦油；合成气冷却后，洗涤器去除气体中残留的灰分、焦油、氨等杂质；低压 BCL 气化炉出来的合成气需压缩后进入后面的胺吸收塔除去 H_2S 和 CO_2 等酸性气体(高压 GTI 气化炉出来的合成气不需压缩，直接进入胺吸收塔)；液相催化氧化脱硫；最后 ZnO 床使硫含量降为微量 1μg/g 以下。

生物质气化过程生成的大分子烃类称为焦油，冷凝后会造成设备结垢、堵塞过滤器和吸附剂的孔径。所以合成气中焦油的容许浓度应低于合成反应器压力下的凝点。流化床气化炉的焦油产量约为生物质进料量的 1%~5%(合成气中焦油浓度约为 $10g/Nm^3$)。焦油是潜在的 H_2 和 CO，应进一步裂化生产 H_2 和 CO。气体中芳烃(BTX)体积分数约为 0.5%，必须在气体进入过滤器之前除去 BTX，否则会全部被活性炭吸附，迅速生成胶状物，导致活性炭被完全堵塞。

生物质合成气中的焦油处理是净化过程的重要问题，但目前仍然没有成熟的脱除焦油技术，认为可用的焦油脱除法有以下几种：

(1) 热裂化法

是 1000~13000℃，不使用催化剂情况下可使焦油裂化的方法。一般应通入蒸汽和氧气作为选择性氧化剂。热裂化法的主要缺点是热效率低和生成油烟。

(2) 催化裂化法

用白云石或镍基催化剂的催化裂化法可以克服热裂化法的缺点。但一些技术问题，如催化剂耗量、最佳的工艺条件和生产成本等仍未解决。

(3) 油洗法

气体先经过换热后，在 400℃温度下用油洗涤可使焦油含量降至符合费托合成反应器要求的标准。在 0.6MPa 压力下可除去全部的 BTX(常压下只能除去一部分)。回收的焦油可用汽提法回收，然后送回到气化炉中。

(4) 焦油重整(tar reformer)

焦油重整技术是将从气化炉出口旋风分离器分离出的粗合成气在 870℃下进入鼓泡流化床重整反应器，可将合成气中的 CH_4、C_2H_6、C_2H_4、C_6H_6 和 C_{10}^{+} 转化为 CO 和 H_2，NH_3 分解为 N_2 和 H_2。焦油重整反应器气体出口温度为 750℃，气体经过换热后温度降至 150℃。重整过程可将大部分焦油和芳烃(BTX)转化为合成气组分。

脱除焦油和 BTX 之后的粗合成气仍须继续脱除颗粒物、碱性化合物、NH_3、HCN、H_2S、COS、HCl、挥发性金属等其他杂质。这些杂质的净化方法主要有两种，即常规的湿式净化法和先进的干式净化法。

常规的湿式净化法是在 100~250℃温度下进行的过滤和洗涤。新开发的高温干式净化法则是在 350~800℃下进行陶瓷过滤，脱除碱性化合物、卤族化合物和硫化物等过程。

在净化之前进行气体压缩可使净化设备规模减小，但是，在压缩过程中会造成硫化物和氯化物在压缩机中凝结，造成对压缩机的腐蚀。合理的压缩机流程是脱除大部分杂质后先进行中间压缩，将压力提高到 0.6MPa，然后在进入保护床之前再压缩至 6.0MPa。

四、生物质合成气的转化和调制

脱除杂质的合成气仍需按照合成反应对气体中 H_2/CO 比值的要求进行转化和调制。

生物质气化生成的合成气中含 H_2、CO、CO_2和一定量的 CH_4和轻烃，可用重整工艺把这些烃类转化为 H_2和 CO。可用的重整工艺有蒸汽重整和自热式重整。蒸汽重整过程 SMR (Steam Methane Reformer)是成熟的工艺技术；正在开发的自热式重整流程较为简单，也比较经济。两种重整技术对 H_2/CO 比例差别的影响不大。

流化床气化炉所产合成气体中的 H_2/CO 比值较低，要根据需要确定是否采用水煤气变换工艺来调节 H_2/CO 比值，利用氢分离技术提高合成气的氢含量。

气体中的水分在合成反应器中起着惰性气的作用，可降低氢和一氧化碳的分压。所以在进合成反应器之前进行合成气冷却，使水分凝结，并用分离罐脱去气体中的水分。

来自气化炉的合成气含大量 CO_2，经过重整和变换后 CO_2含量将继续增加。CO_2含量对许多反应具有负面影响，可用 Selexol(聚乙二醇二甲醚作溶剂)或其他工艺脱除 CO_2，脱 CO_2的成本很高。

上述水煤气变换、重整和脱酸性气均为常规的气体加工技术。

费托合成的铁催化剂具有水煤气变换的功能，可将 CO 转化为 H_2。所以铁剂费托合成可使用低 H_2/CO 比值的原料气。

表 3-4 列出了几种生物燃料技术要求的合成气质量标准。

表 3-4　生物燃料和化学品生产工艺要求的合成气质量

项目	铁剂 费托合成	钴剂 费托合成	合成甲醇 Cu/ZnO 催化剂	合成混合醇 碱/MoS_2	发酵制乙醇 生物催化剂
H_2/CO 比值	0.6~1.7	>2	不要求	1~1.2	不要求
$(H_2-CO_2)/(CO-CO_2)$比值	不要求		约 0.68		不要求
CO_2/%	< 5		4~8		有助于初期生长
H_2O	可导致催化剂氧化		低	与钴剂费托合成相同	无影响
CH_4/%	<2		低		
N_2	低				
HCN	<10nL/L		<10nL/L		
NH_3	<10nL/L		<10nL/L		有助于生长
NO_x	<100nL/L		<100nL/L		<40μL/L

续表

项目	铁剂 费托合成	钴剂 费托合成	合成甲醇 Cu/ZnO 催化剂	合成混合醇 碱/MoS_2	发酵制乙醇 生物催化剂
硫（COS、H_2S、CS_2）	<100nL/L	<60nL/L	<100μL/L	50~100μL/L	H_2S≤ 2%
卤化物（HCl、Br、F）	<10nL/L		<10nL/L	与钴剂费托合成相同	应脱除
碱金属（K、Na）	<10nL/L		低		影响不详
焦油	低于露点		低于露点		必需脱除
颗粒物	<0.1μL/L		<0.1μL/L		必需脱除

第三节　生物质气化炉型特点

一、生物质气化炉的选择标准

可以参照以下标准选择生物质气化适用的炉型[2]：

1. 对原料的要求

可用的气化原料多种多样，每种生物质原料均具有不同特性。例如：原料的块径、形状、容重、水分含量、能量密度、化学组成等项均有较大的差别。根据这些性质可以确定何种气化炉是适用的炉型以及需要采用哪种预处理方法。

水分含量：生物质原料的水分若高于30%，就会使气化效率降低。因为水分蒸发耗用较大的能量；生成的蒸汽会导致合成气的组成变化。高水分原料还会降低气化温度、减少裂化反应，使合成气的焦油含量增高。原料干燥的能耗较高，尤其是干燥至水分低于10%时，干燥的能耗将大大增加。所以，干燥至水分为10%~20%是适宜的。

灰分：生物质中的灰分是不能气化的矿物质无机物组分。其含量范围为1%~20%（干基）；木材的灰分<1%；玉米秸秆的灰分约10%；草本植物（如稻草）和牲畜粪便的灰分可达20%以上。从减少废料排量考虑，气化原料的灰分含量应不高于5%。

灰分化学组成是影响气化的主要因素。使用灰分熔点低的原料会造成气化炉操作困难。尤其是流化床气化炉，会造成流化困难、床层凝聚（agglomerate）以致需要停产、清扫。气化炉进料中添加橄榄石、白云石可减少“凝聚”现象，但却会增加生产费用。木材生物质原料的灰分含量及其性质能满足气化要求；农业废料（稻草、皮壳）灰分熔点偏低，是不适合作气化原料的主要原因。

2. 合成气质量

生物质原料生产的合成气质量除了与原料性质相关外，主要取决于气化炉型和操作条件。各种气化炉生产的合成气均需经过净化，才能使合成气质量符合各种合成技术要求的标准。合成燃料用的合成气的质量标准不同于用作发电/供热的燃料气。

合成气的主要质量指标为：

① H_2、CO 含量和 H_2/CO 比；

② CO_2、H_2O、CH_4、轻烃和 N_2 含量；

③ 有害杂质含量，包括焦油、氮化物（HCN、NO_x、NH_3）、硫化物（COS、H_2S、CS_2）卤

化物(HCl、Br、F)碱金属(Na、K)和颗粒物等。

就生物质气化生产合成气中的甲烷、烃组分和焦油含量而言，主要与气化温度有关。气流床气化炉和等离子气化炉的反应温度高(约1500℃)，合成气的质量最好，H_2和CO含量可达70%~80%，不含甲烷、焦油等杂质(或很低)。合成气净化流程也较为简单。

双流化床等气化炉的合成气中甲烷、烃组分和焦油含量偏高，导致H_2和CO含量降低，颗粒物含量显著增高(最高可达$40g/Nm^3$)

间接加热、吹空气的流化床气化炉。合成气中N_2含量可达30%以上。

3. 气化炉处理能力

生物质气化炉的研发经历了3个发展阶段，20世纪80年代中期以用于发电/供热为主，生产规模较小(一般为<100t/d)；至世纪之交，研发方向是用生物质生产不含N_2气的合成气；近年来才着手用于BTL的生物质气化技术的研究。一些生物质气化炉的处理能力尚未达到工业化的最佳生产规模。

气流床生物质气化炉是发展较快的技术，但试验的单炉处理能力仍偏低。参照煤炭气化的经验，预计单炉生产能力有可能达到1500t/d。德国Choren公司开发的BTL技术采用气流床气化技术，计划于2013年建成BTL工厂，日处理生物质原料3040t。设置气流床高温气化炉4台，每台高温气化炉配置低温气化炉4台(单炉能力=190t/d)。

用于发电/供热的循环流化床生物质气化炉已经是成熟的技术，单炉生产规模尚未达到600t/d。福斯特-惠勒能源公司正在与VTT、Stora Enso公司合作从事高压、吹氧/蒸汽的生物质循环流化床气化炉(CFB)技术的开发。

鼓泡流化床生物质气化炉(BFB)的发展情况与CFB气化炉相似。

双流化床气化炉(Dual)：用于生物质发电、成功运行的规模在50t/(d·炉)左右；规划的生产规模在500~700t/d范围之内。

图3-2是不同类型气化炉的生产能力范围图。

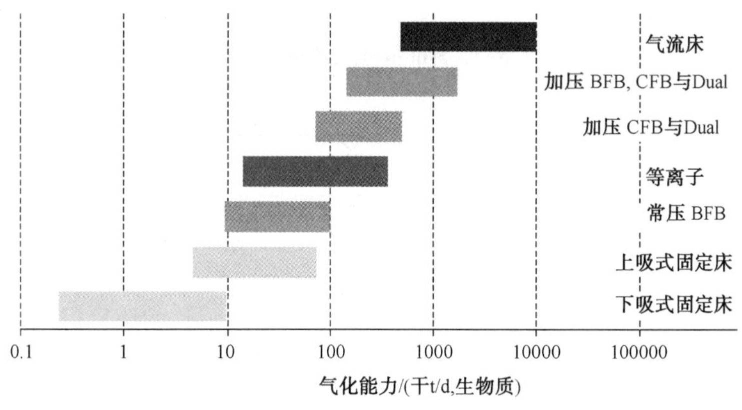

图3-2　不同气化炉生产能力范围图

由图3-2可知，固定床气化炉生产能力太小，不能满足大规模生产运输燃料的要求。

4. 气化炉的继续研发和改进

就生物质发电供热而言，鼓泡流化床(BFB)和循环流化床(CFB)均属成熟技术，已经实现产业化。但进一步将气体转化为液体燃料的应用中，一般需要较大规模的气化炉，因而气流床(EF)占据上风。结合煤炭气化炉的经验和生物质气化的特点，已经研发成功同时吹入蒸汽和氧气的直接法气化炉和一炉吹入蒸汽，另一炉吹入空气，以生物焦为主并补充气体燃料，采用热载体循环供热的间接法气化炉。不久两类炉型均将走向产业化。

鉴于以上单段转化工艺存在不足之处，近年来研发了两段转化工艺：

① REI International 公司提出的 Syntrex 两段转化工艺[5]，特点是第一段采用卧室圆筒转化器，第二段采用螺旋管式转化器，两段转化器上部排除气体产品，下部排除灰渣。生物质粉碎至 3~6mm 后经进料系统压送入第一段转化器，当进料量为 2.3~22.5t/d，生物质碳总转化率达到 90%，气体经后续加工得到以柴油为主的液体油品约 210t(干基)。中型装置运行顺利，但进料系统存在漏气故障，有待改进。图 3-3 是 Syntrex 生物质进料系统，图 3-4 是生物质进料系统改进设计。

② TRI International 公司提出的两段转化工艺[6]第一段为深层床，生物质干燥、热分解、蒸汽重整均在还原气流中进行，设有间接加热器，有利于生成高品位气体；第二段用蒸汽和氧气直接吹入，将剩余碳转化。生成气体中 H_2 : CO 可在 1~3.5 范围内调节。

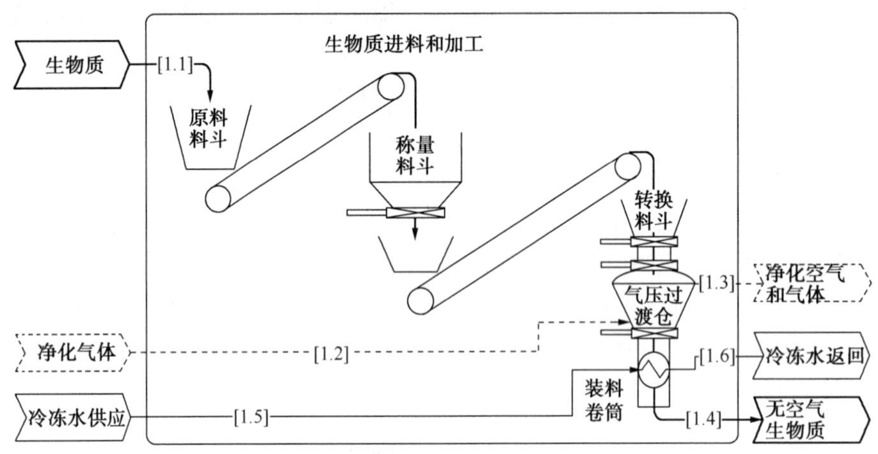

图 3-3 Syntrex 生物质进料系统

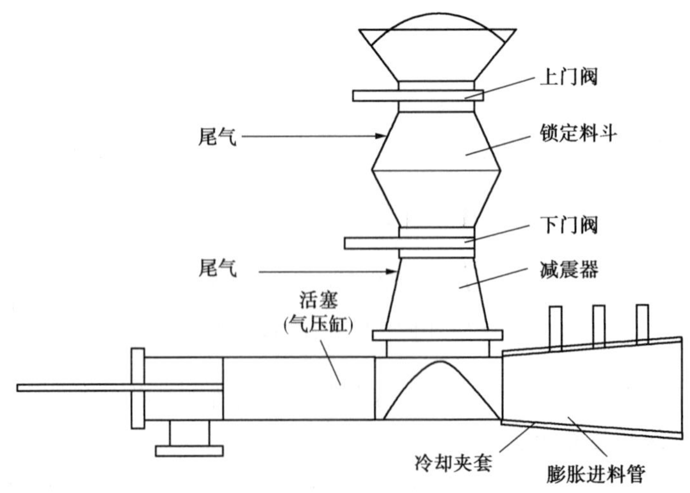

图 3-4 生物质进料系统改进设计

5. 不同气化炉的性能指标比较

气化炉是造气过程的最关键设备，选择用生物质生产运输燃料的气化炉时需要从 5 个方面进行考虑，即原料要求、生产所需质量合成气的能力和潜力、研发状态和操作经验、目前和将来的规模、价格。综合分析潜在可用于生产运输燃料的气化炉性能比较如表 3-5。

表 3-5　不同气化炉的性能指标比较

气化炉类型	原料要求	合成气质量	研发状态	放大潜力	价格
EF 气流床	• 粒度<1mm；湿含量 < 15%；低灰分	••• 非常低的 CH_4、C_2^+ 和焦油，高 H_2、CO	••• 有建设大规模 BTL 装置的经验，大量的工业实践	•••• 有建成非常大的气化炉和工厂的可能性	••• 效率高，若减少昂贵的预处理费用，价格降低
BFB 鼓泡流化床	••• 粒度 < 50 ~ 150mm； 湿含量<10% ~ 55%； 灰分敏感	•• 存在 C_2^+、焦油，吹氧时，高 H_2、CO，有颗粒物	•• 过去用于产热和发电，中度的放大，有 BTL 应用的兴趣	••• 有很多大的工程计划	•• 可能较高的气化炉投资和低的效率
CFB 循环流化床	••• 粒度<20mm； 湿含量<5% ~ 60%； 灰分敏感	•• 存在 C_2^+、焦油，吹氧时，高 H_2，CO，有颗粒物	•• 广泛的产热和发电方面研发经验，很少的 BTL 方面研发	••• 有很多大的工程计划	••• 可能较高的气化炉投资
Dual 双流化床	••• 粒度<75mm； 湿含量<10 ~ 50%； 灰分敏感	•• 存在 C_2^+、焦油，高 H_2 含量，高 CH_4 含量，有颗粒物	• 很少和小型的研发，发展初期，近期才有 BTL 应用的兴趣	•• 有一些工程计划，但只是中等规模	••• 潜在较低的合成气生产成本
Plasma 等离子体	•••• 无特别要求	•••• 没有 CH_4，C_2^+ 和焦油，高 H_2 和 CO	•• 有一些开发，许多发电方面的应用，是放大的初期	• 只是中小规模的系统	• 非常高的投资，低的效率

注：对于每个类型各项性能进行比较时，•为最差，••••为最好。

综合考虑气流床气化炉、鼓泡流化床气化炉、循环流化床气化炉、双流化床气化炉都是可用于生产运输燃料的气化炉。下面对这几种炉型进行介绍。

二、生物质气化可用的炉型

生物质气化炉从加热方式分为直接加热方式和间接加热方式。

直接加热方式有一个部分氧化气化炉（直接加热气化炉），通入的氧气和有机物发生的放热反应提供生物质转化的能量。部分氧化气化炉中，过程所需热量是气化炉内部产生的。部分氧化气化炉的缺点是氧的生产较贵，为改善经济性需要的工厂规模较大。

间接加热方式有一个蒸气气化炉(间接加热气化炉)，生物质的加热和气化所需能量通过热载体和传热界面提供，副产物焦炭和部分气化产物和空气(蒸气气化炉之外)的燃烧提供气化所需热量。蒸气气化炉有不需要氧气的优点，但是由于大部分操作在低压下进行，气体需要压缩以便进行后续的净化和合成操作。

以下重点论述适用于生物质气化的几种炉型[2]。

1. 气流床(EF)气化技术

就煤炭气化技术而言，制氧技术的进步和大型化、气流床压力气化炉的开发和工业化应用，促进了煤气化技术的发展和生产能力的扩大。吹氧的高压气流床气化炉的应用不仅提高了合成气的质量，简化了合成气净化流程，而且显著地提高了气化炉的处理量。高压气流床气化炉的单炉煤炭处理能力已达 2500t/d，合成气产量约为 16 万 Nm^3/h。例如：GE、Shell 和 GSP 气化炉均为工业化的气化技术，用于煤炭、石油焦的气化已有成功的经验。借鉴这些成果发展生物质气化技术是十分必要的。

近年来，一些气流床气化炉专利商开始将自己的煤炭气流床气化炉技术推向 BTL 市场，进行生物质联合气化的工业试验。例如：Shell 公司自 2002 年以来就在荷兰的 250MWe Buggenum 电厂中、在 SCGP(Shell 公司的煤炭气化技术)气化炉上进行生物质联合气化试验。使用的原料包括污泥(经过干燥)、鸡粪和锯末。生物质掺入量为 5%~15%，最高加入量达 30%。进料的粒径<1mm，含水率为约 5%。GE 公司正在用 GE 气化炉进行生物质联合气化试验。在美国 Tamper Electric Polk 电站的 220MWe 机组上进行 5%生物质/煤炭的联合气化试验，采用了浆式给料系统。Conoco Phillips 公司也计划将 E-GAS 粉煤气化技术推向 BTL 市场。

生物质气流床气化炉示范试验使用过的原料以木材为主(木片、林业废料、锯末、废木料)，其他原料，如塑料、RDF、(经过分类处理的)城市废料、秸秆和草类等也可用作气流床气化炉的原料。

气流床气化炉适合使用混合原料，但必须保持进料质量的稳定性。原料应经过干燥、储存、调和和粉碎处理，以保证原料质量的均衡性。

气流床气化炉为熔渣式排灰，熔融的灰渣流过炉壁下部形成保护层，然后被冷却形成颗粒物并从炉底部排出。熔渣黏度和组成也会对排渣速度、气化温度等造成影响，是气化炉设计的重要因素。气流床气化炉要求采用灰分较低的原料。例如：为防止原料的灰分超标，Choren 技术要求气化原料中秸秆的添加量不高于 10%。

气流床气化炉对原料规格的要求十分严格。由于物料在气流床气化炉中停留时间很短，所以大块径进料就会导致气化反应不完全。煤炭气化炉的进料为粒径为 50~100μm 的煤粉。生物质的气化活性高于煤炭，故可使用粒径为 1mm 的生物质原料。

煤炭气流床气化炉采用气动输送给料机，用这种气化炉处理纤维素生物质原料时，进料应磨碎至粒径<100μm。原料磨碎的能耗很高，例如：将木材磨碎至 200μm 颗粒，其能耗约相当于原料能量的 10%。为了能够处理大粒径(>1mm)的原料，就需要改用螺旋给料装置。但是其控制效应不如气动给料装置，也缺乏操作经验。为了能够处理较大粒径生物原料而又不修改给料装置的设计，就必须采用适宜的生物质预处理流程。

使用高含水率的原料会导致气化效率降低，气流床气化炉要求生物质原料含水率不高于 15%。

气流床气化炉需要采用粉末或雾化的进料，对于固体生物质原料是难以做到的。因为生物质原料粉碎的成本高、能耗大。选择适宜的预处理方案提高生物质原料能量密度和解决气化炉进料问题，是开发气流床气化炉的一项重要技术课题。可行的原料预处理方案有：

① 在产地就近进行快速热裂解生成裂解生物油，再将生物油运输至气化工厂用作气化原料；

② 在产地用烘烤技术分散进行生物质预处理生产生物炭；

③ 用低温气化技术生成焦炭。然后进行高温气化生产合成气

以上预处理技术均为可行的方案，需要根据生物质性质和资源量等因素求得最佳的预处理方案。

近年来开始了生物质原料气流床气化技术的研究开发。Choren 技术已建成了 200t/d 的生物质气化示范炉，RangeFuels 于 2008 年建成了小型试验炉、2010 年将建成包括 125t/d 生物质气化炉和混合醇合成的示范工厂。还计划建设 1259t/d 的工业化装置。另外，还有 Pearson、FZK/KIT 和日立重工等 3 家公司也在开发气流床气化-生产燃料的技术。

以下几种气流床气化技术是适用于生物质气化、工业化前景较好的炉型。

(1) Carbo-V 气化工艺

是德国 Choren 工业公司开发的生物质气化技术。Carbo-V 工艺为带低温气化的气流床气化技术。生物质原料先进行低温气化，生成的焦油和生物焦再经过高温气流床气化生成合成气。

低温气化(预处理)工序是将经过干燥(含水 15%)的生物质原料用回转搅拌装置进行低温(400~500℃)气化，生成气体(含焦油)和生物焦(biocoke)。

含焦油气体和氧气从高温气化炉顶部进入炉内，经过部分氧化反应(1200~1500℃)生产合成气，呈熔融状态的灰分从炉底排出。炉壁设有水冷壁和熔渣保护层。

第三段为生物焦气化工序。经过粉碎的生物焦从气流床气化室中部进入，在吸热状态下气化生成合成气，反应温度为 700~900℃。气化室顶部排出的合成气经旋风分离器分出焦粉，焦粉再送回至高温气化炉中。

Carbo-V 气化炉参见图 3-5。

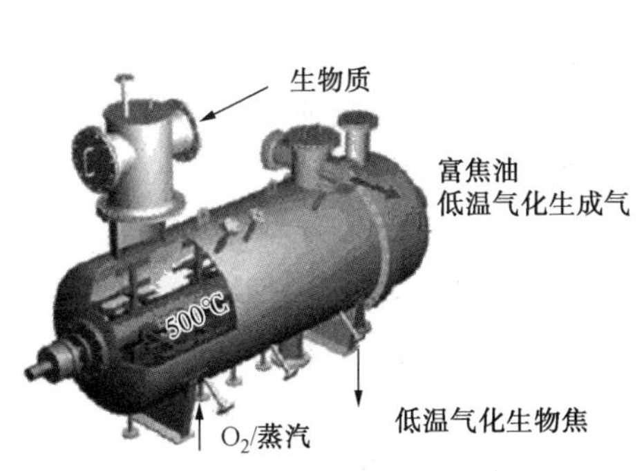

(a) 低温气化器

(b) 高温气化器

图 3-5 Carbo-V 气化炉设备图

Carbo-V 气化技术于 1997 年建成了 3t/d 的小型试验装置(Alpha plant), 至 2007 年总计运行了 17000h, 用合成气成功地生产了甲醇和生物柴油。甲醇和费托合成装置是分别于 2002 年、2003 年建成的。

2007 年建设了日处理生物质原料 198t 的工业示范工厂(Beta plant)。于 2008 年建成投产, 可年产生物柴油 13kt。据报道, 生物质气化的冷煤气效率为 81.4%, 总热效率为 90.5%(一部分热量用于原料干燥)。于 2009 年末正式生产生物柴油(SunDiesel)。

Carbo-V 技术的工业化计划是建设工业生产工厂(称为 Gamma plant)。工艺方案如下:

Carbo-V 气化炉生产规模为 160MWth; 相当于生物质原料处理量为 3040t/d(年加工量达 1.0Mt)。可年产 BTL 燃料油 200kt。

一套 Carbo-V 气化系统由 4 台低温气化器(40 MWth)和 1 台高温汽化器组成。

Gamma plant 是按照使用木材生物质为原料设计的。原料经过 3 段气化生产合成气:

① 原料经过预处理和干燥(含水率 15%)后, 进入低温气化器(内装回转搅拌装置), 在 400~500℃下进行低温气化, 生成生物焦(biocoke)和含焦油的低温生成气(LTG gas)。

② 低温生成气在高温气化器中与通入的氧气进行高温(1200~1400℃)部分氧化反应。高温气化器内装有水冷壁和熔渣保护层;

③ 第三段为气流床式气化室。高温气体从气化室底部进入, 经过粉碎的生物焦从中部进入。经化学冷却反应生成合成气; 吸热反应使温度降至 700~900℃。从合成气分离出来的焦粉再返回到高温气化室中。

Carbo-V 气化技术公布的实验数据较少, 有限的生产数据归纳如下:

① 气化炉的冷煤气效率: 81.4%; 总热效率(余热用于原料的干燥): 90.5%。

② 合成气组成: H_2: 37.2%; CO: 36.4%; CO_2: 18.9%; H_2O: 7.3%; H_2/CO: 1.02; 焦油: 极低; 甲烷: 0.06%; N_2: 0.1%。

③ 合成气杂质含量低, 可用常规净化技术处理。

Carbo-V 气化技术的后继开发计划:

① Gamma plant 工业化试验成功后, 德国拟于下一步建设同等规模的 5 座生物燃料工厂。

② 将 Carbo-V 气化技术用于 CHP(联合供热/发电)工业化应用。

③ 进行生物质原料的烘烤试验, 以便取代低温气化工序。生物质经过烘烤生成的生物焦可直接用作气流床炉的进料。成功后将可扩大气化原料的适用范围。

Carbo-V 气化工艺的主要优点:

① 可用生物质原料生产不含焦油的合成气, 故无需采用催化净化过程。

② 两段气化的效果好, 能量转化效率可达 80%以上。

③ 合成气用作发电燃料, 发电效率可达 40%。

④ 适应各种生物质原料的灵活性, 可加工干燥的各种生物质原料。

⑤ Carbo-V 气化炉可将灰分转化为适合用作建筑材料的熔渣颗粒。

⑥ 合成气的氢含量较高, 氢产率约为 1.2m^3/kg 原料。

(2) Range Fuels 气化工艺

Range Fuels 气化技术是按照气流床原理开发的 2 段气化技术，由一台脱挥发分反应器(低温气化炉)和一台重整反应器(高温气化炉)组成。气化过程使用蒸汽间接加热。生产的合成气(经过净化后)可用作生产乙醇/混合醇的合成原料。

Range Fuels 气化技术适合于处理木材和林业废料。容许使用含水率为 40%~50% 的进料。

Range Fuels 气化技术的第四代小型试验炉建于科罗拉多，生物质处理量为 5t/d。已于 2008 年投产。Range Fuels 气化技术的工业化计划是于 2007 年开始在美国佐治亚州建设日加工生物质原料 125t 的 Range Fuels 气化炉，生产乙醇。于 2010 年投产。

(3) KIT/FZK 气化技术

是由 KIT、Lurgi/Ruhrgas 和 Future Energy 等公司的专有技术组成的生物质气化技术，或称 Bioliq 技术。

KIT/FZK 气化技术的特点是：生物质原料首先在分散式裂解装置中预处理，生产生物油和焦炭。再将两者混合、磨碎成为高能量密度的生物油浆。然后运至气化工厂集中，用作气化原料，采用 GSP 气流床气化炉将生物油浆转化为合成气。

生物质裂解采用 Lurgi/Ruhrgas 公司的技术。适用的原料包括木材、稻、麦秸秆和草类。原料经过切碎后送入双螺旋裂解反应器，在 500℃ 温度下裂解为生物油和焦炭。将生物油和经过粉碎的焦炭混合为生物油(能量密度相当于原油)，适合于远距离运输至气化工厂集中加工生产合成气。

Future Energy 公司的 GSP(Gaskombinat Schwarze Pumpe)气化技术是采用直接加热、高压吹氧的气流床气化炉，用于煤炭、石油焦和重油气化的成熟的技术。20 世纪 90 年代初期，Future Energy 公司将 GSP 气化技术的开发重点转向以生物质和工业废料为气化原料。曾先后使用过 60 多种气化原料，包括木材、生活废料、工业废渣等。表 3-6 为几种气化原料和合成气组成的 GSP 气化炉实验数据。

表 3-6　几种典型气化原料性质及合成气组成

项目	木材	生活废料	无烟煤
气化原料性质			
元素分析/%			
C	51.4	55.4	92.0
H	6.1	4.4	3.5
N	0.9	1.3	1.0
O	41.5	30.5	2.5
S	0.1	1.5	1.0
水分/%	20.0	10.0	2.0
灰分(干)/%	0.5~1.5	15~25	5~15
热值(干)/(MJ/kg)	17~10	12~15	25~32

续表

项目	木材	生活废料	无烟煤
合成气性质			
合成气组成/%(体积分数)			
H_2	27	32	27
CO	50	49	64
CO_2	14	12	3
CH_4	0.1	0.1	0.1
N_2	6.3	6.7	5.5
H_2S	0.12	0.28	0.46
COS	0.1	0.02	0.04
热值/(MJ/Nm^3)	9.3	9.7	11.1

2. 鼓泡流化床(BFB)气化技术

生物质用鼓泡流化床气化-发电技术始于20世纪70年代，为按常压吹空气技术运行，生产规模中等。近年来开始朝着扩大规模和用于生产生物燃料方向发展，并改为高压-吹氧/蒸汽操作。

BFB气化炉适用的原料十分广泛，包括木材、草类、工业废料、废塑料、城市废料、秸秆和农业废料等。

BFB气化炉的给料系统包括储仓、计量箱、进料锁斗和螺旋输送机等设备，故对进料块径、质量和水分的要求不是太严格，容许有变化。如木料的容许块径可达50~150mm；水分为10%~55%(适宜水分=10%~15%)。

鼓泡流化床和循环流化床气化炉处理灰分熔点低的生物质原料时都有“床层凝聚”造成流态化失效的危险。解决方法是在原料中添加一定量的灰分熔点高的原料，或向气化炉内加入白云石类的矿物质以消除凝聚问题。

鼓泡流化床的气化温度比气流床气化炉低，故合成气中的甲烷、烃组分和焦油含量高于后者。按吹空气操作的BFB气化炉，合成气中N_2的含量高(可达38%以上)。颗粒物(灰分和焦粉)含量也较高；脱除颗粒物是成熟的技术，但高温下脱出颗粒物在技术上有困难。

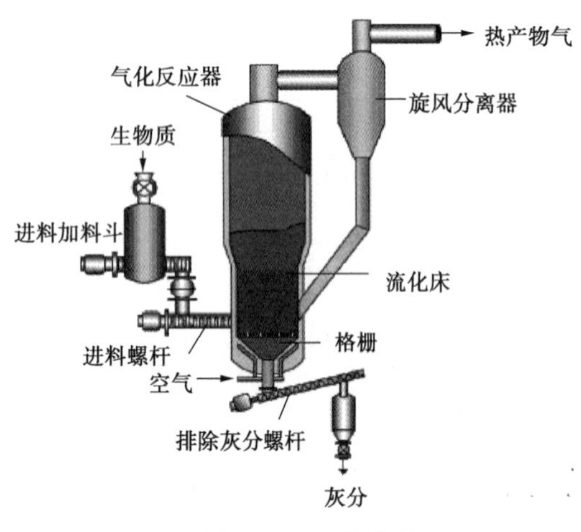

图3-6　GTI气化炉

GTI气化炉：为GTI公司开发的吹氧式鼓泡流化床气化炉。生物质气化反应所需的热量靠在炉内将一部分生物质原料部分燃烧反应产生的热量来供给。图3-6为GTI气化炉。

GTI气化技术已经完成了规模为12t/d的试验炉试验。设计的操作压力为3.0MPa，气化温度870℃。从炉下部通入蒸汽，形成流化床。蒸汽用量：蒸汽/进料比=0.2(重量比，进料按含水量5%计)。从炉体中部送入氧气，氧气/进料比=0.23。

纤维素生物质在气化炉中依次发生以下气

化反应：

① 生物质脱挥发分：挥发分快速热分解反应，生成 H_2、CO_2、轻烃和 H_2O，残余物为生物焦；

② 生物焦气化：生物焦在有蒸汽、H_2存在情况下生成 CH_4、CO、H_2和 CO_2；

③ 生物焦燃烧：剩余的生物焦在气化炉下部燃烧，为气化反应提供热量。

气化炉用合成橄榄石作为流化介质。合成橄榄石为惰性固体物，是一种经过煅烧的硅酸镁化合物，其主要成分为顽辉石（Enstatite，$MgSiO_3$）、镁橄榄石（Forsterite，Mg_2SiO_3）和赤铁矿（Hematite，Fe_2O_3）。为防止生物质进料中的钾与硅酸盐生成玻璃状的 K_2SiO_4（熔点=500℃），对流化床层造成危害，需要向橄榄石加入少量的 MgO，可使 K 与 MgO、硅酸盐生成高熔点（1300℃）的三元共晶物。

气化炉出口的粗合成气经过 2 级旋风分离器脱除橄榄石、焦炭和固体杂质，进入焦油重整工序。分离出的橄榄石等固体物经过冷却后作为废料排出。

3. 循环流化床（CFB）气化技术

CFB 气化炉从 20 世纪 80 年代就已实现了工业化，主要用于生物质气化-发电/供热。操作方式以常压、吹空气为主。近年来开始发展高压-吹氧式的 CFB 气化炉。

CFB 气化技术用于发电/供热，是成熟的技术；用于 BTL 技术生产合成气，仍处于开发阶段。

福斯特-惠勒能源（Foster Wheeler Energy）公司是 CFB 气化炉的主要开发商。1998 年为芬兰 Lahti 市的燃煤电厂设计了一套日处理量为 360t 的 CFB 气化炉，使用 MSW 为气化原料，发电量为 7～23MWe。Lahti 电厂计划将处理量翻番，达到 760t/d 的规模。

CFB 气化炉适用的原料有木材、树皮、草类以及废木材、塑料、轮胎和垃圾等。原料质量波动对气化效应的影响较小，进料需要切碎至粒径<20mm，容许的水分含量为 5%～60%（适宜含量为 10%～15%）。

CFB 炉的气化温度较低（约 900℃），合成气中的甲烷、烃组分和焦油，以及颗粒物均较高，会使炉体受到磨蚀。

图 3-7 为福斯特-惠勒开发的常压循环流化床（CFB）气化炉。

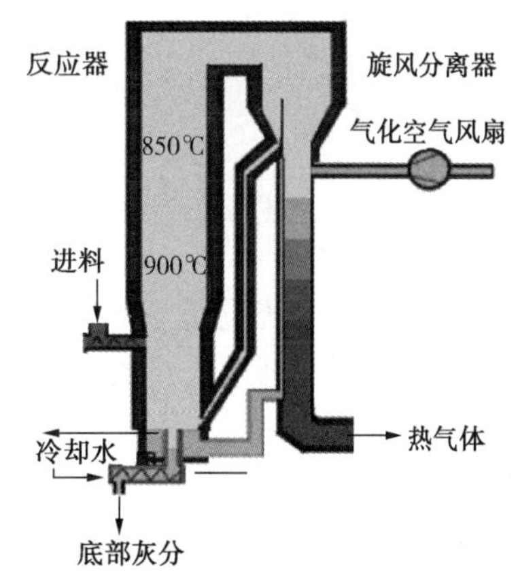

图 3-7　常压循环流化床（CFB）气化炉

芬兰技术研发中心（VTT）在长期从事生物质气化技术研发的基础上，于 2004 年开始实施一项 UCG（Ultra Clean Gas）计划，目标是与多家公司合作实现 BTL 技术的工业化。2007 年，建成了一套 CFB 气化炉（Foster Wheeler 技术），原料日处理量为 60t。建成后，长期运行成功。其间曾用高压-吹氧/蒸汽操作模式生产出了合格的 F-T 合成用气。

第二步计划始于 2010 年，规划建设一套规模为 200～300MWth（日加工生物质 1522t）气化装置，可生产 F-T 柴油 100kt/a。于 2013 年试运转。

此外，欧洲一些研究机构也有一些 CFB 炉的 BTL 小型试验项目，进展不大。还有一些开发商已不再从事 CFB 气化技术的研究/开发。

4. 双流化床气化技术

双流化化床气化技术由一台生物质气化炉和一台生物焦燃烧炉组成，气化炉和燃烧炉采用 CFB 炉或 BFB 炉均可，随不同的专有技术而异。例如：Silva Gas 技术的气化炉和燃烧炉均采用 CFB 炉。REPOTEC/TUV 技术的气化炉为快速内循环流化床(FICFB，Fast Internaly Circulating Fluidized Bed)炉；燃烧炉采用 CFB 炉。

双流化床气化炉为间接加热、使用蒸汽的气化过程，可将生物质转化为合成气和焦炭。为防止灰渣熔融和粘结，气化温度应低于 900℃。生成的焦炭在燃烧炉中用空气燃烧，热量用于加热固体载热体，再循环回至气化炉中。

双流化床气化炉技术仍处于研发初期，只是在发电/供热的应用方面已进入工业示范阶段。用于生产生物燃料仍处于示范试验阶段。只有一些小型开发商从事 BTL 项目的研发工作。

双流化床气化的技术特点：合成气中 N_2 含量低、甲烷含量偏高(>10%)。气化过程不需用氧气。

SilvaGas 公司(以前称 FERCO)开发了 BCL(Battelle's Columbus Laboratory)气化炉，为常压、间接加热的双流化床气化炉。已经完成了 9t/d 的小型试验，取得了各种软、硬木材(包括红橡木、桦木、枫木和松木)、锯末等的气化实验数据。图 3-8 为 双流化床气化炉简图。

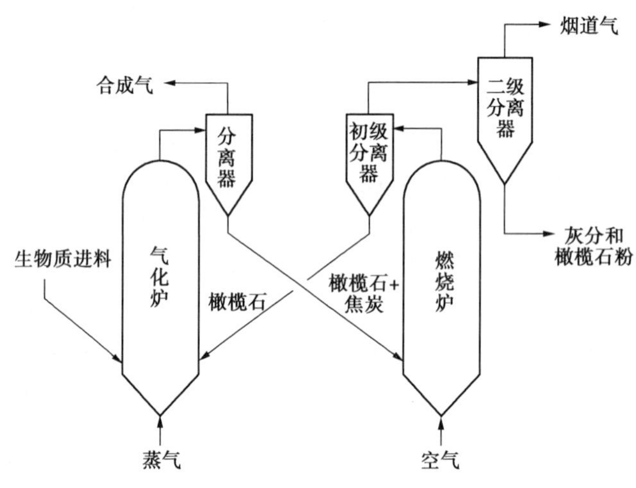

图 3-8　双流化床气化炉简图

BCL 气化系统包括 1 台流化床气化反应器和 1 台流化床半焦燃烧器。经过干燥的生物质原料从反应器下部进入，从底部通入蒸气作气化介质，蒸气与木材质量比为 0.4kg 蒸气/kg 干木材。生物质原料与蒸气在气化炉中转化为合成气和生物焦(char)。气化所需的热量靠生物焦在燃烧炉内燃烧发生热量，通过循环热载体来供给。使用合成橄榄石(一种经过煅烧的硅酸镁复合物)作为循环热载体。为防止在气化温度下生成玻璃状粒子，需要在新橄榄石中添加少量的 MgO。

生物质进料在气化反应器中完成热解和气化反应，气化温度为 870℃。合成气经过旋风分离器分离出的半焦和热载体，通过导管送入半焦燃烧器中。旋风分离器分出的合成气体去净化工序。半焦在燃烧器中燃烧放出热量并加热橄榄石，半焦燃烧器的温度为 980℃。烟气和带出的橄榄石热载体在燃烧器顶部的旋风分离器中进行气-固分离，橄榄石热载体返回至气化反应器。烟气回收热量后排入大气中。

5. 等离子气化技术

等离子气化技术或称生物质亚临界/超临界催化重整技术。

在超临界/亚临界条件下(水的超临界条件为373℃、21.7MPa)可将葡萄糖和生物质原料重整，生成H_2和/或甲烷。试验证实：在超临界条件下使用非均相催化剂，可将葡萄糖和其他组分有效地转化为气体产品，可防止生成焦炭和显著改变产品的选择性。

全纤维素生物质或其他生物质原料也可用超临界气化技术加工。

等离子气化技术的主要优点是：

① 气化反应速率高、热效率高；

② 可加工高杂质和高含水量的生物质原料；

③ 可生成高压合成气。

等离子气化技术的缺点是工艺设备建设投资高。

随着工艺技术的不断改进，等离子气化技术将成为生物质原料气化适用的、在经济上有活力的技术。等离子吹管(plasma torches)具有操作灵活性，可以根据生物质进料量、含水量和进料组成调整输入的电流或等离子流率，从而维持气化温度的恒定。

等离子气化炉可加工不同规格的生物质原料，既适合于加工大块原料，也可处理粉状原料。对含水量和进料质量的均匀性都没有严格要求，所以可降低原料预处理的成本。

等离子气化技术适用于其他气化技术无法处理的废料，甚至于可加工“无成本”的废料，如旧轮胎、放射性废料、污水中的污泥、废塑料、焚烧炉灰渣。气化过程中，可将有机物转化为气体，无机物生成玻璃化的熔渣。从而使废料转化为有价值的副产物。

应用等离子气化技术可降低预处理成本：可处理不同块径原料、含大块和/或粉末的原料(一般不需要干燥、破碎工序)、质量不均匀的原料。但是，高水分的、高无机物的原料会使气化反应速率、气化温度和气化效率降低，低含碳量原料会使合成气质量、热值降低。所以，在废料分类时除去原料中的玻璃、金属和其他惰性物质是必要的。

下面介绍一下西屋电器公司的PGVR气化技术。

PGVR等离子气化技术(Plasma Gasification Vitrification Reactor)是WPC(Westinghouse Plasma Corp.)公司(西屋电器的子公司)开发的技术。

PGVR气化装置是装有WPC等离子管的移动床气化装置。

等离子管安装在移动床气化室的中部，呈环形布置。靠等离子提供的高温热将废料中的含碳有机质气化；同时将无机物熔化形成玻璃状凝结物、金属形成“金属结核”。后者一起从炉底排出。焦油等难裂化的分子在床层上部发生裂化反应，停留时间约0.5~1min。使用空气作氧化剂，反应温度为1500~5500℃。废料气化过程的碳转化率可达100%。

PGVR气化技术无移动部件，安全运行可靠。经过多次小型试验装置运行成功之后，于1999年在日本日立钢铁公司建成了24t/d的废料处理示范装置，用于处理含水率25%、未经过处理的城市废料。所产的合成气用作发生蒸汽/发电燃料。

经过多次示范运行成功之后，2002年以来相继在美国、日本、印度和土耳其等国建设了许多套PGVR气化装置用于发电和供热，使用的原料包括城市废料、污泥、有毒废料等。

美国Coskata公司于2009年建设了用PGVR气化技术生产合成气的小型试验装置。用木材、甘蔗渣和城市肥料为造气原料。合成气用发酵法生产燃料乙醇。装置建成后当年运行成功。PGVR气化炉使用Marc-3型等离子喷嘴，原料处理量为1.2t(干)/d。每吨(干)生物质可产乙醇0.3t。

Coskata 公司计划于 2011 年开始建设 2 套 PGVR 气化-合成气发酵制乙醇的工业装置。生产规模分别为乙醇产量 150kt/a 和 300kt/a。图 3-9 为西屋电器公司的 PGVR 气化装置。

6. 以生产液体运输燃料为目标的气化炉选择

美国能源部(DOE)在生物质制取合成乙醇的途径中，详细对比了以 SilvaGas 公司技术为代表的 BCL 间接式气化炉和以 GTI 公司技术为代表的直接式气化炉。前者不需吹入氧气，不设制氧装置，利用生物焦的热能，通过热载体供热，类似炼油的催化裂化技术，控制手段成熟。早期的评估报告得出间接法工厂投资比直接法低的结果，因此间接法已被 DOE 采纳为合成醇的基本路线。近年重新开展间接法技术经济评估，投资明显上升(有关指标见本章第五节)。但今后的技术进步将使该经济指标有下降的空间。

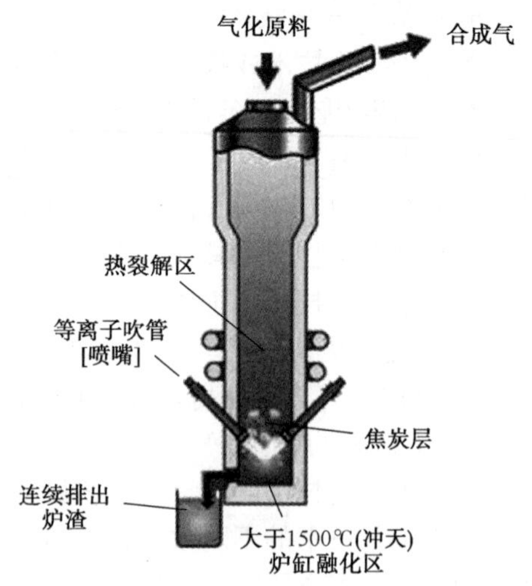

图 3-9 西屋电器公司的 PGVR 气化装置

关于等离子体火炬气化炉能否进入候选行列的问题，近年由于 WESTINGHOUSE-PLASMA 公司的介绍(见表 3-7)[7]，有了一线曙光。鉴于这类炉型可将生物质完全转化为无机物组分，消除了焦油等难处理的杂质，简化了气体净化工艺，特点突出；但也存在单系列处理量较低和投资高的不足之处。表中日处理千吨原料的工厂，液体燃料产能不到 30kt。若以两系列计算，产能约 50kt。试想如此小规模的合成和产品加工已远远脱离炼油装置的经济范围，而且油品的调合也难在小企业实现。

表 3-7 等离子体火炬气化炉气体联产合成油数据

气化炉型号	日加工能力/t	F-T 液体油品/(kL/a)	净输出电力/MW
P5	79	2900	0.3
W15	240	9100	0.7
G65	907	34000	2.9

第四节 生物质和煤共同气化

一、概述

生物质和煤共同气化与单独的煤气化或单独的生物质气化相比，可以得到更大的经济效益和减少更多的温室气体(GHG)排放。煤加工的规模大、热效率高，经济效益好，生物质加工可以减少更多的 GHG 排放，两者可以产生好的协同效应。本节介绍生物质和煤共同气化的特点和实例。

二、生物质和煤共同气化的特点

生物质的能量密度低，单独气化温度较低，气化时生成较多的焦油，不仅降低了生物质的利用效率，而且对气化过程的稳定运行造成不利影响；此外，生物质的供给受到季节的影响，使生物质单独气化的规模受到限制。煤的气化温度高，生物质和煤共同气化通过提高气化温度，不仅可以提高生物质的气化效率，减少焦油的生成，而且可以解决生物质供给的季节性问题，为生物质的高效利用提供一条新的技术途径。已有研究表明，生物质与煤共气化过程可能具有协同作用，主要是因为生物质具有较高的挥发分含量、生物质焦具有较高的反应性以及生物质灰中的碱金属对煤焦气化过程有很好的催化作用。表 3-8 是煤和生物质的燃料特性对比表[8]。

表 3-8　煤和生物质的燃料特性对比表

项目	煤	焦炭	麦秸	大麦杆	松木屑
水分/%	2	2	12.1	13.8	8
工业分析/%					
挥发分	22.1	12.4	73.6	75	76.3
固定碳	31.4	87.0	18.5	19.3	18.1
灰分	46.5	0.58	7.9	5.7	5.6
元素分析/%					
C	40.6	87.7	45.6	45.6	47.2
H	2.8	3.8	5.7	5.6	5.7
O	8.4	0.19	40	42.5	39.2
N	0.82	1.5	0.7	0.5	2.2
S	0.88	6.2	0.09	0.09	0.09
低位热值/(MJ/kg)	15.109	33.228	14.472	14.403	16.365

由表 3-8 可以看出，所有种类的生物质的燃料特性是相似的。但是，生物质与煤、焦炭存在一些差别。首先，生物质的水分和挥发分都高于煤和焦炭。生物质低位热值与煤基本相同，但只是焦炭的一半。其次，生物质含氧量高，而煤的灰含量高；生物质的氢含量差不多是煤和焦炭的两倍。生物质的硫含量很低，特别是远远低于焦炭。

实验研究表明，一定温度下，一定量的生物质焦与煤焦混合物的气化碳转化率高于各自气化碳转化率的加和。在流化床中，单独煤气化与稻秆/煤混合物气化的实验结果表明，混合物气化碳转化率、气体中可燃组分的体积分数均高于单独煤气化，气体中 CO_2 的体积分数低于单独煤气化 CO_2 的体积分数。共气化过程中借助生物质中的氢碳比高，生物质作为煤气化过程的供氢剂，实现了煤及生物质共气化中氢的匹配，产生了协同效应（正效应）。协同效应带来的直接好处就是降低了反应条件，改善了煤气化，提高了产氢率，提升了煤与生物质的能量品位，具有能源环保双重作用。

煤炭-生物质联合气化的技术问题：生物质灰分熔点较低，熔融状态的黏度较高，会对气化炉操作产生影响。生物质的气化活性好于煤炭。但在低温气化时，焦油生成量较高。联合气化宜采用气流床气化炉，可生产低焦油含量的合成气。但生物质灰分熔点较低不利于耐热层的冷却。由于气化时间短，需要将生物质进料粉碎成极小（1mm 以下）的颗粒，粉碎纤维状生物质有困难且能耗大。生物质与煤炭联合气化时，灰分黏结问题就变得较小了。

浆式进料的气化炉，因形成的混合煤浆浓度低，导致耗氧量增加，气化效率会降低。解决办法是先将生物质原料转化成生物焦，就可以用水将生物焦调制成浆液。生物质水热处理(hydrothermal treatment)和烘烤法(torrefaction)是可行的预处理技术。生物质经过预处理后其纤维结构被破坏，可粉碎至粒径为30~400μm的颗粒。使用预处理所得的生物焦可以调制成固体物含量为50%的煤/污泥浆。

三、生物质和煤共同气化的实例

工业化的气流床气化炉有GE气化炉、Shell气化炉、Gsp气化炉、Conoco Phillips公司的E-Gas气化炉。美国的Polk plant使用GE气化炉、荷兰的IGCC发电厂使用Shell气化炉、西班牙的Elcogas IGCC发电厂使用Prenflo气化炉发电，都进行过煤炭-生物质联合气化的操作试验。

① Polk IGCC plant，美国佛罗里达Tampa市的IGCC电厂设有2000t/d的GE气化炉。自1996年一直进行工业化正常运转。设计的碳转化效率为95%，生产合成气用作汽轮机发电燃料。于2001年2月进行了生物质-煤炭联合气化试验，曾使用过桉木(eucalyptus)为生物质燃料，加入量为进料的1.2%。运转中未发生过操作问题。进料的水分为46.8%，桉木的组成(干基)：C49.18%，H5.78%，N0.24%，S0.06%，O39.42%，灰分5.32%。2004年4月又曾使用百雀草(bahiagrass)进行过联合气化试验，用量为50t。运转时间较短，但也未发生操作问题。试验结果表明，联合气化的木材或草类生物质容许添加量可达5%。

② 荷兰Buggenum市的IGCC发电厂是使用Shell公司SCGP气化炉技术建成的发电厂。工厂的净发电量为253 MWe；净热效率为43%（LHV）。自2001年以来曾选用废木材、鸡粪、造纸污泥等作为联合气化试验的原料。初期的生物质原料添加量为18%，2005年，最高用量达30%，相当于生物质发电量27.8MWe。出现的问题：生物质原料的干燥、磨碎由原料供应商负责，粒径为1~1.4mm，含水率<15%。一些原料有粉尘爆炸危险，使用氮气输送解决。磨碎的原料对给料系统未造成磨损，经磨碎的污泥原料的磨蚀性大，造成冷却器结垢。联合气化的合成气中，CO_2浓度增高至8%(煤炭气化仅为4%)。由于鸡粪含磷增高，联合气化对设备的腐蚀性增大。联合气化的熔渣性质变化不大。

③ 南非Sasol工厂曾用鲁奇固定床气化炉(FBDB gasifier)的联合气化试验：南非最早曾在鲁奇式Ⅵ型气化炉中进行了煤炭-生物质(91∶9)的联合气化试验，使用褐煤-树皮或褐煤-树皮/纸浆为原料。联合气化试验生物质添加量为2%~5%和5%~10%两种方案，由于煤储仓料位和煤炭给料机操作原因，曾导致气化炉操作不稳定。在正常供氧情况下气化炉可保持稳定操作。

第五节　生物质气化生产合成气技术经济

一、概述

本文试图从产业化的角度对生物质气化做出初步的技术经济评估。

由于近年来美国为了加速生物质气化制备合成乙醇为主的混合醇技术的产业化，使其与纤维素发酵法制取乙醇技术路线比较更具竞争力，2005年以来陆续发表了几份工艺设计与经济评估的专题报告[9~12]，达到了一定深度，可据以分析研究。本文选取所推荐的间接法气化炉(BCL 炉)和直接法气化炉(GTI 炉)两种炉型进行比较。德国的 Carbo V炉资料不多，暂不考虑。

二、单位产气指标

能够代表气化产品作为后续加工原料的物料应该是由 CO 和 H_2组成的合成气。但是由于合成目的产品不同、同一产品的合成工艺不同，合成气的组成和用量存在很大差别。

① 进反应器的合成气包括补充新鲜气与循环气两种，因为合成反应的单程转化率较低(合成油 60%左右，合成醇 30%左右)，循环气的比率变化很大。

② 循环气中含有合成反应的副产品如 CO_2和 CH_4等低碳烃，前者需脱除，后者需经过重整工艺，转化为 CO 和 H_2气体，作为合成气的补充来源。上述 CO_2和 CH_4等副产品的产率随合成催化剂的类型而异。

③ 生物质气化产物粗煤气中的 CH_4等低碳烃含量较高，而且还含有一定数量的焦油(苯和萘的衍生物)，也需经过重整工艺，转化为 CO 和 H_2气体。这是生物质气化产物和煤气化产物的主要区别。

④ 因此净化后的粗煤气和合成循环气合并重整是制合成气的通用流程。

⑤ 最后通过 CO 变换将 H_2/CO 调整到需要的比值(合成醇 1.2 左右，合成油视铁基催化剂或钴基催化剂在 1.5~2.0 范围内。

简易的指标是以合成气单位热值为基准，但对比的范围较狭窄。

本文建议把净化粗煤气和合成气两项指标并列，用于技术经济评估。具体以有效成分 $CO+H_2$(包括潜在值)，按 $CO+H_2+(2n+0.5m)C_nH_m$为计算基准。

由于缺乏生物质气化制合成油的代表性数据，本文暂选用国外有代表性的制合成醇有关气化数据。表 3-9 为生物质气化组分含量指标。

表 3-9　生物质气化组分含量指标（按入炉原料 2000t/d 干基杨木计算）　　kmol/h

项　　目	间接气化炉[9]		直接气化炉[11]	
	净化粗煤气	合成气	净化粗煤气	合成气
H_2	692	4012	852	3447
CO	1226	3217	689	2877
CO_2	373	934	1386	1602
N_2	0	17	3	39
CH_4	448	149	666	516
$C_2H_6+C_2H_4$	147	14	32	0.2
C_6H_6	3.7	0	45	0.3
$C_{10}H_8$	6.8	0	14	0
H_2S	0.7	1	2	1.5
NH_3	9.5	0.1	9	1.4
$CO+H_2+(2n+0.5m)C_nH_m$	4810	7909	5106	8390

表 3-9 的合成气并非进入合成反应器的气体，而是经重整后未脱除二氧化碳的气体，以便作碳衡算对比。

从表 3-9 可计算得出单位干木材进料产粗煤气：间接气化炉 57.7kmol/t，或 1293Nm^3/t；直接气化炉 61.3kmol/t，或 1373Nm^3/t。间接气化炉排气中二氧化碳未包含在粗煤气内，致使表观粗煤气单位产量较直接气化低。

碳元素衡算表明间接气化粗煤气中含碳 700t/d，直接气化粗煤气中含碳 926 t/d。间接气化合成气中含碳 1246 t/d，直接气化合成气中含碳 1433 t/d。合成气和粗煤气的碳量差值分别为 546 t/d 和 507 t/d，即合成过程未反应的碳。

三、制造合成气过程若干重要技术指标

1. 气化

选用文献[9]和文献[11]的数据，见表 3-10 气化炉工艺指标。

表 3-10　气化炉工艺指标

项　　目	间接气化	直接气化
温度/℃	气化炉 869，烧焦器 987	871
压力/MPa	气化炉 0.23，烧焦器 0.20	0.30
炉出口气体组成(干基)/%		
H_2		22.9
CO_2		37.2
CO		18.6
CH_4	8.3	17.8
C_2H_6		0.84
C_6H_6	0.07	1.26
焦油 $C_{10}H_8$		0.41
NH_3		0.26
H_2S	0.014	0.06
N_6		0.03
Ar		0.68
H_2/CO(分子比)	0.56	1.23
气化炉热效率(LHV)/%	73.9	78.2

2. 重整

按 2012 年 NREL 目标的数据，见表 3-11。

表 3-11 低碳烃重整技术指标

项目	间接气化		直接气化	
	反应器入口	反应器出口	反应器入口	反应器出口
温度/℃	889	910	696	871
压力/MPa	0.20	0.18	3.1	3.0
H_2/CO 比	0.86	1.25	1.47	1.20
甲烷转化率/%		80		46.2
乙烷转化率/%		99		99
乙烯转化率/%		90		90
苯转化率/%		99		99
焦油(C_{10}^+)转化率/%		99		99.9
氨转化率/%		90		78
急冷后苯含量/(μL/L)		3.0		31.5
急冷后焦油含量/(μL/L)		3.2		32
急冷后焦油含量/(g/Nm^3)		0.01		0.11
急冷后氨含量/(μg/g)		57.1		49
急冷后硫化氢含量/(μg/g)		114.2		181
空速/h^{-1}	2476		2476	
催化剂装填体积/m^3	77		94	

3. 技术发展和进步

从美国 NREL 2006 年提出的研究开发目标，可以看出经过努力预期能实现的若干技术指标，详见表 3-12 间接气化研究开发预期技术目标[10]。

表 3-12 间接气化研究开发预期技术目标[13]

项目	2005~2006 年	2007~2008 年	2009~2010 年	2011~2012 年
气化炉热效率(LHV)/%	78	78	78	78
H_2/CO(分子比)	1.0~1.5	1.0~1.5	1.0~1.5	1.0
CH_4/%(体积分数)	≤15	≤15	≤8	≤5
焦油/(g/Nm^3)	≤30	≤30	≤10	≤1
苯/%(体积分数)	≤1	≤1	≤0.1	≤0.04
硫化氢/(μg/g)	50~600	50~600	≤20	≤20
焦油重整转化率/%				
CH_4	≥20	≥50	≥80	
苯	≥70	≥90	≥99	
焦油	≥95	≥97	≥99.9	
单独 CH_4 SMR 转化率/%	79	79		

四、投资指标

1. 综合数据

近年来国外发表的生物质制造合成气的投资指标，不仅在不同技术上出入较大，而且在同一技术上也有很大出入。下面列举若干套数据，见表 3-13 生物质气化制造合成气的主要工艺装置投资额。

表 3-13　生物质气化制造合成气的主要工艺装置投资额

<table>
<tr><th>项　目</th><th>1</th><th>2</th><th>3</th><th>4</th></tr>
<tr><td>生物质品种</td><td>木材</td><td>木材</td><td>木材</td><td>玉米秸杆</td></tr>
<tr><td>工厂规模(干生物质)/(t/d)</td><td>2000</td><td>2000</td><td>2000</td><td>1920</td></tr>
<tr><td>目 的 产 品</td><td>合成混合醇</td><td>合成混合醇</td><td>合成混合醇</td><td>氢气</td></tr>
<tr><td>投资额估计基准年度</td><td>2012</td><td>2012</td><td>2012</td><td></td></tr>
<tr><td>气化炉类型</td><td>间接气化(BCL)</td><td>间接气化(BCL)</td><td>直接气化(GTI)</td><td>间接气化(BCL)</td></tr>
<tr><td>文献号</td><td>文献[9]</td><td>文献[10]</td><td>文献[11]</td><td>文献[13]</td></tr>
<tr><td>投资基准年代</td><td>2007 年美元</td><td>2005 年美元</td><td>2007 年美元</td><td>2002 年美元</td></tr>
<tr><td colspan="5">工艺装置设备与安装费用/10⁶美元(不含装置外储存和公用工程项目)</td></tr>
<tr><td>原料预处理</td><td></td><td>23.2</td><td>25.6</td><td>18.9</td></tr>
<tr><td>气化</td><td>43.25</td><td>12.9</td><td>27.8</td><td rowspan="2">16.8</td></tr>
<tr><td>焦油重整</td><td>26.94</td><td>38.4</td><td>48.5</td></tr>
<tr><td>脱除酸性气</td><td>28.49</td><td>14.5</td><td>19.0</td><td rowspan="2">15.5</td></tr>
<tr><td>气体压缩</td><td>80.63</td><td>16</td><td>8.6</td></tr>
<tr><td>空分制氧</td><td></td><td></td><td>28.3</td><td>CO 变换和 PSA 30.3</td></tr>
<tr><td>合计</td><td></td><td></td><td>157.8</td><td>81.5</td></tr>
<tr><td>合计(不含预处理)</td><td>179.31</td><td>81.8</td><td>132.2</td><td>62.6</td></tr>
<tr><th>项　目</th><th>5</th><th>6</th><th>7</th><th>8</th></tr>
<tr><td>生物质品种</td><td>木材</td><td>木材</td><td>木材</td><td>木材</td></tr>
<tr><td>工厂规模(干生物质)/(t/d)</td><td>2000</td><td>2000</td><td>2000</td><td>2000</td></tr>
<tr><td>目的产品</td><td>合成混合醇</td><td>合成混合醇</td><td>合成油</td><td>合成油</td></tr>
<tr><td>投资额估计基准年/度</td><td>2012</td><td>2012</td><td>2012</td><td>2012</td></tr>
<tr><td>气化炉类型</td><td>间接气化方案 A</td><td>直接气化方案 B</td><td>低温气化</td><td>高温气化</td></tr>
<tr><td>文献号</td><td>文献[12]</td><td>文献[12]</td><td>文献[14]</td><td>文献[14]</td></tr>
<tr><td>投资基准年代</td><td>2007 年美元</td><td>2007 年美元</td><td></td><td></td></tr>
<tr><td colspan="5">工艺装置设备与安装费用/10⁶ 美元</td></tr>
<tr><td>原料预处理</td><td>24.7</td><td>27.6</td><td>22.7</td><td>22.7</td></tr>
<tr><td>气化</td><td>33.0</td><td>106.8</td><td>28.2</td><td>67.8</td></tr>
<tr><td>焦油重整</td><td>4.9</td><td>4.6</td><td rowspan="2">29.3 (气体净化)</td><td rowspan="2">33.5</td></tr>
<tr><td>脱除酸性气</td><td>23.8</td><td>23.9</td></tr>
<tr><td>气体压缩</td><td>23.5</td><td>1.6</td><td></td><td></td></tr>
<tr><td>空分制氧</td><td></td><td>22.5</td><td>19.5</td><td>24.3</td></tr>
<tr><td>合计</td><td>109.9</td><td>187.0</td><td>99.7</td><td>147.3</td></tr>
<tr><td>合计(不含预处理)</td><td>85.2</td><td>159.4</td><td>77.0</td><td>123.8</td></tr>
</table>

2. 设备购置费用

一般尽量选用已建成项目的有资质的设备供应厂商，但对于处于新技术开发的项目没有现成的类似设备可供参考，只得从研究部门的报道中以其中间试验设备为参照物，然后进行工程放大的投资估算（放大倍数的指数方次法）。该指数随设备特点而异，一般在0.5~0.7范围内。这样一来放大误差应在±20%，似乎可行。但参照物的误差却很难判断。以间接气化炉为例，文献[2]根据6名研究人员的报道，进料200~1000t/d干基生物质间接气化炉将投资工程放大到2000t/d时，装置投资均在11×10^6美元至25×10^6美元范围内，因此按平均值16.39×10^6美元估计，并分摊到气化和重整净化两装置。但其后的文献[9]已改用Taylor Biomass Energy的500t/d数据9.7×10^6美元，工程放大到1000t/d得到14.7×10^6美元，采用两系列则为29.4×10^6美元，然后按第n个推广应用工厂的预测适当调低，这样已明显比文献[2]高近一倍，对间接气化优于直接气化的论点产生很大冲击。可见技术开发中投资大的关键设备在经济论证中务必慎重从事！

再举直接气化工艺的焦油重整设备投资为例，见表3-14。

表3-14　焦油重整设备投资测算

项　　目	设备放大倍数	放大指数	设备投资/10^6美元	年代	设备放大后投资(2002)/10^6美元	设备放大后投资(2007)/10^6美元
焦油重整反应器	2.31	0.65	5.54	2002	9.55	11.30
焦油重整再生器	2.06	0.65	2.43	2002	3.88	4.59

3. 设备购置及安装全部费用(TIC)

表3-13中只列举了有关工艺装置的设备购置(TPEC)及安装费用(TIC)，但在具体实例中，TIC的取值（即采用TPEC的乘积系数f）有所不同。实际f值随装置的类别而异，见表3-15[9]。

表3-15　f值举例

装置类别	生物质气化	气体净化	合成醇	混合醇分馏
f值	2.31	2.14	2.01	1.54
装置类别	动力站	冷却水系统	上述工艺装置加权平均	上述全厂加权平均
f值	1.77	2.10	2.02	1.98

过去采取简化的计算，将全厂f取值为2.47（构成见表3-16）[10]。

表3-16　f值的缺省值专业构成

项　　目	设备购置	设备安装	配　　管	仪　　表
f值	1.0	0.39	0.31	0.26
项　　目	配　　电	建　　筑	场　　地	合　　计
f值	0.10	0.29	0.12	2.47

可见采用 2.47 的缺省值稍大。

4. 间接费用

间接费用一般以直接费用为基准，采用 TPEC 的乘积系数。美国能源部现在和过去采用的数值有所不同，见表 3-17。

表 3-17 间接费用的取值方案

项　目	旧方案[10]			新方案[9]		
	% TPEC	% TIC	% TPI	% TPEC	% TDC	% FCI
摊销费用				20.4	10.0	6.3
工程设计	32	13	9	40.9	20.0	12.5
工程施工建设	34	14	10			
现场承包费用	23	9	7	20.4	10.0	6.3
不可预见费	7.4	3	2	20.4	10.0	6.3
其他费用				20.4	10.0	6.3
间接费用合计	96.4	39	28	122.7	60.0	37.5
流动资金						5.0

注：表中 TDC 为直接费用合计，包括土地购置费和土地开发费(通常取生产性工艺装置 TIC 的 4%)；
表中 FCI 为固定资产投资，总投资 TIC 为 FCI 与流动资金之和。

5. 关联系数

表 3-13 中的工艺装置设备与安装费用选自整个合成醇、合成油或合成气制氢的独立工厂。为了在“假设”的独立合成气工厂互相对比，应乘以必要的系数，见表 3-18，其中项目编号与表 3-13 一致。

表 3-18 生物质气化制造合成气的“独立工厂”投资额 10^6 美元

项 目 编 号	1	2	3	4
TIC(SG)	179.31	81.8	132.2	62.6
TIC(PU)	241.0	116.8	179.4	84.1
∑TIC	296.5	137.2	205.0	101.7
F1 = ∑TIC/TIC(PU)	1.23	1.17	1.14	1.21
TPI	515.8	190.4	285.1	153.6
F2 = TPI/∑TIC	1.74	1.39	1.39	1.51
TPI(SG) = TIC(SG)×F1×F2	383.7	113.5	209.5	114.4
TIC(SG)	85.2	159.4	99.7	123.8
TIC(PU)	208.5	262.3	188.9	230.7

续表

项 目 编 号	5	6	7	8
ΣTIC	232	296.0	253.9	309.4
F1 = ΣTIC/TIC(PU)	1.11	1.13	1.34	1.34
TPI	350	447.0	498.3	653.9
F2 = TPI/ΣTIC	1.51	1.51	1.96	1.96
TPI(SG) = TIC(SG)×F1×F2	142.8	272.0	261.9	325.1

注：TIC(SG)为合成气工艺装置设备与安装费用；TIC(PU)为合成工厂公用设施以外全部工艺装置设备与安装费用；ΣTIC为合成工厂全部设备与安装费用；TPI为合成工厂总投资；TPI(SG)为假设的独立合成气工厂投资。

表3-13项目4用于制氢工厂总投资为153.6×10^{6}美元，此数据来自DOE的H2A模型计算，基本数据是早期的间接气化法测算(见文献[13])。此后多次引用。新的文献[15]发表的2000t/d生物质(干基)制氢工厂总投资(基准值)为334×10^{6}美元，最高值为420×10^{6}美元，最低值为310×10^{6}美元。折合独立合成气工厂约为250×10^{6}美元左右。

6. 合成气工厂投资分析

单纯的合成气工厂实际并不存在。本章将合成气作为重要中间产品，进行技术经济剖析，以便发现内在的规律。

前述技术指标中提到生物质热转化合成气的组成和消耗量随最终产品而异，从表3-13和表3-18中可看出单位投资的差别很大。其中由于产品(合成醇、合成油和制氢)带来的差别初看似乎杂乱无章，但选其最高值后就能发现规律：就是按照合成醇、合成油和制氢的顺序递减，其投资TPI(SG)分别为383.7×10^{6}美元，325.1×10^{6}美元和250×10^{6}美元(对应于加工干基生物质2000t/d)。这可用以下理由解释：①制氢工艺流程最简单，采用CO变换工艺继续调整H_2/CO比率，并用PSA工艺分离氢气(将来可用金属膜分离)即可。②合成油单程转化率高于合成醇，循环气量较少，合成气进料较少。③合成醇和合成油在合成反应器内均产生甲烷和低碳烷烃，但前者产生较多，使烃转化装置的负荷略大。

表3-18内同一终端产品同一生产规模的TPI(SG)的数值相差较大，初步看来都是所引用的间接气化早期文献[10]推荐数值过低所致。笔者认为既然已经有了文献[9]的新数据，就不必采用文献[10]的老数据。

生物质原料制造合成气与煤炭原料的差别是：①煤炭气化温度高，产品无焦油，甲烷含量很低，灰分以溶渣状态排除。因此气化速度高，单台炉处理煤最大可达2500t/d。目前生物质气化炉单台最大能力只1000t/d，投资因此增加。②生物质粗煤气中焦油和低碳烷烃的转化设备投资很大。③初步匡算在同一产品产能下，生物质制造合成气比煤制造合成气的工厂投资高一倍以上。

注意目前两种气化工艺技术还不够成熟，装置规模只是百吨级以下，基准方案考虑放大到千吨级，有些工艺参数将来可能变动，因此计算了其他方案[12]。

间接气化有6个方案：

A1：粗煤气的H_2：CO接近2∶1(基准方案仅0.5∶1)。

A2：气化炉压力增加到 1.03 MPa[基准方案仅 0.06MPa(g)]。

A3：采用简单的 CO 变换反应器替代蒸汽转化炉，甲烷和乙烷在合成过程中保持惰性，提高合成气压力使 H_2和 CO 分压与基准方案相同。

A4：采用简单的 CO 变换反应器替代蒸汽转化炉，甲烷和乙烷在合成过程中保持惰性，合成气压力不变。

A5：焦油产率比基准方案多一倍。

A6：焦油产率比基准方案少一半。

与气化有关的工艺装置投资 TIC(SG)的相对数值为：基准方案 100，A1 115.1，A2 98.9，A3 88.5，A4 88.5，A5100.1，A6 99.6。

直接气化有 6 个方案：B1—B6，其中 B1 之气化炉压力降低到 0.14MPa(g)，假定合成气组成不变。B2 之气化炉压力降低到 0.14MPa(g)，合成气组成按关联曲线外推得出。B3-B6 和相对应的 A3-A6 定义相同。

与气化有关的工艺装置投资 TIC(SG)的相对数值为：基准方案 100，B1 105.1，B2 104.8，B3 98.8，B4 98.5，B5102.0，B6 101.3。

从以上数据看出，工艺参数的变动对投资额影响程度除个别达 15%，其余均在 5%以内。

通过剖析，对于正在开发中的新技术，如何作出恰当的产业化阶段技术经济分析可归纳为：①新开发的工艺设备的投资估算十分重要，不宜单纯来自中试装置的简单推算或设想的化学动力学模型计算，而应从工程放大角度充分研究多方面问题。②对于技术资料不全的工艺过程，如焦油重整，应留有余地。③新技术的产业化进程历经若干阶段，经济技术评估则是针对产业化达到一定程度的时间段。根据以往经验，第一套示范工厂一般在规模和材质上存在富裕能力，以后在总结经验基础上陆续改进，投资额度呈逐步下降趋势。国外提出以第 n 个工厂为准，根据工艺技术特点第 n 个工厂的投资应比第一套示范工厂低 20%~40%。以生物质制氢工厂为例[15]，见表 3-19；以生物质合成油工厂为例[14]，见表 3-20。

表 3-19　生物质制氢工厂投资测算　　10^6 美元

项　目	生物质年加工量(干基)/t	投资额基准值	投资额低位值	投资额高位值
第一个工厂	500	214	188	269
第 n 个工厂	2000	334	310	420

表 3-20　生物质合成油工厂(高温气化方案)投资测算　　10^6 美元

项　目	生物质年加工量(干基)/t	投资额基准值	投资额高位值	投资额低位值
第一个工厂	2000	1400	1030	2200
第 n 个工厂	2000	606		

另一种评估方法是以国家确定的攻关项目的技术指标为准，以实现该指标所需的投资额为对比依据。美国对于纤维素发酵法乙醇工厂即如此确定。

五、成本和产品出厂售价指标

1. 综合数据

近年来国外极少发表生物质制造合成气的成本指标，不仅由于合成气是工厂内部产品，而且其成本随最终合成产品的类型有很大出入。本文不拟就此深入探讨。鉴于本章是全书的起始章，需要将以后各章统一考虑的问题在此叙述。

首先将美国能源部近年关于新生物燃料成本与出厂售价的基本数据综合列出，见表 3-21。

表 3-21　生物燃料成本与出厂售价设定的基本数据表

参　　数	热化学法合成乙醇(2011 年)	热化学法合成乙醇(2007 年)
货币基准年	2007 年美元	2005 年美元
自有资本金和贷款分摊	40%/60%	100%/0%
内部收益率(IRR)%	10(税后)	10(税后)
贷款年限	10 年	—
年贷款利率/%	8	
工厂寿命计算期/a	30	20
折旧期/a	工厂主体　7 动力站(电力不外送) 7	工厂主体　7 动力站(电力外送) 20
所得税率/%	35	39
建设期和投资分配比例	3 年(第一年 8%，第二年 60%，第三年 32%)	3 年(第一年 8%，第二年 60%，第三年 32%)
开工持续时间	3 月	6 月
开工期收入和成本(对正常)	收入 50%，固定成本 100%，可变成本 75%	收入 50%，固定成本 100%，可变成本 75%
开工率和年小时	96%，8410h	约 96%，8406h
土地购置费用	14000 美元/英亩	总设备购置费(TPEC) 6%
设备安装后费用系数(TIC/TPEC)	1.98	2.47
仓库费用	0	0
场地开发费用	界区内总安装费用 4%	0
间接投资占直接投资比率/%	60	39
流动资金投资比率/%	5	5
固定投资与设备购置费比率/%	3.45	3.43
年维修费占固定投资比率/%	3	2
年保险费和税金占固定投资比率/%	0.7	2

2. 关键数据

单独计算合成气成本和售价的资料较少，这是由于合成气应用的下游工艺不同，使合成气制造工艺相应改变。合成气的成本和售价由三个主要组成部分构成：

(1) 投资导致的成本。包括贷款利息，逐年归还本金分费用、折旧费、建设期费用、上交税费等，合并计入各年成本，折合为单位产品(或原料)费用。如果再计入内部收益(按IRR)，就是出厂价格。以上称投资导致的费用(Capital Expenditure 或简称 CapEx)。

(2) 操作导致的成本。包括生产期间的固定费用和可变费用，基于生物质原料费用较高，而且因时因地变化较大，本章将该费用单独开列，余下的称操作导致的费用(Operating Expenditure 或简称 OpEx)。

(3) 生物质原料费用。

现将代表性的三类合成气的成本和售价的资料初步分析如表 3-22。

表 3-22 代表性合成气成本和售价剖析(不含生物质购入费用)

项　目	合成气 A[14]	合成气 B[9]	合成气 C[13]
下游产品	合成油	合成混合醇	氢气
生物质用量(干基)/(t/a)	616000	700000	660000
产品量/(t/a)	约 92000	约 219000	约 50000
主要副产品	外送电力 16MW		
下游产品能量转化效率(LHV)/%	42.7	44.9	50.8
合成气生产部分单位原料投资/[美元/(t·a)]	262 (表 3-18 编号 7)	211 (表 3-18 编号 1)	250 (表 3-19 分解)
年成本及收益/(10^6美元/a)	CapEx 88 OpEx 25	CapEx 69 OpEx 31	CapEx 59 OpEx 25
按合成气计算的年成本及收益/(10^6美元/a)	CapEx 47 OpEx 18	CapEx 28 OpEx 23	CapEx 50 OpEx 21
按单位生物质计算的合成气成本及收益/(美元/t)	CapEx 76 OpEx 29	CapEx 40 OpEx 33	CapEx 77 OpEx 32

表 3-22 内来自不同文献和笔者剖析的数据，只供粗略判断，难以深入分析。但初步概念是生物质加工为合成气，在 IRR 为 10%的前提下，大致每吨需要 73~109 美元的费用，其中操作费用在 30 美元左右。

根据美国能源部在 2011 年生物质研发多年技术进步计划(Biomass MYPP[15])附件的表中可看出 2007 至 2012 年的生物质(木本)热化学转化制合成醇的具体技术经济指标。选录其中有关合成气环节的数据并换算后列于表 3-23。

表 3-23 生物质热化学转化制合成醇工厂(2000t/a)的具体技术进步指标

项　目	2007 年水平	2009 年水平	2010 年水平	2012 年目标
工厂乙醇收率/(gal/t)	68	77	87	93
原料预处理[水分降低到 10%，原料热值(LHV 干基) 4444 kcal/kg]				
原料费用/[美元/t(干基)]	95	95	91	68
原料进厂含水量/%	50	50	40	30
干燥和预处理费用/[美元/t(干基)]	25.0	25.0	2.7	8.0

续表

项　目	2007年水平	2009年水平	2010年水平	2012年目标
气化[粗煤气产率78%，甲烷含量15%(干基)，气化热效率74%]				
单位加工费用/[美元/t(干基)]	25.3	25.5	25.3	26.0
其中 CapEx	14.4	14.7	14.0	14.9
其中 Op Ex	10.9	10.8	11.3	11.1
合成气净化(焦油重整、急冷)				
单位加工费用/[美元/t(干基)]	83.5	44.8	36.6	15.8
其中 CapEx	10.3	9.3	8.7	9.3
其中 OpEx	73.2	35.5	27.9	6.5
焦油重整后 CH_4转化率/%	20	56	80	80
焦油重整后 CH_4体积分数/%(干基)	13	4	2	2
焦油重整苯转化率/%	80	98	99	99
焦油重整油转化率/%	97	97	99	99
焦油重整催化剂置换速率/(%藏量/d)	1.0	1.0	1.0	0.1
脱除酸性气和脱硫(反应器进口 H_2S 含量 70μg/g)				
单位加工费用/[美元/t(干基)]	18.5	15.5	14.8	14.9
其中 CapEx	11.6	10.3	8.7	9.3
其中 OpEx	6.9	5.2	6.1	5.6
合计（不含原料预处理 CapEx）				
单位加工费用/[美元/t(干基)]	152.3	110.8	99.4	64.7
其中 CapEx	36.3	34.3	31.4	33.5
其中 OpEx	116.0	76.5	68.0	31.2

3. 按热值计算的合成气成本和售价

如果把合成气作为终端产品，往往以单位热值计费计价，以便和其他气体燃料比较。

美国能源部曾编制一表(表3-24部分选录)，可看出随技术进步而降低成本的大致趋势。

但表中生物质购入费用统一取33美元/t，目前已成倍调高，将导致表中各项费用的明显增加。

表3-24　按热值计算的合成气和相关产品售价

项　目	2005年	2010年	2015年	2020年	2025年	2030年
工厂规模/(t/d)	550	2000	2000	2000	2000	4000
SG 最低价/(美元/GJ)	8.3	6.0	5.6	5.1	4.7	4.3
生物油(60%收率)/(美元/GJ)	10.0	6.9	6.5	6.2	5.9	5.3
生物油(70%收率)/(美元/GJ)	8.6	5.9	5.6	5.3	5.1	4.6
氢气/(美元/kg)	1.98	1.26	1.17	1.08	0.99	0.90
氢气/(美元/GJ)	16.6	10.6	9.8	9.1	8.3	7.5

表3-24中SG价格在25年内预测下降4.0美元/GJ，其中来自气化1.35美元/GJ，来自净化2.25美元/GJ，来自传感器和控制0.45美元/GJ；如能进一步将过程集成，还能得到0.45美元/GJ的收益。

4. 灵敏度分析

鉴于生物质气化合成路线迄今未实现产业化，气化炉能力小，焦油重整等技术有待改进。前面的技术经济指标多属预测性质，不确定因素带来的误差在所难免。通过表3-25可得到各项单一指标对生物质加工为合成气费用的定量影响(笔者已将文献[9]按乙醇售价的灵敏度换算为对加工为合成气费用的灵敏度)。

表3-25　各项技术经济单一指标对生物质加工为合成气费用的定量影响

项　　目	上限变化	下限变化	上限灵敏度	下限灵敏度
工厂加工生物质规模	10000t/d	600t/d	-61%	+129%
投资回报率(IRR)	20%	0	+36.2%	-34.5%
草本原料入炉含水20%			+68%	
设备安装费用指数	130%	90%	+19.5%	-6.5%
总投资额度	130%	90%	+16.8%	-6.3%
原料灰分含量	8%		+39%	
贷款年利息率	12%	4%	+6.8%	-6.4%
焦油重整催化剂年置换率	0.4%		+14%	
焦油重整单位催化剂费用	140%	80%	+2.3%	-1%
焦油重整甲烷转化率	90%	70%	-6%	+10%
气化和焦油重整投资额	125%	75%	+12%	-12%
脱酸性气和脱硫投资额	140%	80%	+8%	-4%
气化炉热损失率	4%	1%	+7.7%	-3.3%

第六节　生物质合成气制氢

一、概述

化石能源、水和可再生能源资源均为可用的制氢原料，煤炭及天然气制氢需要解决CO_2捕集、封存问题。可再生能源中，只有生物质可用作制氢的原料；其他可再生能源(风能、太阳能、水力等)只能用作制氢过程所需的电力。

煤炭、天然气和生物质原料通过合成气路线制氢都是可行的工艺路线。

本章重点论述以生物质为原料的合成气制氢工艺和经济。

1. 生物质气化制氢技术的特点

① 生物质制氢过程的CO_2净排放量低于化石燃料制氢。

② 生物质的热值低。如玉米秸秆(干基)的热值为18GJ/t；比烟煤/硬煤热值(27~30GJ/t)和原油(42GJ/t)低得多。

③ 纤维生物质原料的氢含量(约6%)低于化石燃料(原油：11%~14%；甲烷：25%)。

④ 生物质含氧量高(达40%)，导致产氢率低；生物质制氢过程氢产量的约50%是来自蒸汽重整反应的水分解。

⑤ 生物质的收获、运输和预处理过程的费用均较高；价格高于煤炭、天然气。按能量密度计的生物质原料价格高于煤炭、天然气。

⑥ 生物质制氢技术的经济性在目前尚无法与天然气/煤炭制氢技术相竞争。

2. 生物质气化制氢的技术经济

美国独立审查小组于2011年10月提出了生物质气化制氢工艺的经济性审查报告，分析了建设投资、生物质原料价格、氢产率和工程项目的财务条款等因素对氢气(平准)价格的影响[15]。

分析结果表明；较早期的、规模为2000t/d生物质制氢工厂的建设投资估算值=1.55亿美元，是几项研究结果的平均值，数值偏低；应该作出修订。

总结报告的主要结论包括以下几点：

① 开创性工厂：生产规模为日处理生物质原料500t(干)的：日产氢气32.4t。

基准方案：建设总投资为2.14亿美元；氢气的平准成本：5.4美元/kg；

高价方案：总建设投资2.69亿美元；氢气的平准成本：6.10美元/kg；

低价方案：总建设投资1.88亿美元；氢气平准成本：4.80美元/kg；

② 工厂规模为2000t(干)/d，建设总投资为3.44亿美元，氢气的平准成本为2.80美元/kg。

③ H2A模型设定的财务条款可能导致氢气价格偏低，应作修订。

④ 天然气和煤炭制氢均为工业化的成熟技术。氢气的生产成本均低于生物质制氢。随着生物质制氢工艺技术的进步，氢气成本仍有降低的空间。但难以在2017年实现将氢气成本降到1.10美元/kg的目标。

下面介绍生物质制氢的工艺和影响氢气价格的主要因素。

二、生物质合成气制氢的工艺

生物质合成气制氢工艺包括如下五部分[15]：①原料预处理和干燥；②气化；③气体净化和调制；④氢重整、变换和氢净化；⑤辅助和平衡部分。

工艺流程介绍如下：

(1) 原料预处理和干燥：包括生物质的运输、储存、粉碎和干燥。

(2) 气化：生物质气化炉主要包括：流化床气化炉(鼓泡流化床，循环流化床)和带出床气化炉。气化形式包括直接气化和间接气化两种。

间接气化包括如下步骤：

① 高压加料漏斗把生物质送入气化炉。

② 从酸性脱除系统脱除的CO_2使加料漏斗增压。

③ 生物质从顶部加入，蒸气从底部引入。

④ 热沙子或橄榄石等固体为导热剂在热的焦炭燃烧室和气化炉之间循环，蒸气提供热量和使生物质流化，温度一般维持在(750~900℃)。

⑤ 生物质转化为粗合成气，其中包括：硫化物、碱金属、轻烃和重烃、残余的沙子、焦炭及其他杂质。粗合成气未被氮气稀释，具有的热值一般为15 MJ/m^3。

⑥ 一个二级旋风分离系统将粗合成气与沙子、焦炭和其他颗粒物分离开。

⑦ 焦炭燃烧加热橄榄石，温度可达 1800℃。

⑧ 另一个二级旋风分离系统将焦炭燃料气和固体分离。

⑨ 残余的沙子和灰分被收集、冷却和掩埋。

⑩ 从第二个气化炉旋风分离器出来的气体被送到鼓泡流化床焦油重整器中。

⑪ 低的加工温度会导致焦油的产生，生物质必须要经过焦油重整器。轻烃和重烃转化为一氧化碳和氢气；氨转化为氮气和氢气。

直接气化包括如下步骤：

① 高压加料漏斗把生物质送入气化炉。

② 从空分单元分离的氮气或从酸性脱除系统脱除的 CO_2 使加料漏斗增压。

③ 生物质从顶部加入，氧气或空气从紧挨生物质的入口处引入。

④ 空气和氧气燃烧部分生物质提供必需的热量，调节空气或氧气与生物质的进料比控制温度。

⑤ 蒸气使床层流化并增加反应温度。直接气化炉的温度维持在 850~1100℃。

⑥ 生物质在氧气和蒸气存在时生成中热值合成气和热量。

⑦ 一个二级旋风分离系统将粗合成气与沙子、焦炭和其他颗粒物分离开。

(3) 气体净化和调制。

从直接气化炉或从焦油重整器出来的粗合成气要经过以下步骤净化和调制。

① 粗合成气用水洗涤冷却换热，除去残余的杂质，如焦油、颗粒物、氨等。

② 冷却的合成气压缩后送到酸性气体脱除单元脱除硫化氢、羰基硫和 CO_2。

③ 元素硫收集、储存废弃，CO_2 放空。

(4) 氢重整、变换和氢净化。

气体净化完成以后，需经过以下步骤进行氢重整、变换和氢净化。

① 合成气中甲烷经甲烷重整器变为一氧化碳和氢气，合成气(间接气化)中氢含量增加，温度 816~871℃；压力 1.5~3 MPa。

② 合成气引入两阶段水煤气变换反应，一氧化碳和水在水蒸气存在下生成氢和 CO_2。第一阶段高温水煤气变换反应的温度是 299~449℃。

③ 气体离开高温水煤气变换反应器后，冷却到 200℃，进入低温水煤气变换反应器。

④ 一旦低温水煤气变换反应器中的一氧化碳含量低于 2%，换热器要从气体中除去更多的水。

⑤ 将气体引入 PSA 变压吸附装置。

氢净化：经水煤气变换后气体中氢摩尔分数大于 70%后，就可以引入 PSA 变压吸附装置除去残余的杂质。氢回收率可以高达 85%；纯度可以达到 99.99%(体积分数)。从 PSA 出来的尾气循环到上游加热气化炉或重整器。

(5) 辅助和公用部分。

三、生物质合成气制氢的经济性

文献[14]总结报告提出的“生物质气化制氢的经济性审查报告”和相关研究文献的数据，论述了生物质气化制氢技术的经济性：重点分析了 4 个因素(建设投资、原料成本、工程项目的财务条款、氢产率和转化效率)对生物质气化制氢的平准成本(levelized cost)的影响。

氢燃料的平准化销售价格(levelized required selling price of hydrogen)定义：在设定的平准化系数和经济条款下，计算20年生产期内的氢气平均价格，可以更好地表征产品的经济性。计算的生物质制氢的平准价格和DOE总结的氢气价格汇总如表3-26所示[15]。

数据说明：DOE估算的生物质氢气价格偏低，所制定的2017年价格目标不易实现。

表3-26 生物质制氢的平准价格分析

项目	氢气的平准价格/(美元/kgH_2)			
	投资成本	原料成本	生产成本	总成本
DOE，基准情况	0.59 33%	0.55 34%	0.53 33%	1.67① 100%
创新工厂	3.10 57%	0.90 17%	1.40 26%	5.40 100%
第*n*个工厂	1.20 43%	1.10 39%	0.50 18%	2.80 100%

① 2005年成本为1.61美元/kg，调整为2009年价格。

(一)建设投资

计算H_2的平准生产成本需要有精确的生物质制氢工厂总建设投资数据。由于生物质气化制氢工厂尚未建成，投产的大型生物质气化装置仍较少。文献中论述的BTH(生物质制氢)投资数据差别较大，而且对如何从订购设备投资计算建设总投资的说明也较少。

1. 建设投资估算方法

由于生物质制氢工厂尚未建成，故精确计算总建设投资较为困难。

常规的建设投资估算方法如下：

① 根据工厂物料和能量平衡数据，用“Aspen Icarus”软件估算工艺设备规格；用工艺软件(例如Aspen PLUS™ process engineering)估算订购工艺设备费用；用设备安装系数计算工艺设备总投资

② 以订购工艺设备总投资为基准，乘以兰氏系数(Lang factor)，即可估算出项目的建设总投资。

由于采用兰氏系数的不同，导致不同文献估算的总投资数据有差别。采用较低的兰氏系数，所得的建设总投资值就偏低，例如：ISU估算建设投资采用的兰氏系数=5.40；Peter和Timmerhaus建议采用兰氏系数=4.87。

文献[14]根据生物质气化制氢和费托合成生产液体燃料的文献数据，重新估算了生物质制氢工厂的建设投资。设定的基础数据和估算方法如下：

① 生产规模：生物质处理量：2000t(干)/d；

② 从生产规模=500t/d放大至2000t/d，采用生产规模指数=0.6；

③ 以订购设备费用为基准，用设定的兰氏系数(Lang factor)，估算制氢工厂建设总投资。

计算的生物质制氢工厂建设投资如表3-27。与文献数据基本一致、标准误差在14%之内。

表 3-27 生物质制氢工厂建设投资（按 2009 美元计）

项　目	总建设投资/亿美元		
	低值	基准值	高值
创新工厂，500t(干)/d	1.88	2.14	2.69
第 n 个工厂，2000t(干)/d	3.10	3.34	4.20

表中的总投资数据是用下述方法求得的：

① 查阅文献、分析研究后，确定采用俄亥俄州立大学(ISU)的生物质气化-费托合成生产液体燃料的总投资数据和 Utrecht 大学制定的 5 个(3 个直接气化、2 个间接气化方案)生物质气化制氢方案的总投资数据；将这些研究结果统一为相同的基准；

② ISU 和 Utrecht 在计算总投资时，分别采用了不同的兰氏系数(3.02 和 1.86)。

③ 首先从 ISU 的总投资额中扣除合成部分的订购设备投资之后，再加入蒸气重整和氢气分离工序的设备投资(6000 万美元)，求得 BTH 工厂的总投资；

④ 估算项目的总投资采用兰氏系数为 4.0、较为保守、可导致总投资偏低。充分考虑设备安装、间接成本和其他费用时，应该按兰氏系数=5.4，计算总投资。根据 Peters 等人所著的教科书，建议采用兰氏系数=4.87。

⑤ 项目总投资再按"化学工程费用指数"调整为 2009 年的价格。

⑥ 采用不同兰氏系数，估算建设总投资的基准值、最高值、最低值；

⑦ 利用"learning curves"方法估算创新工厂和第 n 个工厂的建设投资。

2. 开创性工厂的建设投资

开创性工厂(pioneer plant)是采用新技术建设的首座工厂，由于缺乏生产经验，其建设投资要高于第 n 座工厂。

生物燃料是开发中的技术，尚未建成工业化工厂。由于采用了"未经工业证实"的技术，故属于开创性工厂，建设投资增大，投产初期的生产能力也达不到设计指标；导致产品价格偏高。

兰德公司(Rand Corporation)开发了多系数的 2 组经验公式，可用于估算：

① 第一座开创性工厂在开工初期生产能力达不到设计能力；

② 建设投资增长情况(与第 n 座工厂相比)。

经验公式是根据 44 家工厂的生产数据，用线性回归法求得的实验式；可用于计算首座工厂开工初期的产能下降和建设投资增长情况。

① "工厂性能"表示开工初期生产能力下降情况：用于估算开创性工厂在开工的半年内生产能力降低情况；预计此后产能可每年增长 20%，直至达标(至设计能力)为止。据文献数据，BTL 技术开创性工厂的生产能力降低约 38%。

② 建设投资增长情况：与第 n 座工厂相比，建设投资增长约 50%

生物质制氢项目审查小组用甲烷蒸汽重整技术的"学习曲线"(learning curve)关联首座工厂与第 n 座工厂的总投资关系。

根据 Schoots 等分析 1940~2007 年期间的 SMR 工厂的投资数据，研究结果表明：

① 学习率(learning rate)定义：生产能力每增长 1 倍(翻一番)的投资降低率。

② 学习率=11%，误差在±6%之内。

按照以上关系可以确定：同等生产规模第二座工厂总投资为第一座工厂投资额的 89%；第四座工厂可降至 79%(0.89×0.89=0.79)。

按学习率=11%，计算所得的第10座工厂的投资额约比第1座工厂降低68%(可将第10座工厂投资视为第n座工厂)。这表明首座开创性工厂的投资额约为同等规模第n座工厂的1.47倍。

3. 工厂总投资与生产流程的关系

BTH工厂的装置组成(生产流程)对总建设投资有很大的影响。工艺过程包括气化、SNG冷却、净化(脱除氯化物、脱汞、脱硫、脱氨等)、水煤气变换和氢提纯/脱CO_2等工序。

采用新工艺技术可提高效率、产量，和降低能耗、降低GHG排放等效应；同时又可能导致投资增大(或降低)。故应根据实际情况作出分析、判断。

(二) 原料价格

文献[14]中经过与农林业专家和生物燃料研发人员分析、讨论了农业秸秆在田边收购价格、小型木片发电厂的燃料木片进厂价格之后，认为在生物燃料发展初期，可接受的生物质原料价格为60美元/t(干)左右。

未来的原料价格将主要受以下因素的影响：

① 先进的生物技术将促进高产率、低成本能源作物生产的发展；

② 发展生物燃料和混烧生物质的发电技术的政策将推动生物质资源价格的持续上涨。

设定生物质价格范围的原则是：对于创新工厂采用较小的价格范围；对第n个工厂应设定较宽的价格范围，如表3-28。

表3-28 生物质原料的价格范围

项目	生物质原料价格/[美元/t(干)]		
	低值	基准值	高值
创新工厂	50	60	80
第n个工厂	40	80	120

生物燃料和生物发电技术的发展将推动生物质价格的上涨；而能源作物耕种技术的创新和产量的提高又将导致价格降低。按美国的《2007可再生燃料标准》(RFS2)的要求，2017年美国先进生物燃料油产量应达到0.64亿toe(210亿加仑)；生物发电厂的能力也将增长，故生物质原料需用量将持续增长。

美国环保局认为，燃煤电厂采用生物质-煤炭混烧技术是降低GHG排放的有效措施。因此，预测2017年生物燃料油和生物发电的生物质需用量将达到3.34亿t，超过了"生物质长远规划"中预测的2017年需用量(2.5亿t)的35%。由于上述生物质原料需用量为计划规定的硬指标，会得到优先供应，故预计生产氢燃料的生物质原料价格将不会低于80美元/吨(干)。

生物质需用量会因政策的推动而增长，这必然导致种植能源作物耕地面积的持续增长。其产量也会随着品种改良、播种、收获、储运技术的进步而提高，成本下降。

(三) 财务条款

分析研究发现：此前用H2A模型进行生物质制氢的成本核算结果，由于采用的一些财务条款不恰当，对估算的氢气价格精确性造成了影响。应该修订一些财务条款。例如：设定的工厂使用年限(40年)、折旧年限(20年)过长；自有资金率过高(100%)；资金回报率偏低(10%)，因而使计算的氢气价格不准确。

从表面上看，H2A 计算模型对不同的技术采用一致的假设似乎是公平的；实际上，不同技术方案的投资和生产费用有较大的差别。以制氢技术为例：电解水制氢技术的投资较低，生产费用很高；而生物质气化制氢技术的投资高，生产费用较低。对于不同的项目，其投资结构、使用寿命、折旧年限、生产费用的处理等不宜设定相同的假定。

项目的技术风险也对可接受的利润率造成影响。例如：对天然气制氢技术，投资人可接受较低的投资利润率；而对于 BTH 新技术，就要求较高的利润率。

新技术的不可预见费也较高，总投资额相应地增长。

所以，计算模型对不同的技术项目在设定条件上强求一致是不可取的。对 BTH 项目予以不合理的限制，不会对其发展产生促进作用。

财务条款的几个问题择要说明如下：

① 工厂使用年限：生物质气化项目和核电项目同样地把使用年限设定为 40 年不合理，这意味着把“工厂使用年限”和“获得融资能力”两个概念混淆了。因为新的生物质气化技术不可能运行 40 年，而通过融资获得资金修复、更新装备就可延长运行年限。为此，审查小组建议：将“工厂使用寿命”定为 20 年，就是将“融资年限”(20-years financing)定为 20 年。

② 折旧年限：加速工程项目的折旧年限可从多方面受益。例如：折旧是从税前利润中提取的资金，加速折旧就可以减少应交的税费，在实现预期的利润率条件下降低氢气 RSP 价格。

折旧是非现金支出，是从应纳税所得中提出的现金，可自由支配。审查小组建议将折旧年限加速为 7 年。投资的折旧越快，效益越好；实现投资利润率要求的氢气 RSP 价格就越低。

③ 投资结构(capital structure)：用于评估生物质气化项目的最重要假设是确定项目的投资结构。

采用“投资综合成本(composite cost of capital)法”对比不同的融资方案，比较结果显示：H2A 模型设定的融资方案是 100%股本、实现 12.2%的利润率，并以此作为稳妥可靠投资结构的代表。实际上，100%股本和 12.2%的 IRR 分别是不切实际的最高/最低值。

多数同等规模的大型能源项目均采用贷款-股本联合的融资结构。

生物质气化制氢项目应采用综合投资结构(composite capital structure)，即 80%贷款/20%股本的融资方案，贷款的利率按照 AA 级项目的标准利率计算，氢气 RSP 价格是按照可实现按年现金流通量计算的 IRR 利润率，模拟当量汽油价格膨胀率计算的。

生物质制氢项目的财务条款按照表 3-29 进行修订融资方案。

表 3-29　生物质制氢项目的融资方案

项　目	H2A 模型设定值	修　订　值		
		低值	基准值	高值
自有资金占比/%	100	20	25	40
税后股本回报率/%	10	30、20①	25	40、35①
贷款率/%	0	80	75	60
贷款利率/%	无	5、8①	10	12
折旧年限/a	20	7	7	7
工厂使用年限/a	40		20	

① 分别为创新工厂和第 n 个工厂的采用值。

经过分析研究后，文献[14]认为：H2A 模型设定的融资方案(自有股本 100%，折旧年限 20 年，工厂使用年限，40 年)，无法实现年利润率=10%的目标。

修订融资方案(见表 3-29)后，可实现的利润率如下：

(1) 基准融资方案

贷款率 75%，贷款利率 10%；

股本率 25%，投资利润率 25%；

折旧年限 7 年。

基准方案的效益：20 年贷款期内，实际投资利润率为 16%。

(2) 生产规模为 500t(干)/d 的工厂

建设投资=2.14 亿美元；

原料价格为 60 美元/t、

氢气的 RSP 价格为 7.70 美元/kg。

(3) 生产规模为 2000t(干)/d 的第 n 个工厂

建设投资=3.44 亿美元；

原料价格为 80 美元/t；

氢气的 RSP 价格为 3.80 美元/kg。

上述生物质气化制氢工厂的经济性估算结果说明：

① 生物质制氢技术的经济数据高于煤炭/天然气制氢技术，无法与煤炭/天然气制氢技术竞争。

② 技术进步可降低生物质制氢的生产成本，但难以在 2017 年之前将生物氢气的成本降低至 1.10 美元/kg 的目标。

(四) 转化效率和氢产率

工艺过程的氢产率对氢气价格有较大的影响。审查小组参考文献数据，将氢产率当作独立变数来分析其对氢气价格的影响，而未考虑氢产率与建设投资、联产电力等因素的关系。

实际上，生物质转化效率和氢气产率与生产流程有关(表 3-30)。

另外，采用高、低热值作为评估的基准所产生的误差约为 3%~10%。

表 3-30　氢产量/产率估算结果

项　目		氢产量/产率 数据		
		低成本	基准值	高成本
创新工厂 500t/d	H_2产量/(t/d)	38	36	34
	H_2产率/[kg/t(干)]	76	72	68
第 n 个工厂 2000t/d	H_2产量/(t/d)	140	150	160
	H_2产率/[kg/t(干)]	80	75	70

文献调查表明，相关的数据如下：

(1)生产规模为 500t(干)/d 的创新工厂

氢产量为 35~38t/d。

氢产率在 70~76kg/t(干)。

BTH 转化效率为 46%~51%。

(2)生产规模为2000t(干)/d的生物质制氢工厂

氢产量为140~160t/d。

氢产率在70~80kg/t(干)。

BTH转化效率为47%~54%。

参 考 文 献

[1] 陈俊武，李春年，陈香生．石油替代综论[M]．北京：中国石化出版社．2009.

[2] Review of technologies for gasification of biomass and wastes, final report. NNFCC project09/008. A project funded by DECC, project managed by NNFCC and conducted by E4Tech, June 2009.

[3] 刘作龙，孙培勤，孙绍晖，等．生物质气化技术和气化炉研究进展[J]．河南化工，2011，28(1)：21-24.

[4] Nexant Inc. Equipment design and cost estimation for small modular biomass systems, synthesis gas cleanup, and oxygen separation equipment. Task 2：Gas Cleanup Design and Cost Estimates - Wood Feedstock. Subcontract Report. NREL/SR-510-39945, May 2006.

[5] Schuetzle D. Integrated biorefinery for the direct production of synthetic fuel from waste carbonaceous feedstocks. BETO Wordshop, March 20, 2014. http：//www1. eere. energy. gov/bioenergy/pdfs/schuetzle _ reii. pdf.

[6] TRI. TRI technology update & IDL R&D needs. BETO Wordshop, March 20, 2014. http：// www1. eere. energy. gov/bioenergy/pdfs/burciaga_ tri. pdf.

[7] Westinghouse Plasma Corporation. Westinghouse Plasma Gasification is the next generation of energy from waste technology. May 30, 2013. http：//www. usea. org/sites/default/files/event -/Westinghouse _ Walter _ Howard. pdf.

[8] 刘玲，韩雪．以煤和生物质共气化为燃料的IGCC系统研究[J]．中国电力教育．2007(S3)：409-411.

[9] Dutta A, Worley M. Process design and economics for conversion of lignocellulosic biomass to ethanol—thermochemical pathway by indirect gasification and mixed alcohol synthesis. Technical Report, NREL_ TP/5100-51400, May 2011. http：//www. nrel. gov/biomass/pdfs/51400. pdf.

[10] Phillips S D, Aden A. Thermochemical ethanol via indirect gasificaton and mixed alcohol synthesis of lignocellulosic biomass. NREL/TP-41168, Apr 2007. http：//www. nrel. gov/docs/fy07osti/41168. pdf.

[11] Dutta A, Phillips S D. Thermochemical ethanol via direct gasificaton and mixed alcohol synthesis of lignocellulosic biomass. NREL/TP-45913, July 2009. http：//www. nrel. gov/docs/fy09osti/45913. pdf.

[12] Zhu Y, Gerber M A. Analysing the effect of compositional and configurational assumptions on product costs for the thermochemical conversion of lignocellulosic biomass to mixed alcohols. Feb 2009 Rev 1, PNNL-17949. http：//www. ntis gov/ordering. htm.

[13] Spath P. Biomass to hydrogen production detailed design and economics utilizing the battelle columbus laboratory indirectly-heated gasifier. NREL Technical Report, NREL/TP-510-37408, May 2005. http：// www. ntis. gov/help/ordermethods. aspx.

[14] Swanson R M. Techno-economic analysis of biofuels production based on gasification. NREL Technical Report, NREL/TP-6A20-46587, November 2010. http：//www. nrel. gov/docs/fy11osti/46587. pdf.

[15] NREL/DOE. Hydrogen production cost estimates using biomass gasification——Independent review. NREL/BK-6A10-51726, October 2011. http：//www. ntis. gov/help/ordermethods. aspx.

[16] EERE/DOE. Biomass Multi-year program plan(MYPP), April 2011.

第四章　合成气制合成油

第一节　历 史 回 顾

从合成气（$CO+H_2$）生产烃类合成油可以有不同的原料路线，即煤炭路线（CTL）、天然气路线（GTL）、生物质路线（BTL）以及煤-生物质路线（CBTL）。用煤、天然气造合成气生产运输燃料是成熟的技术，而用生物质为原料造合成气生产运输燃料的技术正处于开发阶段。

从合成气生产烃类合成油的产业化进程有其特殊的历史背景和环境条件，值得作一简单回顾。[1]

1923 年德国科学家 Fischer 和 Tropsch 两人合作完成了用 Co 基、Fe 基和 Ru 基催化剂将 $CO+H_2$ 转化为液态烃的工艺实验，随后申请了专利。从此该技术被称为费托（F-T）技术。

经过一系列产业化的努力，1936 年德国建成首座合成油工厂。在第二次世界大战期间，以煤炭为原料，采用德国开发的钴催化剂的固定床费托合成技术在世界范围内建有 15 座合成油厂，其中 9 座在德国，4 座在日本，1 座在法国，1 座在中国锦州，1944 年总产能为 16000 桶/d。之后，由于石油工业的兴起和发展，致使大部分费托合成油装置关闭停运。

1947~1952 年美国矿务局把一套德国 F-T 工厂迁到美国。Texaco 公司建设以天然气为原料的 F-T 工厂，产能 120 桶/d。

1950~1953 年美国 Hydrocarbon Research Inc. 建成一套 5000 桶/d 的 Hydrocol 技术的工厂，开工时间较短。

1953 年德国 Koebel/Ackermann 建成铁基催化剂的浆态床反应器完整工厂。

1955 年南非 Sasol 公司建成铁基催化剂固定床和循环流化床反应器，总产能 8000 桶/d 的 Sasol I 工厂。

1980 年南非 Sasol 公司建成铁基催化剂固定床和循环流化床反应器，总产能 150000 桶/d 的 Sasol Ⅱ工厂。

1975~1985 年美国 Gulf-Badger 为 Shell 公司建设了钴催化剂固定床中试厂（35 桶/d），同年 Mobil 公司也建设了中试厂。

1983 年 Sasol 公司建成先进 Synthol 技术（固定流化床）100 桶/d 装置。

1984 年美国 Air Products and Chemicals 公司建成钴和铁催化剂固定床中试厂（35 桶/d）。

1989~1990 年美国 Exxon 公司建成钴催化剂浆态床中试厂（200 桶/d）。同时期美国 Syntroleum 公司建成以天然气为原料的钴催化剂浆态床中试厂（2 桶/d）。

1989~1990 年 Sasol 公司建成先进 Synthol 技术（固定流化床）3500 桶/d 装置和钴催化剂浆态床中试厂（100 桶/d）。

1991~1992 年南非 Mossgas 公司建成 Synthol 固定流化床 22500 桶/d 装置，采用天然气原料和钴催化剂。

1993 年 Sasol 公司建成钴催化剂浆态床产业化工厂（2500 桶/d）。

1993 年 Shell 公司在马来西亚 Bintulu 建成钴催化剂固定床 12500 桶/d 工厂。

1997~2000 年 Sasol 公司将 Sasol Ⅱ和 Sasol Ⅲ工厂的 F-T 反应器全部更换为先进 Synthol 技术(固定流化床)。

1998 年美国 Syntroleum/BP Amoco 公司在英国 Billingham 建成钴催化剂浆态床 70 桶/d 中试厂。

2001 年美国能源部采用 Sasol 技术，在美国 Gilberton 建设 5000 桶/d 铁催化剂浆态床试验工厂，名为“早期介入油电联产(EECP)”项目。

2006 年 Sasol 公司在卡塔尔建成 34000 桶/d 钴催化剂浆态床 GTL 合成油工厂。

2011 年 Shell 公司在卡塔尔建成 135000 桶/d 钴催化剂固定床大型 GTL 合成油工厂。

1983 年中国科学院大连化学物理研究所就建设了铁剂流化床试验装置，此后转至山西煤炭化学研究所继续研究，2001~2004 年建成 600t/a 中试装置。开发了名为中科合成油的铁剂浆态床技术，2005~2009 年中国伊泰煤业集团等三家煤炭企业采用中科合成油技术分别建成 160kt/a 的铁催化剂浆态床 CTL 试验工厂。

2004 年中国兖煤集团采用上海兖矿能源科技开发公司技术建成 5000t/a 铁催化剂浆态床中试装置。

BTL 技术尚处于开发阶段，未实现大型工业化生产。仍有一些关键技术问题待解决，如生物质气化炉型的选择和工业示范、生物质制合成气的净化和焦油处理技术等。

德国 CHOREN 公司致力于生物质制油(BTL)技术(主要是“太阳柴油”)的开发。在 1997 年 Freiberg 建设小型 α 装置的基础上，2008 年建成年产 15kt 太阳柴油的中型示范工厂(β 装置)并顺利投产。

第二节　工艺过程和产品

一、费托合成产品分布规律

费托合成是合成气在专用的合成催化剂表面上进行的聚合反应过程，费托合成反应是动力学控制，其本征动力学是逐步地进行链增长，即在催化剂表面上进行—CH_2—基的聚合。合成产品的选择性是根据所用的催化剂对于链增长反应和链终止反应的相对的催化作用而定。而聚合速率，即其动力学则与生成的产品无关。链增长和链终止的几率与链的长度无关。所以，不同烃类产物的选择性可以根据碳原子数和链增长几率用简单的统计分布法计算。链聚合的动力学模型，即 ASF(Anderson Shulz Flory)模型的方程式如下：

$$W_n = n(1-\alpha)^2\alpha^{n-1}$$

式中　W_n——合成产品中含 n 个碳原子产品的比例,%；

α——链成长几率。

ASF 方程式的合成产品分布如图 4-1 所示，从中可以预测出不同的合成产品分布情况。

费托合成反应会生成各种烷烃、烯烃和含氧化合物(包括醇类、醛类、酸类和酮类)，与操作条件无关。不论产品的种类，合成产品以高烯烃度的线性产品为主。实际上，产品的烷—烯比要低于动力学的预测值，烯烃键的位置以 α 位置为主。随着链长的增长会生成一定数量的一甲基侧链。理论上，只有甲烷的选择性为 100%，其他合成产品以重质石蜡烃的

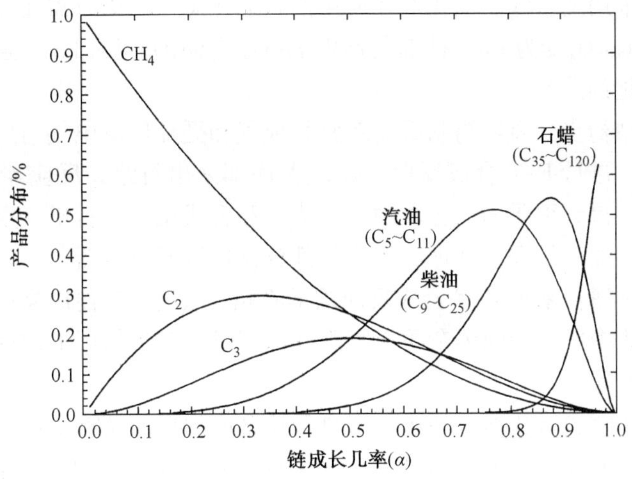

图 4-1 费托合成产品分布

选择性最高，汽油馏分的最高选择性达 48%，柴油馏分的最高选择性接近 40%，随馏分的碳原子数范围而异。影响产品分布的参数包括反应温度、压力、原料气的组成、使用的催化剂品种及其助剂。

费托合成催化剂不同，反应条件不同，反应产物分布不同。费托合成工艺按反应温度可分为高温费托合成(HTFT)工艺与低温费托合成(LTFT)工艺，通常将反应温度低于 280℃称为低温费托合成工艺，高于 300℃称为高温费托合成工艺。钴催化剂的典型低温费托合成与高温费托合成工艺的初级产物分布见表 4-1。

表 4-1 低温费托合成与高温费托合成工艺的初级产物分布 %

产 品 组 成	低温费托合成(约 250℃)	高温费托合成(约 350℃)
甲烷	4	7
乙烯、丙烯、丁烯	4	24
乙烷、丙烷、丁烷	4	6
石脑油馏分	18	36
柴油馏分	19	12
重油和蜡	48	9
水溶性含氧化合物	3	6

二、合成气制合成油的工艺过程

合成气制合成油的工厂内部工艺过程包括：催化剂预处理、反应和产品初步分离、蜡排放和过滤、油品馏分加氢脱氧和加氢裂化、尾气分离液化石油气、低碳烃部分自热氧化、CO 变换、PSA 氢分离和循环、合成水处理。下面分别进行介绍。

(1) 催化剂预处理：无论是费托合成钴基和铁基催化剂，都必须经过还原活化后才具有费托合成活性。在相对温和的条件下还原催化剂，可以得到最大的活性金属表面积。催化剂的还原态晶相与还原气氛有关，铁基催化剂可以很容易地使用 H_2、CO 或合成气还原活化，钴基催化剂的还原采用纯氢气。催化剂在使用前是氧化态，使用时需还原为金属态。还原过程中，钴催化剂由 Co_3O_4变为 Co，铁催化剂由 Fe_2O_3或 Fe_3O_4变为 Fe。还原单元为 F-T 合成单元提供活化的催化剂。

（2）反应和产品初步分离：精制后的新鲜合成气和循环反应尾气与反应出来的产品换热后进入合成反应器，进行 F-T 合成反应。反应器底部采出石蜡，反应器顶部出来的气相经过逐级冷却和分离，得到重质油、轻质油、合成水和合成尾气。石蜡、重质油、轻质油、合成水和尾气需进一步加工处理，处理后的尾气部分循环返回反应器。

（3）蜡排放和过滤：来自 F-T 合成反应器的石蜡，通过原料输送泵送入已经预涂合格的过滤机进行过滤，蜡中所含的固体杂质在吸附和深层过滤双重作用下被截留，过滤合格的精滤蜡送入油品加工装置。

（4）油品馏分加氢脱氧和加氢裂化：来自费托合成的粗油品需要在油品加工装置中进行加氢精制和加氢裂化处理。加氢精制过程包括不饱和烃的加氢饱和以及油品中 S、N、O 及金属元素的加氢脱除。粗油品与氢气混合进入反应器，在氢气和催化剂作用下，脱除杂质。精制后的油品进入分馏系统进行产品分馏，得到气体、石脑油、柴油和加氢裂化进料等产品。加氢精制后的加氢裂化进料与氢气混合后进入裂化反应器。在裂化反应器内，催化剂和氢气作用下发生加氢裂化反应。裂化反应油送到分馏系统进行切割分离，得到气体、石脑油、柴油产品。

（5）尾气分离液化石油气：费托合成尾气含有大量 H_2、CO、CO_2和未冷凝的低碳烃产物，因此需要对费托合成尾气作进一步加工处理，脱除其中的 CO_2，并对其中的低碳烃和 H_2加以回收利用。费托合成尾气首先进入预处理单元的水洗塔，对原料气进行水洗，脱除混合气中的含氧有机化合物。水洗后的气体进入脱碳单元，溶剂吸收脱除 CO_2后的尾气进入低温油洗单元吸收分离尾气中的液化石油气。

（6）低碳烃部分自热氧化：经脱碳、分离液化石油气后的尾气经预处理后，进入膜分离器，经过膜分离器分离后的渗透气送至 PSA 单元进一步提纯制 H_2，非渗透气送至尾气气化单元作为尾气气化原料。由空分单元提供氧气，尾气中的低碳烃在气化炉中部分自热氧化转化为制氢合成气。

（7）CO 变换：由尾气气化单元送来的合成气进入高温变换炉进行深度 CO 变换反应，变换气经气液分离后气体送至 PSA 氢分离单元。

（8）PSA 氢分离和循环：变换气和膜分离渗透气混合后经气液分离除去液体后送入变压吸附（Pressure Swing Adsorption，PSA）系统进行氢气分离。经 PSA 单元提纯的 H_2循环进入费托合成反应器调节原料气的氢碳比，或循环进入油品加工装置用作加氢精制、加氢裂化单元的氢源。

（9）合成水处理：合成水来自油品合成装置，主要含有机酸、醇、醛、酮以及酯类物质。费托合成产物的水烃质量比为 1~1.3，即生成 1t 烃类产物要副产 1~1.3t 的反应水。费托合成反应水的特点是组分多、含量低、共沸组分多，不同物系含氧化合物在一定条件下可相互转化，这些特点决定了费托合成反应水有机物分离难度大，很难用一种简单的分离单元将其中的有机化学品分离，需要一系列复杂的组合单元才能实现。合成水中醇的分离回收主要采用精馏法。

图 4-2 是煤炭间接液化制合成油的流程图。

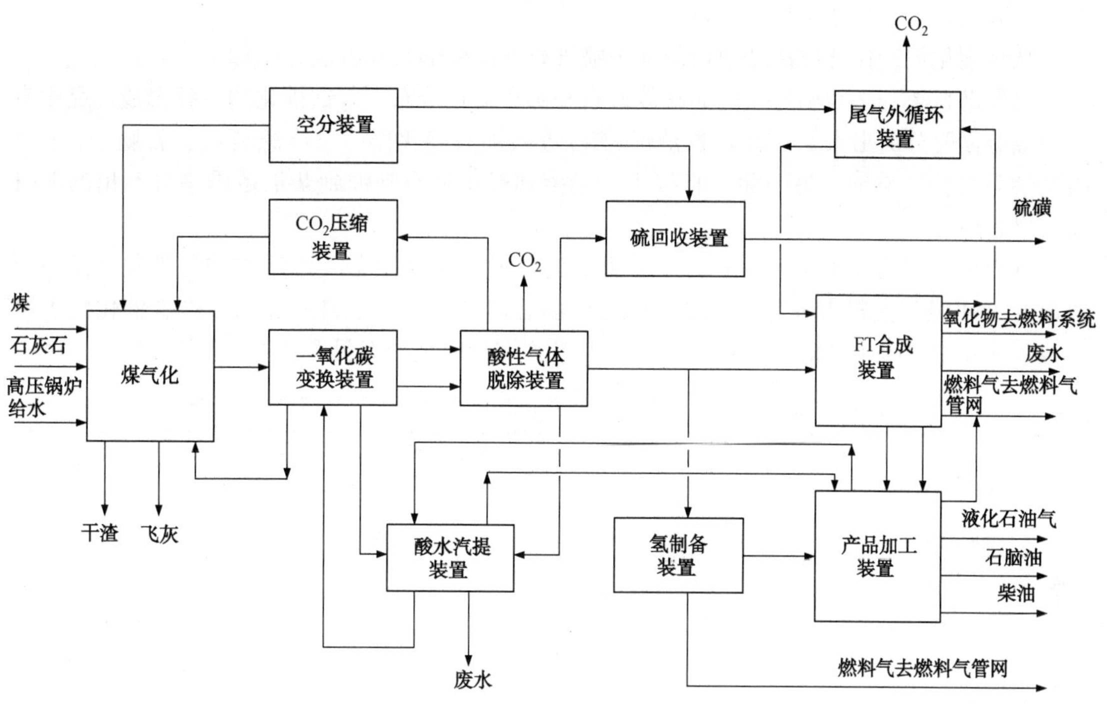

图 4-2　煤炭间接液化制合成油的流程图

表 4-2 是煤炭间接液化制合成油装置工艺技术。

表 4-2　煤炭间接液化制合成油装置工艺技术

序　　号	装 置 名 称	工 艺 技 术
1	空分装置	空气两段增压、膨胀、两级精馏、双泵内压缩流程
2	煤气化装置	Shell 干煤粉加压气化工艺
3	一氧化碳变换装置	耐硫宽温部分变换工艺
4	硫回收装置	克劳斯加尾气处理工艺
5	酸性气体脱除装置	低温甲醇洗工艺
6	CO_2压缩装置	
7	酸水汽提装置	低压精馏技术
8	氢制备装置	PSA 技术
9	F-T 合成装置	低温 F-T 合成工艺
10	燃料系统	
11	产品加工装置	加氢裂化、加氢处理、异构脱蜡工艺
12	尾气外循环装置	自热转化技术，MDEA 脱碳技术

三、合成油加工的产品方案

合成油加工的产品方案分为以柴油为主的产品方案、喷气燃料产品方案和其他方案。其他方案包括汽油方案、润滑油和石蜡方案、液体石蜡方案。已工业化的合成油品加工方案在

第 5 节介绍，本节只介绍喷气燃料的加工方法。

从铁催化剂费托合成油品中切割加工喷气燃料组分的具体方法介绍如下[2]：

喷气燃料组分必须满足一定的碳数分布和沸点流程分布，以铁催化的费托合成产品中有两种馏分需要分离出来。一种是长链烃(蜡)进入加氢裂化器，生产燃料气、石脑油、F-T 喷气燃料组分、柴油。另一种是直接生产的液体烃中从石脑油到柴油范围中分离出的 F-T 喷气燃料组分。

从直接生产的液体烃(C_5~C_{18})中分离出 F-T 喷气燃料组分，然后与加氢裂化产品中分离出的 F-T 喷气燃料组分混合，混合后的产物总体满足喷气燃料的要求。以铁催化的 F-T 合成反应器中直接生产的产物中分出 F-T 喷气燃料组分的分布见表 4-3。

表 4-3　铁催化的 F-T 合成反应器直接产物中的 F-T 喷气燃料组分分布

沸点/℃	直接产物/%	直接产物中 F-T 喷气燃料的累积/%	组分要求/%
230~296	48.0	100.0	≥ 90
206~229	13.3	51.3	≥ 50
184~205	13.6	37.8	≥ 10
169~183	7.2	24.0	< 90
158~168	7.3	16.8	< 50
130~157	9.3	9.4	< 10

注：F-T 合成直接产物中 98.6%为 F-T 喷气燃料，0.5%为石脑油，1%是柴油。

以铁催化的 F-T 合成反应加氢裂化产物中分出 F-T 喷气燃料组分的分布见表 4-4。

表 4-4　铁催化的 F-T 合成反应加氢裂化产物中分出 F-T 喷气燃料组分的分布

沸点/℃	加氢裂化产物/%	加氢裂化产物中 F-T 喷气燃料的累积/%	组分要求/%
263~267	3.2	N/A	N/A
230~262	14.1	92.9	≥90
206~229	7.7	61.8	≥50
184~205	8.0	45.0	≥10
169~183	3.6	27.4	< 90
158~168	4.5	19.5	< 50
130~157	4.4	9.6	< 10

注：加氢裂化产物中 2.8% 是燃料气，10.8% 是石脑油，45.5% 是 F-T 喷气燃料，40.9% 是柴油(质量基准)。

四、生物质制取合成油的路线

本书第 3 章对生物质气化过程进行了介绍。为了对从生物质原料到合成油产品的全过程进行技术经济评估，需要对生物质制取合成油的路线进行整体介绍。本节包括生物质单独气化路线和生物质与煤共同气化路线。

1. 生物质单独气化路线

生物质单独气化制取合成油的流程[3]如图 4-3 所示，包括七个部分：原料预处理、气化、合成气净化、油品合成、加氢处理、生产电力、空气分离。气化部分包括高温气化工艺

(HT)和低温气化工艺(LT)。

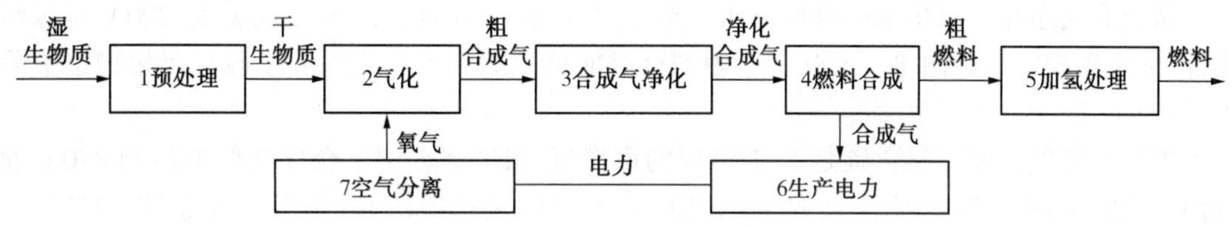

图 4-3 生物质气化制取合成油流程

(1) 原料预处理：湿的生物质在干燥器中减少湿含量至10%左右，然后进入粉碎机将尺寸减少到1mm左右。

(2) 气化：干燥和粉碎后的生物质加压后进入气化炉。高温气化工艺采用吹氧(自制的95%纯氧)带出式气化炉，反应温度1300℃，各种反应在气化炉中可以达到平衡。低温气化工艺采用吹氧(自制的95%纯氧)直接气化GTI气化炉，反应温度870℃。

高温气化炉和低温气化炉气化组成是不同的。高温气化炉由于接近反应平衡条件，不产生烃和焦油，产生更多的氢，几乎不产生甲烷、乙烷和乙烯。低温气化炉在合成气中产生一定量的甲烷、乙烷和乙烯，需要下游进行重整。高温气化炉中大部分灰分以熔渣的形式从气化炉底部排出，少部分灰分变成了飞灰。

低温气化炉产生的合成气需要旋风分离器捕集焦炭和灰分。极小的颗粒物需要进入下游的更严格的合成气净化。捕集的焦炭进入流化床燃烧器燃烧提供热量加热蒸汽干燥生物质。高温气化炉产生的合成气中含有飞灰，飞灰用水急冷除去。由于高温气化炉不产生焦炭，燃烧器需要接收燃料合成工段的未反应合成气燃烧提供热量，加热蒸汽干燥生物质。

(3) 合成气净化：合成气经旋风分离器除去初始颗粒物之后，仍含有一些颗粒物，以及氨、硫化氢和其他污染物。合成气净化工段用冷气清洁方式除去它们。收集的硫化氢和二氧化碳为酸性气体，用胺吸收。液相氧化催化过程将硫化氢回收为固体硫。高温气化情形包括一个酸水气转化过程，低温气化情形在F-T合成器前加一个水煤气变换过程。

由于气化炉出来的氢和一氧化碳的比小于F-T合成的优化值2.1，需要进行水煤气变换反应以达到优化值。水煤气变换反应会产生相当量的二氧化碳。为防止二氧化碳在下游过程中累积，在酸性气体脱除前需加一个酸水气转化反应器。酸水气转化单元操作在HT和LT情形中是不同的。

HT情形中，从气化炉出来的合成气直接与冷水接触冷却到酸水气转化单元的操作温度。除了冷却，冷水还除去了飞灰和污水。LT情形中，直接冷却单元冷凝合成气除去90%的氨和99%的固体，焦油也被冷凝了。

净化的下一步是用胺吸收剂除去二氧化碳和硫化氢，单乙胺上线把硫化氢除到4μL/L，二氧化碳除到2%。F-T合成硫含量要低于0.2μL/L，合成气需要进一步精制。

酸性气体引入液相氧化催化硫回收系统分离硫化氢并转换为固体硫。从吸收剂分出的二氧化碳部分压缩后用于生物质的加压，其余排空。

(4) 燃料合成：燃料合成工段主要包括氧化锌/活性炭气体精制、蒸气甲烷重整(只在LT情形)、水煤气转化(只在LT情形)、F-T合成，通过变压吸附(PSA)进行氢分离，F-T产品分离，未转化合成气进行分配。LT和HT情形的不同之处在于，LT情形包括水煤气转化反应和蒸气甲烷重整，循环物流中含有大量的甲烷和乙烯。

从合成气净化工段出来的合成气压缩至 F-T 合成所需的 2.5MPa，加热到 200℃通过氧化锌/活性炭固定床吸附剂。氧化锌吸附剂有可能把硫除到 50ng/g。除了硫，卤化物也被除去了。

甲烷、氮气、和二氧化碳是 F-T 合成的惰性气。LT 情形中，合成气要加热到 870℃通过镍催化的重整器减少甲烷、乙烯和乙烷的含量。HT 情形中，不需要甲烷重整器。LT 情形还需要水煤气变换反应增加 H_2 : CO 的比。

为了有过剩的氢用于后续的加氢处理工段，合成气经过水煤气变换反应后 H_2 : CO 比稍高于 2.1，小部分的合成气直接进入 PSA 装置生产纯氢后，与大部分的合成气一起进入 F-T 合成反应器。

合成气在 F-T 合成反应器中 200℃，25bar 下用钴催化剂反应，一氧化碳单程转化率为 40%，产品分布服从 ASF 分布，α 为 0.9，F-T 产品中，蜡产率为 30%。反应产物气液分离后，未转化的合成气分为四部分：直接进 F-T 合成反应器，循环到酸性气体脱除单元，引入气化部分的燃烧器(仅在 HT 情形)，进入气体透平发电。由于合成气循环使用，CO 转化率为 66%，循环比为 1.95。

(5) 加氢处理：燃料合成工段生产的 F-T 合成产品中含有大量的高分子蜡。这些高分子蜡需要加氢裂解变为低分子量的烃。加氢处理工段包括蜡的加氢裂化和后续分馏为石脑油、柴油、小分子量的烃。氢需要循环使用，甲烷和丙烷分离后用于气体透平产生电力。

(6) 生产电力：气体透平和蒸气透平用于生产工厂所需的电力，过剩的电力可以对外输出。F-T 合成未转化的合成气和加氢处理工段的燃料气在气体透平中燃烧，产生热的烟道气和轴功。热的烟道气与水热交换回收热产生蒸气推动蒸气透平工作，产生更多的轴功。气体透平和蒸气透平通过轴功产生电力。

(7) 空气分离：高温气化工艺和低温气化工艺都需要用 95%的纯氧，用低温空气分离装置自制氧而不是外购氧。两个低温氧/氮柱分离系统用于氧的压缩和氮的排放。空气通过与放空的氮气进行换热预冷。这部分需要大量的电力，通过电力产生工段提供。

2. 生物质与煤共同气化路线

介绍一个最大程度生产柴油的流程[4](共产品如电力最小)，温室气体 GHG 排放包括无 CCS(Carbon Capture and Storage 二氧化碳捕集和储存)过程，CO_2 直接排放；简单 CCS 过程(CO_2 捕集率大于 91%)；增强 CCS 过程(CCS+ATR(Auto-Thermal Reformer 自热重整)，CO_2 捕集率大于 95%)。图 4-4 是包含增强 CCS 过程的 CBTL 工厂简化流程图。具体流程介绍如下：

(1) 原料的预处理和干燥。煤和生物质进气化炉之前分别进行干燥和碾磨减少粒径，干燥至湿含量为 5%，生物质加入量小于 30%。

(2) 气化。选用吹氧带出式气化炉进行煤和生物质的气化，这种高温气化炉中煤和生物质共气化时，不产生焦油，只产生很少量的 CH_4。带出式气化炉是熔渣排出式气化炉，出口气体直接用水急冷喷洒，急冷除去不被熔渣排出的颗粒物和污染物。

(3) 空分制氧。用于气化的氧用传统的低温分离空气 ASU(Air Separation Unit)方法制备，氧纯度 95%。

(4) 气体冷却、水煤气转化、羰基硫水解、汞的脱除。气化炉出来的合成气急冷后分为两股。一股进入水煤气变换 WGS(water-gas-shift)反应器，水与合成气反应产生附加的 H_2，

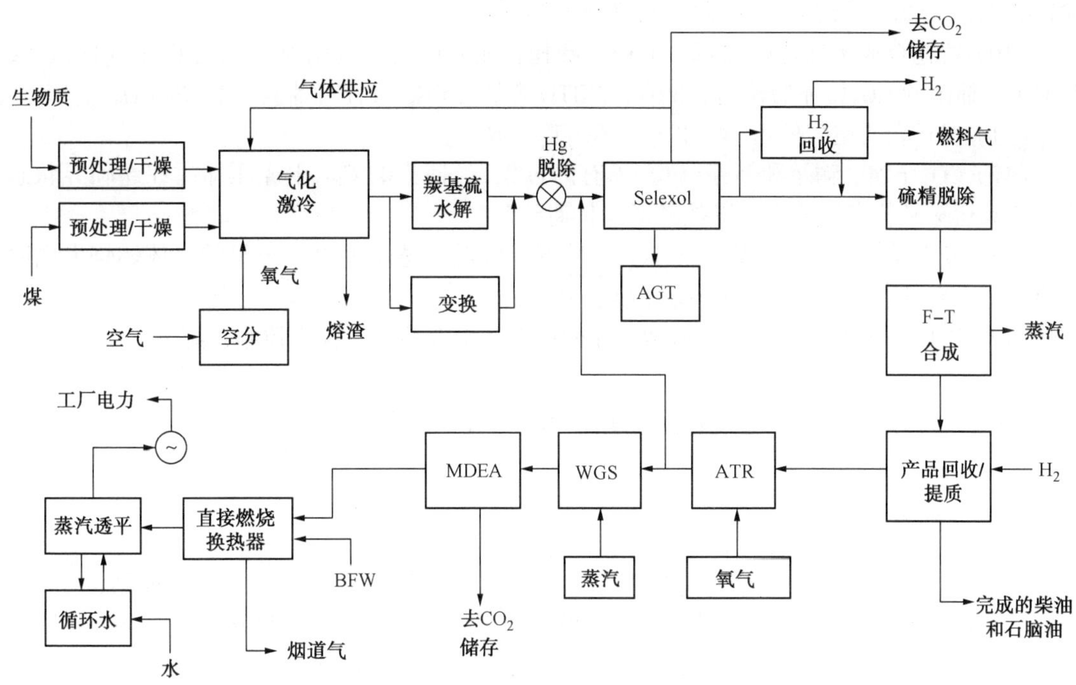

图 4-4　包含增强 CCS 过程的 CBTL 工厂简化流程

H_2用于 F-T 合成反应器和后续产品的加氢提质。另一股合成气送入羰基硫(COS)水解单元，COS 水解为H_2S，H_2S可以被下游的酸性气脱除(AGR)单元除去(COS 也可被 WGS 反应器水解)。两股物流合并冷却后通过活性炭过滤除去汞。冷却后的气体送入两阶段 Selexol 装置除去H_2S和CO_2。

(5) 酸性气体脱除。用 Selexol 工艺脱除H_2S和CO_2。选择性吸附产生的H_2S可以送入酸性气体处理(AGT)装置回收元素硫。有 CCS 的情况下，CO_2送去干燥和压缩；否则，CO_2直接放空排入大气。

(6) 硫精脱除。通过 Selexol 单元出来的合成气仍含有 1~2μL/LH_2S。这对于 F-T 合成的铁催化剂敏感的硫含量来说仍然太高。需要用氧化锌精制反应器除去多余的硫，氧化锌反应器可脱除H_2S到小于 0.03μL/L。

(7) 氢的回收。一部分脱除酸性气体的合成气进入氢回收单元，回收的H_2用于 F-T 产品的加氢处理和加氢裂化。通过膜分离和变压吸附 PSA 的方法回收氢。

(8) 费托合成。精脱硫后的合成气从底部进入浆态床 F-T 合成反应器进行 F-T 合成反应。操作温度 182~249℃。铁催化剂，单程转化率可高达 80%。除了 F-T 合成反应，在铁催化下，还发生水煤气变换反应，会增加合成气的H_2：CO 比。F-T 合成反应器的直接产物包括：①含CO_2、未反应的H_2和 CO、轻烃气体(C_4以下)的尾气；②中等长度的液体烃；③长链的蜡。尾气进一步处理前分成循环用物流和燃烧用物流。液体和蜡送入产品回收提质单元加氢处理和加氢裂化生产石脑油和柴油，所需H_2由H_2回收单元提供。

(9) 费托合成尾气处理(增强型 CCS)。费托合成后尾气采用自热式重整(ATR)和水煤气变换反应，增加CO_2的捕获水平，用甲基二乙醇胺(MDEA)吸收CO_2。捕集的CO_2压缩后输运和储存。CBTL 增强型 CCS 过程可捕获>95%的 CO_2。

（10）费托合成尾气处理（简单 CCS）。费托合成后尾气直接用甲基二乙醇胺（MDEA）吸收 CO_2。捕集的 CO_2压缩后输运和储存。CBTL 简单的 CCS 过程可捕获>91%的 CO_2。

（11）费托合成尾气处理（无 CCS）。CO_2直接放空。

（12）CO_2压缩、输运和储存（CCS 才有的过程）。捕集的 CO_2干燥压缩后在超临界状态下长距离运输到特定的地点，以盐的形式长期储存。

（13）发电单元。尾气燃烧产生蒸汽，蒸汽推动蒸汽透平发电。充足的气体燃烧发电除满足工厂需要外，还可有少量的外输（小于 10%）。

（14）工厂平衡单元。包括原料和产品的储存、水电系统、仪表控制系统。

第三节　催　化　剂

一、概述

费托合成催化剂的组分通常包括活性金属（Ⅷ族过渡金属）、氧化物载体或结构助剂（SiO_2、Al_2O_3、稀土氧化物等）、化学助剂（碱金属氧化物、稀土金属氧化物等）及贵金属助剂（Ru、Re 等）。目前，已经用于大规模生产的费托合成催化剂包括铁基催化剂和钴基催化剂。无论是费托合成铁基还是钴基催化剂，都必须经过还原活化后才具有费托合成活性。

铁基催化剂按照使用温度分为低温催化剂和高温催化剂，制备方法主要有沉淀法和熔融法。活性促进剂是铁基催化剂必不可少的组成部分，首选碱金属（K_2O）元素作为助催化剂成分，同时添加还原助剂（CuO）降低还原温度，提高催化剂的还原度。SiO_2或 Al_2O_3等结构助剂也是沉淀型低温催化剂有机组成部分，可以稳定催化剂的比表面积和孔容，增加抗烧结性能，提高催化剂的机械强度。结构助剂也有利于增加熔融法高温催化剂的比表面积，提高催化剂的活性。由于钴本身具有较强的加氢活性，并不需要活性促进剂，碱金属 K_2O 反而对钴基催化剂还原不利。钴金属价格昂贵，主要采用浸渍法制备钴催化剂，添加助剂的主要目的是为了提高金属 Co 分散度和还原性能。钴基催化剂助剂可分为贵金属助剂和氧化物助剂两类。贵金属助剂（Ru、Pt、Re）的主要作用是促进钴分散、降低钴物种的还原温度，或与钴形成双金属效应。虽然 CuO 能够增加钴基催化剂还原速率，降低还原温度，但是 CuO 的存在能加速催化剂失活速率，因此，钴基催化剂并不使用 CuO 作为还原助剂。氧化物助剂（ZrO_2、CeO_2）的作用是控制钴与载体间的强相互作用、抑制烧结等。钴基催化剂载体通常选 SiO_2或 Al_2O_3，也可选用活性炭作为载体。

一般认为铁基催化剂中的活性相为碳化铁，而钴基催化剂的活性相为金属钴。由于羰基钴易挥发，造成金属钴的流失，这也是钴基催化剂通常用 H_2而不用 CO 还原的主要原因。铁基催化剂可以很容易地使用 H_2、CO 或合成气还原活化，同时铁基催化剂的活性、选择性及稳定性也受还原气氛影响较明显。还原后铁基催化剂的形态不尽相同，H_2还原最后得到磁铁矿和 α-Fe 混合相，使用 CO 或合成气还原最后得到磁铁矿和碳化铁的混合相。钴基催化剂经 H_2还原后唯一存在的形态是金属钴。

二、催化剂的开发方向

尽管钴和铁催化剂已成功用于费托合成工业生产，由于技术的进步，催化剂仍处于不断改进和完善过程中。催化剂活性组分前驱体的结构与种类，载体的结构和种类，助剂的种类和加入方法，以及催化剂的制备方法和技术始终是催化剂研究的核心内容。F-T 合成的烃产物大多遵从典型的 ASF 分布规律，产物分布宽，单一产物的选择性低。研究开发费托合成的目标是提高合成效率，抑制甲烷等副产物的生成，尽可能地将烃产物集中于某一馏分。因此，减少甲烷生成、选择性地合成目标烃类（液体燃料、重质烃或烯烃等）以及研究开发拓宽 ASF 分布规律的催化剂始终是 F-T 合成的研究方向。费托合成反应的关键问题是如何通过设计和研制催化剂以达到调控产物选择性的目的。目前的工业过程多是通过首先从合成气制得蜡状高碳烃，而后经由催化裂解的两步法制液体燃料。如果能将合成气高选择性地一步转化为汽油、柴油或航空煤油等高品位液体燃料将使费托合成过程更具竞争力。另一方面，由费托合成反应直接制烯烃或芳烃等高附加值化工原料的过程同样具有极高的竞争力。

三、铁催化剂和钴催化剂的比较

（1）铁催化剂特性

① 适用于低“H_2/CO 比”的煤基合成气；

② 铁剂具有水煤气变换活性；

③ 典型铁催化剂的助剂为铜，可以改善铁的还原速率；

④ 铁催化剂的稳定性比钴催化剂差，容易失活；

⑤ 铁剂不能再生，需要经常更换；

⑥ 铁催化剂对于合成气的组成、硫和氨的含量均有较强的耐受性。

（2）钴催化剂的特性

① 钴剂的使用寿命比铁剂长，但生产成本高；

② 低分子烷烃的产率高于铁剂；

③ 钴催化剂适用于 $H_2/CO=2:1$ 的合成气，适用于以天然气为原料的合成气；

④ 钴催化剂的水煤气变换活性较低，碳转化为 CO_2 的损失较少；

⑤ 钴催化剂对硫化物毒性的耐受能力不如铁催化剂，而且失活后不能恢复。

钴基催化剂和铁基催化剂基本性能比较见表 4-5。

表 4-5　钴基催化剂和铁基催化剂基本性能比较

项　目	钴基催化剂	铁基催化剂
单程转化率/%	60~70	60~70
产品选择性/%（摩尔分数）		
C_5^+		>93
C_3^+		>96
CH_4	>5	<3
含氧化合物	1	水相 <3
CO 变换副反应	很少，CO/H_2 比率 1.8~1.9	较多，CO/H_2 比率 1.3~1.6
使用寿命（按单位催化剂生产油品计算）/（t/t）		500~1000
抗毒性	容易被硫化合物中毒，一般合成气硫含量控制在 5μg/g 以内，并设保护反应器	抗硫能力较强，一般合成气硫含量控制在 1μg/g 以内，不需保护反应器

第四节 反 应 器

一、概述

反应器是工艺装置的核心。反应器有多种类型，必须和所用催化剂相匹配。合成油技术的研究开发与产业化过程中，曾经试用过不同内部结构的反应器，取得丰富的经验。随着技术创新，往往在不长的时间内实现了型式的更新。表4-6中列举了合成技术产业化进程中所应用的多种反应器的特点。不难看出，琳琅满目的各种F-T合成反应器集合了炼油工业、石油化学工业和煤化学工业技术的大成。

表4-6 产业化应用的合成反应器特点

项 目	固定床反应器		
	德国早期低压	德国早期中压	南非早期ARGE型
应用时期	1936~1945	1938~1945	1955~现在
工厂数目	6	4	1
总产能/(kt/a)	约360	约220	约120
催化剂装填方式	<7mm薄层	<10mm套管	<46mm列管
反应温度/℃	180~195	180~215	220~260
反应压力/MPa(a)	0.3	9~11	2.7~4.5
反应器直径/m	2.5×1.5方型	约3	
管直径/mm	28/34水平	25/47垂直	50垂直
管长/m	5	4.5	12
单台管数目/根	630	2044	2050
单台催化剂装量/m^3	10.2钴基	10.2钴基	40铁基
单台油品产能/(m^3/d)	4.8	4.8	80
油品时空产率/[m^3/(m^3·d)]	0.47	0.47	2.0
单台催化剂取热面积/m^2	370		约4000
项 目	固定床反应器改进ARGE型		
应用时期	1993~现在	2010~现在	
工厂数目	1	1	
总产能/(kt/a)	约400	约5000	
单台油品产能/(m^3/d)	约480	约1250	
反应温度/℃	200~230		
反应压力/MPa(a)	3		
反应器直径/m	约7		
反应器高/m		20	
管直径/mm		25	
管长/m		12	
单台管数目/根		29000	

续表

项　　目	固定床反应器		
	德国早期低压	德国早期中压	南非早期 ARGE 型
项　　目	浆态床反应器		
工厂数目	1 卡塔尔 Oryx	1 中国银川建设中	1 中国榆林建设中
总产能/(kt/a)	约 70	400	100
单台油品产能/(m^3/d)	约 35	50	50
反应器直径/m	约 10	约 10	约 10
催化剂类型	钴剂	铁剂	铁剂
项　　目	流化床反应器 (用于高温 F-T 合成)		
工厂数目	1 南非 Sasol Ⅱ 1989～1999	1 南非 Sasol Ⅱ 1999～现在	
总产能/(kt/a)	约 200	约 650	
单台油品产能/(m^3/d)	约 15	45 和 80	
反应器直径/m	约 5	8.0，10.7	
催化剂类型	铁剂，50～200μm	铁剂，50～200μm	
反应温度/℃	320～350	320～350	
反应压力/MPa(a)	2.5	2.5	

公开发表的工业应用的浆态床工艺数据很少，下表数据仅供参考。

表 4-7　F-T 合成浆态床反应器产业化工艺数据

项　　目	数据	项　　目	数据	项　　目	数据
净化合成气/(Nm^3/h)	809100	副产品 CO_2/(Nm^3/h)	44670	精制提质后石脑油/(t/h)	27.6
$CO+H_2$有效组分/(Nm^3/h)	791300	副产品 CH_4/(Nm^3/h)	10025	精制提质后柴油及蜡/(t/h)	109.0
合成油/(t/h)	143.8	净化气 H_2/CO 比值	1.62	精制提质后液化油气/(t/h)	4.4
反应水/(t/h)	173.7	CH_4选择性/%	约 5.8		

注：本表参考国内某建设项目资料选录(采用一系列两台大型浆态床反应器)。

二、反应器的研究开发

反应器的研发过程包括反应工程的基础研究：

(1) 化学动力学研究应密切结合催化剂的研究进行，F-T 合成反应机理的复杂性和中间物种的多样性给研究工作带来极大困难。不同作者推荐的动力学模型主要有两类，一是基于 CO 或 $CO+H_2$消耗速率的模型，另一类是基于产物烃生成速率的模型，此外对于铁基催化剂还应研究同时进行的水煤气变换(WGS)反应速率的模型。文献[5]归纳了从众多模型推导的动力学方程式，可供参阅。

（2）质量传递工程研究需结合催化剂颗粒外部的传递条件和颗粒内部的扩散条件进行。固定床颗粒尺寸大，内部扩散是控制因素；流化床和浆态床的颗粒大小也不同，气流接触方式也随气泡相向乳化相的传递条件有所差异。因此在达到规定转化率的前提下，不同的床层气体分率与截面平均气速决定了单位催化剂装量和单位床体积的加工能力。

（3）热量传递工程研究：F-T 的反应热量很大，铁催化剂还附加份量可观的 CO 变换反应，增加了单位体积的放热量。要使用冷却水汽化的方式从床层移去热量，由于允许温差很小，移热管束面积较大。兼顾浆态床的气流分布与取热管束的布置是工程设计的难题。

（4）设备工程设计：大型化的反应器直径约 10m，板材的选择和分片焊接、组装、热处理和吊装均需精心安排。反应器内部结构，如气体分布器、卸出高浓度催化剂重油产品的器内过滤器等内件设计均需独到的专利和技巧。

三、反应器型式的比较

从前述的反应工程理论出发，结合反应器的具体设计，可以进行不同型式的初步对比。

De Swart 等[6]以生产柴油 5000t/d 的 F-T 装置三类反应器为例，其一是滴流床，合成气和循环液体烃从上到下同向流动，气相属平推流，流速 0.2m/s。由于颗粒直径较大(2mm)，气相传递阻力小于颗粒内部传递阻力。床层传热不良，非等温床层使反应器入口处温升大，容易形成“热点”，为保持反应选择性和催化剂活性，一个反应器最大温升要控制在 15℃。其二是全部在乳化相操作的浆态床，气速维持 0.01 m/s，如图 4-5(a)所示，悬浮在液相的催化剂(颗粒直径 0.05mm)只和上行平推流微小气泡接触。其三是在湍流相操作的浆态床，进入浆态床的气体分为两路，一路形成乳化相(密相)的微小气泡，另一路是数量较多的过剩气体，以大气泡形式穿过床层，形成稀相。两相混合成为湍动床，见图 4-5(b)。气速改变湍动床的气含率和床密度，适当的气速使化学动力学速度和传递速率最佳结合，实现单位床体积最大的生产能力。

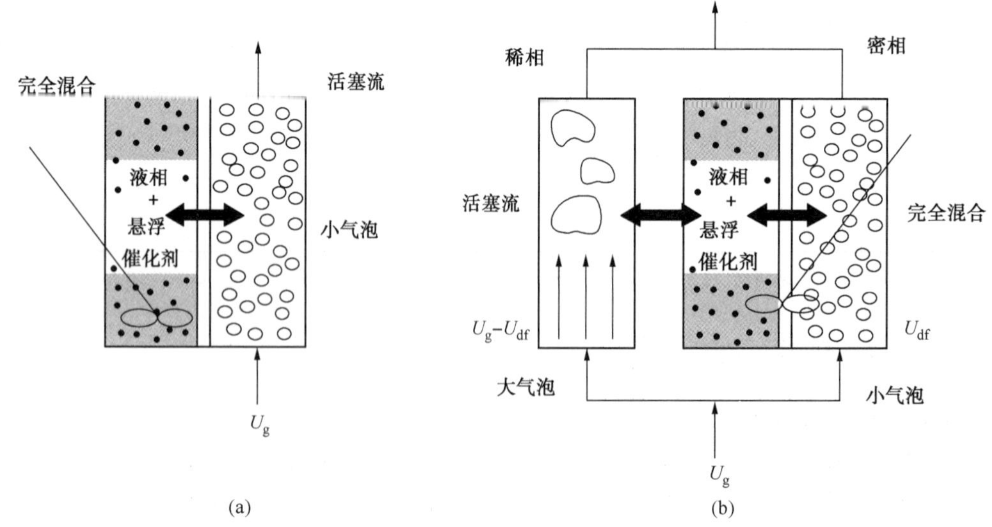

图 4-5　浆态床的流体动力学模型

(a)乳化相操作；(b)湍流相操作

De Swart 等[6]把三种床型对比列表，证明了单个反应器重量不超过 900t 的前提下，湍动床反应器是优异的选择，表 4-8 选录对比的若干数据。

表 4-8 滴流床和浆态床反应器模拟计算结果

项　目	滴 流 床		浆 态 床		
			乳相	湍动相	湍动相
反应器分段	并联	串联	单段	并联	串联
每段数目/个	7	3	17	3	1
直径/ m	6.2	5.8	11	7.8	7.6
高度/m	20	20	7	30	30
截面平均气速/(m/s)	0.18	0.23	0.01	0.14	0.27
氢转化率/%	73	66	92	78	61
总转化率/%	91		92	91	
单个反应器柴油产能/(t/d)	570	332	293	1415	747
总体积/m^3	5717		10912	5657	
总有效体积/m^3	2941		10304	5304	
总柴油产能/(t/d)	4983		4983	4992	

早在 1990 年前，美国能源部就委托 Bechtel 集团公司进行浆态床反应器设计探讨，于 1990 年提出了最终报告。基于反应工程理论，结合具体条件，按 20000 桶/d 的产能，对浆态床和固定床两种型式作了反应工程计算，得出浆态床优于固定床的有关数据[7]。现选若干数据对比列于表 4-9。

表 4-9 浆态床反应器和固定床反应器主要参数比较

参　数	浆态床反应器	固定床反应器	两者对比
设 备 尺 寸			
直径/m	4.8	4.8	相同
切线高度/m	12.0	12.65	基本相同
截面积/m^2	18.1	18.1	相同
管外径/mm	38.1	38.1	相同
管内径/mm	34.0	34.0	相同
管数/根	2571	9602	固比浆多
管总外表面积/m^2	3538.2	15586	固比浆多
反应器净截面积/m^2	15.2	8.74	
反应器体积/m^3	186.3	110.3	
工 艺 参 数			
反应温度/℃	257	225	相同
反应压力/MPa	2.87	2.87	相同
浆液浓度/%(摩尔分数)	35		
气含率/%	24.08		

续表

参数	浆态床反应器	固定床反应器	两者对比
工艺参数			
液体密度/(kg/m^3)	675		
颗粒密度/(kg/m^3)	3000		
浆液密度/(kg/m^3)	926.2		
催化剂含量/(kg/m^3)	246.1		
催化剂总重/kg	45840	93748	固比浆多
新鲜合成气量/(kg mol/h)	3914.4	2825.9	固比浆少
循环比	0.2644	2.238	固比浆多
总合成气量/(m^3/h)	4949.4	9432.9	
总合成气量/(Nm^3/h)	110935	211428	
总合成气相对分子质量	20.47	14.01	
反应器排气相对分子质量	37.64	17.04	
合成气单程转化率/%	80	36.89	固比浆少
反应器进口表观流速/(m/s)	0.139	0.530	
气体空速/[Nm^3/(h·kg 催化剂)]	2.42	2.26	
合成气质量速度/[kg/(h·m^2)]	101313	15127	固比浆少
烃产率/(kg/d)	403.4	294.6	固比浆少
烃空时产率/[kg/(h·m^3)]	90	111	
烃空时产率/[kg/(h·kg 催化剂)]	0.367	0.131	固比浆少
热负荷/kW	66.9	38.2	固比浆少
热流强度/(kW/m^2)	18.912	2.74(按管内面积)	固比浆少

虽然浆态床型式已经广泛应用，但对于小规模生产装置不很适合，于是提出了开发微通道新型反应器设想[8]。

四、微通道新型反应器设想

以煤或天然气为原料，可以大规模地生产费托合成油，生产厂的规模可以达到18000~140000桶/d。在南非30%的汽油和柴油来自于CTL，卡塔尔的GTL工厂的生产规模可以达到140000桶/d。任何的碳源都能生产合成气，理论上生物质也能用费托合成的方法生产生物油(BTL)。

生物质用费托合成方法生产生物油需要解决许多问题。由于生物质的高度分散性，长途运输不经济，BTL工厂的生产规模较小，一般为200~2000桶/d，而GTL工厂的规模却大到30000~140000桶/d。

现有的传统技术合成油厂规模减小不容易。经济方面，规模大的比规模小的效益好；技术方面，传统的固定床反应器和浆态床反应器规模都不能有效减小。

固定床反应器需要通过多管和壳换热，催化剂为柱状颗粒，管的直径需要2.5~5cm，整体反应器尺寸较大，由于受到传热的限制，反应器尺寸不能太小。

浆态床反应器可以高 60m，直径 4~10m，重 2000t，催化剂为小颗粒(约 50 μm)，悬浮在液体蜡中，反应热可以有效移除。液体膜包围在催化剂周围，反应物(H_2和 CO)不能很快到达催化剂表面，由于受传质的限制，反应器的尺寸不能太小。

由于固定床反应器和浆态床反应器受到传热或传质方面的限制，内部结构复杂，反应器尺寸较大，工厂规模一般为 10~50 万 t/a。对于每年数万吨以下的小规模 BTL 工厂，需要开发新的小型反应器。

建立 BTL 工厂需要找到强化 BTL 过程的方法，这包括新型的反应器和新改进的 F-T 催化剂。微通道反应器结合有效优化的 F-T 催化剂就是一种全新的方法。

微通道反应器的优点是减少传热和传质过程的限制，增加反应速率。减少反应器系统尺寸的关键是采用并行排列的微通道，每个通道的典型尺寸是 0.1~5mm，一个反应器模块包含数百个微通道，一个典型的微通道反应器模块直径仅 0.6m。图 4-6 是微通道反应器模型。

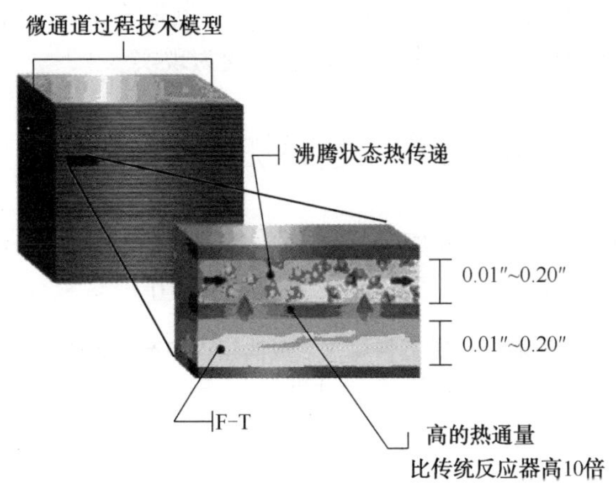

图 4-6　微通道反应器模型

微通道反应器能够有效和精确地控制温度，从而导致高产率和高转化率。微通道反应器单程转化率可以达到 70%，传统的反应器单程转化率只有 50%。微通道反应器产率，定义为每吨反应器每天生产油的桶数[桶/(d·t)]，远高于传统的反应器。如 Velocys's 微通道 F-T反应器的产量是 360 桶/d，产率是 12 桶/(d·t)。相比 Shell's Bintulu 和 Pearl GTL FT 反应器在马来西亚的产量是 3500~6000 桶/d，反应器产率是 3~5 桶/(d·t)。

微通道反应器高产率的另一个关键因素是 F-T 催化剂的设计，为了提高微通道反应器的转化速率，F-T 催化剂的活性必须足够高。催化剂的活性与催化剂的表面积有关，也就是与催化剂的结晶尺寸有关，催化剂的活性和稳定性之间要达到一个很好的平衡。如果结晶尺寸太大，催化剂的活性以及转化速率将减少；如果结晶尺寸太小，催化剂变得不稳定。催化剂的结晶尺寸既不能太大又不能太小，必须适中。

催化剂的制备具有很强的技艺性，最新开发了一种生产催化剂的方法用于微通道反应器，使得生产的 F-T 催化剂与传统的 F-T 催化剂相比具有高得多的活性和稳定性。用标准的催化剂制备方法如：机械研磨、浸渍、溶胶-凝胶或共沉积方法不能得到优化的结晶尺寸。新的催化剂制备方法是有机母体燃烧(organic matrix combustion，OMX)方法。OMX 技术使得生产的催化剂具有很高的金属填充量并保持小的结晶尺寸。OMX 方法中，金属盐和一种有机组分结合起来形成复合物有效的稳定金属。煅烧过程中，燃烧发生时，确定性的结晶尺寸非常小。由于煅烧过程非常快，金属结晶没有时间长大，从而保持了催化反应的理想尺寸。

OMX 催化剂制备技术用于微通道反应器的效果：据 2008 年美国的 Ohio 报道，一个每天生产 2 加仑油的微通道反应器用新催化剂操作了 4000h，产率超过了 1500 kg/(m^3・h)(每立方米催化剂每小时生产的产品数量)，大大超过典型的固定床反应器的产率 100kg/(m^3・h)或浆态床的产率 200 kg/(m^3・h)。

催化剂面临的另一个挑战是要减少或消除贵金属促进剂。现在的 F-T 反应催化剂是钴催化剂，两个重要的贵金属促进剂是钌和铑。已经进行了大量的工作以减少促进剂的使用，但还有很大的改进空间。

小规模经济环保的生产 F-T 生物燃料需要面临许多新的挑战，一些专家认为新的生物燃料在实现工业化生产之前需要经过 5~10 年的时间。随着新的反应器和活性更优化的 F-T 催化剂的开发，经济环保地生产生物燃料将会很快变为现实。

第五节　合成油品加工

合成反应器出口的物料经冷却分离后成为轻质馏分油、重质馏分油和合成蜡三种初级产品，其组成和产率随反应工况而异，某技术数据见表 4-10。

表 4-10　铁基催化剂合成油组成和产率数据

项　　目	数　　值	项　　目	数　　值
轻质馏分油		重质馏分油	
产率/%	32.9	产率/%	14.7
密度(20℃)/(g/mL)	0.7422	密度(20℃)/(g/mL)	
馏程/℃		馏程/℃	
10%	81	10%	284
50%	202	50%	365
90%	305	90%	449
干点	433	干点	669
溴价/(gBr/100mL)	16.8	凝点/℃	41
烯烃含量/%	59.3	烯烃含量/ %	33.8
酸度/(mgKOH/100mL)	90.5	酸度/(mgKOH/100mL)	0.14
铁含量/(μg/g)		铁含量/(μg/g)	5
氧化物含量/%	4.4	合成蜡	
		产率/%	52.4
		烯烃含量/%	6.8
		铁含量/(μg/g)	5

一、生产常规油品

常规油品加工方案是将各初级产品混合，通过加氢精制脱除氧化物、铁，降低烯烃含量。然后经分馏得出石脑油和柴油，塔底重油通过加氢裂化转化为以柴油为主的轻质油品。加氢裂化有异构化作用，能适当降低柴油的凝点。柴油如需要更低凝点，或者要生产喷气燃料，则应增加一套异构降凝装置，使用专门的催化剂。

常规油品加工方案的加氢数据随所用催化剂的性能而异，表 4-11 所列数据仅供参考。

表 4-11　加氢精制和加氢裂化数据

项　　目	数　　值	项　　目	数　　值
加氢精制		加氢裂化	
工艺数据			
反应器入口压力/MPa	8.0	反应器入口压力/MPa	8.0
反应器平均温度/℃	220~270	反应器平均温度/℃	355~385
氢油体积比	350	氢油体积比	700
总体积空速/h^{-1}	2.0	总体积空速/h^{-1}	2.0
化学氢耗/%	0.4	化学氢耗/%	0.4
C_5^+产品分布/%		重油单程转化率/%	60
石脑油	6.4		
轻柴油	22.4		
重柴油	7.8		
精制尾油	63.4		
工程数据(F-T 工厂 4Mt/a)			
系列数	2	系列数	2
反应器直径/m	4.4	反应器直径/m	
催化剂装填层数	3	催化剂装填层数	4
催化剂装填体积和质量(含脱金属剂，不含瓷球)	$160m^3$/96t	催化剂装填体积和质量(含脱金属剂，不含瓷球)	$191m^3$/145t
反应器压降(EOR)/kPa	480	反应器压降(EOR)/kPa	

二、生产高档润滑油品和精细化工产品

F-T 合成油的组成以正构烷烃为主，轻质油适合生产低芳烃溶剂油和液体石蜡(进一步生产合成洗涤剂)，重质油适合生产多种牌号石蜡，经过异构脱蜡后还可生产多种牌号的高档润滑油。因此对于大规模的合成油厂，规划中应考虑生产以上产品。建设初期可为以后的产品预留改造的可能性。

现将以上产品的最大潜在含量列于表 4-12。

表 4-12　高档润滑油品和精细化工产品的潜在含量

类　别	产品名称	潜在含量/%
α 烯烃		2.1
溶剂油	1#低芳溶剂油(正构烷烃类)	1.2
	3#低芳溶剂油(正构烷烃类)	7.7
	3#低芳溶剂油(异构烷烃类)	0.6
	金属切削溶剂油	1.3
液体石蜡	轻液体石蜡	2.5
	重液体石蜡	10.5
硬蜡	85#蜡	1.8
	95#蜡	0.9
	110#蜡	0.6
润滑油	2#润滑油基础油(白油)	7.9
	4#润滑油基础油	15.2
	6#润滑油基础油	5.7

三、少产液化石油气和石脑油产品

有些合成油厂所在地区液化石油气市场很小，对于油洗回收的液化石油气中的丙烯、丁烯可用先进的叠合工艺(如德国南方化学的 COD 工艺)，将烯烃转化为汽油或柴油组分。同样石脑油中的烯烃也能叠合成为柴油组分。石脑油的链烷烃经过催化改质(芳构化)可转化为高辛烷值汽油，C_5、C_6正构烷烃经异构化也可成为汽油组分，这样能解决石脑油市场被大用户制约，煤制油厂不具备议价能力问题。

第六节　合成油技术经济

一、前言

迄今国内外生物基合成油只在起步阶段，国内外均未达到产业化规模，煤基合成油刚完成产业示范，有关经济指标来自不同部门的研究报告和作者们的文章，代表性不强。本书尽可能全面引用相关资料，并作出分析。本书参考的基础资料主要包括美国能源部组织的多个实验室(国家能源技术实验室、西北太平洋国家实验室、可再生能源实验室)出版的技术经济评估报告、德国能源署的报告、作者们的文章及会议文献。

本书按技术条理性将生物质气化单列一章，而合成油与合成醇各自成章；而实际的工厂却是以生物质为原料，合成油或合成醇为产品。生物质气化制备合成气的技术经济指标估算已在第三章第五节介绍，又在第三章第六节进一步讨论。本章也用类似方式，首先将从生物质原料到合成油产品的完整工厂作一分析，然后剖析合成油生产部分的技术经济指标。BTL工厂的“气头”部分的经济指标可参照第三章和第五章的相应内容，而“油尾”部分的经济指标“先综合后分解”就可以得到。

二、合成油工厂投资

在讨论 BTL 工厂指标之前，首先将技术已经基本成熟的 CTL 工厂和完全成熟的 GTL 工厂相应指标做为参照资料。CTL 工厂和 CBTL 工厂有很多相似或相同之处，煤和生物质共同气化可使用同一气化炉型，产能接近，合成气组成接近，只在原料制备和预处理工序分开进行，总投资出入不大。CTL 工厂投资估算见表 4-13，其中国内资料来自建设中项目的科研报告，精确度高于国外资料。

表 4-13　CTL 工厂投资估算表

项　　目	文献[9]	文献[10]	文献[11]	文献[12]	中国某拟引进项目	中国技术某建设项目
加工能力/(桶/d)	50000		50000		约 100000	约 100000
配套 CCS	无	有	有	有	无	无
配套 ATR	无	有	无	无	有	有
投资额/亿美元	45.28	60.50	48.78		570 亿元人民币	550 亿元人民币
合成气生产	22.73		31.35		235 亿元人民币	215 亿元人民币
合成油生产	7.05		8.69		74 亿元人民币	90 亿元人民币
公用工程	6.72		8.75		97 亿元人民币	120 亿元人民币
合成气投资在工艺装置中占比/%	0.76		0.78		76	71
合成油投资在工艺装置中占比/%	24		22		24	29
单位产能投资/[美元/(桶/d)]	90574	121000	97568	98900	14000 元人民币/(t/a)	13700 元人民币/(t/a)

单一的 BTL 工厂，由于气化炉产能低，粗气中焦油含量高，使净化工序复杂，投资相应增加。表 4-14 所列数据均系年产能 160～200kt 小厂，单位投资较高。CBTL 工厂投资见表 4-15。

Boerrigter 文章[13]中提出参照 GTL 工厂的投资增大 60%，但单一 BTL 工厂比 GTL 工厂低一个数量级，还应另考虑规模系数，误差增大。因此 BTL 工厂的“气头”部分的经济指标可参照第三章和第五章的相应内容，而“油尾”部分的经济指标则参照表 4-14 的数据加以组合。

从表 4-14 和表 4-15 看出“油尾”部分在全部工艺装置中所占投资份额在 22%～29%，大约占四分之一。其他投资按此比率估计，从合成气制合成油的工厂投资相对较少，按年产 1t 油品计算，约为 3000～3900 元人民币。

表 4-14　BTL 工厂投资估算表

项　　目	文献[10]	文献[11]	文献[12]	文献[14]	文献[3]
加工能力/(桶/d)	5000	4400	4410	500020kt/a	
配套 CCS	有		有	无	
配套 ATR	有				
投资额/亿美元	12.70	6.36		4.0 亿~5.0 亿欧元	
合成气生产		4.31			
合成油生产		1.52			
公用工程		0.69			
合成气投资在工艺装置中占比/%		74			75
合成油投资在工艺装置中占比/%		26			25
单位产能投资/[美元/(桶/d)]	254000	144140	147000	2000~2500 欧元/(t/a)	

表 4-15　CBTL 工厂投资估算表

项　　目	文献[10]	文献[2]	文献[11]	文献[12]
加工能力/(桶/d)	30000，其中 BM 30%	11000，其中 BM 15%	10000，其中 BM 43%(HHV)	10000，其中 BM 3950t/d
配套 CCS	有			
投资额/亿美元	41.70			
合成气生产		4.29	8.96	
合成油生产		1.06	2.70	
公用工程			1.71	
合成气投资在工艺装置中占比/%		75	77	
合成油投资在工艺装置中占比/%		25	23	
单位产能投资/[美元/(桶/d)]	139000		131500	134000

三、合成油生产成本

迄今国内外生物基合成油只在起步阶段，煤基合成油刚完成产业示范，有关经济指标来自不同部门的研究报告和作者们的文章，代表性不强。本书尽可能引用相关资料，并作出分析。如前所述，本书按技术条理性将生物质气化单列一章，而合成油与合成醇也各自成章；而实际的工厂却是以生物质为原料，合成油或合成醇为产品。对合成油的成本也只能“先综合后分解”。因文章所用参数和单位不一致，下面分别列表，见表 4-16 和表 4-17。

表 4-16 合成油出厂价格估算之一

项　　目	CTL	BTL	CBTL
是否有 CCS	有	有	有
油品平均出厂价格[美元/GJ(LHV)]	13.71	27.66	21.01
柴油出厂价格/(美元/gge＊)	1.6	3.3	2.5
相当原油市场价格/(美元/桶)	63	139	93
油品价格分项/[美元/GJ(LHV)]			
原料煤	4.14	0	2.34
原料生物质	0	11.88	5.24
投资发生财务费	8.53	12.65	11.52
操作和维修	2.21	3.28	2.99
副产品	-1.68	-1.45	-1.97
CO_2处理	0.49	1.29	0.89

注：资料摘录自文献[11]，原料煤单价 1.71 美元/GJ(HHV)，生物质单价 5.0 美元/GJ(HHV)，每年投资发生财务费为总投资额 15.41%，每年操作和维修费按总投资额 4%计算；＊按汽油加仑当量计算。

表 4-17 合成油出厂价格估算之二

项　　目	CTL	BTL	CBTL
是否有 CCS	有	有	有
工厂加工能力/(桶/d)	50000	5000	30000
年开工率/%	90	85	90
单位产能投资/[美元/(桶/d)]	113100	237000	138880
油品年出厂收入/(10^6美元/a)	665	183	528
柴油出厂价格/(美元/gdeq)①	2.46	6.95	3.46
相当原油市场价格/(美元/桶)	92	234	132
油品价格分项/(10^6美元 /a)			
原料煤	323	0	154
原料生物质	0	116	132
非燃料可变操作费	58	7	36
固定操作和维修费	280	62	206

注：资料摘录自文献[4]，原料煤单价 1.75 美元/GJ(HHV)，生物质单价 5.59 美元/GJ(HHV)。

① 按天然原油柴油当量计算(按热值合成柴油相当前者 0.91 倍)。

表 4-16 和表 4-17 在同一技术上相差很大，主要来自投资额和原料价格的差异。BTL 工厂规模小，相对单位投资大，如果生物质价格高，就会削弱其竞争力。文献[15]是来自德国能源署的报告，今后 BTL 生产成本的基准值，每升柴油约 0.90~1.05 欧元，乐观情景约 0.70~0.90 欧元，换算为每加仑柴油当量约 2.3~3.2 欧元。文献[11]指出 BTL 工厂规模从小到大，每升成本在 1.10~0.55 欧元之间变动。

四、技术经济指标的进一步估计

文献[3]细致地分析了两条热化学托 BTL 合成油路线(气流床高温气化和流化床低温气化),两项基本技术经济指标见表 4-18。

表 4-18　高温气化情景和低温气化情景合成油工厂技术经济指标估计

项　　目	高温气化情景		低温气化情景	
	工厂总投资/10^6美元	合成油出厂价格/(美元/gge)	工厂总投资/10^6美元	合成油出厂价格/(美元/gge)
第 n 座工厂	606	4.27	498	4.83
第一座工厂 乐观估计	1030	6.30	830	6.30
第一座工厂 悲观估计	2200	12.60	1740	11.50

以高温气化路线为例,该文献作者采用较稳妥的指标,得到对第 n 个产业化工厂的评估结果。现选择有关数据汇总于表 4-19。

表 4-19　BTL 工厂的技术经济评估指标

项　　目	指　　标	项　　目	指　　标
工厂规模		原料价格(干基)/(美元/t)	83
原料生物质(干基)/(t/d)	2000	自有资金/%	100
合成油产品/(加仑/a)	41.7×10^6	税后内部收益率/%	10
年开工率/%	85	财务费用占投资比率/%	17.6
总投资额/美元	606×10^6	年生产费用/(美元/a),其中	
设备安装投资/美元,其中	309×10^6	原料	51.3×10^6
合成气制造/%	48	水和蒸汽	5.0×10^6
合成油生产/%	27	油品加氢	4.4×10^6
公用设施/%	15	其他材料	2.9×10^6
其他工程/%	11	固定操作	14.4×10^6
单位产能投资/[美元/(桶/d)]	202000	副产品收益/(美元/a)	-5.6×10^6
		副产电力收益/(美元/a)	-11.2
合成油出厂价格/(美元/gge)①,其中	4.26	折旧/(美元/a)	26.3×10^6
原料	1.23	所得税/(美元/a)	21.9×10^6
折旧	0.63	投资回报/(美元/a)	58.2×10^6
所得税	0.52	工厂总热效率/%	52.7
投资回报	1.39		

① 折合汽油加仑热值当量计算。

五、灵敏度分析

表4-19反映了当前对BTL前景的不确定性，油品出厂价格中生物质原料约占30%，各项投资引起的财务费用高达50%以上，其他费用只有10%左右。由此粗略得出生物质原料价格如降低到55美元/t，油品价格约下降10%，投资额如降低20%，油品价格也下降10%，两者合并后，油品价格将在3.5美元/gge左右。日加工生物质2000 t的工厂相当于年10万吨级，比CTL工厂规模少一个数量级，即使增加到4500t/d，总投资约1100×10^{6}美元，折合单位产能投资202000美元/(桶/d)，此时预测油品价格3.6美元/gge，仍低于一般CTL工厂数据。其他参数对投资和价格的影响见图4-7和图4-8。

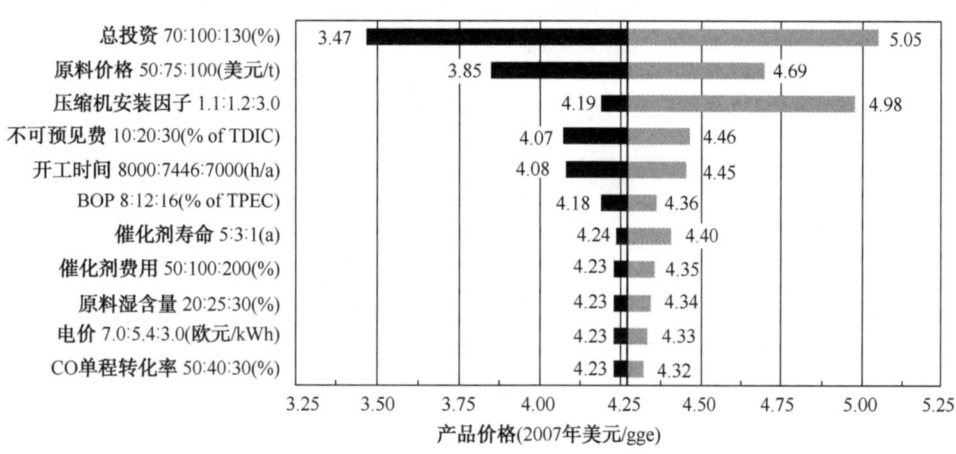

图4-7　高温气化情景第 *n* 座工厂灵敏度图

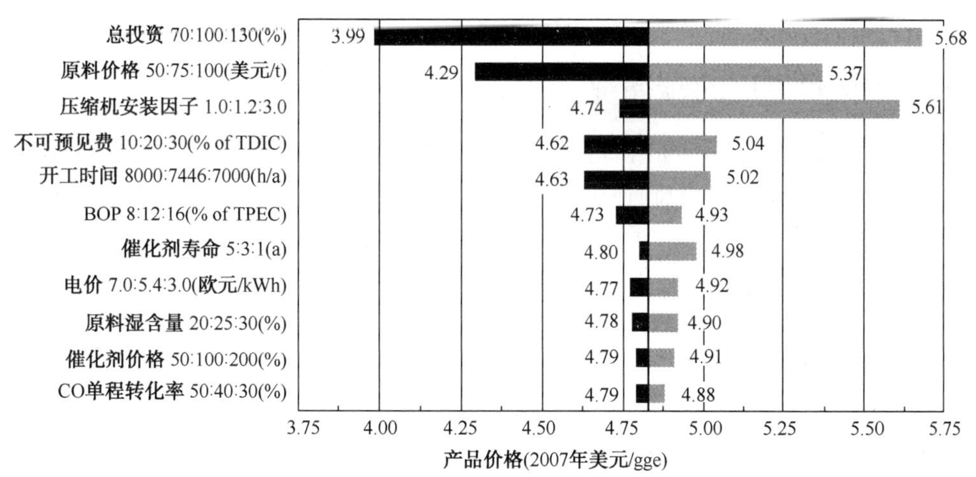

图4-8　低温气化情景第 *n* 座工厂灵敏度图

工厂规模对投资和产品价格的影响很大，文献[3]的基准为2000t/a或10万吨级，提高到5000t/a只有25万t/a，比CTL工厂规模低一个数量级，致使BTL的指标相形见拙。有关灵敏度曲线见图4-9和图4-10。

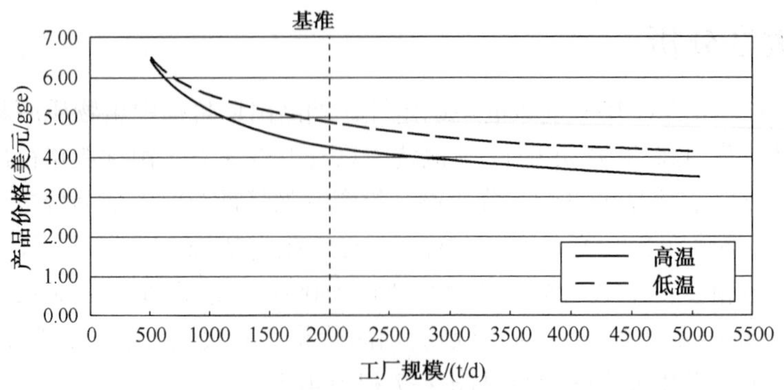

图 4-9 产品价格随工厂规模变化第 n 座工厂灵敏度图

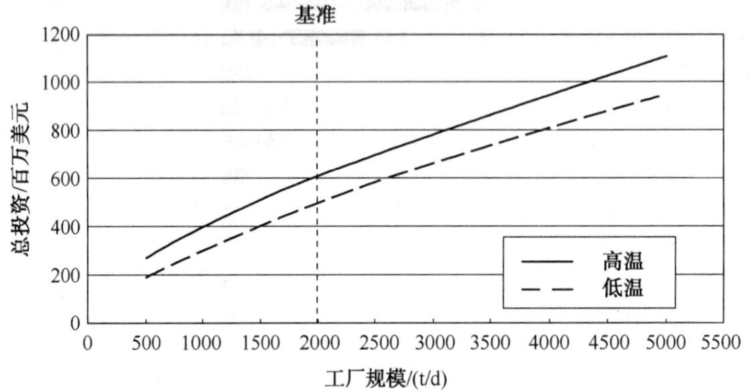

图 4-10 总投资随工厂规模变化第 n 座工厂灵敏度图

第七节 合成油工厂的碳减排

一、合成油工厂的碳衡算

将生物质原料转化为烃类油品的生产工序很长，在气化与组分配比过程需要将碳元素与水汽反应产生氢气，就是以“脱碳补氢”的方式为烃产品提供不足的氢元素。同时得到的大量二氧化碳不得不排入大气层。虽然 BTL 的原料由于光合作用对大气层不造成“净排碳”，但从全生命周期分析角度(LCA)仍然是“正排碳”。只有采取 CCS(碳捕集和封存)的手段才能实现“负排碳”，从而达到碳减排的目标。

具体的 BTL 碳衡算见表 4-20[10]。

表 4-20 BTL 过程碳衡算数据举例 kmol/h

项 目	入方	出 方			
	生物质原料	烃类油品	CO_2排放气	气化烟气	动力站烟气
碳数量	3281	1111	1458	39	334
	出方合计	出 方			
		气化炉料斗排气	湿洗涤塔排气	溶解烃	焦油
碳数量	3257	159	154	0	0

如采取 CCS 措施，可从表中所列排放气捕集 90% 的 CO_2 即 1458×0.9＝1312kmol/h，大于烃类油品的 1111kmol/h，显示了负排碳效果。

二、天然石油基低硫柴油的碳排放

为了进行 LCA 碳排放评估，天然石油生产低硫柴油应作为参照基准。根据文献[2]，经单位换算后汇总于表 4-21。

表 4-21　天然石油生产低硫柴油 LCA 碳排放数据

项　　目	原油获取	原油输送	炼　　油	柴油配送	车辆消费	合计
数据值/($kgCO_{2eq}$/GJ LHV)	6.9	1.3	10.0	1.1	80.7	100
占比/%	7	1	10	1	81	100

三、合成柴油的碳排放

（1）原料进厂前的碳排放[2]

煤炭露天采煤　　0.93 $kgCO_{2eq}$/GJ LHV；

煤炭运输　　0.022 $kgCO_{2eq}$/(t · km)；

煤层气回收后的碳排放　　196 $kgCO_{2\ eq}$/t；

玉米秸杆(打包运输 54km)　　46 $kgCO_{2eq}$/t。

（2）联产品的碳排放

合成石脑油作为联产品出厂，比照原油炼制可节省加工过程排碳 0.48 $kgCO_{2\ eq}$/L。

副产电力上网按具体情况确定所节省排碳量。

（3）不同合成油工艺的碳排放

按文献[4]的数据，经单位换算后见表 4-22。

表 4-22　合成低硫柴油 LCA 碳排放数据之一　　$kgCO_{2eq}$/GJ LHV

项　　目	天然原油	CTL			CBTL	
		无 CCS	有 CCS	CCS+ATR	有 CCS	有 CCS
生物质含量	0	0	0	0	8	15
碳排放	100	247	95	88	80	67
碳排放与原油差值	100	+147	-5	-12	-20	-33

项　　目	CBTL			BTL		
	CCS+ATR	有 CCS	CCS+ATR	无 CCS	有 CCS	CCS+ATR
生物质含量	15	30	30	100	100	100
碳排放	58	37	25	-9	-221	-258
碳排放与原油差值	-42	-63	-75	-9	-321	-358

按文献[14]的数据，经单位换算后见表 4-23。

表 4-23　合成低硫柴油 LCA 碳排放数据之二　　$kgCO_{2eq}$/GJ LHV

项目	天然原油	CTL		BTL①		CBTL	
		无 CCS	有 CCS	有 CCS，无土地利用	有 CCS，有土地利用	有 CCS，无土地利用	有 CCS，有土地利用
生物质含量/%	0	0	0	100	100	20	20
碳排放	89.1	194.8	97.2	17.7	-2.0	56.9	53.0
碳排放与原油差值	基准	+105.7	+8.1	-71.4	-91.1	-32.2	-36.1

① 所用生物质为柳枝稷。

参 考 文 献

[1] Schubert P, LeViness S, Arcuri K, et al. Historical development of cobalt-slurry Fischer-Tropsch reactor systems[C]. Presentation to AIChE Meeting. New Orleans, March 12, 2002.

[2] USAF. Life cycle greenhouse gas analysis of advanced propulsion jet fuels: Fischer-Tropsch based SPK-1 case study[EB/OL]. AFRL-RZ-WP-TR-2011-2138, SEPTEMBER 2011, FINAL REPORT. http://www.netl.doe.gov/energy-analyses/pubs/iawg_cbtl_report.pdf.

[3] Swanson R M. Techno-economic analysis of biofuels production based on gasification[EB/OL]. Technical Report, NREL/TP-6A20-46587, November 2010. http://www.nrel.gov/docs/fy11osti/46587.pdf.

[4] Tarka T J. Affordable low carbon diesel fuel from domestic coal and biomass[EB/OL]. DOE/NETL-2009/1349, January 14, 2009. http://www.netl.doe.gov/energy-analyses/pubs/CBTL%20Final%20Report.pdf.

[5] 孙启文．煤炭间接液化[M]. 北京：化学工业出版社，2012.

[6] De Swart J W A, Krishnale R, Sie S T. Selection, design and scale up of the Fischer-Tropsch slurry reactor [J]. Stud Surf Sci Catal, 1997(107): 213-218.

[7] Bechtel Group Inc. Slurry reactor design studies: Slurry vs fixed-bed reactors for Fischer-Tropsch and methanol. Final Report, Work Performed for US Department of Energy, June 1990, National Technical Information Service, Springfield, VA, USA.

[8] Atkinson D. Fischer-Tropsch reactors for biofuels production, new technology needed biofuels[J], Bioprodcts & Biorefining. 2010, 4: 12-16.

[9] DOE/NETL. Baseline technical-economic assessment of a commercial scale Fischer-Tropsch liquid facility[EB/OL]. Final Report, DOE/NETL-2007/1260, Apr, 2007. http://www.netl.doe.gov/energy-analyses/pubs/Baseline%20Technical%20and%20Economic% 20Assessment%20of%20a%20Commercial%20S.pdf.

[10] DOE/USAF, Reed M E. Increasing security and reducing carbon emissions of the US transportation sector: A transformation role for coal and biomass [EB/OL]. DOE/NETL-2007/1298, Aug, 2007. http://www.netl.doe.gov/energy-analyses/pubs/NETL-AF% 20CBTL% 20Study% 20Final% 202007% 20Aug%2024.pdf.

[11] Kreus T G. Fischer-Tropsch fuels from coal and biomass[EB/OL]. 25th Annual international pittsburgh coal conference. September 29-2 October 2, 2008, Pittsburgh, Pennsylvania, USA. http://mitei.mit.edu/system/files/kreutz-fischer-tropsch.pdf.

[12] Ramag M, Katzer L. Liquid transportation fuels from coal and biomass: Technological status, costs and environmental impacts[EB/OL]. DOE LDV Workshop, 2010-7-26. http://www1.eere.energy.gov/hydrogenandfuelcells/pdfs/liquid_trans_tech.pdf.

[13] Boerrigter H. Economy of biomass - to - liquids (BTL) plants [EB/OL]. ECN - C - 06 - 019, MAY, 2006. http://www.ecn.nl/docs/library/report/2006/c06019.pdf.

[14] Stratton R W. Life cycle greenhouse gas emissions from alternative jet fuels[EB/OL], PARTNER-COE-2010-001. http://web.mit.edu/aeroastro/partner/reports/proj28/partner-proj28-2010-001.pdf.

[15] German Energy Agency. Biomass to Liquid - BTL implementation report: Summary [EB/OL], December, 2006. http://www.dena.de/fileadmin/user_upload/Publikationen/Verkehr/Dokumente/btl_implementation_report.pdf.

第五章　合成气制合成乙醇

第一节　概　　述

燃料乙醇是一种不含硫及灰分的清洁能源，可直接替代汽油和柴油等石油燃料，利于解决人类目前面临的环境与能源问题。目前生物质生产燃料乙醇的制备方法有3种：生物转化法、热化学转化法和热化学-生物转化法。生物转化法是以糖类、淀粉类或纤维素、半纤维素为原料的生物质通过生物发酵法转化为乙醇。热化学转化法是利用生物质气化技术，将生物质转化为合成气，合成气经过进一步化学催化制成含有甲醇、乙醇等的混合醇。生物-热化学转化法是生物质经过气化生成富含CO和H_2的可燃气体，经过微生物发酵，CO和H_2气体可转化为乙醇。热化学-生物转化法合成气发酵制乙醇在本书第六章讨论，生物转化法纤维素发酵制乙醇在第九章讨论，本章讨论热化学法合成气制合成乙醇。

煤、天然气、生物质、废弃物等高温气化为合成气后可催化合成制取合成乙醇，其工艺流程大体与高压合成甲醇类似。首先将煤等气化，经净化、调制后获得组成合适的合成气，然后在中压下催化合成，得到的是以$C_1 \sim C_6$为主的低碳混合醇及部分水。

由合成气直接合成低碳醇始于20世纪初，1935年，德国发现在合成甲醇的高压法ZnO-Cr_2O_3催化剂中加入碱性助剂时，产品中异丁醇大量增加。由此，以合成气直接合成混合醇在欧洲引起了很大重视，德国首先建立了异丁醇工厂。但由于羰基合成与烯烃水合工艺的发展，由合成气直接合成混合醇工艺未得到发展。20世纪70年代，石油危机的爆发使不少国家把注意力放在煤炭资源上，由合成气直接合成混合醇的研究重新提上议事日程，对其研究工作不断深入，同时出现大量专利。之后随着石油的降价以及更为便宜、混合性更好的辛烷值增强剂甲基叔丁基醚的使用，生产混合醇的商业兴趣大减。最近，由于发现甲基叔丁基醚的毒性而停止其向汽油中添加，重新引发了开发乙醇和混合醇的兴趣。

目前合成低碳醇的工艺，代表性的有MAS工艺、IFP工艺、Sygmol工艺、Oxtamix工艺[1-4]。

（1）MAS工艺　由Snam和Tops Φe公司共同开发，选用Zn-Cr催化剂体系。该工艺是由甲醇合成工艺进行改进而成，1979年和1982年分别建成了中试装置和15kt/a的示范装置，其中试已顺利完成了6000h的稳定性考察。国内对该工艺也有部分研究，1986年，山西煤炭化学研究所通过了1000h的小试技术成果鉴定，1988年12月，顺利通过了工业侧流模试鉴定，该模试能很好地重现小试的结果。

（2）IFP工艺　由法国石油研究所(IFP)开发，选用Cu-Co催化剂体系。该工艺由IFP于1976年初步提出，是最早的工艺方法。1984年在日本建成7000桶/a中试装置。国内山西煤炭化学研究所研究了该工艺，1986年和1988年分别通过了小试鉴定和1000h的工业侧流模试鉴定。

（3）Sygmol工艺　由联碳公司和Dow化学公司共同设计，选用耐硫MoS_2催化剂体系。

1985 年顺利通过了 1t/d、6500h 的中试考察。北京大学、华东理工大学等高校对该工艺进行了小试研究。

(4) Octamix 工艺 由德国 Lurgi 公司开发，选用 Cu-Zn 催化剂体系，目前已通过了单管模试。清华大学通过了该工艺的催化剂小试 200h 的稳定性考察，而南京化学工业公司研究院对该工艺进行了 700h 模试考察。

以上 4 种工艺的国内外现状列于表 5-1 中。

表 5-1　4 种混合醇工艺国内外现状

项目	工艺	MAS		IFP		Sygmol		Octamix	
	催化剂	Zn-Cr-K		Cu-Co-M-K		MoS_2-M-K		Cu-Zn-Al-K	
	研究单位	意大利 Snam	山西煤化所	法国 IFP	山西煤化所	美国 Dow	北京大学化物所	德国 Lurgi	清华大学
操作条件	空速/h^{-1}	3000~15000	4000	4000	4500	5000~7000	5000	2000~4000	4000
	温度/℃	350~420	400	290	290	290~310	240~250	270~300	290
	压力/MPa	12~16	14	6	8	10	6. 2	7~10	5
	H_2/CO	0. 5~3	2. 3	2~2. 5	2. 6	1. 1~1. 2	1. 4~2. 0	1~1. 2	1~1. 3
液体产物的组成/%(质量分数)	甲醇	70	75	41	49. 4	40	38	59. 7	83. 6
	乙醇	2		30	33. 3	37	41	7. 4	C_2~C_5
	丙醇	3		9	10. 8	14	12	3. 7	16. 4
	丁醇	13	异丁醇	6	4. 1	5	4	8. 2	
	C_5^+醇	10	12~15	8	1. 6	2	3. 5	10. 4	
试验结果	C_2^+醇/总醇/%	22~30		30~60		30~70		30~50	15~27
	粗醇含水/%(质量分数)	20		5~35		0. 4		0. 3	0. 33
	CO 成醇选择性/%	90	95	65~76	76	85	80		95
	CO 转化率/%	17		21~24	27	20~25	10		
	产率/[mL/(mL·h)]	0. 25~0. 3	0. 21~0. 25	0. 2	0. 2	0. 32~0. 56			0. 3~0. 6
开发现状		已工业化 15000t/a	模试	中试 7000 桶/a	模试	中试 1t/d	小试	模试	小试
催化剂考察时间/h		6000	1000	4 个月	1010	6500			200

上述四种工艺中，MAS 工艺最成熟，其次是 IFP 工艺。Sygmol 工艺的催化剂具有独特的抗硫性，该工艺及 IFP 工艺的产物中 C_2^+醇含量最高，化工利用前景最好。Octamix 工艺采用低压法铜系催化体系，是对 MAS 工艺的改进，而且与 Sygmol 工艺一样，其产物含水量很

低，因此产物脱水能耗也最低。

总体而言，在合成气制燃料醇方面，合成气制甲醇的技术较为成熟，制乙醇或更高碳数醇的技术仍需进一步开发以满足大规模生产的要求。现有的生产燃料醇的工业实例集中于甲醇的生产，其中，以天然气基和煤基合成气生产甲醇的较多。对醇类燃料的推广，主要以乙醇汽油或燃料乙醇为主。

第二节　合成气制合成乙醇催化剂

一、催化剂的分类研究

目前用于低碳醇合成的催化剂主要有以下几种：改性甲醇催化剂；改性费托合成催化剂；钼基及其改性催化剂，如 MoS_2 催化剂；铑基催化剂。其中，MoS_2 催化剂有较好的抗硫耐酸气性能，成为此类催化剂研究的一个重点；铑基催化剂的乙醇选择性好，但不利之处是铑价格较为昂贵。

用于合成混合醇的催化剂主要有如下几类[5]：

（1）改性的高压甲醇催化剂：碱(如 K、Ra、Cs 等)掺杂的 ZnO/Cr_2O_3。

反应条件为：温度约 400℃，压力约 12.0~16.0MPa，主要反应产物是甲醇、乙醇、正丙醇和异丁醇，其中甲醇和异丁醇占较大比例。该体系最早是由意大利 Snam 公司开发的，目前已有小型的示范厂建成。

（2）改性的低压甲醇催化剂：碱掺杂的 Cu/ZnO 和 $Cu/ZnO/Al_2O_3$。

反应条件为：温度 300~350℃，压力约 6.0~8.0MPa，反应的主要产物是甲醇和异丁醇。该催化剂反应条件温和，但活性组分铜在较高温度下容易烧结失活，易被硫化物或氯化物中毒。该体系最早是由德国的 Lurgi 公司开发的，已进行了单管放大的实验。

（3）改性的费托合成催化剂：碱掺杂的 $CuO/CoO/Al_2O_3$。反应条件为：温度约为 300℃，压力约为 6.0MPa，产物主要为 C_1~C_6 直链正构醇，副产物主要为 C_1~C_6 烃，由法国石油研究所(IFP)首先开发，已进行了中试研究。

（4）碱掺杂的钼基催化剂：碱掺杂的 MoS_2 催化剂

MoS_2 催化体系对于反应气氛中的 S 有较强的抗中毒作用，并且催化剂不容易结炭，可使用较低 H_2/CO 比的合成气。产物也是服从于 S-F 分布的直链醇，并伴有一部分直链烃类的生成。该催化剂最早由 Dow 化学公司于 1984 年开发研制(MoS_2-K)。催化反应条件为：温度约为 300℃，压力约为 10. MPa。Dow 公司已完成 1t/d 的反应器实验。目前的研究主要是针对催化剂活性低的缺点，通过添加各种助剂来改善催化剂的总体反应性能。美国能源部推荐 Dow 公司的 K 为促进剂的加 Co 的 MoS_2 催化剂(美国专利 4，882，360)用于合成气制合成乙醇的技术经济评估。

（5）铑基催化剂

Rh 催化体系。负载型 Rh 催化剂中加入一到两种过渡金属或稀土金属氧化物助剂后，对低碳醇合成有较高的活性和选择性，特别是对 C_2^+ 氧化物选择性较高，反应产物以乙醇为主。

最近美国西北太平洋国家实验室 PNNL 对铑基催化剂进行了系统研究。文献[6]以 SiO_2

为载体，在 Rh 催化剂中分别添加 Mn、Mn/Fe、Mn/Li、Mn/Ni、Mn/Ir、Mn/Re、Mn/Cu、Mn/Co，反应温度 255~402℃、压力 8MPa、空速 7400~15000L/L_{cat}·h）时，C_2^+氧化物的时空收率为 60~880 g/L_{cat}/h，C_2^+氧化物的选择性为 11~62，C_2^+醇与 C_2^+氧化物的比值为 0.10~0.75，其中添加 Mn/Ir、Mn/Li 的 Rh 催化剂的催化效果最好。

文献[7]以 SiO_2 为载体，在 Rh 催化剂中分别添加 Mn/V、Mn/Mg、Mn/La、Mn/Ce、Mn、Mn/Na、Mn/B、Mn/W，反应温度 256~345℃，压力 8MPa，空速 7500~11000L/(Lcat·h)时，CO 转化率 0~53%，C_2^+氧化物的时空收率为 0~410 g/(Lcat·h)，C_2^+醇时空收率为 0~170 g/(Lcat·h)，C_2^+氧化物的选择性为 5~70。综合考虑优化配方和反应条件，Rh 催化剂中同时添加 Mn/Ir/Li，改变 Rh/Mn/Ir/Li 的配比和操作条件进行反应，反应温度 275~315℃，压力 8MPa，空速 7500L/(Lcat·h)或 11000L/(Lcat·h)时，CO 最高转化率达 55%，C_2^+氧化物的最大时空收率为 710g/(Lcat·h)，C_2^+醇时空收率最大为 180 g/(Lcat·h)。

二、催化剂的开发方向和方法

自 20 世纪初合成低碳醇的研究以来，人们对其催化剂进行了大量的研究并开发出多种不同的催化剂体系，但总体看来，这些催化剂体系都存在活性、选择性、稳定性及经济性等方面缺陷和不足，开发高效、实用的催化剂既是低碳醇合成研究的难点也是问题解决的关键，这方面的工作主要围绕两个目标展开：①进一步提高合成醇的活性和选择性；②提高 C_2以上醇的选择性。

从本质上看，低碳醇催化剂可以分为两类：第一类是改性的 F-T 合成催化剂，产物以直链脂肪醇为主，其碳数分布符合 Schulz-Flory 方程，如 Cu-Co 系催化剂，MoS_2基催化剂等；第二类是改性的甲醇合成催化剂，产物为甲醇和异丁醇的混合物，如 Zn-Cr-K、Cu-Zn-Al-K 等催化体系。

结合 F-T 催化合成和甲醇催化合成过程分析，F-T 催化剂要求 C—O 键断裂的表面解离吸附，而甲醇催化剂则希望 C—O 键保留的表面非解离吸附。通常认为由于其活性位不同的电子和物理特征，前者导致烃链的增长，后者导致氧化物的形成。低碳醇合成催化剂的设计思想是将这两类催化剂活性组元进行优化组合，以实现高级醇的形成。因此低碳醇催化剂都是多种组元组成的多功能催化剂，也正是如此，使得低碳醇催化剂的研究如结构、活性、选择性、失活原因等变得更为复杂。

合成混合醇类催化剂的开发方向如下：

① 设计对 CO 的吸附是非解离吸附的催化剂，以便获得含氧化合物；

② 采用择形性比较好的催化剂，以便于获得 C_2~C_6较多的低碳醇；

③ 可开发基于甲醇的 $C_1 \longrightarrow C_2 \longrightarrow C_3^+$逐步合成的催化剂；

④ 优化催化剂制备方法，以便于抑制生成烃类等副反应的发生；

⑤ 解决好一系列的催化剂的放大问题。

低碳醇催化剂的改进方法：

(1) 添加 K 等碱金属进行改性

这种方法较为常用。以 Cu-Co 催化剂为例，适量的 K_2CO_3的加入有效促进 C_2^+醇生成及抑制烃和水的产生。

(2) 使用新的载体(有的载体起到促进剂的作用)或添加助剂

碳纳米管用于 Cu-Co 催化剂，可促进 C_2^+醇的生成；碳纳米管用于 Mo-Co-K 硫化物基催化剂体系，可提高 CO 的转化率、混合醇及 C_2^+醇的时空产率；Cu/CrO_2负载型催化剂，使用 CrO_2为载体，可用于低碳醇的合成，Mn 作为助剂加入，可进一步提高该催化剂对含氧化合物的选择性以及乙醇在含氧化合物中的比例。

（3）尝试新的催化剂制备方法

熔融法制备 Fe-Cu 系催化剂，常温冷却比快速冷却得到的催化剂能得到较好的 C_2^+醇选择性和较少的副产物，少量的贵金属 Ru 或 Pd 的掺杂对该催化剂总醇收率的影响显著。

（4）催化剂掺杂改性

3d 过渡金属（如 Co、Ni、Rh 和 Pd 等）加入钼基催化剂中有利于碳链的增长从而明显地提高 C_{2+}醇产品的选择性；Co 掺入 K/MoS_2催化剂中形成的 Co-Mo-S 物种覆盖在催化剂的表面形成良好的成醇活性位；Cu 掺入 Co/ K/MoS_2催化剂中既可抑制 Co 在催化剂表面的富集也可降低该催化剂的成本。

原有的抗硫 MoS_2催化剂体系对原料气的 H_2/CO 摩尔比（1.0~1.1）要求苛刻，通过制成 Mo 的金属碳化物并掺杂改性，含 Mo 催化剂的 H_2/CO 操作变化范围可达 0.5~5。另外，一些金属碳化物催化剂，经改性后也有很好的合成低碳醇的性能。

第三节　合成燃料乙醇产业化反应工艺和产品分离工艺

本书按技术条理性将生物质气化单列在第三章进行了介绍，生物质气化工艺的不同会影响后续合成气制合成乙醇的工艺，因此本章有必要全面介绍从生物质原料到乙醇产品的全部流程。下面对间接气化制合成乙醇和直接气化制合成乙醇分别进行介绍。

一、间接气化制合成乙醇

2011 年[8] NREL 在 2007 年[9]生物质间接法气化制混合醇技术经济评估的基础上，重新进行了评估，评估中采用的流程如图 5-1。

工艺流程包括以下 7 个部分：①原料预处理和干燥；②气化；③气体净化；④合成气压缩、醇合成和酸性气体脱除；⑤醇分离；⑥蒸气和动力；⑦冷却水和其他。

1. 原料预处理和干燥

本部分包括生物质的运输、储存、粉碎和干燥。采用来自焦炭燃烧器和焦油重整催化剂再生器的热烟道气把湿物料干燥到 10%。每天处理 2000t 干生物质，每年开工 350 天。

2. 气化

生物质采用间接气化炉气化。气化反应热由循环合成橄榄石供应，橄榄石由焦炭燃烧器预热后供给气化炉。生物质由原料输送带和加料斗提供给低压带出式气化炉。蒸汽通入气化炉以使生物质和橄榄石在气化炉中稳定流动。在气化炉内，生物质裂解为合成气的混合物（CO、H_2、CO_2、CH_4等），焦油和沉积在橄榄石中的焦炭，气化炉的温度为 869℃，压力为 0.23MPa。旋风分离器在气化炉的出口将合成气与焦炭和橄榄石分开。固体流到焦炭流化床燃烧器中，焦炭由空气燃烧可使橄榄石的温度升高，焦炭燃烧器的温度为 987℃，压力为 0.2MPa。出燃烧器的热橄榄石和残余灰分由一对旋风分离器与燃烧气分离，第一个旋风分离器捕集橄榄石，第二个旋风分离器捕集灰分和橄榄石粉。热的橄榄石流回气化炉，完成气

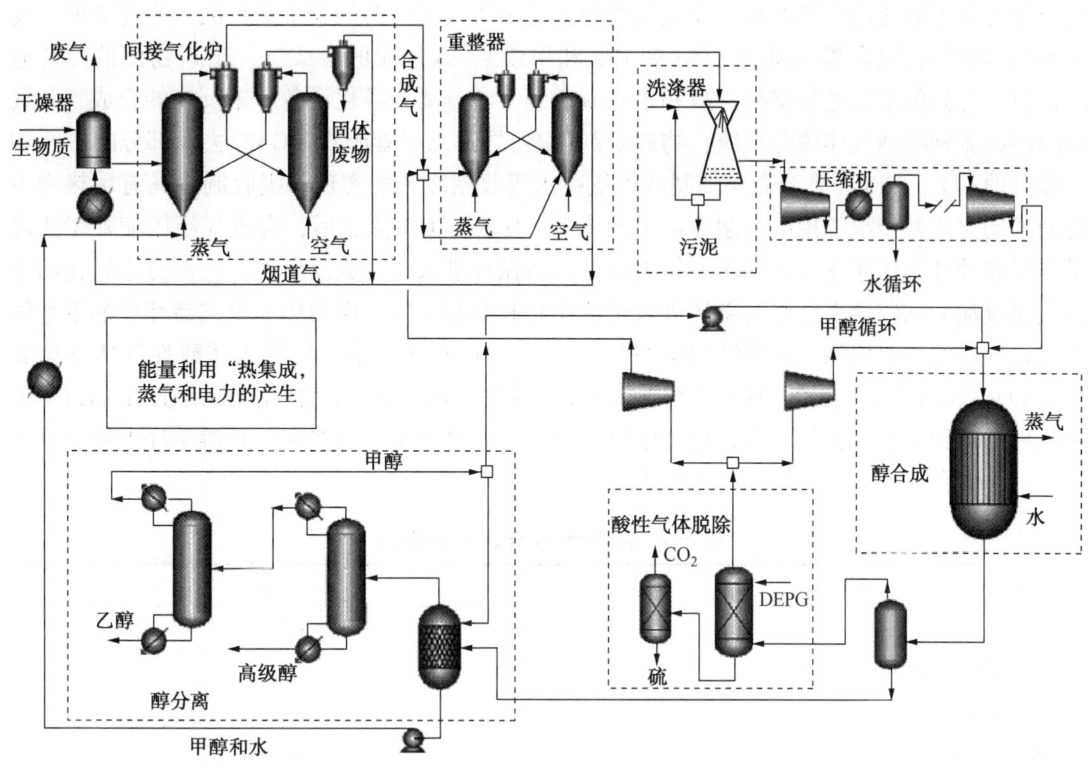

图 5-1　生物质气化制混合醇的流程图

化循环。从焦炭燃料器出来的热烟道气用于原料干燥以回收热量。灰分和橄榄石粉冷却并弄湿后作为废物排出。

3. 气体净化

气体净化此处定义为粗合成气经焦油、甲烷和其他烃重整后冷却、激冷和洗涤后用于后续的操作。重整器中也会发生水煤气转化反应。焦油、甲烷和轻烃在循环、流化、固体催化剂的重整器中重整为合成气。重整器配有催化剂再生器，类似于小型的流化催化裂化装置(FCC)。合成气与焦油重整催化剂反应，带出式流动反应器的空速大约为 2500 h^{-1}。催化剂与合成气由旋风分离器分离。从旋风分离器出来的用过的催化剂流到催化剂再生器，重整反应产生的焦炭通过燃烧从催化剂上除去。热的催化剂与燃烧气由再生器旋风分离器分离后流回到焦油重整反应器中以提供重整反应所需的能量。从醇合成反应器附加的合成气和未反应的气体也在燃烧器中燃烧以提供吸热的重整反应的全部热量。热的重整合成气通过热交换器冷却后用水洗涤，以除去残余的杂质，如：颗粒物、氨、卤化物、难分解的焦油。洗涤用水连续进入污水处理工厂处理。热量回收后，从催化剂再生器出来的剩余少量热量的烟道气用于原料的干燥。

4. 合成气压缩、醇合成和酸性气体脱除

冷却的低压合成气进入 6 段离心压缩系统，压力增加到大约 20. 7MPa。加压的合成气进入到两个并联使用的垂直管式(管壳式)反应器的管中。管中装填混合醇催化剂(Dow 化学公司的钾为促进剂的加 Co 的 MoS_2催化剂，美国专利 4882360)。反应在 300℃以上会把一部分合成气转化为氧化物和烃产品。反应热的除去是由管式反应器的壳中蒸汽的产生完成的。反应器出口中包含混合醇、副产气体(如 CO_2和甲烷)、未反应的合成气，出口物流的冷却通过换热器与其他物流进行交换。醇和水冷凝送到下游分离和净化设备。未反应的合成气和气相副产物流到酸性气体脱除系统，物理溶剂(聚乙烯醇二甲醚或 DEPG)除去大部分的 H_2S 和一部分的 CO_2。DEPG 系统需要的制冷由氨—水吸收制冷系统实现。吸收制冷具有用热为主要的推动力代替传统的用电的制冷系统的优点。H_2S 和 CO_2除去后，合成气经压缩补偿通过反应器和酸性气体净化系统的压力损失后，重新循环进入醇合成反应器。一部分未转化的合成气通过动力回收透平膨胀后循环进入气体净化和调制工段，作为焦油重整器和焦油重整催化剂再生器的燃料使用。从酸性脱除系统出来的 CO_2和 H_2S 进一步进入胺酸性气体富集装置和 LO-CAT 硫回收装置，H_2S 转化为元素硫后集中抛弃。酸性气体富集系统产生的富 CO_2 物流再循环到重整催化剂再生燃烧器中以回收残余的燃烧组分的热量并且避免烃类物质排入大气中。醇合成反应器的设计参数见表 5-2。

表 5-2　醇合成反应器的设计参数

项　目	数　据	
压力/MPa	20.7	
CO 单程转化率/%	29	
CO 总转化率/%	79	
CO 醇选择性/%	81	
CO 乙醇选择性/%	63	
总醇产率/[g/(kg cat·h)]	368	
乙醇生产率/[g/(kg cat·h)]	160	
	入口	出口
反应器温度/℃	313	322
反应器压力/MPa	20.65	20.36
蒸气(壳程)温度/℃	305	
入口气体组成		
H_2：CO(摩尔比)	1.5	
CO_2/%(摩尔分数)	14.0	
CH_4/%(摩尔分数)	7.7	
甲醇/%(摩尔分数)	2.6	
H_2S/(μL/L)	70	
H_2O/%(质量分数)	0.04	
反应管长度/m	18.29	
管子总根数	9579	
反应器个数	2	
气体空速/h^{-1}	5000	
催化剂颗粒尺寸(柱型)/mm	直径 5，长度 5	
管子外壁尺寸/mm	38	
管子壁厚/mm	4	

5. 醇分离

冷却的粗醇在一个闪蒸器中降压和除气，析出的气体再循环到气体净化工段提供给焦油重整器。降压的液体用分子筛脱水，脱水后的醇进入粗醇精馏塔将甲醇和乙醇与高分子量醇分开。从粗醇分馏塔上面分出的流体再进入第二个精馏塔将粗甲醇和合格的燃料乙醇分开。甲醇和乙醇分馏后，全部甲醇循环，大部分进入反应器。上面的甲醇流体分成几股用于以下几个方面：

① 15%送入分子筛系统，用于冲洗分子筛床的吸附水，使分子筛再生。产生的甲醇/水混合物送回到气化炉作为流化蒸汽的来源。

② 0~15%（基础设计为基准的 11%）冷却后与从硫回收系统出来的富 H_2S 流体混合。H_2S 溶解在冷的甲醇中后产生的溶液用泵送入醇合成反应器的入口，提供保障催化活性的硫含量。调节 H_2S 的含量使反应器入口的平均浓度为 70μL/L。需要注意调节 0~15%的范围是因为需要再循环的 H_2S 的量与进入醇合成反应器的新合成气中 H_2S(存在于生物质原料中的硫)的量相关。

③ 小量的(基础设计为基准的 5%)包含甲醇和挥发性化合物的蒸汽用于焦油重整催化剂再生器的燃料。

④ 剩余的部分(基础设计为基准的 69%)循环进入醇合成反应器以增加乙醇的产量。

表 5-3 是醇分离的设计参数。

表 5-3　醇分离的设计参数

设计参数	数　据
分子筛	
入口水含量/%	5.6
出口水含量/%	0.5
粗醇分馏	
顶部乙醇回收率/%	99
底部丙醇回收率/%	99
塔直径/m	2.74
理论塔板数	60
塔板效率/%	60
实际塔板数	100
甲醇/乙醇分馏	
底部乙醇回收率/%	99
底部乙醇产品中甲醇含量/%	0.5
塔直径/m	3.66
理论塔板数	81
塔板效率/%	60
实际塔板数	135

6. 蒸汽和动力

常规的蒸汽循环产生蒸汽直接加入气化炉和重整器。间接蒸汽用于精馏、吸收冷却、酸性气体脱除和富集单元。用两个蒸汽透平产生电，中间补热以满足工厂的要求。在醇合成部分，把部分从醇合成反应器出来的未反应的加压气体通过透平膨胀机产生附加的电力。主要的电用于合成气的压缩。蒸汽循环集成用于生物质的转化过程。预热器、蒸汽发生器、过热器进行过程集成设计从锅炉供水产生蒸汽，从过程冷凝循环到蒸汽循环、脱气结合补充水。窄点分析用于乙醇生产过程的换热网络设计。

7. 冷却水和其他

冷却水系统确定生物质转化过程中每个换热器所需的冷却水和动力。设计中包括添加水的优化、过程的冷凝处理，以减少新鲜水的消耗。

二、直接气化制合成乙醇

2009 年[10] NREL 对生物质直接气化制乙醇进行了技术经济评估，其方块流程见图 5-2。

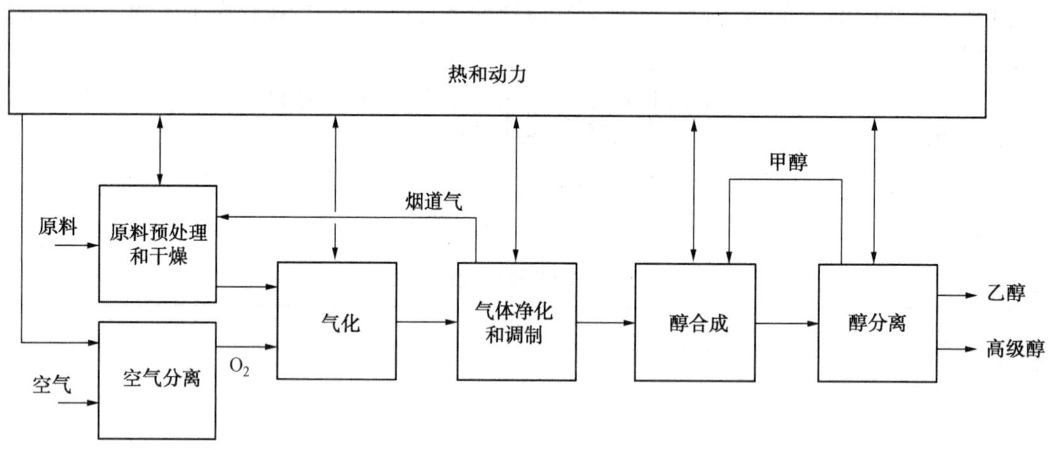

图 5-2　生物质直接气化制乙醇

工艺流程包括以下 8 个部分：①原料预处理和干燥；②气化；③气体净化和调制；④醇合成；⑤醇分离；⑥蒸气和动力；⑦冷却水和其他；⑧空气分离。

具体工艺介绍如下：

(1) 原料预处理和干燥

本部分包括生物质的运输、储存、粉碎和干燥。湿的生物质经锤式碾磨机粉碎后，由焦油重整器的燃料燃烧器产生的热烟道气在旋转式干燥机中直接干燥至湿含量 5%。每天处理 2000t 干生物质，每年开工 350 天。

(2) 气化

预处理和干燥后的生物质进入直接吹氧高压鼓泡式流化床气化炉(GTI 炉)气化，气化所需热量由部分燃烧生物质提供。用空气分离单元出来的氮气将生物质原料通过加压进料斗压入高压气化炉中，蒸汽从气化炉底部通入使床层流化。氧气从接近生物质加料点的床层上部引入。气化炉压力 3.02MPa，温度 871℃。直接气化中有三个基本步骤：(a)除去挥发成分——瞬时热分解生物质为 H_2、CO_2、氢烃和水；(b)焦炭气化——在 H_2存在下，生物质焦由水蒸气气化生成 CH_4、CO、H_2和 CO_2；(c)焦炭燃烧——燃料残余的生物质焦，提供焦炭气化所需的热量。气化炉出口处有二个旋风分离器将合成气与焦炭、橄榄石、灰分分开，这些固体减压冷却后，加水除尘后清除。从气化炉出来的合成气进入下面的净化和调制工序。

（3）气体净化和调制

这部分包括多个操作：焦油和其他烃转化为 CO 和 H_2；合成气冷却激冷；酸性气体（CO_2和 H_2S）脱除；还原 H_2S 为硫。焦油重整在等温流化床反应器中进行，重整催化剂失活后从合成气中分离出来在线再生。热的合成气与循环蒸气换热冷却，加入冷水洗涤除去颗粒物、氨以及残余的焦油。过量的洗涤水送入废水处理系统。冷却的合成气进入胺吸收装置除去 CO_2和 H_2S。H_2S 还原为元素硫后废弃。CO_2排入大气。

（4）醇合成

经重整、激冷、压缩、降低酸性气体（H_2S、CO_2）含量的合成气进一步压缩到 7MPa，加热到 300℃，在固定床反应器中转化为醇混合物。产品冷却，醇冷凝与未转化的合成气分离，液体醇送入醇分离单元，剩余的气体循环进入焦油重整器，小量用于燃料燃烧（8%）。

醇合成催化剂采用 Dows 公司的 MoS_2催化剂。表 5-4 为醇合成的反应条件和结果。

表 5-4　醇合成的反应条件和结果

项　目	现有技术状态	目标条件
温度/℃	约 300	300
压力/MPa	10.5~14	7
H_2/CO 比	1.0~1.2	1.2
CO_2摩尔比/%	0~7	5.0
硫含量/(μg/g)	50~100	50
CO 总转化率(单程)/%	10~40	60
总醇选择性/%	70~80	90
气体空速/h^{-1}	1600~12000	4000
空时产率/[g/(kg cat · h)]	150~350	600

（5）醇分离

从醇合成单元出来的混合醇经脱气、干燥后分离为甲醇、乙醇、混合高分子醇。甲醇反冲洗干燥柱中的分子筛（分子筛脱水后循环使用）后循环进入醇合成反应器入口，乙醇和混合醇冷却后送入产品储槽。

虽然大部分不凝气在离开合成反应器时与醇分离，在高压系统中仍有一定量的气体留在醇中，系统降压后可将溶在醇中的大部分气体脱除，这些气体主要是二氧化碳和少量的烃和醇，脱除的气体循环进入焦油重整器，醇进入分子筛脱水装置。

通过分子筛脱水后的混合醇进入第一个分离塔，将甲醇和乙醇与丙醇、丁醇、戊醇混合醇分开，塔顶的甲醇和乙醇进入第二个分离塔使甲醇和乙醇分离。

第一个分离塔中在塔顶分离出 99%的乙醇和全部的甲醇，在塔底分离出 99%的丙醇和 1%的乙醇以及全部的丁醇和戊醇。

第二个分离塔中回收 99%的乙醇，并且甲醇含量不大于 0.5%（摩尔分数）。

（6）蒸气和动力

传统的蒸汽循环系统生产热（蒸汽）和电，蒸汽循环与生物质转化过程集成。蒸汽通过透平推动压缩机发电。

(7) 冷却水和其他

冷却水系统确定生物质转化过程中换热器所需的冷却水和冷却塔所需的冷却水。

(8) 空气分离

气化炉所需的高压氧气由空气分离装置生产。空气加压和冷却后液化，氧气与氮气低温精馏分离，氮气用于生物质加压进料系统。

第四节　生物质气化制乙醇技术经济评估

一、间接气化制合成乙醇

根据上节生物质间接气化制乙醇的工艺[8]，对第 n 个工厂的技术经济进行评估，评估的基本假定如表 5-5。

表 5-5　生物燃料成本与出厂售价设定的基本数据表

项　　目	热化学法合成乙醇(2011 年)
货币基准年	2007 年美元
自有资本金和贷款分摊/%	40/60
内部收益率(IRR)/%	10(税后)
贷款年限/a	10
贷款利率/(%/a)	8
工厂寿命计算期/a	30
折旧期/a	工厂主体　7 动力站(电力不外送) 7
所得税率/%	35
建设期和投资分配比例	3 年(第一年 8%，第二年 60%，第三年 32%)
开工持续时间/月	3
开工期收入和成本(对正常)	收入 50%，固定成本 100%， 可变成本 75%
开工率和年小时	96%，8410h
土地购置费用/(美元/英亩)	14000
设备安装后费用系数(TIC/TPEC)	1.98
仓库费用	0
场地开发费用	界区内总安装费用 4%
间接投资占直接投资比率/%	60
流动资金投资比率/%	5
固定投资与设备购置费比率/%	3.45
年维修费占固定投资比率/%	3
年保险费和税金占固定投资比率/%	0.7

2007年的价格基准，每天处理2000t干生物质，原料木屑的价格，每吨干生物质68美元，乙醇最低销售价格2.05美元/加仑，汽油当量价格3.11美元/加仑。每吨干生物质产乙醇93加仑，产混合醇106加仑。项目总投资515.84百万美元。表5-6是项目投资和乙醇最低销售价构成。

表5-6　项目投资和乙醇最低销售价构成

项　目	投资金额/10^6美元	项　目	乙醇最低销售价/(欧元/加仑乙醇)
气化	42.25(14.3%)	原料	73.5(35.9%)
焦油重整和激冷	26.94(9.1%)	天然气	0(0%)
酸性气和硫脱除	28.49(9.6%)	催化剂	9.9(4.8%)
合成气压缩和膨胀	80.63(27.3%)	橄榄石和氧化镁	0.7(0.3%)
醇合成反应	41.42(14.0%)	其他原料	0.9(0.4%)
醇分离	20.31(6.9%)	废物处理	0.8(0.4%)
蒸气系统和电力产生	45.84(15.5%)	电	0(0%)
冷却水和其他公用工程	9.56(3.2%)	固定费	35.9(17.5%)
总安装设备费(TIC)	296.45	共产品费	-23.8(-11.6%)
总直接费用(TDC)	307.70	投资折旧	37.8(18.5%)
固定资金投入(FCI)	491.35	平均税收	11.5(5.6%)
总资金投入(TCI)	515.84	平均投资回报	57.5(28.1%)
		乙醇最低销售价	2.05美元/加仑乙醇

注：括号内数据为所占比例。

生物质气化制乙醇路线迄今未实现产业化，气化炉能力小，焦油重整、醇合成反应等技术有待改进。前面的技术经济指标多属预测性质，不确定因素带来的误差在所难免。通过表5-7可得到各项单一指标对生物质气化制乙醇费用的定量影响。

表5-7　各项技术经济单一指标对生物质加工乙醇费用的定量影响

项　目	上限变化	下限变化	上限灵敏度/%	下限灵敏度/%
工厂加工生物质规模/(t/d)	10000	600	-18.3	+38.6
投资回报率(IRR)/%	20	0	+36.2	-34.5
草本原料入炉含水20%			+20.4	
设备安装费用指数/%	130	90	+19.5	-6.5
总投资额度/%	130	90	+18.8	-6.3
原料灰分含量/%	8		+11.7	
原料价格/(美元/t)	75	45	+7.9	-9.7
原料湿含量	50	15	+9.2	-3.5
贷款年利息率/%	12	4	+6.8	-6.4
合成醇催化剂活性	+16.7	-16.7	-1.6	+4.7
合成醇催化剂寿命/a	5	1	-1.8	+3.1

项　　目	上限变化	下限变化	上限灵敏度/%	下限灵敏度/%
合成气压缩机投资费用/ %	140	80	+4.9	-2.5
合成反应器投资费用/ %	140	80	+2.5	-1.2
酸性气体脱除投资费用/ %	140	80	+2.5	-1.2
焦油重整催化剂年置换率/ %	0.4		+4.1	
焦油重整单位催化剂费用/ %	140	80	+0.7	-0.3
焦油重整甲烷转化率/ %	90	70	-1.7	+2.9
气化炉热损失率/ %	4	1	+2.3	-1.0

二、直接气化制合成乙醇

根据上节生物质直接气化制乙醇[10]的工艺，对第 n 个工厂的技术经济进行评估，评估的基本假定如表 5-8。

表 5-8　生物燃料成本与出厂售价设定的基本数据表

参　　数	热化学法合成乙醇(2009 年)
货币基准年	2007 年美元
自有资本金和贷款分摊/ %	100/0
内部收益率(IRR)/%	10(税后)
贷款年限/a	—
贷款利率/(%/a)	
工厂寿命计算期/a	20
折旧期/a	工厂主体　7 动力站(电力外送) 20
所得税率/%	39
建设期和投资分配比例	3 年(第一年 8%，第二年 60% 第三年 32%)
开工持续时间/月	6 月
开工期收入和成本(对正常)占比	收入 50%，固定成本 100%. 可变成本 75%
开工率和年小时	约 96%，8406h
土地购置费用	总设备购置费(TPEC) 6%
设备安装后费用系数(TIC/TPEC)	2.47
仓库费用	0
场地开发费用	0
间接投资占直接投资比率/ %	39
流动资金投资比率/ %	5
固定投资与设备购置费比率/ %	3.43
年维修费占固定投资比率/ %	2
年保险费和税金占固定投资比率/ %	2

2007 年的价格基准，每天处理 2000t 干生物质，原料木屑的价格，每吨干生物质 56 美元，乙醇最低销售价格 1.95 美元/加仑。每吨干生物质产乙醇 72 加仑，产混合醇 85 加仑。项目总投资 285.1 百万美元。项目投资和乙醇最低销售价构成如表 5-9。

表 5-9 项目投资和乙醇最低销售价构成

项　目	投资金额/10^6美元	项　目	乙醇最低销售价/(美元/加仑乙醇)
原料处理和干燥	25.6(12.5%)	原料	77.7(39.9%)
气化	27.8(13.4%)	天然气	0(0%)
焦油重整和激冷	48.5(23.7%)	催化剂	0.4(0.2%)
酸性气和硫脱除	19.0(9.3%)	橄榄石	3.1(1.6%)
醇合成-压缩	8.6(42.0%)	其他原料	3.5(1.8%)
醇合成-其他	14.2(6.9%)	废物处理	3.3(1.7%)
醇分离	7.4(3.6%)	电	-4.0(-2.15%)
蒸气系统和电力产生	22(10.7%)	固定费	31.4(16.1%)
冷却水和其他公用工程	3.6(1.8%)	共产品费	-20.8(-10.7%)
空气分离	28.3(13.8%)	投资折旧	28.4(14.65%)
总安装设备费(TIC)	205.0	平均税收	19.9(10.2%)
总资金投入(TCI)	285.1	平均投资回报	51.8(26.6%)
		乙醇最低销售价	1.95 美元/加仑乙醇

注：表中括号内数据为投资金额或销售价占比。

各项单一指标对生物质气化制乙醇费用的定量影响见表 5-10。

表 5-10 各项技术经济单一指标对生物质加工乙醇费用的定量影响

项　目	上限变化	下限变化	上限灵敏度/%	下限灵敏度/%
工厂加工生物质规模/(t/d)	10000	600	-31.8	+47.8
投资回报率(IRR)/ %	30	0	+135	-32.5
设备安装费用指数/ %	30	-10	+14.7	-5.7
总投资额度/ %	30	-10	+20	-7
原料灰分含量/ %	12		+14.6	
原料价格/(美元/t)	60	10	+24.2	-23.4
原料湿含量/ %	70	15	+55.4	-15.9
酸性气体脱除投资费用/ %	100		+5.1	
焦油重整甲烷转化率/ %	95	50	-1.9	+9.6
原料种类	木质素	玉米秆	+10.8	-22.3
CO 醇选择性/ %	95	70	-2.5	+14
CO 单程转化率/ %	80	30	-3.25	+15.9

三、工艺参数变化对乙醇价格的影响

2008 年美国 PNNL 对工艺参数变化对生物质气化制混合醇价格的影响进行了分析评估，

2009 年[11]进行了修订。2008 年的价格基准，规模：每天处理 2000t 干生物质，每年开工 350d，原料混合毛白杨价格 38.5 美元/t(干)。直接气化和间接气化与基准条件相比，改变条件各自产生 6 个不同的操作方案。

间接气化有 6 个方案：A1~A6。

A1：粗煤气的 H_2 : CO 接近 2 : 1(基准方案 0.5 : 1)。

A2：气化炉压力增加到 1.03 MPa(基准方案 0.16MPa)。

A3：采用简单的 CO 变换反应器替代蒸汽转化炉，甲烷和乙烷在合成过程中保持惰性，提高合成气压力，使 H_2 和 CO 分压与基准方案相同。

A4：采用简单的 CO 变换反应器替代蒸汽转化炉，甲烷和乙烷在合成过程中保持惰性，合成气压力不变。

A5：焦油产率比基准方案多一倍。

A6：焦油产率比基准方案少一半。

直接气化也有 6 个方案：B1~B6。

B1：B1 之气化炉压力降低到 0.14MPa(基准方案 2.28MPa)，假定合成气组成不变。

B2：B2 之气化炉压力降低到 0.14MPa，合成气组成按关联曲线外推得出。

B3~B6 和相对应的 A3~A6 定义相同。

B3：采用简单的 CO 变换反应器替代蒸汽转化炉，甲烷和乙烷在合成过程中保持惰性，提高合成气压力使 H_2 和 CO 分压与基准方案相同。

B4：采用简单的 CO 变换反应器替代蒸汽转化炉，甲烷和乙烷在合成过程中保持惰性，合成气压力不变。

B5：焦油产率比基准方案多一倍。

B6：焦油产率比基准方案少一半。

不同条件下设备总投资 TCI 和乙醇最低销售价 ESP 如表 5-11。

表 5-11　不同条件下直接气化和间接气化分析结果

间接气化分析结果							
项　　目	基准	A1	A2	A3	A4	A5	A6
TCI/10^6 美元	350	364.5	346	343	336	353	348
基准变化/%		4.1	-1.1	-2.0	-4.0	0.9	-0.6
乙醇最低销售价/(美元/加仑)	1.306	1.496	1.208	1.566	1.520	1.259	1.314
基准变化/%		14.5	-7.5	19.9	16.4	-3.6	0.6
直接气化分析结果							
项　　目	基准	B1	B2	B3	B4	B5	B6
TCI/10^6 美元	447.0	458.4	459.3	446.4	442.0	442.0	445.4
基准变化/%		2.6	2.8	-0.1	-1.1	-1.1	-0.4
乙醇最低销售价/(美元/加仑)	1.417	1.809	1.663	1.909	1.875	1.284	1.592
基准变化/%		27.7	17.4	34.7	32.3	-9.4	12.4

由表 5-11 看出，间接气化方案设备总投资为 336~364.5 百万美元，与基准方案相比，变化率在 5%以内；乙醇最低销售价为 1.208~1.566 美元/加仑，与基准方案相比，变化率

在20%以内。直接气化方案，设备总投资为4.42亿~4.59亿美元，与基准方案相比，变化率在3%以内；乙醇最低销售价为1.28~1.91美元/加仑，与基准方案相比，变化率在35%以内。

四、技术进步指标

2012年美国能源部生物质多年工作计划[12]，考虑技术进步的影响，对生物质(木本)热化学转化制乙醇进行了技术经济评估。评估建立在产业化后预测的技术经济指标上，即第 n 个工厂，把今后技术进步的量化数据和目前大型化可达到的数据列表对比，表5-12有2007年水平、2009年水平、2011年水平和预测2012年数据(即设想的第 n 个工厂)。

表5-12　生物质热化学转化制乙醇工厂(2000t/a)的具体技术进步指标

项　　目	2007年水平	2009年水平	2011年水平	2012年目标
乙醇加工费/(美元/加仑乙醇)	3.35	2.03	1.62	1.31
工厂乙醇收率/(加仑/t)	68	77	88	93
工厂总醇收率/(加仑/t)	74	86	98	104
乙醇最低售价/(美元/加仑乙醇)	4.75	3.26	2.51	2.05
原料预处理[水分降低到10%，原料热值(LHV干基) 18600kJ/kg]				
原料费用/[美元/t(干基)]	95	94	79	68
原料进厂含水量/%	50	50	40	30
干燥和预处理费用/[美元/t(干基)]	25.0	25.0	15.8	8.4
气化[粗煤气产率78%，甲烷含量15%(干基)，气化热效率74%]				
单位加工费用/[美元/t(干基)]	25.3	25.5	25.5	26.0
其中投资费用	14.4	14.7	14.0	14.9
其中操作费用	10.9	10.8	11.3	11.1
合成气净化(焦油重整、急冷)				
单位加工费用/[美元/t(干基)]	83.5	44.8	37.8	15.8
其中投资费用	10.3	9.3	8.7	9.3
其中操作费用	73.2	35.5	27.9	6.5
焦油重整后 CH_4 转化率/%	20	56	80	80
焦油重整后 CH_4 体积分数/%(干基)	13	4	2	2
焦油重整苯转化率/%	80	98	99	99
焦油重整油转化率/%	97	97	99	99
焦油重整催化剂置换速率/(%藏量/d)	1.0	1.0	1.0	0.1
脱除酸性气和脱硫(反应器进口 H_2S 含量70μg/g)				
单位加工费用[美元/t(干基)]	18.5	15.5	15.0	14.9
其中投资费用	11.6	10.3	8.7	9.3
其中操作费用	6.9	5.2	6.1	5.6
合成气压缩和膨胀				
单位加工费用[美元/t(干基)]	87.0	62.4	59.0	62.3

续表

项　目	2007 年水平	2009 年水平	2011 年水平	2012 年目标
其中投资费用	44.2	28.5	26.0	27.0
其中操作费用	42.8	33.9	33.0	35.3
单位加工费用[美元/t(干基)]	16.3	8.5	3.5	2.8
其中投资费用	16.3	15.3	14	14
其中操作费用	0	-6.8	-10.5	-11.2
CO 单程转化率/%	25	25	29	29
CO 总转化率/%	55	70	79	79
总醇选择性/ CO%(无 CO_2)	78	81	81	81
乙醇选择性/CO%(无 CO_2)	59	63	63	63
乙醇时空收率/[g/(kg cat/h)]	101	132	153	160
产品回收和提纯				
单位加工费用/[美元/t(干基)]	9.5	9.2	9.7	9.3
其中投资费用	6.8	6.1	7.1	6.5
其中操作费用	2.7	3.1	2.6	2.8
工厂平衡				
加工费用/[美元/t(干基)]	-11.6	-9.2	-7.9	-9.3
其中投资费用	20.5	17.6	18.4	18.6
其中操作费用	-32.1	-26.8	-26.3	-27.9
过程发电/[kW·h/t(干基)]	1129	793	748	791
过程消耗电/[kW·h/t(干基)]	1129	793	748	791
水消耗/[kgH_2O/t(干基)]	1802	1020	900	915

2013 年文献[13]报道了纤维乙醇实验工厂的最新技术进展，热化学法合成乙醇最低销售价从 2007 年的 4.75 美元/加仑降低到 2012 年的 2.05 美元/加仑，2012 年的技术状态基本达到了 2012 年的目标值。从 2007 年的技术状态到 2012 年的技术状态，主要技术进步为：

(1) 开发了适合生物质气化的合成气净化催化剂(镍-氧化铝催化剂)，催化剂可连续使用再生。甲烷转化率从 20%增大到 80%，焦油转化率从 80%增大到 99%，催化剂的更换率从 1%/d 减少到 0.15%/d。

(2) 开发了适合生物质转化的合成气合成为乙醇的催化剂(MoS_2)，乙醇产率从 101g/(kg·h)增加到大于 160g/(kg·h)，乙醇产量从 62 加仑/t 增加到大于 84 加仑/t，降低了催化剂的成本。

(3) 建成了能够实现 2012 年目标指标的集成的实验工厂(1t/d)。

(4) 纤维乙醇的成本降低可以与 110 美元/bbl 原油生产的汽油价格持平了。

(5) 示范性的商业工厂正在设计过程中。

五、研究开发方向

从生物质原料到乙醇产品，要经过原料预处理、气化、气体净化和调制、燃料合成、工厂平衡几个部分，研发工作中的难点和挑战有如下几方面：

(1) 原料预处理：生物质的主要性质：湿含量、固定碳、挥发份含量、杂质含量、灰分含量影响生物质转化为乙醇的技术经济指标，干的低灰分生物质将增加气化效率，减少无效的运输成本。近期在常压下加入和处理干的木材或能源作物没有明显的障碍，它们具有相对均匀的尺寸和组成。长期来说有必要改进干生物质的进料和加工过程，包括密质化、特定的处理保障体系、有问题的化学污染物脱除。需要考虑将干生物质可靠地加入加压系统。设计新的能够利用价值低的过程热的干燥器非常重要。

(2) 气化：气化是生物质在气化剂(空气、氧气或水蒸气)存在下部分氧化或燃料重整产生粗合成气的过程。气化产物的组成和质量受原料组成、气化炉类型、气化剂、温度、压力、是否有催化剂的影响。要了解生物质原料的物理和化学性质，减少副产物和共产物的量。优化气化操作条件，对各种物料进行气化(包括木材、能源作物、分类的生活垃圾、高矿物质和木质素的农业废弃物、高湿含量的有机废弃物)。

(3) 气体净化和调制：气体净化是要除去粗合成气中的杂质和污染物，根据合成气用途的不同包含一系列的处理过程。气体净化一般包括：焦油的除去或重整、酸性气体脱除、胺洗、碱金属捕获、颗粒物去除。典型的气体调制过程包括硫的精脱除(降低硫化氢含量到燃料合成所允许的要求)和水煤气变换反应(调节氢和一氧化碳的最终配比达到燃料合成优化配比的要求)。气体净化和调制的催化剂和技术必须有效除去焦油、颗粒物、碱和硫等污染物。气体净化和调制催化剂与气化条件和原料之间的相互作用关系还不十分清楚，在有效净化和调制合成气的同时要注意微量污染物的去除，优化催化剂的寿命。

(4) 燃料合成：净化和调制后的合成气转化为混合醇。燃料合成是放热反应，热量回收是增加过程有效性的关键。混合醇的合成一直受到选择性差和产率低的限制，主要挑战是开发更好的提高产率和选择性的催化剂，延长催化剂的寿命，以便使设备费和操作费切实可行。

(5) 工厂平衡：整个工厂能量的有效利用和集成，包括热量、蒸汽和水，窄点分析法用于能量网络的优化和集成。

(6) 热化学过程集成：由于缺乏工业化操作需要的随时间变化的高质量控制的过程集成数据，现有的过程集成技术存在着放大的风险。过程集成工作主要是要表征多个过程之间复杂的相互作用关系，区分微量组分对催化剂和热系统的影响。要保证提出的预测工程模型能够指导过程的优化和放大。

针对以上的难点和挑战，将从 5 个方面开展研究和开发工作，即：分析、原料界面、转化技术、辅助转化技术、集成和放大。

(1) 分析：开发集成的转化过程设计，对气化制乙醇等转化路径进行技术经济可行性评估和全生命周期影响分析，对实验得到数据每年进行分析，监测技术的进步，分析研究努力的直接前途。

(2) 原料界面：对于生物炼厂，最重要的是原料在满足加工要求的前提下使原料成本最小化。主要挑战是有效的运输和处理高湿含量的物料，经济地干燥生物质，从湿含量 50% 减少到 30% 以下，并降低灰分含量。这需要在原料进厂价格和满足加工要求之间达到平衡。

(3) 转化技术：经济有效的热转化过程可以把生物质转化为生物油或生物电。生物质气化制乙醇的研发工作包括：基础的动力学研究，催化剂的微活性测试，间歇热转化过程研究，中试规模焦油重整催化剂性能确定，混合醇催化剂研发，生物质气化制乙醇的规模达到中试的规模。

（4）辅助转化技术：研发新一代生物质转化为生物油的催化剂是先进的生物质加工技术的关键。先进性包括测试和了解催化剂的活性、选择性、失活过程，深入了解单个元素对催化活性中心的作用有助于开发新的能量和碳经济有效过程。

（5）集成和放大：将气化和下游的燃料合成过程一起研究确定集成和放大过程的问题和机遇。改进焦油裂解和重整催化剂将有机会强化合成气调制和混合醇合成过程，减少气化过程的风险和费用。过程强化和先进的过程控制将会减少投资和操作费，使总的生产费用降低。

参 考 文 献

[1] 贺永德. 现代煤化工技术手册[M]. 北京：化学工业出版社，2011.

[2] 应卫勇. 煤基合成化学品[M]. 北京：化学工业出版社，2010.

[3] Zhu Y, Jones S B. Techno-economic analysis for the thermochemical conversion of lignocellulosic biomass to ethanol via acetic acid synthesis[EB/OL]. TP PNNL-18483, 2009. http://www.pnl.gov/main/publications/external/technical_ reports/pnnl-18483.pdf.

[4] Spath P L, Dayton D C. Preliminary screening-technical and economic assessment of synthesis gas to fuels and chemicals with emphasis on the potential for biomass-derived syngas [EB/OL]. 2003, NREL/TP510-34929. http://www.fischer-tropsch.org/DOE/DOE_ reports/510/510-34929/510-34929.pdf.

[5] Nexant Inc. Equipmentdesign and cost estimation for small modular biomass systems, synthesis gas cleanup, and oxygen separation equipment task 9: Mixed alcohols from syngas-state of technology[EB/OL]. 2006, NREL/SR-510-39947. http://www.nrel.gov/docs/fy06osti/39947.pdf.

[6] Gerber M A, White J F, Gray M J. Mixed alcohol synthesis catalyst screening 2007 progress report[EB/OL]. November 2007, PNNL-17074. http://www.pnl.gov/main/publications/external/technical_ reports/PNNL-17074.pdf.

[7] Gerber M A, White J F, Gray M J, et al. Optimization of rhodium-based catalysts for mixed alcohol synthesis-2009 progress report[EB/OL]. 2010, PNNL-20115. http://www.pnl.gov/main/publications/external/technical_ reports/PNNL-20115.pdf.

[8] Dutta A, Worley M, et al. Process design and economics for conversion of lignocellulosic biomass to ethanol-thermochemical pathway by indirect gasification and mixed alcohol synthesis[EB/OL]. Technical Report, NREL_ TP/5100-51400, May 2011. http://www.nrel.gov/biomass/pdfs/51400.pdf.

[9] Phillips S D, Aden A, et al. Thermochemical ethanol via indirect gasificaton and mixed alcohol synthesis of lignocellulosic biomass [EB/OL]. NREL/TP-41168, Apr. 2007. http://www.nrel.gov/docs/fy07osti/41168.pdf.

[10] Dutta A, Phillips S D. Thermochemical ethanol via direct gasification and mixed alcohol synthesis of lignocellulosic biomass[EB/OL]. NREL/TP-45913, July 2009. http://www.nrel.gov/docs/fy09osti/45913.pdf.

[11] Zhu Y, Gerber M A, et al. Analysing the effect of compositional and configurational assumptions on product costs for the thermochemical conversion of lignocellulosic biomass to mixed alcohols[EB/OL]. Feb 2009 Rev 1, PNNL-17949. http://www.pnl.gov/main/publications/external/technical_ reports/PNNL-17949rev1.pdf.

[12] EERE/DOE. Biomass multi-year program plan[EB/OL]. April 2012. http://www1.eere.energy.gov/bioenergy/pdfs/mypp_ april_ 2012.pdf.

第六章　合成气发酵制乙醇

目前生产燃料乙醇的常用方法主要有三种，即生物转化法、热化学转化法、热化学-生物转化法。其中，生物转化法是以糖类、淀粉类或纤维素、半纤维素为原料的生物质通过生物发酵法转化为乙醇。热化学-生物转化法是生物质经过气化生成富含 CO 和 H_2的可燃气体，经过微生物发酵，CO 和 H_2气体可转化为乙醇，该法集成了热化学和生物发酵两种工艺过程，是一条独特的乙醇生产工艺路线。但目前，该工艺路线也存在一定的限制因素，主要问题是菌种的性能较差，筛选乙醇产率高、耐氧性好的菌种一直是该领域的研究热点。此外，菌种培养条件、生长动力学模型、反应器、发酵工艺优化及降低生产成本等方面都有待进一步的研究。相信随着技术水平的不断提高，利用合成气发酵制乙醇有望成为一种重要的乙醇生产工艺[1,2]。

第一节　合成气发酵产乙醇微生物

从 20 世纪 80 年代开始，科研工作者陆续从动物粪便、农业泻湖、下水道污泥、煤浆等物质中发现了能够利用合成气生产乙醇的微生物。这些菌种都是常温菌，适宜生长的温度一般在 37℃左右，适宜乙醇代谢的 pH 值在 4. 0~7. 5 间，其中研究和报道最多的是 *Clostridium ljungdahlii*、*Clostridium carboxidivorans* P7 等。*Clostridium ljungdahlii* 是 Arkansas 大学的 Gaddy 等从鸡粪中分离出的第一株能利用 H_2/CO_2和 CO 发酵产乙醇的微生物。该微生物呈棒状，具有运动性，包裹一层厚的衣被，芽孢不常见，是严格厌氧的革兰氏阳性细菌。最适生长的 pH 值为 4. 0~7. 0，DNA 的 G+C 的质量分数为 22%~23%，最适生长温度为 37 ℃。乙酸和乙醇的最大产量均出现在 37 ℃。当它以合成气作为生长底物，代谢产物中除了有乙酸外，还有乙醇生成。pH 值为 5. 0~7. 0 时，乙酸生成较多，pH 值为 4. 0~4. 5 时，乙醇生成较多。主要反应有：

$$4CO+2H_2O \longrightarrow CH_3COOH+2CO_2$$

$$2CO_2+4H_2 \longrightarrow CH_3COOH+2H_2O$$

$$6CO+3H_2O \longrightarrow CH_3CH_2OH+4CO_2$$

$$2CO_2+6H_2 \longrightarrow CH_3CH_2OH+3H_2O$$

Younesi 等以 CO 为底物，对不同初始 CO 气相分压下的发酵情况以及细胞生长动力学作了详细的研究，结果表明 CO 的转化率随着初始 CO 气相分压的提高而增加。另一方面，液相中的 CO 存在抑制，其在批式发酵中的抑制系数为每升 CO 20 mmol。*Clostridium ljungdahlii* 的最大比生长速率为 0. 022 h^{-1}，Monod 常数 0. 078 mmolCO/L，经过培养基优化后，连续发酵时生成的乙醇最高产量可达 23 g/L，是目前合成气发酵产乙醇工艺最有潜力的一株[3]。

Clostridium carboxidivorans P7 为革兰氏阳性菌，杆状直径 0. 5 μm，长度 3 μm，经常是单个或成双出现，能游动，有鞭毛。很少能观察到芽孢，增殖时间为 5. 8 h，适宜生长 pH 值为 4. 4~7. 6，最适生长温度为 37 ~ 39℃。Rajagopalan 用 4. 5 L 发酵罐进行批式发酵时发

现，*Clostridium carboxidivorans* P7 处于稳定期时，每消耗 28 g 的 CO 可以得到 6.9g 乙醇，5.58 g 丁醇，1.5 g 乙酸。Datar 以柳枝稷为原料生产合成气，用 *Clostridium carboxidivorans* P7 进行发酵试验，连续发酵时乙醇浓度达到 5 g/L。此外，*Clostridium carboxidivorans* P7 对氧的耐受性高，合成气中氧达到 1.3 g/L 时也能生长。

C. autoethanogenum 是一种从兔粪中分离出的菌种，CO 可作为能量和碳源的唯一的来源。除此之外，发酵底物还可以是 H_2/CO_2、木糖、丙酮酸、果糖等简单的碳水化合物。生长的适宜温度为 37℃，最佳 pH 为 5.8～6.0。近年来，科研人员陆续发现了 *Moorella* sp. HUC22-1 和 *Clostridium thermoaceticum* 等嗜热菌也可以利用合成气发酵乙醇，这两种菌利用合成气生产乙醇的最适温度都在 55℃左右。*Moorella thermoacetica* 在含有 H_2/CO_2的底物中培养，消耗 4 mol 的 H_2和 2.1 mol 的 CO_2，可以得到 0.9 mol 的乙酸，若以 CO 作为唯一的能源和碳源时，消耗 4 mol 的 CO，生成 2 mol 的 CO_2和 1.1 mol 的乙酸。一些能够利用合成气发酵生产乙醇的微生物如表 6-1 所示。

表 6-1　利用合成气发酵产乙醇的微生物

菌　　种	温度/℃	pH	主要发酵产物
Clostridium autoethanogenum JAI-1	37	5.8～6.0	乙醇、乙酸等
Clostridium ljungdahlii	37	4.0～4.5	乙醇、乙酸等
Clostridium ljungdahlii P7	37	5.8	乙醇、丁酸、乙酸等
Butyribacterium methylotrophicum	37	6.0	乙酸、丁酸、乙醇、丁醇等
Clostridium carboxidivorans P7^T	37	4.7	乙酸、乙醇等
Clostridium strain PETC	37	4.0	乙酸、乙醇等
Clostridium drakei SL1^T	30～37	5.5～7.5	乙酸、乙醇、丁酸、丁醇等
Acetobacterium woodii	30	7.5	乙酸、乙醇
Eubacterium limosum KIST612	37	6.8	乙酸、丁酸、丁醇等
Clostridium thermoaceticum	55	6.8	乙酸、乙醇等
Moorella sp. HUC22-1	55	5.0	乙酸、乙醇等
Peptostreptococus products	37	7.4	乙酸、乙醇等

第二节　发酵原理

厌氧菌利用合成气发酵生产有机酸和醇的途径主要是 Wood—ljungdahl 途径(即乙酰辅酶 A 途径)。文献已报道的发酵机理主要为：CO_2在甲酸脱氢酶的作用下形成甲酸，然后和四氢叶酸反应生成甲基四氢叶酸，最终在蛋白酶的作用下形成甲基，CO_2和 CO 在一氧化碳脱氢酶(CODH)的作用下形成羰基。甲基、羰基和辅酶 A 在酶(乙酰辅酶 A 合成酶和 CODH)的催化下形成中间产物乙酰辅酶 A。乙酰辅酶 A 在乙酰磷酸转移酶的作用下最终生成乙酸和 ATP；乙酰辅酶 A 在乙醛脱氢酶的作用下生成乙醛，进一步被乙醇脱氢酶催化生成乙醇。乙酰辅酶 A 生成乙醇的过程需消耗还原性物质 NADH。具体路径如图 6-1 所示。此外，两分子的乙酰辅酶 A 在转移酶的作用下可转化为乙酰辅酶 A，在酶的催化下，可进一步生成丁酸和丁醇。

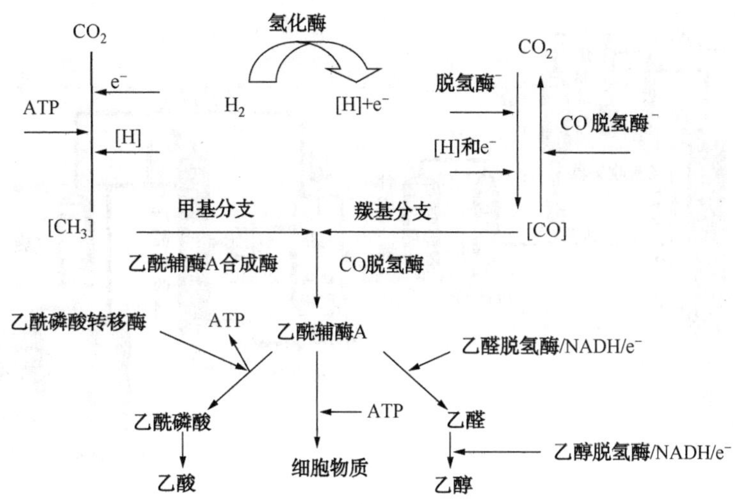

图 6-1　乙酰辅酶 A 路径

代谢过程中参与的关键酶有 CODH、氢化酶、甲酸脱氢酶和乙醇脱氢酶等。CODH 是一个双功能的酶，不仅能够可逆地将 CO 氧化生成 CO_2，并产生电子；同时可以催化甲基、羰基和辅酶 A 生成中间产物乙酰辅酶 A。H_2在氢化酶的氧化下生成具有还原性的氢和电子。碳源可在还原性的氢的作用下转化，此时碳的转化率较高。若体系中缺少 H_2或者氢化酶受到抑制，部分 CO 会在一氧化碳脱氢酶的作用下产生还原性物质 CO_2，与前者相比，碳的转化率下降。CO_2和 H_2形成乙酰辅酶 A 的过程消耗 ATP，乙酰辅酶 A 生成乙酸的过程则生成 ATP。以其为例，涉及到的总反应如下：

$$6CO+3H_2O \longrightarrow CH_3CH_2OH+4CO_2 \qquad \Delta G=-204kJ/mol$$

$$2CO_2+6H_2 \longrightarrow CH_3CH_2OH+3H_2O \qquad \Delta G=120kJ/mol$$

$$4CO+2H_2O \longrightarrow CH_3COOH+2CO_2 \qquad \Delta G=-164kJ/mol$$

$$2CO_2+4H_2 \longrightarrow CH_3COOH+2H_2O \qquad \Delta G=-108kJ/mol$$

式中的自由能数据是在碱式碳酸盐离子和 pH 值为 7.0 的条件下得到的。从数据中可知，CO 比 H_2更易被微生物吸收。乙醇和醋酸的生成比率取决于使用微生物菌种和发酵工艺条件。由生成乙醇的计量方程式，当 CO：H_2为 1：1 时，CO 生成乙醇的理论转化率为 2/3，生成 CO_2的转化率为 1/3。当 CO：H_2为 1：2 时，CO 中的 C 理论上可以全部转化为乙醇。当 CO_2：H_2为 1：3 时，CO_2 可以完全吸收。增加合成气中 CO 的浓度，对提高乙醇产量有重大意义。控制好发酵条件，可使得 CO 和 H_2 有较高的转化率。已报道的 CO 的最好转化率约为 90%，H_2的转化率约为 70%[4,5]。

第三节　发 酵 工 艺

合成气发酵产乙醇的工艺流程如图 6-2 所示，尤其在发酵过程中的微生物生长将受到很多因素的影响，主要包括：pH 值、还原剂、营养条件、温度、气体的组分等。如何优化上述因素以满足其生长，是合成气发酵产乙醇的前提条件[6~11]。

细胞生长和终产物都受 pH 值的影响。pH 值为 4.2 或 7.5 时，*Clostridium ljungdahlii* 和

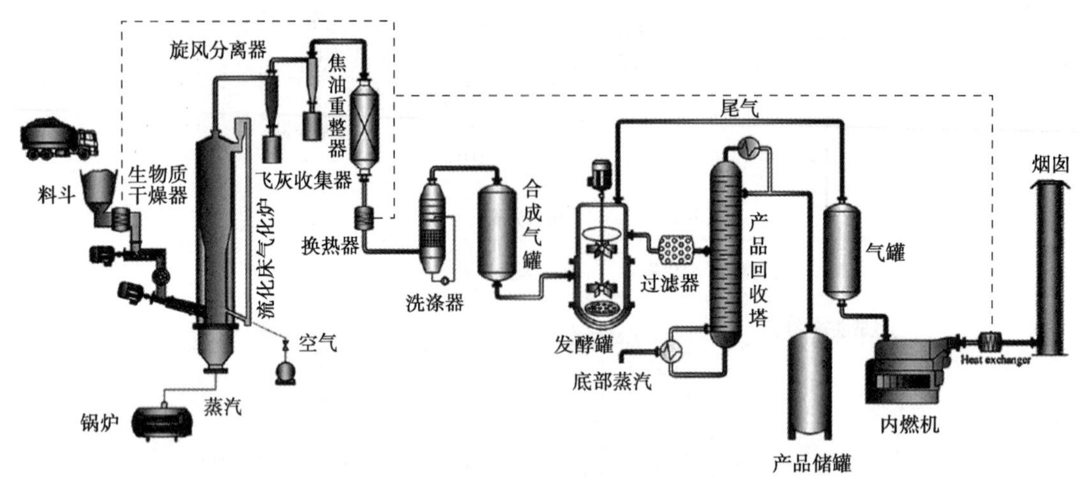

图 6-2 生物质气化发酵工艺流程

Clostridium carboxidivorans P7 生长会受到抑制，在起始 pH 值为 4.5~5.7 或 6.5~7.5 时会出现更长的延滞期和更长的增殖时间。在 pH 值为 5.0~7.0 时，代谢产物主要为乙酸，pH 值低于 5.0 时，代谢产物主要为乙醇。

利用合成气发酵产乙醇的菌种都是严格厌氧菌，必须加入还原剂来维持较低的氧化还原电位。同时，还原剂能提高乙醇/乙酸的比率。Hu 等研究了不同浓度的硫化物对菌株 *Clostridial* P11 的发酵产物的影响。结果表明，较高浓度的硫化物利于产物乙醇的生成，低浓度的硫化物更有利于乙酸的生成。然而，还原剂的加入量也不易过大。当加入的还原剂量超过 0.1‰时，*C. ljungdahlii* 基本上停止生长。在细胞代谢途径中，还原剂用来改变电子流向和细胞生长速率。还原剂诱导 *Clostridium ljungdahlii* 直接通过细胞代谢生成 NADH 和乙醇，并引起非生长条件，减少 ATP 的生成，因此导致细胞的生长缓慢。

营养条件是影响微生物发酵的关键因素。研究者对一批 *C. ljungdahlii* 菌株的发酵产品进行研究，考察了酵母膏浓度对乙醇和乙酸产品分配产生的影响，发现低浓度的酵母膏利于提高乙醇产量。郭颖等应用 Plackett-Burman 设计优化 *C. autoethanogenum* 的生长培养基。按照功能将培养基分成 11 组分。试验确定显著因素酵母膏的最佳浓度为 1.5 g/L，最终得到细胞干重的最大值为 399.46 mg/L。Klasson 等对 *C. ljungdahlii* 分批发酵培养基组成的重要性进行了研究。发酵过程中，合成气作为主要碳源，而酵母膏分别用纤维二糖、鼠李糖、半乳糖和淀粉代替进行考查。利用这些物质代替酵母膏可以促进细胞和乙醇的浓度和产物的比例。当使用纤维二糖时，最高的细胞浓度为 170mg/L，乙醇浓度为 0.56mmol，乙醇与乙酸的比例为 0.45。一些研究尝试降低培养基的费用，如，Kundiyane 等利用棉花籽(CSE)作为 *Clostridium strain* P11 的发酵培养基，而不添加其他组分。CSE 含有一些矿物质和维生素，以及 18 种氨基酸。经过 15 天操作，在含有 0.5g/LCSE 的发酵培养基中，得到 2.66g/L 乙醇，同时有少量的乙酸产生。

还有研究表明，焦油的存在会导致细胞休眠，且造成产物的重新分配。当气体中硫化物(H_2S、COS 等)的浓度为 2.5%时，对细胞的增长和气体利用率的影响不大。硫化物浓度超过 5.2%时，反应延缓；达到 10%时会完全抑制细胞的生长和 CO 的利用。此外，发酵罐内细胞微生物的循环可以提高 H_2和 CO 的利用率和乙醇的产量。Arora 用菌种 BRI O-52 进行实验，结果表明：若气液体的停留时间分别为 16.6 min 和 31 h，细胞全部循环使用，则生产乙醇的浓度为 21 g/L；若气液体的停留时间分别为 7 min 和 17 h，73%的细胞循环使用，则生产乙醇的浓度为 22.3 g/L；CO 的转化率均大于 80%，H_2的转化率均在 50%~60%。

在没有维生素和微量元素时，*C. carboxidivorans* 不生长，一般需要泛酸、对氨苯甲酸、生物素作为必需维生素，不需要叶酸、维生素 B12 等。*Clostridium ljungdahlii* 的生长需要盐酸硫胺素、生物素、泛酸钙等维生素。亚铁离子能提高乙醇和其他产物的生成量，亚铁离子在 CO 代谢过程中可以作为一氧化碳脱氢酶和氢化酶的辅基或辅助因子。

底物压力对于合成气发酵过程的影响显著。在分批发酵过程中，CO 和 H_2的溶解将成为传质的限制性因素，而这与气体组分在混合气中的分压成正比。由于代谢过程中参与反应的酶对气体底物很敏感，因此气体组分的分压对细胞生长和产物的分布都会产生显著的影响。此外，分压的提高会增加反应的速度，降低反应器的体积。Younesi 等研究了 *C. ljungdahlii.* 在分批发酵过程中，不同初始合成气压力(0.8~1.8 atm)的影响。研究显示，细胞量在较高的压力下(1.6atm 和 1.8 atm)不会被抑制，然而细胞浓度和乙酸浓度在所有的压力条件下几乎不变，乙醇的生产在高压下得到提高。这可能是因为，除了 CO 作为底物，CO_2/H_2也得到利用，同时压力提高增大了传质速率。

反应器是合成气发酵过程中最重要的设备之一。目前，搅拌罐式反应器在实验室规模的合成气发酵中应用较为广泛。反应器所带的搅拌桨可将大气泡打碎成小气泡，从而提高气液传质面积，小气泡上升较慢，可以延长气液接触时间，从而可以获得较高的传质速率。该反应器的体积传质系数与单位体积搅拌功率和空塔气速有关，提高空塔气速和搅拌速率都可以增大传质系数，但提高空塔气速会导致气体的转化率下降，而搅拌速度和力度过大，会导致能耗增加和细胞破坏，这就限制了搅拌罐式反应器的生产规模。柱式反应器包括气升式反应器和滴流床反应器，此类反应器特点是细胞可固定在填充物上或悬浮在液体培养基内。气体连续通过，液体向下滴过填充物，气体流动方向可以逆流或顺流，气液流速都较低。此类反应器的特点是不需机械搅拌，耗能少；气液体流速低，传质系数较高。缺点是细胞微生物的生长容易导致反应器堵塞，且反应器混合性能不好，批 pH 不易控制。

图 6-3 显示的是一套合成气发酵实验装置，反应在连续的鼓泡柱式反应器中进行。发酵菌种为 *Clostridium carboxidovorans*，反应气为 N_2，CO_2 和 CO。反应器高 2ft（0.61m），内径 4.5in（11.4cm），液相和上层气相容积分别为 4.5L、1.7L。液体以 200~300 mL/min 速度循环，罐 1 和 2 为培养基[12]。

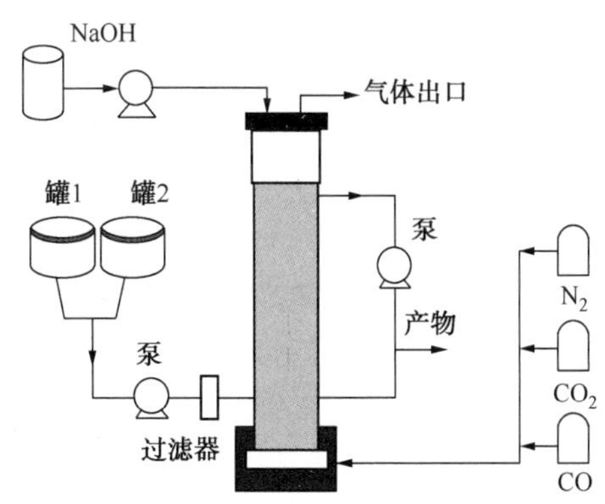

图 6-3　连续鼓泡柱式反应器

图 6-4 为中国科学院能源研究所发明的一种合成气发酵生产有机酸和醇的反应装置[13]。此装置结合了搅拌罐式反应器和气升式反应器的优点，增加了气体循环装置，此外，反应罐体内部还设置有气体分布器、导流筒等。送入反应罐的气体在气体分布器上分散成小的气泡，搅拌器将其搅拌破碎，夹杂细小气泡的培养液在导流筒内上升，导流筒外部的液体向下流动，此时气

液流动方向为对流。气体组分能更好地向液相中流动，传质系数较大，且此过程搅拌速率不需要太大，此外，未反应完全的气体循环使用可以提高气体的利用率。

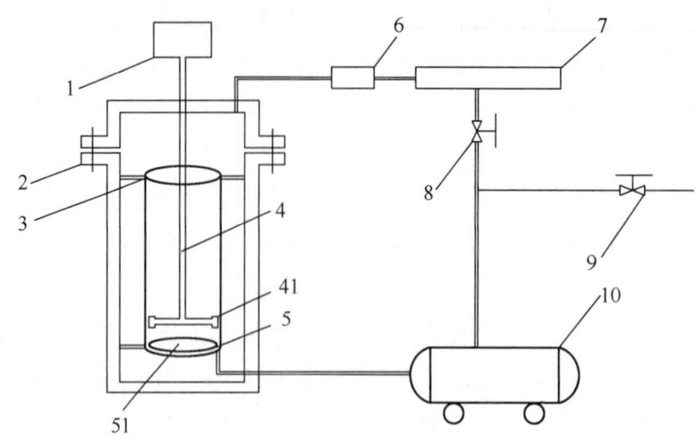

图 6-4　一种合成气发酵生产有机酸和醇的反应装置

1—电机；2—罐体；3—导流筒；4—搅拌器；41—搅拌叶片；5—气体分布器；
51—通气管；6—排气阀；7—气体贮罐；8，9—阀门；10—空压机

新型生物反应器可以用于合成气发酵。载体生物膜反应器中，生物膜附着在载体材料上，而生物质沿着生物膜表面流动，这相似于流化床反应器，而且由于大的开放区域，其压降低于随机填充床。在微膜生物反应器中，生物膜是直接吸附在微膜上，而生物质生成的气体可以通过其扩散。合成气透过膜，且在膜的外壁连续发酵生成乙酸和乙醇。特点在于，此类生物反应器可以在较高的质量传质速率及较高的压力下操作，获得较高的产率和反应速率，耐毒性也较高。

对于受传质限制的合成气发酵而言，除了反应器的形式外，发酵工艺也影响发酵转化率和产率。可以从如下方面对发酵工艺进行改进：①采用气体循环来提高气体产物的转化率；②采用连续操作和细胞循环；③由于菌株生长条件和发酵条件不同，采用两步 CSTR 发酵工艺，即细胞生长和产物合成分别在不同的发酵反应器中进行。具体见图 6-5。

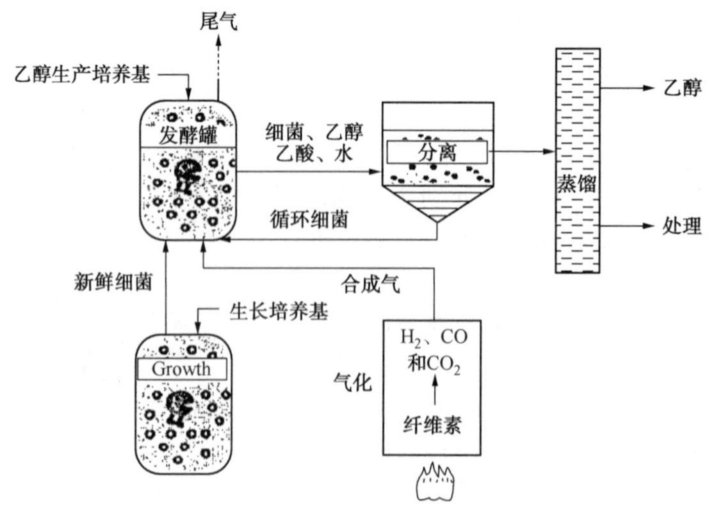

图 6-5　两步 CSTR 发酵工艺

Younesi 等对合成气发酵乙醇的动力学模型进行了研究，并建立了非结构批式发酵的生长模型，具体模型如下[14]：

$$x = \frac{x_0 e^{u_m} t}{1 - (x_0/x_m)^2 (u_m/(k + u_m)) [1 - e^{(k+u_m)t}]}$$

式中　x——细胞干重；

x_0——开始时细胞干重；

x_m——细胞最大干重；

u_m——单位时间细胞最大生长速率；

k——生长抑制系数；

t——单位时间。

该模型对提高细胞的生长量有较大意义。通过该模型 Younesi 得出：当 *Clostridium ljungdahlii* 细胞最大干重为 1.5g/L 时，其抑制系数为 0，最大细胞干重为 1.2g/L 时，其抑制系数为 0.003，最大单位生长速率为 0.07h^{-1}。此外，Younesi 还研究了以 CO 为发酵底物时，*Clostridium ljungdahlii* 的生长动力学方程。

$$\frac{C_{CO}^*}{\mu} = \frac{K_{CO}}{\mu_{m1}} + \frac{C_{CO}^*}{\mu_{m1}} + \frac{(C_{CO}^*)^2}{\mu_{m1} K_i}$$

式中　μ——比生长速率；

μ_m——以 CO 为底物时最大比生长速率；

C_{CO}^*——平衡时气相中 CO 与液相中 CO 的比；

K_{CO}——莫罗常数；

K_i——抑制常数。

通过实验发现：CO 转化率随着 CO 浓度的增加而提高，批式发酵中抑制系数为 0.028g/L，细胞最大生长速率和莫罗常数分别为 0.022h^{-1}和 1.029g/L。

第四节　工业化现状

美国 BRI 公司开发了利用木质纤维素进行气化发酵生产乙醇的技术。于 2003 年 11 月在阿肯色州建立了一个生物质合成气发酵生产乙醇的示范工程，并于 2005 年末开始筹建第一个商业化运作装备。BRI 公司的工艺流程简图如图 6-6 所示[15]。

BRI 公司的一组设计规模装置包括两个气化炉和两个发酵罐(图 6-7)。每个气化炉的日处理量为 125t 废料，每组装置每年可处理 85000t 废物，生产 700 万加仑的乙醇，同时产生 5MW 的电力。一个每年处理 1000000t 废物的中型规模的厂，可生产 8000 万加仑乙醇，50MW 电力，35MW 剩余的净能量。BRI 研制的生物反应器可使常压下的发酵反应几分钟内完成，若增加压力时，1min 内即可完成。从生物质进气化炉到生成乙醇不到 7min，使得反应成本降低。

美国的 Coskata 公司也开发了新型的热化学法/生物法制乙醇工艺(图 6-8、图 6-9)。该工艺可以对包括木屑、柳枝稷、玉米秸秆、城镇垃圾、废旧轮胎等各种生物质进行气化，气化得到的合成气通过过滤器通入到发酵反应器中利用微生物进行发酵，发酵液利用膜技术分离乙醇，最终乙醇的纯度可以达到 99.7%。该工艺具有以下的特点：① 原料的灵活性，工

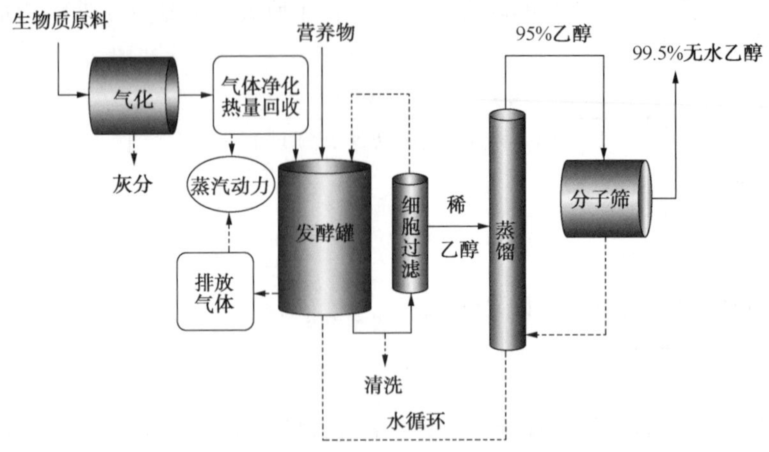

图 6-6　BRI 公司工艺路线简图

艺能够适用更多的原料，如城市垃圾、木材或林产副产物、能源作物等，钢铁厂废气、垃圾沼气、厌氧处理消化气等；② 工艺的高效性，该过程首先用现有的技术把原材料气化。气化的产物——氢气和一氧化碳混合而成的合成煤气，被灌入生物反应器，专有的梭状芽胞杆菌菌株将其转化成乙醇，反应方程如下：

$$6CO+3H_2O \longrightarrow C_2H_5OH+4CO_2$$

$$6H_2+2CO_2 \longrightarrow C_2H_5OH+3H_2O$$

图 6-7　BRI 示范装置

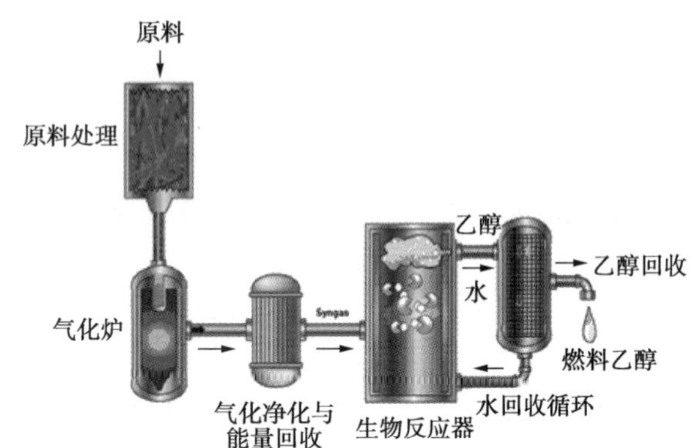

图 6-8　Coskata 工艺路线简图

由于生产过程中不使用催化剂，不需要较高的温度和压力，所以它可以使用较便宜的设备。微生物菌体发酵时，所需的营养物质很少。此外，该公司开发了多种新型的反应器，并将在示范工厂及未来的商业化规模的工厂中应用。据报道，每吨干生物质可产超过 100 加仑(约 380 L)的燃料级乙醇，高于生物法和热化学法的产率。在 GHG 减少方面，Coskata 工艺显示出更好的减排效果，GHG 减排可以达到 96%，高于传统的乙醇生产工艺。目前，coskata 正在积极推荐该技术的工业化进程。公司预计的目标是使非食用基原料生产乙醇的成本低于 1 美元/加仑。

此外，英国的英力士(Ineos Bio)公司也提出了类似的工艺路线，路线如图 6-10 所示。

AMEC 公司在美国佛罗里达州将为其建设第一套商业化规模装置，价值超过 1 亿美元(7150 万欧元)。该设施将从可再生生物质包括庭院废弃物和城市固体废弃物、木质和植物

图 6-9　Coskata 公司示范装置

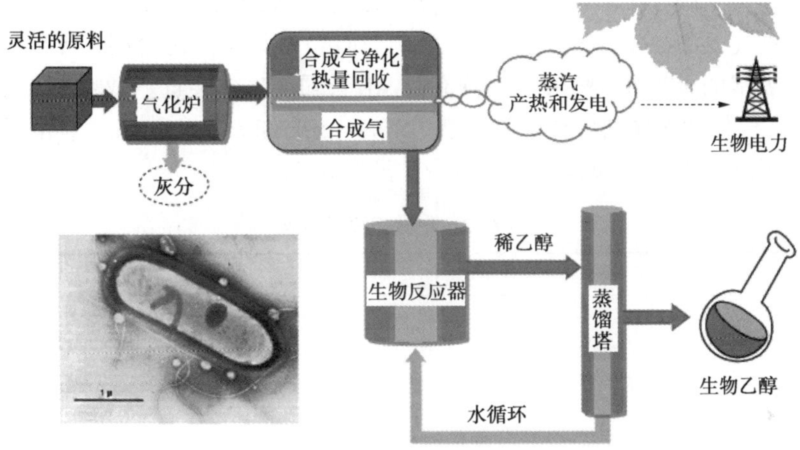

图 6-10　Ineos Bio 工艺路线简图

废料，每年生产 6MW 可再生能源以及 800 万加仑乙醇(2.4 万 t/a)乙醇。2013 年 7 月，INEOS Bio 公司宣布位于 Indian River 的生物能源中心开始生产纤维乙醇，首次实现了该技术的商业化规模生产。

新西兰 Lanzatech 公司是一个可以利用工业废气、生物质合成气为原料生产燃料乙醇的公司，可以将城市垃圾、工业有机垃圾、废木料等生物质气化，使用其具有专利权的微生物能够将生物质中 90% 以上的能量用于液态燃料的发酵。该技术路线与 Coskata 公司和 Ineos Bio 公司技术类似，但不同的是转化的微生物可以在不含 H_2 而只含有 CO 的气体中反应。目前，该公司已经在我国首钢和宝钢建设年产 10 万加仑(300t)乙醇装置，这为下一步的商业化运行奠定了良好的基础。该公司预期在 2014 年启动在中国商业化装置建设。2013 年 6 月，该公司与西门子技术公司及其下属的西门子金属技术公司建立了 10 年合作伙伴关系，开发利用该技术转化钢铁企业废气生产乙醇和其他平台化合物，如：乙酸、丙酮、异丙醇、正丁醇和 2，3 丁二醇的技术与市场整合方案。

第五节　技术经济分析

目前，有关合成气发酵法的研究报道很少，也没有较为系统、翔实的技术经济性指标，合成气发酵法在经济性方面仍有不确定性。有研究者于 2009 年对合成气发酵法进行了技术经济评估，指出该工艺路线的投资高于发酵法工艺的投资，为了短期内收回投资，乙醇的生产价格约为 1.63 美元/L，高于发酵工艺。尽管如此，该工艺在电能的产生方面远高于直接发酵法，这在电价昂贵或发电需要补贴的地区将显示出明显的优势。此外，热化学生物法采用了原料气化的技术，该技术相比于发酵法中的原料预处理技术更具灵活性。芬兰埃因霍分科技大学运用 Aspen plus 软件对合成气发酵制乙醇工艺建立了模型，对该工艺年处理量为 30000t 的小规模生产的技术和经济的可行性进行了分析，报告表明：该工艺可以与纤维素乙醇工艺相竞争，每年可生产 8812 kg 的乙醇，乙醇的价格在 0.6 欧元/L 左右[16,17]。

据 NREL 对热化学法进行了技术经济分析，指出：通过间接气化合成气催化制备混合醇工艺生产乙醇的成本大概为 1.22 美元/加仑。而采用直接气化合成催化工艺的乙醇成本为 1.95 美元/加仑。单从上面的数据可以得出，合成气发酵法要想与其他乙醇生产工艺相竞争，需要从根本上突破技术障碍，改进技术指标，进一步降低生产成本[18,19]。

美国密西西比乙醇(ME)公司与美国能源部(DOE)签订了一份合同，评估用现存设备进行生物质气化发酵的可行性。气化炉为现有的 ME 公司的气化装置。试验工厂每天至少生产 0.5 加仑乙醇，气体和液体的停留时间分别为 $GRT=50$h 和 $LRT=20$min。发酵罐液相流速为 0.43 加仑/h。由此来估算中试规模的设备费，见表 6-2。

表 6-2　中试规模设备费

设　　备	金额/美元
发酵罐	154000
容量罐	2400
泵	30000
膜分离装置	9100
斜管沉淀池	3000
蒸馏费用	67500
现场分析支持(含有 pH、色谱等检测装备)	60000
全部费用	326000

ME 发酵装置的成本分析如表 6-3，依据乙醇的每天日产量 3500 加仑，LRT 为 17h，GRT 10min，发酵罐液相流速 10 加仑/min，发酵罐流出浓度为 25g/L。

表 6-3　ME 发酵装置设备费

设　　备	费用/美元	备　　注
发酵设备	717500	4 个 25000 加仑发酵罐，1 个 2500 加仑种子罐
办公/实验室/控制室	150000	
仓库	400000	
膜分离系统	640000	4 个 25 加仑/min 分离器
储罐	440000	2 个 30000 加仑发酵液储罐；1 个 100000 加仑乙醇储罐；1 个 50000 加仑废水储罐；1 个 7500 加仑营养物流加罐
废水处理系统	500000	
泵	48000	4 个发酵罐用泵，3 个物料泵，2 个培养罐用泵，2 个蒸馏物料泵，3 个废水泵，2 个备用泵
蒸馏/脱水	900000	
设备总费用	3795000	

由于设备成本370万没有估算间接费用和直接费用，考虑到30%的估计偏差，ME建设的发酵设备费用在675万~1020万美元之间，报告建议采取较高的费用更加现实。

Piccolo选用直接通氧气的流化床气化炉生产合成气，生产规模为日处理干生物质(木材)原料2000 t/d，根据不同的假定，每吨干生物质产乙醇160~230 kg。估计的建设投资为6.73亿美元(以下均以2007年汇率为参考)。表6-4、表6-5分别列出了设备费和投资费用等对乙醇售价的影响，乙醇产量对乙醇价格的影响。

表6-4　设备购置及安装和总投资费用

工　段	安装费用/百万美元
预处理	38.2
气化	73
旋风分离	1.8
发酵罐	12.87
蒸馏	2.68
热交换器	9.45
O_2工厂	27.63
蒸汽透平	53.83
合计	219.46
+30%费用	285.30
全部投资费用(TCI)	517.93
+30%费用	673.31

通过对投资回收期数据进行分析，考虑两种情况，一是企业技术寿命15年，投资回收期10年(PB10)，另一种是技术寿命10年，投资回收期5年(PB5)。主要的经济参数如表6-5所示。从表中可以看到，即使乙醇的价格很高，内部收益率IRR指数也低于15%，表明项目投资没有效益。

表6-5　气化发酵制乙醇过程经济指标参数

项　目	乙醇价格/(欧元/L)	NPV/百万欧元	IRR/%	ROI/%
PB10	0.89	-48.9	7.7	20.2
PB5	1.20	5.9	10.4	31.9

注：ROI—投资回报率；IRR—内部收益率；NPV—净现值。

通过敏感性分析，对影响乙醇价格的因素进行分析。原料价格是其中最重要的影响因素之一，可以占到全部生产费用的67%(未折旧)。预期随着技术的进步，在三个不同的时间阶段对乙醇成本和售价进行敏感性分析。依据上述假设，中期每吨干生物质可以达到228L乙醇生产水平，远期水平达到每吨干生物质生产282L乙醇。三个不同阶段的技术水平如表6-6所示。

表 6-6 不同阶段的技术水平及生产成本

项　目	产率(乙醇/CO)	产率(乙醇/H_2)	浓度/%	TPC10/(欧元/L 乙醇)	PB10/(欧元/L 乙醇)
当前水平	53.10	18.80	2.4	0.65	0.89
中期水平	61.10	21.60	3.0	0.59	0.80
远期水平	80.0	28.00	5.0	0.50	0.72

注：TPC10—10 年期总生产成本；PB10—10 年期投资回收率。

此外，该过程为能量自给的过程，大约可产生 39.4 MW 能量，考虑到过程所需的能量，多余的 18.9 MW 可以出售给电网，即：每吨干木材可以产生 780 MJ 多余的电可以售给电网。

综上所述，合成气发酵制乙醇相比于水解发酵法制乙醇，在技术上还不完全成熟，其中最重要的问题是如何提高 H_2和 CO 的转化率，这就需要效率更高的微生物，同时还要具有较高的乙醇抗性。此外，强化气液相间的传质也是需要考虑的重要因素，这需要对反应器进行深入研究，新型反应器的设计不仅要考虑到混合和剪切的影响，还要考虑到提高传质速率，是否会造成发酵液中污染抑制物浓度的提高，因此，上游的气体净化技术也是需要考虑的重要因素。

第六节　合成气发酵制乙醇的发展前景

我国的生物质资源非常丰富，开发潜力巨大。随着城市规模的扩大，城市生活垃圾以每年 8%~10%的速度递增，如果这些生物质资源能得到有效利用，将对可持续发展具有重要的意义。合成气乙醇发酵能够充分利用农林废弃物和城市固体废弃物，但是要达到工业化生产，还应加强以下方面的研究。

一、培育高产耐氧性好的菌种

目前报道的菌种大多是极端厌氧菌，生长条件苛刻。这些菌种往往在产乙醇的同时也产乙酸，而且很多时候乙酸的产量要高于乙醇。菌种在利用合成气发酵时会受到其中杂质如焦油等的抑制，这些都导致乙醇的产量不是很高，不利于产业化的进行。以后的工作需要朝着筛选高产乙醇、耐焦油的菌种方向努力。解决这一问题须从两方面入手：一是从自然界中筛选更好的菌种和利用基因工程对现有菌种进行改造；二是改变纯培养的方式，提高细胞生长量和降低培养成本。

二、气化方法

气化方法的选择影响到合成气的品质，而合成气的品质又直接影响到发酵的最终结果。一般的气化方法往往导致合成气中除了 H_2、CO、CO_2这些微生物利用的主要成分外，还含有其他杂质，如焦油、N_2、硫化物、C_2化合物等。特别是焦油会对微生物的生长、发酵产生抑制，影响到乙醇的产量。怎样去除焦油等杂质，提高合成气中可利用成分的含量应该做更多的研究。在气化设备的终端加上过滤设备或许能够有效去除杂质，提高合成气品质。

三、优化反应条件

发酵设备在发酵过程中起着重要的作用，往往影响着最终产量。合成气发酵过程中，合成气通入反应器时气体的溶解效率很低，气体的溶解直接影响到气体的转化效率从而影响到乙醇的产量。通过改进反应器结构来提高合成气的溶解率通常效果不佳，通过加入一些吸附能力较好的材料和试剂，可提高气体的溶解度和改善菌种生长的微环境。一些研究表明，微泡扩散器、复合纤维膜等设备可以使气体在通入反应液时分散成微小的气泡甚至不会产生气泡，提高溶解效率。此外，确立最佳营养条件，分析营养成分对菌种的生长和产物的影响，优化反应过程也是需要深入研究的领域。

参 考 文 献

[1] 宋安东，冯新军，谢慧等．生物质合成气发酵制取燃料乙醇研究进展[J]．食品与发酵工业，2011，37(6)：130~136.

[2] 张兰波，刘继开，李东等．合成气乙醇发酵的微生物研究[J]．可再生能源，2007，25(3)：27-29.

[3] Youneshi H，Najafpour G，Mohamed A R. Ethanol and acetate production from synthesis gas via fermentation processes using anaerobic bacterium，*Clostridium ljungdahlii*[J]. Biochemical Engineering Journal，2005，27：110-119.

[4] Philips J R，Klasson K T，Clausen E C，et al. Biological production of ethanol from coal synthesis gas[J]. Applied Biotechnology and Biochemistry，1993，39/40：559-567.

[5] 李东，袁振宏，吕鹏梅，等．合成气生物利用的研究进展[J]．生物质化学工程，2007，41(2)：54-58.

[6] Rajagopalan S，Datar R P，Lewis R S. Formation of ethanol from carbon monoxide via a microbial catalyst[J]. Biomass and Bioenergy，2002，23：487-493.

[7] Datar R P，Shenkman R M，Cateni B G. Fermentation of biomass-generated producer gas to ethanol[J]. Biotechnology and Bioengineering，2004，86：587-594.

[8] Abrini. J，Naveau. H，Nyns E J. Clostridium autoethanogenum，sp nov，an anaerobic bacterium that produces ethanol from carbon monoxide[J]. Arch Microbiol，1994，161：345-351.

[9] 郭颖，许敬亮，徐惠娟等．*Clostridium autoethanogenum* 的生长培养基优化[J]．可再生能源．2011，29(1)：53-56.

[10] Lewis R S，Ahmed A. Fermentation of biomass generated synthesis gas：effects of nitric oxide[J]. Biotechnology and Bioengineering，2007，97：106-108.

[11] Kerby R，Zeikus J G. Growth of *Clostridium thermoacetium* on H_2/CO_2 or CO as energy source[J]. Current Microbiology，1983，8：27-30.

[12] Klasson K，Ackerson M，Clausen E，et al. Bioreactor design for synthesis gas fermentations[J]. Fuel，1991，70：605-614.

[13] 徐慧娟，袁振东，许敬亮，等．一种合成气发酵生产有机酸和醇的反应装置：中国，201010116647.2[P]，2010-02-12.

[14] Najafpour G，Younesi H. Ethanol and acetate synthesis from waste gas using batch culture of *Clostridium ljungdahlii*[J]. Enzyme Microb Technol，2006，38：223-228.

[15] BRI ENERGY，INC. The co-production of ethanol and electricity from carbon-based wastes [R]，2006. http：//www. brienergy. com.

[16] Chiara P，Fabrizio B. A techno-economic comparison between two technologies for bioethanol production from

lignocellulose[J]. Biomass and Bioenergy, 2009, 33: 478-491.

[17] Spath P L, Dayton D C. Preliminary screening - technical and economic assessment of synthesis gas to fuels and chemicals with emphasis on the potential for biomass-derived syngas[R]. Report NREL/TP-510-34929. Golden, Co, USA, 2003.

[18] Aden A, Phillips S, Jechura J, et al. Thermochemical ethanol via indirect gasification and mixed alcohol synthesis of lignocellulosic Biomass[R]. 2007. http://www.nrel.gov/docs/fy07osti/41168.pdf.

[19] Phillips S D, Dutta A. Thermochemical ethanol via direct gasification and mixed alcohol synthesis of lignocellulosic Biomass[R]. 2009. http://www.nrel.gov/biomass/pdfs/45913.pdf.

第七章　生物质快速热解制生物原油

第一节　概　　述

一、生物质快速热解的概念

生物质热解是指生物质在完全没有氧或缺氧条件下热降解，最终生成生物油、木炭和可燃气体的过程。三种产物的比例取决于热解工艺和反应条件。一般地说，低温慢速热解(小于500℃)，产物以木炭为主；高温闪速热解(700~1000℃)，产物以可燃气体为主；中温快速热解(500~650℃)，产物以生物油为主[1]。

热解包括快速热解和慢速热解两种技术，生物质快速热解是相对于生物质慢速热解而言的，主要是指生物质原料在反应器内停留时间和加热速率不同，同时两种热解技术的目标产品不同：慢速热解以固体产品和气体产品为主，即生物炭和热解燃气作为主要的目标产品，而快速热解则以液体产品—生物油作为主产品。

生物质快速热解是指生物质原料在无氧条件下，在较高的升温速率(10^3~10^5℃/s)下，热解温度500℃左右，较短的停留时间(<2s)下，发生快速裂解，然后热解蒸汽快速冷凝得到不可冷凝气、液体生物质油及固体炭的过程，目的是获得高产率、高品质的生物质油。如果反应条件合适，生物油产率可达70%以上。生物油为带有刺激性气味的棕褐色黏稠液体，热值16~24 MJ/kg，水含量15%~30%，pH值为2.1~2.5，黏度较大，氧含量40%~50%。这些物理特征使得生物油极其不稳定，容易发生聚合、缩合等反应[2]。生物油的高氧含量、低热值、强腐蚀性、高黏度等不利特性限制了它的推广使用，因此必须经过有效的提质途径才能将其转化为汽油、柴油等高级燃料，生物油加氢处理、加氢裂化加工提质制汽油、柴油运输燃料将在第八章论述。

二、生物质快速热解液化技术研究现状

自20世纪70年代后期开始至今，国外众多的研究机构和公司对生物质快速热解技术进行了大量的研究工作。北美洲对生物质快速热解技术的研究较早，上世纪80年代初期，加拿大Waterloo大学研制出流化床反应器快速热解技术，随后，美国国家可再生能源研究室开发出涡流烧蚀快速热解反应器，对该技术的研究起到了推动作用。美国、加拿大以及荷兰、英国等国的研究成果发展最为显著，目前已研究开发出十几种热解设备及相应的技术，特别是以木质生物质为原料的一些快速热解设备已达到商业化生产阶段[3]。

目前世界上主要的快速热解技术以加拿大的Dynamotive公司最为突出，其拥有商业化规模的热解系统为200t/d生物质处理量。以鼓泡流化床为热解反应器，利用热解所产生的燃气作为流化气体循环，热解能耗由热解燃气燃烧提供75%能量，辅助其他燃料满足热解需要能量。以木屑为原料，水含量小于10%，热解温度450~500℃，热解产生的挥发分经过

旋风分离器收集热解炭，后进入喷雾冷凝塔，用生物质油作为冷凝剂，雾化后冷却热解挥发分得到产品生物质油。另外加拿大的 Ensyn 公司和荷兰的 BTG 公司也是较大的生物质热解商业化公司。

相比较，我国在这方面的研究起步较晚。随着化石能源的日益紧张，生物质快速热解制取生物质油的研究近十年来发展较为迅速，快速热解技术的研究主要集中在各大高校和科研单位，研究偏重于基础理论研究、实验室小试与中试装置的建设。中国科技大学、广州能源所、浙江大学、沈阳农业大学、郑州大学、华东理工大学、华中科技大学、山东科技大学、山东理工大学等机构都先后在致力于生物质快速热解技术的开发和研究。在商业化示范方面在国内有安徽易能生物能源有限公司分别在安徽蜀山和山东滨州、陕西宜君县与当地企业合作建立了生物质处理量 2t/h 的示范装置；山东科技大学建立了 1t/h 生物油生产示范装置；青岛福波思生物能源有限公司与青岛科技大学合作设计建设的 1t/h 生物质热解装置业已运行；郑州大学与河南盛润集团合作开发的 100kg/h 生物质流化床快速热解中试装置已经投入运行，装置的特点是在冷凝之后增加了电捕焦油器，不但使生物质油产率提高达到 70%以上，而且热解燃气得到了较好的净化。

三、存在的问题和发展趋势

1. 存在的问题

生物质快速热解技术已经在部分国家，如加拿大、美国、荷兰、中国等国家，开始了工业规模的示范，但要形成真正的产业化，仍有许多问题亟待解决[4]。

(1) 原料方面

生物质原料具有分布分散、能量密度低、季节性较强、原料种类多而杂的特点，因此如何组织好原料的收储运模式，确立合理的收集半径，使收集成本与装置的单位处理量投资有机地结合起来，降低加工成本，是急需解决的问题之一。

(2) 技术方面

生物质快速热解技术尽管已经走向工业规模示范阶段，但由于原油下游利用和经济效益等问题的困扰，尚有很多问题有待完善，即使是做得较好的加拿大的 Dynamotive Co. 公司和荷兰的 BTG 公司，其在原料处理、过程控制和原料适应性等问题上仍然存在很大的改进空间。可以说，不管是哪种转化技术，到目前为止，没有任何一项能够拿出成熟的、完整的全流程工艺包。因此，技术成熟度也是困扰产业化的瓶颈之一。

(3) 产品出路方面

后续产品的开发和合理应用将是决定该项技术是否具有生命力的关键。从了解到的情况来看，生物质油在研加工技术主要有：燃烧技术、生物质油重整制氢技术、气化技术（包括与煤或天然气共气化、多级气化等）、催化加氢技术、提取精细化学品技术等，但除了燃烧技术正式在工业规模下做过试验之外，其余仍然未走出实验室。燃烧技术由于原油供应的局限性等，也没有真正完整的工业化成功经验，譬如燃烧器的适应性问题等；生物质油催化加氢技术目前也只是个别科研结构在实验室内打通了从生物质油到烃基燃料的路径，但加氢过程中需要消耗大量的氢气，以及加氢后的产物中大量的水相副产品的处理和提取仍然是一个很大的问题，并且高活性和寿命的廉价加氢催化剂的开发和制备也需要大量的工作去完成。

2. 发展趋势

生物质快速热解技术由于其原料和煤的相似性，在反应器和热解工艺上，一直以来借鉴煤的热解和干馏技术，同时由于原料自身的特性，20 世纪 90 年代以来，生物质快速热解出现了多种反应器：流化床(鼓泡和循环流化床)、旋转锥、涡旋反应器、烧蚀反应器、携带床、真空热解反应器、下降管反应器等，其中以流化床和旋转锥反应器为代表的转化技术建立起了工业化示范装置。其中具有代表性的公司有加拿大 Dynamotive 公司、Ensyn 公司和荷兰 BTG 公司等。

在各种反应器的实验和运行过程中，都有不同的问题和技术需要完善。不需要载气的热解工艺，如旋转锥、烧蚀等反应器，则对耐高温的机械转动部件要求较高；而流化床等则需要载气，载气在反应过程中先被加热，再被冷却，之后再被加热，极大地消耗了能量。因此寻找低耗能、易操作、高收率的新型热解工艺仍然是科研机构的一个重要任务。

新型热解技术。常规的热解技术热解产生的生物油，由于其水分含量高、黏度大、热值低、酸度大等缺点，工业上直接应用时对设备和使用条件等提出了较高的要求，不利于大范围普及和推广；同时再加工提质为高级燃料方面，作为原料对进一步加工的工艺条件温度、压力，以及设备也有着较高要求，因此国内外工作者寄希望于生物质热解阶段能够获得品质较高的、易于应用和加工的生物油，通过控制温度、压力，或者使用催化剂，达到控制物料反应历程，来探索提高生物油质量的途径。出现了催化热解、混合热解、临氢热解等新兴创新性的热解技术，催化热解、混合热解和临氢热解在第七节介绍。

第二节　生物质快速热解机理和影响因素

一、生物质热解的基本过程

对生物质热解的过程，不同的学者有不同的观点，但大部分学者都认为生物质热解的过程大致可分为 4 个过程。

(1) 脱水阶段

生物质原料从室温加热至 150℃左右时，蒸发出物料中的游离水分，这一阶段只发生物理变化，物料的化学成分不变。

(2) 预热解阶段

当生物质原料加热到 150～300℃时，物料的热分解开始发生，半纤维素分解成 CO_2、CO 和少量乙酸等物质。

(3) 热解阶段

当生物质原料加热到 300～600℃时，物料发生复杂的物理化学反应，是热解的主要阶段，大量挥发物产生，质量大幅度损失。纤维素、木质素分解产生木焦油、木醋液、CO_2、CO、CH_4、H_2等物质。

(4) 炭化阶段

当温度超过 600℃时，C—H、C—O 键继续断裂，但是物料的热分解变得十分缓慢，质量损失明显变小。

在木质类生物质的加热过程中，半纤维素约在 200～260℃分解，纤维素在 240～340℃分解，木质素在280~500℃分解。木质材料在200~500℃分解，快速加热下，在该温度范围挥发性物质瞬间产生，反应体系内的压力急剧升高，与反应体系外的压力差增大，因此挥发性生成物溢出的速度会增大。木材的热传导率(300K)在纤维的垂直方向为0.12~0.42W/(m·K)，水平方向约为垂直方向的1/2，该值与纯铜相比约为纯铜的1/1000。所以，生物质的热传导率很小，热传导较难，从外侧加热瞬间达到高温，而且要在短时间内快速升温，则将原料的粒子变细非常重要[5]。

二、生物质热解的反应机理

生物质热解是复杂的热化学反应过程，包含分子之间的化学键断裂、异构化、小分子聚合等反应。研究生物质的热解机理对开发生物质热解工艺以及设计反应器具有指导意义。国内外的学者们主要通过两个角度对生物质的热解机理进行了研究[1]。

1. 从生物质组成成分分析

生物质主要由纤维素、半纤维素、木质素及提取物组成。为了研究生物质的热解机理，有必要对生物质的三种主要组分分别进行研究。在多数生物质中，纤维素是最主要的成分，同时也是结构最简单的化合物，因此纤维素被广泛用来研究热解的机理。

20世纪70年代，Broido等人对纤维素的热解机理进行了动力学研究，并建立了热解动力学模型。Shafiazdeh等人随后也研究了纤维素的热解机理，提出了纤维素从“非活化态”向“活化态”转变的理论，建立了被后来广泛接受的“Broido-Shafiazdeh”模型。其反应示意图见图7-1。

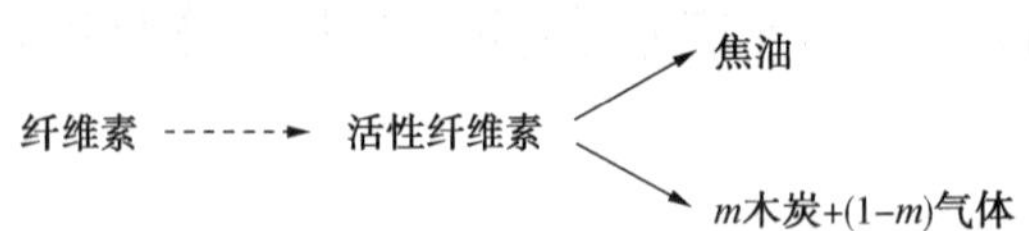

图7-1 Broido-Shafiazdeh模型

由于不同生物质中半纤维素的含量有很大差别，并且半纤维素的分离比较困难，因此针对半纤维素热解机理的研究相对较少，发展也相对较慢。Blasi. C. D等人提出了半纤维素两步分解的动力学模型，见图7-2。但人们后来也发现半纤维素在热解过程中存在多步反应。

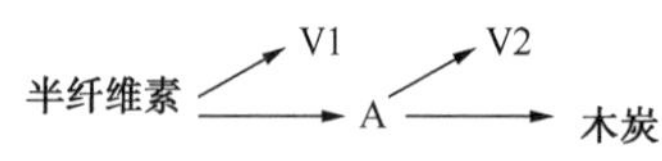

图7-2 Blasi. C. D模型

木质素在250~500℃时分解，主要产物是木炭。由于木质素结构十分复杂，其热解机理也相对复杂，但一些学者也对木质素的热解机理有一定研究。Antal等人用活化能理论解释木质素的热解机理，认为木质素存在两种热解方式，在低活化能状态时，热解产生木炭、H_2O、CO_2、CO等；在高活化能状态时，热解产生大相对分子质量的芳香族化合物，热解模式见图7-3。

2. 从物质、能量的传递分析

对生物质颗粒而言，热解过程中能量的传递由外至内，颗粒的外表面先被加热分解，然后逐层向内进行。热解产生了木炭、一次生物质油(气态)与不可凝气体。气相挥发物在溢

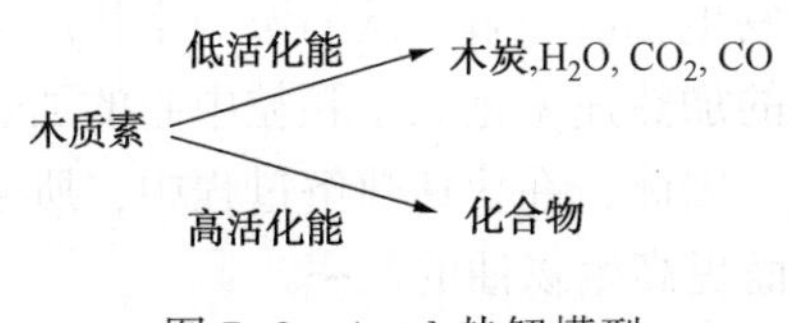

图 7-3　Antal 热解模型

出颗粒表面后，还会进行不同程度的裂解，称为二次热解。生物质热解后最终形成木炭、生物油与不可凝气体。生物质热解过程示意图见图 7-4。

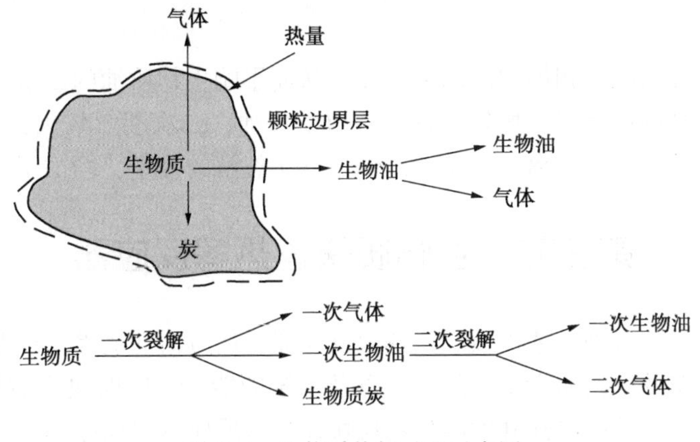

图 7-4　生物质热解过程示意图

三、生物质热解的影响因素

生物质热解是一个相当复杂的过程，产品的产率与品质与多个因素有关。热解温度、停留时间、原料种类、颗粒尺寸、加热速率、压力等条件都影响生物质的热解[1]。

1. 温度的影响

在热解的所有影响因素中，温度起着主导作用，研究表明温度对生物质热解的产物及其组成有显著的影响。一般地说，低温、长滞留期的慢速热解主要用于最大限度地增加炭的产量，其质量产率和能量产率可分别达到 30%（质量分数）和 50%（质量分数）；常规热裂解当温度小于 600℃时，采用中等反应速率，其生物油、不可凝气体和炭的产率基本相等；闪速热解温度在 500~600℃范围内，主要用来增加生物油的产量，其生物质油产率可达 80%（质量分数）；同样的闪速热解，若温度高于 700℃，在非常高的反应速率和极短的气相滞留期下，主要用于生产气体产物，其产率可达 80%（质量分数）。

2. 固体和气相滞留期

在木材热解过程中，依据反应条件不同，粒子内部和或粒子外部的二次反应可能对热解产物产量与产物分布产生中等强度和控制性的影响。若以获得木炭为主要产品，应适当延长停留时间。若以获得生物质油为主要产品，则应缩短停留时间，减少生物油的二次裂解。

3. 生物质物料特性的影响

生物质种类、粒径、形状及粒径分布等特性对生物质热解行为及产物分布有着重要影响。不同的生物质组成不同，由于各成分的热解机理不同，因此原料的种类影响产物的产率与品质。颗粒的尺寸对热解产品的分布也有一定的影响，较大的颗粒挥发分的扩散相对较慢，气体的停留时间较长，易发生二次裂解，从而影响生物质热解产物的分布格局。大的颗粒从外面被加热时，颗粒表面的加热速率远大于颗粒中心的加热速率，这样在颗粒的中心发生低温热裂解，产生过多的炭。因此，在快速热解过程中，所采用的生物质颗粒一般应小于1mm，以减少炭的生成量，从而提高生物油的产率。

4. 升温速率

加热速率同样影响生物质热解的产品比例，提高加热速率，生物质油的产率将明显增加，木炭产率将下降；相反，若减小加热速率，则生物质油的产率明显降低，而炭产率则升高。

5. 压力

压力的大小直接影响气相停留时间的长短，从而影响生物质油的二次裂解，最终影响生物质油的产率。较高的压力下，挥发产物的滞留期增加，二次裂解较大；而在低的压力下，挥发物可以迅速地从颗粒表面离开，从而限制了二次裂解的发生，增加了生物油产量。

第三节　生物质快速热解反应器

生物质热解技术的各种工艺中核心是热解反应器，反应器性能类型以及加热方式直接决定着热解产物的分布及生物油产率、品质，以及系统的能耗，同时决定着热解规模的大小、放大的难易程度等。目前国内外开发的生物质快速热解反应器根据原理主要有如下几类：

（1）机械接触式反应器。这类反应器的共同点是通过一灼热的反应器表面直接或间接与生物质接触，将热量传递给生物质，使其高速升温，从而达到快速热解。其采用的热量传递方式主要为热传导，常见的有烧蚀热解反应器、旋转锥反应器等。但是机械设备也存在高温时焦渣磨损设备和设备的移动部分容易出现故障以及难以工业化放大的问题。

（2）间接式反应器。这类反应器的主要特征是由一高温的表面或热源提供生物质热解的所需热量，其主要通过热辐射进行热量传递，常见的热天平可归属此类。作为实验室研究设备，难以工业化放大。

（3）混合式反应器。混合式反应器主要是借助热气流或气固多相流对生物质进行快速加热，起主导热量传递的方式主要为对流换热，但热辐射和热传导也不可忽略，常见的有流化床反应器、快速引射床反应器、循环流化床反应器等。其中，循环流化床装置因能解决热量转化，实现热量自给，很好地满足快速热解对温度和升温速率的要求而被广泛采用。目前用于商业运行的只有从输运床和循环流化床系统。但由于现有设备农林废弃物颗粒与热载体固固混合需要使用载气，热效率较低，实际应用时将会加大投资成本以及运行难度，下面对不同的热解反应器进行介绍[1]。

一、鼓泡流化床反应器

鼓泡流化床（Bubbling fluidizing bed）是目前研究最多的快速热解反应器，主要的研发单位有加拿大的Dynamotive公司、西班牙Union Fenosa公司、英国Wellman公司、Waterloo大学、中国科技大学、浙江大学等。该反应器结构简单，易于操作，易于放大生产。目前世界上最大的鼓泡床反应器为加拿大的Dynamotive公司的200t/d生物质快速热解装置，木屑热解产油率75%左右。图7-5是鼓泡流化床热解工艺。

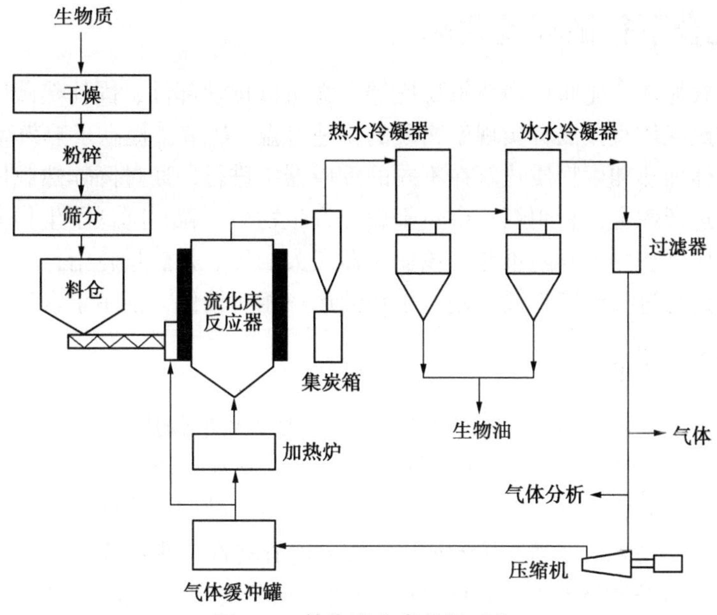

图 7-5　鼓泡流化床热解工艺

二、循环流化床反应器

循环流化床反应器(Circulating fluidizing bed)除了与鼓泡床一样有炭的高效分离和大型化后反应器内热量传递效率低的问题之外，还要考虑设备磨损和物料循环所带来的控制等复杂问题。其区别于鼓泡床反应器的是原料粒径稍大一点，热解气停留时间可以更短，适于大规模生产。加拿大 Ensyn 公司从 1984 年开始推进生物质快速热解商业化，其技术为 RTP (Rapid Thermal Pyrolysis)，目前 Ensyn 公司已经在美国和加拿大两国境内共建了 7 个商业化示范厂。图 7-6 是 Ensyn RTP Ⅲ 循环流化床工艺。

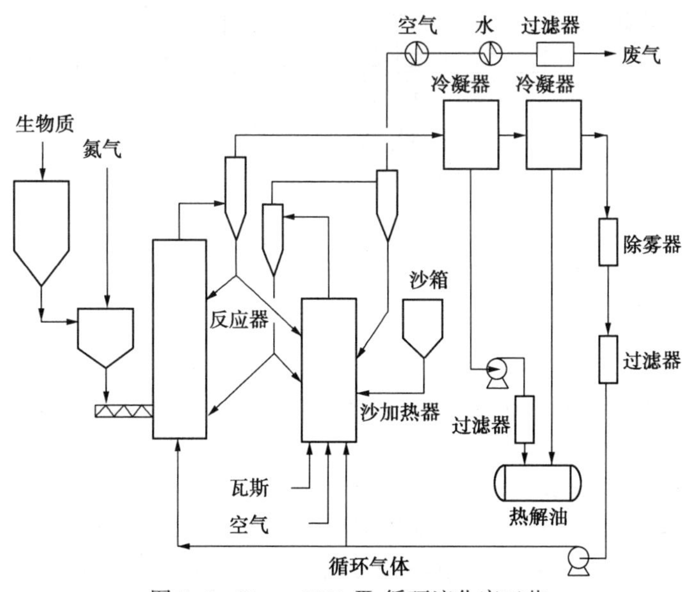

图 7-6　Ensyn RTP Ⅲ 循环流化床工艺

三、自混合下行循环流化床

自混合下行式循环流化床作为热解反应器，无机械运动部件，固体热载体无需载气即可通过与高温固体热载体直接混合实现生物质的快速升温、热解，提高了热效率，实现了热量自给；固体热载体加热和生物质热解在不同的反应器中进行，通过固体热载体的循环将加热再生和热解过程进行耦合，利用烟气余热干燥提升生物质颗粒，降低了生物油的水含量，同时解决了下行反应器物料提升的难题。该反应器最大的优点是热量自给，且无需载气，能耗较低；但装置在运行过程中密封性较差，生物油产率相对较低，油中水含量较高。

四、旋转锥反应器

旋转锥反应器(Rotating cone)是由荷兰 Twente 大学和生物质技术集团(BTG)1989 年开发研制的生物质快速热解设备，后由沈阳农业大学引进中国。该反应器利用离心力将热解气与固体产物分离，不需要载气，但对生物质颗粒粒度要求较细，旋转设备在高温下运行容易出故障。BTG 公司在马来西亚建立了 50t/d 棕榈壳的旋转锥工业示范装置，生物质油产率超过 60%，油品用于锅炉燃烧发电。目前 BTG 公司正在荷兰建设 120 t/d 的生物质油商业化示范工厂。图 7-7 是旋转锥热解反应器。

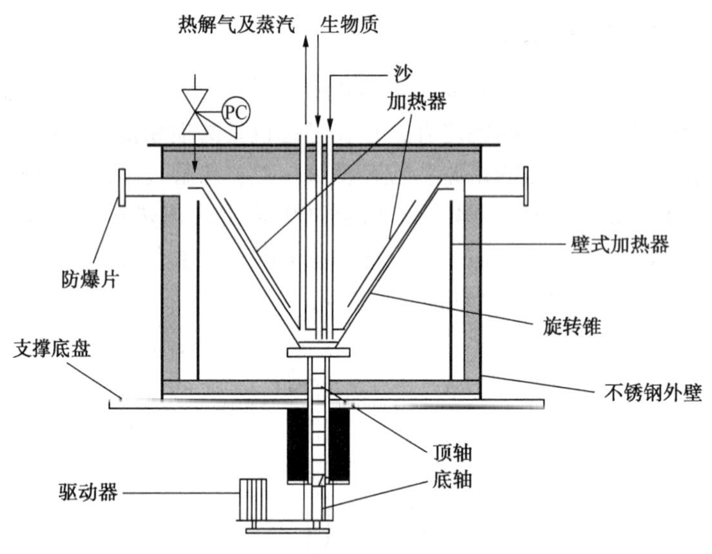

图 7-7　旋转锥热解反应器

五、真空式热解反应器

真空热解反应器(Vacuum pyrolysis reactor)是由加拿大 Laval 大学研制，其目的在于研究负压条件下生物质快速热解生产燃料和化学品。真空反应器并非真正意义上的快速热解反应器，因为它的热传递速率一般低于其他的热解反应器。然而该热解器的蒸汽停留时间与大部分反应器相近，因此也作为快速热解反应器对待。真空热解所得生物质油产率较低，生物质油黏度大、使用困难，因此主要用来提取精细化学品。该反应器的主要特征是气体的停留时间可以达到很短，并且易实现。然而该反应器的热传递不佳，商业化需要进一步完善，图 7-8 是真空式热解反应器。

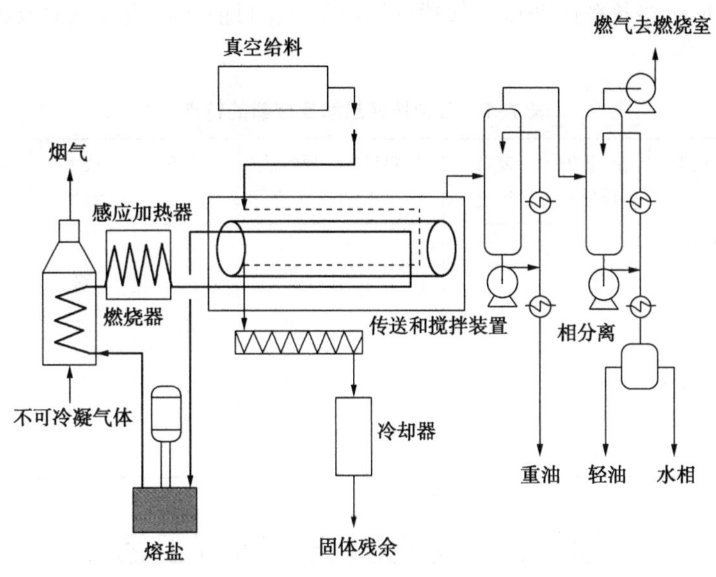

图 7-8　真空式热解反应器

六、烧蚀涡流式热解反应器

烧蚀涡流式反应器(Vortex reactor, Moving blade)是由美国可再生能源实验室(NREL)、英国的 Aston 大学和德国的 Pytec 公司开发研制的生物质快速热解设备。生物质原料颗粒由惰性载气夹带，沿切线方向进入反应器，原料接触高温的反应器壁，瞬间发生烧蚀，热解形成油膜蒸发，然后除尘、冷凝获得生物质油。这种反应器在放大的过程中保持颗粒在反应器内高速运动是一技术难题，图 7-9 是烧蚀涡流式反应器工艺流程图。

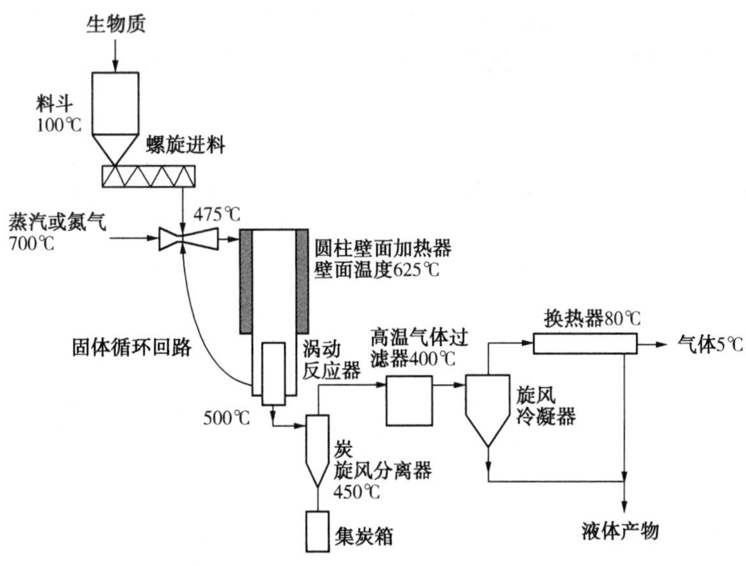

图 7-9　烧蚀涡流式反应器工艺流程图

综上所述，生物质热解反应器的类型多样，大部分热解工艺能够达到55%~70%的产油率，不同的热解反应器各有优缺点，其特点见表7-1，目前比较适合工业放大的是流化床热解反应器。

表7-1 各种快速热解反应器的特点

热解反应器	目前发展状况	油产率/%（木质原料）	复杂程度	原料尺度要求	原料适应性	设备尺寸	放大难易	通入惰性气体	油中颗粒物含量
鼓泡流化床	商业示范	75	中	小	低	中	易	高	高
循环流化床	商业示范	75	高	中	低	大	易	高	高
自混合下行循环流化床	商业示范	60	低	小	低	中	易	无	高
旋转锥	商业示范	70	高	小	高	小	中	低	低
真空热解	中试	60	高	大	中	大	难	低	低
烧蚀反应器	实验室	75	高	大	高	小	难	低	低

第四节 生物质快速热解工艺

生物质快速热解的工艺过程包括原料的粉碎、干燥、快速热解、炭的分离和收集、快速冷凝等，快速热解反应器是生物质热解的核心。

原料收集初期水分较大，大约30%~50%，经过自然晾晒，水分可以降到15%~30%，经过粉碎至2~6mm，在进入热解反应器之前利用系统余热烟气进行充分干燥，保持水分10%之下。干燥、粉碎后的原料进入500℃的循环流化床内，快速加热分解，裂解为生物油蒸气、不凝气、生物炭，进入两个串联的旋风分离器，分离出其中的固体产物炭和热载体砂子，生物油蒸气、不凝气进入一个喷雾冷凝器内快速冷凝，获得生物油，未能冷凝的气体和不凝气进入电捕焦油器将未能冷凝下来的生物油进一步捕集，不凝气经过加压循环回流化床作为载气。整个系统的热量供给采用热解产生炭的燃烧，以及热解产生的一部分不凝气燃烧，燃烧加热砂子，砂子循环回流化床，加热废气至原料预热干燥。

快速热解产品收集系统包括：

（1）净化系统

从热解反应器出来的热解产物有热解蒸气、不凝气、生物炭，首先需将固体颗粒物炭分离，颗粒尺寸的大小决定着净化设备的效率和规模，比如旋风分离器和过滤器。一般情况下旋风分离器的效率为90%，仍然有少量微炭未能完全捕集，一般在旋风除尘器后再加一个过滤器，最大限度地减少终端油产品中的颗粒物含量。

（2）生物油的收集

生物油有多种收集方式，有间接冷凝，也有直接冷凝，比如列管式换热器、喷雾冷凝等，但这些冷凝方式均不能完全捕集可凝气体，一部分生物油以气溶胶的形式存在于气流中，目前比较流行和成功高效的捕集方式是电捕焦油器。

（3）生物油的储存

由于生物油中含有大量的酸性有机化合物，因此对储存容器也有较高的要求，能够防止酸腐蚀，一般为不锈钢或有防腐内衬的容器和储罐。

文献[6]对日处理2000t干木材的生物质快速热解制生物油，生物油加氢提质制汽油柴油的工厂进行了详细的技术经济评估。生物油经后续的加氢提质制成汽油和柴油的工艺过程将在第八章论述(包括生物油加氢脱氧、产品分离为汽油和柴油、油气收集、加氢裂化、天然气蒸汽重整制氢，还有污水处理、冷却水系统、罐区、火炬等系统设施)。

工艺说明：

生物质原料经过露天干燥和改进储存方法后，进厂原料的含水率可降至30%(2009年方案的含水率为50%)。进厂后，用热解反应器-焦炭燃烧器的烟气余热(高温烟气先用作锅炉燃料、发生蒸汽)干燥至含水率为10%。再粉碎至2~6mm颗粒后，用作热解原料。生物质原料预处理-干燥流程见图7-10。

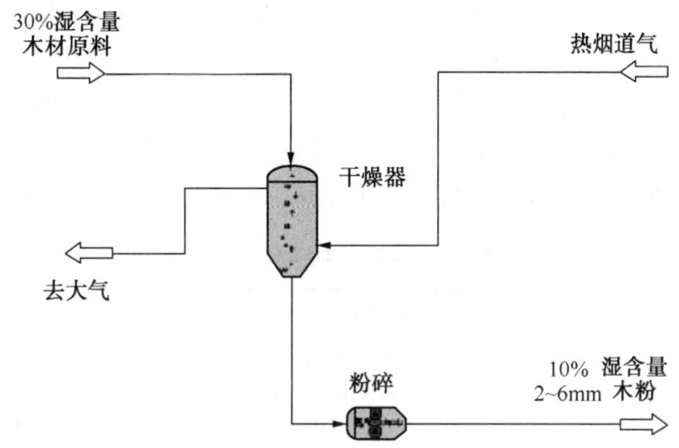

图7-10 生物质原料预处理-干燥流程

生物质快速热解制生物油的工艺流程见图7-11。

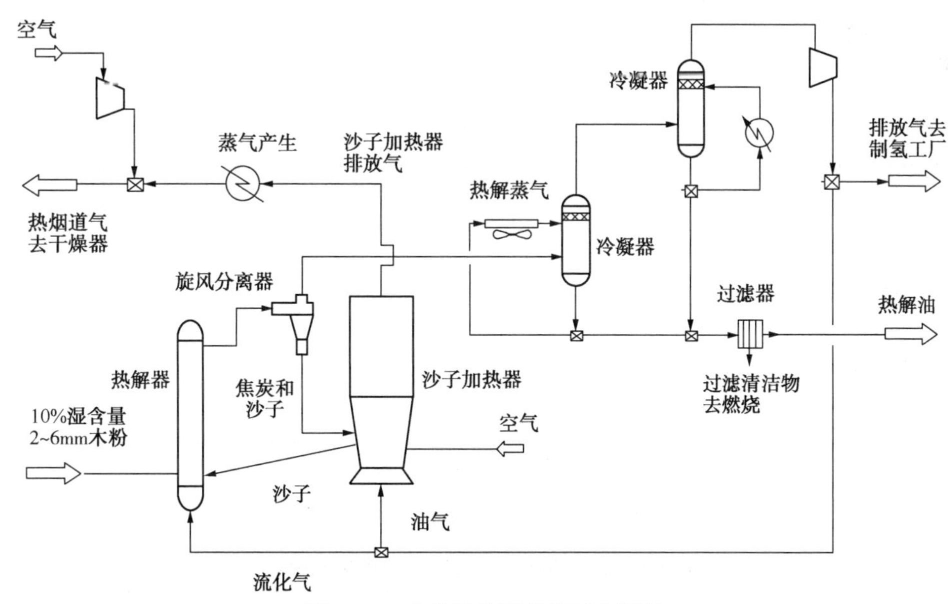

图7-11 生物质快速热解工艺流程

干燥、预处理后的原料送入热解器。用循环的沙子作为热载体，温度在500℃下快速热解。原料转化为热解油气和焦炭。经过一组旋风分离器，将油气中的焦炭、沙子分离出来。热解的油气再经过2段急冷系统被迅速冷凝、冷却为生物油和不凝气。第一段急冷系统为间接式空气冷却，可将大部分生物油分离出来；第二段为生物油循环的间接式水冷系统。为了避免冷却系统结垢、堵塞，没有采用高温热回收流程。

从旋风分离器分离出来的沙子和焦炭送回到沙子加热器中，用焦炭和一部分放出气为燃料进行沙子预热。大部分放出气返回到热解反应器中作为流化气体，多余的放出气用作制氢原料气。

冷却的生物油经过冷过滤器脱除固体杂质，送至加氢改质工序。

研发“生物油热过滤系统”有助于减少生物油的过滤损失。

焦炭燃烧器的操作温度为630~760℃，设定沙子的预热温度与焦炭燃烧器温度相同，可以保证进入热解反应器的物料(原料、流化气体和沙子热载体)温度达到500℃。

进热解反应器物料的质量比：沙子：生物质原料=(10~20)：1；流化气体：生物质原料=(2~9)：1。

热解生物油中含的固体杂质(剩余的沙子和焦炭)，需要用过滤法脱除。否则对加氢改质的操作产生影响。过滤的残渣可用作发电燃料，送回到热解反应器或焦炭燃烧器中。

表7-2为木材原料快速热解产物组成示例。

表7-2　快速热解产物组成

产　物	PNNL2013年报告	IEA 2007年资料
生物原油/%(干基)	64(反应器产率)， 62(过滤后产率)	55%~65%(对于低灰分原料)
碳/%(干基无灰)	56.61	56
氢/%(干基无灰)	6.61	6.5
氧/%(干基无灰)	36.77	37.5
高位热值/(MJ/kg)	16.9	17
密度/(g/mL)	1.2	1.2
反应水/%(干基)	12	5~12
焦炭和灰分/%(干基)	12	12~16
气体/%(干基)	12	12~16
CO/%(体积)	46	
CO_2/%(体积)	4	
CH_4/%(体积)	6	
C_2^+/%(体积)	5	
H_2/%(体积)	<1	

生物原油pH值：草本原料约4.2，松木3.3，橡木4.4，杂交杨木3.4。

生物质原料中灰分含量和灰分种类对生物原油产率影响较大，见表7-3。

表7-3　生物质灰分对生物原油产率的影响

生物质来源	生物质灰分/%(干基)	生物质油产率/%(干基)
松木	0.1	62~64
林业废料	2~4	46~55
草本植物	3~6	36~45

IDL（Idaho 国家实验室）提供了生物质原料物流运输、原料规格及合理价格的数据。

原料配方：选用 4 种原料，目的：水分降低；灰分降低；价格 80 美元/t，拟定的原料配方见表 7-4。实现：原料价格=80 美元/t(干)；灰分=1. 1%(质量分数)。

表 7-4　混合原料的价格和特性

原料种类	进厂价格/[美元/t(干)]	原料比例/%	灰分/%
木浆	99. 38	30	0. 5
伐木废料	74. 83	35	1. 5
柳枝稷	80. 54	10	2. 8
建设/拆除废木料	63. 77	25	0. 5
合计	80. 0	100	1. 1

使用废木料的优点是运输费用低，灰分低。

实际的原料组成随地区而异，进厂原料的灰分为 2. 0%，经过预处理后可降低至 0. 9%，以保证提高生物油产率。

Idaho 国家实验室已经研发了多种“化学预处理技术”，可以实现原料成本为 80 美元/t、灰分为 0. 9%的目标。

第五节　生物质快速热解油的性质和用途

一、生物原油的性质

生物质油作为“油”类产品，有着石油的某些特征，但是由于其复杂的化学组成和一些物理属性，它的应用仍然有一些局限性。生物质油为带有刺激性气味的棕褐色黏稠液体，热值 16~24 MJ/kg，水含量 15%~30%，pH 值为 2. 1~2. 5，黏度较大，氧含量 40%~50%。这些物理特征使得生物质油极其不稳定，容易发生聚合、缩合等反应。生物质油的高含水率导致生物质油的热值降低和着火点提高，生物质油低 pH 值使得热解生产设备和生物质油利用装置的材料要具有较高的抗腐蚀性。生物质油的高氧含量、低热值、强腐蚀性、高黏度等不利特性限制了它的推广使用，因此必须经过有效的提质途径才能将其转化为高级燃料。

热解生物油的化学组成复杂，含有 300 多种化合物，表 7-5 为快速热解生物油的典型化学组成。

表 7-5　快速热解生物油的典型化学组成

成　　分	组成/%
水分	20~30
不溶性热解木质素	15~20
醛类：甲醛、乙醛、羟基乙醛、乙二醛	10~20
羟酸类：蚁酸、乙酸、丙酸、丁酸、戊酸、己酸	10~15
碳水化合物：脱水内醚糖、寡聚糖	5~10
酚类：苯酚、甲酚	2~5
糠醛	1~4
醇类：甲醇、乙醇	2~5
酮类：1 羟基-2 丙酮、环戊酮	1~5

快速热解技术可使用多种原料，包括木材和林业废料、专用能源作物和农业秸秆等，生物油性质也不同。表7-6为热解生物油的典型性质，表7-7为不同原料生产的生物油性质[7]。

表7-6　热解生物油典型性质

项　目	数　据	
	典型值	数值范围
相对密度	1.20	1.15~1.25
水分/%	23	15~31
黏度(40℃)/(mm^2/s)	40	35~53
pH值	3.2	2.8~3.8
高热值(HHV)/(MJ/kg)	17	16~19
元素分析/%		
C	54.5	51.5~58.3
H	6.4	5.5~6.8
N	0.2	0.07~0.40
S	0.0005	0.00~0.17
O	38.9	34.4~42.9
灰分/%	0.16	0.13~0.21

表7-7　几种木材原料生产的热解生物油性质

项　目	原料品种			典型数据
	桦木	松木	杨木	
相对密度	1.25	1.24	1.20	1.2~1.3
水分/%	18.9	17.0	16.8	15~30
黏度(50℃)/(mm^2/s)	28	28	13.5	13~30
pH值	2.5	2.4	2.8	2.0~3.7
高热值/(MJ/kg)	16.5	17.2	17.3	13~18
元素分析/%				
C	44.0	45.7	48.1	32~49
H	6.9	7.0	5.3	6.9~8.6
N	0.1	0.1	0.14	0.0~0.2
S	0.0	0.02	0.04	0.0~0.05
O	49.0	47.0	46.1	44~60
Na+K/(μg/g)	29	22	2	5~500
Ca/(μg/g)	50	23	1	4~600
Mg/(μg/g)	12	5	0.7	
灰分/%	0.004	0.03	0.007	0.004~0.3
闪点/℃	62	95		50~100
倾点/℃	-24	-19		-36~-9

二、生物原油的用途

生物质快速热解生物原油的主要用途是加氢改质技术生产汽油、柴油和喷气燃料(将在第八章论述)，下面介绍其他用途。

1. 生物原油用作燃料和发电

生物原油的化学组成复杂、安定性差、黏度高、有腐蚀性，需经过简单处理后才能作为成品燃料油。用作锅炉燃料时，NO_x排放量较高，可以与天然气混合用作燃气轮机的燃料。

为了改善生物油的燃烧性能和安定性，可在生物油中添加互溶的添加剂。常用的溶剂为甲醇或乙醇。此类添加剂的效应是可以改善着火和燃烧性能、降低黏度、提高热值和提高储存安定性。需要长时间储存的生物油，需要的甲醇添加量应不低于10%。

为了降低生物油燃料的灰分和碱金属含量，NREL和芬兰VTT研究所开发了生物油高温过滤技术。使用由烧结金属或多孔陶瓷材料制造的过滤器在高温下(相当于油气的露点温度)进行生物油的过滤，可将灰分含量降至0.01%；碱金属含量低于10μg/g。由于过滤器的积炭脱除和过滤过程的连续操作等技术问题尚未解决，目前还没有实现工业应用。

生物原油简单处理后用作替代柴油时，可按生物油/柴油调合比例为25/75、50/50、75/25的混合燃料用作固定式柴油机的燃料。由于生物油的低pH值、低十六烷值、高灰分、高黏度等性质可造成喷嘴磨损，油管路腐蚀等困难。

生物油一个较专门的应用是作为涡轮机代用燃料发电，从原理上讲，涡轮机可以直接被热裂解生物油或改良后的生物油点燃。一种可能的途径是重新设计涡轮燃烧器使其适合燃用生物油；另一种办法是改变生物油的性质，使其适应现存的涡轮机。

为了生物油应用的需要，1996年国际能源组织IEA仿照制定不同用途石油基烃燃烧关键性能标准的方法，提出了不同等级生物油的特性标准，详细见表7-8[7]。

表7-8　不同等级生物油的特性标准

性　质	轻生物油(ASTM #2)	轻-中等生物油(ASTM #4)	中等生物油(PORL 100)	重生物油(CAN #6)
黏度/(mm^2/s)	1.9~3.4 FO, 1.9~4.1 D, 1.9~4.1 GT (40℃)	5.5~24(40℃)	17~100(40℃)	100~638 (50℃)
灰分/%	0.05 FO D, 0.01 GT	0.05 FO, 0.01 D	0.10 FO	0.10 FO
倾点/℃	报告	报告	报告	报告
炭渣/%	报告	报告	报告	报告
最大0.1μm，过滤乙醇不溶固体/%	0.01 FO	0.05	0.10	0.25
加速老化速率(90℃)/[(mm^2/s)/h]	报告	报告	报告	报告
湿油中水/%　　最大值	32	32	32	32
低位热值/[MJ/(L·min湿油)]	18	18	18	报告
C/%(干基)	报告	报告	报告	报告
H/%(干基)	报告	报告	报告	报告
O/%(干基)	报告	报告	报告	报告
S/%(干基)	最大	最大	0.2最大	0.4最大
N/%(干基)	最大	最大	0.3最大	0.4最大
K+Na/(μg/g)	报告0.5 GT	报告	报告	报告
相稳定性(20℃→90℃，8h后)	单相	单相	单相	单相
闪点/℃　　最低	52	55	60	60
密度/(kg/m^3)	报告	报告	报告	报告

生物原油的性能标准分类是按黏度和灰分含量来制定的，黏度和灰分含量对生物油最终用途影响显著。水含量看起来很高，是因为水含量会随原料和操作条件而变化，生物油按低位热值为基准销售。表中列出的生物油特性的初始值，随着实际应用经验的增加，需要对这些值进行适当的调整。

2. 生物原油用作化工原料和化工产品

生物原油可用作生产合成纤维、香料、去污剂、黏合剂、农药、杀虫剂、添加剂等的原料，可以从生物油中提取醋酸、蚁酸、乙醇醛、左旋葡萄糖等。

生物质裂解联产燃料和化工产品时，原料应先进行预处理以降低灰分含量和改进左旋葡萄糖的产率。表 7-9 为经过不同的预处理后的裂解产物收率和有机物组成的数据。

表 7-9 不同预处理后的裂解产物收率

项　　目	无预处理	酸水解	酸洗	有催化剂的酸洗
裂解产物收率/%(无灰干基)				
焦炭	15.8	13.2	13.2	15.9
水分	2.57	10.6	10.4	7.96
有机物	59.1	67.2	68.5	67.7
气体	22.6	9.02	7.88	8.44
有机物组成/%				
左旋葡萄糖	2.75	17.69	20.12	23.10
羰基乙醛	11.57	5.97	3.73	3.93
蚁酸	2.61	微量	微量	0.73
乙酸	3.40	1.51	1.26	0.40
乙酰甲醇	4.53	微量	微量	微量
甲醛	2.75	1.63	微量	0.70
热解木质素	33.40	16.89	17.74	20.08

裂解气体可用作生物质裂解过程的热源，如原料干燥和预热，用作工业或民用燃料。裂解炭具有疏松多孔、容重低、表面活性好和低硫、低灰分等特点，可用于制活性炭，也可用于冶金及化工。

3. 生物原油用作生产合成气的原料

生物油的水溶性油经蒸汽重整可生产富氢的合成气，可用作费托合成原料气。与生物质气化生产合成气相比，合成气体中的氢含量较高。

4. 生物原油制氢

生物油可采用催化重整的方法，将其在醇或水存在的条件下转化为清洁高效的氢能。对生物质油进行催化重整制氢，目前研究主要集中在两个方面：模型化合物和真实生物质油。根据生物质油的化学组成和油中化合物的结构特性，选取不同的模型化合物作为生物质油的代表性组分进行催化重整制氢。

第六节　生物质快速热解的技术经济性分析

2013 年文献[6]对日处理 2000t 干木材的生物质快速热解制生物油、生物油加氢提质制汽油柴油的工厂进行了详细的技术经济评估。评估不仅考虑当前的技术状态，还考虑技术进步的影响，预测 2017 年可能达到的目标。前段快速热解制生物油已经实现了商业化，后续热解油加氢提质制汽柴油仍处于实验室水平和小规模的中试。

尽管生物质快速热解制运输燃料过程趋向于建设联合工厂，或者与既有石油炼厂紧密结合，但从本章具体内容出发，本节只对快速热解生产“生物原油”这一中间产品进行技术经济分析。

一、热解装置的技术指标

美国能源部 PNNL 研究所 2013 年根据最新研发成果，对 2000t/d 快速热解并生产油品的工厂进行了概念化设计[6]，得出今后第 n 个工厂的技术经济指标。其中有关热解装置的若干指标摘录于表 7-10。

表 7-10 快速热解装置的技术指标

项　　目	指　标	项　　目	指　标
进料干燥器		生物原油急冷塔	
进入生物质水含量/%	30	第一急冷塔冷流温度/℃	140
出口生物质水含量/%	10	第二急冷塔冷流温度/℃	110
进入烟气温度/℃	584	第一急冷塔产品温度/℃	158
出口烟气温度/℃	161	第二急冷塔产品温度/℃	113
快速热解炉		有机液体产品回收率/%	99.6
生物质进料粒度/mm	2-6	生物原油冷滤器	
流化气体/干进料(质量比)	14.5	颗粒脱除率/%	100
砂粒/干进料(质量比)	3	生物原油损失率/%	3.06
热气进口温度/℃	931	生物质损失率/%	2
压力/MPa	1.3	焦炭燃烧器	
干基生物原油产率/%(干)	64	温度/℃	1128
气体产率/%(干)	12	压力/MPa	1.3
焦炭产率/%(干)	12	过剩空气率/%	20
反应水产率/%(干)	12	热损失(对生物质热值)/%	1

二、热解装置的建设投资

过去能源部在所出版的生物能源研发项目多年计划(MYPP)已把快速裂解制油列为近期有竞争力的研发项目，逐年公布测算的有关技术经济指标。现摘录 MYPP 2013 年 5 月公布的 2011 年实况[9]以及 PNNL 2013 年 9 月公布的 2012 年概念化设计第 n 个工厂的投资指标[6]见表 7-11。

表 7-11 低灰木材原料快速热解制油工厂的投资指标 百万美元

工厂分区	分区名称	MYPP 2013 依据[9] PNNL2009 报告，2011 年当时水平(2007 年美元)	BETO 2014[10] 依据 PNNL2009 报告，2011 年当时水平(2011 年美元)	PNNL2013 报告[6] 第 n 个工厂建成时(2011 年美元)
A100	快速热解，急冷，热回收，过滤	92	109	175.0×1.81=317

续表

工厂分区	分区名称	MYPP 2013 依据[9] PNNL2009 报告，2011 年当时水平(2007 年美元)	BETO 2014[10] 依据 PNNL2009 报告，2011 年当时水平(2011 年美元)	PNNL2013 报告[6] 第 n 个工厂建成时(2011 年美元)
A200-A500	生物原油加工(加氢处理，加氢裂化，产品加工)	120	131	134.0×1.81=242
A600	制氢	86		69.0×1.81=125
A700	公用设施	14		9.0×1.81=16
合计		303		387.0×1.81=700
独立热解工厂分摊额	A100 全部和 A700 部分	约 100	约 120	约 320

从表 7-11 看出，投资额数据经多次修改变动。早期的额度偏低，单套 2000t/d 热解装置的投资不高于 50 百万美元，最新的 2×1000t/d 装置估计则高出两倍。

三、热解装置的加工费用和生物原油成本

MYPP 2013 等文献对生物质快速热解制汽油和柴油进行了 2009 年当时状态到 2017 年目标状态的成本分析，本节从所列数据中提取有关数据，以便计算生物原油的生产成本，详见表 7-12。

表 7-12　生物质快速热解制生产生物原油的成本估算

项　　目	2009 年状态	2012 年状态	2017 年预测
生物质进厂价格/(美元/t 干基)	106.92	79.71	80.75
生物质厂内处理费用			
总费用/(美元/t 生物原油)	178	131	
其中　投资的贡献	38	29	
加工费的贡献	140	102	
快速热解装置加工费用			
总费用/(美元/t 生物原油)	75	61	
其中　投资的贡献	49	18	
加工费的贡献	26	43	
加工为生物原油的费用合计(不含公用设施费)			
生物原油成本/(美元/t 生物原油)	425	319	约 330
其中　生物质购买费	172	127	约 130
投资的贡献	87	47	约 200
加工费的贡献	166	145	

关于生物原油成本，原 MYPP 2013 根据 PNNL 2009 报告数据对 2017 年预测值过高，BETO 2014 年的报告已作出更正[10]，将每吨生物质产生油品从 117 加仑调整为 93 加仑，生物原油对干生物质的质量收率从 65%调整为 62%，生物原油加工为运输燃料油品的收率从 55%调整为 44%。

第七节　创新的热解技术

一、催化热解

生物质常规热解液化制备生物油虽然收率较高，但燃料品质较低，限制了其在各种场合的应用。催化热解是指在催化剂的参与下改变生物质热解气成分，以实现生物油高收率和高品质的热解反应过程。根据常规生物油燃料品质需要改善的方面，以及催化热解能够实现工业化应用的要求，成功的催化热解过程需要满足以下 6 条准则：①能够促进低聚物的二次裂解以形成挥发性产物，从而降低生物油的平均相对分子质量和黏度，并提高生物油的热安定性；②能够降低醛类产物的含量，从而提高生物油的化学安定性；③能够降低酸类产物的含量，从而降低生物油的酸性和腐蚀性；④能够尽可能地脱氧，促进烃类产物或其他低氧含量产物的形成，从而提高生物油的热值，但要避免多环芳烃等具有致癌性产物的形成；⑤氧元素尽量以 CO 或 CO_2的形式脱除，如以 H_2O 的形式脱除，必须保证水分和催化热解后的有机液体产物能自行分离；⑥催化剂必须具有较长的使用寿命[11]。

针对不同的催化剂，围绕上述 6 条准则，国内外学者在生物质催化热解方面开展了大量的工作。目前，研究较多的催化剂有固体超强酸、强碱及碱盐、金属氧化物和氯化物、沸石类分子筛（如 HZSM-5 和 HY）、介孔分子筛（如 MCM-41，MFI，SBA-15，MSU）和催化裂化催化剂。但从催化效果来看，它们各有利弊，如催化裂化催化剂能降低生物油中酚类物质的含量，提高生物油的化学安定性，增加生物油中烃类物质的含量，但另一方面，它会促进水分、焦炭和非冷凝气体的生成，降低生物油的收率；沸石类分子筛具有很好的脱氧效果，其催化后可得到以芳香烃为主的液体烃类产物，但在催化热解过程中它极易失活，且再生困难；介孔分子筛具有较高的脱氧活性，但它的水热稳定性较差且价格昂贵。到目前为止，还未发现哪种催化剂能在生物质热解过程中兼顾上述 6 条准则，因此，现阶段催化热解的主要工作还在于催化剂的筛选与开发。

下面介绍一个催化热解的研究实例[12]。研发目标为：研究低温催化热解过程生产稳定的热解油。具体内容包括：研发过程适宜的催化剂；独立的热解生物聚合物；热解和催化同时发生。

原料为毛白杨和玉米秆等，粉碎到 1mm，选择适宜的催化剂、沙子，流化气为氮气。反应器为 2in 鼓泡流化床反应器。实验条件为：热解温度 450℃，气相停留时间为 1s，静电沉降电压为 18~20kV，运行时间 2~3h，生物质进料速率为 100g/h，催化剂 150g。

产品收率见表 7-13，催化热解油的稳定性见表 7-14。

表 7-13　产品收率

生物质	催化热解油/%	焦炭/%	气体/%	油 pH 值
毛白杨	33.3	12.2	55.0	3.4
松木	43.3	35.1	21.5	3.3
枫木	41.8	33.8	24.6	4.4
玉米秆	40.1	24.8	35.5	4.2
柳枝稷	35.5	27.6	36.7	4.2

表 7-14 毛白杨催化热解油的稳定性

项　　目	热解油	催化热解油
新鲜油		
黏度(40℃)/(mPa·s)	56.27±0.12	11.24
湿含量/%	23.74±1.87	8.59
pH 值	2.53±0.03	3.53±0.04
密度/(g/cm³)	1.216±0.001	1.116±0.001
总酸值/(mgKOH/g 生物油)	90.05±1.89	41.02±0.82
储存油	储存 180d	储存 314d
黏度(40℃)/(mPa·s)	90.2	12.70
湿含量/%	n/a	8.66
pH 值	n/a	3.73
密度/(g/cm³)	n/a	1.117

二、混合热解

生物质与其他物料的共热解液化简称为混合热解。目前，国内外学者对煤与生物质的共热解液化研究较多[11]。由于煤热解液化过程耗氢量大、反应温度高，且需要在催化剂和其他溶剂的参与下进行，使得煤液化成本过高；另一方面，生物质热解液化所得生物油的品质较差，这些不利因素限制了他们的发展。而煤与生物质的混合热解则可在他们的协同作用下降低反应温度，并显著提高液化产物的质量和收率。目前，一般认为生物质和煤的共热解液化反应属于自由基过程，即煤与生物质各自发生热解反应，生成自由基“碎片”，由于这些自由基“碎片”不稳定，它们或与氢结合生成相对分子质量比煤和生物质低很多的初级加氢产物，或彼此结合发生缩聚反应生成高分子焦类产物，在此过程中，部分氢可由生物质提供，从而减少外界的供氢量。现阶段，对于生物质与煤共热解产物研究的报道较少。Altieri等研究了木质素和烟煤在 400℃ 下共热解液化产物的特征，其中液体产物中苯可溶物为 30%，而煤和木质素单独液化得到的苯可溶物大约为 10%。周华等研究稻秆和煤的共热解液化时发现，在稻秆添加量为 50%、反应温度 400℃、反应时间 60min 时，所得液化产物正己烷可溶物达 42.5%，比对应加权平均计算值高 9.7%。

三、临氢热解

美国天然气技术研究院(GTI)近期开发了临氢热解(或加氢热解)技术，该技术称之为集成的加氢热解和加氢转化(IH^2，Integrated Hydropyrolysis and Hydroconversion)工艺。该工艺为二步法连续过程，基本上可处理全部的生物质，可将生物质直接转换为汽油和柴油的混合料。IH^2技术生产的汽油和柴油混合料可与石油基汽油和柴油直接混合，氧含量小于 1%，酸值小于 1。全生命周期分析，与化石能源转化为燃料相比，IH^2技术将木材转化为汽油和柴油将减少 90% 的温室气体排放。技术经济分析，IH^2技术将木材转化为汽油和柴油的价格小于每加仑 2 美元[13]。

GTI 建立了 50kg/d 连续中间工厂，工厂连续运行时间超过 750h，高质量汽油和柴油产品的产率为 26%~28%质量产率，IH^2催化剂稳定性良好。IH^2技术走向商业化需要做的工作为：增加生物质的粒径，对加氢热解步骤进行模拟，研究过程变量的影响，建立 1~50t/d 的放大工厂。GTI 公司临氢热解简化流程图见图 7-12。

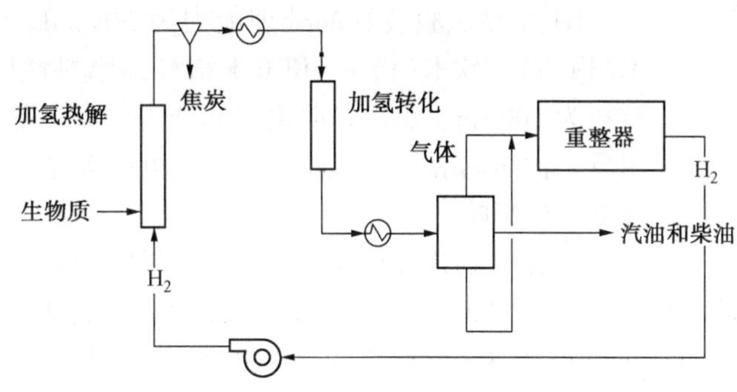

图 7-12　GTI 公司临氢热解示意图

加氢热解阶段，氢存在下生物质在加压流化床中转化为气体、液体和焦炭。除去焦炭，第一阶段产生的蒸气直接进入第二段加氢转化工段，进一步除氧，产物变为脱氧的汽油和柴油。液体冷凝，过程中产生的 C_1~C_3气体送入蒸气重整器。适宜的反应条件适宜的催化剂作用下，加氢脱氧和脱羧反应达到平衡，蒸气重整器产生的氢气可以满足加氢热解和加氢转化的需要。加氢热解和加氢转化过程是放热过程，可产生大量的蒸气。除了通过设备时的压力降，过程几乎在恒压下进行，压缩氢气和使氢气循环回第一阶段的能量来自过程产生的蒸气。

加氢热解是 IH^2过程的核心，在加氢热解阶段，生物质液化，挥发性的片段会立即加氢脱氧并在结构中加氢。过程会同时发生聚合反应，IH^2产物具有很宽的沸点和链长范围。为了得到高产率和高氧脱除率，氢分压保持在 1.4~3.5MPa。由于存在过剩的氢气，加氢脱氧速率是氢分压的函数。由于生物质必须有足够的时间液化，停留时间也很重要。生物质在高压中等温度下液化比在标准热解条件下液化要慢很多。

IH^2过程集成，热解、加氢热解、加氢转化与温度、压力和停留时间之间的关系见图 7-13。

标准热解与 IH^2加氢热解条件对比见表 7-15。

图 7-13　IH^2过程集成中：热解、加氢热解、加氢转化反应条件

表 7-15　标准热解与 IH^2加氢热解条件对比

项　　目	热解	IH^2中加氢热解
生物质/焦炭停留时间	1~2s	几分钟
温度/℃	510~540	410~450
氢气分压/MPa	<1	1.4~3.5
催化剂	无	有，有氢活性

选择加氢热解反应器时要考虑在中等温度下，物料有充足的停留时间液化，加氢热解还必须在高的氢分压(1.4~3.5MPa)下进行。除此之外，加氢热解反应器还必须连续分离焦炭

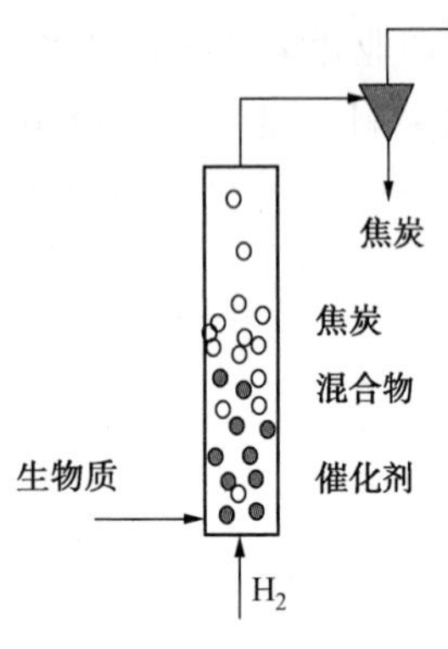

图 7-14 焦炭和催化剂分离的加氢热解反应器

和催化剂，催化剂留在反应床层中，焦炭通过反应床层而后从系统中连续脱除。图 7-14 是焦炭和催化剂分离的加氢热解反应器示意图。

IH^2小型试验装置的处理能力为 50kg/d。使用的原料包括硬木(枫树)、软木(松木)和玉米秸秆，原料性质见表 7-16。原料粒径为 500μm，焦炭和催化剂的分离效果良好，并能减少气体需用量。比照热解装置，进料的粒径可扩大至 3.3mm，不会对产品收率产生影响。

50kg/d 的连续试验装置的试验目的如下：

① 验证间歇式装置的试验结果，见表 7-17。

② 生产质量合格的汽柴油燃料，结果见表 7-18。

③ 完成长期运转试验。

表 7-16 IH^2小型试验的原料性质

项　　目	原料品种		
	枫木	松木	玉米秸秆
元素分析/%			
C	50.84	51.28	42.81
H	6.01	5.97	5.08
O	42.67	42.33	38.44
N	0.08	0.13	0.93
S	0.02	0.01	0.09
灰分/%	0.38	0.28	12.65
水分/%	6.35	5.64	6.87
H/C(摩尔比)	1.42	1.40	1.42
Cl/(μg/g)	182	110	1420

表 7-17 IH^2小型试验装置的产品收率

项　　目	间歇式装置	50kg/d 连续试验装置
C_4^+液烃收率/%	26	26
H_2O 收率/%	36	36
焦炭收率/%	13	14
轻烃(C_1~C_3)收率/%	13	15
$CO+CO_2$收率/%	17	14
合　　计	105	105

试验结果说明液体产物质量良好，结果参见表 7-18。

表 7-18 50kg/d 连续试验装置的液体产品分析

项　　目	C/%	H/%	S/%	N/%	O/%	总酸值(TAN)	汽油收率/%	柴油收率/%
液体产品	88.20	11.60	0.02	<1	<1	<1	63	37

50kg/d 连续实验装置实现了连续稳定运行 750h 的结果，液体产品质量收率稳定在 25%~28%范围之内，产品质量良好，烃燃料的氧含量<1%。

快速热解生物油和 IH^2 液体产品性质的比较结果参见表 7-19。

表 7-19 快速热解生物油和 IH^2 液体产品性质比较

项　　目	热解生物油	IH^2 生成油
氧含量/%	50	<1.0
水含量/%	20	<0.1
总酸值(TAN)	200	<2
稳定性	较差	好
热值/(Btu/lb)	6650	18000
汽油产率/%	—	54~75
柴油产率/%	—	23~46
运输燃料相对成本	1.0	0.3

IH^2 工艺把开发中的技术作为研发课题，目前处于小型试验阶段，尚未建成工业示范装置。已经建成 IH^2 工艺的 50kg/d 小型试验装置，完成了用木材、玉米秸秆为原料，连续运行 750h。为实现工业生产，需要研究解决以下工程技术问题：

(1) 用木材、秸秆为原料，进行连续性试验，取得催化剂使用寿命、稳定性数据。

(2) 深入进行加氢热解连续运行的研究，了解工艺参数对生产的影响。

(3) IH^2 加氢热解工序是生物质脱挥发分、脱氧的过程，从催化剂中连续、有效地脱除焦粉(char)才能实现正常生产。

(4) 用 IH^2 工艺路线生产生物运输燃料，需要通过优化生产降低氢气耗量，降低生产成本。

(5) 编制 IH^2 加氢热解工艺模型是实现 IH^2 加氢热解技术工业化放大的关键。

(6) IH^2 小型试验装置采用粒径为 500μm 的原料，微型间歇式试验证明，使用粒径<3mm的原料对产品收率/或产品质量没有显著影响。但是，间歇式试验证实，焦粉停留时间过长就不能有效地从催化剂中分离出来。

必须在小试装置上进行粒径>3.3mm 原料的试验，以便确定从催化剂中分离焦粉的效果和对生产的影响。

(7) IH^2 工艺尚未实现最优化，通过研究开发，生产和技术经济指标仍有很大改善空间。

(8) 建设 10t/d 的工业示范装置，取得生产数据有助于降低工业化的风险。

参 考 文 献

[1] 刘荣后，牛卫生，张大雷．生物质热化学转化技术[M]．北京：化学工业出版社，2005.

[2] Diebold J P. A review of the chemical and physical mechanisms of the storage stability of fast pyrolysis bio-oils [M]//Fast Pyrolysis of Biomass：a handbook，Vol 2. UK：CPL Press，2002：243-292.

[3] 佟立成，任学勇，张继宗，等．木质生物质快速热解技术研究现状[J]．木材加工机械，2012(1)：34-37.

[4] 王峰．生物质快速热解技术的发展现状及未来产业化急需解决的问题[J]，大众科技，2008(6)：133-134.

[5] 日本能源学会编. 生物质和生物能源手册[M]. 史仲平，华兆哲译. 北京：化学工业出版社，2007.

[6] PNNL，NREL，INL. Process design and economics for the conversion of lignocellulosic biomass to hydrocarbon fuels，fast pyrolysis and hydrotreating bio-oil pathway[EB/OL]. November 2013，PNNL-23053，NREL/TP-5100-61178. https：//www. nrel. gov/docs/fy14osti/61178. pdf.

[7] Ringer M，Putsche V，Scahill J. Large-scale pyrolysis oil production：A technology assessment and economic analysis [EB/OL]. November，2006. NREL/TP - 510 - 37779EL. https：//www. nrel. gov/docs/fy07osti/37779. pdf.

[8] 陈俊武，李春年，陈香生. 石油替代综论[M]. 北京：中国石化出版社. 2009.

[9] DOE/EERE. Multi - year program plan，bioenergy technologies office [EB/OL]. May，2013. https：//www1. eere. energy. gov/biomass/pdfs/mypp_ may_ 2013. pdf.

[10] DOE/EERE. Multi-year program plan，bioenergy technologies office，July，2014.

[11] 朱锡锋，李明. 生物质快速热解液化技术研究进展[J]. 石油化工，2013，42(8)：833-837.

[12] Agblevor F A，Mante O，McClung R，et al. Fractional catalytic pyrolysis of biomass to stable biooils and hydrocarbon fuels. Biomass 2010，Washington DC.

[13] Gas Technology Institute. Long term processing using integrated hydropyrolysis plus hydroconversion(IH^2) for the production of gasoline and diesel from biomass reporting period[EB/OL]. Jan 1，2011 through March 31，2013. https：//www. ntis. gov/search/product. aspx? ABBR=DE20131082786.

第八章　生物原油制运输燃料

第一节　前　　言

生物质快速热解生产烃基运输燃料是发展生物燃料的主要路线，热解生物原油经过加氢改质可生产的燃料品种包括汽油、柴油和航空煤油。快速热解技术可将生物质原料中的“木质素”组分转化为生物原油(简称为生物油)，所使用的原料品种多样，来源广泛，包括碳水化合物含量低的木材及林业废料。这一路线的液体燃料产率、能量转化效率高于其他生物燃料生产路线。

生物质热解所得的生物油(bio-oil)是由生物质在中等温度(400~550℃)、极短的停留时间、无氧条件下高速升温对生物质原料进行快速热解，产物经冷却收集后，得到的呈深棕色的液体。生物油作为“油”类产品，有着石油的某些特征，但是由于其复杂的化学组成和一些物理属性，它的应用仍然有一些局限性。生物油为带有刺激性气味的棕褐色黏稠液体，热值16~24MJ/kg，含水量15%~30%，pH为2.1~2.5，黏度较大，含氧量40%~50%。这些物理特征使得生物油极其不稳定，容易发生聚合、缩合等反应。生物油的高含水率导致生物油的热值降低和着火点提高，生物油低pH值使得热解生产设备和生物油利用装置的材料要具有较高的抗腐蚀性。生物油的高含氧量、低热值、强腐蚀性、高黏度等不利特性限制了它的推广使用，必须经过有效的提质途径才能将其转化为高级燃料。

热解生物油已经采用加氢处理、加氢裂化和催化裂化工艺进行改质试验。生物油加氢改质流程是先加氢处理生成稳定油，分馏出汽油组分；>350℃馏分再加氢裂化生产汽、柴油组分。加氢反应以脱氧、脱羧基反应为主。热解生物油的化学组成复杂，含有300多种有机化合物。氧含量为40%(质量分数)左右。故加氢改质过程的氢耗量高达5%左右。由于进料组成复杂、高反应活性，使得加氢处理的工艺条件苛刻，催化剂寿命缩短。下面首先介绍热解生物油提质的研发成果和技术现状。

第二节　研发成果及技术现状

生物质快速热解技术的研究开发已进行了30多年。常规快速热解技术已经实现了工业示范，已研发了多种型式的热解反应器，循环流化床等几种热解反应器适用于工业规模生产应用。下面介绍热解生物油提质的研发成果和技术现状。

一、生物油加氢处理早期试验[1,2,3]

生物质加氢改质技术的研发工作已持续进行了30多年。从20世纪80年代开始，美国和欧洲的一些重点实验室和高等院校就开始了生物油加氢技术的小型实验(使用间歇式反应釜)。其后，一些石油炼制实验室进行了生物油加氢改质的小型装置示范性研究。

初期的研究是采用小试装置，研究、分析了加氢处理流程(一段/两段)、工艺条件(温度、压力、空速)、反应器型式(上流式或下流式)、催化剂品种(以炼油用钴钼/氧化铝载体催化剂为主)对加氢产品收率(和汽油收率)、产品含氧量、产品性质、氢气耗量的影响。试验结果表明：快速热解生物油的稳定性差、反应活性高。一段加氢处理流程产品是重质焦油，造成反应器床层堵塞和催化剂结焦、失活。

加氢处理催化剂以炼油用硫化钴-钼/氧化铝载体的催化剂为主，存在的技术问题包括：使用寿命短，在进料管、流量计和液面调节器等处发现焦油状沉积物。使用 Co-Mo 催化剂，可在催化剂预热段发生堵塞；使用 Ni-Mo 催化剂，在反应器出口，而不是在催化剂床层上发生结焦现象。生物油是由高含氧有机化合物组成的。加氢处理过程的脱氧反应，生成大量的 H_2O，会造成催化剂活性中心转移，从而使催化剂失活。

生物油加氢处理试验的几点结论：

(1) 不同原料生产的热解生物油性质基本一致。

(2) 加氢处理产物的含氧量与液时空速呈线性关系。

(3) 加氢处理的汽油组分产率与液时空速呈线性关系。

(4) 不同原料、不同热解反应器生产的生物油，可采用相同的加氢改质流程。

二、生物油在炼油厂加工的试验

为解决生物油在炼油厂加工的问题，Veba Oel AG 作了生物油预处理试验和生物油用作常压蒸馏进料的试验。生物油与原油在脱盐罐中混合试验表明：水洗脱盐过程会使一半(1/2)的生物油溶解到水中，无法回收，说明生物油、原油混合方案不可行；蒸馏试验表明，生物油在常压塔中分馏，会生成固体聚合物。生物油不经过改质，不适合用作常压蒸馏的进料。从生产规模考虑，处理量为 2000t/d 的热解工厂，生物油年产量约只相当于炼油厂常压蒸馏装置处理量的 5%。热解工厂与常压蒸馏装置的产能不匹配。

以上结果表明：基于生物油-石油产品互不相溶的特性，未经过加氢改质的生物油，不能与原油一起在炼油厂加工。

三、生物油催化裂化试验

21 世纪初，几个研究所研究了热解生物油催化裂化技术，使用减压瓦斯油(VGO)催化裂化的酸性催化剂。研究结果表明生物油常压催化裂化可生产烃燃料，但焦炭产率偏高，过程的热量不平衡。使用 HZSM-5 分子筛催化剂的生物油催化裂化试验结果：芳烃产率最高，约为烷烃产率的 5 倍。生物油催化裂化过程的焦炭收率约为 30%~50%(质量分数)。

UOP 公司生物油催化裂化试验使用了 2 种原料：①减压瓦斯油和热解生物油的混合油；②热解生物油经加氢处理生成的热解木质素。有关数据见表 8-1。

表 8-1　生物油催化裂化试验结果　　%

FCC 产品收率	原料组成			
	减压瓦斯油 VGO	20%热解生物油+80%VGO	20%热解木质素+80%VGO	加氢处理的热解木质素
轻组分：C_2	2.0	3.3	3.6	3.8
C_3烷烃	1.2	2.1	2.4	0.7
C_3烯烃	5.9	6.1	6.3	2.6
C_4	11.1	13.5	14.3	2.7

续表

FCC产品收率	原料组成			
	减压瓦斯油 VGO	20%热解生物油+80%VGO	20%热解木质素+80%VGO	加氢处理的热解木质素
汽油	42.7	40.6	41.3	28.8
轻循环油	14.8	9.1	9.7	15.6
油浆	18.5	4.8	4.8	6.2
焦炭	3.8	7.1	9.2	16.1
H_2O+CO_2	0	13.5	8.5	23.5

四、热解木质素加氢改质试验

UOP公司和PNNL实验室于2005年分别进行了热解木质素加氢处理生产汽油和芳烃的试验，采用沉淀法分离出热解木质素组分。热解生物油性质数据见表8-2，木质素加氢改质的工艺条件见表8-3，两段加氢物料平衡数据见表8-4。

表8-2　快速热解生成油的性质

项　　目	数　　据		
	热解生成油	热解木质素	水溶性热解油
产率/%	100	30	70
元素分析/%			
C	44.7	64.2	36.3
H	7.2	6.1	7.6
N	0.2	0.3	0.16
O	47.9	29.7	55.7
酸值	70~150	30~150	70~150
低热值/(cal/kg)	5730	8900	4370

热解木质素的含氧量低、分子结构与石油汽油相似。

表8-3　热解木质素加氢处理的试验数据

项　　目	PNNL试验结果	UOP试验结果
液时空速/h^{-1}	0.22	0.68
催化剂	Pd/C	Ni-Mo
压力/MPa	约13	10
液体收率/%	55.6	40.8
脱氧率/%	69	93
产品含氧量/%	19.5	5.9
产品酸值	34	15
生成油中石脑油组分/%	30	60

表8-4　热解木质素加氢处理-加氢裂化物料平衡数据

项　目	进　　料		产　　品			
	热解木质素	氢气	轻烃	汽油	柴油	水+CO_2
质量分数/%	100	4~5	15	30	8	51~52

UOP 公司试验结果表明：

（1）在较高压力和较高液时空速条件下，催化剂的脱氧活性较好；

（2）热解木质素可用高活性催化剂在缓和加氢条件下改质为燃料组分。

五、热解生物油加氢改质工艺方案

生物油改质应采用两段加氢处理流程。第一段为较低温度、缓和的加氢处理过程，生成稳定生物油；第二段为较高苛刻度（较高温度、较低空速）的加氢过程，将稳定生物油转化为运输燃料。

未处理的生物油为暗褐色液体，含水率约 25%，是复杂含氧化合物的混合物。需要采用加氢处理工艺脱氧、稳定化，才能转化为烃基燃料。石油馏分用加氢处理工艺脱硫、脱氮是成熟的炼油技术；热解生物油改质的加氢脱氧过程仍处于研发阶段；在优化工艺条件、改进催化剂品种、提高产品收率等方面仍有技术课题待解决。

热解生物油加氢处理过程的化学反应式如下：

加氢脱氧反应：　　　$C_n\text{-}COOH + 3H_2 = C_{n+1} + 2H_2O$

加氢脱羧基反应：　　$C_n\text{-}COOH + H_2 = C_n + CO_2$

加氢处理过程生成的稳定油，含氧量为 12%左右；排放气含轻烃、氢气和 CO_2；水相产品中含溶解的有机化合物。性质参考数据见表 8-5。

表 8-5　加氢改质的稳定生物油性质

项　　目	生物质原料品种			
	混合木材	玉米秸秆	橡木	杨木
元素组成/%（质量分数）				
C	75.5	77.1	74.2	73.1
H	9.4	10.2	9.0	8.6
O	12.3	11.9	14.5	17.9
N	0.6	2.3	0.1	0.2
S	0.02	—	0.01	0.16
C/H 原子比	1.43	1.53	1.36	1.33
水分/%（质量分数）	2.7	2.9	3.7	3.5

注：加氢处理改质技术的工艺条件：340℃，13MPa，$LHSV = 0.25$。

生物油加氢改质的工艺数据参见本章第四节。

生物油的组成和化学性质对加氢改质过程有影响，例如：生物油的灰分、碱金属含量，对加氢改质过程产生的影响，参见第七章。

六、生物油加氢改质技术的近期研究成果[4]

PNNL/NREL 于 2011 年合作完成“热解生物油加氢改质生成的馏分油中含氧化合物组成分析”研究。试样是用纤维素生物质原料在气流床热解反应器生产的生物油。经过加氢处理改质后，生成含氧量不同的 3 种加氢处理生物油（3 种含氧量分别为：HOC = 8.2%、MOC = 4.9%、LOC = 0.4%）。将三种试验样品分别分馏为 5 个馏分（轻烃、石脑油、航煤、柴油和瓦斯油馏分），然后用不同的检验方法测定每个馏分的性质和组成数据，检验项目包括：元素组成、含碳化合物种类、酸值、挥发性有机酸和羰基化合物含量。

化验结果表明：改质生物油中，含氧化合物种类包括：羧酸(carboxylic acids)、羰基化合物(carbonyls)，芳基醚(aryl ethers)，酚类化合物(phenols)和醇类(alcohols)。其中，羧酸和羰基化合物集中存在于轻烃、石脑油和航煤组分(<260℃)之中；所有高含量氧馏分中的各种羧基酸含量都嫌太高，不适合用作运输燃料的调和组分；或调入到原油或柴油、瓦斯油馏分之中；氧含量为4.9%的各种馏分中的含氧化合物几乎全是酚类化合物。

虽然加氢改质油的柴油、瓦斯油组分的酸度较低，其含氧量仍比较高(约为3%～4%)，以酚类为主。适合用作炼油厂的原料，也有可能调和到成品油中。

低含氧的各种馏分油的酸性，主要来自酚类化合物。其他含氧官能团(oxygen functional groups)的化合物含量均很低。这种馏分可能适合用作炼油厂的原料、或作为燃料油。

不同含氧量馏分油的化合物组成、酸值和石脑油馏分的族组成分别见表8-6、表8-7、表8-8。

表8-6　不同含氧量馏分油的化合物组成　　%(质量分数)

试样品种	组　分	化合物种类					
		羰基	羧基	酚类	醚类	芳烃	烷烃
高含氧量 8.2% (HOC)	轻烃	2.4	5.7		5.1	8.6	78.3
	石脑油	3.4	3.3		1	5.9	85.8
	航煤	0.7	2.1	2.1	0.3	21.6	73.2
	柴油	0.4	0.6	2.2	0.4	29.3	67.2
	瓦斯油			2.0		33.3	64.7
中含氧量 4.9% (MOC)	轻烃		0.3	0.7		14.8	83.4
	石脑油			3.1		28.2	68.7
	航煤			5.9		44.1	49.9
	柴油			4.1		39.7	56.2
	瓦斯油			2.4		42.8	54.8
低含氧量 0.4% (LOC)	轻烃					7.1	92.9
	石脑油					13.1	86.9
	航煤					20.0	80.0
	柴油					29.4	70.6
	瓦斯油					27.8	72.2

注："～"代表"测不出"。

从表8-6中数据可以看出，在深度加氢脱氧(含氧量=0.4%)条件下，生物油中的各类含氧化合物(羰基、羧基酚类和醚类化合物)均已转化为烷烃、芳烃化合物。

表8-7　不同含氧量馏分油的酸值

项　　目	HOC		MOC		LOC	
	CAN	TAN	CAN	TAN	CAN	TAN
轻烃	102	102		14		
石脑油馏分	123.	123		100		2
煤油馏分	67	154		199		14
柴油馏分	20	20			0.4	0.1
瓦斯油馏分	9	9			0.4	0.4

注：CAN为羧酸值(carboxylic acid number)；TAN为总酸值(total acid number)，按mgKOH/g计。

表 8-8 石脑油馏分的族组成(PONA)分析数据

项　目	HOC		MOC		LOC	
	轻烃	石脑油	轻烃	石脑油	轻烃	石脑油
石蜡烃	28.3	15.4	13.6	未测	7.9	5.9
异构石蜡烃	14.9	26.8	25.9	未测	32.8	38.8
环烷烃	51.3	46	47.8	未测	31.8	20.3
芳烃	5.6	11.8	5.2	未测	10.9	27.0
烯烃	0.07	0.01	7.54	未测	16.7	8.3
苯	0.5	0.4	0.6	未测	0.3	0.8
RON	64	71	73	未测	79	88
MON	61	68	72	未测	77	87

用改质馏分油生产运输燃料的可行性总结如下：

(1) 生产汽油：HOC 油样的轻烃和石脑油馏分，含氧量为 14%(质量分数)；以羧酸(carboxylic acids)、羰基化合物(carbonyls)为主。羧酸值(CAN)高达 100mgKOH/g。酸度主要来自乙酸等低分子量化合物。由于酸度过高，不适合用作生产汽油的原料，或调合组分。MOC(中含氧量)轻烃和石脑油馏分的含氧量只有百分之几，以酚类化合物为主。总酸值(TAN)为 100(以弱酸为主)。可在炼油厂加工，或用作调和组分，不会造成腐蚀和生成胶质。LOC 的轻烃和石脑油馏分的含氧量低，全部为酚类化合物。链烷烃含量在 70%以上，辛烷值偏低，可用异构化工艺改质，用作汽油的调和组分。

(2) 生产航空煤油：HOC 的航煤馏分含氧量达 12%(质量分数)、CAN 和 TAN 都很高，需要经过进一步改质才能作为生产航煤的原料或调和组分。MOC 的航煤馏分含氧量为 6%(质量分数)、TAN=199。航空煤油质量要求高，不适合用作成品航煤的调和组分。如果腐蚀性合格，可用作生产航煤的原料。LOC 的航煤馏分含氧量为 0.7%(质量分数)、TAN=14(弱酸性的酚类为主)。是适宜的生产航煤原料，但不能作航煤成品的调和组分。

(3) 生产柴油：HOC 的柴油馏分含氧量为 7.5%(质量分数)、酸度高(CAN=20)，可能需要进一步加氢改质。MOC 的柴油馏分含氧量达 4.4%(质量分数)，TAN=0.3mgKOH/g，适合用作炼油厂的原料，需进一步检验酸度才能确定能否作为成品柴油的调和组分。

(4) 瓦斯油馏分：含一定量的柴油馏分。由于初馏点高于成品柴油 T_{90}馏出点(338℃)，故不适合作柴油。各种生物油的瓦斯油馏分，若酸度适宜就可用作重燃料油产品或作为催化裂化原料油。各种瓦斯油馏分的含氧量和酸度均比其轻馏分(轻烃、石脑油和柴油)的含量低。

七、快速热解-加氢改质的技术现状和今后研发课题[5,6]

1. 快速热解-生物油改质路线生产运输燃料的技术特点

(1) 快速热解技术可以使用“碳水化合物含量低”的生物质为原料。例如；使用木质素含量高的木本生物质原料和木材废料，可将木质素组分转化为生物油。用生物化学转化工艺生产乙醇燃料时，木质素只能用作锅炉燃料，回收热量；

(2) 快速热解-加氢改质工艺路线可以生产汽、柴油和航空煤油；

(3) 工厂建设投资和汽、柴油生产成本均低于其他生物燃料生产路线。预期 2020 年可以实现“热解生物燃料最低销售价格能够与化石燃料竞争”；

(4) 快速热解工艺的生物油产率为60%(2011年)，预计2017年后可提高至65%；

(5) 生物质快速热解过程的能量转化效率可达75%左右；采用先进技术(例如；高效率的热电联产技术)，综合热效率可进一步提高。参见表8-9。

表8-9　各种运输燃料生产技术的能量转化效率　　%

工艺技术	能量转化效率	工艺技术	能量转化效率
常规炼油技术生产汽油	85	快速热解(包括加氢改质)	77
常规炼油技术生产柴油	87	加氢热解技术	82
生物质原料气化-费托合成	41		

2. 快速热解-加氢改质技术今后研发课题

(1) 快速热解技术方面

① 研发催化热解、加氢热解等技术，改善热解生物油质量；

② 研发生物油热过滤技术、脱除生物油中的固体杂质，减少对改质工艺的影响；

③ 用不同品种生物质原料调配成质量(灰分、水分)合格的快速热解原料；

④ 优化热解工艺的热回收系统，提高综合热效率。

(2) 加氢改质技术方面

① 优化加氢改质工艺流程，例如：取消预处理过程、采用两段加氢流程生产柴油和航空煤油调合组分；

② 改善加氢改质的工艺参数(例如：降低操作压力、提高空速、使用高反应活性催化剂)；

③ 研发新一代加氢改质催化剂，目标包括：改善催化剂的脱氧活性；提高目的产品选择性；提高对生物油中有害杂质的耐受性；提高生物油改质转化率；延长催化剂使用寿命；载体研究：氧化铝载体的加氢催化剂不适合在"水相环境"中使用；应采用碳载体的加氢催化剂；但是，如果催化剂失活是由于"碳聚合"的原因，则催化剂再生也会有"技术问题"待解决。

(3) 产品质量技术方面

改进改质油切割方案，提高产品质量是主要研发课题，包括：

① 在不影响汽油(辛烷值)、柴油(十六烷值)质量的原则下，研究从改质油中切割航煤馏分的方案。

② 调整产品检验项目；取消不必要/增添必要的检验项目。例如，化验总酸值(TAN)可鉴定有机酸和酚类化合物含量。而汽油馏分中的酚类化合物有利于提高辛烷值。重瓦斯油康式残炭值(CCR)是检验其结焦性的主要指标。除了对加氢生成油全组分进行检验外，应增加对各个组分进行必要的检验。

③ 制定生物汽、柴油(或其调合组分)的"质量标准"；

④ 与炼油专业技术人员合作，解决：加氢改质中间产品在炼油厂加工；生物汽柴油调合问题；共同制定添加生物燃料的产品质量标准。

第三节　生物油改质技术及产业化方案

本节重点论述快速热解路线生产运输燃料的产业化方案。

由于尚未建成工业化的热解型生物炼厂。文献提出的工厂建设方案及其经济性评估结果都是引用研究数据，按照设定的工艺流程和条件采用模型计算法得出的。就方案内容、评估方法和工作深度而言，属于“研究性评估”。所得的生产指标和建设投资、生产成本等数据的精确度约为±25%左右。

由于生物质快速热解和生物油改质技术仍处于中、小型示范阶段，建设生物质热解工厂仍有一些工程问题需要通过工业示范才能解决。本节试图说明工业示范阶段建设热解工厂需要解决的一些工艺技术问题[7~9]。

一、热解工厂建厂方案

（1）新建独立的热解生物炼厂

由于快速热解/加氢改质装置规模不匹配，限于生物质原料供应规模（运输半径不宜超过80km），热解装置处理能力设定为2000t/d；生物油年处理量为150～200kt。与炼油装置相比，生物原油加氢改质装置生产规模偏小，建设投资高，生产成本大。未必是经济可行的最佳方案。

（2）热解生物油输送至炼油厂与石油馏分一起在加氢处理装置内加工

需要解决以下技术问题：生物油酸值高、腐蚀性强，反应器需要采用合金衬里，建设投资增高；生物油与石油馏分不能互溶等技术问题；生物油加氢过程生成水相产物和CO_2气体；需要解决油-水分离和轻烃-CO_2分离问题。

（3）热解生物炼厂与炼油厂联合方案

新建热解工厂建在炼油厂附近，装置包括生物质预处理、快速热解和生物油加氢改质三套生产装置。

制氢、稳定油加氢裂化和产品分馏利用炼油厂已有的生产装置。由于现有装置的建设投资已折旧完毕，故进行经济评估时，可不计算投资成本。

热解装置和加氢改质装置的排放气送至炼油厂用作制氢原料。生物油加氢改质需用的氢气由炼厂提供，价格均按内部价格计算，可以降低汽、柴油生产成本。

联合工厂的原则工艺流程如图8-1。

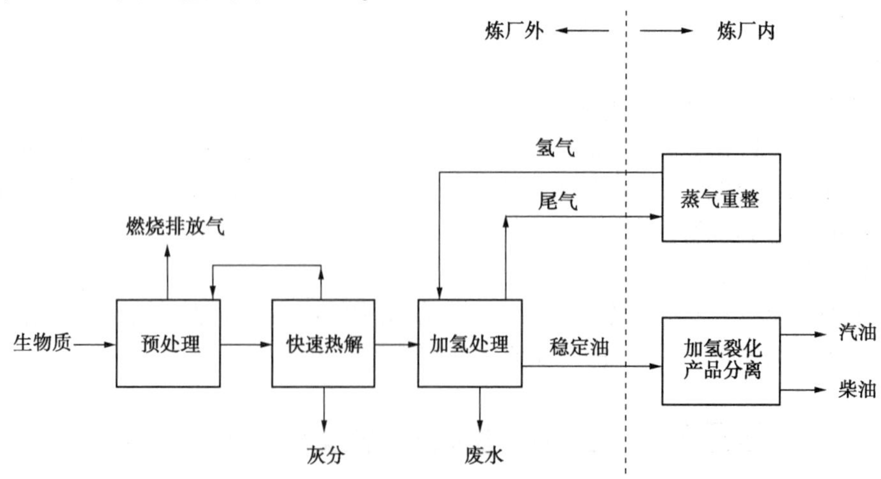

图8-1　联合工厂的原则工艺流程图

经济评估结果：联合工厂方案的建设投资和产品生产成本均低于独立工厂方案。建设总投资约可节约35%；汽柴油生产成本约可降低15%。

(4) 建设独立的生物质热解工厂，在现有炼油厂中建设生物油加氢改质装置(包括加氢裂化产品分馏)，共用(或扩建)炼油厂制氢和公用工程系统。优点是根据生物质资源条件可建设几套热解装置，提高生物油产量，可解决与加氢改质装置的规模匹配问题。

为了发展生物燃料工业，文献[10]提出了将闲置的炼油能力改建为生物油改质装置的方案。随着生物燃料产量增长，预计2030年后将有大量炼油生产能力被闲置。闲置的炼油加氢装置改建为生物油加氢改质装置，生产生物汽、柴油。

二、工厂规模

工厂规模均按2000t/d作为技术经济评估的基准，这是考虑到生物质原料的运输半径不宜过大(≯80km)和为了实现降低原料运输成本目标。应该说明：工厂生产规模=2000t/d，并非是最佳方案。扩大工厂规模有助于提高工厂的经济指标。例如，按2013年热解工厂设计方案，2000t/d的工厂建设投资为7.0亿美元，而建设1座4000t/d的热解工厂的建设投资约11.3亿美元，两者比较可节约建设投资约20%，汽柴油最低销售价格可降低约15%。

三、装置规模

快速热解装置：已经研发了多种型式的快速热解反应器。流化床热解反应器是可工业化的技术，采用流化床热解反应器，生产规模为1000t/d。

生物原油加氢改质装置：生产规模为150kt/a。建设投资为2.08亿美元。与炼油厂加氢处理装置相比，生产规模偏小。投资偏高。

四、生物原油加氢改质技术

工艺流程：2013年设计方案[9]为3段加氢流程，而过去为2段加氢处理流程。

新方案的工艺条件、催化剂说明如下：

加氢稳定：在低反应温度(180℃)、低空速(*LHSV*=0.5)和低耗氢量(0.08%)条件下将进料中高活性化合物(羰基和烯烃化合物)转化。使用Ru/C催化剂、换热器型加氢反应器(容积=290m^3)。

一段加氢处理；在相同工艺条件下、使用Ru/C催化剂将更多的高活性化合物转化。反应器容积=116m^3，氢耗量=0.18%；根据下一步研究成果，有可能取消一段加氢处理工序。

二段加氢处理：反应温度=408℃，LHSV=0.22，氢耗量=5.54%。使用钼基催化剂。工艺目标：进料中含氧化合物加氢转化烃化合物，一部分芳烃饱和、加氢处理生成油的氧含量<2%(质量分数)。

防止有机酸腐蚀，3段加氢处理反应器和容器均需使用合金钢衬里。

已研发了多种生物油加氢改质催化剂，品种以贵金属催化剂(如Ru/C催化剂)为主。需要通过技术研发解决以下技术问题：①降低催化剂价格。目前的Ru/C催化剂价格130美元/kg。②延长使用寿命。2011年技术的加氢催化剂使用寿命仅30d。2017年计划目标为实现催化剂寿命=329d。

生物油加氢改质过程生成水相产物，不适合使用氧化铝载体的催化剂。

五、加氢裂化技术

加氢裂化原料：可使用加氢生成油的>350℃馏分，将相对分子质量大于30的原料裂化为汽、柴油组分。为了提高柴油十六烷值，也可用>200℃的馏分为裂化原料。

改质生成油加氢裂化使用镍-钼催化剂。

六、加氢改质反应器

生物油加氢改质可使用炼油过程的固定床反应器。沸腾床技术是液相流化床反应器，优点是可以防止催化剂床层被堵塞。由于沸腾床是开发中的技术，加氢脱氧效果也未必好于固定床反应器，所以，加氢改质过程仍采用固定床反应器。

稳定反应器为低温操作，生物原油用蒸汽预热。采用管壳换热型反应器，管程内充填催化剂。反应器材质要求：为防止腐蚀需附合金钢衬里。

七、制氢装置

制氢可用的原料包括：

(1) 用煤炭、天然气为制氢原料，均是成熟的技术。

(2) 生物原油制氢是开发中的技术，消耗量过大，不合算。

(3) 用热解和加氢改质过程的放出气为原料，可减少天然气用量。

热解工厂的两种制氢方案的经济评估结果，见表8-10。

表8-10 制氢方案的经济评估结果

项　　目	常规蒸汽重整制氢	流化床催化重整制氢
天然气用量/(标 m^3/加仑汽油)	0.55	0.43
用电量/(kWh/加仑汽油)	1.22	1.45
热解工厂投资/亿美元	6.65	6.91
产品最低销售价格/(美元/加仑汽油)	3.35	3.45

八、生物油加氢改质技术的研发课题[6]

工业示范阶段需要解决的研究课题如下：

(1) 工艺流程：采用两段加氢处理流程，3段加氢是过渡性流程；

(2) 改进工艺指标：提高液时空速，降低反应温度，降低反应压力(<13MPa)；

(3) 催化剂：降低价格，延长使用寿命；

(4) 解决设置保护反应器和备用反应器问题；

(5) 提高热解生物油产率、加氢稳定油收率。

在取得研究成果的基础上，预计加氢改质过程主要的工艺指标将有改进、提高。参见表8-11。

表8-11 生物油加氢改质过程的技术进步情况预测

项　　目	技术进步情况	
	2011年SOT设计	2017年预测结果
简化加氢反应器配置方案①	2×100，设保护床	1×100，无保护床
提高催化剂使用寿命/d	30	329

续表

项　目	技术进步情况	
	2011 年 SOT 设计	2017 年预测结果
提高热解生物油收率(相对于进料)/%	60	65
提高稳定油收率(相对于生物油进料)/%	40	55
提高汽柴油产率/[kg/t(干)原料]	243	353
提高汽柴油年产量/万 t	16	23
汽油辛烷值	~89	~89
柴油十六烷值	~32	≥ 40
降低改质总成本/(美元/加仑汽柴油)	2.48	0.47
其中，加工成本	2.06	0.28
投资成本	0.42	0.19

①反应器配置方案：2×100 包括备用反应器 1 台；1×100 无备用反应器。

第四节　生物油加氢改质工程设计

热解快速-加氢改质生产汽柴油技术已进入工业示范阶段，尚未建成工业化的热解型生物炼厂。美国能源部根据热解技术现状编制了 2013 年热解工厂设计方案[9]。

一、工程设计方案汇总说明

工厂规模：2000t(干)/d；原料：杂交杨木，含水率=50%；

装置组成：设计方案的工艺指标：

工厂规模：生物质原料处理量：2000 t(干)/d；

产品产率：汽油(调和组分)：134kg/t 热解原料；

柴油(调和组分)：147kg/t 热解原料；

汽柴油组分合计：281kg/t 热解原料。

汽柴油产量：18.5 万 t/a；

建设投资：7.0 亿美元(2011 年美元)；

汽柴油(调合组分)最低销售价格；3.39 美元/加仑，折合 142 美元/桶(按 2011 年美元计)。图 8-2 为快速热解-加氢改质生产汽柴油工艺流程。

装置组成：

A100 快速热解装置：配置 1000t/d 快速热解系统，2 套并联。

A200 生物油加氢改质装置：热解生物油经过 3 段加氢处理生产稳定生物油，含氧率低于 2%(质量分数)。

A300 产品分离回收装置。

A400 燃料气回收装置：热解和加氢改质的排放气体收集一起，用作制氢原料和加热炉燃料。

A500 加氢裂化装置。

A600 制氢装置：用天然气和热解、改质的排放气体为原料，用蒸汽重整技术制氢。

为了给读者一套完整的概念，本节将有关快速裂解装置和其原料处理工序一并在此简单介绍，详细内容见本书第七章。

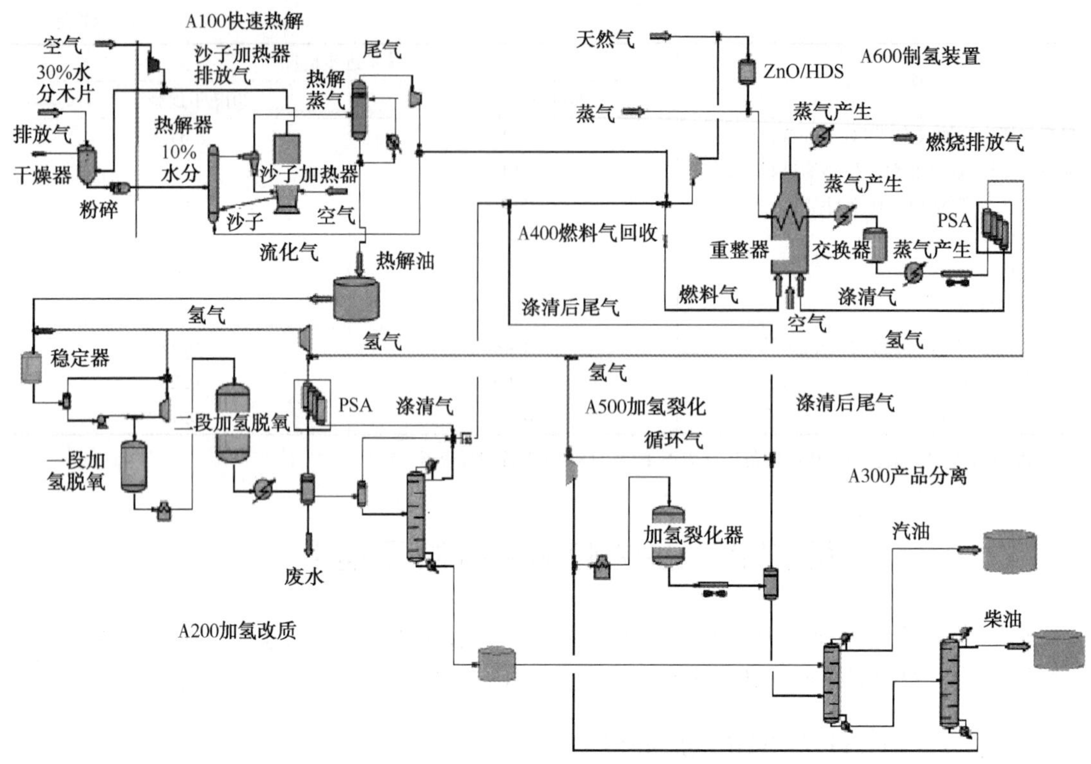

图 8-2　快速热解-加氢改质生产汽柴油工艺流程

二、快速热解装置

原料干燥和预处理流程如下：生物质原料先经过露天干燥，使进厂原料含水率降至 30%（过去方案的含水率为 50%）。进厂后，用热解反应器-焦炭燃烧器的烟气余热（高温气体先用于发生蒸汽）干燥至含水率＝10%，再粉碎为 2～6 mm 颗粒后，用作热解原料。

干燥、预处理后的原料送入热解器，用循环的沙子作为热载体，在 500℃温度下快速热解。原料转化为热解油气和焦炭。经过一组旋风分离器，将油气中的焦炭、沙子分离出来。热解的油气再经过 2 段急冷系统被迅速冷凝、冷却为生物油和不凝气。冷却的生物油经过冷过滤器脱除固体杂质，送至加氢改质工序。

从旋风分离器分离出来的沙子和焦炭送回到沙子加热器中，用焦炭和一部分放出气为燃料进行沙子预热。大部分放出气返回到热解反应器中作为流化气体，多余的放出气用作制氢原料气。

三、生物原油加氢改质装置

快速热解-生物油加氢改质生产运输燃料技术尚未建成工业规模的装置。

根据技术文献的实验数据，用 CHED-CAD 工艺模型软件编制了生物质快速热解-生物油加氢改质的生产工艺流程、物料和能量平衡计算。

未经处理的生物油为暗褐色液体，含水率约为 25%，是复杂含氧化合物的混合物。不适合长期储存，不与常规石油燃料互溶。

热解生物油需要采用加氢处理工艺脱氧、稳定化，才能转化为常规的烃基燃料。石油炼制的馏分油用加氢处理工艺脱硫、脱氮是成熟的炼油技术；生物油加氢处理为复杂的脱氧反应，以加氢脱氧(Hydrodeoxygenation)和加氢脱羧基(Hydro-decarboxylation)为主，分别生成 H_2O 和 CO_2。该过程仍处于研发阶段；待解决的主要技术课题包括：优化工艺条件、降低氢耗量、改进催化剂品种、提高产率等。

加氢处理过程生成的稳定油，含氧量为2%左右；排放气含轻烃、氢气和 CO_2；水相产品中含溶解的有机化合物。

加氢处理的稳定油收率与使用的催化剂品种、反应器型式和工艺条件有关。由于生物油是由多种含氧化合物组成的混合物，导致催化剂使用寿命很短。加氢脱氧、脱羧基的氢耗量很高。

研究结果表明：采用一段加氢处理流程时，生成油为焦油状重油，无法生产质量合格的汽、柴油组分。生物油改质需采用多段加氢流程，才能解决由于生物油组分的高反应活性造成结焦问题。生物原油 3 段加氢处理、生产汽柴油组分的工艺原则流程图参见图 8-3。表 8-12为生物油 3 段加氢处理的工艺参数和产品收率。

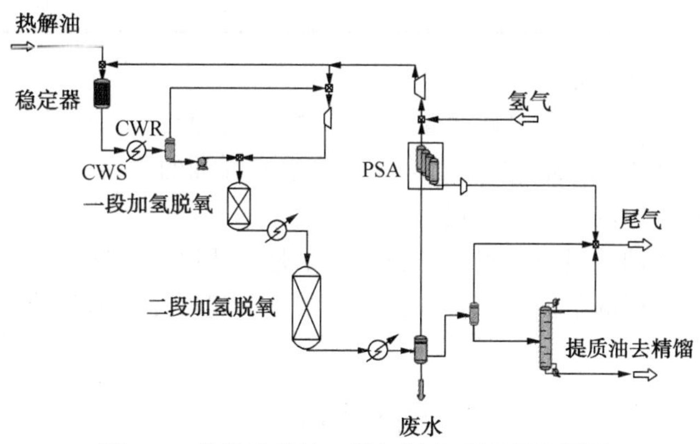

图 8-3　热解生物油 3 段加氢改质原则流程图

表 8-12　生物油 3 段加氢处理的工艺参数和产品收率

项　　目	稳定反应器	第一段加氢处理反应器	第二段加氢处理反应器
反应温度/℃	140	176	408
压力/MPa	8.0	13	13
液时空速 LHSV/h^{-1}	0.5	0.5	0.22
催化剂	Ru/C 催化剂	Ru/C 催化剂	硫化钼催化剂
耗氢量/%(相对于生物油量)	0.08	0.18	5.54
反应器型式	管壳式	固定床	固定床
反应器容积/m^3	290	116	109
反应器有效高度/m	18.3	15.4	14.9
反应器台数	1	1	4
产品收率/%(质量分数)			
油	96	83	48
气体	4	10	24
水	—	7	28
总耗氢量/%	5.8(相对于生物油进料)		

生物油中的各种含氧化合物加氢脱氧活性主要与反应温度有关。表 8-13 为不同反应温度下，各类含氧化合物的加氢处理反应和生成物。

选择适用的催化剂和优化工艺条件就会有助于调节加氢处理反应的选择性，降低耗氢量。

表 8-13　含氧化合物在加氢处理反应温度下的反应活性

反应温度/℃	含氧化合物的加氢处理反应	反应温度/℃	含氧化合物的加氢处理反应
150	烯烃饱和	300	羰基化合物和酚醚
200	醛和酮类化合物生成醇	350	酚类和二苯基醚
250	脂肪族醚类化合物脱水	400	二苯并呋喃

3 段加氢改质过程的工艺数据，汇总在表 8-14 中。

表 8-14　生物油加氢改质全过程的工艺指标

项　目	改质生成油含氧量/%	总氢耗量(相对于进料)/%	产品收率(相对于生物油进料)/%		
			生成油	气体	水
数据	0.5	5.8	44	26	29

加氢改质工序的技术结论：

(1) 石脑油组分的辛烷值与其含氧量有关，含氧量越低、其辛烷值也越低。

(2) 含氧量低于 0.4%煤油组分是适合于生产航空煤油的原料。

(3) 中馏分油的十六烷值，未测定。

(4) 加氢处理生成油的组成。目前的技术水平是：两段加氢处理不能同时生产辛烷值合格的汽油和十六烷值合格的柴油。柴油和瓦斯油组分一起再经过加氢处理才可生产十六烷值达标的柴油。

四、加氢裂化和产品分离回收装置

加氢裂化工艺除了将原料中的长链化合物裂化为低分子烃，将烯烃、芳烃饱和；还可脱除原料中剩余的含氧化合物(如酚类化合物)。与过去设计条件不同点是加氢改质柴油组分和>350℃重瓦斯油一起用作加氢裂化原料。

加氢处理生成油经过分馏塔分馏生产汽、柴油组分，>350℃重油用作加氢裂化原料。图 8-4 为加氢裂化和产品分离回收工艺流程图。

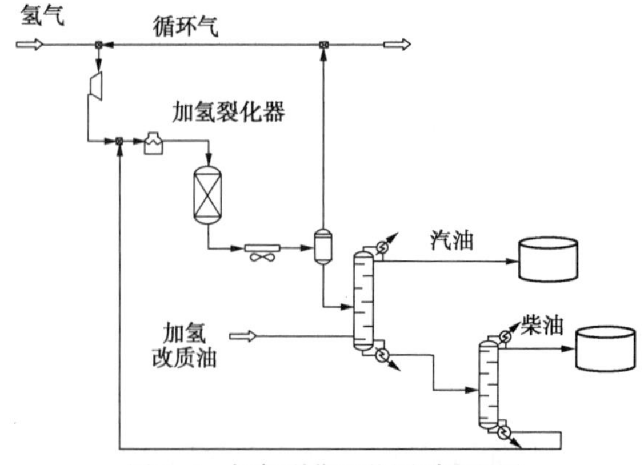

图 8-4　加氢裂化工艺原则流程图

表 8-15 为加氢裂化过程工艺指标，进料为加氢处理的重馏分油。

表 8-15　加氢裂化过程工艺指标

项　目	数据	项　目	数据
加氢裂化原料处理量/(t/d)	70	产品收率/%	
工艺条件		正壬烷(C_9组分)	35.8
反应温度/℃	750	甲基-环己烷(C_7组分)	44.4
压力/MPa	8.6	正辛烷(C_8组分)	19.8
氢耗量(相对于进料)/%	0.9		

五、制氢装置

制氢原料：用热解反应器、加氢处理反应器的排放气和补充天然气为制氢原料。

两种制氢方案：常规制氢；天然气蒸汽重整制氢工艺。

补充天然气量：4400m^3/h。

氢气产量：52500 标 m^3/h。

PSA 氢回收率：85%。

第五节　生物油加氢改质的技术经济评估

快速热解路线生产汽柴油的技术经济评估内容包括：

① 根据生产流程估算工厂的建设投资；

② 根据原料成本、生产成本、投资成本，和净现金流通值=0 的投资利润率(RON)10%为基准，估算汽、柴油产品的最低销售价格；

③ 快速热解路线生产汽柴油的经济性灵敏度分析。

2013 年设计方案的经济评估结果综述如下(包括全工厂，本书第七章的热解部分在内)。

一、基础数据

工厂规模：2000t/d，原料处理量 66 万 t/a；

开工系数：90%，折合年开工 7884h；

原料成本：80 美元/t(干)(进厂价格)；

汽油产率：134kg/t 原料；

柴油产率：147kg/t 原料；

汽、柴油产率：281kg/t(干)原料，折合汽柴油年产量=18.5 万 t。

二、建设投资

热解工厂建设投资可分项为：①工艺装置设备及安装投资；② 直接费和间接费。从表 8-16 数据可知：工艺装置设备及安装投资为总投资额的 55%；直接费和间接费占 45%。

表 8-16 热解工厂的建设总投资分析

项目	数据(按 2011 年美元计)	
	亿美元	%
热解装置	1.75	[25.0]
加氢处理装置	1.15	[16.4]
加氢裂化及产品分馏	0.19	[2.7]
制氢装置	0.69	[9.9]
其他	0.09	[1.3]
设备及安装投资合计	3.87	55.3
直接和间接费用	3.13	44.7
建设总投资	7.00	100

三、汽柴油的出厂最低销售价格

快速热解路线生产汽柴油成本见表 8-17。

表 8-17 快速热解路线生产汽柴油生产成本

项目	年生产成本/亿美元	汽、柴油出厂价格构成	
		美元/加仑汽油当量	%
原料成本	0.579	0.92	27.2
天然气	0.062	0.10	3.0
催化剂及化学药剂	0.204	0.32	9.5
污水处理	0.005	0.01	0.3
电力及其他公用工程	0.055	0.09	2.7
固定成本	0.336	0.53	15.7
投资折旧	0.222	0.35	10.3
平均所得税	0.066	0.10	2.9
平均投资利润率	0.609	0.96	28.3
出厂最低售价	2.138	3.39	100.0

四、经济性的灵敏度分析

汽、柴油生产成本与工厂规模、投资利润率、原料价格、生产装置工艺条件和产品收率等因素有关。工厂经济性的灵敏度分析结果见表 8-18，基准：汽、柴油出厂价格=3.39 美元/加仑。

表 8-18 热解工厂经济性的灵敏度分析

项目	数据	
	产品价格/(美元/gge)	差值/%
工厂规模降低至 1000t/d	3.99	+17.8
工厂规模提高至 4000 t/d	2.89	-14.9
投资利润率从 10%提高至 15%	3.99	+17.8

续表

项　目	数　据	
	产品价格/(美元/gge)	差值/%
投资利润率从10%降至5%	2.89	−14.9
原料价格提高至120美元/t	3.86	+13.7
原料价格降至60美元/t	3.16	−6.9
热解装置投资提高40%	3.69	+8.8
热解装置投资减少40%	3.09	−8.8
加氢催化剂使用寿命提高为2年	3.16	−6.8
加氢催化剂使用寿命降低为0.5年	3.71	+9.3
提高收率(热解=64%，加氢=46%)①	3.10	−8.5
降低收率(热解=60%，加氢=42%)①	3.60	+ 6
总投资降低10%	3.35	−1.2
总投资增加40%	3.56	+5.0
热解装置配置：2000 t/d×1套	3.25	−4.1
热解装置配置：400 t/d×5套	3.63	+7.0
生物油加氢处理收率提高至46%	3.21	−5.3
生物油加氢处理收率降低至42%	3.52	+4.0
加氢处理反应器投资提高40%	3.53	+4.1
加氢处理反应器投资降低40%	3.25	−4.0
催化剂价格从60美元/lb提高至90美元/lb	3.50	+4.1
催化剂价格从60美元/lb降至30美元/lb	3.28	−4.0
不可预见费从10%提高至20%	3.50	+3.3
不可预见费=0	3.28	−3.3
稳定反应器LHSV从0.5提高至1.0	3.34	−2.4
稳定反应器LHSV从0.5降至0.3	3.46	+2.4
2段加氢处理LHSV从0.22提高至0.4	3.35	−1.3
2段加氢处理LHSV从0.22降至0.1	3.51	+3.6
热解生物油收率从62%提高至64%	3.27	−3.5
热解生物油收率从62%降低至60%	3.46	+2.2
制氢装置建设投资提高25%	3.47	+2.4
制氢装置建设投资降低25%	3.31	−2.4

①收率的基准数据：热解生物油收率=62%；生物油加氢改质收率=44%。

五、两组经济评估数据的比较

PNNL 2009年热解工厂设计方案的建设投资为1.94亿美元，比2013年设计方案的建设投资少了3.31亿美元，原因是热解装置的投资估算准确度不同，加氢改质装置的两种设计方案的工艺流程不同而其他装置(加氢裂化、制氢和公用工程)建设投资基本相同。

2013 年设计方案的投资数据更接近实际。如能简化加氢处理装置生产流程，投资仍有降低的空间。

两个设计方案的工厂建设投资比较结果如表 8-19。

表 8-19 快速热解-加氢改质生产汽柴油的建设投资比较

项目	数据(按 2011 年美元计)	
	2013 年设计方案	2009 年设计方案①
快速热解装置	3.17	1.03
加氢处理装置	2.08	0.91
加氢裂化和分馏装置	0.34	0.33
制氢装置	1.25	0.96
公用工程及其他	0.17	0.16
总建设投资	7.01	3.39

①已换算为 2011 年美元的价格。

第六节 快速热解-加氢改质过程的 GHG 减排效应分析

快速热解-加氢改质过程的 GHG 排放和所用原料、工艺过程等因素密切相关，在进行具体分析之前首先介绍一下和 GHG 排放相关的标准[10]。

一、GHG 减排相关标准

(1) 生物燃料 GHG 减排标准

美国“能源独立和安全法-2007”(EISA-2007)规定了可再生燃料的品种和合格标准。在可再生燃料国家标准-2(RFS-2)中，燃料的生命周期 GHG 减排率标准是以 2005 年的 GHG 排放量为基准，设定了 4 种生物燃料 GHG 排放量的合格标准。参见表 8-20。

表 8-20 能源独立及安全法(EISA)设定的生物燃料 GHG 减排标准 %

生物燃料品种	可再生燃料	先进生物燃料	生物质基柴油	纤维素生物燃料
GHG 减排率①	20	50	50	60

①为相对于 2005 年 GHG 排放量的减排率。

(2) 快速热解-加氢改质技术“可持续的环境保护标准”

发展快速热解-加氢改质技术生产生物燃料，除了需要制定技术和经济指标，还需要制定“环境保护可持续性”的标准和 GHG 减排目标。表 8-21 为快速热解-加氢改质技术的“可持续性环境保护标准”2017 年应实现的目标。

表 8-21 快速热解-加氢改质技术的“可持续的环境保护标准”

项目	2017 年预测值
热解生物燃料的 GHG 排放量/(gCO_2/MJ 燃料)	18.9
化石燃料的排放量/(gCO_2/MJ 燃料)	85.0

续表

项　目	2017 年预测值
热解法生产生物的燃料的化石燃料用量/(MJ/MJ 生物燃料)	0.301
生物燃料产率/[加仑汽油当量/t(干)木材]	87
生物质含碳转化为生物燃料的碳效率/%	47
2000t/d 热解工厂用水量/(m^3/d)	1050
水消耗量/(L/L 产品)(按汽油当量计)	1.4
2000t/d 热解工厂污水排放量/(m^3/d)	932
污水生成量/(L/L 产品)(汽油当量)	1.3

二、生物质快速热解-加氢改质的 GHG 减排效应结果汇总

(1) NREL/PNNL 研究结果

表 8-22 为 NREL/PNNL 对快速热解-加氢改质路线生产低碳燃料的生命周期 GHG 排放效应的研究结果。

表 8-22　生物质快速热解-加氢改质的 GHG 减排效应的研究结果

试验单位	NREL/PNNL	NREL/PNNL	NREL/PNNL	NREL/PNNL
原料种类	林业废料	林业废料	林业废料	杨木
电力来源和制氢原料	电网供电 天然气制氢	生物质发电 天然气制氢	电网供电 天然气制氢	电网供电 天然气制氢
工艺条件	原料含水率 50% 干燥后含水率 7% 原料破碎和干燥耗电 8MW 制氢用放出气：2.2t/h		原料含水率 30% 干燥后含水率 10% 原料破碎和干燥耗电 4.8MW 制氢用放出气：5.0t/h	
热解汽油的 GHG 排放量/(gCO_2/ MJ)	38.9	25.0	31.5	36.8
石油汽油的 GHG 排放量/(gCO_2/ MJ)	93.4	93.4	93.4	93.4
热解汽油 GHG 减排效应/%	58	73	66	61

(2) 美国 ANL 实验室研究结果

美国 ANL 实验室根据 NREL 的“玉米秸秆为原料的快速热解-加氢改质生产燃料”报告中的数据，分析了“玉米秸秆生产生物燃料的 GHG 减排效应”。结果如表 8-23。

表 8-23　玉米秸秆快速热解-加氢改质生产汽柴油的 GHG 减排效应 gCO_2 当量/MJ

项　目	数　据	
生产条件	原料：玉米秸秆 电力：网络供电 制氢原料：天然气	原料：玉米秸秆 电力：网络供电 制氢原料：生物油制氢
热解汽油 GHG 排放量	30.3	13.2
常规石油汽油 GHG 排放量	93.4	93.4
GHG 减排率/%	68	86

两表数据说明，按照 EISA 设定的生物燃料 GHG 减排标准，快速热解-加氢改质技术生产汽、柴油的 GHG 排放率可以达标(纤维素生物燃料的 GHG 减排率=60%)。

三、快速热解-改质路线的生命周期 GHG 减排效应过程分析

(1) 按生产工序分析的 GHG 排放数据

表 8-24 为生物质快速热解-改质路线的生命周期 GHG 减排效应和各工序的 GHG 排放数据。

表 8-24　快速热解-加氢改质路线按生产工序的 GHG 排放分布数据

项　目	GHG 排放量(按 CO_2 当量/MJ 汽油计)		
	林业废料	林业废料	废木料
电力来源和制氢原料	电网供电　天然气制氢	电网供电　天然气制氢	电网供电
种植原料使用化肥和农药	0	0	0
原料生产	1.4	1.3	0
原料运输	5.5①	1.6	0.9
生物燃料生产	28.1	27.1	27.3
生物燃料运输	—	0.7	0.9
生物燃料消费	0.8	0.8	1.1
总计	35.8	31.5	30.1

①包括原料和生物燃料运输。

表 8-24 数据表明：热解生物燃料生产过程产生的 GHG 排放约占热解汽、柴油的生命周期 GHG 总排放量的 80%以上。

(2) 消费化石能源是主要的 GHG 排放源

热解工厂消费化石能源产品(天然气、电力等)是主要的 GHG 排放源。参见表 8-25。

表 8-25　快速热解-加氢改质过程的 GHG 排放源

项　目	%	项　目	%
制氢用天然气	46.6	催化剂制造	0.9
其他用途天然气	10.6	系统设施	0.8
电力	41.0	污水处理	0.2

(3) 生物质原料、工艺过程对 GHG 排放的影响

林业废料为原料时，没有原料种植和收获过程，不产生 GHG 排放量，GHG 减排效应好。快速热解-加氢改质过程的 GHG 排放还与生物燃料产率、生物质中的碳转化为生物燃料的效率等因素有关。

快速热解-加氢改质技术路线生产汽柴油过程的氢气耗量高，用天然气为制氢原料是 GHG 的排放源；改进生产工艺流程(例如，改进工厂热回收流程，就能将更多的热解排放气和加氢改质排放气用作制氢原料)，减少天然气用量就会减少 GHG 排放量。表 8-26 说明了提高天然气用量会使 GHG 排放量增加。

表 8-26 不同原料和不同工艺条件的热解汽油的 GHG 减排效应(原料：杂交杨木)

设计标准	工艺条件		GHG 减排效应	
	汽柴油产率/(加仑/t 原料)	补充天然气用量/(SCF/加仑燃料)	GHG 排放量/(gCO_2/MJ 汽油)	GHG 减排率①/%
2011-2012 SOT	72	14	34.2	63
2013-2014 SOT	80	22	35.2	62
2017-SOT	106	19	36.8	61

① 减排基准，相对于石油汽油 GHG 排放量为 93.4 gCO_2/MJ。

表 8-27 为林业废料为原料时生产热解汽油的 GHG 减排效应。表 8-27 数据说明：在不同技术状态(SOT)和不同工艺条件下(主要与“汽柴油产率”和“制氢过程的天然气用量”有关)，用林业废料按快速热解路线生产汽柴油的 GHG 减排效应是不同的。

表 8-27 林业废料为原料生产热解汽油的 GHG 减排效应

设计标准	GHG 减排效应	
	GHG 排放量/(gCO_2/MJ 汽油)	GHG 减排率/%
2011-2012 SOT	26.5	72
2013-2014 SOT	28.7	69
2017-SOT	31.5	66

改善生产工艺就可能降低热解工厂的 GHG 排放。例如：改变进场生物质原料含水率和降低原料干燥、粉碎的能耗(减少电力、燃料用量)，将工艺过程排放的轻烃气体用作制氢原料气，从而降低制氢的天然气(或煤炭)用量，收到 GHG 减排效应。

第七节 快速热解路线生产运输燃料技术发展前景

一、说明

美国近 5 年的石油年消费量为 10 亿 t 左右，原油年产量约 4.5 亿 t(近几年，其国内产油量持续上升)。预测 2035 年美国的石油总消费量为 11 亿 t(将比 2008 年增长 14%)；国内原油产量将提高 22%(近期文献报导，美国原油和天然气产量将有较大的增长，自给率将提高)，原油进口量将从目前占总消费量的 54%降低至 2035 年的 44%。此期间的生物燃料产量将有较大的增长。为满足国内液体燃料消费量，生物燃料的份额可从目前的 3.5%增长至 2035 年的 11%(约占石油总消费量的 10%)。

实现 MYPP 的计划目标：2022 年生物燃料产量 = 1 亿 t；原油消费量的替代率估计为：10%左右。

实现上述目标：

(1) 需要用生物质作为新一次能源、生产替代运输燃料。

(2) 需要进行生物燃料生产技术的研究、示范、推广和应用，才可以最终实现工业化生产。

快速热解生产运输燃料技术的开发研究已经进行了 30 多年，快速热解技术已可实现工业化，加氢改质技术研究也已取得成果。在探讨生物燃料发展的论述中，均将热解路线作为主要发展方向。

二、生物质快速热解途径的工业化生产前景

（1）美国能源部制定的 MYPP[11]计划中，把快速热解技术作为生物质生产烃类运输燃料的优先选择的途径。

① 总体发展目标：用纤维素生物质原料生产燃料、发电和生产化学品(以生物燃料为主)；

② 生物燃料发展方向：用生物质原料，用快速热解-加氢改质技术生产可再生汽、柴油和航空煤油；

③ 生物燃料产量发展目标：利用国内的生物质资源，2022 年实现运输生物燃料年产量 1 亿 t，主要采用快速热解-加氢改质工艺；

④ 发展木材生物质快速热解技术，生产汽、柴油，可以实现生物燃料的长远发展目标。

下面预测 2017 年"快速热解-加氢改质技术"可实现的几项工艺技术指标。美国能源部提出 2017 年快速热解技术的产品产率/产量和生产成本的发展变化趋势。

① 提高产率：包括提高热解生物油产率和提高加氢改质生物油产率。

快速热解生物油的理论最高产率为 75%，技术进步，生物油产率可提高至 62%。加氢改质工艺预期的技术进步，生物油改质过程的产品收率可能从目前的 44%提高至 55%。

② 提高热解工厂的产量。

随着技术研究开发取得成果，预期在美国快速热解生产运输燃料技术的汽、柴油产量逐年提高。

③ 降低生产成本。

预期随着技术进步，生产成本仍有较大的降低空间，参见表 8-28 快速热解-生物油加氢工艺生产汽柴油的经济数据。

表 8-28　快速热解-生物油加氢工艺生产汽柴油的经济数据

项　目	数据		
	2009 年实际	2012 年实际	2017 年预测值
汽柴油最低销售价(MSP)/[美元/gge(汽柴油)]	13.4	7.04	3.39
原料成本/[美元/gge(汽柴油)]	1.38	1.03	0.92
热解成本/[美元/gge(汽柴油)]	0.97	0.90	0.76
改质成本(生产稳定油)/[美元/gge(汽柴油)]	10.07	4.17	0.95
HCK 及分馏/[美元/gge(汽柴油)]	0.25	0.24	0.14
制氢成本/[美元/gge(汽柴油)]	0.74	0.71	0.63
主要技术经济指标			
工厂规模产量提高/(万 t/a)	~16	~16	~18
产油率提高/[kg 汽柴油/t(干)]	245	245	282
制氢用天然气量增加/[标准 m^3/t(干)]	34.80	34.80	45.98

原因分析

改质成本：从 10.07 美元/gge 降低至 0.95 美元/gge。

原料成本：从 1.38 美元/gge 降低至 0.92 美元/gge。

氢气成本：从 0.74 美元/gge 降低至 0.63 美元/gge。

注：根据 MYPP 2014 附录 B 整理。

总生产成本中，原料成本和加氢改质生产成本所占比率最高，改善原料的物流系统和改进加氢改质工艺就能降低生物燃料的生产成本。

(2) 美国“运输能源未来-2013”[12]指出快速热解技术生产生物汽柴油是价格最具竞争力的方案。

美国“运输能源未来-2013”报告[11]指出：各种低碳燃料都有 GHG 减排效果。究竟哪一种生物燃料的减排效应最好、经济效应最佳，是生物燃料的重要研究课题。

生物燃料工业的最佳发展方案的研究结果：按 3 种低碳燃料情景预测的 2050 年运输燃料总用量为 4 亿 toe。生物质原料总用量为 6 亿～7 亿 t，热解汽柴油、飞机喷气和船用燃料的用量占大部分。其中，以“燃烧情景”的生物燃料需用量最大。约 90%的原料采用快速热解-加氢改质技术生产汽、柴油和航空煤油。参见图 8-5 不同情景的 2050 年热解汽柴油产量和生物质原料用量。

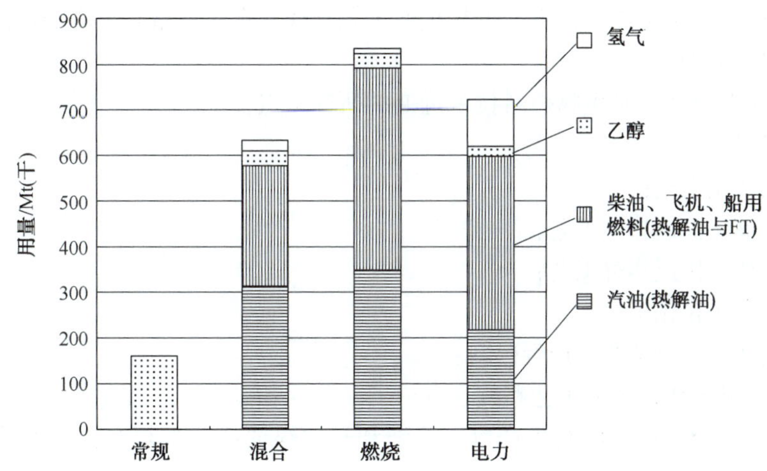

图 8-5　不同情景的 2050 年热解汽柴油产量和生物质原料用量

综合分析，运输能源未来-2013 报告[12]得出如下结论：

① 生物质资源量有限，合理利用十分重要；应主要用于生产生物燃料、生物电和生物化学品。各种用途的生物质原料分配比例取决于产品的市场需求和政策的发展方向。

② 生物质发电：生物质发电在电力市场上的竞争力有限。据估计，碳价格为 80 美元/tCO_2当量情况下，生物质发电的市场份额约为 1%。生物质-煤炭混烧发电技术是燃煤发电厂实现 GHG 减排的可行方案。

③ 生产化学品。生物质特点是由含碳-氢-氧功能键的多种化合物组成的混合物，利用生物质的特点生产化学品，比生产生物燃料更有价值。

④ 生产生物燃料。就发展生物燃料而言，生物质是唯一可生产烃基运输燃料的资源。

几种生物燃料生产方案的评估结果表明：快速热解技术生产生物汽柴油是经济可行方案，与石油燃料和用其他工艺路线生产的生物燃料相比，热解汽、柴油价格最具有竞争力。如果快速热解技术的研发工业示范不成功，生物燃料在柴油、航空煤油市场的占有率就会降低。按照“热解路线研发失败情景”预测：2050 年生物柴油的市场占有率将减少 90%；航空煤油将减少 65%。

⑤ 使用 Base 模型预测 2020 年生物燃料的市场占有率，预测结果如下：

碳价格=0：航空煤油25%；汽油15%；柴油8%。

碳价格=80美元/t：航空煤油30%；汽油20%；柴油10%。

⑥ 预测美国2050年纤维生物质原料需用量为8亿t。主要(约>70%)用作快速热解的原料。预计2050年热解汽油价格将低于常规汽油或持平；与生物质原料价格有关。

三、美国产业界提出的先进生物燃料生产方案[13]

美国“国家先进生物燃料联盟”(NABC，National Advanced Biofuels Consortium)提出了“生物燃料与炼油厂联合方案”。

先进生物燃料若能在现有炼油厂加工，利用现有燃料系统设施，产品适合用作现有小汽车(重型卡车或飞机)的燃料，就能有助于实现国家能源安全，降低GHG排放和发展国民经济的要求。

发展先进的低碳生物燃料技术，可从生产工艺路线、燃料质量几个方面组成为以下发展方案。重点内容说明如下：

(1) 六条工艺路线，是生物燃料技术近期的研究重点：

① 糖发酵工艺；

② 糖催化转化工艺；

③ 生物质催化快速热解工艺；

④ 生物质加氢快速热解工艺；

⑤ 生物质水热转化工艺；

⑥ 合成气费托合成工艺生产烃燃料；

其中③、④条为快速热解工艺路线。

(2) 三项条件，生物质原料生产汽、柴油和航空煤油产品必须在技术经济上满足以下条件：

① 生物燃料产品能够利用现有的运输销售系统设施。

可有2种生产方案：生产汽柴油和航煤油产品，或生产其调和组分，均应符合ASTM质量标准。

② 可持续的环境保护标准：符合环保局的GHG减排要求。相对于化石燃料的GHG减排率，应不低于50%。

③ 先进生物燃料在价格上应与化石燃料具有竞争力，适合用作现有小汽车、运输车辆的燃料才能在市场上推广。

(3) 三个插入点：

生物燃料可行的生产方案是：最大限度地利用炼油厂现有生产设施，可不需新建公用工程和系统设施。

三个插入点说明如下：

① 生物质原料生产生物原油，与原油一起在炼厂中混炼；

② 生物质原料生产中间产品与炼油产品(如：气体和石脑油等轻馏分，柴油馏分或重油组分)一起加工；

③ 生物质原料生产质量接近于汽、柴油的调合组分，再送至炼油厂与炼油产品调和为成品汽柴油；

(4) 组织各个相关行业进行“先进生物燃料生产技术”的联合研究开发。

发展低碳生物燃料生产涉及许多专业，需要由国家实验室、高等院校和工业生产部门共同参与研究工作。

先进生物燃料技术的研究开发应分阶段进行。第一阶段需历时3年，对6条工艺路线进行工艺研究，找到需要解决的技术障碍。根据“可持续性研究”和“技术经济性分析研究”结果，从中选择出1~3条最可能成功的路线，提出“研究报告”和“可行性研究报告”。第二阶段研究任务是完成小型试验，编制与炼油厂联合的工艺流程。第三研发阶段的任务是编制生物燃料技术“工艺包”，其中包括小型试验的工艺流程、工程设计详细报告和生命周期GHG分析等。

研发的终极目标是加快将先进生物燃料技术转让给工业部门，实现工业化生产，解决能源安全和GHG减排问题，促进经济发展。

第八节　生物油重整制氢

一、前言

液体生物油(Bio-oil)是由生物质快速裂解液化过程产生的有机液体混合物，具有易收集、易存储和易运输方面的优势，解决了生物质原料大规模收集、存储和运输的难题。与直接气化相比，生物油更容易通过改性转化为液体燃料；它还能提供某些具有很高价值的化工原料和产品。由于生物油存在热值低、含水量高、含氧量高及pH值较低等问题，使得其不易直接用作运输燃料。而采用催化重整的方法，可将其在醇或水存在的条件下转化为清洁高效的氢能，解决了生物油存在的问题。生物质快速热解-加氢提质生产汽柴油工艺中需要产生氢气使生物油加氢提质，热解油制氢可以不使用天然气制氢，提高GHG减排率。

目前，生物质制氢技术的发展方向以生物质气化制氢、生物质热解-生物油重整制氢和生物发酵制氢技术为主。按氢气产率和能量收率基准，生物质热解-生物油催化重整制氢技术优于其他两种制氢技术。但是，目前生物质热解-生物油催化重整制氢为开发中的技术，尚未建成工业生产装置。本节在参考美国NREL研究成果的基础上，重点对生物油氧化裂化—自热重整制氢过程进行过程的技术经济评估[14,15]。

二、生物油制氢的原理

生物油成分非常复杂，其化学组成达几百种，基本囊括了醇、羧酸、酚、醛、酮等多种有机官能团化合物，一般采用一个简化的分子式来描述生物油的元素组成：$C_nH_mO_k \cdot xH_2O$。生物油催化重整制氢反应中，反应物生物油和水蒸气首先吸附在催化剂表面活性位，在催化剂的催化作用下发生一次分解，生成一氧化碳和氢气；而后一氧化碳和水蒸气进一步发生水气变换生成二氧化碳和氢气，反应方程式如下式所示：

$$C_nH_mO_k+(n-k)H_2O \longrightarrow nCO+(n+m/2-k)H_2 \tag{8-1}$$

$$nCO+nH_2O \longrightarrow nCO_2+nH_2 \tag{8-2}$$

结合上式(8-1)、式(8-2)，总反应方程式见下式。

$$C_nH_mO_k+2(n-k)H_2O \longrightarrow nCO_2+(2n+m/2-k)H_2 \tag{8-3}$$

由于水蒸气重整反应的反应温度通常较高，生物油的大分子化合物通常还会发生裂解，同时伴随着 CO 的歧化反应即 Boudouard 反应的发生[16]，具体反应见下式所示。

$$C_nH_mO_k \longrightarrow C_xH_yO_z + \text{气体}(H_2,\ H_2O,\ CO,\ CO_2,\ CH_4\cdots) + \text{焦} \tag{8-4}$$

$$2CO \longrightarrow CO_2 + C \tag{8-5}$$

研究者采用不同的催化剂对生物油的重整制氢进行了研究，由于受重整过程中催化剂积炭问题的困扰，生物油原油的重整过程通常会面临寿命较短和稳定性不足等问题。

三、生物油重整制氢工艺

1. 工艺过程研究

生物油氧化裂化—自热重整制氢过程工艺包括生物油氧化裂化和自热重整、变换两个工艺过程。美国 NREL 报告[15]上提出，在进行生物油催化重整制氢过程中，需要使反应物料较好地雾化，以降低物料的黏度。研究显示，相反应体系中添加甲醇可以起到雾化物料的作用。实验结果表明，当甲醇添加量为 10%时，物料雾化效果较好，试图减少甲醇的添加量则是不成功的。

由此，生物油自热重整原料组成为：生物油(占物料质量 90%)+甲醇(占物料质量 10%)。以上混合物料的元素组成表示为：$CH_{2.18}O_{0.78}$。基于以上，生物油甲醇催化重整制氢过程的反应机理可表示为式(8-6)。

$$CH_{2.18}O_{0.78} + 0.51O_2 + 0.19H_2O \longrightarrow CO_2 + 1.28H_2 \tag{8-6}$$

以上反应过程 H_2 的实际收率的估算值为 10%(质量分数)，能量转化效率的估算值为 72%。

在自热重整制氢时，生物油全馏分中加入 10%甲醇，在 400℃温度下使用超声波喷嘴进行蒸发、气化，然后，气体进入流化床反应器，在 650℃温度下通入氧气完成氧化裂化、然后，经重整过程，生产含 H_2、CO 和 CO_2 气体。采用生物油喷射技术，控制氧/水蒸气加入量，可以降低碳转化成 CO、芳烃和积炭。当使用镍催化剂和铂催化剂进行重整试验，铂催化剂效果最好。小型试验是在 2in 的流化床反应器中完成的，已经用全馏分生物油连续运转了 16 h。氧化裂化的工艺条件为 650℃、停留时间 0.5 s。表 8-29 是美国 NREL 报告中列出的几种生物油性质数据，表 8-30 为该报告列出的生物油自热重整制氢的工艺参数和氢收率。

表 8-29 生物油性质数据

项 目	橡木生物油	杨木生物油	松木生物油	脱木质素橡木生物油
元素组成/%				
C	44.9	47.4	48.2	12.5
H	7.2	7.5	7.4	10.0
O	47.8	45.1	44.3	77.5
水/ %(质量分数)	25.3	19.6	22.4	74.6
木质素/ %(质量分数)	32.9	38.0	31.2	0
相对分子质量	860	670	710	290
25℃黏度/(mPa·s)	150	350	200	3.1
表面张力/(mN·m)	43	20	30	37
氢气产率/(g/100g 进料)	12.5	13.8	13.5	3.8(15.7)

表 8-30 生物油自热重整制氢的工艺参数和氢收率

项目	工艺参数				H_2产率 /(g/100g 生物油)
	VHSV/h^{-1}	汽/C 比	O/C 比	C 转化率/%	
橡木生物油	2100	3.5	1.0	84	9.1
杨木生物油	2100	3.0	0.9	89	11.0
松木生物油	2100	2.8	0.85	86	10.5
脱木质素橡木生物油	1100	4.0	1.5	89	3.0(12)

由表 8-29 和表 8-30 可以看出，生物油自热重整技术的目前较适宜的工艺参数为：重整反应温度 850℃；汽/C 比 2.5~3.5；O/C 比 0.9~1.1；催化剂 Pt/Al_2O_3，Pt=0.5%；空速(按甲烷当量计)2000 h^{-1}。氢气产率取决于生物油原料的化学组成和物理参数。橡木生物油的氢产率低于杨木/松木生物油，原因是含碳低、高含氧，碳转化为气体的产率低。不同品种的生物油的碳转化率在 84%~89%之内；使用脱除热解木质素组分的生物油为制氢原料是经济可行的工艺技术。2012 年，美国 NREL 研究结果显示，生物油制氢的产率为 7.3gH_2/100g 生物油，而生物油制氢氢产率目标为 9.6 gH_2/100g 生物油。这就需要技术进步，进一步优化水煤气变换过程，将生物油气化率提高至 93%以上。

2. 现有技术成果

DOE 氢能和燃料电池项目一份报告[17]介绍了生物油自热重整制氢课题的进展情况：已建成的 100L/h 制氢集成小试装置(含 CO 变换和电化学分离)包括 40mm 内径，300mm 高装填 200g BASF 铂催化剂，操作在 800~900℃的重整反应器和 22mm 内径，300mm 高装填 190g 铁铬催化剂，操作在 350℃的变换反应器；三种生物油(橡树油、松树油和杨树油)黏度在 150~350mPa·s(25℃)之间，需要掺入甲醇使进料良好雾化，掺有甲醇的生物油进料量为 60~200g/h，在水碳分子比 2.5~3.5，空速 2000h^{-1}条件下，氢产率是 9.1~11g/100g 油。此时碳转化效率 84%~89%，能量转化效率 70%(目标为 72%)。按照上述条件估算的 1500kg/d 小型工厂制氢成本为 4.26 美元/gge(生物油价格按 110~260 美元/t 估计)，也超过 3.8 美元/gge 的目标值。如计入压缩、储存和配送费用，还要增加 2.0 美元/gge 的出厂成本。

研究者体会到来源不同的生物油性质差别较大，对产氢率的影响至关重要[17]。此外产业化的反应器应在加压(1.4MPag)条件下运行，能降低成本。这方面的化学动力学研究也需开展。

四、生物油制氢经济性

根据美国 NREL 报告的现有研究成果，对第 *n* 个制氢工厂的氢气的生产成本进行估算[14,15]。小型中试试验装置制氢过程的规模为 1500kg H_2/d，过程总投资为 188 万美元，生物油的价格为 236 美元/t，则具体的投资情况见表 8-31 所示。

表 8-31 小型中试试验装置氢气生产成本(2012 年美元)

项目	数值/(美元/gge)	比例/%
固定投资成本	1.03	23
运行维护成本	0.55	12

续表

项　目	数值/(美元/gge)	比例/%
原料成本	2.64	59
其他成本	0.28	6
总成本	4.60	100

表 8-31 中的 H_2成本是未计算压缩、贮藏、运输和分配的消耗所得到的。压缩、贮藏、运输和分配的成本大概在 2~4 美元/gge，按其低阀值 2 美元/gge 计，得到生物油甲醇催化重整制氢的总成本为 6.6 美元/gge，即为 5.91 美元/kgH_2。

由以上看出，生物油自热催化重整制氢的成本为 5.91 美元/kgH_2，其成本仍较高，不具备大规模产业化前景。在未来一段时期，由生物油催化重整制氢技术的研究重点可侧重于生物油甲醇催化重整制氢上，需要进一步进行工艺条件的验证和优化，以提高过程的技术经济性。

参 考 文 献

[1] Eliott D C. Historical developments in hydroprocessing bio-oils[J]. Energy & Fuels. 2007, 21: 1792~1815.

[2] Oppertunities for bio-renewables in oil refineries, Final Technical Report. UOP, 2005.

[3] Breaking the chemical and engineering barriers to lignocellulosic biofuels: Next generation hydrocarbon biorefineries[M]. Sponsored by the National Science Fundation, American Chemical Sociaty. The Department OF Energy. June, 2007.

[4] Jones S B, Make J L. Production of gasoline and diesel from biomass via fast pyrolysis; 2011 State of Technology and Projections to 2017[EB/OL]. PNNL-22133 Feb, 2012. http://www.ntis.gov/ordering.htm.

[5] DOE/EERE. Biomass multi-year program plan april 2011 [EB/OL]. www.eere.energy.gov/biomass/pdfs/mypp.november 2011.pdf.

[6] DOE/EERE. Multi-year program plan, bioenergy technologies office [EB/OL]. May, 2013. https://www1.eere.energy.gov/biomass/pdfs/mypp_ may_ 2013.pdf.

[7] Jones S B, Holliday J E, et al. Production of gasoline and diesel from biomass via fast pyrolysis, hydrotreating and hydrocracking: A design case[EB/OL]. PNNL-18284 Rev 1, Feb, 2009. http://www.ntis.gov/ordering.htm.

[8] Anex R.P, Aden A, et al. Techno-economic analysis of biomass fast pyrolysis to transport fuels[J]. Fuel, 2010, 89: S2-S10.

[9] PNNL, NREL, INL. Process design and economics for the conversion of lignocellulosic biomass to hydrocarbon fuels, fast pyrolysis and hydrotreating bio-oil pathway[EB/OL]. November 2013, PNNL-23053, NREL/TP-5100-61178. https://www.nrel.gov/docs/fy14osti/61178.pdf.

[10] Snowden-Swan L J, Male J L. Summary of fast pyrolysis and upgrading GHG analyses[OB/EL]. PNNL-22175. Dec, 2012. http://www.ntis, gov/about/form.aspx.

[11] DOE/EEE. Biomass multi-year program plan. July, 2014 [EB/OL]. https://www.eere.energy.gov/biomass/pdfs/mypp.july 2014.pdf.

[12] NREL. Transportation energy futures series: Alternative fuel infratructure expansion: costs, resources, production capacity, and retail availability for low-carbon scenarios [EB/OL]. April, 2013. http://www.eere.energy.gov/analysis/transportationenergyfutures.

[13] NREL. About the transportation energy futures project[EB/OL]. March, 2013. http://www.eere.ener-

gy. gov/analysis/transportationenergyfutures.

[14] Evans R J, Steward D M. Distributed reforming of biomass pyrolysis oils[EB/OL]. NREL. 2012. https://www1. eere. energy. gov/hydrogenandfuelcells/pdfs/06_ nrel_ distributed_ reforming_ biomass_ pyrolysis_ oils. pdf.

[15] Stefan Czernik. Distributed bio-oil reforming[EB/OL]. NREL. 2013. http://www. hydrogen. energy. gov/pdfs/review13/pd004_ czernik_ 2013_ p. pdf.

[16] Wang D, Montane D, Chornet E. Catalytic steam reforming of biomass-derived oxygenates: acetic acid and hydroxyacetaldehyde[J]. Applied Catalysis A: General, 1996, 143(2): 245-270.

[17] DOE. Fuel cell technologies program multi-year research, development and demonstration plan[EB/OL]. Section 3.1, Hydrogen Production, July, 2013, http://www1. eere. energy. gov/hydrogenandfuelcells/mypp/pdfs/production. pdf.

第九章　纤维素发酵制乙醇

第一节　纤维乙醇的发展现状

随着石油、煤炭等不可再生资源的大量消耗，以石油等不可再生资源为基础的现代工业化社会的发展模式未来将难以持续。寻找可再生性的替代能源和化工原料，特别是新的液态燃料，已成为维持人类社会可持续发展的紧迫任务。在生物能源领域发展力度最强的品种是生物乙醇。2000年，全球生物乙醇产量为17.25亿升，2007年产量已超过了46亿升。随着生物乙醇作为燃料乙醇被各国政府大力推广，预计到2020年，全球生物乙醇需求将超过1250亿升。目前，大力发展燃料乙醇正在全世界范围内越来越被重视，许多国家已将燃料乙醇作为能源政策的主要方向。作为可再生的替代能源，燃料乙醇对于解决能源紧张、减少环境污染、促进经济发展具有十分重要的意义。为此各国政府纷纷制定相关的法规和政策给予扶持和优惠。此外，在科学研究上各国也投入巨资，使燃料乙醇的制造技术不断进步，进一步降低它与原油产品的价格差距，从而实现燃料乙醇的普及应用[1]。

当前燃料乙醇的生产成本仍比汽油价格高，影响成本的关键问题之一是原料。从原料的分类看，燃料乙醇生产所用的生物质原料主要包括有四大类：淀粉质原料，主要有木薯、甘薯、玉米、马铃薯、小麦、大米、高粱等；糖质原料，主要是甘蔗、糖蜜、甜菜；纤维素原料，主要有农作物秸秆、森林采伐和木材加工剩余物、柴草、造纸厂和造糖厂含有纤维素的下脚料、生活垃圾的一部分等；其他原料，如造纸厂的亚硫酸盐纸浆废液、淀粉厂的甘薯淀粉渣和马铃薯淀粉渣、奶酪工业的副产品。在这些原料中，由于粮食类原料存在着与人争粮、争地的问题，且粮食乙醇生产所形成的净能源产生并不高(仅为乙醇所含能量的约20%)，而且对温室气体排放量的降低很有限(约13%)，所以许多国家不再支持用粮食来生产燃料乙醇，而大力发展非粮食类原料，如甜高粱、甘蔗等。此外，世界上来源最广的生产燃料乙醇的原料是生物质纤维素类，这类原料不仅来源广、种类多、数量大、可再生、价格低廉，而且纤维素生产的燃料乙醇可使乙醇中能量的90%以上为净能量，并可使温室气体排放量降低90%，因此，从可持续发展角度看，纤维素生物质原料将是未来燃料乙醇工业的主要原料来源[2,3]。

自20世纪70年代以来，人们就开始利用纤维素生物质原料进行生产乙醇的研究，经过30多年的不懈努力，在利用纤维素生物质发酵法生产乙醇的技术上已经取得了许多重大突破。虽然时至今日，纤维乙醇尚未实现真正意义上的商业化生产，但因其具有非常良好的市场前景，世界上许多生物技术公司和化工企业纷纷投资进行纤维乙醇的商业化生产，各国政府也纷纷投入经费给予支持。美国杜邦公司于2012年11月30日宣布，位于爱荷华州内华达的纤维素乙醇工厂破土动工。该工厂投资超过2亿美元，预计2015年建成运行，届时每年将生产3000万加仑(约合80000t)纤维素生物燃料产品，所用原料主要是玉米秸秆、玉米芯等废弃物。这将成为全球规模最大的商业化纤维素生物炼制项目[4]。

目前，我国面临的原油依赖进口和粮食短缺问题越来越严重，同时，作为最大的发展中国家和农业大国，中国拥有丰富的植物纤维原料来源和廉价的劳动力，因此大力发展我国的纤维乙醇工业不仅十分必要，而且具有较好的优势。在“九五”和“十五”期间，秸秆转化乙醇技术已经受到国家重视。华东理工大学开发了纤维素废弃物稀盐酸水解法制取乙醇技术，在上海郊区集贤建成了年产燃料乙醇600t的实验装置；2006年，中粮集团在黑龙江肇东启动建设500t/a纤维乙醇试验装置；山东泽生生物科技有限公司建立了年产3000t秸秆酶解发酵燃料乙醇产业化示范工程；2012年山东龙力50000t/a纤维素燃料乙醇项目和中兴100000t/a甜高粱燃料乙醇项目已经建成；河南天冠集团自主设计建设了一座国内最大的万吨级秸秆纤维乙醇生产装置。总体来看，我国在纤维乙醇工业领域已经取得了巨大的进步，但在原料预处理技术、纤维素酶生产技术、戊糖发酵菌株构建等方面目前仍存在一定的技术问题，整体生产技术还需要不断完善，因此加大对纤维素制乙醇的技术研究十分必要。此外，国家也需要加大投资力度，进一步推进纤维乙醇的商业化进程[5]。

综上所述，当前在全世界范围内，纤维素乙醇商业化生产厂的开发和建设已经开始起步，但是要达到盈利的商业化规模生产，仍需要在技术环节上不断地完善，通过提高纤维素的转化效率，降低过程能量消耗、最终达到降低生产成本的目的。另外，在纤维素乙醇商业化生产进展中，除企业投资之外，风险资金的投入和政府的资金支持以及税收优惠，也十分必要。可以预测，随着技术的不断进步，以及粮食和石油价格的上涨，最终会出现纤维乙醇的生产成本低于谷物类乙醇生产成本的情况，使纤维乙醇成为燃料乙醇的主要来源。

第二节 纤维素发酵制乙醇原理

木质纤维素由碳氢化合物(纤维素和半纤维素)和木质素的混合物组成。纤维素是天然高分子化合物，是由很多D-吡喃葡萄糖彼此以β-1，4糖苷键连结而成的线形巨分子。几十个纤维素分子平行排列组成小束，几十个小束则组成小纤维，最后由许多小纤维构成一条植物纤维素。纤维素的化学式为$(C_6H_{10}O_5)_n$，这里的n为聚合度，表示纤维素中葡萄糖单元的数目，其值一般在3500~10000，纤维素由碳44.44%、氢6.17%、氧49.39%三种元素组成。它的相对分子质量可达几十万，甚至几百万。纤维素大分子间通过大量的氢键连接在一起，形成晶体结构的纤维束。这种结构使得纤维素的性质很稳定，它不溶于水，无还原性，在常温下不发生水解，在高温下水解也很慢。只有在催化剂存在下，纤维素的水解反应才能显著地进行。常用的催化剂为无机酸和纤维素酶，由此分别形成了酸水解和酶水解工艺。经水解纤维素可生成葡萄糖，理论上每162kg纤维素水解可得180kg葡萄糖[6]。水解反应式可表示为：

$$(C_6H_{10}O_5)_n+nH_2O \longrightarrow nC_6H_{12}O_6$$

半纤维素仅有D-葡萄糖基相互以β(1-4)连接方式形成直链结构的均一聚糖的单一型式。半纤维素既可成均一聚糖也可成非均一聚糖，它还可以由不同的单糖基以不同联接方式连接成结构互不相同的多种结构的各种聚糖，故半纤维素实际是这样一群共聚物的总称。半纤维素主要是戊糖的D-木糖和L-阿拉伯糖；已糖的D-甘露糖、D-葡萄糖和D-半乳糖；已糖醛酸的4-O-甲基-D-葡萄糖醛酸、D-半乳糖醛酸和D-葡萄糖醛酸以及少量脱氧已糖的L-鼠李糖和L-岩藻糖等。这些已糖或戊糖在天然纤维脱水聚合，形成相应的甘露聚糖、半乳聚糖、木聚糖和阿拉伯聚糖等多聚糖。半纤维素易于水解。有些半纤维素的组成在冷水中的溶解度很大。半纤维素溶于碱溶液中，也能被稀酸在100℃以下很好地水解，也能被相应的各种半纤维素酶所分解。理论上，每132kg木聚糖水解可得到150kg木糖，木聚糖的水解过程可用下式表示：

$$(C_5H_8O_4)_m + mH_2O \longrightarrow mC_5H_{10}O_5$$

木质素是一类由苯丙烷单元通过醚键和碳-碳键连接的复杂的无定形高聚物。木质素分子式可表示为$(C_6H_{10}O_2)_n$，它不能被水解为单糖，且在纤维素周围形成保护层，影响纤维素水解。但木质素中氧含量低，能量密度(27MJ/kg)比纤维素(17MJ/kg)高，水解中留下的木质素残渣常用作燃料。

一般的酒精酵母除可发酵葡萄糖外，也可发酵半乳糖和甘露糖，发酵这些六碳糖发酵过程可表示为：

$$C_6H_{12}O_6 \longrightarrow 2C_2H_5OH + 2CO_2$$

根据化学方程式可知，1mol六碳糖可以得到2mol乙醇，或100g六碳糖发酵得到51.1g乙醇和48.9g二氧化碳。

由半纤维素得到的戊碳糖(木糖、阿拉伯糖等)通常不能被酒精酵母利用，但利用基因工程得到的一些微生物(如酵母、细菌等)能利用戊糖发酵生成乙醇，该过程可表示为：

$$3C_5H_{10}O_5 \longrightarrow 5C_2H_5OH + 5CO_2$$

由上式可知，3mol戊碳糖可以得到5mol乙醇，或100g戊碳糖可以得到51.1g乙醇，但实际上戊碳糖发酵的乙醇得率常低于葡萄糖发酵的结果。

第三节　纤维素发酵制乙醇工艺

以纤维原料生产乙醇的工艺过程主要包括：原料预处理、纤维素水解、糖发酵、产品回收和精制、副产品开发利用等过程，流程图如图9-1所示[7]。

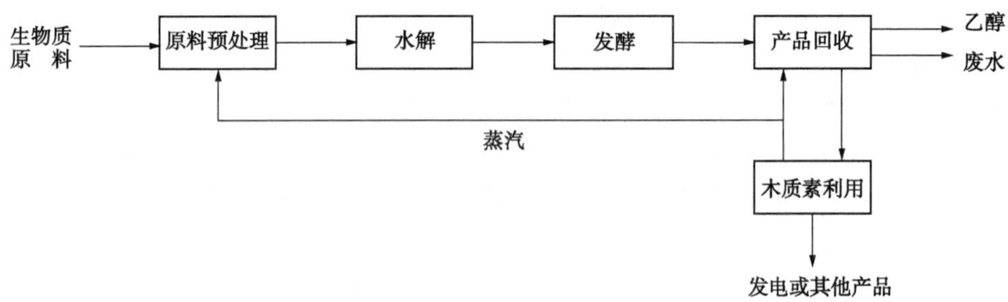

图9-1　纤维原料生产乙醇的流程

一、纤维原料的预处理

由于木质素、半纤维素对水解的保护作用，以及纤维素本身的结晶结构，使得天然的木质纤维素直接进行酶水解的程度很低，一般只有10%~20%。所以为了提高纤维素的水解率，必须对木质纤维素原料进行预处理。纤维原料预处理的目的是破坏纤维原料中的纤维晶体结构，释放纤维素和半纤维素的多聚链，以利于纤维素酶的侵入并进行酶解。

在原料预处理的过程中，半纤维素可以转化为可溶性的糖(木糖、甘露糖、阿拉伯糖和半乳糖为主)，少量的纤维素(约7%~8%)转化为葡萄糖，大部分纤维素进入后续的水解工序继续水解为葡萄糖。预处理过程中主要发生的化学反应如表9-1所示[8]。

表9-1　预处理过程中的主要化学反应

反应物	化学反应	转化率/%
葡聚糖	(葡聚糖)$_n$+nH$_2$O ⟶n 葡萄糖	7
葡聚糖	(葡聚糖)$_m$+mH$_2$O ⟶m 葡萄糖低聚物	0.7
葡聚糖	(葡聚糖)$_n$+1/2nH$_2$O ⟶1/2n 纤维二糖	0.7
木聚糖	(木聚糖)$_n$+nH$_2$O ⟶n 木糖	90
木聚糖	(木聚糖)$_n$+mH$_2$O ⟶m 木糖低聚物	2.5
木聚糖	(木聚糖)$_n$ ⟶n 糠醛+2nH$_2$O	5
醋酸盐	(醋酸盐)$_n$ ⟶醋酸	100
木质素	木质素⟶可溶性木质素	5

理想的预处理技术应满足以下几个必要条件：①有利于酶水解过程的糖化，减少糖化过程酶的用量；② 避免碳水化合物的降解或损失；③避免生成对后续水解或发酵过程起抑制作用的副产品；④经济可行。根据处理方法的不同，目前主要包括物理法、化学法、物理化学法和生物法[9]，如表9-2所示。

表9-2　纤维素原料预处理方法

方法	过　程	机　理
物理方法	球磨、锤式粉碎、挤压、高温水处理、蒸汽爆破、高压蒸汽处理、热解、γ射线、电子束、微波辐射	增大接触面积，降低结晶度和聚合度，半纤维素部分水解、脱木质解聚
物理化学、化学法	氨纤维爆破、CO_2爆破、SO_2爆破；NaOH处理、氨处理、酸水解、过氧化氢处理、臭氧处理、纤维素溶剂处理、木质素萃取处理等	去木质素，降低结晶度和聚合度，半纤维素部分水解
生物方法	放线菌、真菌处理	去木质素，降低纤维素和半纤维素结晶度

1. 物理法

物理法为非催化的预处理方法。常见的物理方法包括机械破碎法、高温热水法、蒸汽爆破法、高温分解、高能电子辐射、微波和超声波等，其中前三种具有实际的意义。一般物理法对环境污染较小，且过程较为简单，但预处理过程需要较高的能量和动力，因此会增加生产成本。

机械破碎法是通过对纤维素原料进行切碎、粉碎、碾磨处理，使原料的粉碎程度加大，表面积增大，结晶度降低，物料水溶性组成分增加的预处理方法。通常木质纤维素经切碎、粉碎处理后其大小为10~30mm，而经粉碎、研磨之后的原料颗粒大小一般为0.2~2mm。在粉碎的方法中，以振荡球磨的粉碎效率较高。但是，粉碎法耗能大(处理耗能占糖化过程总耗能的 50%~ 60%)，且对原料有选择性。

高温热水法又称为水压热解、非催化溶剂分解或者水溶解等。该方法是将物料置于高压状态的热水中，在高压下水可以渗透到生物质材料内部水解纤维素，并将半纤维素移除。反应温度一般为 200~230℃，处理物料 2~15min，能使物料 40%~60%溶解，可除去 4%~22%的纤维素、35%~60%的木质素以及所有的半纤维素。该法在处理过程中，高压热水使半纤维素水解，不使用酸或催化剂，木糖收率可达 88%~98%。高温热水法在处理过程中不需要减少原料的粒径，不需要外加酸和碱，减少了后续处理的成本，也无污染问题，而且半纤维素回收率很高，是经济上有吸引力、环境友好的技术，故近年来很受重视。但目前大多数研究仍停留在实验室研究阶段。

蒸汽爆破是近年来研究报道较多的一种方法。蒸汽爆破是采用 160~260℃饱和水蒸气加热原料至 0.69~4.83MPa，作用时间几秒到几分钟，然后骤然减压至大气压的预处理生物质手段。其作用机理是蒸汽爆破过程中，高压蒸汽渗入纤维内部，以气流的方式从封闭的孔隙中释放出来，使纤维发生一定的机械断裂，同时高温高压加剧纤维素内部氢键的破坏，游离出新的羟基，纤维素内有序结构发生变化，增加了纤维素的吸附能力。研究结果表明，在不使用催化剂的情况下，木糖收率可达 45%~65%，蒸汽爆破后物料的半纤维素、木质素和纤维素被有效分离，使得随后的纤维素水解转化率有较大提高，可达 90%。相对于传统的机械粉碎方法，要使物料达到同样的尺寸，蒸汽爆破法可以节省 70%的能耗，而且蒸汽爆破法是一种无污染、不需回收物质的技术。但同时，它又存在破坏部分木聚糖，对木质素的分离不彻底，形成的降解产物，对发酵、酶水解有抑制作用[10]。

2. 化学法

化学法主要是指以酸、碱、有机溶剂作为物料的预处理剂，破坏纤维素的晶体结构，打破木质素与纤维素的连接. 同时使半纤维素溶解。

酸预处理是研究得最深入的化学法之一。酸法预处理既可用硫酸、硝酸、盐酸或磷酸等无机酸，又可使用乙酸、丙酸等有机酸。酸法中效果最好、研究应用最广泛的方法是以 0.5%~1.5%稀硫酸进行水解，该过程半纤维素的木糖转化率可达 75%~90%。通常稀酸预处理后还会形成糠醛、5-羟甲基糠醛和有机酸等抑制物，因此通常采用离子交换或过量石灰中和等措施脱毒，因此会产生大量的石膏。目前美国的 NREL 开发的稀酸预处理-酶解发酵工艺已成为纤维素生产乙醇中比较成熟的工艺，是被认为最接近实用的预处理技术。

碱处理法是利用木质素可溶于碱性溶液的特点，用 NaOH、Ca(OH) 或 NH_3溶液等稀碱处理纤维原料，使木质素结构破坏，以便于酶水解的进行。经过碱预处理的木质纤维素留在固相残留物中的主要是半纤维素和完整的纤维素。

NaOH 溶液具有很强的木质素脱除能力，它可以引起木质素溶胀，内表面积增加，纤维结晶度下降，木质素和碳水化合物之间的结构链分离。该处理方法可以在常温常压下进行，预处理效果较好；但在脱木质素的同时，半纤维素也被分解，致使损失太多，同时处理结束会形成不可回收的盐，增加了运行的困难性。

$Ca(OH)_2$预处理方法也叫石灰法，即将过量的 $Ca(OH)_2$在有氧的条件下处理纤维素原料，经过一定处理时间，能有效脱除木质素。该法的优点是原料成本低，操作简单，将 CO_2气体通入预处理液中与 $Ca(OH)_2$中和，生成 $CaCO_3$，锻烧可将石灰回收利用。但目前，多数石灰法预处理均采用高温(100~200℃)、通氧(空气)条件下进行反应，这就需要不锈钢、耐高压、耐腐蚀的设备，增加了运行成本。

氨水浸泡法是在室温条件下，将纤维素在质量分数10%左右的氨溶液中浸泡24~48h，以脱除原料中大部分木质素的方法。另一种氨水预处理法是氨回收浸没工艺(ARP)，是在150~170℃使氨水(10%~15%)通过装有生物质的柱状反应器，然后分离回收。ARP工艺去除木质素能力强，可以使木质素含量降低70~85%。在有机溶剂处理时，使用有机溶剂或者有机溶剂与无机酸催化剂的混合溶液，可破坏纤维素原料内部的木质素和半纤维素之间的连接键。常用的有机溶剂是甲醇、乙醇、丙酮、乙烯基乙二醇和四氢化糠基乙醇。高温下为了获得较高的木质素去除率，添加催化剂是必要的。常用的无机酸催化剂有盐酸和硫酸。有机溶剂法也可以用有机酸例如乙二酸、乙酰水杨酸和水杨酸等作为催化剂，其催化效果和无机酸催化剂基本相同。经过有机溶剂预处理之后，有机溶剂必须回收，一方面是为了降低成本，另一方面是有机溶剂会对发酵微生物的生长、酶水解和发酵产生抑制作用。

氧化处理法是利用过氧化氢、臭氧或氧气在碱性条件下，使木质素分解、半纤维素溶解，从而使物料更容易发生酶解和发酵的方法。此外还可采用湿氧化法，即在加温加压条件下，水、氧气和碱共同作用使木质素和半纤维素溶解于碱液中，而与纤维素分离。湿氧化法得到的纤维素纯度较高，并且像糠醛这样的副产物非常少。

3. 物理化学法

物理化学预处理方法中，最具代表性的工艺是氨纤维爆裂和CO_2爆裂。氨纤维爆破法(Ammonia Fiber Explosion，AFEX)和蒸汽爆破预处理类似，即将木质纤维原料在高温和高压下用液氨处理，然后突然减压使原料爆破。AFEX可用来处理很多纤维素原料. 如紫花苜蓿、麦秸、麦糠、大麦茎秆、玉米秆、稻秆、软木或洋麻制成的报纸、柳枝稷等。但是，AFEX对于木质素含量比较高的生物质如报纸(18%~30%木质素)、白杨屑片(25%木质素)处理效果不是很有效。利用氨气爆破处理不会产生发酵抑制物，水解液可以不用处理直接发酵微生物，但为了降低AFEX的成本，氨通常需要回收。

CO_2爆破的作用原理类似于蒸汽爆破和氨纤维爆裂法，它是在高温高压下使固体原料和CO_2反应，同样经一段时间后突然开阀减压，造成纤维素晶体的爆裂。所不同的是在处理过程中. 部分CO_2以碳酸形式存在，以增加木质纤维素原料的水解率。CO_2爆裂的成本低于氨爆裂法，也不像蒸汽爆裂法会产生抑制剂。

4. 生物法

生物法是采用分解木质素的微生物降解木质素，从而提高纤维素和半纤维素的酶解糖化率。目前人们发现自然界中自腐菌具有较强的木质素分解能力，但是白腐菌在分解木质素的同时也消耗部分纤维素和半纤维素。20世纪80年代之前，生物法因为反应时间长、水解速率低、收率低、木质素的衍生物会使微生物中毒等原因，被认为是高成本的工艺处理方法。但由于生物法具有条件温和、专一性强、能耗低、不会对环境产生污染等优点，被认为可与化学处理法联合使用。

Wyman在实验室规模下，以玉米秸秆为原料，酶解纤维素酶的用量为60FPU/g(纤维素)，考察了不同工艺在预处理阶段和酶水解阶段中的糖收率。所得的结果列于表9-3[11]。

表 9-3　几种预处理方法糖收率的比较　%

预处理工艺		稀酸	分流热水	pH 值控制热水	AFEX	液氨处理	碱处理
木糖产率	预处理	31.2(32.1)	1.7(36.3)	0.9(21.8)	0	0(17.8)	0.3(9.2)
	酶水解	3.3	0.7(0.8)	8.9	30.2	17.0	20.2
	总和	34.5(35.3)	2.4(37.1)	30.7	30.2	17.0(34.8)	20.5(24.9)
葡萄糖产率	预处理	3.9	4.4(4.5)	0.2(3.5)	0	0	0.3(1.0)
	酶水解	53.3	57.0	54.7	61.8	59.4	59.5
	总和	57.2	61.4(61.5)	58.2	61.8	59.4	59.8(60.5)
总糖产率	预处理	35.1(36.0)	6.1(40.8)	1.1(25.3)	0	0(17.8)	0.6(10.2)
	酶水解	56.6	57.7(57.8)	63.6	92.0	76.4	79.7
	总和	91.7(92.5)	63.8(98.6)	88.9	92.0	76.4(94.2)	80.3(89.9)

注：括号外数字为单糖产率，括号内数字为单糖和低聚糖的总产率。

从表 9-3 中可以看出，不同的预处理对木糖的脱除率存在着显著的差异，而且葡萄糖在预处理阶段的脱除率都很低，主要是在酶水解阶段被脱除的。在上述的预处理工艺中，酸水解仍是较为成熟的技术，木糖的收率可达 75%～90%(高于蒸汽爆裂预处理工艺仅 45%～65%收率的数据)；生成的抑制剂也较少；可以提高后继的纤维素水解收率。但是，酸水解法的缺点是存在耗酸成本较高、石膏肥料排弃和设备需用耐酸材料等问题。目前及近期有望进入工业化应用的几种可行的预处理工艺的比较结果列于表 9-4 中。

表 9-4　几种预处理工艺的比较

方法	药剂	操作条件	反应时间	木糖收率/%	酶解效率/%	成本	可用时间
稀酸水解	酸	>160℃	2～10min	75～90	<85	低	现在
碱水解	碱			60～75	55	很低	现在
非催化蒸汽爆裂	无	160～260℃	2min	45～65	90	高	2～5 年
酸催化蒸汽爆裂	酸	160～220℃			88(2 步)	高	2～5 年
热水法	无	190～230℃	4s～4min	88～98	>90	高	5～10 年
氨纤维爆裂	氨	90℃	30min		50～90(2 步)		
CO_2爆裂	CO_2	5.62 MPa			75(2 步)		

二、纤维原料的水解和纤维素酶

纤维素水解又称糖化过程，专指纤维素的水解。根据水解所用催化剂的不同，纤维素水解可分为酸水解和酶水解。

1. 酸水解

酸水解根据水解酸浓度的不同又可分为浓酸水解和稀酸水解。浓酸水解在 19 世纪就已经被提出。结晶纤维在较低的温度下(10～45℃)能完全溶解于 72%的硫酸和 42%的盐酸中。由于浓酸中水分较少，所以溶解了的纤维素分解生成的是寡糖而不是葡萄糖。寡糖主要是纤维四糖。纤维素溶解在浓酸中，加水稀释到较低的酸浓度并加热一定时间，纤维四糖可进一步分解成葡萄糖，整个水解过程如图 9-2 所示。

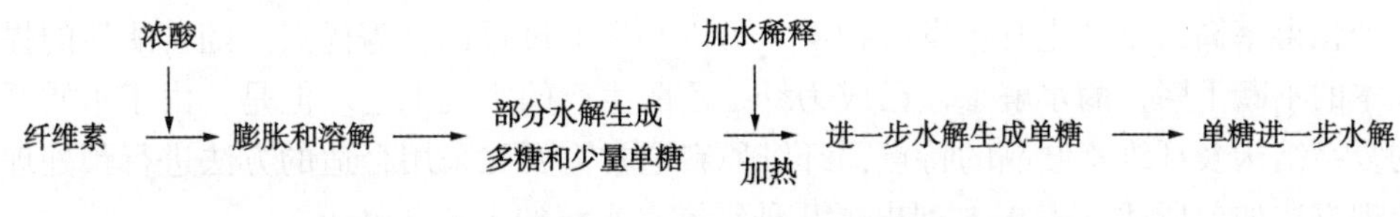

图 9-2　纤维素酸水解过程

浓酸水解的优点是产率高，可达到 90% 以上，糖降解率较低，可处理各种原料，但所需时间较长，还需要防腐蚀容器，因而设备造价较高。此外，为了减少酸用量，酸的回收和循环使用至关重要。20 世纪 40 年代，使用膜分离技术，酸回收率可达 80%，现在使用连续离子交换技术，酸回收率可达 97%，过程的糖损失率为 2%。浓酸水解工艺的代表是美国 Arkenol 公司开发的浓酸水解工艺。

相对于浓酸水解，稀酸水解研究报道较多，且工艺也较为成熟。在稀酸水解时，水中的氢离子可以和纤维素上的氧原子结合，使其不稳定，并在此处断裂，释放出氢离子。纤维素分解得到的葡萄糖会进一步反应，生成乙酰丙酸和甲酸等副产物。半纤维素水解得到戊糖，也会进一步分解形成糠醛。Saeman 研究了稀酸水解纤维素的过程，认为酸水解过程可以看做是一个一级连串反应过程：

$$\text{纤维素}\xrightarrow{K_1}\text{糖}\xrightarrow{K_2}\text{分解产物}$$

各个研究者得到的速率常数有很大的差异，不过一般认为纤维素水解反应的活化能要比葡萄糖分解的活化能高，所以，采用较高的水解温度是有利的。对硫酸来说，原来常用的水解温度在 170~200℃，在 20 世纪 80 年代后，由于技术的进步，水解的温度在 200℃ 以上，最高可达 230℃ 以上。

影响稀酸水解的因素主要有原料粉碎度、液固比、反应温度、时间、酸种类和浓度等。原料越细，原料和酸的接触面积越大，水解效果越好。液固比在水解中不宜过高，一般液固比为 8~10。当液固比越高，单位原料的产糖量越大，但所得糖液的浓度下降，会增加后续发酵和精馏工序的费用。温度对水解速率影响很大，当温度升高，原料分解速度增加，水解时间缩短，但高温同时加快了单糖的分解，所以，应综合考虑。稀酸水解常用硫酸和盐酸为催化剂，盐酸的水解效率优于硫酸，但盐酸价格较高，对设备腐蚀性大。此外，磷酸和硝酸也被用来水解纤维素，也得到了不错的效果。总之，稀酸水解工艺简单，原料处理时间短，酸不用回收，但也存在对设备耐腐蚀性高的缺点。

纤维质原料经过酸水解后生成许多副产物，它们能够阻碍微生物的生长和发酵，对于乙醇发酵是有害物质。这些有害物质随水解反应条件的剧烈程度和纤维质原料种类的不同而不同。水解液中的抑制剂主要有：糠醛、羟甲基糖醛、乙酸、甲酸、乙酰丙酸、酚类化合物和醛类化合物等。其中有害物中乙酸的量最大(可达 10g/L)，木质素产生的组分虽然总量较少，但对微生物的影响很大。所以纤维质原料酸水解液在进行乙醇发酵前，要进行水解液的净化，以减少这些有毒化合物对乙醇发酵的影响。目前，净化的方法主要有物理法、化学法、理化结合法和生化法等，其中水解液加石灰中和是最常见的方法之一，但中和的同时会产生大量的副产物石膏。

2. 酶水解

纤维素酶催化可以高效水解木质纤维素生成单糖，而且具有可在常温下反应，水解副产物少，糖化得率高，不产生有害发酵物质，可以和发酵过程耦合等优点。随着酶活的提高和生产成本的不断下降，酶水解工艺已成为纤维乙醇生产的主流工艺。但是，由于木质纤维素致密的复杂结构及纤维素结晶的特点，纤维原料通常需要先采用合适的方法进行预处理，各种预处理方法如前所述。表 9-5 列出了几种纤维素水解的工艺条件[12]。

表 9-5　几种纤维素水解的工艺条件

工艺方法	药剂	水解温度/℃	反应时间	葡萄糖转化率/%
稀酸水解法	<1%稀硫酸	215	3min	50~70
浓缩水解法	30%~70%硫酸	40	2~6h	90
酶水解法	纤维素酶	50	1.5d	75~95

目前，酶水解是纤维素水解最常用的水解方法，绝大多数在建或已建的纤维乙醇厂都采用酶水解工艺。作为水解的催化剂，纤维素酶是能将纤维素水解成葡萄糖的一组酶的总称，它是多酶组分的一个复杂酶体系。根据各酶的功能上的差异可分为 3 类：①葡聚糖内切酶（endo-1，4-β-D-glucanase，EC 3.2.1.4），来自真菌简称 EG，来自细菌简称 Len，又称为 C1 酶。这类酶作用于纤维素分子非定形区，无规则水解 β-1，4-糖苷键，形成葡萄糖、纤维二糖和不同大小的纤维糊精，为纤维二糖水解酶提供更多的可供水解的末端，其分子量大小约 23~146KD。②葡聚糖外切酶(exo-1，4-β-D-glucanase，EC 3.2.1.91），来自真菌的称 CBH，来自细菌的称 Cex，又称为 C_x 酶。这类酶作用于无定形纤维素的非还原末端，依次切下纤维二糖，故又称纤维二糖水解酶(Cellobiohydrlase)，分子量约 38~118KD。③β-葡萄糖苷酶(β-1，4-glucosidase，EC3.2.1.21)，简称 BG 酶，又称纤维二糖酶(cellobiase，CB)。这类酶将纤维二糖和寡糖水解成葡萄糖分子。其分子量约为 76KD。酶解纤维素时，这三类酶协同作用最终将纤维素降解为葡萄糖。目前对纤维素酶的分子机制大致有 3 种假说：改进的 C_1~C_x 假说、顺序作用假说和竞争吸收模型。它们都认为，纤维素酶降解纤维素时，先吸附到纤维素表面，然后其中的内切酶在葡聚糖链的随机位点水解底物产生寡聚糖，外切酶从葡聚糖链的还原或非还原端进行水解产生纤维二糖，β-葡萄糖苷酶水解纤维素二糖为葡萄糖。在纤维素溶解糖化过程中内切酶和外切酶的比值会显著地影响纤维素溶解活力，而且在纤维素糖化过程中 β-葡萄糖苷酶组分的加入会使这种协同作用大大加强。除了各种纤维素酶之间存在协同作用之外，纤维素酶与半纤维素酶、果胶酶等进行复配也能提高木质纤维素水解糖化效率。这是因为木质纤维素组成和结构极为复杂，半纤维素及少量果胶的存在将影响纤维素的酶解。因此，许多学者通过添加半纤维素酶和果胶酶来降解半纤维素和果胶，以减少对纤维素酶解的抑制作用。多酶复配也成为提高水解效率的重要途径之一。

纤维素酶是由生活在纤维素物流中的微生物生成。自然界中广泛地存在着能降解纤维素的微生物，它们种类繁多，包括细菌、真菌和放线菌等。自 20 世纪 60 年代以来，国内外共记录了产纤维素酶的菌株大约已有 53 个属的几千个菌株，其中丝状真菌是研究最多的纤维素降解类群。通常，细菌所产纤维素酶一般都存在于细胞内或吸附在细胞壁上，不分泌到培养液中，所以工业上很少采用细菌作生产菌种。当前用来生产纤维素酶的微生物研究较多的是真菌，包括大部分腐殖质腐生菌、担子菌门非褶菌目的类群以及反刍动物瘤胃真菌。在所有产纤维素酶真菌中，木霉菌(*Trichoderma*)是公认的较好的纤维素酶生产菌。另外，青霉属(*Penicillium*)、曲霉属(*Aspergillus*)和镰刀菌属(*Fusarium*)的一些类群降解纤维素的能力也较强。目前，世界纤维素酶市场中的纤维素酶20%是来自木霉属和曲霉属[13,14]。

目前，纤维素酶的生产工艺主要分为固态发酵和液体发酵两类，虽然生产工艺已经成型，但当前正在使用的纤维素酶的比活力较低，单位原料用酶量较大，酶解效率低，因而成本较高，故产酶和酶解技术都需要改进。虽然商业用纤维素的生产费用近年来下降了近20倍，酶的费用仍然是整个工业的主要障碍。

在纤维素酶的研究领域内，美国于2002年实施了GTL计划(Genoemes To Life，GTL)。GTL是利用微生物基因组数据，研究与美国能源部(DOE)制定的与能源和环境相关的微生物特性。对于生物乙醇研究，GTL的目标是提高纤维素酶系统。GTL通过筛选数千个自然和改造的产酶菌株来加速纤维素酶系统的优化，并实现纤维素酶的高产量生产和功能性分析，阐明关键分子间的交互及调控作用，开发用于分析结构和酶活性的模型。GTL长远的研究目标是整合生化过程的研究，使生物质能够一步转化为乙醇。为了实现GTL目标，需要在多个方面的技术领域进行深入研究，如：酶多样性调查；酶系统的可视化；高效产酶系统及细胞膜蛋白；微生物菌群的培养；酶的蛋白组学；基因工程菌的开发等。

近年来，随着生物技术水平的飞速发展，人们尝试利用基因工程技术将纤维素酶的基因克隆到细菌、酵母、真菌和植物中以期得到新的高比活力的重组型纤维素酶。此外，定点突变以及基因重排(gene shuffling)技术也被应用到高比活力纤维素酶的筛选当中。同时在选育优良菌种的基础上，通过新型发酵设备和新型发酵工艺的设计开发，酶的生产成本不断下降。然而，为了进一步增强纤维乙醇对汽油的竞争性，纤维素的费用还需要进一步降低。对应不同的纤维素原料，新型纤维素酶的开发也十分必要。芬兰VTT和瑞典的Lund大学设计了一种嗜热的纤维素酶，该酶能够在高温下水解，这将有利于整个工艺的开发。此外，在酶解的过程中，通常纤维素酶会与纤维素结合，一旦结合后，酶将难以回收。如果纤维素酶能够循环使用，那么酶的使用成本将大大降低。因此，采用固定化酶技术是一种有效的方案。采用固定化技术，纤维素酶可以回收并重复利用，酶的热稳定性也大大提高。

三、发酵制乙醇

1. 乙醇发酵的微生物

利用淀粉质原料进行乙醇发酵的酵母也可利用纤维质原料进行发酵，但主要是利用纤维素水解生成的葡萄糖、半乳糖和甘露糖等六碳糖。而半纤维素的水解产物主要是以木糖为主的五碳糖，其含量占了相当大的部分，所以发酵木糖等五碳糖是利用纤维质原料进行乙醇发酵的重要因素。目前，已经发现包括细菌、真菌和酵母在内的100多种能够代谢木糖为乙醇的微生物，其中以管囊酵母(*Pachysolen tannophilus*)、树干毕赤酵母(*Pichia stipitis*)和休哈塔假丝酵母(*Candida shechatae*)研究最多也最具有工业应用前景。虽然这些菌种能发酵木糖，但在发酵半纤维素水解液时却并不成功。利用基因工程技术开发能发酵木糖的微生物是最有希望的方法[15,16]。

目前，已研发成功、重组的发酵菌种有以下几种：

(1) 酿酒酵母基因工程菌

酿酒酵母(*Saccharomyces cerevisiae*)是生产乙醇的最佳菌株。它具有许多优良的特性，是一种安全的微生物，在厌氧条件下可以良好地生长并能够发酵葡萄糖获得较高的乙醇得率，同时还具有很好的乙醇耐受性。此外，对一些生长抑制因子如乙酸、糠醛等也具有较高的抗性。酿酒酵母不能直接利用木糖，但能够利用木酮糖，所以利用这个特点，通过基因工程手段引入木糖向木酮糖的代谢途径可以构建能够利用木糖的酿酒酵母重组菌株。引入由木糖向木酮糖的代谢途径可以采取两种途径：一是在酿酒酵母菌中克隆并表达利用木糖的两个基因，即木糖还原酶基因 XYL1 和木糖醇脱氢酶基因 XYL2。它们分别编码木糖还原酶(XR)和木糖醇脱氢酶(XDH)。酵母木糖代谢的第一步由 XR 催化生成木糖醇，第二步由 XDH 催化得到木酮糖，因为酿酒酵母具有木酮糖代谢的完整酶系，木酮糖经过木酮糖激酶(XK)磷酸化生成 5-磷酸木酮糖，而进入磷酸戊糖途径(PPP)，然后以中间产物 6-磷酸葡萄糖和 3-磷酸甘油醛进入糖酵解途径(EMP)，最终在厌氧条件下产生乙醇。近年来，人们发现木酮糖激酶(XK)催化木酮糖磷酸化形成 5-磷酸木酮糖也是木糖代谢的限速步骤之一。美国普度大学的 Ho 等人在上述的基础上，又将木酮糖激酶(XK)引入到宿主细胞中，用带有 XYL1、XYL2 和 XYL3(编码 XK)的重组多拷贝质粒转化细胞，被复制的载体将拷贝的外源 DNA 整合进宿主细胞中得到具有耐高温、发酵速率快、产率高的工程菌，在 1∶1 的木糖和葡萄糖的混合液中可产生 47g/L 的乙醇，为最大理论值的 84%。引入细菌木糖异构酶基因(xylA)是使酿酒酵母转化木糖为木酮糖的又一途径，目的均是在酿酒酵母菌中引入转化木糖形成木酮糖的代谢途径，然后进一步代谢木酮糖产生乙醇。

(2) 大肠杆菌基因工程菌

大肠杆菌(*Escherichia coli*)的野生菌株能够利用非常广泛的碳源，其中包括六碳糖(葡萄糖、果糖、甘露糖)和五碳糖(木糖、阿拉伯糖)以及糖酸等物质，即大肠杆菌可以利用木质纤维素降解产生的各种糖类。但是野生型大肠杆菌缺少强有力的产醇发酵酶系统，厌氧发酵时糖代谢的主要产物是各种有机酸，乙醇含量很低，故大肠杆菌菌种改造的重点是增强其乙醇能力。乙醇合成由两种关键酶 PDC(丙酮酸脱羧酶)、ADH(乙醇脱氢酶)催化，在 *E. coli* 中存在微弱的 ADH 活性。为了实现糖酵解时碳的通量流向乙醇，可引入这两个关键酶基因到大肠杆菌中，促使丙酮酸(糖代谢的中间产物)定向转化成乙醇。如利用重组菌 KO11 发酵富含戊糖的基质，经济分析预测乙醇的生产费用为 0.48 美元/L，在戊糖发酵中被认为较为经济。

(3) 运动发酵单孢菌基因工程菌

运动发酵单孢菌(*Z. mobilis*)是一种能够用于乙醇生产的优良菌种。它具有独特的 ED 糖酵解途径和有高效的将丙酮酸转化成乙醇的丙酮酸脱羧酶(PDC)和乙醇脱氢酶(ADH)酶系统。此外它对乙醇及纤维材料水解物中毒性因子有较高的耐受性，能够比传统酵母生产的乙醇高出 5%~10%，体积浓度高出 5 倍。但由于缺乏同化木糖的代谢途径而不能利用木糖，所以可以通过代谢工程的手段引入木糖代谢途径。Chou 和 zhang 等人分别报道了能同时发酵葡萄糖、木糖和阿拉伯糖的工程菌株 206C(PZB301)的构建，此菌株中包含有由质粒引入 xylA，xylB，araA，araB，araD，talB 和 tktA 的 7 个关键代谢基因。由这些基因编码的酶构成了完整的五碳糖代谢途径。在混合糖的培养基(葡萄糖 30g/L，木糖 30g/L，阿拉伯糖 20g/L)中经 80~100 h 的发酵，乙醇的总产率达到理论值的 82%~84%。

目前，发酵菌种的改良目标是：近期的目标包括将总产率提高至 90%，使改良的菌种同时具有发酵葡萄糖、木糖和阿拉伯糖的功能，减少副反应和副产品收率；中、远期目标是提高发酵温度，初期将发酵温度提高到45~65℃，最终提高到>70℃。提高发酵温度可以实现同时糖化、发酵流程(SSF和SSCF流程)，在操作上可降低耗电量，减少冷却水用量，提高发酵的生产能力(约可提高5g/L·h)，当发酵温度提高至>70℃，还可将乙醇从溶液中汽提出来。

2. 糖发酵

糖发酵即将纤维水解得到的糖发酵为乙醇的过程。由于糖化和发酵是密不可分的两个工序，通常将二者合并在一起进行分析讨论。根据糖化和发酵工艺联系的方式，可以分为如下糖化发酵工艺：分步水解糖化发酵法(SHF法)、同步糖化发酵法(SSF法)、非等温同时糖化发酵法(NSSF法)、同步糖化共发酵法(SSCF法)和联合发酵技术(CBP法)[17]。

SHF(Separate Enzymatic Hydrolysis and Fermentation)法是一种比较传统的制取乙醇的方法。该法先用纤维素酶水解纤维素，再把酶解后的糖液作为发酵碳源，移入发酵罐中发酵生产乙醇。该工艺流程的最大优点是糖化和发酵过程可以在各自较优的条件下进行，即纤维素酶在45~50℃下进行水解，乙醇的发酵温度在30~37℃。但是，纤维素酶的活性易受到水解产物的抑制，当纤维二糖的浓度为6g/L，纤维素酶活性降低60%；在葡萄糖浓度为3g/L，β-葡萄糖苷酶的活性降低75%。此外，由于水解时间较长，水解液易被污染，整个需要的设备较多，投资较大。

SSF(Simultaneous Saccharification and Fermentation)法最早由Gauss等提出，它是将水解和乙醇发酵结合起来，在同一发酵罐中进行直接产生乙醇的过程。该工艺将纤维素酶解和乙醇发酵在同一个反应器中进行，由于纤维素酶解产生的葡萄糖立即为酵母所利用，所以纤维二糖和葡萄糖的浓度很低，解除了纤维二糖和葡萄糖对纤维素酶的抑制作用，提高了酶解效率，简化了反应设备，可以节约设备投资的20%左右，减少了外部微生物污染的危险性，节约了总生产时间，提高了生产效率。但是，该工艺存在着最佳水解和最佳发酵温度不能统一的矛盾，即：最佳水解温度为45~50℃，最佳的发酵温度为28~35℃。为了缓解矛盾，SSF常在35~38℃下操作，这一折中处理使酶的活性和发酵的效率都不能达到最大。此外，由于同步糖化发酵过程中，起始纤维原料的浓度不可能太高，所以乙醇的发酵浓度普遍偏低(20~40g/L)，当乙醇浓度低于2%时，精馏能耗会显著增加。近年来，通过对工艺条件的改进和优化，采用预酶解和流加等策略，同步糖化发酵的酒度大大增加。根据报道，丹麦哥本哈根大学开发的IBUS工艺中通过采用预酶解，然后进行同步糖化的发酵工艺，原料干重浓度可以达到31%，乙醇浓度达到72g/L。

NSSF(Non-isothermal Simultaneous Saccharification and Fermentation)法是为了克服SSF法在最佳的水解和最佳的发酵所需温度之间的矛盾而提出来一种方法。该法在1998年由Zhangwen Wu和Y. Y. Lee提出，此工艺流程包含一个水解塔和一个发酵罐，不含酵母细胞的流体在两者之间循环。该设计使水解和发酵可在各自最佳的温度下进行，可消除水解产物对酶的抑制作用，可节约纤维素酶30%~40%，同时乙醇的产量和产率都显著地提高，但增加了流程的复杂化。NSSF工艺相比于SSF工艺能够促进酶反应动力学，当在相同酶量时，NSSF比SSF能得到更高的乙醇产率和效率。此外，NSSF工艺条件下，乙醇发酵的时间也大大缩短，NSSF发酵40 h的乙醇得率可以与SSF发酵4d的乙醇得率相当。

SSCF(Simultaneous Saccharification and Co-fermentation)法是利用一种微生物将己糖和戊糖在同一生物反应器中同时进行发酵的方法。由于预处理后不用分离出戊糖，这种工艺简化了生产设备和工艺流程，进而节约了投资；同时由于大量减少了酶的用量，降低了生产成本，因而该法是一种经济可行的方法。该方法的推广关键是寻找一种高效、经济的酶。Lawford 和 Rousseau 利用 *Z. mobilis* 的变异菌种实现了己糖与戊糖的共同转化。McMillan 等利用稀酸预处理的黄杨为原料和木糖酵母 *Z. mobilis* 的变种为酵母进行了 SSCF 的研究，产生了大于 30g/L 的酒精，可利用糖的转化率为 54%。Kim 等以氨气爆破的玉米秸秆为原料，利用重组细胞 *E. coli* 进行 SSCF 法实验。固体的木聚糖和葡聚糖都得到了充分利用，酒精产率为葡聚糖理论得率的 109%，这表明部分木聚糖转化为酒精。

CBP(Consolidated Bioprocessing)法，也称直接微生物转化法。该法有别于前面的几种方法。上述的几种方法中，都需要单独的产酶系统或来自外部的酶源。而在 CBP 工艺中，乙醇及所需的酶全部在一个反应器中由微生物群体产生，也就省去了生产酶或买酶的投资。CBP 法是被认为是一种新型的具有巨大潜力的酒精生产方法，是未来生产纤维乙醇的方向和终点。但目前还没有一个天然的微生物或微生物系统能同时满足这些条件。根据现有的生物工程基础，CBP 可以采用两种策略。一种是天然策略，即对自然界中存在的可以利于纤维素的微生物加以改进优化。另一种是重组策略，即向自然界中存在的不含有纤维素酶，但能高产乙醇的微生物中引入纤维素酶和其他的有关酶系。

South 等通过实验比较了利用 SSF 法和 CBP 法把预处理的硬木转化为酒精的效率。SSF 法中利用的微生物为 *T. reesei* 和 *S. cerevisiae*，而 CBP 法利用的微生物为热纤梭菌。在相同的培养基的条件下，SSF 法中纤维素的酶解率为 31%(9 h)到 86%(48 h)；而在 CBP 法中，纤维素的酶解率为 77%(12~14 h)，可见 CBP 法的效率高于 SSF 法。利用 CBP 法高效地生产乙醇就必须潜心研究新的嗜热菌株，并且这种菌株可以忍受高浓度的酒精和不产生有机酸等副产物。Den Haan 等将重组菌株 *S. cerevisiae* 运用于 CBP 法中。这种菌株可以在纤维素的表面生长，同时分泌大量的内葡聚糖和 β-葡糖苷酶。这表明可以找到能够实现自我繁殖和直接将纤维素转化为酒精的菌株，这种菌株对纤维乙醇工业的发展是非常重要的。

根据 Lynd 等估计，在原料成本 38 美元/t 情况下，采用 SSF 流程，乙醇的生产成本约为 310 美元/t，而采用 SSCF 流程可以降至 290 美元/t，而 CBP 工艺中无酶生产问题，乙醇生产成本可以降至约 240 美元/t。几种工艺的预期工艺指标变化如表 9-6 所示[18]。

表 9-6 糖化和发酵工艺的对比

流程	微生物	消耗量/损失量	转化效率/%			
			纤维素转化为葡萄糖	葡萄糖转化为乙醇	木糖转化为乙醇	半乳糖、甘露糖、阿拉伯糖转化为乙醇
SHF	S. cerevisiae（重组菌）	纤维素 6%	75	85~90		
SSF	S. cerevisiae（重组菌）	纤维素 6%	80	92.5	80~92	
SSCF	纤维素酶、Z. mobilis	纤维素 5% 糖类 5% 葡萄糖 4% 木糖 3% 玉米浆	88	92	85	90
CBP	不确定	纤维素 4%	90	92~95		

3. 发酵工艺的耦合

发酵法生产乙醇时，存在着产物抑制的现象，即乙醇发酵过程中乙醇浓度的累积不仅抑制酵母的生长，而且在 SSF、SSCF 工艺中对酶解也会产生抑制，这就限制了发酵原料液中含糖量的提高和发酵醪中乙醇浓度的提高，从而增加了原料糖化和无水乙醇制取过程的能耗。为了提高整个工艺的效率，通过发酵分离耦合技术是强化提高乙醇发酵的有效手段，为此采用乙醇发酵与产物分离耦合是解决这两大问题的主要工程途径[19]。

(1) 发酵耦合真空分离

利用耦合真空系统的发酵反应器进行发酵，能有效提高发酵的效率。Cysewski 等利用 *S. cerevisiae*，在糖质培养基中进行真空分离耦合发酵，同时酵母进行循环利用，结果显示乙醇的生产率提高 12 倍。Da Silva 等指出，利用耦合闪蒸系统反应器相比于耦合萃取分离和渗透汽化分离的反应器有更好的技术指标。Ishida 等提出了一种新型的重复分批耦合分离反应系统，得到的乙醇浓度可达 400g/L。

(2) 发酵耦合气提分离

气提分离耦合发酵是近年来受到广泛重视的乙醇发酵分离耦合方法。该方法通常是 CO_2 或 N_2 气提耦合乙醇发酵，以乙醇发酵中产生的 CO_2 或 N_2 为载气，通过压缩机进行循环将发酵液中的乙醇气提出来。由于发酵产生的乙醇不断被 CO_2 循环带走，发酵液中产物可以保持较低水平，从而减小甚至消除乙醇对酵母细胞的抑制，使细胞活性增强，提高乙醇发酵产率。此外，细胞活性增强又促使细胞密度增加，提高乙醇体积产率，而细胞活性和密度的增加又能促进底物的充分利用。

Gong 等利用带有外循环侧臂的气升式发酵罐进行发酵乙醇，能够有效促进液相循环和传质。Bio-Process Innovation 公司发明了一种更加复杂的气提耦合分离技术，该系统利用 130 L 多级连续搅拌耦合分离反应器(MSCRS)，进行纤维素和半纤维素的同步糖化发酵。MSCRS 由六级反应系统组成，每一级包括 个搅拌罐和气提分离器，前三级利用耐热的 *K. marxianus* 在 42℃进行纤维素的同步糖化发酵，后三级利用酵母 *P. stipitis* 在 30℃进行木糖发酵。此外，含有酶的部分发酵液从最后一级进入第一级，更利于和新鲜的生物质的反应。

(3) 发酵耦合膜分离

膜分离作为一种新兴的高效分离、浓缩、提纯及净化技术，近年来获得了极为迅速的发展，在乙醇水溶液分离方面已得到广泛应用。根据分离膜原理的不同，提出了多种分离耦合方式。渗透汽化-细胞循环耦合发酵作为其中一种，就是在发酵的同时，发酵液连续通过渗透汽化装置使产物及时分离出去，而发酵残液和微生物细胞返回发酵罐中继续发酵。该过程的酒精发酵研究表明：利用聚四氟乙烯作透醇膜可得体积分数为 22.5%的酒精，釜内细胞质量分数可达 16.58%。Sanchez 等利用 SSF 耦合渗透汽化进行纤维生物质的乙醇发酵，乙醇的去除减少了对细胞生长的抑制，同时 SSF 过程降低了葡萄糖和纤维二糖对酶解的抑制。整个工艺过程具有较高的产率，乙醇浓度得到提高，降低了后续蒸馏的能耗费用。

膜蒸馏是利用疏水性多孔膜两侧温度的不同而产生的蒸汽压差作为驱动力，使蒸汽通过多孔膜来实现溶液的分离。H. Udriot 等人报道，酵母细胞在无膜蒸馏下培养 22h，葡萄糖转化率、乙醇质量浓度、细胞质量浓度和乙醇产率分别为 60%、24.4g/L、2~3 g/(L·h)和 0.99g/(L·h)。而在有膜蒸馏的情况下连续培养 18h，对应指标分别为 100%、32.0g/ L、7.3g/ L、1.85g/(L·h)，乙醇产率提高到原来的 1.87 倍，但该系统长期操作存在膜污染和渗透通量下降的问题。此外还可利用中空纤维膜固定微生物细胞，使细胞不流失并重复使用，以保持高的细胞浓度，提高反应速度。同时，产物及时脱离细胞表面，解除产物抑制效应。

（4）发酵耦合萃取分离

通过萃取剂将发酵液中乙醇萃取出来是该法的主要特点。该过程具有可消除产物抑制作用，能维持高的细胞比生长速率，便于乙醇的回收等优点。但要求萃取剂所具备的条件比较苛刻，乙醇在萃取剂中的溶解度要大，萃取剂与水不相溶或部分相溶，萃取剂不能对细胞产生毒害作用。因此难以找到合适的萃取剂是限制该法发展的主要原因。

四、乙醇提取

糖液发酵后的发酵醪液是含有乙醇、微生物和未反应原料的混合物。作为目标产品的乙醇可以通过精馏的方法回收，传统的精馏只能得到95%（体积浓度）的乙醇溶液，所以作为燃料用乙醇必须经过脱水的工序。脱水技术是生产燃料酒精的关键技术之一，工业上用于乙醇脱水制取燃料乙醇的技术主要有精馏法、吸附法和渗透蒸发。精馏法是在原混合物中加入第3种物质使原混合物的一种或几种组分形成新的共沸物。一般此共沸物具有最低的共沸点，在精馏中共沸剂以共沸物形式从塔中蒸出，塔釜中可以得到纯物质。精馏的关键是选择合适的共沸剂。最早实现工业化的是苯共沸精馏制取乙醇，由于苯有毒，最近发展用环己烷或正戊烷来替代苯，但环己烷的毒性也受到人们的怀疑，并且该方法能耗高（7000~8000kJ/L 乙醇）。

吸附脱水技术是利用吸附剂对混合物中不同组分的选择性吸附作用制得无水酒精。常用的吸附剂有分子筛、活性炭、生石灰、硅胶、氧化铝等。其中分子筛是一类具有骨架结构的硅铝酸盐晶体，可进行阳离子交换和可逆脱水。与硅胶和活性氧化铝等吸附剂相比，分子筛具有强烈的吸水作用，其原因是除了孔壁场的吸附作用力外，分子筛还有较大的静电力。两种作用力的存在使得分子筛吸附剂的吸附力特别强。研究发现，采用酒精气相吸附、用酒精蒸气作为分子筛再生介质，每生产1t无水酒精消耗蒸汽0.9t，电每小时25kW·h，循环水$85m^3$，一次水0.2t，消耗分子筛2kg，消耗体积浓度95%的酒精1.08t。

另一种有潜力的吸附剂是生物质吸附剂，目前研究较多的是玉米粉。玉米粉在80~100℃温度范围内对乙醇-水蒸气系统中的水分子有很高的吸附选择性，并且即使在水含量很低时，其吸附量也能保持较高水平。由于玉米粉是植物可再生的材料，且同时可作为原料使用，应用前景乐观。目前该项技术在美国一些乙醇生产厂得到应用。在国内，生物质吸附剂也已在工业上得到应用，郑州大学研发的KL系列生物质吸附剂，已经成功应用于河南天冠企业集团有限公司年产30万t燃料乙醇生产装置中，并使每千升燃料乙醇生产成本降低100元。

渗透汽化技术是利用渗透汽化膜进行乙醇脱水的应用。渗透汽化膜是一种极性膜，根据膜功能可分为亲水性膜和亲乙醇性膜，亲水性膜优先透过水，适宜分离含水量低的乙醇，可制得无水乙醇[20]。

五、副产物利用

为了降低纤维乙醇的生产成本，工艺生产过程中的副产物可以被综合利用，以得到不同的目的产物。来自原料预处理的废液中，多含有半纤维素的水解产物，因而是一种含有多种戊糖的废液。由于戊糖不易被酵母转化为乙醇，因此可以考虑用来生产一些高附加值的副产物。目前，已开发的副产物有木糖醇、糠醛、低聚木糖、单细胞蛋白等。

木质素是纤维乙醇生产过程最主要的固体废弃物，其含量占木质纤维素组分的10%~30%，数量和质量与原料的种类和加工过程有关。部分木质素在预处理工序中有可能溶解或降解，大部分成为发酵后的固体废弃物。木质素在酸作用下很难水解，但采用适当的方式可以将其分子结构中的β-O 或α-O 断裂，得到酚及取代酚，保留苯环结构可得到苯及取代苯，脂肪族三碳结构从苯环上断裂可得到饱和或不饱和碳氢化合物，若氧化断裂还可得到不同相对分子质量的有机酸。

为了减少环境污染，并增强整个乙醇生产工艺的竞争力，利用木质素生产有用的副产物就显得十分重要。利用木质素可以得到许多具有高附加值的副产物，如：高辛烷值的碳氢燃料添加剂、酚醛树脂、表面活性剂、活性炭、橡胶补强剂、建材助剂、土壤改良剂、农药缓蚀剂等，产品达数百种之多。因此，木质素的改性利用技术成为研究的热点。但是目前，对木质素较为成熟的利用途径是进行干燥后燃烧，进而发电，以满足企业自身对蒸汽和电的需求。

微生物菌体也是乙醇生产过程的副产物之一，通常可以利用过滤、固定化、胶囊化和沉淀等方法从培养基中分离菌体。这些菌体可以生产为微生物蛋白，具有高的附加值。然而，在SSF、NSSF、SSCF、CBP过程中，很难从固型物中分离出微生物菌体。

乙醇整理后的废水所含的成分依原料种类不同而不同。通常它含有未发酵的糖、极少量的乙醇、发酵代谢物，如：甘油、水解产生的抑制物、脂肪、盐等。在实际生产中，废水通常部分循环利用以减少新鲜水的使用和废水产生。然而，废水循环使用会产生抑制物的积累，因此循环的程度要根据工艺条件来确定。一般认为40%~75%的循环量较为安全。

第四节 纤维素乙醇技术经济分析

一、纤维素乙醇技术工艺

1. 美国国家再生实验室(NREL)工艺

2011年，NREL根据小试和中试的试验结果，结合工艺模型预测，报道了利用玉米秸秆为主要原料水解生产燃料乙醇的工艺设计。设计中以玉米秸秆稀酸水解进行原料预处理，然后采用酶水解糖化，水解的葡萄糖和戊糖共同发酵。该设计工厂规模与2002年NREL的设计规模相同：每天2000t原料的处理规模，年需要原料用量为773000t。以下重点对各个工段的工艺进行介绍[21]。

(1) 原料预处理

原料为玉米秸秆，采用统一格式的原料供应系统，即原料输送前经预处理加工均匀，然后进入预处理工段。预处理采用稀硫酸蒸汽加热的方式进行，采用两级预处理。整个工艺流程简图如图9-3所示。

预处理的反应器为一个水平反应器，酸根据原料质量流速与添加量的比例进入反应器。

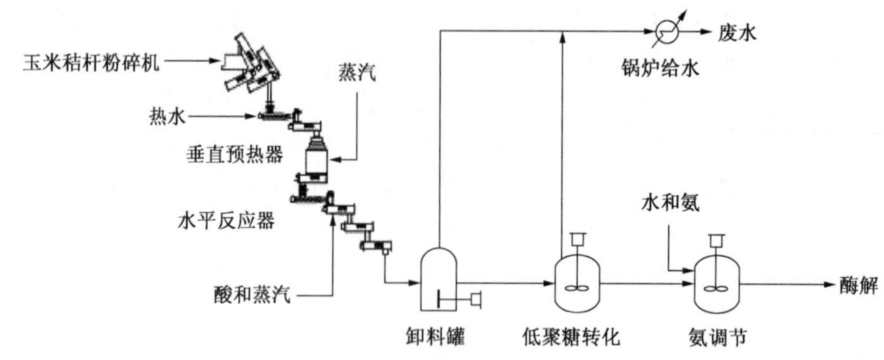

图 9-3 预处理流程简图

高压蒸汽注入反应器来维持温度。设计中，反应条件较温和，温度为 158℃，压力 5.5atm，每 g 生物质加酸量为 18mg，反应时间 5min，固形物质量含量为 30%。玉米秸秆原料经过第一级水平的螺旋反应器中预处理后，物料进入闪蒸罐中，闪蒸罐温度控制在 130℃。此后，物料进入低聚糖转化反应器中，温度 130℃，保留时间 20~30min。该步骤加入 4.1mg/g 干物质的硫酸，使硫酸的最终总量为 22.1mg/g 干物质。低聚糖转化反应器出来的物料进入另一闪蒸罐中，该闪蒸罐罐压为常压。经闪蒸后的物料总固形物含量为 30%，不溶性固形物含量为 16.6%。然后，物料加水稀释到 20%总固形物含量，以保证酶解过程流动性。然后，通入氨气调节 pH 到 5，停留时间为 30min。整个工艺中，第二级转化过程采用较低的温度和较长的时间，这样可以得到较多的木糖，且不产生过多的降解物。在以往的设计中，采用石灰进行硫酸的中和，形成的石膏经固液分离后，液体与原料混合。该工艺中，液体中大量的糖(可以多达 13%)可能会损失掉。因此，新设计工艺采用氨进行中和，可以避免糖的流失。此外，氨的易混合性不需要进行固液分离，从而使酶解过程 pH 的调节变得相对容易。虽然氨的价格比石灰高，但糖损失的减少以及固定投资的降低使氨成为具有经济性的替代品。

该过程的反应以及转化率如表 9-7 所示。

表 9-7 预处理反应及转化率

反　应	反应物	产物转化率/ %
葡聚糖+水──→葡萄糖	葡聚糖	9.9
葡聚糖+水──→寡糖	葡聚糖	0.3
葡聚糖──→羟甲基糠醛+水	葡聚糖	0.3
蔗糖──→羟甲基糠醛+葡萄糖+水	蔗糖	100
木聚糖+水──→木糖	木聚糖	90.0
木聚糖+水──→寡糖	木聚糖	2.4
木聚糖──→糠醛+水	木聚糖	5.0
醋酸盐──→乙酸	醋酸盐	100
木质素──→可溶性木质素	木质素	5.0

表 9-8 列举了美国 2007 到 2012 年预处理技术目标的进展。通过试验室及中试规模的研究，木聚糖到木糖的转化率在不断提高，由 2007 年的 75%逐步提高到 2012 年 81%的目标。

进一步的研究包括通过酸预浸、辅助催化剂的使用进行生物质的去乙酰化，减少硫酸用量，获得高木糖得率。

表 9-8　预处理研究进展及 2012 年现状　　%

项　目	2007 年技术现状	2008 年技术现状	2009 年技术现状	2010 年技术现状	2012 年技术现状
固含量	30	30	0	30	30
木聚糖转化木糖	75	75			81
木聚糖降解产物	13	11	6	8	5
木糖损失	2	2	2	2	1
葡萄糖损失	1	1	1	1	1

(2) 糖化与发酵

酶解糖化与发酵是纤维乙醇的核心工艺部分，如图 9-4 所示。

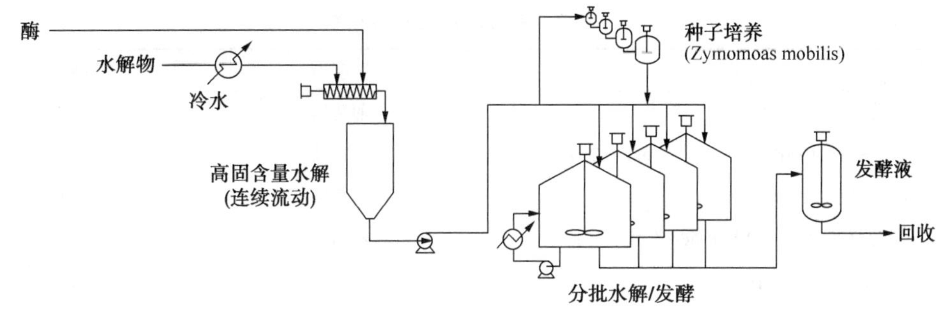

图 9-4　酶解糖化和发酵流程简图

表 9-9　酶解糖化的工艺条件

项　目	数　据
温度	48℃
起始固形物含量	20%(其中不溶性 10.6%，可溶性 9.4%)
停留时间	3.5d(84h)
连续糖化反应器数量及尺寸	8 个 950m^3反应器
分批糖化发酵反应器	12 个 3600m^3反应器
纤维素酶用量	20mg 蛋白/g 纤维素

该工艺设计中，预处理工段的原料连续进入酶解反应器中，并连续加入酶催化剂。反应器中总固形物含量为 20%(不溶物含量 10.6%)，温度 48℃，停留时间 24h。然后，料液分批进入 12 个 950000 加仑(3600m^3)体积的反应器中，继续酶解 60h。酶的用量根据物料中纤维素含量和酶活力来确定，全部纤维素酶用量为 20mg 酶蛋白/g 纤维素(酶蛋白指发酵液中蛋白质含量)，可以实现 90%的转化率。酶解工艺条件如表 9-9 所示。

表 9-10 列举了酶解过程的反应方程式。糖化料液含有 11.7%的可溶性糖(包括寡聚糖)，其中 6.7%的葡萄糖和 3.7%的木糖。需要指出，一些纤维素酶具有转化木聚糖生成木糖的能力，本表中没有列出。

表 9-10　酶解糖化的反应

反　　应	反应物	产物转化率/%
葡聚糖⟶寡糖	葡聚糖	4.0
葡聚糖 + 水⟶ 纤维二糖	葡聚糖	1.2
葡聚糖 + 水⟶ 葡萄糖	葡聚糖	90.0
纤维二糖 + 水⟶ 葡萄糖	纤维二糖	100

表 9-11　发酵的工艺条件

微生物	重组 Zymomonas mobilis	微生物	重组 Zymomonas mobilis
温度	32℃	接种量	10%(体积分数)
初始固形物含量	19.8%(14.7%可溶性；5.1%不溶性)	玉米浆	0.25%
停留时间	36h	磷酸氢二铵	0.33g/L 发酵液

表 9-12　共发酵反应及转化率

反　　应	反应物	产物转化率/%
葡萄糖⟶2 乙醇+2 二氧化碳	葡萄糖	95.0
葡萄糖+0.047CSL+0.018DAP ⟶6Z. mobilis+2.4 水	葡萄糖	2.0
葡萄糖+2 水⟶2 甘油+氧气	葡萄糖	0.4
葡萄糖+2 二氧化碳二糖⟶2 琥珀酸+氧气	葡萄糖	0.6
3 木糖⟶5 乙醇+5 二氧化碳	木糖	85.0
木糖+0.039CSL+0.015DAP ⟶5Z. mobilis+2 水	木糖	1.9
3 木糖+5 水⟶5 甘油+2.5 氧气	木糖	0.3
木糖+水⟶木糖醇+0.5 氧气	木糖	4.6
3 木糖+5 二氧化碳⟶5 琥珀酸+2.5 氧气	木糖	0.9

经过 60h 的继续酶解糖化，糖化液冷却至 32℃用以发酵。发酵菌种为基因重组的 *Zymomonas mobilis*，它具有同时利用六糖和戊糖的能力。为了满足 10%的接种量，采用 5 级扩培方式，部分糖化液分流至种子罐中为培养基，每罐间歇培养 24h，最终的种子液量达到 757m^3，满足所有发酵罐中的接种量。发酵在 950000 加仑的发酵罐中进行。发酵时间 36h，接种量 10%，同时加入 0.25%的玉米浆(CLS)，浓度为 0.33g/L 发酵液的磷酸氢二铵(DAP)。搅拌功率 6W/m^3。发酵后的乙醇浓度为 5.4%。表 9-11 和表 9-12 分别列出了发酵的工艺条件和发酵反应及转化率。对于酶解和发酵工艺，2007 年到 2012 年的技术进展如表 9-13 所示。

表 9-13　酶解发酵的研究进展及 2012 年现状

项　　目	2007 年技术现状	2008 年技术现状	2009 年技术现状	2010 年技术现状	2012 年技术现状
总固含量/%	20%	20%	17%	17%	20%
水解和发酵时间/d	7	7	7	5	5
纤维素生成乙醇转化率/%	86	86	84	86	96
木糖生成乙醇转化率/%	76	80	82	79	93
阿拉伯糖生成乙醇转化率/%	0	0	51		54

(3) 纤维素酶供应

纤维素酶供应是整个工艺的重要环节，设计中采用里氏木霉进行深层好氧发酵。由于在培养过程中缺少纤维素组分，将不利于纤维素酶的分泌产生，因此工艺过程中加入了培养基制备的工艺步骤，即用少部分葡萄糖先转化为槐糖，然后再进行发酵。槐糖是一种强诱导物，可有效提高纤维素酶的生成。此外，该工艺采用葡萄糖作为反应底物，与采用生物质水解物底物相比并没有增加太多费用。这是因为以葡萄糖为底物产生的纤维素酶活更高，从而有利于降低设备投资，最终降低整个过程的费用。该工艺流程如图 9-5 所示。

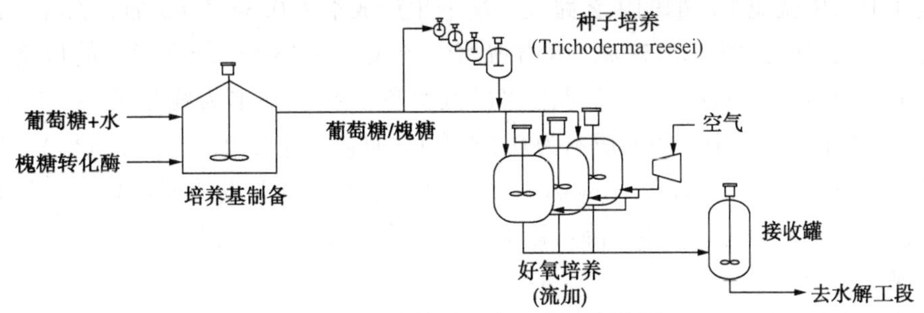

图 9-5　纤维素酶生产工艺流程简图

纤维素酶采用流加培养工艺，采用 9 个发酵罐，每个发酵罐体积 $300m^3$(高径比 = 2)，起始体积 50%，补料至体积的 80%，发酵周期 120 h，操作压力 101.3kPa，温度 28℃，搅拌器最大搅拌功率 600kW，每个发酵罐每周可以生产 12000kg 蛋白质，相当于酶生产效率为 0.30 g 蛋白/L·h。纤维素酶解的量为每 g 纤维素 20mg 酶蛋白，酶蛋白的用量为 490kg/h。还有 10%酶蛋白用于培养基配制过程，具体工艺参数如表 9-14 所示。此外纤维素酶生产中营养物质以及电力需求如表 9-15 所示。

表 9-14　纤维素酶设计工艺条件

参　数	结　果
酶解蛋白质用量/(mg 蛋白质/g 纤维素)	20
种子反应器尺寸/m^3	0.3/3/30
发酵反应器尺寸	300000L，80%装料系数
高径比	2
高度/直径/ m	11.5/5.75
操作压力/kPa	101.3
操作温度/℃	28
材质	316
搅拌器/kW	600
收获酶浓度/(g/L)	50
葡萄糖生产酶的最大产率/(kg 酶/kg 葡萄糖)	0.24
酶生产周期	发酵 120h，离线 48h，共 168h

表 9-15　纤维素酶生产营养物质和电需求

参　数	结　果	参　数	结　果
氨水/(g/L)	化学计量 约 7	氯化钙/(g/L)	0.4
SO_2/(g/L)	化学计量 约 0.6	吐温 80/(g/L)	0.2

续表

参数	结果	参数	结果
玉米浆/%(质量分数)	1.0	空压机/kW	1408
玉米油/%(体积分数)	0.1	搅拌器/kW	2326
硫酸铵/(g/L)	1.4	制冷系统/kW	1587
磷酸钾/(g/L)	2.0	总电力需求(包括泵等)/kW	5340
硫酸镁/(g/L)	0.3	每公斤蛋白所需电力/(kW·h/kg)	9

该设计中采用就地生产酶的工艺路线，酶的生产成本为0.34美元/加仑乙醇。其中葡萄糖占总酶生产成本的比例高达57%，电力占酶生产成本的13%。纤维素酶的价格对生产成本的影响至关重要。酶的用量与其对乙醇最低售价的影响基本为线型关系。美国能源部(DOE)在2013年的报告中，酶的成本为0.36美元/加仑乙醇(2012年美元价格)。2010年2月，杰能科(Genencor)和诺维信(Novozymes)都宣布推出最新开发的商业化酶，具有高活性低用量的特点。酶价格的进一步下降可以通过提高生产效率、消除酶运输和成型等生产成本来最终实现。

目前纤维素酶的生产主要有两种方式，一种采用就地生产的方式；另一种采用外购的方式。两种方式对乙醇成本的影响一直存在争议。通常采用外购方式，将会增加酶的运输成本(0.09~0.18美元/kg)，此外考虑纤维素酶企业自身的利润回报率等因素，将使纤维素酶的成本增加0.50美元/加仑乙醇。对于就地生产纤维素酶的方式而言，则需要投入大量的设备投资，但可以节省运输及附加成本的费用。从近期的技术水平看，外购酶具有一定的优势，这些专业的企业一直致力于酶的改进，进而不断降低酶的成本。但长远地看，就地产酶的方式可能更有利于乙醇企业的生产，最终将降低总的乙醇生产成本。

(4) 后处理

含有5.4%乙醇浓度的发酵液进入分离工段进行后处理，可以得到水、无水乙醇和可燃烧的固形物。流程如图9-6所示。

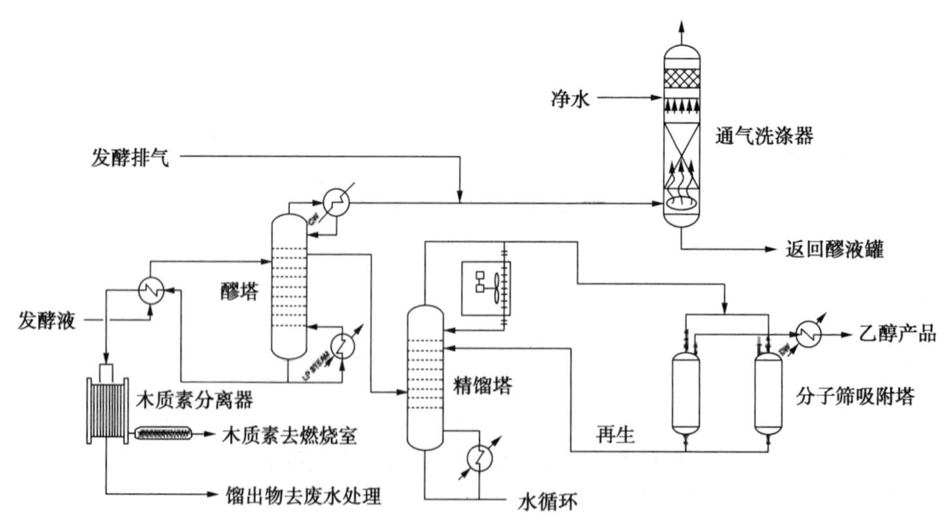

图9-6　分离工段的简化流程

料液在蒸馏醪塔去除CO_2和大部分水后，气相进入精馏塔，得到92.5%的乙醇。进一步利用分子筛脱水得到99.5%的乙醇。吸附塔再生产生的70%乙醇循环进入精馏塔重新回收。蒸馏醪塔顶的气相进入水洗器回收气相中乙醇。塔底含有未转化的固形物，不溶性固形物经压滤后进入燃烧工段。压滤的水中由于含有高浓度的无机盐而不能直接回用，需进入废水处理工段。

乙醇生产工艺中会产生大量的废水，废水必须经处理后再循环利用或排放至环境中。图9-7给出了废水处理的流程简图。来自预处理蒸汽冷凝水、锅炉排污水、冷却塔排污水和蒸馏塔底压滤废水混在一起，进入废水处理工段。处理工艺采用厌氧氧化和好氧处理。厌氧消化产生的生物质(主要含甲烷)可用来燃烧，而经过好氧处理后得到的水可以回用到工艺中，产生的污泥也进入燃烧器燃烧。

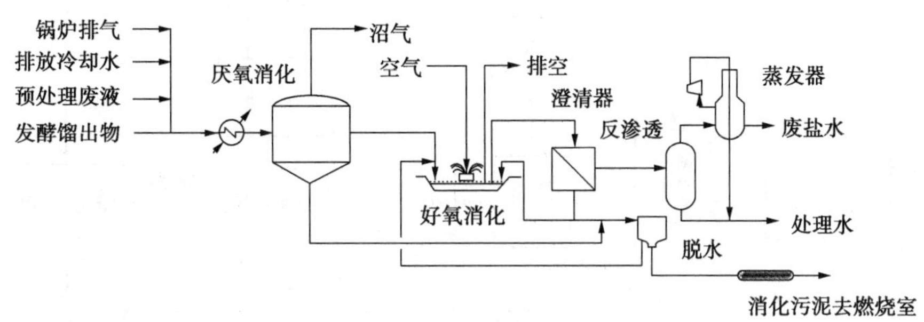

图9-7 分离工段的简化流程

2. 丹麦哥本哈根大学工艺

丹麦的哥本哈根大学开发了IBUS(Integrated Biomass Utilisation System)工艺。工艺流程如图9-8所示。

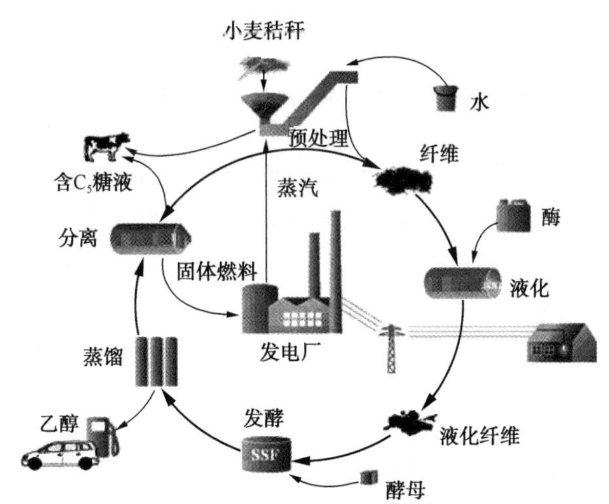

图9-8 丹麦哥本哈根大学IBUS工艺流程

该工艺具有以下特点：原料水解首先使用高温液态水(190~210℃)进行预处理，然后加入纤维素酶酶解。该工艺中设计采用了一个有水浴加热夹套的滚筒式液化反应器，可实现高浓度底物的连续液化。该工艺纤维原料水解过程<100h，容易放大；糖化发酵工艺中，原料中加入3FPU/g(干重)纤维素酶，在45~50℃酶解18h，然后接入酿酒酵母，在30~33℃，

pH 值 4.5~5.0 时进行同步糖化发酵，发酵时间 120h，最终的乙醇浓度可以达到 72g/L。由于发酵液酒度较高，大大降低了蒸馏能量的消耗。蒸馏和原料预处理中富含戊碳糖的糖蜜废液可以用作饲料，木质素残渣用作发电厂固体燃料，实现蒸汽和电的自供。

利用该工艺已经建立了示范厂，乙醇的价格与粮食乙醇的价格相当。随着工艺的改进，乙醇的价格还有望降低，利用该工艺设计的商业化工厂正在筹建中。

3. 河南天冠企业集团纤维乙醇工艺

在我国，利用玉米秸秆为原料生产燃料乙醇的工作也取得了重大突破。在工业化方面，以南阳天冠集团为代表的万吨级秸秆乙醇示范工厂已经投入运行，整个生产工艺流程如图 9-9所示。

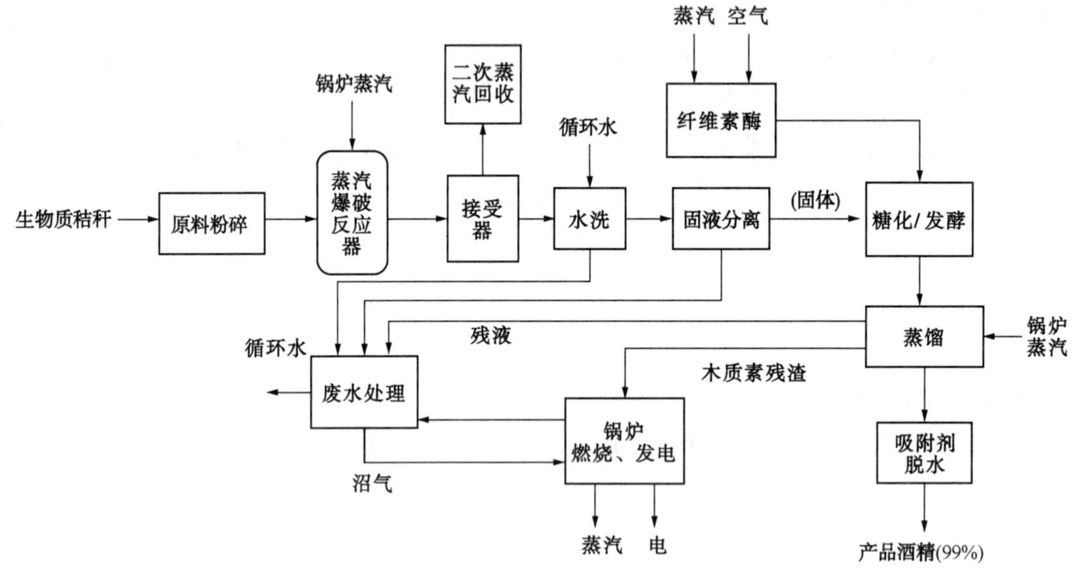

图 9-9 河南天冠企业集团秸秆乙醇工艺流程图

该工艺流程主要采用蒸汽爆破法进行原料预处理，预处理后的原料经过酶解后，进行 SSF 发酵。发酵结束后的发酵液进一步经差压蒸馏，得到 95%的乙醇，然后利用自主研发的专用吸附剂进行吸附脱水，最终得到无水乙醇。未发酵利用的木质素，经干燥后作为固体燃料。废水和部分废液进入废水处理系统，产生的循环水可回用，沼气可作为气体燃料加以利用。目前，该工艺流程已经成功运行，达到了万吨级秸秆乙醇的规模。这也是目前我国唯一的工业化纤维乙醇厂。

二、纤维乙醇的经济性分析

1. 美国 NREL 纤维乙醇技术经济分析

自从 2002 年 NREL 发布了设计报告以来，有关对纤维乙醇技术经济的研究陆续发表。这些研究多数是在 NREL 设计报告的基础上进行了不同程度的改变调整，研究发表的乙醇最低售价结果范围不同。这些差别主要是由于原料价格的差异、工艺过程的差异，以及副产物的价格。目前，主要的障碍还是缺少第一个此类大型化工程的投资数据，通过模型技术分析得到的经济性数据见表 9-16。从表中数据可以看到，乙醇的最低售价为 2.15 美元/加仑，建设一个每天处理能力 2000t 原料的大型纤维乙醇企业，设备总投资为 2.32 亿美元，总投资 4.23 亿美元[22]。

表 9-16 玉米秸秆为原料生产燃料乙醇的经济评价数据(2007 美元价格基准)

原料加工量	2000t/d
生产时间	8410 h/a
乙醇产率	87 加仑/t(原料碳水化合物理论转化率的 76%)
乙醇产量	6100 万加仑/a
设备总投资	2.32 亿美元
总投资	4.23 亿美元
每加仑乙醇投资	6.92 美元/加仑
乙醇最低售价(MESP)	2.15 美元/加仑
原料占乙醇 MESP 的比例	0.74 美元/加仑
酶占比例	0.34 美元/加仑
非酶转化所占比例	1.07 美元/加仑

由于纤维原料种类和价格的不同，以及纤维乙醇生产工艺技术的进步，不同时期对纤维乙醇的经济技术分析也不尽相同。自 2001 年，美国国家可再生能源实验室(NREL)通过“技术现状”(State of Technology，SOT)评价，持续对纤维乙醇技术研究进展进行跟踪，通过比较每年的 SOT，有利于对技术的进步进行量化比较。虽然，SOT 的结论不能准确反应当前真实的商业化生产成本，但它反映了 NREL 对纤维乙醇生产成本的最好预期，近年的部分数据分别如表 9-17 所示[23]。

表 9-17 技术现状(SOT)的返溯结果与目标

项 目	2007 年	2008 年	2009 年	2010 年	2012 年	2012 年实际
原料	玉米秸秆	玉米秸秆	玉米秸秆	玉米秸秆	玉米秸秆	
碳水化合物含量/%(干基)	59.8	59.8	59.8	59.8	59.8	
原料价格/(美元/干吨)	77.2	72.90	69.65	61.30	58.50	
总成本贡献/(美元/加仑乙醇)	1.12	1.04	0.95	0.82	0.74	0.83
建设投资贡献/(美元/加仑乙醇)	0.00	0.00	0.00	0.00	0.00	
操作成本贡献/(美元/加仑乙醇)	1.12	1.04	0.95	0.82	0.74	
预水解/处理						
总成本贡献/(美元/加仑乙醇)	0.89	0.89	0.78	0.64	0.29	0.27
建设投资贡献/(美元/加仑乙醇)	0.46	0.46	0.43	0.42	0.13	
操作成本贡献/美(元/加仑乙醇)	0.43	0.43	0.34	0.22	0.16	
酶						
总成本贡献/(美元/加仑乙醇)	0.39	0.38	0.36	0.36	0.34	0.39
建设投资贡献/(美元/加仑乙醇)	0.09	0.08	0.08	0.08	0.07	
操作成本贡献/(美元/加仑乙醇)	0.30	0.30	0.28	0.28	0.27	

续表

项　　目	2007 年	2008 年	2009 年	2010 年	2012 年	2012 年实际
糖化与发酵						
总成本贡献/(美元/加仑乙醇)	0.35	0.35	0.33	0.28	0.20	0.15
建设投资贡献/(美元/加仑乙醇)	0.19	0.20	0.18	0.15	0.12	
操作成本贡献/(美元/加仑乙醇)	0.15	0.15	0.14	0.13	0.08	
蒸馏与固体回收						
总成本贡献/(美元/加仑乙醇)	0.14	0.14	0.13	0.13	0.12	
建设投资贡献/(美元/加仑乙醇)	0.10	0.10	0.10	0.09	0.09	
操作成本贡献/(美元/加仑乙醇)	0.04	0.04	0.03	0.03	0.03	
配套设施						
总成本贡献/(美元/加仑乙醇)	0.77	0.76	0.64	0.54	0.46	0.51
建设投资贡献/(美元/加仑乙醇)	0.65	0.64	0.60	0.59	0.50	
操作成本贡献/(美元/加仑乙醇)	0.12	0.12	0.04	-0.04	-0.04	
原料处理能力(干物料)/(t/d)	2000	2000	2000	2000	2000	
乙醇产率/(加仑乙醇/t 原料)	69	70	73	75	79	
全部发电/(kWh/加仑乙醇)	7.3	7.1	6.9	6.5	5.7	
水消耗/(加仑水/加仑乙醇)	7.6	7.5	6.6	5.8	5.4	
乙醇最低售价/(美元/加仑)	3.53	3.46	3.08	2.67	2.15	
总资本投资/(美元/加仑)	11.33	11.32	10.60	10.15	6.92	

回顾 2001 年到 2012 年的 SOT 数据，可以看到技术的进步使纤维乙醇的成本不断下降。根据 NREL 各年度报告，乙醇在近 10 年的最低销售价格（Minimum Ethanol Sell Price, MESP）不断下降，其下降趋势如图 9-10 所示。

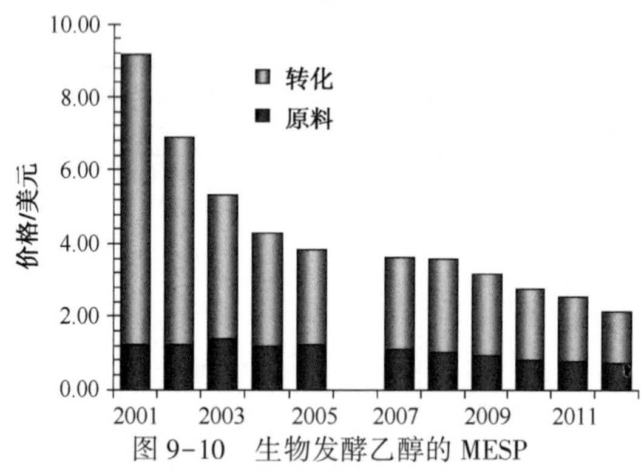

图 9-10　生物发酵乙醇的 MESP

对比 2001 年和 2012 年的数据，纤维乙醇技术的各个环节都取得了很大的进展，每个工段的生产成本都大幅度的下降，其对比数据及技术进步如表 9-18 所示。

表 9-18　纤维乙醇技术进步对成本的影响(2007 美元价格基准)

工段	生物质供应	原料供应链	预处理	酶解	发酵	其他
	生物质供应的提高	原料收集效率提高 43%到 75%	木聚糖转化率提高 63%到 81%	酶成本降低 3.45 到 0.36 美元/加仑	乙醇总产率提高 52%到 96%	
	原料的经济性	打包密度提高 9.2%到 12.3%	降解产物生成下降 13%到 5%	酶用量下降 60 到 19mg/g	木糖生成乙醇 0%到 93%	

续表

工段	生物质供应	原料供应链	预处理	酶解	发酵	其他
	原料的价格	存储损失降低7.9%到6%	酸用量降低3%到0.3%	纤维素生成葡萄糖的产率64%到78%	阿拉伯糖生成乙醇0%到54%	
	原料的分布	粉碎能力提高：17.6到31.2t/h	还原糖损失：13%到<1%	过程效率的提高：原料从水洗固形物到全水解物	乙醇耐受力提高：36到72g/L	
			氨用量的降低：降低>70%			
2001年各工段成本/(美元/加仑)	1.25		1.37	4.05	0.62	1.90
2012年各工段成本/(美元/加仑)	0.34	0.49	0.27	0.39	0.15	0.51

注：2001年成本9.19美元/加仑；2012年成本2.15美元/加仑。

在2012年的计划中，美国能源部生物质计划局计划实现设计报告中的最低乙醇售价2.15美元/加仑乙醇的目标。NREL的主要任务是完成整体的中试试验。预处理的研究将继续集中在木聚糖到木糖的转化率；酶解的研究将重点集中在优化条件的整体试验，和减少化学品的用量和强度，同时使原料具有更好的酶解特点。这些试验必须与发酵试验相结合。发酵的研究领域中，将对一些先进的菌株进行中试试验，同时利用基因工程改造NREL *Z. mobilis* 菌株，使之具有代谢阿拉伯糖生成乙醇的途径。工艺整合研究将继续集中在降低成本上。物料的预处理、调节、酶解如果实现全料液进行，而省去固液分离步骤，则将有利于降低生产成本。另外，工艺的整合也有利于降低发酵培养基的成本，减少后处理带来的问题。

2. 英国NNFCC08-007经济评估

以2002年美国NREL的设计报告数据，英国于2008年也发布了NNFCC08-007报告。该报告以2007年英镑价格为基准，按照每天消耗2000t生物质的规模，对各项工段的投资情况进行了分析计算，工程的总投资达到2.199亿英镑[24]。具体数据如表9-19所示。

表9-19 英国NNFCC08-007经济投资数据

工段	主要设备	投资金额/百万英镑(2007年)
原料处理	磅秤、叉车、传送带、磁分离器、粉碎机	8.3
预处理	预处理反应器	21.1
中和调节	螺旋传送机、蒸汽预热器、罐和搅拌装置、预水解器、过滤器	8.7
糖化/发酵	糖化罐、热交换器、发酵罐	10.5
蒸馏与固体回收	蒸馏塔、过滤器、热交换器	24.2
废水处理	厌氧和好氧消化罐、污泥脱水系统、带式过滤器、澄清器	3.7
储存	储存罐、泵、传送机	2.2

续表

工　段	主要设备	投资金额/百万英镑(2007 年)
锅炉/涡轮发电机	燃烧锅炉、涡轮发电机、泵、除气器	42.6
公用设施	冷却系统、空压机、干燥器、釜、CIP 系统	5.2
设备购置及安装费		126.7
仓库		1.9
土地开发	栅栏、边石、停车场、道路、竖井排水、土壤碎屑、铺路	6.6
建设投资		135.2
直接费用	现场管理费+应纳税成本+意外开支	31
办公及建设费	设计、购置、建设	33.7
资本投资		199.9
不可预见费用	启动、批准	19.9
项目总投资		219.9

综上所述，不同来源的经济评估数据所得的结论虽然不尽相同，但所得到的结论有相似之处。如：影响纤维乙醇成本的关键因素是生物质原料的价格和纤维素酶的价格，如果能大幅度降低二者的价格，将使纤维乙醇的价格大幅度下降。此外，企业的规模影响是显见的，规模越大，乙醇的生产成本越低，但必须考虑原料供应的连续性。工艺的改进也是技术领域不断追求的目标，提高预处理、糖化、发酵的效率和转化率对工艺和设备的优化都是有利的。总之，所有的因素都是不断降低纤维乙醇的生产成本，最终实现与粮食乙醇相竞争的目的。

3. 不同工艺路线的技术经济对比

随着纤维乙醇技术的不断发展，人们提出了许多纤维素乙醇生产的新工艺。根据 2002 年和 2007 年的报告，NREL 对七种常用的工艺路线进行了技术经济对比分析，这七种工艺包括：稀酸预处理工艺、二级稀酸预处理工艺、热水预处理工艺、氨纤维爆破(AFEX)预处理工艺、稀酸预处理结合一站式产酶工艺、稀酸预处理结合乙醇膜分离工艺、稀酸预处理结合 C_5和 C_6分别发酵工艺等。假设所有工艺条件是按照第 n 个工厂的水平进行考虑，基本工艺路线参照 NREL2002 报道的工艺路线，并在此基础上进行更新完善。同时假设原料为玉米秸秆，原料日处理量 2000t/d，工厂寿命 20 年，采用 2007 年数据和价格为参考。在以上假设条件下，对七种工艺路线的经济性进行比较[25]。

表 9-20　不同预处理及下游工艺路线的经济对比(2007 年美元价格基准)

工艺变化	总投资/百万美元	设备费用/百万美元	乙醇产率/(加仑/t)	乙醇产量/(百万加仑/a)	电力输出/(百万美元/a)	产品价格/(美元/加仑)
稀酸预处理(固含量 25%)	376	164	76.3	53.4	11.7	3.40
稀酸预处理(固含量 40%)	389	169	72.5	50.8	12.6	3.60
二级稀酸预处理	391	173	46.8	32.8	16.8	4.38
热水预处理	361	156	55.8	39.0	11.3	4.44
AFEX 预处理	386	167	65.9	46.2	16.9	3.69

续表

工艺变化	总投资/百万美元	设备费用/百万美元	乙醇产率/(加仑/t)	乙醇产量/(百万加仑/a)	电力输出/(百万美元/a)	产品价格/(美元/加仑)
渗透蒸发-蒸馏	501	209	76.9	53.9	13.6	3.75
C_5和C_6分别发酵	386	168	79.3	55.5	6.5	3.67
一站式产酶	434	188	67.7	47.4	-0.8	3.54

从表9-20中数据可以看到，不同的预处理工艺条件，乙醇的产率不尽相同(47~76加仑/t)，其中稀酸预处理的产率较高，所有工艺中也是稀酸预处理工艺的乙醇价格最低(3.40美元/加仑)。其他工艺过程中，乙醇的价格在3.60~4.44美元/加仑之间，二级稀酸预处理的产率最低(46.8加仑/t)，总投资也较高(391百万美元)，这是导致该工艺乙醇价格(4.38美元/加仑)偏高的原因。在不同的预处理工艺过程中，设备费用和总投资费用分别在156~173百万美元和361~391百万美元范围内。其中，热水预处理工艺是最低的，而二级稀酸预处理是最高的。这是因为热水预处理工艺中使用了简单的水平管式预处理反应器，其安装费用远低于酸预处理和AFEX预处理的设备费用。同时，二级稀酸预处理的反应时间较长且需要进行中和反应，因此所需的反应器体积较大且费用较高。AFEX预处理中需要额外的附属设备，如氨压缩机，这无疑会增加工艺过程的设备投资。此外，稀酸预处理又分为两种不同固含量浓度的工艺过程，分别对比了25%和40%两种情况，在较高固形物含量情况下，乙醇的价格比低固含量的乙醇价格高0.2美元/加仑，这主要是由于高固形物含量下单糖产率降低，导致了乙醇产率略有下降造成的。

在其他整合工艺过程中，乙醇的价格均高于酸预处理工艺的产品价格。其中渗透气化工艺过程中，乙醇价格为3.75美元/加仑，造成价格偏高的原因是由于渗透气化膜价格较高，而且膜的商业化程度也有待于进一步发展。当采用C_5和C_6分别发酵的丁艺路线时，乙醇的产率(79.3加仑/t)较稀酸预处理工艺的产率(76.3加仑/t)有所提高，然而该工艺路线乙醇的价格仍高于稀酸预处理工艺产品价格，这是因为额外反应器的增加加大了设备投资，最终也导致了最终产品价格的升高。采用一站式生产酶的方式感觉比外购酶的方式更加经济，然而从表中对比数据看到，采用一站式产酶工艺的乙醇价格是3.54加仑/美元，比稀酸预处理工艺高0.14美元/加仑。高价格的原因是酶生产过程中需要消耗大量电力来保障空气压缩机运行，同时部分原料也被用于酶的生产，这两种因素不仅减少了纤维乙醇发电的效益，而且使乙醇的产率下降。

三、纤维素发酵制乙醇的研发

利用生化方法进行纤维乙醇的生产是目前可再生能源领域的热点领域。通过前面的分析可知，生产成本是制约纤维乙醇发展的关键，在降低纤维乙醇生产成本的进程中，仍需要对相关的技术和经济领域进行深入研究，最终达到预计的经济目标。

目前，原料供应已经成为大规模乙醇生产的关键制约因素之一。现阶段对原料供应的研究主要集中在以下几个方面：如不同地区的原料供应和费用；建立全国范围内的原料生产能力和环境可持续性基准；提高原料收获、收集、处理、预加工、储存和运输的能力和效率；控制并保持原料的稳定性和质量。为了实现这些关键目标，以下四个关键技术领域需要亟待加强：一是在对当前和未来的生物质资源数量、价格和特性进行评估时，需要考虑原料供应的风险和可持续性；二是需要建立当地主要原料生产能力的基准和可持续供应的基准；三是发展统一规范的原料供应模式，以保证原料的稳定性、密度、流动性等质量目标；四是通过提高单元操作的能力和效率来建立商业化规模的生物质运输系统。

为了实现生物转化过程的顺利进行，如何建立优化的工艺条件并克服生产成本较高的难题是当前的关键问题。例如，对于原料预处理技术，关键的问题是降低预处理的费用，同时增加剩余纤维素和半纤维素的可降解性。同时对采用复合纤维素酶和新型发酵微生物的应用基础研究也是该领域的关键问题。此外，开发先进的生物转化技术以克服转化过程的限速步骤也需要进一步加强研究。对于纤维素酶的研究，需要深入了解微生物细胞蛋白质分泌、代谢途径和代谢运输的机理，结合生物质对化学和生物降解的抗性研究，将有助于开发高效的转化技术并减少转化成本。将预处理和酶解技术与下游工序相结合也是需要研究的关键问题，通过整合生物质各个工序过程，将有助于提高整个过程的效率并降低生产成本，为了保证整个过程的经济性和高效性，对下游单元操作的研究也是关键之一。尤其是在高固形物含量的条件下，必须通过独立工序的有机结合，才能保证过程的顺利进行。此外，在生物转化过程的研究开发中，以下两个关键问题也需要关注并加强：一是降低并稳定酶的价格，并且要掌握酶制剂公司的市场目标，以制订出适合运行的商业化模式；二是通过对发酵微生物、催化剂和其他耦合生物/化学转化途径的研究，开发新的乙醇生产技术，而不仅仅停留在以发酵法制乙醇的转化路径上。

第五节 生物质乙醇燃料的生命周期

产品生命周期的研究和实践已有 30 多年的历史，其基本思想始于 20 世纪 60 年代。随着区域性与全球性环境问题的日益严重，全球环境保护意识的加强，可持续发展思想的普及及可持续行动计划的兴起，生命周期评价在资源和环境分析研究方面的应用越来越受到重视。1990 年由国际环境毒理学与化学学会(SETAC)首次主持召开了有关生命周期评价的国际研讨会，并提出了“生命周期评价(LCA)”的概念。经过近 30 多年的发展，LCA 从资源、环境压力，到系列环境标准在国际社会得到普遍认可，其理论方法也在不断成熟，应用领域也越来越广。近年来，随着生物质燃料乙醇的不断发展，利用 LCA 进行能量分析、环境影响、工艺评价的研究也越来越多。LCA 的技术主要有以下特点：

（1）面向产品系统

在全球追求可持续发展的背景下，产业界在产品开发、设计阶段就开始考虑环境问题，将生态环境问题与整个产品系统联系起来，寻求最有效的解决方案。

（2）全生命周期评价

生命周期评价是与整个产系统原材料的采集、加工、生产、包装、运输、消费和回用以及最终处理生命周期有关的环境负荷的分析过程。

（3）充分重视环境影响

生命周期评价强调分析产品或行为在生命周期个阶段对环境的影响，包括能源利用、土地占有及排放污染物等，最后以总量形式反映产品或行为的环境影响程度。

（4）系统性、定量化

生命周期以系统的思维方式去研究产品或行为在整个生命周期中每一个环节的所有资源消耗、废弃物的产生情况及其环境的影响，定量评价这些能量和物质的使用以及所释放废物对环境的影响，辨识和评价改善环境影响的机会。

(5) 开放性评价体现

生命周期评价涉及到众多学科的理论知识和工程技术，适应清洁生产、可持续发展的需要，因此，其方法论也是持续改进、不断进步的。同时，针对不同的产品系统，可以应用不同的技术和方法[26]。

一、能量分析

利用 LCA 分析，可以对纤维素乙醇的能量进行分析比较。表 9-21 首先列出了玉米耕种和乙醇生产过程中所耗用的能量[27,28]。

表 9-21　不同研究玉米耕种和乙醇生产所用能量数据对比

项　　目	Luo	Patzek	Pimentel	Shaouri	Graboski	De Oliviera	Wang
玉米产量/(kg/ha)	8687	7310	8655	8746	8799	7850	7846
玉米秸秆产量/(kg/ha)	5212	—	—	—	—	—	—
玉米耕种使用能量/[MJ/(ha · a)]							
肥料生产	7988	9160	12431	9804	8077	8681	10305
石灰生产	1067	583	1318	—	369	445	—
杀虫剂生产	197	953	3766	1060	777	1025	970
种子生产	158	1968	2176	228	215	2048	—
运输	398	400	707	73	738	—	168
汽油	—	1005	1695	1277	1290	960	1501
柴油	3071	2957	4197	2719	3205	2907	4310
液化石油气	—	1205	—	765	1357	1512	1072
天然气	116	779	—	670	597	504	1072
电	382	688	143	820	1571	657	225
灌溉	—	—	1339	49	—	—	—
劳动力	—	1390	1934	574	628	—	—
农业机械	3294	6050	4259	—	320	—	—
包装	—	—	—	—	74	—	—
合计	16626	27138	33954	18041	19220	18738	21177
乙醇生产过程总能量/(MJ/L)	9.5	17.0	17.0	15.2	16.6	14.1	12.5

从表 9-21 中可以看到，由于所用数据来源及模型的差别，所得的结果也不尽相同。从能量的角度分析，能量的需求主要体现在农业耕种过程和生物炼制过程(生产工艺)中。在农业耕种过程中，肥料的生产、耕地和收割是能量需求较集中的过程。这是因为肥料生产过程中，肥料生产的主要成分氨需要消耗天然气用于蒸汽重整，而耕地和收割过程则需要大量的柴油来驱动所需的农业机械。在乙醇生产过程中，大量的能量输入主要用于原料预处理、产物回收和纤维素酶生产过程中。原料预处理过程中，需要高温蒸汽进行水解预处理，同时

用于锅炉用水的制备。乙醇的回收多采用精馏的方法，这也需要大量的蒸汽来满足工艺的要求。此外，酶的生产过程是一个好氧的过程，大量的空气要连续地进入发酵罐中，这也成为能量需求的主要来源之一。关于玉米秸秆乙醇净能量(能量输出-能量输入)的数据，不同的研究者的结论也不尽相同。在不考虑副产物能量输出的情况下，部分研究者的结论显示过程的净能量为负值，虽然也有研究者计算模型显示为正值，但数值很小。如果考虑副产物所输出的能量时，几乎所有的研究结论显示该过程为净能量为正的结论，进一步表明秸秆纤维乙醇过程的能量是一个产能大于耗能的过程。此外，美国国家可再生能源实验室(NREL)也曾对不同原料的乙醇过程进行生命周期分析模型计算，假设时间为2022年，采用E85乙醇汽油为燃料，分别对玉米、玉米秸秆、柳枝稷、小麦秸秆和林业废弃物进行了净能量分析。按照单位行驶里程的净能量计算，玉米原料的净能量约为0.38MJ，其他原料的净能量值依次为：玉米秸秆约为1.0MJ，柳枝稷约为1.1MJ，小麦秸秆为1.1MJ，林业废弃物为1.8MJ，均高于玉米乙醇的净能量。LCA结果显示，无论从净能量还是环境影响等方面，纤维素乙醇比玉米乙醇具有优势，纤维素原料在2022年比玉米原料更具有可持续性。

通过对能量需求瓶颈的计算和分析，可以就以下几个方面从能量的角度进行优化，以实现降低能耗的目的：用氮固定的方法代替蒸汽重整来生产氨；提高农机的发动机效率以减少燃料的使用；利用低能耗的农作物如甘蔗渣或草代替玉米秸秆；利用不加热的方法进行原料预处理，如化学法或机械法等；提高蒸馏塔和精馏塔的效率；使用厌氧发酵进行纤维素酶的生产来避免通风。值得注意的是，以上优化方案的提出仅从降低能耗的角度考虑，但在现有的技术条件下，有可能受到工艺指标和经济性指标的制约，因此还需要从技术经济性进行全面深入的研究。

二、环境分析

1. 乙醇利用对环境的影响

由于全球对化石能源需要的增加，大量温室气体(GHG)的排放对人类的危害不容忽视。正是面对能源危机和环境问题的挑战，尤其是后者，利用生物质燃料乙醇已成为必然趋势。燃料乙醇的使用是一个可再生的循环过程，即从生物质光合作用、生物质制燃料乙醇到乙醇燃烧的过程，在自然界形成了CO_2的闭合循环，因此可缓解地球的温室效应。

乙醇含有35%的氧，有助于燃料的完全燃烧，减少有害的颗粒排放。汽油中乙醇的体积分数低于10%~15%时，不仅不需对现有汽车发动机进行改进，且汽油还具有辛烷值高和抗爆性好的优点，因而燃料乙醇已在世界许多国家广泛应用，推广力度不断加大。近年来，通过对纤维乙醇的LCA分析，在能量利用和循环中几乎可以达到温室气体零排放。

2. 生物燃料乙醇生产对环境影响

通过LCA分析，可以对燃料乙醇从生产到使用的整个过程对环境的影响做出全面的比较。Gloria Zhi Fu等报道了燃料乙醇E10(10%乙醇，90%汽油)为最终的燃料的LCA分析。假设原料和产品运输使用中型卡车以公路形式运输，LCA分析的系统边界如图9-11所示[29]。

分别考察四种不同原料和使用不同能源途径的系统，包括：(Ⅰ)以农业作物为原料，生产过程使用化石能源和电力；(Ⅱ)以废弃生物质为原料，使用化石能源和电力；(Ⅲ)以农业作物为原料，以废弃物生物质(木质素等)提供能源；(Ⅳ)以废弃生物质为原料，废弃

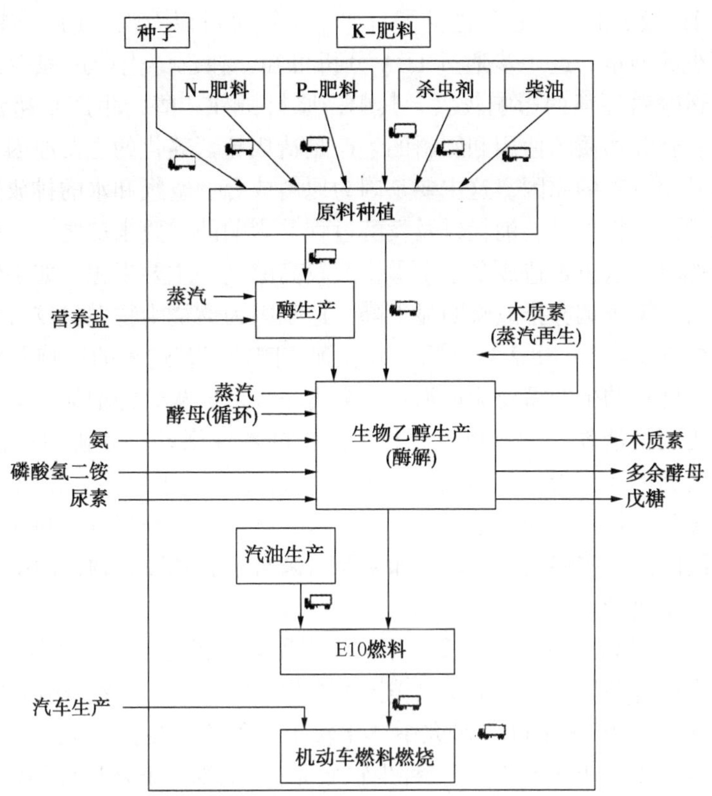

图 9–11　生物乙醇 LCA 的系统边界

生物质(木质素等)提供能源。由 LCA 分析，对四种工艺对环境的影响进行了打分评定，结果如表 9–22 所示。

表 9–22　四种工艺评分表

项　目	(Ⅰ)农业种植物/使用化石能源和电力	(Ⅱ)废弃生物质/化石能源和电	(Ⅲ)农业种植物/废生物质(木质素等)	(Ⅳ)废弃生物质/废生物质(木质素等)
生产过程能量	+	+	++	++
温室气体	—	—	+	+
酸化	——	—	——	—
超营养作用	——	—	——	—
冬季烟雾	——	——	—	—
夏季烟雾	+	+	+	+
臭氧	++	++	++	++
重金属	+	++	+	++
致癌物	———	0	———	0
固体物	——	——	——	——

注：———表示最严重，——表示较严重，—表示严重，0 表示一样，+表示不严重，++较不严重；以上结果均为相比于汽油对环境的影响。

表 9-22 对四种设定的工艺过程进行了对比。从结果可以看出，E10 在四种情况下均比汽油生产消耗更少的能量。进一步通过 LCA 分析可知，在乙醇生产过程中，酶的生产、蒸汽的产生和交通运输对环境的影响较大。其中，原料耕种和酶的生产是超营养化的主要来源。原料耕种中，营养物质的使用和肥料的生产是造成超营养化的主要原因。而对于酶生产过程，种子培养是超营养的原因，这主要是因为原料成分、空气和水的排放造成的。对于冬季烟雾排放，酶生产过程能量的消耗以及发酵过程是影响的主要来源之一。此外，蒸汽生产中由于需要燃烧燃料，这也是造成冬季烟雾排放较高的又一主要来源。如果使用生物燃料生产水解原料的蒸汽，冬季烟雾排放将明显下降，这是因为燃烧生物燃料较石化燃料释放较少的 SO_2。对于夏季烟雾排放，由表中结果可以看到，四种工艺过程的影响差别不大。而对于固体废弃物，酶和肥料的生产需要能量消耗，会进一步造成灰分的增加。对于酸化，其来源包括：酶生产过程能量消耗时的排放；原料生产中的农业活动，如耕种过程营养物质的释放，田间操作和磷肥的生产等，以及发酵过程中的排放。对于致癌物排放量，其总量通常低，但原料的来源影响较大。如果原料主要通过杀虫剂生产过程获得，则确定生物燃料致癌物排放是否比传统的汽油多将至关重要。如果原料来自于农林废弃物，E10 的致癌物排放将小于或等于汽油的排放量。

目前关于纤维乙醇 LCA 的研究较多，不同学者所建立模型的方法及数据来源不尽相同，因此所得的结果也略有差异。以下主要以美国可再生能源国家实验室 NREL 的结果进行引用介绍[30]。在对生物质乙醇进行 LCA 研究中，比较了三种乙醇生产工艺（玉米干法、纤维素生物转化和纤维素热化学转化工艺）、三种生物质原料（玉米、玉米秸秆和柳枝稷）和两种燃料乙醇组成（E10 和 E85）的组合。全球暖化潜势（Net global warming potential）以二氧化碳当量（Carbon dioxide equivalents，CO_2e）表示，E10 和 E85 路线的结果分别如图 9-12 所示。

从图 9-12 中可以看到，对于 E10 路径，CO_2e 的范围在 0.090~0.096kg/MJ 之间，而传统汽油的 CO_2e 为 0.092kg/MJ（图中垂直黑虚线标记）。由于乙醇使用比例仅为 10%（体积分数），二者数值相差并不大。而对于 E85 路径，CO_2e 的差别范围较大，可以看出 E85 的使用均比使用传统汽油的 CO_2e 值明显下降，其中以玉米秸秆为原料的生化转化途径排放的 CO_2e 值最小。

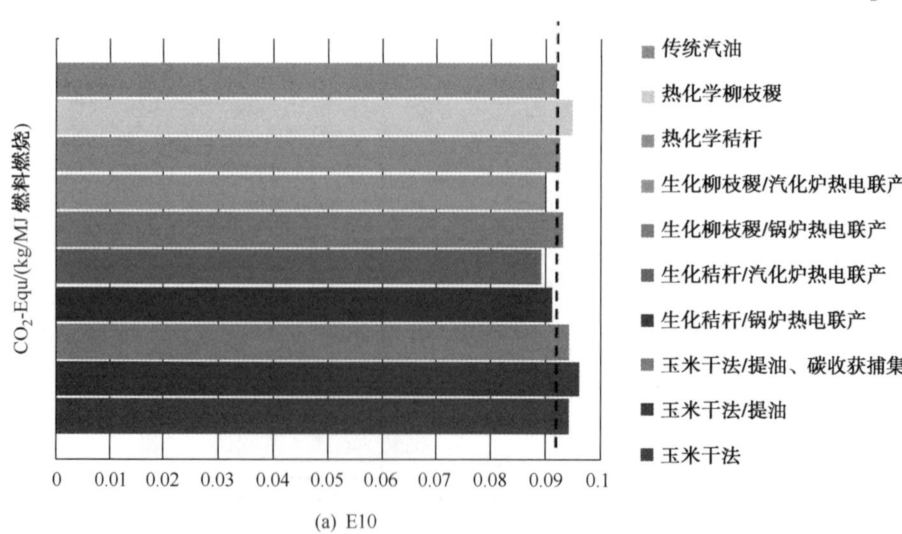

(a) E10

图 9-12　E10 和 E85 路径的净二氧化碳排放

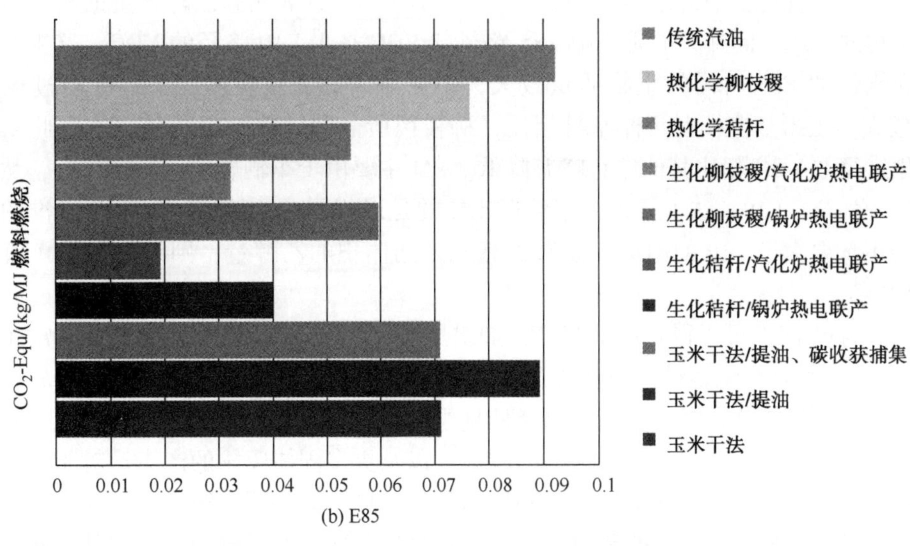

图 9-12 E10 和 E85 路径的净二氧化碳排放(续)

不同工艺路径对环境影响如表 9-23 所示，表中主要列举了氮氧化物(NO_x)、挥发性有机物(VOC)和颗粒物(PM)的排放结果。

表 9-23 E10 和 E85 环境指标影响结果

转化技术	原 料	NO_x/(kg/MJ)	VOC/(kg/MJ)	PM10/(kg/MJ)
E10				
干法	玉米	2.48E-04	3.28E-04	8.28E-05
干法/提油	玉米	2.47E-04	1.88E-03	8.31E-05
干法/提油、碳收集	玉米	2.46E-04	3.41E-04	8.28E-05
生化/锅炉热电联产	玉米秸秆	2.44E-04	2.01E-03	8.42E-05
生化/锅炉热电联产	柳枝稷	2.43E-04	8.13E-05	8.19E-05
生化/汽化炉热电联产	玉米秸秆	2.42E-04	1.98E-03	7.99E-05
生化/汽化炉热电联产	柳枝稷	2.41E-04	5.17E-04	7.76E-05
热化学气化	玉米秸秆	2.39E-04	3.78E-03	7.99E-05
热化学气化	柳枝稷	2.38E-04	1.66E-04	7.75E-05
E85				
干法	玉米	2.09E-04	2.52E-04	1.45E-04
干法/提油	玉米	2.00E-04	5.17E-04	1.48E-04
干法/提油、碳收集	玉米	1.93E-04	3.78E-03	1.45E-04
生化/锅炉热电联产	玉米秸秆	1.77E-04	1.65E-04	1.59E-04
生化/锅炉热电联产	柳枝稷	1.63E-04	2.51E-04	1.36E-04
生化/汽化炉热电联产	玉米秸秆	1.51E-04	5.16E-04	1.16E-04
生化/汽化炉热电联产	柳枝稷	1.44E-04	3.76E-03	9.33E-05
热化学气化	玉米秸秆	1.17E-04	1.66E-04	1.16E-04
热化学气化	柳枝稷	1.16E-04	2.52E-04	9.18E-05

从结果可以看到，E85 的 NO_x 均低于 E10 的 NO_x 值，这表明高乙醇含量的汽油有助于降低氮氧化物的排放。此外，本研究中 E85 路径的 VOC 高于 E10 路径的 VOC，这主要是由于获得相同能量的 E85 所需的生物质量较大，因而所需的肥料较多，肥料生产过程产生的 VOC 量较大。玉米和柳枝稷两种原料相比，柳枝稷所需的肥料量相对较少，因此以柳枝稷原料转化途径的 VOC 相比其他原料略有降低。PM 主要由于车辆燃料燃烧产生的，然而表中 E85 的 PM 值高于 E10，这主要是由于数据比较的是以相同的乙醇汽油能量为基准的，数据中 E85 的用量要大于 E10 的用量，如果折算成相同体积的乙醇量，则 E85 的 PM 值要低于 E10 的 PM 值。

总之，通过 LCA 可以得到如下结论：如果用于原料预处理的蒸汽来自于生物质(如木质素或生物燃料)而非石化燃料，则燃料乙醇将有助于降低生命周期的温室气体排放。用燃料乙醇代替汽油不仅能节省能量，还可以降低夏季烟雾和臭氧，以及重金属的排放。然而，有可能会导致超营养化、酸化和冬季烟雾的增加，以及更多固体废物的产生。对于乙醇生产过程，酶的生产、原料预处理能量的消耗和拖运是影响环境的主要来源之一。通过对这些环节的改进，可以提高全生命周期的环境表现。原料耕种对环境的影响较大，尤其对酸化、超营养化、重金属和致癌物等影响较大。为此，可以通过考虑生物原料多样性、土地改良以及土地使用来降低对环境的影响，如利用废弃生物质为原料。值得提出的是，由于不同研究者在进行 LCA 分析时，所建的模型和数据来源不尽相同，所得的结论也有所差异。但绝大多数研究的结论是：纤维乙醇的全生命周期所用的能量较传统的汽油燃料减少，对环境污染减少的影响也是显著的。

第六节　我国生物质乙醇发展预测

我国的生物质资源总体上分布不均，省际差异较大，西南、东北以及河南、山东等地是我国生物质能的主分布区。从生物质能蕴藏潜力量地域分布上看，西南地区占据很大优势，四川、云南、西藏省总量约占全国的 1/3，其次是东北的吉林和黑龙江，以及中部的河南、河北、山东、湖南等；分布最少的地区则包括上海、北京、天津、宁夏和海南。在我国，可用于生物质乙醇利用的纤维素生物质资源主要包括农作物秸秆和能源作物[31]。

一、秸秆乙醇的发展预测

秸秆原料资源作为纤维乙醇的重要原料，将是影响未来燃料乙醇工艺的制约关键，其资源分布情况在第二章已有讨论。目前，秸秆原料在乙醇生产所占成本的比例约 35%～40%。据估算，原料单价每降低 10 美元/t 将使吨乙醇生产成本下降 62～86 美元。因此原料种植的集约化和经营的市场化将成为未来的趋势。对于我国，由于目前原料的收集多为分散耕种收集，缺乏大规模的集约化经营运作，这必将导致未来大规模原料需求价格的上涨，是制约秸秆纤维乙醇大规模进程的重要因素。虽然生物质原料的来源广泛，但由于生物质资源分布分散，密度轻，体积大，运输半径有限，这也决定了生物炼制工厂规模有限，难以形成大规模产业。此外，由于原料的分散，会造成生产链过长，进一步带来成本的增加。因此，对秸秆纤维乙醇企业来讲，与合成油企业相比，其规模不可能过大。

按照全中国资源分布情况看，农作物秸秆主要分布在河北、河南、山东、辽宁、吉林、黑龙江等粮食主产区，因此，可以根据现有燃料乙醇企业布局。吉林燃料乙醇公司、黑龙江华润酒精公司、河南天冠集团和安徽丰原集团四家企业分别处于生物质资源较集中的区域，且布局严密合理。在这几家燃料乙醇公司集团的基础上，拓展纤维乙醇的生产规模，对纤维乙醇的发展具有重要的现实意义。

由前文的技术经济评价可知，在现有规模条件下，纤维素生物质原料(秸秆、木屑等)合适的处理规模多在2000t左右，大约折合乙醇约为200kt。但在实际情况中，工厂选址地多在容易大量获得生物质原料的地方，而根据现有收集半径看，原料的供给远远达不到设计报告的规模，因此现阶段的工厂规模很难适应200kt的规模。为了适应未来大规模纤维乙醇的生产需求，就需要积极开辟生物质资源，通过科学规划工厂布局来保证未来大规模纤维乙醇生产的需求。

二、能源作物类生物乙醇发展预测

能源作物是指经专门种植用以提供能源原料的草本和木本植物。中国有大量不适于粮食生产但可种植高抗逆性能源作物的荒山、荒坡和盐碱地等边际性土地，选择适合不同生长条件的品种进行培育和繁殖，可获得高产能源作物，并大规模转化为燃料乙醇等液体燃料。中国可转换为能源用途的作物和植物品种有200多种，目前适宜开发用于生产燃料乙醇的农作物主要有甘蔗、甜高粱、木薯、甘薯等[32]。

边际性土地是指"那些尚未被利用，自然条件较差，而又能产生一定生物量，有一定生产潜力和开发价值的土地"。这类土地暂不宜垦为农田，但可以生长或种植某些适应性强的植物。中国现有的后备土地资源包括荒草地、盐碱地、沼泽地、裸土地、苇地、滩涂和其他未利用地7类。据农业部针对可用于发展液体生物燃料的宜能荒地的专项报告，将宜能荒地的等级分为三类，其中直接可用的为Ⅰ等地，改造后可用的为Ⅱ等地，需有工程措施才可用的为Ⅲ等地，三者合计为2680公顷。以上宜能荒地按垦植系数开垦后可获得45Mt的燃料乙醇生产潜力。

表9-24　中国宜能荒地的等级、面积及产能潜力

宜能荒地等级	宜能荒地面积/万公顷	可垦净面积/万公顷	生物液体燃料生产能力	
			单位面积产能/(t/公顷)	总产能/万t
Ⅰ	433.33	260.00	3.5	910
Ⅱ	873.33	524.00	3.0	1572
Ⅲ	1373.33	824.00	2.5	2060
合计	2679.99	1608.00		4542

第七节　生物燃料乙醇的使用

由生物质原料得到的乙醇不能直接用于车用燃料，通常需要加工为变性燃料乙醇后，与汽油混合为乙醇汽油用于车用燃料。变性燃料乙醇是生物质经发酵、蒸馏制得的乙醇，经脱水后再添加变性剂变性而成。车用乙醇汽油是指在不添加含氧化合物的液体烃类中加入一定量变性燃料乙醇和为改善使用性能的添加剂，用于点燃式内燃机汽车的燃料[33,34]。

使用乙醇汽油作为燃料，可以明显降低汽车废气的排放，有效改善大气环境质量。目前世界上汽车对乙醇汽油的使用方法一般有两大类：一是用汽油发动机的汽车，酒精加入量为5%~22%；二是专用发动机的汽车，酒精加入量为85%~100%。这样汽车就可以降低一氧化碳排放量约30%~38%，挥发性有机化合物(VOC)约12%，氮氧化物排放量略有上升(绝对量极少)，有害物质排放平均降低1/3以上。因此，用乙醇作为增氧剂，可显著降低汽车尾气中的有害物，起到净化空气的功效。乙醇汽油习惯上也称为EX(X为乙醇的体积百分数)，例如E20为含乙醇20%的乙醇汽油。纯乙醇可单独做燃料，称为E100；混合燃料中燃料乙醇体积分数为10%的E10，又称汽油醇，是目前使用最广泛的混合燃料。

目前，我国已经颁布了有关《变性燃料乙醇》GB 18350—2001和《车用乙醇汽油》GB 18351—2004国家标准，以规范两种产品的生产、混配、使用和质量监督，起到技术保证作用。《变性燃料乙醇》标准中规定了燃料乙醇与变性剂的体积混合比应为100：(2~5)，与美国标准规定相同。标准严格控制水分含量，规定水分含量不大于0.8%。《车用乙醇汽油》标准中规定了车用乙醇汽油只允许加入10%(上下幅度不超过0.5%)的变性燃料乙醇。标准中规定水分含量不大于0.15%，其他技术要求与《车用无铅汽油》标准指标一致。

在我国，E10乙醇汽油正在推广使用中，全国目前已有10个省和27个地市地区使用E10乙醇汽油，实行市区内封闭销售。美国乙醇燃料推广使用主要包含两种形式：一是传统的汽油车使用低比例乙醇汽油，例如E10；二是FFV(灵活燃料汽车)使用高比例乙醇汽油，例如E85。美国目前主要推广的是E10，E10可以在传统汽油车上直接替代汽油使用，车辆不需要做改动，所以E10推广起来就非常的方便。目前，美国有10个州强制销售E10，其他一些州也有销售E10作为可选择的燃料。根据美国的《空气清洁法案》，为了降低CO的排放量，10%的乙醇用作汽油的增氧剂添加到汽油当中，燃料乙醇的含量必须达到10%的比例。

高比例乙醇汽油E85在美国也在同时推广，但鉴于美国国土面积大，气候温度的因素，E85按挥发性分为了三类，乙醇的含量在70%~79%之间有所调整，以保证在不同季节不同温度下，E85有足够的挥发性，可以使发动机正常的使用。目前，E85仅在FFV上使用，美国的FFV优化设计乙醇汽油中乙醇比例最大可以到85%，即E85。没有设计成E100是为了解决低温状态下冷启动的问题。并且在美国一些地区冬季温度低于0℃时，将乙醇比例降低为70%即E70来使用。目前E85的推广受到了FFV保有量及E85加油站供应覆盖面的影响，推广进展缓慢，因此E85仍然只占有很小的份额。但今后，随着石油基汽油份额的增加，乙醇调和比例将逐步增加。巴西是目前世界上唯一不提供纯汽油的国家。从2007年7月开始乙醇汽油比例确定在E25，此外巴西还提供E100纯乙醇燃料供应。目前，巴西的FFV总保有量略低于美国，但由于巴西的FFV与美国的FFV也存在一定差别，巴西的FFV设计适合该国的乙醇燃料，巴西的乙醇汽油为E25和E100；美国的FFV最高使用E85。

在燃料乙醇的应用推广中，各国的实践经验证明，乙醇作为车用燃料在燃料乙醇的生产技术、调和、储运和销售都已经具备成熟的技术和经验，并且已经制定、形成和实施了一整套操作规范、技术规程和管理办法。从低乙醇含量的E10、E25到高乙醇含量的E85和E100，都已经得到了应用和实践。因此，推广使用燃料乙醇在技术方面是完全可行的。尤其对于发展中的中国，推广使用车用乙醇汽油将成为中国替代能源选择与可持续发展的大势所趋。随着社会经济快速发展和人民生活水平不断提高，我国的汽车消费需求旺盛，汽车已经成为中国成品油消费第一大户。如果使用乙醇汽油替代，E25、E85 乙醇汽油的使用应进一步推广，使生物燃料乙醇在替代汽油供应方面起到越来越大的作用。

第八节 发酵乙醇继续转化为烃基柴油组分

纤维乙醇生物转化技术的进步，为纤维素原料的新型转化路径提供了重要的参考。在对纤维乙醇进行经济评价的基础上，美国 NREL 在 2013 年对纤维素生物质生物转化烃类燃料的技术路线进行了过程设计和经济评价[35]，所得到的碳氢燃料可以作为柴油的混合组分，故产物也称为生物可再生柴油调合原料(Biological Renewable Diesel Blendstock，RDB)。

该生物转化设计路径中以草本植物作为首选原料，即玉米秸秆和柳枝稷混合生物质原料。原料的预处理采用稀 NaOH 和稀硫酸相结合的两级工艺，即首先将生物质原料在搅拌罐中用稀 NaOH(约 0.4%)浸泡，反应条件为 pH 值 8~10，固体浓度 20%，80℃浸泡 1h。原料经脱乙酰作用后，固液分离后的生物质进行稀硫酸预处理，原料通过螺旋输送进入到垂直蒸汽预处理器，利用高压蒸汽保持温度(100℃)，同时加入热水使预处理的原料浓度为 30%。由蒸汽预处理出来的物料进入水平预处理器，并加入硫酸进行预处理。预处理的物料浓度30%，反应器压力保持在原料混合物的泡点温度下压力(160℃，5.5atm)，反应时间 5min，硫酸浓度约 0.3%~0.4%。预处理的原料进入闪蒸罐，温度 100℃，闪蒸的气体经冷凝后进入废水处理系统，分离的水解物采用氨气与水的混合液进行中和，使 pH 值达到 5，中和时间 30min，中和后温度为 75℃。为了保证后续酶解的流动性，物料用水稀释至浓度为 20%。

预处理后的原料继续进行酶解，酶解过程起始在一连续的垂直塔式反应器中进行，原料靠重力进入并与纤维素酶混合，混合物料固形物浓度达到 20%，在温度 48℃，停留时间 24h 条件下水解。然后，料液泵入一间歇搅拌反应器，继续在 48℃下酶解 60h。酶的用量根据水解物中纤维素的含量和酶的比活力确定，在概念设计中纤维素酶的用量为 10mg 酶蛋白/g 纤维素。当酶解糖化结束后，水解的糖进一步处理转化。在纤维乙醇的工艺中，物料在这一步通常进入厌氧发酵工段转化生成乙醇；而在新转化途径中，水解糖将进行好氧的生物转化过程。考虑到氧气和固形物对汽液间氧传递的影响，以及后续产物的回收和纯化，水解糖液需要首先采用真空带式过滤机进行固液分离，分离的糖液(13.8%)一部分直接进入生物反应器中，一部分经过蒸发器浓缩成高浓度糖液(46%)，采用流加方式进入生物反应器中。在 NREL 的报告中并没有指出特定的微生物菌种，仅是代表性地对路径进行技术性描述和评价。生物转化过程采用流加的方式，模型设计所用的参数主要包括：发酵罐体积为 $1000m^3$，起始发酵体积为体积的 50%，流加结束后体积为 80%。发酵温度为 32℃，接种量 10%，平均气量为 0.4 VVM，搅拌功率 110kW。

在微生物作用下，水解糖可以通过多条不同的代谢途径生成长链碳氢化合物，如脂肪酸，甘油三酯、类异戊二烯等。这些碳氢化合物的种类及产率各不相同。由于脂肪酸的代谢途径研究较多，且脂肪酸的产率较高，因此以脂肪酸作为发酵代谢产物的路径具有代表性。生物转化途径得到的碳氢化合物分为胞内产物和胞外产物。由于胞内产物需要进行产物提取，因此所需能耗较高。为了简化产物提取，模型假定所产生的脂肪酸产物可分泌在胞外。则含有约 9%脂肪酸的发酵液首先进入沉淀槽停留 15~30min，经沉降后脂肪酸浓度可达到 34%，经初步浓缩后的脂肪酸液体进入碟片式离心机进一步离心分离，得到的最终浓度可大于99%。经过沉降和离心过程，能够实现97%产物的回收。但需要指出的是，设计中简化了脂肪酸饱和度和杂质的影响，而实际过程中由于这些因素的影响，可能需要增加特定的分离过程。经分离提纯的脂肪酸产物可进一步加氢提质，去除脂肪酸中氧的方式有加氢脱氧和脱羧脱氧两种方式。最终可以获得作为柴油混合组分的烷烃类产物 RDB，模型中假定的主要产物组分分别为十六烷烃和十五烷烃。

在上述工艺路线模型的基础上，进一步对该过程的经济性进行了评价，主要的评价数据如表 9-25 所示。

表 9-25　纤维素原料生产 RDB 的经济评价数据(2011 年美元价格基准)

项　　目	数　　据
原料利用率/(t/d)	2205
在线时间/(h/a)	7884
生物代谢产率/(kg 脂肪酸/kg 糖)	0. 284(79%理论转化率)
原料费用美/(元/t)	80
RDB 产率	43. 3 加仑/t 原料(45. 4 当量汽油/t)
RDB 产量	31. 3 百万加仑/a(32. 99 百万当量汽油/a)
设备总投资/百万美元	316. 3
总投资/百万美元	582. 7
RDB 最低售价(MFSP)	5. 35 美元/加仑(5. 10 美元/汽油当量)
原料占 MFSP 的比例	1. 85 美元/加仑(1. 76 美元/汽油当量)
酶占 MFSP 比例	0. 39 美元/加仑(0. 37 美元/汽油当量)
非酶转化占 MFSP 比例	3. 11 美元/加仑(2. 96 美元/汽油当量)

从表 9-25 中数据可以看到，RDB 的最低售价 MFSP 为 5. 35 美元/加仑(5. 10 美元/汽油当量)，预计 2022 的经济目标为 3 美元/汽油当量。为了实现该目标，需要进一步对工艺进行整合和优化来降低过程的费用。在进行纤维素转化 RDB 的评价中，由于该路径是一条全新的途径，许多新的技术都在发展过程中，因此评价的模型尚存在不确定性。但无论如何，随着技术的进步，由纤维素生成 RDB 的费用目标会不断降低，未来需要在工艺整合与优化、反应器规模放大、提高糖利用率和代谢效率、产物分离与提质和副产物利用等方面进一步深入研究，以提高过程的经济性。

参　考　文　献

[1] Mustafa B, Havva B. Recent trends in global production and utilization of bio-ethanol fuel[J]. Applied Energy. 2009, 86: 2273-2282.

[2] 刘荣厚，梅晓岩，颜涌捷 . 燃料乙醇的制取工艺与实例[M]. 北京：化学工业出版社，2007.

[3] Solomon B D, Barnes J R, Halvorsen K E. Grain and cellulosic ethanol: History, economics, and energy policy[J]. Biomass and Bioenergy. 2007, 31: 416-425.

[4] 段黎萍 . 纤维素乙醇的商业化现状及经济分析[J]. 化工进展，2008，27(6)：867-877.

[5] 曲音波 . 纤维素乙醇产业化[J]. 化学进展，2007，19(7/8)：1098-1108.

[6] 刘军 . 燃料乙醇原料利用的比较分析[J]. 新西部，2008，10：40-41.

[7] Sanchez O J, Cardona C A. Trends in biotechnological production of fuel ethanol from different feedstocks[J].

Bioresource Technology，2008，99：5270-5295.
[8] Aden A，Ruth M，Ibsen K，et al. Lignocellulosic biomass to ethanol process design and economics utilizing co-current dilute acid prehydrolysis and enzymatic hydrolysis for corn stover[R]. National Renewable Energy Laboratory(NREL) Report. TP-510-32438，2002. http：//www. nrel. gov/docs/fy02osti/32438. pdf.
[9] Hendriks A T W M，Zeeman G. Pretreatments to enhance the digestibility of lignocellulosic biomass[J]. Bioresource Technology，2009，10：10-18.
[10] 杨长军，汪勤，张光岳. 木质纤维素原料预处理技术进展[J]. 酿酒科技，2008，3：85-86.
[11] Wyma C E，Dale B E，Elander R T，et al. Comparative sugar recovery data from laboratory scale application of leading preatment technologies to corn stover[J]. Bioresource Technology，2005，96：2026-2032.
[12] Hamelinck C N，Hooijdonk G V，Faaij A P. Ethanol from lignocellulosic biomass：techno-economic performance in short-middle and long-term[J]. Biomass and Bioenergy，2005，28：384-410.
[13] 熊海燕，王卫国，王存文，等. 混合菌培养及其在工业上的应用[J]. 贵州化工，2004，29(3)：16-18.
[14] 陈娜，顾金刚，徐凤花，等. 产纤维素酶真菌混合发酵研究进展[J]. 中国土壤与肥料，2007，4：16-21.
[15] 张名佳，苏荣欣，齐威，等. 木质纤维素酶解糖化[J]. 化学进展，2009，21(5)：1070-1074.
[16] 徐桂转，常春，张百良. 代谢工程在可再生资源生产燃料酒精中的研究进展[J]. 酿酒科技，2005，9：43-47.
[17] Cardona C A，Sanchez O J. Fuel ethanol production：Process design trends and integration opportunities[J]. Bioresource Technology. 2007，98：2415-2457.
[18] 张丽君，程可可，张建安，等. 乙醇发酵在线分离产物耦合的研究现状[J]. 现代化工. 2006，26 增刊(2)：48-51.
[19] 董丹丹，赵黛青，廖翠萍. 生物基燃料乙醇生产工艺的能耗分析与节能技术综述[J]. 化工进展，2007，26(11)：1596-1601.
[20] 张艳艳，熊兴耀，谭兴和，等. 燃料乙醇渗透蒸发脱水研究进展[J]. 酿酒科技. 2009，4：87-90.
[21] Humbird D，Davis R，Kinchin T C，et al. Process design and economics for biochemical conversion of lignocellulosic biomass to ethanol dilute-acid pretreatment and enzymatic hydrolyisis of corn stover[R]. NREL Technical Report #TP-5100-47764，2011. www. nrel. gov/biomass/pdfs/47764. pdf.
[22] Multi-year program plan[R]. US Department of Energy，2015，3. http：//www. energy. gov/sites/prod/files/2015/03/f20/mypp_ beto_ march2015. pdf.
[23] EERE/DOE，Review of Recent Pilot Scale Cellulosic Ethanol [EB/OL]. Biomass，Cellulosic Technology Advances，July，31，2013. http：//www1. eere. energy. gov/bioenergy/pdfs/b13_ foust_ op-1. pdf.
[24] Black & Veatch Ltd. Lignocellulosic ethanol plant in the UK feasibility study[R]. Final report NNFCC08-007. 2008. http：//www. nrel. gov/docs/fy99osti/26157. pdf.
[25] Kabir Kazi F，Fortman J，Anex R. Techno-economic analysis of biochemical scenarios for production of cellulosic ethanol [R]. NREL Technical Report NRELTP - 6A2 - 46588. 2010. http：//www. nrel. gov/docs/fy10osti/46588. pdf.
[26] 陈俊武，李春年，陈香生. 石油替代总论[M]. 北京：中国石化出版社，2009.
[27] Feroz K K，Joshua A F，Robert P A，et al. Techno-economic comparison of process technologies for biochemical ethanol production from corn stover[J]. Fuel，2010，89：520-528.
[28] Luo L，Ester V D V，Huppes G. An energy analysis of ethanol from cellulosic feedstock-Corn stover[J]. Renewable and Sustainable Energy Reviews. 2009，13(8)：2003-2011.
[29] Garvin A H，David D H，Daniel I，et al. Life cycle assessment of the energy independence and security act of

2007：Ethanol－global warming potential and environmental emission［R］．NREL/CP－6A2－45805，2009. http：//www. nrel. gov/docs/fy09osti/45805. pdf.

［30］Timothy S，Robert J. Life cycle analysis：ethanol from biomass［R］．DOE/NETL－2011/1507. http：//netldev. netl. doe. gov/file%20library/research/energy%20analysis/publications/doe－netl－2011－1507－lcaethanolfrombiomass101811. pdf.

［31］孙清．燃料乙醇技术讲座(六)：燃料乙醇的应用［J］．可再生能源，2010，28(6)：151-153.

［32］严良政，张琳，王士强，等．中国能源作物生产生物乙醇的潜力及分布特点［J］．农业工程学报，2008，24(5)：213-216.

［33］赵亮．车用乙醇清洁能源的实验研究［D］．西安：长安大学，2009.

［34］李萌．我国生物燃料乙醇产业发展政府规制研究［D］．哈尔滨：东北农业大学，2012.

［35］Davis R，Tao L，Tan E C D，et al. Process design and economics for the conversion of lignocellulosic biomass to hydrocarbons：Dilute-acid and enzymatic deconstruction of biomass to sugars and biological conversion of sugars to hydrocarbons［R］．NREL/TP－5100－60223，2013. http：//www. nrel. gov/docs/fy14osti/60223. pdf.

第十章　发酵法制生物丁醇

第一节　背景与现状

丁醇是一种重要的大宗化工原料，也是继乙醇后的一种极具发展前景的新一代液体燃料。与乙醇和汽油相比，丁醇具有如下优点：能量含量高，与乙醇相比，能提高车辆的燃油效率和行驶里程；与汽油的混合比更高，无需对车辆进行改造，就可以使用几乎100%浓度的丁醇，而且混合燃料的经济性更高；丁醇与汽油混合后，对潮湿和低水蒸气压力有更好的适应能力；丁醇与其他生物燃料相比，腐蚀性较小，比乙醇、汽油更安全；此外，丁醇可在现有燃料供应和分销系统中使用，而乙醇则需要通过铁路、船舶或货车运输。丁醇的特性如表10-1所示[1,2]。

表10-1　丁醇特性

物质	化学式	相对分子质量	氧含量/%	能量密度/(MJ/L)	比能量	相对密度(20℃)	理论空燃比	P(雷德)/kPa	沸点/℃	闪点/℃	蒸发潜热/(J/g)	低热值/(MJ/kg)	辛烷值	
													MON	RON
丁醇	C_4H_9OH	74	21.6	26.9~27.0	3.2	0.8109	11.2	4.35	117.7	35~35.5	581.99		94	113
乙醇	C_2H_5OH	46	34.7	21.1~21.7	3.0	0.7813	9.0	18	78.32	12	904	26.77	92	111
汽油	C_2~C_{12}烃类	58~180	0	32.2~32.9	2.9	0.70~0.78	14.2~15.1	45~100	30~220	-40	310	43.50	72~86	84~98

目前，工业上生产丁醇的方法共有三种：第一种是羰基合成法，即利用丙烯与CO、H_2在加压加温及催化剂存在下羰基合成正、异丁醛，加氢后分馏得正丁醇；第二种方法采用发酵法，它是以淀粉等生物质为原料，接入丙酮-丁醇菌种(如：产溶剂梭菌 *Clostridia*)进行厌氧发酵，微生物可以将碳水化合物转化为丙酮(Acetone)、丁醇(Butanol)和乙醇(Ethanol)等溶剂，此类溶剂生产技术因而也被简称为ABE发酵，发酵液精馏后得产品正丁醇。第三种方法采用醇醛缩合法，即乙醛经缩合成丁醇醛，脱水生成丁烯醛，再经加氢后得正丁醇。三种方法各具特点，其中发酵法具有原料价廉、来源广泛、生产条件温和、安全性高、降低对石油资源的消耗和依赖等一系列优点。此外，发酵法生产燃料丁醇会减少温室气体的排放，与燃料乙醇一样，燃烧时不产生SO_x或NO_x，有利于环境保护。正是由于这些优势，近年来发酵生物丁醇已成为仅次于燃料乙醇的第二大可再生能源开发研究的热点。

生物发酵法制备丁醇可追溯到第一次世界大战期间，以产溶剂梭菌厌氧发酵产生的丁醇为起始原料合成丁二烯橡胶，是当时生产合成橡胶的最理想路线。因此，在合成橡胶大规模生产的同时，以玉米粉等碳水化合物为底物的溶剂发酵得到快速发展，一度发展为仅次于酒精发酵的世界第二大发酵工业。但是，从 20 世纪 50 年代开始，由于受到石油工业的冲击，ABE 发酵逐渐衰落，在欧洲、北美和日本等地逐步停止了生产。而中国，由于当时特殊的经济和政治环境，是少数几个仍然进行 ABE 发酵生产的国家之一。近年来，随着国际石油价格的剧烈波动以及基于石油资源不可再生性的共识，发酵法生产 ABE 技术重新引起了广泛关注。

近年来，在非粮原料生产生物丁醇的领域内，国内外都加大了研究及商业化的投资力度。美国绿色生物有限公司宣布与欧洲 EKB 公司合作，投资 85.5 万欧元改进丁醇发酵工艺技术。此外，著名风险投资公司 Khosla 和 Virgin Fuels 也已将资金投放到了丁醇研发和生产方面。在欧洲，2006 年，英国政府就计划利用英格兰东部的甜菜生产生物丁醇，将其与传统汽油混合后，用作车辆驱动燃料，并计划加速丁醇和其他生物燃料的生产，使生物燃料销售份额到 2010 年占所有燃料的 5%，到 2015 年占 10%。2007 年，英国 Oxfordshire-based Biotechnology 公司接受英国贸易部和工业引导技术部投资 25 万英镑，其他股东和商业人士投资 31 万英镑，计划开发新一代低成本生物燃料——丁醇。此外，英国 GBL 公司与 Physiomics 公司以及 North Energy 公司合作得到了 Carbon Trust 公司提供的 26.8 万英镑的资助，开发了新型的丁醇工艺。在亚洲，韩国产业资源部 2007 年表示，计划大力研发生化丁醇(Bio-butanol，直接替代汽油的生物燃料)、生物合成石油等下一代新能源技术和天然气固化储存和运输技术[3,4]。

在工程化及商业化领域中，由 BP 公司与 DuPont 公司组建的生物丁醇合资企业 Butamax 先进生物燃料公司宣布，在巴西 Paulinia 开启了生物丁醇技术实验室，拟加速推进甘蔗基生物丁醇生产进入商业化市场。此外，BP 与 DuPont 公式联合在英国推出用作汽油调和组分的生物正丁醇，并与英国糖业公司合作，将以甜菜为原料的第 1 套乙醇发酵装置转产为 3 万 t/a 生物丁醇装置。美国 Cobalt 科技公将纤维素原料经水解、糖化、发酵及分离，选择性地转化为生物正丁醇，可用于生产油漆等涂料，也可用于生产可再生喷气燃料和其他化学品。2010 年，该公司与美国 Fluor 公司签署了工程咨询服务合同，以便将 Cobalt 纤维素生物丁醇技术推向商业化。同年，美国海军空战中心与该公司签署研究开发合作协议，共同开发用生物正丁醇生产生物柴油和生物喷气燃料的转化工艺。2011 年，该公司还与美国 API 公司达成协议，将建设世界首家工业规模纤维素生物丁醇生产厂(约 1440t/a)，并在生物质发电厂和其他客户中共同推广生物丁醇解决方案。2 家公司将使该公司专有的连续发酵和蒸馏技术用于密歇根州阿尔皮纳生物炼制厂。美国 Gevo 公司该公司于 2010 年，将位于密苏里州的乙醇装置改造为第 1 套生物丁醇示范装置并开始生产，以验证乙醇装置改造为生物丁醇装置的可行性。该公司还开发出从纤维素水解得到可发酵糖类生产生物异丁醇技术，同时成功地将纤维素异丁醇转化为异丁烯和航空喷气燃料。加拿大 Syntec 生物燃料公司该公司与美国北达科塔大学能源和环境研究中心(EERC)在 2010 年 1 月签署合作协议，开发宽范围生物质和废弃物转化生产生物正丁醇技术 B2A 工艺。该技术采用热化学工艺，可将废弃生物质(如软硬木质、有机废弃物、农业废弃物、换季牧草等)气化生成合成气，再经洗涤后进入含有 Syntec 公司催化剂的固定床反应器中，生成乙醇、甲醇、正丁醇和正丙醇，经蒸馏分离得到生物正丁醇。

目前，我国约 70%的丁醇都采用化学法生产，发酵法也是采用玉米为原料。为了加快生物丁醇的非粮化进程，我国许多高校和企业都相继开展了生物丁醇相关的研究。例如：上海天之冠可再生能源有限公司和中国科学院上海植物生理生态研究所关于发酵法生产丙酮丁醇的项目已经申请了国家“973”、国家“863”计划；中国科学院计划中关于丁醇项目的重点是：构造高产、高底物选择性的丙酮丁醇菌种和开发新的发酵工艺，包括纤维质原料发酵生产丙酮丁醇、溶剂抽提耦联发酵技术以及研究先进的发酵过程装备等。此外，吉林松原来禾化学有限公司在2010年建成投产30万t/a秸秆炼制工业示范装置。装置设计能力为年产丁醇、丙酮和乙醇共计5万t(其中丁醇3.5万t)，以及高纯度木质素3万t、纤维素12万t。

长远分析，生物丁醇未来最大的应用领域是作为汽油的调和组分，近年来我国车用汽油消费增长迅猛，因此生物丁醇在国内具有巨大的潜在应用市场。我国生物质资源(例如农作物秸秆、林业废弃物等木质纤维质原料)十分丰富，用这些廉价的废弃资源生产生物丁醇，不仅可以克服化学法丁醇对石油资源的依赖，而且可满足未来交通运输燃料生产对生物丁醇的需求。此外，生物丁醇生产与乙醇生产采用相似的工艺，现有的乙醇生产设施经过改造便可转而生产生物丁醇，因此生物丁醇作为生物基化学品和生物燃料产业开发的一个新热点，在我国具有广阔的前景。但当前的丁醇发酵产业仍存在着一些亟待解决的问题，如：丁醇产量和产率较低、溶剂终浓度低、生产成本偏高等。因此，还需要进一步从原料、工艺、生产成本等入手，来促进生物丁醇产业的大规模商业化进程。

第二节 发酵原理

丙酮丁醇发酵已被阐明为产酸期和产溶剂期两个阶段，其代谢途径如图10-1所示[5]。

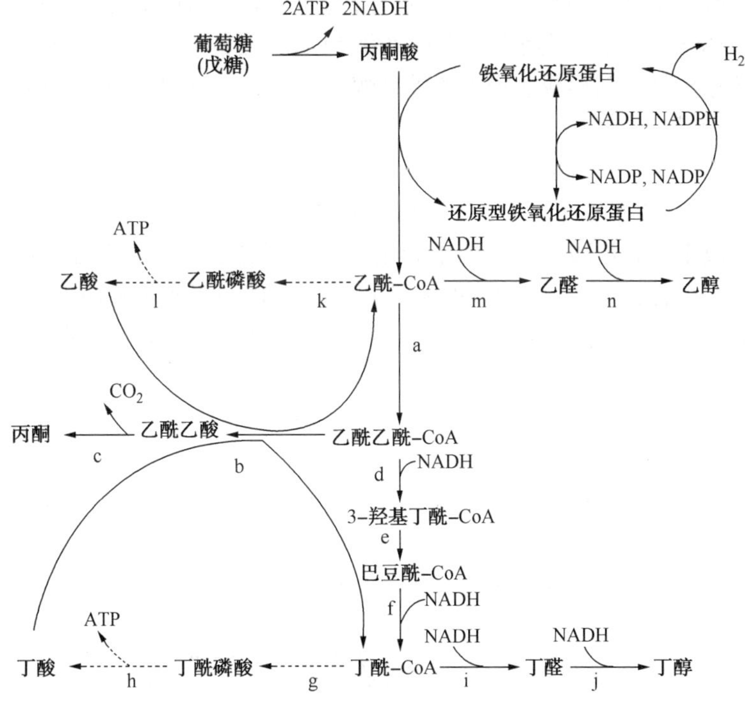

图10-1 丙酮丁醇发酵代谢途径

a—硫解酶；b—乙酰乙酰-CoA：乙酸/丁酸：CoA转移酶；c—乙酰乙酸脱羧酶；d—3-羟基丁酰-CoA脱氢酶；e—巴豆酸酶；f—丁酰CoA脱氢酶；g—磷酸丁酰转移酶；h—丁酸激酶；i—丁醛脱氢酶；j—丁醇脱氢酶；k—磷酸乙酰转移酶；l—乙酸激酶；m—乙醛脱氢酶；n—乙醇脱氢酶

一、产酸期

在发酵初期，产生大量的有机酸(乙酸、丁酸等)，pH 值迅速下降，此时有较多的 CO_2 和 H_2产生。当酸度达到一定值后，进入产溶剂期，此时有机酸被还原，产生大量的溶剂(丙酮、丁醇、乙醇等)，也有部分 CO_2和 H_2产生。

葡萄糖是丙酮丁醇菌容易利用的糖类，经过糖酵解(EMP)途径产生丙酮酸。五碳糖也可以被丙酮丁醇菌利用，通过磷酸戊糖途径(HMP)，转化为 6-磷酸果糖和 3-磷酸甘油醛，进入 EMP 途径。丙酮酸和 CoA 在丙酮酸-铁氧还蛋白氧化还原酶的作用下生成乙酰-CoA，同时产生 CO_2。铁氧还蛋白通过 NADH/NADPH 铁氧还蛋白氧化还原酶及氢酶和此过程耦合，调节细胞内电子的分配和 NAD 的氧化还原，同时产生 H_2。乙酸和丁酸都由乙酰-CoA 转化而来。在乙酸的形成过程中，磷酸酰基转移酶(PTA)催化乙酰-CoA 生成酰基磷酸酯，接着在乙酸激酶(AK)的催化下生成乙酸。丁酸的形成较复杂，乙酰-CoA 在硫激酶 3-羟基丁酰-CoA 脱氢酶、巴豆酶和丁酰-CoA 脱氢酶 4 种酶的催化下生成丁酰-CoA，然后经磷酸丁酰转移酶(PTB)催化生成丁酰磷酸盐，最后丁酰磷酸盐经丁酸激酶去磷酸化，生成丁酸。

二、产溶剂期

溶剂产生的开始涉及碳代谢由产酸途径向产溶剂途径的转变。这种转变机制目前尚未研究透彻。早期的研究认为，这种转变和 pH 值的降低以及酸的积累是密不可分的。在产酸期产生大量的有机酸，不利于细胞生长，所以产溶剂期的酸利用被认为是一种减毒作用。但是 pH 值的降低以及酸的积累并不是产酸期向产溶剂期转变的必要条件。乙酰乙酰-CoA：乙酸/丁酸:CoA 转移酶是溶剂形成途径中的关键酶之一，有广泛的羧酸特异性，能催化乙酸或者丁酸的 CoA 转移反应。乙酰乙酰-CoA 转移酶在转化乙酰乙酰-CoA 为乙酰乙酸的过程中可以利用乙酸或丁酸作为 CoA 接受体，而乙酰乙酸脱羧形成丙酮。乙酸和丁酸在乙酰乙酰-CoA：乙酸/丁酸:CoA 转移酶的催化下重利用，分别生成乙酰-CoA 和丁酰-CoA。丁酰-CoA 经过两步还原生成丁醇。乙酸和丁酸的重利用通过乙酰乙酰-CoA：乙酸/丁酸:CoA 转移酶直接和丙酮的产生结合，因此在一般的间歇发酵中不可能只得到丁醇而不产生丙酮。

一般情况下，只能根据实验数据推出反应的经验型化学计量式。根据最近的研究结果总结反应方程式：

$95C_6H_{12}O_6$(葡萄糖) = 60 C_4H_9OH(丁醇) + $30CH_3COCH_3$(丙酮) + $10C_2H_5OH$(乙醇) + $220CO_2$(二氧化碳) + $120H_2$(氢气) + 30 H_2O(水)

由上面的方程式可以计算出丁醇、丙酮和乙醇的得率分别为丁醇：$60\times C_4H_9OH/95\times C_6H_{12}O_6=26\%$；丙酮：$30\times CH_3COCH_3/95\times C_6H_{12}O_6=10.5\%$；乙醇：$10\times C_2H_5OH/95\times C_6H_{12}O_6=2.7\%$。所以，总溶剂得率为 26%+10.5%+2.7%=39.2%。

第三节　丁醇发酵技术工艺

一、发酵菌种及改良

梭状芽胞杆菌 *Clostridia* 是产溶剂工业菌种的唯一来源，传统的 ABE 发酵中使用的工业菌种名目繁多，有关产溶剂梭菌的分类学和系统发育相关性含糊不清，比较混乱。近年来，通过系统学、基因组 DNA/DNA 杂交和 DNA 指纹图谱以及发酵性能等方面的比较研究和分析认为，工业用的产溶剂梭菌归为 4 个“种”(Species)，所有原来的淀粉发酵型菌株属于单独一个种，即丙酮丁醇梭菌 *Clostridium acetobutylicum*。该类菌呈现较强的淀粉酶活力，适用于发酵玉米和谷类等淀粉质原料，同时具有独特的系统发育特性，与其他 3 个紧密相关的种，即拜氏梭菌 *Clostridium beijerinckii*、糖丁酸梭菌 *Clostridium Saccharobutylicum* 和糖乙酸多丁醇梭菌 *Clostridium saccharoperbutylacetonicum* 的亲缘关系较远。已被鉴定的糖-发酵菌株大多数属于拜氏梭菌。

由于丁醇发酵过程中，产物丁醇对细胞的毒性限制了总溶剂终浓度，导致后续成本较高。所以菌种改良的目标就是选育高丁醇耐受性、高丁醇比例的高产菌种，以期大大降低生产成本。诱变育种是丙酮丁醇发酵育种中广泛应用的菌种选育手段。已报道的常见诱变方法包括：紫外线诱变处理、离子束诱变处理、微波诱变处理、亚硝基胍处理、甲基磺酸乙酯处理等。此外，20 世纪 80 年代起，利用原生质体融合技术选育丙酮丁醇的相关研究也开始兴起。近年来利用基因工程的手段进行菌种的改造，已成为当前的研究热点[6~10]。通过转基因技术可以提高丁醇的产量。如有研究者将带有乙酰乙酸脱羧酶基因(adc)、辅酶 A 转移酶(ctfA/ctfB)的质粒 pFNK6 移入 *C. aceto-butylicum* ATCC824。结果菌株表现稳定，丙酮、丁醇、乙醇产量分别提高 95%、37%、90%。Christopher 等将过量表达热激蛋白(groES 和 groEL)的质粒转入 *C. acetobutylicum* ATCC824 中，构建了新的菌株。过量表达 groES 和 groEL 的菌株产生的总溶剂浓度与野生菌株、质粒对照菌株相比分别提高 40%和 33%，并且新构建菌株的代谢活性周期比野生菌株延长了 2.5 倍。

近年来，随着丙酮丁醇梭菌和拜氏梭菌基因组测序的完成，人们利用代谢工程手段对菌种进行改造。其中一个重要方向就是提高菌种耐受性，即对溶剂耐受性和对氧的耐受性。溶剂耐受性与很多分子泵基因、伴侣基因（groES、dnaKJ 等）有关，还和许多控制孢子形成、脂肪酸形成的基因和转录控制子有关。Tomas 等通过过表达 groES 和 groEL 基因，其溶剂耐受性显著提高，溶剂产量较野生型菌株提高 40%。控制菌株氧气耐受性的基因主要是 perR 基因，敲除 perR 基因可以在很大程度上提高丙酮丁醇梭菌的氧气耐受性，并且提高了菌株对氧气的消耗速率。野生型菌株从厌氧环境下转到有氧环境下生长会立刻停止，但是敲除 perR 基因的菌株还能正常生长 2 天。一些 perR 基因的调节子基因在调节丙酮丁醇梭菌氧气耐受性方面也发挥了巨大的作用。

通过代谢工程改变丙酮丁醇梭菌内的控制系统和过表达控制丁醇产出基因的方法，是增强合成途径的有效方法。solR 基因是丙酮丁醇梭菌的转录控制基因，Harris 等的研究表明，在高浓度的丁醇和丙酮的发酵过程中 solR 基因会失活，并且在过表达 solR 基因的情况下会导致丁醇和丙酮的产率降低。通过过表达 aad 基因和失活 solR 基因的方法得到了菌株 SolRH，该菌株丁醇、丙酮、乙醇产量分别达到了 17.6g/L、8.2g/L、2.2g/L，较野生型菌株分别提高了 51%、66%和 194%。adhE/adhE2 是控制丁醇合成的丁醇脱氢酶，aad 基因是控制丁醇脱氢酶合成的基因，过表达 aad 基因可以有效提高丁醇产量，过表达 thl 基因可以促进乙酰-CoA 更多转化为丁酰-CoA，也能有效地提高丁醇得率。

提高丁醇得率的另一重要方法就是敲除丙酮、乙醇等无益副产物。乙酰乙酸脱羧酶是催化乙酰乙酸形成丙酮的关键酶，Jiang 等[8]敲除了丙酮丁醇梭菌 EA2018 内控制乙酰乙酸脱羧酶形成的基因 adc，所构建的菌株丁醇产出比例从 70%增加到 80%，而且丙酮产量降到了 0.21g/L。Tummala 等[9]应用 asRNA 技术对丙酮丁醇梭菌进行改造，成功地使丁酸激酶的活性降低到 85%，最终丁醇产量提高了 35%。此外，高选择性的菌株会使丁醇分离的成本降低，从而降低丁醇生产成本。由于丙酮丁醇梭菌是一种厌氧发酵的菌种，产能有限，不能有效地提供合成其他有助于丁醇产生的代谢中间产物所需要的能量，所以在一定程度上制约了高产率的丙酮丁醇梭菌的发展。通过蛋白质工程来改变酶活性可能是今后科学工作者的一个研究发展方向。

二、丁醇发酵原料的选择

原料的选择是丁醇发酵过程的重要因素。根据原料的利用情况，丁醇作为生物燃料的一种，也可以分为第一代丁醇和第二代丁醇。第一代丁醇的原料主要为甘蔗、谷物原料，而第二代原料主要为纤维素生物质原料，如：大麦秸秆、小麦秸秆、玉米秸秆、柳枝稷等。此外，另外一些非粮生物质，如：长藻也是重要的替代原料。这些藻类含有大量的碳水化合物，不含或较少含有木质素和发酵抑制物。此外，它们可以利用环境中的 CO_2，有利于降低全球变暖。目前，对大型微藻生长的优化和预处理已经成为研究的热点。同样，对于木质纤维素原料，原料的预处理和去除发酵抑制物的过程优化，是原料领域研究关注的重点。除了利用纤维素生物质原料外，有报道尝试利用由煤制合成气为原料，进行丁醇的发酵。该过程采用两个过程：第一步为丁酸和乙酸形成的过程，该过程利用微生物 *B. methylotrophicum*；第二步形成丁醇的过程，使用 *C. acetobutylicum* 为发酵菌种。

三、丁醇发酵工艺

丁醇发酵工业目前采用的发酵工艺多为分批发酵工艺。对工业规模的溶剂发酵而言，发酵液中的总溶剂在达到 20g/L 时，梭菌细胞的代谢即刻停止，按丁醇比为 60%或 70%计，最终丁醇浓度在 12~14g/L 之间。这使得现有的工业菌种很难超越更高的丁醇耐受性水平。因而，传统 ABE 发酵中的低产物浓度已成为影响发酵经济性的重要因素之一。此外，溶剂产率(单位质量的原料产生的总溶剂质量)较低，以玉米原料为例，总溶剂产率一般只有 30%左右，这样低的溶剂产率使得发酵法在和化学法竞争时处于劣势。发酵的原料也是影响发酵的重要因素。目前丙酮丁醇发酵最常用的原料是玉米和糖蜜，而这些原料的价格相对较高，使得生产成本较高。针对以上问题，除了可从微生物菌种上进行改良外，开发新型的发酵工艺也是必要的措施[11]。

因为，高浓度的底物(如葡萄糖)对丙酮丁醇梭菌有较强的抑制作用，在分批发酵工艺中，葡萄糖的质量浓度不超过 60g/L。为防止底物对生物体的毒害作用，采用补料分批发酵工艺，不仅可以减小底物的抑制作用，同时还减少发酵液的体积。Qureshi 等采用补料分批发酵法使反应器的生产率和总溶剂质量浓度分别达到 0.98g/(L·h)、165.1g/L，而分批发酵只分别达到 0.39g/(L·h)和 25.3g/L[12]。

丁醇发酵经历产酸和产醇两个阶段。在产酸阶段，细胞处于指数生长期，产生大量的乙酸和丁酸，导致 pH 下降。当 pH 小于 5、丁酸质量浓度大于 2g/L，激发梭菌从产酸过程转入产醇过程。此时细胞处于稳定期，能将乙酸和丁酸转化为丁醇和乙醇。因而通过投加丁酸和葡萄糖为碳源，在适当的条件下，可发酵丁酸产生丁醇。这样不仅减少了其他副产物如乙醇、丙酮等的产生，又提高了底物的利用率，为丁醇回收的后续处理提供方便。

Tashiro 等利用丁醇高产菌株 *C. saccharoper butylacetonicum* N1-4 发酵葡萄糖生产丁醇时发现，采用补料分批发酵的方法不断流加葡萄糖和丁酸能促进发酵，得到 16g/L 的丁醇，高于分别使用葡萄糖和丁酸作为唯一碳源的发酵。Huang 等[18] 利用 *C. acetobutylium* 以葡萄糖和丁酸为碳源，在纤维床生物反应器中连续反应，当稀释率为 0.9/h、pH 值为 4.3 时，反应器生产能力与转化率分别达到 4.6g/(L·h)、0.42g/g(葡萄糖)。

常规的发酵过程中受细胞浓度、产物抑制等因素的影响，反应器的生产率常低于 0.50g/(L·h)，而且细胞质量浓度一般小于 4g/L。为促进细胞生长，提高反应器的生产率，可采用细胞固定化和细胞循环技术。细胞固定化可以增强细胞的稳定性，实现高密度的培养，从而提高反应器的生产能力。Huang 等采用固定化技术将 *C. acetobutylicum* 固定在纤维床生物反应器中进行连续的 ABE 发酵，使得反应器的生产能力达到 4.6g/(L·h)。细胞循环即经过由反应器和膜分离单元组成的一个半封闭回路系统，膜组件的作用是连续分离微生物细胞和发酵液，然后将细胞送回反应器中。这种带有细胞循环的反应系统增加细胞的浓度，提高反应器的生产率，可使反应器的生产能力提升至 6.5g/(L·h)，相比传统的间歇发酵有很大进步[13]。一些丁醇发酵的工艺及参数见表 10-2[14~17]。

表 10-2　丁醇发酵工艺及相关参数

发酵工艺	发酵菌种	发酵原料	产率/(g/g)	生产能力/[g/(L·h)]	ABE 最大浓度/(g/L)
分批发酵	C. beijerinckii P260	大麦秸秆	0.43	0.39	26.64
	C. beijerinckii P260	小麦秸秆	0.41	0.31	21.42
	C. beijerinckii BA101	玉米纤维	0.36~0.39	0.10	9.3
	C. beijerinckii P260	玉米秸秆和柳枝稷(1∶1)	0.43	0.21	21.06
补料分批发酵	C. beijerinckii P260	柳枝稷	0.37	0.09	14.61
	C. beijerinckii P260	小麦秸秆	—	0.36	16.59
	C. saccharoperbutylacetonicum N1-4	含有丁酸合成培养基	0.49	0.42	16.0
连续发酵					
（1）游离细胞连续发酵	C. saccharobutylicum DSM 13864	西米淀粉	0.29	0.85	9.1
	C. beijerinckii BA101	脱胚玉米	—	0.29~0.30	14.28
	C. beijerinckii BA101	淀粉和葡萄糖	—	0.42	9.9
（2）固定化细胞连续发酵	C. acetobutylicum P262	乳清渗透液	3.5~3.6	0.36~1.10	8.6
	C. acetobytylicum824A	乳糖和酵母膏	—	0.78	1.43
	C. acetobutylicum ATCC 55025	玉米	0.426	4.6	12.5(丁醇)
	C. acetobutylicum P262	甘薯浆	0.20	1.0	7.73
	C. acetobutylicum BA101	合成培养基	0.36	12.43	8.8
（3）细胞循环	C. saccharoperbutylacetonicum N1-4	合成培养基	—	11.0	8.58

四、丁醇的抑制及消除

较高的丁醇浓度(>2%)会对发酵的微生物造成毒害，这主要是由于较高的丁醇进入细胞质膜后会改变膜的结构，同时带来细胞内一系列物理化学特性的紊乱，如：膜的渗透性、细胞内 pH 的稳定、细胞内 ATP 水平、葡萄糖摄取、膜内蛋白的结构和活性等。当细胞处在1%浓度的丁醇中，将会使膜的流动性增加 20%~30%。同时，丁醇对细胞造成的伤害也远高于丙酮。为此，人们尝试在微生物水平上，利用诱变和基因工程技术提高菌种的丁醇耐受性。但是由于细胞膜固有的特性，丁醇的耐受性增加有限。因此，从工艺过程进行改进成为一种有效的选择，为此可以通过不同的提取方法，将丁醇选择性地移出，同时使发酵液保持较低的丁醇浓度来实现消除抑制的目标。

萃取发酵是采用萃取和发酵相结合的方法，利用萃取剂将代谢产物从发酵液中分离出来。丁醇更易溶于有机相中，可有选择性地被富集。通过加入萃取剂，可以控制发酵液中丁醇的浓度小于其对微生物生长的抑制浓度，从而减轻或消除产物的抑制。萃取发酵的关键是选择优良的萃取剂。一般来说有机溶剂对细胞都是有毒性的，选取合适的萃取剂对丁醇的萃取是十分关键的[18]。杨立荣等[19]从 13 种有机物对 *Clostridium acetobutylicum* 的毒性以及它们的物理性质出发，选出了油醇和混合醇(油醇和硬脂醇的混合物)作为丙酮丁醇发酵的萃取剂，当初始葡萄糖浓度为 110g/L 时，发酵后折合水相总溶剂浓度达到 33. 63g/L，葡萄糖的利用率达到 98. 00%。胡翠英等[20]以 4 种生物柴油作为萃取剂，进行了丙酮丁醇萃取发酵研究，丁醇的生产强度最高可以达到 0. 213g/(L · h)，比对照提高了 10. 9%。Ishizaki 等[21]以甲基化的天然棕榈油为萃取剂进行丙酮丁醇萃取发酵，结果 47%左右的溶剂被萃取到棕榈油层中，葡萄糖的消耗率由 62%提高到 83%，丁醇产量由 15. 4g/L 提高到 20. 9g/L。添加适宜的表面活性剂对萃取发酵也起到促进作用。表面活性剂可以降低气液膜的表面张力，促使大气泡破碎，从而使发酵产气以较小气泡的形式穿过萃取液相，起到强化发酵溶剂产物从水相到萃取相的移除速度，缩短发酵产物在油水两相中达到平衡的时间，有利于提高发酵生产强度。杨影等[22]以地沟生物柴油为萃取剂，通过添加质量分数为 0. 14%的吐温-80，并与对照相比(无表面活性剂)，相同发酵时间内萃取相中丁醇体积分数提高了 21. 2%，总溶剂生产强度也提高了 16. 5%。

气提发酵分离的原理是在一定温度的稀释液中，通入恒定流速的惰性气体，使溶液组分被气提到气相中，从而达到发酵产物的及时分离。在丁醇发酵过程中，也可以用发酵自身产生的氢气和二氧化碳为载气，载气通过鼓泡与溶液充分接触，携带丁醇、丙酮等挥发性有机物质，通过冷凝作用，从而将产物富集，载气又重新返回反应器进行新的循环，直到反应终止。气提法具有操作简单、不易堵塞等优点，在丁醇的在线回收中应用十分广泛，也是最有工业化前景的新型发酵方法。Qureshi 等[23]报道在间歇发酵中，气提发酵可以利用 199g/L 的葡萄糖，产生 69. 7g/L 的总溶剂，远远高于非气提发酵。Ezeji 等采用气提耦合分批发酵，在线分离 *C. beiierinckii* BAl01 发酵产物丁醇。与分批发酵相比较，采用气提耦合过程后，丁醇产量、总溶剂产量以及生产率较气提前都显著增加[14]。

气提发酵应用于丙酮、丁醇发酵产物的去除工艺受到载气回收速率、泡大小、消泡剂等众多因素的影响。Ezeji 等认为利用气提从 *C. beijerinckii* 发酵溶剂中去除丁醇的工艺，载气回收速率和消泡剂对溶剂的回收系统具有显著的影响，当 N_2 回收速率为 80 cm^3/s 以及在水相中溶剂气提速率系数为 0.058h^{-1}时，就足以保持丁醇浓度在抑制浓度之下。气泡直径<5.0mm 时，对丁醇的提取率没有影响；但当气泡直径<0.5mm 时，在反应器中易产生大量泡沫，需要添加消泡剂，从而降低了 ABE 产量。此外，为了使 ABE 从发酵液中回收过程变得简便及更加经济，可利用发酵自产气体(CO_2和 H_2)作为载气。Ezeji 等[15]利用发酵收集的自产气体作为载气，以 6000mL/min 的速率对发酵液气提去除丁醇和丙酮。其对乙酸和丁酸等却没有去除作用，这大大降低了后期提纯丙酮和丁醇的成本。载气产生的气泡在一定的直径范围内(0.5~5.0mm)可用于气提回收丁醇，以提供良好的质量传递以及避免气泡过多导致的问题。此外，气提与发酵相耦合的类型多样，能与间歇发酵、流加发酵等反应器类型相耦合。Ezeji[17]以玉米淀粉溶液为发酵原料，分别进行了气提与间歇发酵和流加发酵耦合工艺的研究。结果发现，间歇发酵与气提产物去除相耦合后，料液中糖利用率由 74%提高到 92%。当气提与流加发酵体系相耦合后，ABE 产率由 18.6g/L 提高到 81.3g/L，并且有 225.8g/L 糖被利用，是控制发酵的 4.87 倍。

渗透汽化是利用膜对液体混合物中各组分的溶解与扩散性能的不同来实现其膜分离的过程。由于膜对丁醇、丙酮等有机组分有较好的溶解性，这些组分在膜中优先溶解富集，在进一步膜扩散中得到加强。最后，到达膜的真空侧的液体组分在减压下全部汽化，并被冷凝收集。由于渗透蒸发的高分离效率和低能耗的特点，使得它在丙酮丁醇发酵中有广阔的发展前景。Qureshi 等[16]将渗透汽化用于 *C. beijerinckii* BA 101 发酵液中丁醇的去除，起始葡萄糖浓度达 151.2g/L 时，可产生 51.5g/L(ABE)，渗透汽化膜分离技术对 *C. beijerinckii* BA 101 发酵无消极影响。另外，渗透汽化与流加发酵技术耦合，起始葡萄糖浓度更增加到 500g/L，产生 165.1g/L(ABE)，ABE 产率从 0.35g/(L·h)提高到 0.98g/(L·h)。渗透汽化技术的关键是选择合适的膜，膜材料本身的性质对于渗透汽化在丁醇发酵中的应用具有较大的影响。Qureshi 等[23]报道了采用 silicalite-silicone 复合膜渗透汽化与 *C. acetobutylicum* 发酵体系耦合过程，研究发现 ABE 总量及产量分别从 19.20g/L 和 0.29g/g 提高到 154.97g/L 和 0.35g/g。在一定范围内，随着硅石在复合膜中比例的增加，膜的选择性会逐渐增加，但其通量却大大降低。聚三甲基硅丙炔均聚物膜(PTMSP)的丁醇透过性能比硅橡胶膜更佳，Fadeev 等[24]发现 PTMSP 膜在料液 70℃条件下，其通量可达 1030g/(m^2·h)，分离因子达到 79。Liu 等[25]研究发现，聚醚酰胺嵌段共聚物膜(PEBA)随着乙醇在料液中浓度的增加，膜透过丙酮和丁醇的通量增加。Srinivasan 等[26]应用硅石表面修饰聚偏氟乙烯(PVDF)膜从水相中分离丁醇，研究发现，在料液温度 50℃、流速 0.6L/min、渗透压 50mmHg 的条件下，丁醇的分离因子为 6.4，通量达到 4.126kg/(m^2·h)，膜的通量随料液的流速、温度的增加而增加，而分离因子却降低，造成这种现象的原因，可能是由于 PVDF 修饰膜对丁醇和水的溶胀性能更佳。Thongsukmak 等[27]结合渗透汽化技术，应用三辛胺（trioctylamine，TOA）液体膜从水相中分离丁醇，他们将 TOA 固定化于多孔疏水的中空纤维中，从而达到稳定液体膜的效果，且不需重新固定化处理，膜持续工作可达 300h 以上。并且随着料液温度的增加，其分离因子以及通量都有明显的增加。然而由于中空纤维涂层的阻滞作用，固定化液体膜通量比多孔膜略小。

吸附法是一种操作简单并能有效实现分离过程的分离技术。丁醇首先被发酵罐中的吸附剂吸附，然后通过热处理或者解吸过程来得到高浓度的产物。目前很多材料都可以作为分离丁醇的吸附剂，使用较多的是硅藻土、活性炭、聚乙烯吡咯烷酮(PVP)，其中硅质岩最为常用。硅质岩带有一个与沸石类似的结构，并且具有疏水性能，它可以选择性地吸附小的有机分子，比如从稀释的水溶液中吸附 C_1 ~ C_5 的醇类物质。一些不同提取方法的研究报道如表 10-3 所示[24~29]。

表 10-3 产物提取强化丁醇发酵进展

提取方法	原料	菌种	发酵形式	无在线提取时的溶剂浓度/(g/L)	在线提取时的溶剂浓度/(g/L)
气提	乳清渗透液	C. acetobutylicum P262	分批	8.7	70
	糖溶液	C. beijirinckii BA101	分批	—	69.7
	糖溶液	C. beijirinckii BA101	分批流加	—	120
	葡萄糖	C. beijirinckii BA101	分批流加	17.7	232.8
	液化玉米淀粉	C. beijirinckii BA101	分批	18.4	23.9
	糖化玉米淀粉	C. beijirinckii BA101	分批	18.2	26.5
	糖化玉米淀粉	C. beijirinckii BA101	分批流加	—	81.3
	葡萄糖	C. beijirinckii BA101	分批	17.7	75.9
渗透汽化	葡萄糖	C. beijirinckii BA101	分批流加	25.3	165.1
	葡萄糖	C. acetobytylicum ATCC 824	分批流加	—	154.97
渗透萃取	乳清渗透液(乳糖)	C. acetobytylicum P262	分批	7.72	136.58
	乳清渗透液(乳糖)	C. acetobytylicum P262	分批流加	7.72	57.8
	土豆废物	C. acetobytylicum DSM 1731	分批流加	19	33
吸附		C. acetobytylicum	分批	13.5	23.2
		C. acetobytylicum	分批流加	13.5	59.8
		C. acetobytylicum	分批流加(重复循环)	13.5	387.3

第四节 生物丁醇技术经济分析

目前，关于纤维素生物丁醇的商业化进程还刚刚起步，因此基于不同文献数据的来源和假设，一些学者对生物丁醇的技术经济进行了研究。根据不同原料的来源，Manish 等对非纤维素原料和纤维素原料的 ABE 发酵进行了对比[30]。不同原料的技术路线如图 10-2 所示。

丁醇的年生产成本数据(每年 10000t)如表 10-4 所示，可以看到：以葡萄糖和西米为原料的生产成本分别为 5.3 美元/kg 和 3.9 美元/kg，高于其他的原料。以纤维素生物质为原料的生产成本保持在 0.59~0.75 美元/kg 的范围。这主要是因为原料的费用占生产成本的比例较高，可达 65%，而纤维素原料的价格较低，因此使其总生产成本较粮食原料有所降低。这一结果也表明纤维素原料生产丁醇比粮食原料生产丁醇更具竞争力。

Qureshi 对采用 *Clostridium beijerinckii* P260 为发酵菌种，以小麦秸秆为原料的生物丁醇经济性进行了预测分析（该分析价格均以 2012 年当时价格为准）[31]。该工艺路线为：秸秆粉碎成 2~3mm，然后利用 1%(体积分数)稀硫酸在 121℃处理 1h。处理后降温至 45℃，并用 10M KOH 或 NaOH 调节至 pH 值为 5。原料进一步在 45℃酶解 72h，然后调节至 pH = 6.8 后，用

Clostridium beijerinckii P260 进行溶剂间歇发酵，溶剂浓度 25g/L，发酵生产率为 0.60g/(L·h)。发酵结束后离心分离残渣，液体进行产物分离。按照年生产能力 150×10^6kg(考虑到回收损失，实际丁醇产率为 147603597kg/a)的规模，各种投资的费用数据见表 10-5。

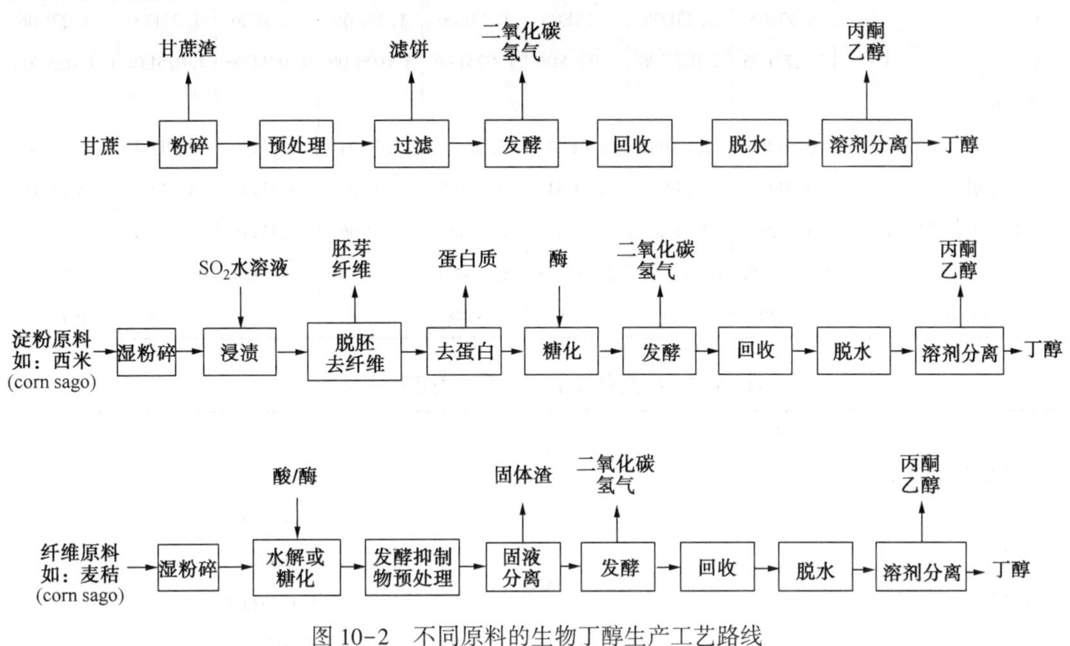

图 10-2　不同原料的生物丁醇生产工艺路线

表 10-4　不同原料年产 10000t/a 生物丁醇生产成本(2011 年美元价格)

	葡萄糖	甘蔗	玉米	西米	甘蔗渣和玉米秸秆	大麦秸秆	小麦秸秆	柳稷枝
直接成本								
原料	52.059E06	2.204E06	8.911E06	34.706E06	1.547E06	2.861E06	2.861E06	2.345E06
纤维素酶	—	—	—	—	3.095E05	5.722E05	5.722E05	4.69E05
劳动力	1.0E05	1.0E05	1.0E05	1.0E05	1.0E05	1.0E05	1.0E05	1.0E05
经营人员	1.55E04	1.55E04	1.55E04	1.55E04	1.55E04	1.55E04	1.55E04	1.55E04
蒸汽	5.40E05	5.40E05	5.40E05	5.40E05	5.40E05	5.40E05	5.40E05	5.40E05
电	4.0E05	4.0E05	4.0E05	4.0E05	4.0E05	4.0E05	4.0E05	4.0E05
过程用水	1.0E04	1.0E04	1.0E04	1.0E04	1.0E04	1.0E04	1.0E04	1.0E04
冷却水	1.4E04	1.4E04	1.4E04	1.4E04	1.4E04	1.4E04	1.4E04	1.4E04
废水处理	8.0E04	8.0E04	8.0E04	8.0E04	8.0E04	8.0E04	8.0E04	8.0E04
维护	3.3E05	3.3E05	3.3E05	3.3E05	3.3E05	3.3E05	3.3E05	3.3E05
营业用品	3.3E05	3.3E05	3.3E05	3.3E05	3.3E05	3.3E05	3.3E05	3.3E05
实验室	1.5E04	1.5E04	1.5E04	1.5E04	1.5E04	1.5E04	1.5E04	1.5E04
间接成本								
保险	7.48E04	1.025E05	1.025E05	1.025E05	1.025E05	1.025E05	1.025E05	1.025E05
税收	1.0E05	1.0E05	1.0E05	1.0E05	1.0E05	1.0E05	1.0E05	1.0E05

续表

	葡萄糖	甘蔗	玉米	西米	甘蔗渣和玉米秸秆	大麦秸秆	小麦秸秆	柳稷枝
利息	8. 97e05	1. 23E06	1. 23E06	1. 23E06	1. 23E06	1. 23E06	1. 23E06	1. 23E06
折旧	7. 477E05	1. 025E06	1. 025E06	1. 025E06	1. 025E06	1. 025E06	1. 025E06	1. 025E06
其他费用								
行政管理	2. 0E04	2. 0E04	2. 0E04	2. 0E04	2. 0E04	2. 0E04	2. 0E04	2. 0E04
研究发展	3. 3E04	3. 3E04	3. 3E04	3. 3E04	3. 3E04	3. 3E04	3. 3E04	3. 3E04
副产物和生物质收入	8. 3E06	8. 3E06	8. 3E06	8. 3E06	8. 3E06	8. 3E06	8. 3E06	8. 3E06
净生产成本	53. 298E06	6. 247E06	12. 953E06	38. 748E06	5. 90E06	7. 476E06	6. 856E06	6. 294E06
丁醇生产成本/(美元/kg)	5. 3298	0. 6247	1. 2953	3. 8748	0. 59	0. 7476	0. 6856	0. 6294

表 10-5 小麦秸秆生产丁醇的固定投资估算

项目	数值
全厂直接投资/美元	
设备购置	3. 2889E07
安装	1. 024E07
工艺管线	1. 1518E07
仪表	1. 315E07
绝缘	9. 86E05
电器	3. 288E06
建筑物	1. 48E07
场地建设	4. 932E06
辅助设施	1. 315E07
合计	1. 049E08
全厂非直接投资/美元	
工程	2. 623E07
建设	3. 673E07
合计	6. 2969E07
全厂总投资/美元	1. 679E08
承包商费用与意外开支	2. 518E07
直接固定资本成本	1. 931E08
营运费用	1. 398E07
启动费用	9. 654E06
项目全部投资	2. 167E08
产物流量/(kg/a)	
丁醇	1. 476E08
乙醇	2. 854E07
丙酮	7. 805E07

续表

项　　目	数　　值
年运行费用/(美元/a)	1.939E08
销售单价/(美元/kg)	
丁醇	1.31
乙醇	0.80
丙酮	1.30
销售总收入/(美元/a)	
丁醇	1.934E08
乙醇	2.283E07
丙酮	1.015E08
全部收入	3.177E08
毛利润/(美元/a)	12.3776E07
税/(美元/a)	4.951E07
净利润/(美元/a)	7.427E07

表 10-6 列出了原料及水电气费用，如表中所示，每年秸秆用量大约 7.51×10^8kg，所占原料费用比例最高(39.03%)，依次为硫酸(28.52%)和酶（23.02%)等。工艺过程需水量、原料量年需量及费用、公共组成及费用数据如表 10-6 所示。其中，水电气费用相比原料费用高很多，这主要是蒸馏过程分离产物的能耗较高。此外，如表 10-5 所示，秸秆丁醇的工程投资费用为 2.167×10^8 美元，包括直接固定投资、营运费用和启动费用。出于经济性考虑，假定所有的副产物如：丙酮、乙醇、微生物菌体、木质素、CO_2和 H_2均可回收利用。其中木质素和氢气可燃烧产生蒸汽，微生物菌体可作为牲畜饲料或用来制取甲烷[32]。基于这些因素，秸秆生产丁醇的销售价格为 1.31 美元/kg。

表 10-6　原料及水电气费用

大宗原料	年用量/kg	年费用/美元	所占费用比例/%
小麦秸秆	7.51E08	1.80E07	39.03
硫酸	1.88E08	1.32E07	28.52
水	4.28E09	1.28E06	2.78
酶	6.64E07	1.06E07	23.02
NaOH	1.54E08	3.07E05	6.65
合计	5.44E09	4.62E07	100.00
公共工程	年用量/kg	年费用/美元	所占费用比例/%
电/(kW·h)	4.57E07	4.57E06	4.78
蒸汽	5.97E09	1.19E07	12.53
高压蒸汽	1.14E09	5.68E06	5.96
冷却水	5.368E011	5.368E06	5.63
冷冻水	6.779E011	6.779E07	71.10
合计		9.536E07	100.00

第五节 生物丁醇的应用与展望

生物丁醇是一种化学组成单一的含氧燃料，是醇类燃料的一种，由碳、氢、氧元素组成。丁醇与乙醇相比碳链更长，使其具有更高的热值和沸点。丁醇其热值跟汽油非常接近，比甲醇、乙醇都要高，含热量高，意味着丁醇具有更好的燃油经济性。丁醇自带氧原子，有利于燃烧；同时其辛烷值较高，抗爆震性能较好。丁醇的蒸气压比较低，其蒸发性为乙醇的1/6，为汽油的1/13.5，因可以安全地储存和运输，在任何季节都无需加入其他添加剂。此外，丁醇由于其较低的蒸发压力，使其更容易添加到传统汽油中。生物丁醇比生物乙醇更易于与汽油混合，且混合比例更高，有利于其在发动机内的燃烧。而且丁醇对用于汽车发动机密封材料氟橡胶的相容性较好，浸泡试验显示：当使用丁醇浸泡橡胶时，含氟橡胶在拉伸性和膨胀性方面的变化要小于使用乙醇以及异辛烷和甲苯的混合燃料的情形。丁醇因其类似烃类的结构，不易于与水相混合，腐蚀性及水溶性低，可在炼油厂调和并用管道运送，现有的一些基础设施都可直接使用，无需改动。而工业乙醇中含有水，会腐蚀管道，必须通过铁路、船舶或货车运输，因此生物丁醇在燃料性能和经济性方面具有较明显的优势[33~34]。

丁醇与汽油的配伍性更好，能够与汽油达到更高的混合比，在不对汽车发动机进行改造的情况下，乙醇与汽油混合比的极限为10%，而汽油中允许调入的丁醇可以达到20%。与甲醇和乙醇相比，丁醇在汽油机上掺烧时具有更好的热效率和燃油经济性。有研究者对汽油-丁醇的混合燃料在发动机上的燃烧与排放特性进行了研究，通过将乙醇和丁醇分别与汽油混合，配置成拥有相同的氧含量的燃料。通过将这两种不同成分的含氧燃料应用于直喷点燃式发动机，检查不同的醇类-汽油混合燃料对发动机性能的影响。其结果表明，在部分负荷条件下，这两种燃料的燃油消耗率相近，理论当量比条件下的最大扭矩输出的点火时刻亦类似。当使用相同摩尔比例的乙醇和丁醇与汽油配制成混合燃料时，丁醇对缸内混合气的稀释作用较小，因此丁醇可以以更高的比例与汽油混合，而不会到达稀燃极限。另外还有研究指出，在直喷点燃式发动机各种常规和非常规排放工况下，使用混合燃料的 NO_x 都较使用纯汽油时低。丁醇由于有较长的碳链，其分子为非极性，因此可以与柴油高比例互溶。含有20%丁醇的混合燃料可以在发动机不做任何改动的情况下直接应用于柴油机。同时，柴油机原机的碳烟排放降低，NO_x 排放没有显著上升。对于40%丁醇含量的混合燃料，发动机的供油系统则需要重新标定，以满足发动机所需的负荷变化。

综上所述，与其他的醇类燃料相比，丁醇的理化性质与目前的车用燃料相似，因而具备直接替代目前的石化燃料的可能性。使用添加丁醇的混合燃料可以显著降低汽油机的 HC 和 CO 排放，以及柴油机的碳烟排放等。通过使用排气再循环等手段，丁醇燃烧产生的 NO_x 排放也可以控制在极低的水平。但需要指出的是，丁醇作为含氧燃料，有可能比传统的石化燃料产生更多的非常规排放物，如醛类排放物等。因此还需要进一步研究丁醇作为燃料时的非常规排放物的生成规律，避免提高非常规排放物。此外，由于现有的车用发动机的燃料供给系统是针对汽油和柴油等传统石化燃料设计的，当使用丁醇作为燃料时，需要对发动机的燃料供给系统进行重新匹配优化，使发动机的动力性、经济性和排放水平能够达到与传统汽油机或柴油机相当或者更优的水平。

但值得指出的是，尽管生物丁醇在燃料性能方面具有很好的优势，但生物丁醇目前也存在一些需要关注的问题。如丁醇的产量较低，如果用生物质生产大量的丁醇，其转化效率和产量相比于其他生物燃料可能会缺乏竞争力。此外，由于市场容量有限，丁醇生产过程的副产品丙酮也会面临销售的问题，这最终可能导致丁醇产品生产成本偏高。因此，从目前的发展现状看，生物丁醇作为生物液体燃料仍然面临着一定的挑战，但作为一种新型的液体生物燃料和生物化工产品，大力发展生物丁醇相关技术和产业，仍然对石油资源替代具有重要的现实意义。

近年来，生物丁醇的异构物-生物异丁醇开始受到关注[35]。异丁醇具有许多独特的性质：如：不易吸水、挥发性低；运输可以直接利用现有的汽油输送管道及分销渠道；对汽车引擎造成的损伤更小，现有汽车引擎可直接使用，不需要掺入汽油；与生产 1 加仑的乙醇相比，生产 1 加仑异丁醇所需要消耗的能量更少。因此，异丁醇有望成为一种新型的生物液体燃料。此外，异丁醇还可以进一步转化为航空喷气燃料，该燃料已成功应用于美国空军的试飞中。

目前，纤维素异丁醇的转化技术正在进一步推向商业化，美国 Gevo 公司在明尼苏达州 Luverne 投运了全球首套生物异丁醇工业化生产装置。2010 年 11 月，Gevo 公司生物异丁醇作为燃料添加剂在美国环境保护署（EPA）注册，这是列入 EPA 燃料注册目录中的第 1 款生物异丁醇。该公司与马来西亚政府东海岸经济区发展局（ECERDC）马来西亚 BiotechCor 生物技术公司以及 Terengganu 州政府签署了一项合作协议，将在 Kertih 地区现有生物炼厂联合基地建 1 套以纤维素为原料的发酵装置，用以生产生物基异丁醇，该纤维素异丁醇装置计划于 2015 年底或 2016 年初投运。

生物异丁醇生产与生物乙醇生产采用相似的工艺，现有的生物乙醇生产设施经过改造便可转而生产生物异丁醇。为了增强异丁醇生物合成的经济竞争力，除了采用廉价的原料外，还可以通过基因工程和代谢工程等现代分子生物学技术构建性能更加优良的工程菌，开发新型生物反应器，并采取先进的发酵工艺和有效的回收技术等，这些都是今后异丁醇生产中需要发展的关键技术。总之，生物异丁醇作为一种新型的生物液体燃料，具有潜力巨大的市场，随着人们对木质纤维素水解研究的深入和纤维素酶成本的降低，利用可再生生物质资源用于异丁醇的发酵生产将成为未来生物液体燃料的重要发展趋势之一。

参 考 文 献

[1] 顾阳，蒋宇，吴辉等．生物丁醇制造技术现状和展望[J]．生物工程学报，2010，26(7)：914-923.

[2] 王风芹，楚乐然，谢慧等．纤维燃料丁醇研究进展[J]．生物加工过程，2009，27(1)：1-6.

[3] 靳孝庆，王桂兰，何冰芳．丙酮丁醇发酵的研究进展及其高产策略[J]．化工进展，2007，26(12)：1727-1732.

[4] Manish Kumar，Kalyan Gayen. Developments in biobutanol production：New insights[J]. Applied Energy，2011(88)：1999-2012.

[5] 林有胜，王旭明，王竞，等．生物燃料丁醇的研究与前景[J]．现代化工，2008，28(4)：84-87.

[6] Tomas C A，Welker N E，Papoutsakis E T. Overexpression of groESL in clostridium acetobutylicum results in increased solvent production and tolerance，prolonged metabolism，and chan ges in the cell's transcriptional program[J]. Appl Environ Microbiol，2003，69(8)：4951-4965.

[7] Harris L M，Walker N E，Papoutsakis E T，et al. Northern，morphological，and fermentation an alysis of

spoOA inactivation and overexpression in *Clostridium acetobutylicum* ATCC 824[J]. J Baeteriol, 2002, 184(2): 3586-3597.

[8] Jiang Yu, Xu Chongmao, Yang Sheng, et a1. Disruption of the acetoaetate decarboxylase gene in solvent-producing *Clostridium acetobutylicum* increases the butanol ratio[J]. Metabolic Engineering, 2009, 11(4): 284-291.

[9] Tummala S B, Welker N E, Papoutsakis E T. Design of antisense RNA constructs for down regulation of the acetone formation pathway of Clostridium acetobutylicum[J]. J Bacteriol, 2003, 185(6): 1923-1934.

[10] 闫永亮，刘宏娟，张建安. 代谢工程在生物丁醇生产中的应用及研究进展[J]. 现代化工，2012，32(4)：25-29.

[11] Tashiro Y, Takeda K. High butanol production by *Clostridium saccharoper butylacetonicum* N1-4 in fed-batch culture with pH-stat continuous butyric acid and glucose feeding method[J]. Journal of Bioscienc and Bioengineering, 2004, 98(4): 263-268

[12] 李款，刘宏娟，张建安. 气提耦合发酵技术在生物丁醇生产中的应用及研究进展[J]. 现代化工，2009，29(增刊2)：22-26.

[13] Huang W C, Ramey D E, Yang S T. Continuous production of butanol by *Clostridium acetobutylicum* immobilized in a fibrous bed reactor[J]. Appl Biochem Biotechnol, 2004, 115(1/2/3): 887-898.

[14] Ezeji T C, Qureshi N, Blaschek H P. Production of acetone butanol (AB) from liquefied corn startch, a comeracial substrate, using *Clostridium beijerinckii* coupled with product reonvery by gas stripping[J]. Ind Microbiol Biotechnol, 2007, 34: 771-777.

[15] Ezeji T C, Qureshi N, Blaschek H P. Production of acetone, butanol and ethanol by *Clostridium beijerinckii* BAl01 and in situ recovery by gas stripping[J]. Wodd J Microbial Biotechnol, 2003, 19: 595-603.

[16] Qureshiand N, Blaschek H P. Recovery of butanol from fermentation broth by gas stripping[J]. Renew Energy, 2001, 22(4): 557-564.

[17] Ezeji T C, Qureshi N, Blaschek H P. Acetone butanol ethanol (ABE) production from concentrated substrate: reduction in substrate inhibition by fed-batch technique and product inhibition by gas stripping[J]. Appl Microbiol Biotechnol, 2004, 63(6): 653-658.

[18] 童灿灿，杨立荣，吴坚，等. 丙酮-丁醇发酵分离耦合技术的研究进展[J]. 化工进展. 2008，27(11)：1782-1788.

[19] 杨立荣，岑沛霖，朱自强. 丙酮/丁醇间歇萃取发酵[J]. 浙江大学学报，1992，26(4)：388-398.

[20] 胡翠英，堵益平，杨影，等. 生物柴油藕联丙酮丁醇发酵的初步研究[J]. 生物加工过程，2007，5(1)：27-32.

[21] Ishizaki A, Michiwaki S, Crabbe E, et al. Extractive acetone- butanol-ethanol fermentation using methylated crude palm oil as extractant in batch culture of Clostridium saccharoperbutylacetonicum N1-4 (ATCC 13564)[J]. J Biosci Bioeng, 1999, 87(3): 352-356.

[22] 杨影，张龙云，史仲平. 添加表面活性剂改善丁醇萃取发酵性能[J]. 生物加工过程. 2008，6(4)：25-30.

[23] Qureshi N, Meagher M M, Hutkins R W. Recovery of butanol from model solutions and fermentation broth using a silicalite/silicone membrane[J]. J Mem Sci, 1999, 158(1): 115-125.

[24] Fedeev A G, Selinskaya Y A, Kelley S S, et al. Extraction of butanol from aqueous solutions by pcrvaporation through ploy(1-trimethylsilyl-l-propyne)[J]. Journal of Membrane Science, 2001, 186: 205-217.

[25] Liu F F, Liu L, Feng X S. Separation of acetone-butanol-ethanol (ABE) from dilute aqueous solutions by pervaporation[J]. Separation and Purification Technology, 2005, 42: 273-282.

[26] Srinivasan K, Palanivelu K, GopaLakrishnan A N. Recovery of 1-butanol from a model pharmaceutical aque-

ouswaste by pervaporation[J]. Chemical Engineering & Science, 2007, 62: 2905-2914.

[27] Thongsukmak A, Sirkar K K. Pervaporation membranes highly selective for solvents present in fermentation broths[J]. Journal of Membrane Science, 2007, 302: 45-58.

[28] Ishizaki A, Michiwaki S, Crabbe E, et al. Extractive acetone- butanol-ethanol fermentation using methylated crude palm oil as extractant in batch culture of *Clostridium saccharoperbutylacetonicum* N1-4 (ATCC 13564)[J]. J Biosci Bioeng, 1999, 87(3): 352-356.

[29] Thaddeus Chukwuemeka Ezeji, Nasib Qureshi, Hans Peter Blaschek. Bioproduction of butanol from biomass: from genes to bioreactors[J]. Current Opinion in Biotechnology, 2007, 18: 220-227.

[30] Manish Kumar, Yogesh Goyal, Abhijit Sarkar, et al. Comparative economic assessment of ABE fermentation based on cellulosic and non-cellulosic feedstocks[J]. Applied Energy, 2012, 93: 193-204.

[31] Qureshi N, Saha B C, Cotta M A, et al. An economic evaluation of biological conversion of wheat straw to butanol: A biofuel[J]. Energy Conversion and Management, 2013, 65: 456-462.

[32] Peter H P. Vincent A B, Richard N, et al. Bio-butanol vs. bio-ethanol: A technical and economic assessment for corn and switchgrass fermented by yeast or *Clostridium acetobutylicum*[J]. Biomass and Bioenergy, 2010, 34: 515-524.

[33] 曾现军，邓建，孔华，等．丁醇作为车用替代燃料的研究进展[J]．小型内燃机与摩托车，2012，41(1)：76-80.

[34] 黄格省，李振宇，张兰波，等．生物丁醇的性能优势及技术进展[J]．石化技术与应用，2012，30(3)：254-259.

[35] 田宇，王义强，王启业．异丁醇生物合成的研究进展[J]．生物技术通报，2013，5：40-44.

第十一章 生物油脂制生物柴油和喷气燃料

第一节 概 述

直接将甘油三酯用于压燃发动机中曾经被认真考虑，但仅使用到10%~20%，就会造成长期的发动机沉淀、活塞环粘连、润滑油凝结和其他一系列的问题，并导致发动机寿命下降。主要是由原料油的高黏性(达 $40mm^2/s$)造成的，用于发动机的柴油燃料的黏度仅为1.3~$4mm^2/s$。通过稀释法、微乳化法等物理方法虽然可以降低甘油三酯的黏度[1]，发动机试验仍存在喷油嘴焦化、积碳等问题。

酯交换法、加氢法等化学处理技术如图11-1所示，可以将甘油三酯转化为脂肪酸甲酯或不含氧烃类化合物，极大改进生物燃料的燃烧和使用性能，得到的生物燃料不仅黏度降到和普通柴油的黏度近似，而且在十六烷值、污染物排放等很多指标上优于石油柴油。第一代酯交换生物柴油工业装置于1993年投入使用，100kg植物油或动物油脂产生100~105kg脂肪酸甲酯，石油柴油中最多可掺入20%脂肪酸甲酯。第二代生物柴油植物油加氢技术目前也已经建成工艺示范装置，100kg植物油或动物油脂生产80~85kg氢化植物油，可以完全与石油柴油相容掺混。

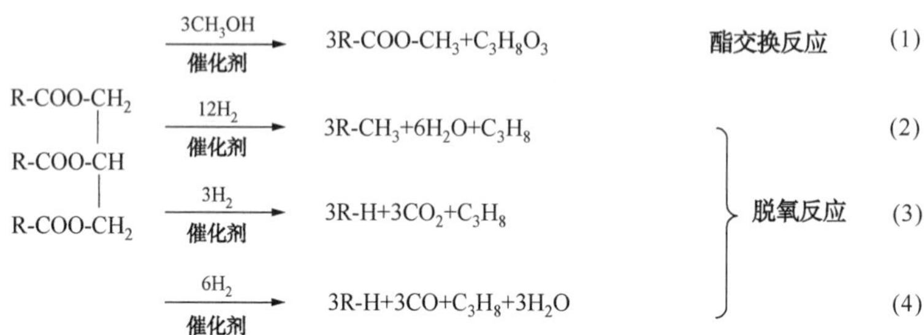

图11-1 甘油三酯生产生物燃料的催化转化过程示意图[3]

(1) 酯交换反应；(2) 加氢脱水；(3) 加氢脱羧；(4) 加氢脱羰

生物燃料中的油脂基燃料，在命名上有些混乱，出现了生物柴油、第二代生物柴油、绿色柴油、可再生柴油等不同的术语。同一种燃料可能有不同的名称，同时，同一个名称可能代表不同种类的燃料。因此，有必要明确每一个术语的含义[2]。生物柴油(biodiesel)是指由长链脂肪酸单烷基酯组成的燃料，它源于植物或动物油脂，在美国标准ASTM D6751中被指定为B100；欧洲标准EN14214中生物柴油特指脂肪酸甲酯(FAME)；第二代生物柴油有很大的歧义，有时表示用非食用油或微藻生产的脂肪酸甲酯，有时表示用木质生物质原料生产的F-T合成油，有时还表示甘油三酯加氢燃料。对源于生物质，成分类似于石油基柴油的燃料还有绿色柴油(green diesel)和可再生柴油(renewable diesel)的叫法。有的文献也把可再生柴油称为加氢植物油(hydrotreated vegetable oil，HVO)或加氢油脂和脂肪酸(hydroprocessed esters and fatty acids，HEFA)。本章把酯交换工艺生产的生物燃料称为“生物柴油”，而把源于甘油三酯或脂肪酸加氢生产的各类生物燃料称为“第二代生物柴油”。

第一代生物柴油已经实现商业化应用，生物柴油从2000年到2007年世界总产量增长了10倍，2012年世界生物柴油生产量1890万t。生物柴油的最大生产地区是欧盟，主要以菜籽油和进口棕榈油为原料，产量790万t。美洲主要以大豆为原料生产生物柴油，北美和中美地区生物柴油产量270万t，其中美国产量250万t。南美2012年生物柴油产量580万t，其中巴西产量240万t，阿根廷300万t。在亚洲地区，2012年生物柴油产量230万t，主要产地为东南亚国家。但是最近一两年的变化趋势显示，植物油产量的增长将难以满足生物柴油领域的需求，欧洲所占据的份额逐渐下降，而南美洲的生物柴油增长较快。我国规划到2020年达到200万t生物柴油产量。

虽然酯交换反应很容易进行，但产品质量波动较大，现代柴油发动机对柴油燃料排放的颗粒物(PM)、烃类(HC)、NO_x等危害人体健康的物质有严格的限制，生物柴油排放的温室气体、PM10等污染物小于石油基柴油，但是NO_x和某些致癌物略高于石油基柴油。另外，发动机工作本身对柴油的热值、流动性、十六烷值等也有严格的标准。生物柴油要满足这些技术规范，并不容易，一些副反应和残存化学品对燃料性能产生不利影响，如热值、黏度、流动性、游离脂肪酸、固体颗粒、一和二甘油酯、催化剂盐、甘油、甲醇、水等。为了满足交通工具使用，许多国家制定了生物柴油质量标准，如欧洲EN14214，以确保不同原料、不同生产厂家、不同工艺生产的生物柴油各项指标满足使用要求。一些技术改进虽然可以降低成本，但产品的质量可能下降，如不能满足99%的甘油三酯和游离脂肪酸原料转化为脂肪酸甲酯。

植物油加氢技术除了可以生产柴油，还可以生产高质量的喷气燃料，全过程喷气燃料对精制油质量收率约35%~45%，同时副产石脑油23%~29%，柴油7%~11%，全过程化学耗氢量2.6%~3.2%。与生物柴油相比，第二代生物柴油不含氧，储存稳定性好，热值高，与石油基柴油可以任意调配，并且减少温室气体排放。几个典型的商业化加氢技术包括UOP公司Ecofining技术，Neste石油NExBTL技术，以及巴西国家石油公司的H-Bio技术、加拿大Super-Cetane技术等。2011年7月，美国技术标准组织ASTM批准航空公司使用最多50%来自非食用原料生产的第二代生物喷气燃料与传统的喷气燃料的调合油。

棕榈油主要产自马来西亚和印尼，85%~90%的棕榈油用于食品加工领域。生物柴油与食用油之间的竞争，使棕榈油价格高企，而且波动加大，而棕榈油原料价格占生物柴油费用的80%。在马来西亚、印尼，为了扩大棕榈油种植，在巴西，为了种植大豆，热带雨林遭到破坏，可能会产生额外的排放影响，在计算温室气体平衡时必须考虑这些影响，避免对高碳存量的土地进行转化利用。一些适合在贫瘠、半干旱土地上种植的含油作物，如麻风树的种植也在中国试验，但要提高产量和出油率，仍需要灌溉和施肥，也增加了种植成本。

无论是第一代还是第二代生物柴油，主要的成本因素是原料油脂价格，占生产成本的70%以上。如果没有补贴，生物柴油只有在原油价格很高、植物油价格很低的情况下才可能赢利。但是植物油的价格也在不断上涨，要维持生物柴油的生存和发展，需要政府建立差异化的税收制度。一种基于单个燃料类型环境和能源性能的征税体制，例如碳税，是赋予生物燃料环境、社会贡献价值，减少与化石燃料竞争力差距的一种方式。

第一代生物柴油相对成熟，但通过减少经济、环境和社会影响可以进一步改善该技术的总体可持续性。转化效率改进不只是可以带来更好的经济效益，而且可以增加土地使用效率和改善常规生物燃料的环境性能。对于常规生物柴油，关键改进领域包括更高效的催化剂回收、改善联产品甘油的提纯和增强原料灵活性。通过最大化增值的联产品解决方案和更好地整合上下游工艺可以进一步降低成本。第二代生物柴油技术关键的技术改进问题是保持高的转化效率的同时，适应不同类型的原料，使得生产者具有根据价格购买、储存不同种类油脂原料的灵活性。并且使用可再生氢改善温室气体平衡。油脂基柴油加工厂的选址需要降低原料供应、产品配送体系的费用，将油脂基柴油工厂和石油加工厂整合在一起，共享后勤、运输平台，并带来相关的成本和环境好处。

我国油脂基柴油发展政策建议：

（1）无论发展第一代还是第二代生物柴油，都需要建立持续、稳定、可靠的原料供应体系。并制定严格的质量标准。为此需要政府资助、税收优惠和公众支持。

（2）油脂基柴油加工厂的选址需要降低原料供应、产品加工过程、配送体系的费用，例如将油脂基柴油工厂和原油炼厂整合在一起，共享热源、动力、原料、后勤、运输平台。

（3）微藻产油量高于陆生油料作物，发展生物柴油应加快微藻柴油技术研发。

第二节　第一代生物柴油

一、工艺技术

1. 工艺流程

传统的均相碱催化甘油三酯制造生物柴油(biodiesel)是将甘油三酯和甲醇混合，在 NaOH 或 $NaCH_3O$ 催化剂作用下，发生酯交换反应(transesterification)或者叫醇解(alcoholysis)，生成甘油以及脂肪酸甲酯(FAME)，即生物柴油。分离催化剂和甘油需要进一步后处理步骤，工艺流程[4]如图 11-2 所示，流出反应器的双相流体静置分层，酯层经过中和、洗涤除去微量 Na、K 离子，根据 EN14214 标准不得高于 5μg/g，甘油相中主要为催化剂，经过酸中和、纯化，得到 80%~95%甘油，甘油相中还有脂肪酸钠皂化物。

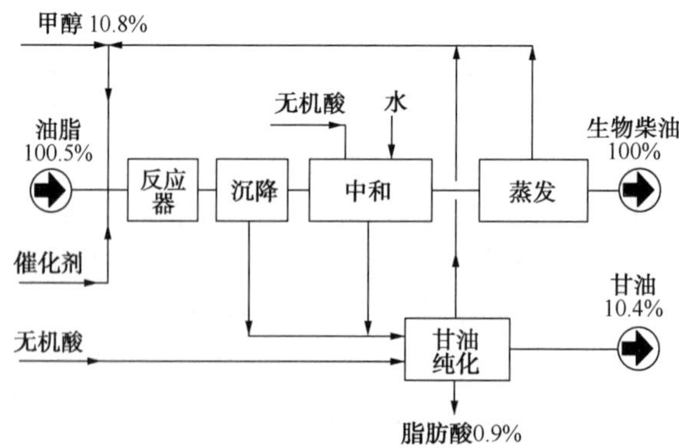

图 11-2　生物柴油连续均相催化工艺流程图[4]

甘油三酯(TG)在酯交换过程中首先变成甘油二酯(DG)，DG 再进一步变成甘油一酯(MG)，最后得到甘油(GL)。每一步都是可逆平衡反应，工业上用 6mol 以上甲醇和 1mol 甘油三酯反应，使脂肪酸甲酯的产率达到 98.5%~99.4%及以上。生物柴油中除了主要成分脂肪酸甲酯，还有少量的甘油单酯、甘油二酯、甘油三酯、甘油、甲醇、游离脂肪酸、甾醇、甾醇苷。生物柴油的质量标准 EN14214 对上述副产物的含量有严格的限量标准。生产的生物柴油低温性能、耐氧化性与植物油种类密切相关。

酯交换过程工艺简单，反应条件温和，能量效率高，10 万~25 万 t 年产量与植物油厂规模相适应。产品最多掺入柴油的 30%。

传统均相催化工艺催化剂较难从甘油相中分离，影响甘油产品的纯度和价格，对原料的质量要求较高，采用固体酸催化可以克服这些缺点，图 11-3 是 Axens 公司 2006 年在法国赛特建立的商业化异相催化生产生物柴油的工艺流程。采用连续两段酯交换工艺，和图 11-2 均相催化工艺相比，减少无机酸催化剂添加、中和、水洗等工艺环节，体系中的脂肪酸也被彻底酯化，但是反应需要在较高的温度和压力下以保持较快的反应速率，原料中游离脂肪酸需要限制，以避免产生过多的水[5]。

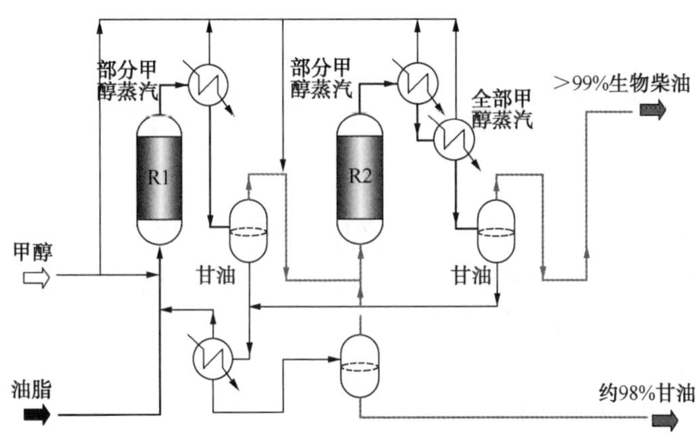

图 11-3　生物柴油新型非均相催化工艺 Esterfip-H™简化流程[5]

还有一种工艺是直接从油菜籽开始，通过 8~16 倍过量乙醇把油脂萃取和酯交换同步进行，避免硫化物、磷化物污染油脂，但后处理需要除去蛋白质、中和碱催化剂，而且乙醇循环能耗高。

2. 催化剂

酯交换反应的催化剂有：酸、碱和脂肪酶。碱催化速率是酸催化的 4000 倍[6]，NaOH、KOH 是常用的催化剂，加入量约油脂重量的 1%，甲醇钠等强碱的催化效果更好，加入量约为甘油三酯质量的 0.25%。酶催化的主要问题是价格太高。

碱催化酯交换反应在 60℃左右和常压下进行 90min，反应体系中甲醇和油脂并不混溶，形成两个液相。为避免皂化反应，油和醇必须干燥，游离脂肪酸的含量尽量低。脂肪酸甲酯通过水洗和甘油、甲醇分离。

除了常规加热反应装置，微波辅助酯交换反应和超声波辅助酯交换反应也有较明显的效果，微波辐射作用于醇等极性小分子，使之快速旋转而发热。微波加热比常规反应方式可以节约能源、缩短反应时间、减少副产物。但微波穿透深度有限，约几厘米，限制了大规模生产装置上的应用。另外，安全性也是微波反应器工业化的又一障碍。超声波提供的机械能有助于油脂和醇的混合，并提供酯交换反应启动的活化能，能够加快反应速率，提高生物柴油的产率。比传统搅拌方式更节能。

均相碱催化反应方式是：碱首先和甲醇剧烈搅拌混合，再加入装油脂的反应器，常压下剧烈搅拌2h、340K(67 ℃)，最后形成酯层和粗甘油两液相。CH_3ONa，CH_3OK 的催化效果好于NaOH、KOH，因为氢氧化物在催化过程中生成的水抑制酯交换反应[7]，使反应不能进行完全，剩余少量脂肪酸甘油一酯容易生成游离脂肪酸。游离脂肪酸被碱中和形成的皂化产物会溶于甘油层，同时促进了脂肪酸甲酯在甘油层的溶解度，因此，NaOH、KOH催化生物柴油产率只有86.71%和91.67%。类似的原因，原料中游离脂肪酸(FFA)和水的含量要尽量低，对比新鲜油脂和油炸废油脂的酯交换反应，生物柴油的产率分别为97%和92%[8]。为了抑制酯交换过程中的皂化反应(saponification)，理想的碱催化酯交换反应，原料中游离脂肪酸(FFA)和水的含量要低于0.5%和0.05%，精炼的生物油脂比粗油脂更适合碱催化。

3. 高FFA催化技术

不同原料游离脂肪酸FFA的含量：

精炼植物油<0.05%；

粗植物油 0.3%~0.7%；

饭店废油脂 2%~7%；

动物脂肪 5%~30%；

地沟油 40%~100%。

当游离脂肪酸FFA含量0.5%~1%，游离脂肪酸的影响可以忽略；FFAs含量1%~5%、但不含水时，碱催化剂的用量需要相应的增加，用来中和多余的游离脂肪酸，形成皂化物。根据游离脂肪酸含量，需要加入的碱相应为：

NaOH：[%FFA](0.144)+1%；

KOH：[%FFA](0.197)+1%；

$NaCH_3O$：[%FFA](0.190)+0.25%。

如果含有微量水分，游离脂肪酸含量不能高于2%~3%。当FFA含量5%~30%时，添加多余的碱中和的办法将带来新的问题，如造成反应体系乳化或凝胶，甘油和产物分离困难；皂化物浪费原料，降低柴油收率。需要采用新的催化工艺。

(1) 酸-碱两阶段催化

均相酸催化反应速率比碱性催化剂慢，但能同时催化FFA的酯化反应和TAG的酯交换反应，因此对于含水量、含FFA量高的低质油脂(如地沟油)，可以先用酸催化预处理原料，当FFA含量低于0.5%时，再进一步进行碱催化酯交换反应。常用的酸催化剂有：硫酸、HCl、BF_3、H_3PO_4、磺酸。水仍然是预处理过程中的主要问题，一种方法是根据FFA摩尔含量加入高达40倍的甲醇，稀释水的浓度，但后期需要消耗较多的能量回收多余的甲醇；另一种方法是酸催化的后期蒸馏除去水，甲醇的用量降低，但同样蒸馏步骤能耗很高。通过长达几个小时的静置，水和甲醇混合物会浮于上层，从而容易除去。

(2) 非均相酸催化

均相催化酯交换的主要问题是能耗高、易生成皂化产物、催化剂分离成本高、分离和提纯过程产生废水多，使用非均相固体酸，催化剂易分离和重复使用；固体酸催化剂能同时催化甘油三酯的酯交换反应和脂肪酸的酯化反应[9]，生成脂肪酸酯。因此，对游离脂肪酸含量较高的原料如废旧油脂、地沟油等，固体酸催化剂也能很好催化。使用W-氧化锆-氧化铝催化剂(WZA)、硫化氧化锆-氧化铝催化剂(SZA)、硫化氧化锡催化剂(STO)对豆油/甲醇酯交换反应，200~300℃下，固定床反应器、常压下，WZA 催化豆油生成生物柴油的转化率超过 90%。

（3）酶催化

生物酶催化酯交换反应的优点是废水少、副产物少、分离容易，为了降低成本、减少酶对生物柴油的污染，一般采用固定化酶技术，同时为了保证酶催化活性，需要甲醇、甘油与甘油三酯、脂肪酸甲酯体系很好的相溶性。研究发现醚、己烷、汽油与甲醇和甘油的相溶性较差，而以一定比例叔丁醇做溶剂，对甲醇和甘油都有良好的相溶性，减少了甲醇和甘油相分离对脂肪酶催化活性的抑制作用。醇类是酶催化油脂制脂肪酸酯主要的烷基受体，如甲醇、乙醇、2-丙醇、2-丁醇，醋酸甲酯、醋酸乙酯也是常用的烷基受体。适量的水对酶催化活性有利，但较多会降低生物柴油产率。水的最佳含量与原料种类、酶种类、固定化技术、烷基受体种类等有关。酶催化主要问题是酶的价格太高。

（4）亚-超临界条件下反应

醇是极性有机物，油脂是非极性有机物，常规条件下，两者不互溶，酯交换反应实际上在非均相条件下进行，反应完成要小时数量级；而在超临界条件下，反应混合物形成均相体系，没有两相之间传质过程速率的限制，同时醇不仅是反应物，也起到酸催化的效果，因此，超临界条件下，酯交换反应在分钟数量级内完成。有人探讨了甲醇和植物油超临界条件反应机理，体系中的水对脂肪酸甲酯的产率没有影响。醇的碳数越多，达到同样产率需要的时间越长。超临界条件酯交换的主要缺点是反应温度 350℃左右，压力 10MPa 以上，反应设备的成本高，改进的思路是加入 CO_2、己烷、丙烷做共溶剂，在亚临界条件下加入少量催化剂。中石化 RIPP 开发的超近临界甲醇醇解工艺（SRCA 工艺）不使用催化剂，在 6.5~8.5MPa 压力下进行反应，对原料适应性强，不需要脱酸预处理。

（5）甘油醇解反应

加入甘油和 ZnCl 到反应体系中，在 200℃时，甘油和 FFA 生成甘油一酯、甘油二酯，从而有效降低体系中游离脂肪酸含量，生成的水立即从反应体系中逸出，经过如此处理的原料可以采用传统工艺生产生物柴油。

4. 工业化装置

商业化酯化工艺既有间歇，也有连续反应装置。间歇装置适合小型加工厂，产量大于 100kt 的规模使用连续工艺流程经济性较好。间歇工艺有法国 EsterFip 工艺，酯交换反应在一个搅拌式反应釜中进行，而产物的后续处理连续进行，产能已达到 1.2Mt/a。连续法有 Lurgi 公司 PSI 工艺、Henkel 工艺、Connemann 公司 CD 工艺。连续法包括 2~3 个反应器，每一步催化反应后都要分离出甘油。

欧美生物柴油主流工艺是鲁奇（Lurgi）公司工艺，该工艺以精制油脂为原料，以甲醇钠的 25%或 30%甲醇溶液为催化剂，在无水条件下进行油脂与甲醇酯交换，生产质量达标的生物柴油、联产医用级甘油。目前在全球范围建立的生物柴油装置超过 4.2Mt/a。该工艺的缺点是对原料要求苛刻，生产过程中废液排放较多。其原则流程如图 11-4 所示。

采用非均相催化的生物柴油 Esterfip-H^{TM}工艺，在法国赛特成功运行 160kt/a 生物柴油加工厂。Henkel 技术也是目前生物柴油生产厂的常用工艺[11]，其特点是设备具有通用性，生产中有蒸馏操作，可得到不同质量的油品。操作压力一般在 0.4~0.5MPa，操作温度控制在 70~80℃。该工艺得到的油品质量好，副产甘油的纯度能达到 92%。主要的不利因素是

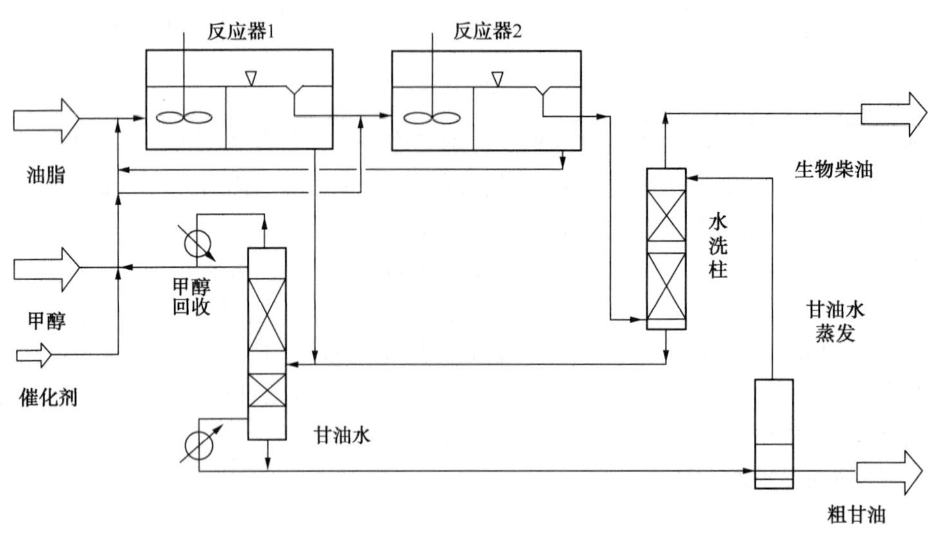

图 11-4 Lurgi 公司两级连续催化生物柴油工艺流程[10]

设备投资和能量消耗都很大。目前欧洲两家使用该工艺的工厂能够实现 170kt/a 的产量。

中国石化石油化工科学研究院(RIPP)开发的超近临界甲醇醇解工艺(SRCA 工艺)于 2009 年已经成功应用于中国海油海南东方生物能源有限公司 60kt/a 生物柴油装置上。与传统工艺相比，SRCA 工艺不使用催化剂，在 6.5~8.5MPa 压力下进行反应，对原料适应性强，可适用于废弃油脂、棕榈油以及桐籽油，高酸值油脂能够直接加工，不需要脱酸预处理；产品收率高，质量可达到国家柴油机燃料调合用生物柴油 BD100 质量标准；副产甘油的浓度达 90%，甘油精制成本不到传统工艺的一半。废渣、排放不到传统工艺的 40%，废水不到 20%，废水中不含酸碱，处理成本低[10]。

二、政策和法律

近年来很多国家的生物燃料法律规范都已经制定出来并处于实施阶段，这些法律规范是根据不同的政策目标和激励措施而制定，如：减少当地有害污染物的排放风险(如 CO、HC、PM、NO_x、PAH)，典型的案例为“清洁空气法”(USA)，“燃料质量标准”(EU)，“Off-Road 发动机的 EPA 标准”(USA)，在“燃油排放项目 Ⅰ 和 Ⅱ”中定义的私家车及载重卡车的“EURO 排放标准”(EU)。减少温室气体排放产生的风险及由此造成的气候变化，包括欧盟新颁布的“生物柴油应用促进法”及德国在矿物油燃油税的基础上增加了一个特别的温室效应税；ACEA 的无偿协议和欧洲委员会制定的至 2008 年排放物限制 140g CO_2/km。减少运输环节能源供应的风险的美国环保署法案；欧盟新颁布的“促进使用生物柴油的法案”。美国环保局(EPA)根据 2022 年 360 亿加仑生可再生燃料使用量的总体水平，计算出每一年的增长百分数和标准。根据该标准，每一家炼油商、进口商和非含氧化合物汽油或柴油调合商必须决定在其运输燃料中使用的可再生燃料的最低量。

2010 年 12 月我国财政部、国家税务总局联合下发《关于对利用废弃的动植物油生产纯生物柴油免征消费税的通知》，明确对利用废弃动植物油脂生产的纯生物柴油免征消费税。2010 年 12 月，《生物柴油调合燃料(B5)》标准出台，对生产生物柴油企业来说，标准的出台为将来产品及时销售创造了一个很好的技术条件。2012 年 7 月国务院发布“十二五国家战略性新兴产业发展规划”中，有关生物质能产业发展路线图中规划，2015 年生物液体燃料年利用量将达到 5. 0Mt，突破下一代生物液体燃料技术，纤维素制乙醇技术取得重大进展。2020 年生物液体燃料年利用量计划达到 12. 0Mt，并实现新一代生物液体燃料的商业化推广。

三、生物柴油燃料的标准和质量管理

B100 生物柴油有多种使用方法，国外常用的生物柴油调配量是 2%、5%、10%、20%、30%等，分别称为 B2、B5、B10、B20 和 B30 柴油。在 B2 柴油中生物柴油的作用是提高柴油的润滑性，这对于使用超低含硫柴油尤为重要，因为这种超低含硫柴油(ULSD，硫含量低于 15μg/g)本身的润滑特性是很差的。较高含量的生物柴油有利于降低有害气体的排放，保护环境。B20 可以用在任何可以使用普通柴油的设备上。这些设备包括压燃式发动机、燃料油和供热油锅炉，以及涡轮机。它和普通柴油的差异并不是很大。B20 也是能源政策法案 1992(EPAct)所允许的最低的混合比例。在更高的混合比例上，比如 B50 或者 B100，则需要一些特别的处理和安排，以及对设备的必要改动，例如，使用加热器或者更改密封圈、垫圈，将这些接触到燃料的部件更换成对高比例生物柴油的兼容性更高的材料。这些特别的改动很大程度上是依赖于发动机和汽车制造商。

对于消费者而言，燃料质量的保障是发展生物柴油的关键因素，除现存的与石化柴油相关的参数(如十六烷值和碳残余量)外，还必须建立与脂肪酸甲酯这种化合物相关的指标和分析方法，如水含量、酸值、总甘油标准。100%生物柴油必须符合相应的标准才能作为柴油调和组分使用。

1. 标准中主要技术指标

密度：不仅关系到油品交接和运输过程的计量，也影响雾化和排放。

运动黏度：影响供油量、雾化质量和润滑与磨损。

闪点：控制蒸发性能，确保运输储存的安全性，限制生物柴油中甲醇含量。

90%回收温度：防止生物柴油中混入其他高沸点污染物。

(1) 影响腐蚀和磨损的指标

硫含量：引起腐蚀，造成发动机磨损，增加尾气排放尤其是 PM 排放，对后处理器有副作用。

10%残炭：发动机气缸内积碳。

硫酸盐灰分：导致喷射器、燃油泵、活塞和活塞环磨损，以及发动机沉积。

水含量：导致氧化并与游离脂肪酸生成酸性水溶液，对金属有腐蚀；促进生物柴油中微生物如酵母菌、真菌和细菌的生长而形成淤泥，并有可能堵塞滤网。

机械杂质：对发动机零部件磨损。

铜片腐蚀：对铜的腐蚀。

酸值：高酸值导致腐蚀、磨损和积碳，喷雾恶化，功率降低。

(2) 低温流动性指标

生物柴油的冷滤点与原料和组成有关。

生物柴油与矿物油调合物的低温流动性能与柴油的性质、生物柴油的性质、掺入量以及流动改进剂的使用有关。

柴油的低温流动性能一般用浊点、冷滤点、凝点/倾点等指标来衡量。美国习惯用浊点，我国与欧洲类似，主要用冷滤点(CFPP)来衡量燃料的低温流动性。我国标准中对冷滤点要求为“报告”，以方便调合时参考。

(3) 燃烧性能指标

十六烷值高，燃料中发动机中着火性能好，滞燃期短，燃烧均匀完全，发动机工作平稳。生物柴油十六烷值高低与原料有关。

(4) 氧化安定性

氧化安定性是生物柴油质量的一个重要指标，主要与原料性质、化学组成以及抗氧剂有关。油品的氧化安定性和低温流动性是相对立的，油品氧化安定性越好，低温流动性越差。氧化安定性差的生物柴油易生成如下老化产物：

① 不溶性聚合物胶质和油泥，这会造成发动机滤网堵塞和喷射泵结焦，并导致排烟增大、启动困难；

② 可溶性聚合物，会在发动机中形成树脂状物质，可能会导致发动机熄火和启动困难；

③ 老化酸，对发动机金属部件造成腐蚀；

④ 过氧化物，易造成橡胶部件的老化变脆。

日本经济产业省把满足 EN14214 的生物柴油 PME ∶RME ∶SME＝60∶38∶2 与商业柴油混合，调配成 B5，进行系统的试验测试，发现即使氧化安定性的指标大于 6h，也不能满足使用要求，油箱被腐蚀，还发现喷油器发生磨损。需要添加 400μg/g 抗氧化剂，耐氧化试验达到 10h，才能满足使用要求[12]；因此，日本 B5 生物柴油标准规定氧化安定性必须达到柴油燃料的标准。

生物柴油在储存、运输、调配环节也存在一些问题，例如氧化问题、吸水、被污染、相容性差等，可能造成喷油器系统沉积、磨损、金属腐蚀、燃油滤清器堵塞的发动机故障。因此，在生物柴油分配系统需要规范的质量控制。

我国生物柴油标准的氧化安定性用 EN14112：2003 测定，必要时可加抗氧剂。

(5)游离甘油和总甘油

高含量的游离甘油可产生喷射器沉积，也会阻塞供油系统和腐蚀发动机，造成黑烟的生成，同时还可能导致储存和供油系统底部游离甘油的形成。

总甘油方法是用来评测油品中甘油的含量，包括游离甘油和未反应或部分反应的油脂。各国的标准对生物柴油中甲醇、游离脂肪酸、甘油、甘油二酯和甘油三酯的量都严格限制，EN14214 规定总甘油基不得超过 0.25%(摩尔分数)。

2. 中国标准

1991 年奥地利颁布了第一个适用于油菜籽甲酯(RME)的生物柴油标准 ON C 1190，随后又在 1997 年 7 月公布了适用于脂肪酸甲酯(FAME)的标准 ON C 1191。2003 年脂肪酸甲酯欧盟标准 EN 14214 建立。ASTM 也为美国建立了生物柴油标准并在 2002 年公布了《馏出燃料用生物柴油燃料(B100)混合材料的标准规范》《ASTM D6751-02》，2003 年修订为《ASTM D6751-03a》。我国柴油的用途主要集中于农用动力机械及公路、水路及铁路运输动力机械方面，这一点和美国情况类似。因此，中石化石油化工科学研究院负责起草的我国生物柴油标准技术主要参照美国 ASTM D6751-03a《馏分燃料调合用生物柴油(B100)标准》。由于我国汽车排放法规与欧洲接近，考虑到柴油轿车在国内的发展将逐渐普及，生物柴油有可能广泛用于对燃料要求相对较高的柴油轿车或商用车，用于生物柴油标准中个别指标适当参照欧洲生物柴油标准 EN14214—2003(车用)。并对近年来国内市场上有一定影响、有一定销售量、不同原料生产的生物柴油产品进行考察、试验，根据情况综合考虑而确定。2007 年发布 GB/T 20828—2007《柴油机燃料调合用生物柴油(BD100)》，与 ASTM D6751-03a 主要差异是增加密度、水含量、冷滤点、机械杂质和氧化安定性项目。其中氧化安定性指标参照 EN14214，110℃不小于 6h。同时，为确保现有使用柴油作为燃料的动力机械在不需要改动的条件下能够正常、长周期使用生物柴油，还需要考虑生物柴油以一定比例与矿物柴油调合使用后，各项理化指标应能够满足国家标准 GB 252—2000《轻柴油》的技术要求。2010 年首次发布生物柴油调合燃料(B5)国家标准 GB/T 25199—2010。GB/T 20828—2007《柴油机燃料调合用生物柴油(BD100)》与美国试验与材料协会标准 ASTM D6751-03a 的一致性程度为非等效。主要差异是：将十六烷值由不小于 47 改为不小于 49；将铜片腐蚀不大于 3 级改为不大于 1 级；未设水和沉渣项目(用水含量、机械杂质代替)；未设浊点项目(用冷滤点代替)；未设磷含量项目；增加密度、水含量、冷滤点、机械杂质和氧化安定性项目；10%蒸余物残炭指标与 GB 252《轻柴油》一致。

四、原料来源和适用性

1. 油脂组成与生物柴油质量

不同种类的油脂主要由 C_{12} ~ C_{22}脂肪酸组成的甘油酯，90%为 C_{16}和 C_{18}，它们的主要差别是脂肪酸的不饱和度不同。如表 11-1 所示，不饱和度的大小对生物柴油十六烷值、低温流动性、氧化安定性有重要影响，不饱和度越大，脂肪酸甲酯低温性能越好；但是生物柴油十六烷值越小，氧化安定性很差。

表 11-1 部分脂肪酸甲酯性能[13]

成分	结构	十六烷值	动力黏度(40℃)/(mm²/s)	熔点 MP/℃	氧化稳定性/h
月桂酸甲酯	12∶0	66.7	2.43	4.30	>24
豆蔻酸甲酯	14∶0		3.30	18.09	
棕榈酸甲酯	16∶0	85.9	4.38	28.48	>24
硬脂酸甲酯	18∶0	101	5.85	37.66	>24
油酸甲酯	18∶1	55.0~59.3	4.51	-20.21	2.79
亚油酸甲酯	18∶2	38.2~42.2	3.65	-43.09	0.94
亚麻酸甲酯	18∶3	22.7	3.14	-55	0.00

不同种类油脂的不饱和度可以用碘值(Iodine Value，IV)来衡量。碘值越大，不饱和度越高。一些常见油脂的碘值如表 11-2 所示。

欧洲生物柴油标准 EN14214 运输燃料对脂肪酸甲酯不饱和度有严格的限制，规定生物柴油氧化稳定性>6h，并且亚麻酸含量不得超过 12%(摩尔分数)，生物柴油的碘值不得高于 $120gI_2/100g$ 生物柴油，并且其中≥4 个双键数的脂肪酸甲酯含量最高不能超过 1%(摩尔分数)。但是，美国、意大利、澳大利亚等国家对生物柴油中不饱和度含量并没有严格限制。

表 11-2 油脂熔点和碘值[14]

油脂	熔点 MP/℃	碘值/(gI_2/100g)	油脂	熔点 MP/℃	碘值/(gI_2/100g)
椰子油	25	10	菜籽油	-10	98
棕榈仁油	24	37	棉籽油	-1	105
羊油	42	40	葵花籽油	-17	125
牛油	—	50	豆油	-16	130
棕榈油	35	54	桐油	-2.5	168
橄榄油	-6	81	亚麻籽油	-24	178
蓖麻油	-18	85	沙丁鱼油	—	185
花生油	3	93			

2. 生物柴油的主要原料

常用的油脂包括动物油脂：牛油，猪油，白色油脂，黄油，家禽脂肪和鱼油；植物油：菜籽油，大豆油，棕榈油，向日葵，棉籽；再生油脂：使用的食油和餐厅的煎炸油。主要油料作物产量对比见表 11-3。除了陆生动植物油脂，随着微藻养殖技术的成熟和养殖成本的降低，微藻油有望成为第三代生物柴油的主要原料(参见本书第十二章)。

表 11-3 主要油料作物产量对比[15]

作物	油产量/(kg/hm^2)	作物	油产量/(kg/hm^2)	作物	油产量/(kg/hm^2)
玉米	145	红花	655	蓖麻子	1188
棉籽	273	向日葵	800	荷荷巴豆	1528
大豆	375	花生	890	椰子	2260
亚麻子	402	菜籽	1000	棕榈	5000
芥末	481				

(1)菜籽油：由于其优越的特性，如相对高的氧化稳定性、可接受的冬季操作性以及单位面积的高油菜产量，曾经是占主导地位的原材料。目前混合多种原料成为生物柴油主要的原料来源。

(2) 大豆油：在美国、阿根廷和其他生产大豆的国家该原料是很好的选择，但是大豆油的碘值不能达到 EN14214 的标准。美国标准 ASTM D6751-03 没有关于碘值的限制，所以大豆油可以在美国使用。为了达到欧洲标准大豆油必须作为多种原料的混合成分来使用。

(3) 棕榈油：是东南亚国家主要生物柴油原料，由于冷滤点(CFPP 为+11℃)的限制，这种生物柴油在寒冷的天气条件下使用是其最大的缺陷，但是它也能和多种原材料混合使用。

(4) 葵花籽油：葵花籽的产量比油菜籽低，它是温暖干燥天气国家的一种选择。碘值也超过欧洲标准 EN14214 的要求，所以这种油必须和低碘值的油混合使用。

植物油中不饱和脂肪酸必须保持一定的含量才能满足柴油低温使用性能，但是含量太高，柴油的耐氧化性变差，只有菜籽油、葵花籽油，以及棕榈油和豆油的混合物能较好地满足要求。

(5)回收的废弃油和动物脂肪：在许多地方，这种油脂比较便宜，在欧洲生物柴油燃料标准 EN14241 中有一些清洁参数要求，一些回收的废弃油脂(如高聚合体含量的油脂)不能达到这些要求。需要通过高效清洁收集系统来处理。

欧洲主要以菜籽油为原料生产生物柴油，北美主要以转基因大豆为原料，东南亚国家主要以棕榈油为原料。最近一两年的变化趋势显示，植物油产量的增长将难以满足生物柴油领域的需求，2010 年欧盟生物柴油产能已增至 21.8Mt，产能利用率为 50%左右。南美洲的生物柴油增长较快，因为种植大豆的有利条件和政府鼓励。棕榈油主要产自马来西亚和印尼，85%～90%的棕榈油用于食品加工领域，生物柴油与食用油之间的竞争，使棕榈油价格高、波动大，而棕榈油原料价格占生物柴油费用的 80%。在马来西亚、印尼为了扩大棕榈油种植，巴西为了种植大豆，热带雨林遭到破坏。一些适合在贫瘠、半干旱土地上种植的含油作物，如麻风树的种植也在中国试验，但要提高产量和出油率，仍需要灌溉和施肥，也增加了种植成本。

我国具有十分丰富的生物柴油原料资源，已查明油料作物有 151 科 697 属 1554 种，含油量超过 40%有 154 种。其中菜籽、大豆、花生、棉籽仍是我国主要食用油原料，2013 年 10 月豆油期货价格 7200 元/t，棕榈油 6300 元/t，这些食用油脂价格高企制约了我国生物柴油产量的提高，必须发展非食用油料作物。而其他可用作规模化生物柴油原料基地的乔灌木种不足 10 种，如黄连木、文冠果、麻风树、蓖麻、油桐树、光皮树等。目前地沟油是我国生物柴油的主要原料，原料差异是造成我国生物柴油质量参差不齐的主要原因。

（1）地沟油：我国在食用油脂生产和消费过程中，会产生大量废弃油脂，如酸化油、地沟油等，估计总资源量接近 10.0Mt。这些原料是我国发展生物柴油的重要资源。为了防止地沟油重返餐桌，2010 年国务院办公厅发出《关于加强地沟油整治和餐厨弃物管理的意见》，要求以集体食堂和大中型餐饮单位为重点的餐饮业推行安装油水隔离池、油水分离器等设施，严禁将餐厨废弃物交给未经相关部门许可或备案的餐厨废弃物收运、处置单位或个人处理。但是随着国家 2013 年厉行勤俭节约反对铺张浪费行动开展以来，地沟油的产生量相应减少。几乎所有的正规回收企业一直在跟不法油商和遍地开花的地沟油游击队进行博弈，抢占地沟油回收市场、比拼地沟油的市场价格。2011 年每吨地沟油的收购价为 5300 元，2012 年初地沟油的价格跌至 3000 元左右，2013 年涨到约 6000 元。目前生物柴油生产企业仍面临地沟油收购困难、价格上涨过快的问题。需要建立稳定、持续的原料供应体系。

（2）麻风树：适合在半干旱地区的边际土地生长，3 年可挂果投产，5 年进入盛果期。麻风树结出的小桐子果实，其种子含油率达 35%，种子可采期 30～40 年，是理想的生物燃料作物，在我国四川、贵州、云南等地已经在种植麻风树。国家发改委批准中石化等三家石油公司建设总产能达 170kt/a 的三个示范工厂，分别位于四川、广州、海南[16]。2011 年 10 月中国石油以麻风树压榨油为原料加工的航空生物燃料成功进行了飞行试验。预计到 2015 年，中国石油 120 万亩种植基地小桐子作物转化为航空燃油的产能将达 5000t/d。但是，需要进一步培育优良品种、改进种植和处理技术来提高产量。

（3）无患子：是一种优良能源林树种，极适合在福建种植，其种仁含油率高达 40%，全果压榨出的油脂含油酸和亚油酸高达 87%。2012 年 9 月份，福建省百万亩无患子能源林基地建设项目顺利通过专家论证，计划在 5 年内建成 100 万亩无患子生物能源林基地，这些努力有助于我国到 2020 年达到 2Mt 生物柴油的生产目标。

如果没有补贴，生物柴油只有在原油价格很高、植物油价格很低的情况下才可能赢利。但是植物油的价格也在不断上涨，要维持生物柴油的生存和发展，政府补贴和税收优惠必不可少。

五、生物柴油经济分析

第一代生物柴油经过多年的发展，投资和生产费用较为明确，表 11-4 列出不同规模的第一代生物柴油投资和生产费用，说明加工厂规模对产品价格影响不大。

表 11-4　第一代生物柴油加工厂投资费用清单[17]（2005 年美元）　　10^6 美元

基本假定			
百万加仑/a	25	50	100
豆油价格/(美元/加仑)	1.84	1.84	1.84
生物柴油产率/(加仑/t)	298	298	298
能量转化效率 HHV/%	102.7	102.7	102.7
经济指标			
烧碱精炼	6.75	10.97	17.82
原料处理	0.29	0.47	0.76
酯化	0.81	1.31	2.13
皂化	4.02	6.53	10.62
生物柴油后处理	3.06	4.96	8.06
甘油纯化和甲醇循环	1.90	3.08	5.01
存储	2.73	4.43	7.20
直接固定投资 TIC	19.55	31.76	51.60
工程	2.35	3.81	6.19
建筑	2.54	4.13	6.71
承包商与法律	1.56	2.54	4.13
项目/过程应急	0.81	1.31	2.13
总工厂投资 TPI	26.81	43.56	70.75
土地	3.83	5.80	11.61
总投资费用 TCC	30.64	49.36	82.36
原料	44.44	88.89	177.78
催化剂及化学品	2.94	5.89	11.78
甲醇	1.91	3.83	7.66
其他	1.16	2.32	4.64
可变操作费用	50.46	100.93	201.85
人工	0.82	0.9	1.17
维修(3%TIC)	0.59	0.95	1.55
一般管理费用	0.92	1.26	1.76
直接管理费用	0.37	0.44	0.52
保险(0.5%TIC)	0.15	0.25	0.41
不变操作费用	2.85	3.88	5.42
年生产成本	53.31	108.61	212.68
生物柴油价格/(美元/L)	0.59	0.58	0.56

表 11-5 对比了美国、阿根廷、中国生物柴油项目的投资和运行费用，总的设备投资费用不同国家接近，约 3 千万美元，折合每吨生物柴油的投资费用约 400 美元。但是不同国家生产成本有很大差别，原因是油脂价格占生产成本的 70%～90%，而且油脂价格越高，例如中国，原料费用占年生产成本的比例越大。

表 11-5　不同国家 80kt/a 产能的投资和操作费用对比(2005 年美元)[17]

项　　目	美国	阿根廷	中国
豆油/(美元/t)	480	157.24	829.62
投资和运行费用/10^6美元			
工厂总投资(TCC)	30.64	32.62	33.33
可变操作费用	50.46	20.58	82.83
不变操作费用	2.85	2.67	3.16
年运行费用	53.31	23.25	85.99
产品出厂价/(美元/L)	0.59	0.49	0.94

图 11-5 说明不同原料的油脂品种，如大豆、菜籽油、棕榈油等加工费用接近，但是油脂的价格对生物柴油价格产生较大影响。

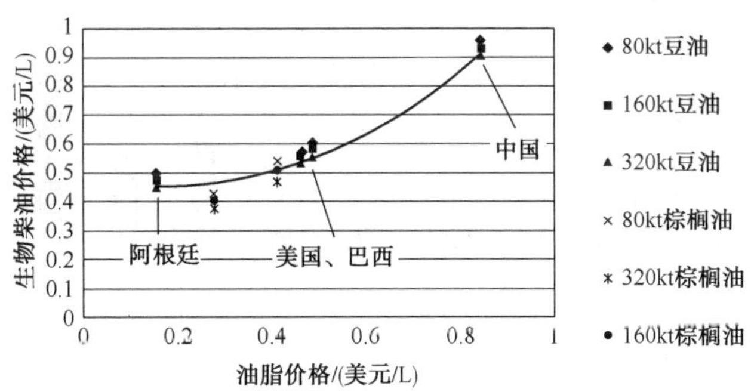

图 11-5　生物柴油价格与油脂原料价格关系[17]

六、生命周期 LCA 分析

1. 生物柴油与石油基柴油能量效率对比

NER(net energy ratio)是衡量整个生产工艺过程绿色程度的一个重要指标。本章 NER 采用化石能量消耗与燃料产出的比率，该值小于 1 表示整个系统产出能量大于输入能量，意味着该能源生产过程是可持久的；该值大于 1，意味着燃料生产过程输入能量大于输出，并不是可持续生产的绿色方法。

每生产 1MJ 矿物柴油需要投入化石能量 1.2MJ，生命周期的净能量比率 NER = 化石能量投入/燃料输出 = 1.2，其中[18]开采石油耗能约 1.11MJ，原油和成品油运输总能耗 0.022MJ，炼油耗能 0.064MJ。

而生产 1MJ 豆油基生物柴油的过程中，需要消耗化石能源 0.31MJ，生命周期净能量比率 NER = 0.31。这意味着投入 1MJ 化石能源，产生 3.2MJ 燃料，同样多的化石能源，产出的生物柴油能量是石油柴油能量的 4 倍。生物柴油生产过程中大豆种植耗能 0.066MJ，榨油耗能 0.080MJ，运输环节总能耗 0.015MJ，豆油转化过程耗能 0.15MJ。转化过程化石能源消耗是石油炼油的 2 倍，这与使用甲醇有关。评估中假设甲醇来源于化石能源，因此生物柴油的化石能源消耗有进一步降低的可能。

2. CO_2 排放大量减少

根据美国能源部评估报告[18]，B20 比传统柴油减少 CO_2 排放 16%，B100 减少 CO_2 排放 78%。调合的生物柴油比例越高，减排的 CO_2 越多。

3. 主要资源消耗对比

根据计算，B100 生命周期消耗原油比石油基柴油大幅减少 95%，B20 减少 19%；水的消耗量在生物柴油生命周期中比石油基柴油多 3 个数量级，这与油料作物种植有关。

4. 其他空气污染物排放对比

生物柴油主要排放的大气污染物包括 CO、NO_x、总颗粒 TPM、SO_x 和总碳氢化合物 THC、以及 HCl 和 HF 等，HCl 和 HF 主要是电厂烧煤过程中的排放，氨氮、N_2O 主要是农作物种植阶段的排放。

图 11-6 中总结了各种主要污染物全生命周期排放量的变化，包括燃料的生产、加工、运输和发动机使用阶段。B100 的 CO 排放量减少 35%，总颗粒污染物排放量减少 32%，尤其是城市公交车尾气 PM10 排放减少 68%，SO_x 的排放减少 8%。

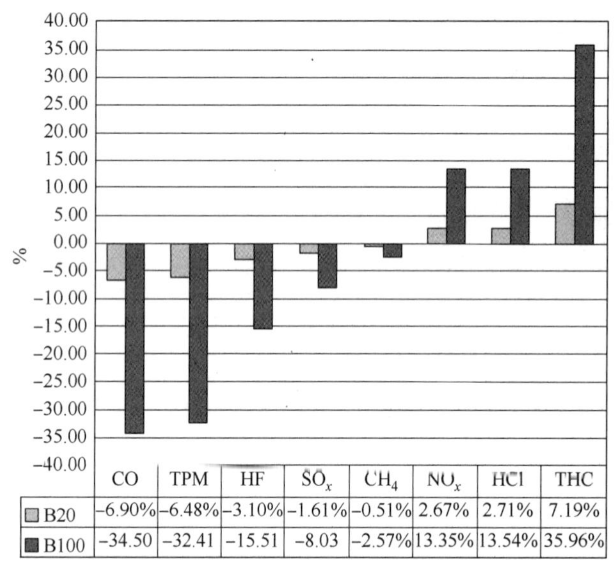

	CO	TPM	HF	SO_x	CH_4	NO_x	HCl	THC
B20	-6.90%	-6.48%	-3.10%	-1.61%	-0.51%	2.67%	2.71%	7.19%
B100	-34.50	-32.41	-15.51	-8.03	-2.57%	13.35%	13.54%	35.96%

图 11-6 B100 和 B20 生命周期相对于传统柴油的废气排放[18]

总的碳氢化合物 THC 排放量增加 35%，事实上，汽车尾气中 THC 减少 37%，大部分 THC 产生在大豆种植和压榨阶段；CH_4 排放也减少约 3%，主要在燃料生产和使用阶段，与甲醇有关，生物燃料减少的 CH_4 排放虽然不多，但是 CH_4 的温室气体效应明显。NO_x 无论在生物柴油生产和使用中都是增加排放的一种污染物，B100 增加 NO_x 排放 13.35%，TPM 和 NO_x 排放呈现相反的关系，减少一个会增加另一个，需要进一步加强发动机技术和燃料燃烧性能的研究，减少排放量。SO_x 的排放对于 B100 和 B20 分别减少 8% 和 1.6%。SO_x 的排放与燃料中 S 含量有关，因此燃料技术标准中对 S 的含量有更严格的限制，在生物柴油生命周期中使用的电力可能会增加 SO_x 排放。HF 和 HCl 的排放绝对量在生物柴油和普通柴油的生命周期中都很少，但是可能使环境酸化。煤发电可能产生这两种污染物，使用生物柴油会减少 HF 排放，但是会增加 HCl 在甘油三酯转化过程中的用量。

5. 废水

石油基柴油废水的排放是 B100 柴油的 5 倍，石油开采产生 78%的废水，炼油过程仅占 12%，而生物柴油废水有 2/3 来自油脂转化过程，含有皂化物和少量油脂。

6. 固体废物

固体废物可以分为有害和无害两类，生产 1kg 普通柴油产生约 6.9g 有害固体废物，大多数源自炼油过程。无害固体废物约 47g，源于炼油和石油开采阶段。

而 1kg 大豆生物柴油生命周期中只产生 0.3g 有害固体废物，大多数源自大豆种植阶段。但是产生 180g 无害固体废弃物，主要是垃圾和金属，源自大豆压榨阶段。

7. 改变土地性质对温室气体排放影响

土地碳储量包括本土植被、碳封存、种植作物年收成，副产物等。如果森林、草场等被用来作为生物柴油用地，土地用途的改变带来一次性温室气体释放，增加的碳排放详见本章 3.8.2。对于美国草场变大豆种植，需要将近 300 年的生物柴油的生产才能抵消这些一次性释放的碳排放；欧洲地区森林变菜籽油种植，需要 260 年弥补；马来西亚热带地区森林变棕榈油，需要大约 20 年才能抵消破坏森林造成的一次性碳排放。

8. 灵敏度分析

（1）不同原料对比

表 11-6 对不同来源的油脂，如牛油、棕榈油、蓖麻油、大豆油生产的生物柴油的单位土地产量和净能量输出进行了对比，牛油基生物柴油的净能量产出最多，以传统柴油 CO_2 排放 2970g/kg 为标准，CO_2 减排 82%。蓖麻油基生物柴油排放超过传统柴油 26%。豆油基生物柴油减排 62%，略低于美国能源部评估报告[18]中 B100 减少 CO_2 排放 78%的结果。

表 11-6　不同原料生物柴油对比分析[19]

项　　目	豆油	蓖麻油	棕榈油	牛油
生物柴油产量/(kg/hm^2)	880	820	2730	—
NER	0.30	1.0	0.29	0.16
减排效果(相对传统柴油)/%	62	−26	71	82

4 种不同油脂的生产过程消耗能量差别很大，如图 11-7 所示，蓖麻油在生产过程消耗化石能源 25.0MJ/kg，远远大于豆油 7.2MJ/kg，棕榈油 2.6MJ/kg，牛油 0.6MJ/kg 的消耗量。动物油脂的净能量比率最好，CO_2 排放最少。

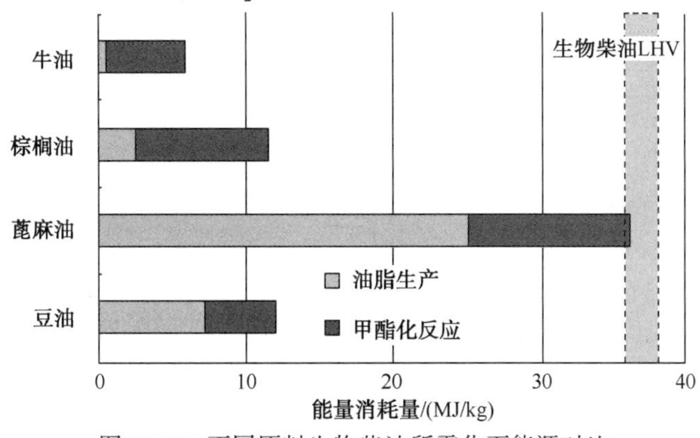

图 11-7　不同原料生物柴油所需化石能源对比

(2)不同研究者评价结果对比

海德堡(Heidelberg)能源与环境研究院根据已发表的相关文献，对不同原料、不同研究者给出的生物柴油减排效果进行了总结。从图 11-8 可以看出，生物柴油替代传统柴油，确实减少了温室气体的排放，动物油脂生产生物柴油减排的效果最好。以菜籽油、豆油等植物为原料的生物柴油减排 10%~90%，动物油脂、地沟油为原料减排 70%~90%。

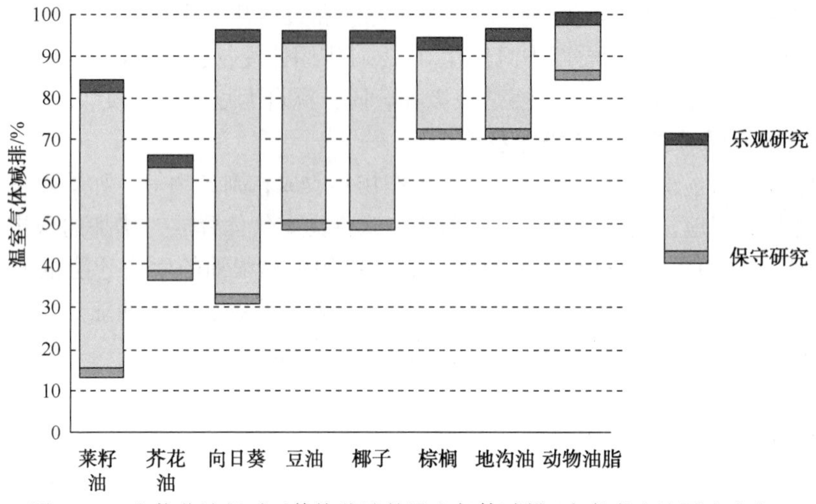

图 11-8　生物柴油相对于传统柴油的温室气体减排(未考虑土地用途改变)

第三节　第二代柴油和喷气燃料

酯交换法生产的第一代生物柴油技术成熟，但是存在耐氧化稳定性和低温流动性差，与石油基柴油相容性差等缺点。通过加氢技术把甘油三酯转化成碳氢化合物，成分等同于普通柴油，被称为第二代生物柴油。第二代生物柴油和传统柴油相比，十六烷值高，低硫、低芳烃含量，不仅可以和传统柴油任意调配，油品储存、配送、发动机等都不需要改动，而且可再生、碳排放减少。第二代和第一代生物柴油对比，在热值、使用性能、稳定性等各方面也优于第一代生物柴油，见表 11-7。目前为止，不同文献又把第二代生物柴油称为可再生柴油(RD、HRD)，绿色柴油(green diesel)，加氢植物油(HVO)，加氢油脂(HEFA)等。

表 11-7　第一代和第二代生物柴油使用性能的对比(基于文献[20，21])

项　　目	第二代生物柴油(油脂加氢)	第一代生物柴油(酯交换)
成分	烷烃	脂肪酸甲酯或乙酯
密度/(g/cm^3)	0.775~0.785	0.890
低温性能	好	凝点-3~19℃
调配性	能与柴油 0~100%调配	不能与传统柴油任意调配，只能 5%~7%
热值/(MJ/kg)	44.0	37.2
使用性能	满足最严格的质量标准，低硫；减少温室气体、尾气 PM、NO_x、CO、HC 排放；优异的油品稳定性；不需改动发动机和后勤供应系统	使用性能一般；增加 NO_x 排放；需要保质期内使用；对发动机有影响

为了应对环境和资源的双重压力，国外开始重视生物喷气燃料技术研发，有些已取得显著进展。所开发的技术可采用动植物油脂、地沟油、秸秆等为原料，经过加氢或费托合成等技术来生产生物基喷气燃料。利用油脂加氢生产喷气燃料(HRJ)是最接近产业化的喷气燃料生产技术，还需要进一步降低成本，同时原料持续供应也是需要解决的问题。采用新的原料生产喷气燃料的技术也在开发中，如微藻油生产生物喷气燃料。

一、主要加氢化学反应

1. 加氢脱氧反应

甘油三酯在氢气气氛中，300~360℃，压力3MPa以上，加氢催化剂作用下，转化成烷烃，同时生成CO_2、CO、H_2O和甲烷、丙烷。图11-9所示甘油三酯的断键位置可以解释上述产物的生成。含氧键的断裂包括两条不同的反应途径[22]，一条途径是加氢脱氧(hydrodeoxygenation，HDO)，生成物包括H_2O、丙烷和偶数正构烷烃。另一条途径是加氢脱羧(hydrodecarboxylation，HDC)和脱羰历程，断键位置如图11-9所示，甘油三酯裂解生成丙烷、CO_2、CO、H_2O和奇数正构烷烃。CO可能进一步发生水煤气转化反应和甲烷化反应。加氢过程中HDC、HDO两种途径的选择性可以通过奇数烷烃和偶数烷烃比例估算，脱氧、脱水的产物比例与原料、反应工艺条件、催化剂等因素有关。

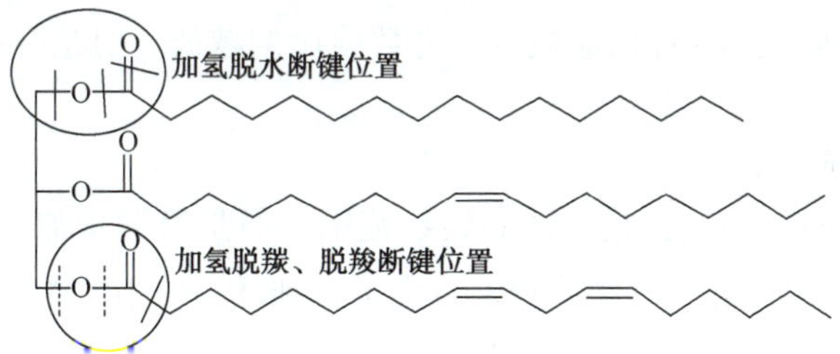

图11-9　甘油三酯加氢过程中加氢脱水(HDO)和加氢脱羧(HDC)两种不同的断键部位[22]

油脂加氢脱氧的主要化学反应如图11-10所示。

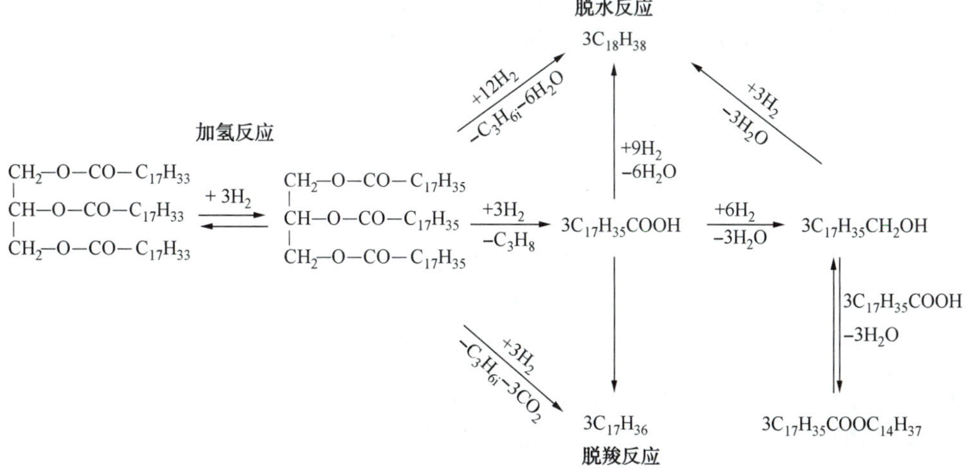

图11-10　甘油酯加氢处理转化为烷烃的反应过程[20]

脱氧反应 HDO：甘油三酯+H_2⟶n-C_{16}、n-C_{18}+丙烷+H_2O

脱羧和脱羰反应 HDC：甘油三酯+H_2⟶n-C_{15}、n-C_{17}+甲烷+CO+CO_2+H_2O

除此之外，加氢催化脱氧过程中还有脂肪酸、脂肪醇以及它们之间的酯化物 $C_{17}H_{35}COOC_{18}H_{37}$。

2. 产品碳数分布

加氢处理后得到的烃类碳数主要以 C_{15}~C_{18}为主，约占 90%~95%，其他烃类 C_5~C_{14}约占 2%~3%，>C_{19}占 1%。C_{15}~C_{18}具体碳数分布与原料、催化剂种类和工艺条件紧密相关。奇数 C_{15}、C_{17}是加氢脱羧 HDC 反应历程的产物，而 C_{16}、C_{18}是加氢脱氧 HDO 反应历程的产物。加氢处理过程中奇数碳与偶数碳质量比也与催化剂、温度、氢气分压等工艺条件有关。例如：钯/碳只催化脱水历程，而硫化的 NiMo、CoMo 催化剂同时催化 HDO 和 HDC 反应，得到 C_{15}~C_{18}正构烷烃[20]。

340℃，氢压 4.5MPa，0.8h^{-1}，NiMo/γ-Al_2O_3催化剂加氢处理菜籽油，正构 C_{15}~C_{18}烷烃合计占 90%~92%，异构烷烃、环烷烃、烯烃占约 7%。奇数与偶数烷烃质量比 1.3~1.4；而相似条件下，NiW/NaY 催化加氢奇数与偶数碳比例达到 4[23]。WNiMo 硫化态催化剂加氢处理棕榈油在温度 320℃、氢分压 6.4MPa、体积空速 1.0h^{-1}下得到约 96%的 C_{15}~C_{18}烷烃。奇数与偶数烷烃质量比 0.85~0.87。

除了催化剂种类，反应工艺条件对奇偶碳数比例也有很大影响，高氢气分压和低温条件有利于 HDO。氢分压越大，HDC 反应减少，奇数碳比例越低。但是升高温度，HDC 反应比 HDO 反应增加更快。

3. 加氢异构化反应

油脂的碳数主要是 C_{16}~C_{18}，是柴油的碳数范围，但是第一步加氢脱氧得到的 C_{15}~C_{18}正构烷烃的凝点 10~28℃，低温流动性较差。为了得到低温使用性能优异的柴油或者喷气燃料，需要进一步加氢催化异构化反应或者裂解反应，生成各种支链烷烃或者 C_{10}~C_{14}。加氢异构降凝通常在 280~370℃、氢压 3.5~8MPa、空速 LHSV 1.0~4.0 h^{-1}下进行。经过异构降凝处理，生产的柴油馏分(>290℃)冷滤点-36℃，喷气燃料馏分(150~290℃)冰点-48℃。

加氢异构或裂解反应可以通过反应条件的优化，使产物中柴油馏分或者喷气燃料馏分达到最大收率。两种不同用途的燃料碳链长度如图 11-11 所示。

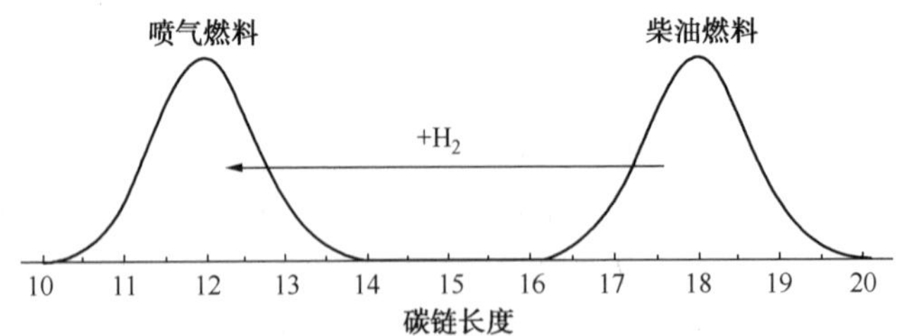

图 11-11　通过进一步加氢 HRD 燃料烷烃组成向 HRJ 燃料烷烃组成变化[24]

(1) 选择生产最多可再生柴油的同时，液化石油气和石脑油副产品的比例最小，此时的柴油中也能分离出喷气燃料馏分，按照 Econfining 技术工艺，体积约占 15%。

(2) 选择生产最多的喷气燃料需要裂解 C_{18}烷烃，理论上裂解 C_{18}可以得到 C_{10}和 C_8，但是实际的裂解反应产物从 C_3~C_{15}都有。低碳数的烷烃的经济价值较低，是否要将柴油裂解，生产更多的喷气燃料需要权衡。

加氢过程中除了双键加氢、裂化，还存在环化、异构化、芳环化等反应，380℃以上高温和酸中心的存在会增加烷烃的环化、芳烃化反应的几率。原料的化学组成以及反应的条件对产物影响很大，原料中不饱和键越多，生成的环烷烃和烷基苯越多，微藻油[25]和亚麻油含有较多的不饱和双键，因此断裂点较多，更适合作为原料，生产低温性能优异的喷气燃料。

二、催化剂

NiMo/γ-Al_2O_3或 CoMo/γ-Al_2O_3是常用的催化剂，还有 CoMo/C、CoMo/Si、Rh/Al_2O_3、Pd/SiO_2、Ni/SiO_2、Pd/C、Pt/C、Pt/Zeolite[26]等催化剂也有研究，NiMo/γ-Al_2O_3或 CoMo/γ-Al_2O_3催化剂是 NiO、MoO_3负载在氧化铝上，经 S 或 H_2S 硫化形成金属硫化物，增加活性。不同催化剂适用的原料不同，例如 NiMo/γ-Al_2O_3比 CoMo/γ-Al_2O_3具有更高脱羧活性，铝基载体比碳基、硅基催化剂具有更高的脱羧、脱酯化速率；氨和硫化氢可以用来调节加氢速率；氨降低羧基和甲氧基的反应速率，但对酮基没有影响；H_2S 降低 NiMo 上酮的反应活性，但对 CoMo 不影响。Pt-Zeolitc 双功能催化剂同时催化加氢和裂解反应，使 C_5~C_{22}异构烷烃数量大于正构烷烃，得到绿色汽油和柴油产品，并改善了柴油的低温性能。

三、工艺流程

简化的工艺流程如图 11-12 所示，植物油从储罐进入加氢反应器，脱氧后流体和水热交换，冷却的流体进入加氢异构反应器单元，异构烷烃冷却水冷却后送入分离塔，氢气和烷烃气与 CO_2分离，液体部分进一步分离为液化石油气、石脑油、喷气燃料和柴油组分，送入相应的储罐。废水送入污水处理系统。

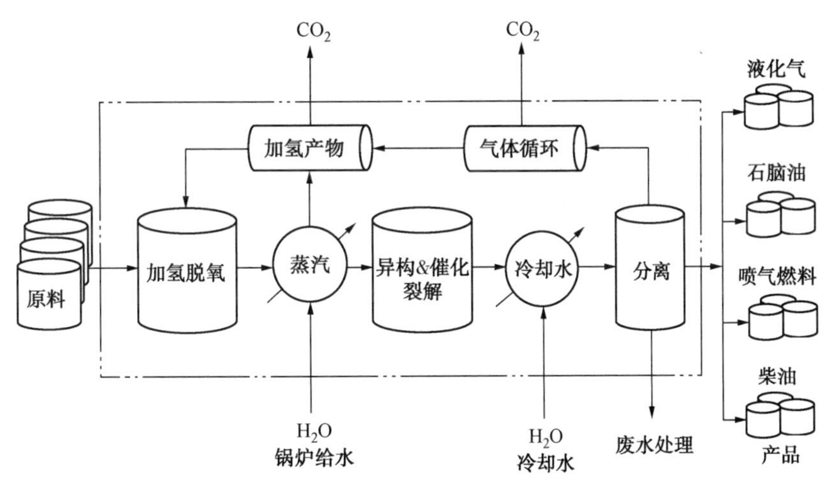

图 11-12　油脂和脂肪酸加氢(HEFA)流程概要[27]

由于原料、催化剂、产品存在差异，研究者开发的加氢工艺有些差别。UOP 公司 Ecofining 技术以大豆油、棕榈油或菜籽油为原料，用专用的固定床催化剂，300℃和 2.8~4.2MPa 条件下通过加氢脱羧基和加氢脱氧反应脱除原料油中的氧，所有的烯烃都被饱和，因此产品只是正构烷烃，外加 5%的副产品丙烷。第二步是正构烷烃进行加氢异构化得到异构烷烃—冷流动性能很好的绿色柴油。这一步还生产少量石脑油，柴油收率约为 86%~98%

（体积分数），氢耗量为1.5%~3.8%（质量分数），取决于原料油的组成。

国内某厂在从植物油生产喷气燃料的工艺研究中，分别用非贵金属硫化态催化剂和含新型分子筛贵金属还原态催化剂，两段氢分压分别为3.2~6.4MPa和6.4MPa，温度300~360℃和335℃，推荐空速分别为1.0~1.5h^{-1}和0.8h^{-1}，精制油对棕榈油原料质量收率82%~84%，喷气燃料对精制油收率42%~52%，全过程喷气燃料对棕榈油原料质量收率35%~45%，同时副产石脑油23%~29%，柴油7%~11%。全过程化学氢耗2.6%~3.2%（质量分数）。

需要指出，上述几种工艺由于尾气含丙烷较多，氢循环前必须脱除。当独立装置规模大时，根据具体情况可考虑将丙烷部分氧化制氢，如与炼油厂有协作条件则可将丙烷送往炼油厂，并从炼油厂取得氢气。尾气处理流程因地而异。因此全过程实际氢耗比化学氢耗高许多。

四、物料平衡

油脂加氢生产最大产率柴油或最大产率喷气燃料的物料平衡见表11-8[27]，单位土地不同油脂基喷气燃料的产量对比见图11-13。

表11-8　油脂加氢生产最大产率柴油或喷气燃料的物料平衡

项目	UOP（豆油）		国内某厂（棕榈油）
产物/%	最多柴油	最多喷气燃料	喷气燃料
油脂	100	100	100
氢气	2.7	4	2.99
总入	102.7	104	102.99
水	8.7	8.7	7.1
CO_2等气体	5.5	5.4	7.7
丙烷	4.2	4.2	8.4
液化气	1.6	6	4.01
石脑油	1.8	7	23.55
喷气燃料	12.8	49.4	45.39
柴油	68.1	23.3	6.84
总出	102.7	104	102.99

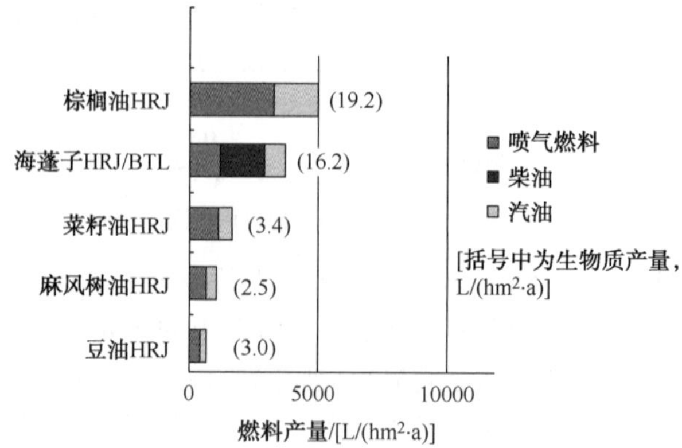

图11-13　单位土地不同生物质基喷气燃料的产量对比[24]

五、生产技术工业化进展

将植物或动物油脂加氢脱氧生产高质量第二代生物柴油，与酯交换法生物柴油相比，不含氧，储存稳定性好，热值高，与石油基柴油可以任意调配，并且减少温室气体排放。加氢生产技术主要分为独立加氢工艺和共加氢工艺。独立加氢工艺只对植物或动物油脂进行加氢，生产高品质第二代可再生燃料，然后与传统柴油调配使用，在加氢过程中需要大量氢气。另一种技术是共加氢工艺，在炼油厂下游加入油脂的共加氢工艺，植物油加氢与石油加氢整合在一起，产品是传统柴油和可再生柴油的混合物。从经济性角度分析，独立加氢工艺投资较大，而共加氢工艺只需要对现有装置的微调，可以降低氢气的价格，有利于降低能耗、人工、运输及后勤等各项运行和投资费用。但是，从工艺灵活性的角度分析，独立加氢工艺对油脂种类、质量适应性更好，产品性能更容易调控；而共加氢装置还需要综合考虑油脂与石油两种原料的加工性质，如原油脱硫；工艺的灵活性受到限制，出来的产品低温性能可能受影响。几个典型的商业化加氢技术[20]包括 Neste 石油公司 NExBTL 技术，UOP 和 ENI 公司 Ecofining 技术，巴西国家石油公司的 H-Bio 技术，加拿大 Super-Cetane 技术等。

1. NExBTL 可再生柴油生产技术

芬兰 Neste 石油公司开发的这项技术目前以菜籽油、棕榈油和动物油脂为原料，包括三个基本步骤：原料预处理、加氢处理、异构化。工艺流程如图 11-14 所示。物料的污染会影响催化剂性能，典型的污染物包括 Ca、Mg 磷化物，因此，油脂预处理必不可少，通过脱胶、NaOH 中和、去离子水洗涤等工艺对原料进行精制，以确保进入催化单元，尤其是异构前的加氢处理单元的物料质量。

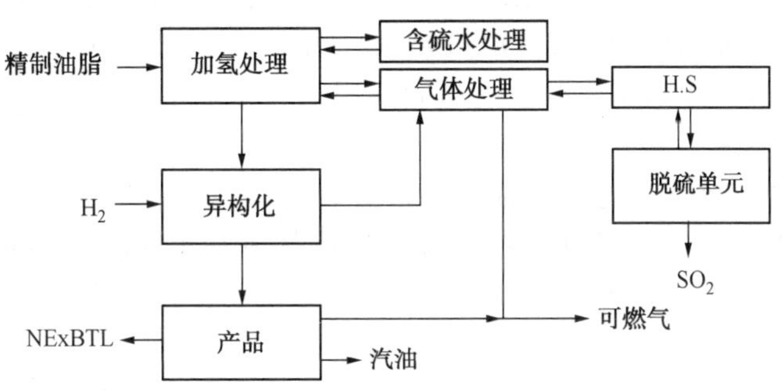

图 11-14　NExBTL 工艺流程简图[20]

经预处理除去固体杂质后，先送进加氢处理反应器，用硫化钼镍催化剂，在一定温度和压力下脱除原料油中的氧、氮、磷和硫等杂质，同时使不饱和双键加氢饱和，使原料油中的脂肪酸酯和脂肪酸加氢裂化为 C_6 ~ C_{24}烃类，主要是 C_{12} ~ C_{24}正构烷烃，无法使发动机在较低温度和寒冷的环境中正常工作，必须异构化改善产品的低温流动性。第三步异构化是该技术的重要组成步骤，用 Pt-SAPO-11-Al_2O_3或 Pt-ZSM-22-Al_2O_3或 Pt-ZSM-23-Al_2O_3催化剂进行加氢异构化反应，改进低温流动性能。

Neste 公司是第二代生物柴油技术的领先者，2005、2006 年分别投资 1 亿欧元利用 NExBTL 技术，在芬兰 Porvoo 炼油厂投资建设 Porvoo1、Porvoo 2，规模各 170kt，2007 年初建成 Porvoo1。随后陆续在新加坡投资 5.5 亿欧元、荷兰鹿特丹 6.7 亿欧元建立独立的可再生柴油炼厂，年产各 800kt，于 2011 年初建成投产。目前达到每年 2.0Mt 可再生柴油生产规模，成为世界最大的生物燃料厂家。公司在油脂原料上尽量使用废弃油脂和非食用油，承诺到2020年不再使用食用油作为生物燃料的原料。

2011年7月德国汉莎航空公司推出了全球首个使用生物燃料的定期民航旅客航班。该航班由一架配备IAE发动机的空中客车A321飞机执飞，所使用的燃料是经过氢化处理的生物喷气燃料与传统航空燃料各占百分之五十的比例混合而成。生物燃料由芬兰Neste Oil公司提供，原料来自麻风树、亚麻籽和动物脂肪。

2. Ecofining 绿色柴油和喷气燃料生产技术

美国UOP与意大利ENI公司合作开发的Ecofining技术，使用催化加氢技术将植物油转化为绿色柴油，2008年12kt/a示范装置在美国取得成功，目前为640kt建成规模和810kt在建规模。原料和Neste公司类似，除了棕榈油、豆油、菜籽油，还有非食用的亚麻油、麻风树油、微藻油，以及动物油脂、地沟油。废弃油脂价格便宜，但是其中的杂质含量高，更需要预处理。

Ecofining加氢处理包括两个反应器，第一个将原料彻底脱氧，水、CO_2、轻组分被立即分离，主要产物正构烷烃和氢气进入第二个反应器异构化，两阶段产物都保持最高的选择性，产品十六烷值高达80左右，可用作石油炼厂的掺配油来提高现有柴油的性能，并扩大柴油的来源。氢气可以通过轻组分蒸汽重整获得，典型的250kt/a ISBL费用4000万~6000万美元，为了减少投资费用，可以考虑将现有的馏分油加氢设备改造成Ecofining工艺。

在绿色柴油工业应用的基础上，UOP和ENI公司还准备建立320kt/a的航空燃料装置，用亚麻籽油、牛油、麻风果油和微藻油为原料，进行两段加氢生产喷气燃料试验。第一段是原料油加氢脱氧，把甘油三酯转化为C_{16}~C_{20}可再生柴油(HRD)，然后在第二段进行选择性裂化合成烷烃短链C_{10}~C_{14}，1kg油脂产出0.62kg喷气燃料，副产27.8kg石脑油。这种合成烷烃煤油满足石油基航空燃料的所有规格要求(如闪点、冰点和安定性等)，但不含芳烃，可以作为替代燃料与常规喷气燃料JP-8调合使用，已经通过飞行试验。

UOPLLC公司2009年11月5日与中国石油天然气集团公司签订谅解备忘录，两家公司将协作，对现有生物燃料技术进行验证，以利用中国国内的原料生产绿色运输燃料。中国石油天然气集团公司将对安装用于生产绿色柴油的示范性UOP/Eni Ecofining设备，以及在中国石油天然气集团公司现有或新建炼油厂安装更大型的设备进行评估。

3. 共加氢工艺

共加氢脱氧工艺具有设备简化、投资低的优点，是在柴油燃料中直接引入生物质替代原料的简单方案。一些石油加工企业如巴西国家石油公司和康菲石油公司以及催化剂供应商丹麦托普索公司(Haldor Topsoe)、美国雅保公司(Albemarle)都提出了解决方案。但是，究竟掺入多少比例并不容易明确。巴西国家石油公司开发的H-BIO工艺如图11-15所示，核心是在一定的温度、氢压下催化加氢处理柴油混合组分，包括常压瓦斯油、催化裂化轻循环油、焦化瓦斯油和植物油。95%的甘油三酯转化为直链烃，同时精制柴油的十六烷值得到提高，密度和硫含量降低。巴西已经在2007年改造了一个加工厂，植物油加工量230kt/a，计划再改造两个石油炼厂，使植物油加氢处理能力达到390kt，总的设备改造和后勤设施大约23~38百万美元。由于2008年精制豆油价格高涨至180美元/桶，计划搁浅。

最近，托普索公司将他们开发的催化剂用于不同国家的三个共加氢工艺工厂，动物油脂共加工比例最高达到10%~20%。在瑞典Preem，粗妥尔油掺入量达到20%~30%，生产的可再生柴油满足EN590标准。实践中发现共加氢工艺主要缺点是：①反应热效应，油脂由

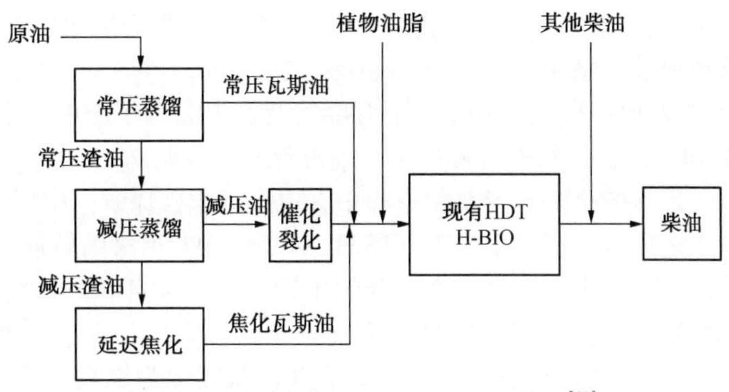

图 11-15 共加氢 H-Bio 工艺流程简图[20]

于含氧高以及不饱和性，在加氢反应中放热严重。②氢气消耗量，传统炼厂设备针对脱硫设计，石油中硫含量比油脂中氧含量低一个数量级以上，油脂脱氧过程的氢消耗量远高于传统的石油炼制脱硫过程。③游离脂肪酸对反应器、催化剂腐蚀性。④催化剂的选择，需要权衡稳定性和活性。⑤CO_2和甲烷是脱氧产生的主要副产物，虽然大部分 CO_2通过氨洗脱除，残留的 CO_2在后续工艺中还会腐蚀设备，需要改造下游设备。CO 和甲烷可能在循环气中富集，甚至毒害催化剂，也需要及时清除。PSA 分离甲烷和 CO 可能是一个选择。⑥形成的正构烷烃可能影响柴油的低温使用性能。即使加入添加剂，对含有 10%~30%脱氧油脂的低温流动性能改善不大，采用 NexBTL 或 Ecofining 异构技术，或者 Axens 公司提出的重度裂解/脱蜡等方法提高异构烷烃比例是较好的选择。

4. 中国生物喷气燃料技术

中国石油同霍尼韦尔公司旗下 UOP 公司合作，建立年产 60kt 的航空生物燃料炼油厂，该炼油厂有望 2013 至 2014 年投入商业运营。中国石化于 2011 年在下属镇海炼化杭州石化生产基地改造建成一套生物喷气燃料工业装置及调合设施，并以棕榈油为原料生产出生物喷气燃料产品。2012 年 10 月，又以餐饮废油为原料生产生物航煤产品。2013 年，中国石化以地沟油为原料，自主研发生产的 1 号生物喷气燃料进行了试飞。

六、产品性能及飞行试验

植物油经过加氢和裂解生产的生物喷气燃料主要成分是 C_{10}~C_{14}烷烃，如表 11-9 所示，馏程 179~288℃，是传统喷气燃料的组分。所产喷气燃料的总酸值和实际胶质含量略高于石油基喷气燃料，但芳烃含量偏低。如按 90∶10、30∶70 和 50∶50 的调合比与石油基喷气燃料调合，均符合我国 3 号喷气燃料质量标准。

表 11-9 棕榈油加氢处理的精制油与航空燃料 HRJ、柴油和石脑油馏程

项　目	棕榈精制油	喷气燃料(150~290℃)	石脑油(<150℃)	柴油馏分(>290℃)
密度(20℃)/(g/cm^3)	0.7772	0.7660	0.6660	0.7880
凝点/℃	16	-48		冷滤点-36℃
馏程/℃				
IBP	236	179	13	272
50%	305	270	71	311
FBP	331	288	164	387

2008~2011 年美国、新西兰、日本等国家一些航空公司使用生物喷气燃料进行了试验飞行。原料主要有麻风树油、微藻油、回收油脂等。2011 年荷兰航空、德国汉莎航空公司相继推出生物喷气燃料商业化运行，飞机所使用喷气燃料中混合了 50%生物燃料。生物燃料由芬兰 Neste Oil 公司提供，原料来自麻风树、亚麻籽和动物脂肪。

中国在生物喷气燃料的科研和产业化进程中，也进行积极探索。中国石油同霍尼韦尔公司合作，采用加氢工艺技术生产出生物喷气燃料，并于 2011 年由国航使用波音 747-400 飞机进行了航空生物燃料试验飞行。试飞中混合的生物燃料，来自麻风树结出的小桐子果实。中国石化在镇海炼化杭州石化生产基地改造建成一套 20kt/a 生物航空燃料工业装置及调合设施，每年可生产 6000t 生物喷气燃料，2012 年以餐饮废油为原料生产出生物喷气燃料。2013 年加注中国石化 1 号生物喷气燃料的东方航空空客 320 型飞机进行了成功试飞。

七、第二代生物柴油经济性分析

1. 工厂投资和最低售价

第二代生物柴油得到的产品主要包括喷气燃料、柴油、汽油和液化气，发展时间较短，还没有足够的工业化数据来准确评估产品的价格。最新的实验数据表明最多喷气燃料产率 49.4%，最多柴油产率 68.1%，在此基础上的经济评估结果见表 11-10。在最多柴油收率条件下，规模从 90kt/a 扩大到 300kt/a，柴油最低售价从 1.16 美元/L，降为 1.01 美元/L。在价格构成中，豆油价格仍是最大影响因素，约占 60%~70%，加工费约占 30%~40%。每升柴油加工费用 0.31~0.46 美元。该投资评估结果为 0.40 美元/(L·a)[28] 与 Milbrandt 报告[29]引述 Dynamic Fuels 75MGY 工厂投资为 1.5 亿美元，折合 0.53 美元/L 结果基本一致。

表 11-10 加氢 HEFA 柴油产品出厂价及灵敏度分析结果[27]（2010 年美元） 美元/L

项目	规模/$10^3 m^3$		
	116	232	378
加工费用/(美元/L)	0.46	0.35	0.31
豆油价格/(美元/L)	0.70	0.70	0.70
基准出厂价/(美元/L)	1.16	1.05	1.01
灵敏度分析			
产品分布			
汽油馏分折扣 50%	0.01	0.01	0.01
最多喷气燃料产率	0.08	0.07	0.07
厂址			
建在工业区内	-0.07	-0.05	-0.04
现场制氢	0.09	0.06	0.05
财务			
100%产权	-0.10	-0.07	-0.06
25%贴现率	0.04	0.03	0.02
产能			
3 年产能提升：50%/75%/100%	0.14	0.10	0.08
原料短缺，产能 50%	0.56	0.40	0.34

2. 灵敏度分析

$232 \times 10^3 m^3$规模 HEFA 出厂价的基准条件列于表 11-10 中，加工费用 0.35 美元/L，豆油原料价格 0.70 美元/L，基准出厂价 1.05 美元/L。

产物分布和副产品对价格影响：

(1) 喷气燃料产率最大化将使生产成本提高，收入减少。生产喷气燃料需要较多的氢气，而且减少了柴油的产量，每升喷气燃料出厂价比柴油贵 0.07 美元，达到 1.11 美元/L。

(2) 副产品石脑油可以运到另外的加工厂经提质、掺混作为汽油使用，因此价格需要有 15%~50%的折扣，50%的折扣只增加 0.01 美元/L 的成本，这一影响因为石脑油所占比例较少，可以忽略。

加氢工厂选址影响：

① 如果在现有的工业区选址，附近存在工业企业，将减少 0.05 美元/L 的生产成本。

② 如果加工厂现场制氢，需要额外的资金、设备和运行费用，将增加 0.06 美元/L。

财务影响：

① 产权结构也会影响产品价格，20%的产权需要负债和利息支出，因此，100%产权将减少成本 0.07 美元/L。

② 将贴现率从 15%改到 25%，将增加成本 0.03 美元/L。

产能提升水平和开工率影响：

① 新开工厂如果一开始达不到 100%的产能，分三年提升产能 50%、75%、100%，将增加生产成本 0.10 美元/L。

② 如果原料处于短缺状态，产能一直维持在 50%的开工率，将大幅增加生产成本 0.40 美元/L。

3. HEFA 价格与油脂原料

对第二代柴油的经济评估不仅显示第二代生物柴油比第一代生物柴油加工费用高，而且第二代生物柴油的价格也主要受原料油脂价格的影响。从图 11-5 和图 11-16 对比看出，在油脂 0.70 美元/L 时，生物柴油 FAME 约 0.82 美元/L。HEFA 约 1~1.2 美元/L。

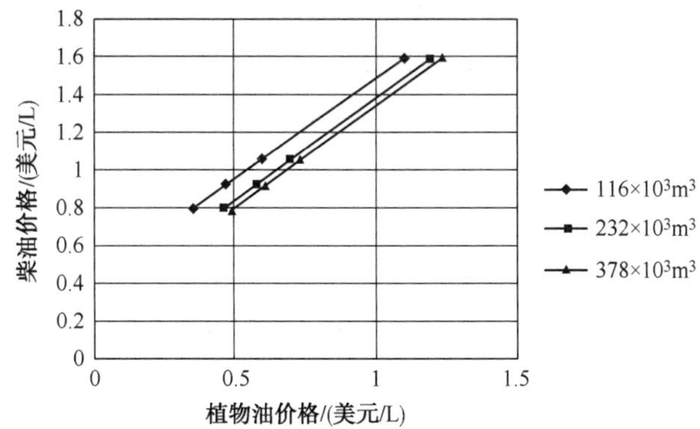

图 11-16　第二代生物柴油价格与植物油价格关系[28]

八、喷气燃料生命周期碳排放

1. 传统喷气燃料 CO_2 排放

传统喷气燃料的 CO_2 排放也不完全一样，石油的产地、运输距离，油品的质量，炼制过程脱硫程度，炼油技术的转化效率等因素都会使石油基燃料的温室气体排放有一定的差异。Stratton 经过详细的比较，将生产喷气燃料的炼油效率定为 93.5%，从油井到车轮(WTW)的平均排放定为 87.5(gCO_2e/MJ)[24]，以此作为基准，科罗拉多等州页岩油和加拿大砂油生产喷气燃料的排放最高是基准的 1.6 倍。生产低硫(ULS)喷气燃料的全生命周期排放为基准的 1.02 倍。

生物基喷气燃料(Hydroprocessed Renewable Jet Fuel，HRJ)与柴油(hydroprocessed renewable diesel，HRD)、生物柴油(biodiesel)都使用同样的原料，虽然生物柴油是目前唯一商业化生产的，但是生物柴油不能满足喷气飞机的使用要求。油脂加氢生产喷气燃料的装置正不断建立，加氢可再生喷气燃料是将油脂加氢脱氧，然后加氢裂解得到馏分适合的喷气燃料。许多飞行试验采用 50%的麻风树、微藻、亚麻籽油生产的 HRJ 与 50%的传统喷气燃料混合获得成功。以下 HRJ 碳排放，也以传统喷气燃料的排放为基准，进行比较[24]。

2. 油脂加氢可再生喷气燃料

(1) 菜籽油生产 HRJ 的碳排放

以菜籽油为例，全生命周期各个阶段碳排放总结在表 11-11 中，其中植物在种植阶段吸收 70.5gCO_2/MJ，在种植阶段需要化肥、除草剂，播种、收获需要使用农业机械，收获、压榨阶段也需要消耗电力、天然气、石油等能源，排放的 CO_2 为 17.2 gCO_2/MJ。植物油在运输、加工转化以及燃料配送环节也需要能量消耗，排放的 CO_2 为 14.0 gCO_2/MJ。燃料中发动机中燃烧又排放 70.4 gCO_2/MJ。全生命周期排放的 CO_2 合计 54.9 gCO_2/MJ，比石油基喷气燃料 87.5 gCO_2/MJ 的排放基准要少，只有基准的 0.63。按照不同的排放情景，菜籽油基喷气燃料碳排放是石油基燃料的 0.45~0.87，取得了较好的减排效果。

表 11-11　菜籽油生产可再生喷气燃料 HRJ 的碳排放

项目	低	中	高
农作物产量/(t/hm^2)	2.79	3.35	3.89
脂含量/%	45	44	41
不同阶段碳排放/(gCO_2/MJ)			
生物质吸收	-73.7	-70.5	-68.9
生长过程	13.6	17.2	26.4
运输	3.2	3.1	3.1
加工过程	7.1	10.3	13.2
配送燃料	0.6	0.6	0.6
燃烧排放 CO_2	70.4	70.4	70.4
燃烧排放 CH_4/(gCO_2e/MJ)	1.0	1.3	1.7
燃烧排放 N_2O/(gCO_2e/MJ)	17.6	22.4	29.5
WTW/(gCO_2e/MJ)	39.8	54.9	75.9
相对基准比例	0.45	0.63	0.87

(2) 不同油料作物排放对比

豆油、菜籽油、棕榈油是目前最常用的原料，麻风树果、地沟油、微藻等非食用油脂将来可能取代食用油脂。不同原料生产 HRJ 的生命周期碳排放结果总结在表 11-12 中。

不同的油料作物减排量有所差别，主要原因是不同作物的单产不一样，如表 11-12 所示，棕榈油单产明显高于豆油和菜籽油，种植、收获环节碳排放少，而其他阶段各种植物油相差不大，因此，棕榈油基喷气燃料碳排放减少最多。

表 11-12　几种油料生产喷气燃料 HRJ 的碳排放比较参考

项　　目	棕榈油	大豆油	菜籽油	小桐子
农作物产量/(t/hm^2)	18.2~23.1	2.16~3.51	2.79~3.89	1.0~5.0
生物质吸收/(gCO_2/MJ)	-68.9~-73.7	-68.9~-73.7	-68.9~-73.7	-68.9~-73.7
生长过程碳排放/(gCO_2/MJ)	4.8~6.6	17.5~25.9	13.6~26.4	16.1~17.6
加工及运输过程/(gCO_2/MJ)	11.0~16.9	8.9~14.9	10.9~16.9	9.2~15.3
燃烧排放 CO_2/(gCO_2/MJ)	70.4	70.4	70.4	70.4
CH_4、N_2O/(gCO_2e/MJ)	10.1~13.2	4.2~16.9	18.6~31.2	9.9~10.8
WTW/(gCO_2e/MJ)	22.5~38.1	27.3~59.2	39.8~75.9	14.1~193.2
WTW 相对石油喷气燃料比例	0.26~0.44	0.31~0.68	0.45~0.87	0.36~0.52

(3)土地用途变化对碳排放影响

土地用途的变化(LUC)可能会造成温室气体排放的额外增加，尤其是将植物茂密的原始森林开垦成农业用地，排放数量增加的多少这取决于土地的类型、作物的种类、耕作方式等。例如，表 11-13 列出改变土地用途的几种情形对碳排放的影响，土地用途变化排放按 30 年摊销。其中砍伐热带雨林改种大豆情景 S2，生产 HRJ 碳排放按 30 年摊销将是石油基燃料的 6~9 倍。砍伐东南亚泥炭地热带雨林改种棕榈情景 P3，碳排放将是石油基燃料的 7.6~9 倍。砍伐东南亚热带雨林改种棕榈情景 P2，碳排放将是石油基燃料的 1.75~2.2 倍。这意味着东南亚热带雨林改种棕榈，土地用途变化带来的一次性碳排放的增加，差不多要 20-60 年棕榈种植生产 HRJ 才能抵消。而巴西热带雨林改种大豆 S2，碳排放的补偿需要 140~230 年。

欧洲撂荒地改变用途，会带来一次性 94.6tCO_2e/hm^2 的碳排放，分摊到 30 年菜籽油种植，碳排放是石油基的 0.89~1.47 倍。表 11-14 至表 11-16 显示不同地区土地用途改变带来的碳排放的评估结果。

表 11-13　土地用途变化(LUC)带来的一次性碳排放

原始土地	巴西塞拉多草原	巴西热带雨林	东南亚热带雨林	东南亚泥炭地雨林	英法撂荒地
LUC 碳排放/(tCO_2/hm^2)	85	737	702	3452	94.6
种植情景	大豆 S1	大豆 S2	棕榈 P2	棕榈 P3	油菜籽 R1
补偿时间①/a	0~18	140~230	20~60	200~240	0~14

①补偿时间计算方法：将一次性的碳排放分摊到生物燃料的排放量中，使生物燃料的排放量相当于石油基航煤的碳排放量，所需要的年数。

表 11-14　欧洲变更土地用途对菜籽油生产 HRJ 的碳排放的影响

土地用途改变 LUC R1	撂荒地种植(低)	撂荒地(中)	撂荒地种植(高)
增加碳排放/(gCO_2/MJ)	38.4	43.0	52.6
WTW/(gCO_2e/MJ)	78.2	97.9	128.5
相对基准比例	0.89	1.12	1.47

表 11-15　美洲变更土地用途对大豆基 HRJ 碳排放的影响

土地用途改变 LUC	热带草原种大豆 S1	热带雨林种大豆 S2
增加碳排放/(gCO_2/MJ)	54.4~82.5	471.5~715.5
WTW/(gCO_2e/MJ)	81.7~141.7	498.8~774.7
相对基准比例	0.93~1.62	5.70~8.85

表 11-16　南亚变更土地用途对棕榈油基 HRJ 碳排放的影响

土地用途改变 LUC	人工林 P1	砍伐热带雨林 P2	砍伐泥炭地热带雨林 P3
增加碳排放/(gCO_2/MJ)	9.5~10.1	130.7~155.2	642.8~763.1
WTW/(gCO_2e/MJ)	32.6~47.6	153.2~193.3	665.3~801.2
相对基准比例	0.37~0.54	1.75~2.21	7.60~9.16

第四节　生物柴油发展建议

一、商业化应用现状

生物柴油在世界上许多国家都有发展，2012 年全球生物柴油产量已达到 18.9Mt。欧洲占据总产量的 50%~60%，主要以菜籽油和进口棕榈油为原料。美国产量约 20%，主要以转基因大豆为原料。

欧盟生物柴油产量 2012 年达到 7.9Mt，南美洲大豆种植区的生物柴油增长较快，南美 2012 年生物柴油产量达到 5.8Mt。北美和中美地区生物柴油产量达到 2.7Mt。

在亚洲地区，2012 年生物柴油产量达到 2.3Mt，约占世界的 12%，马来西亚盛产棕榈油，生物柴油生产能力达到 3.3Mt/a，计划成为世界最大的生物柴油生产国。日本生物柴油产业已经达到 400kt/a 规模，主要原料是废弃食用油，单套装置规模不大。

近 10 年来，生物柴油产业在我国快速发展，但由于油脂原料价格过高，地沟油收购困难，全行业开工率始终不足。到 2010 年，生物柴油产量约 500kt，产能利用率约 25%。2010 年财政部、国税总局联合下发《关于对利用废弃的动植物油生产纯生物柴油免征消费税的通知》，明确对利用废弃动植物油脂生产的纯生物柴油免征消费税。同年生物柴油调合燃料(B5)国家标准出台。目前，除去中海油公司生产的生物柴油已进入车用领域之外，其他生产单位产品质量满足 GB/T 20828—2007 柴油机燃料调和用生物柴油(BD100)要求的不多。按照中国颁布的 GB/T 25199—2010 生物柴油调和燃料(B5)，消费 140Mt/a 柴油，需要 7.0Mt/a 生物柴油的产量。

生物航空燃料和传统航空燃料 50：50 掺混，可以有效降低碳排放，是拓展生物柴油应用的新途径，具有广阔的发展前景。但是目前生物喷气燃料的成本较高，同时原料持续供应也是需要解决的问题。采用新的原料生产喷气燃料的技术也在开发中，如微藻养殖生产生物喷气燃料技术。

二、建议

根据我国《可再生能源中长期发展规划》，2020年生物柴油年利用量将达到2.0Mt，目前离这一目标还有较大的缺口。根据我国生物柴油发展现状和存在的主要问题，结合世界生物柴油发展趋势，我们建议：

（1）建立更严格的生物柴油质量标准和统一的储存、配送体系。现有的第一代生物柴油标准中耐氧化稳定性指标需要加强。良好的储存对保持生物柴油质量非常重要，在我们国家需要建立配送体系的质量规范，为强制推广B5创造条件。

（2）尽快规范地沟油回收市场秩序，截断地沟油重回餐桌的供应链。建立持续、稳定、可靠的废旧油脂回收和供应体系，可以在不伤及粮食安全、生物多样性或社会的情况下，确保我国生物柴油发展的可持续性。

（3）积极发展第二代生物航空喷气燃料，既可以有效减少航空公司的碳减排，又为相对昂贵的生物柴油开辟新的应用渠道。

（4）制定税收优惠和扶持政策，鼓励民间资本投资生物柴油新兴产业。制定2020~2050年的中长期生物燃料推广总体规划，同时加快微藻柴油技术研发。

参　考　文　献

[1] Balat M. Production of biodiesel from vegetable oils：A survey[J]. Energy Sources：Part A，2007，29(10)：895-913.

[2] Knothe G. Biodiesel and renewable diesel：a comparison[J]. Progress in Energy and Combustion Science，2010，36(3)：364-373.

[3] Kubičková I，Kubička D. Utilization of triglycerides and related feedstocks for production of clean hydrocarbon fuels and petrochemicals：a review[J]. Waste and Biomass Valorization，2010，1(3)：293-308.

[4] Casanave D，Duplan J L，Freund E. Diesel fuels from biomass[J]. Pure and Applied Chemistry，2007，79(11)：2071-2081.

[5] Bloch M，Bournay L，Casanave D，et al. Fatty acid esters inEurope：market trends and technological perspectives[J]. Oil & Gas Science and Technology-Revue de l'IFP，2008，63(4)：405-417.

[6] Fukuda H，Kondo A，Noda H. Biodiesel fuel production by transesterification of oils[J]. Journal of bioscience and bioengineering，2001，92(5)：405-416.

[7] Meher L C，Vidya Sagar D，Naik S N. Technical aspects of biodiesel production by transesterification—a review[J]. Renewable andSustainable Energy Reviews，2006，10(3)：248-268.

[8] Vyas A P，Verma J L，Subrahmanyam N. A review on FAME production processes[J]. Fuel，2010，89(1)：1-9.

[9] Naik S N，Goud V V，Rout P K，et al. Production of first and second generation biofuels：a comprehensive review[J]. Renewable and Sustainable Energy Reviews，2010，14(2)：578-597.

[10] 鹿清华，朱青，何祚云．国内外生物柴油生产技术及成本分析研究[J]．当代石油石化，2011，19(5)：8-13.

[11] 王一平，翟怡．生物柴油制备方法研究进展[J]．化工进展，2003，22(1)：8-12.

[12] Takei Y. Issues of FAME andnext generation biodiesel[C]//13th Annual Fuels and Lubes Asia Conference，Bangkok，Thailand，2007：7-9.

[13] Knothe G. Biodiesel and renewable diesel：a comparison[J]. Progress in Energy and Combustion Science，

2010, 36(3): 364-373.

[14] http: //journeytoforever. org/biodiesel_ yield. html#iodine

[15] Nexant Chem Systems. PERP Report Biodiesel 02/03S2, December, 2003.

[16] Bacovsky D, Dallos M, Wörgetter M, et al. Status of 2nd generation biofuels demonstration facilities in June 2010[J]. IEA Bioenergy Task 39: Commercializing 1st and 2nd generation liquid biofuels from biomass, 2010.

[17] Bain R L. Worldbiofuels assessment; worldwide biomass potential: technology characterizations (Milestone Report)[R]. National Renewable Energy Laboratory(NREL), Golden, CO, 2007.

[18] Sheehan J, Camobreco V, Duffield J, et al. An overview of biodiesel and petroleum diesel life cycles[R]. National Renewable Energy Laboratory(NREL), Golden, CO (US), 2000.

[19] Nogueira L A H. Does biodiesel make sense? [J]. Energy, 2011, 36(6): 3659-3666.

[20] Murzin D Y. Chemicalengineering for renewables conversion[M]. Access Online via Elsevier, 2012.

[21] Evans G. International biofuels strategy project. liquid transport biofuels. technology status report, nnfcc 08-017[R]. Published by the NNFCC, 2008.

[22] Donnis B, Egeberg R G, Blom P, et al. Hydroprocessing of bio-oils and oxygenates to hydrocarbons. Understanding the reaction routes[J]. Topics in Catalysis, 2009, 52(3): 229-240.

[23] Mikulec J, Cvengroš J, Joríková L', et al. Second generation diesel fuel from renewable sources[J]. Journal of Cleaner Production, 2010, 18(9): 917-926.

[24] Stratton R W, Wong H M, Hileman J I. Life cycle greenhouse gas emissions from alternative jet fuels[J]. PARTNER Project, 2010, 28: 133.

[25] Hu Q, Sommerfeld M, Jarvis E, et al. Microalgal triacylglycerols as feedstocks for biofuel production: perspectives and advances[J]. The Plant Journal, 2008, 54(4): 621-639.

[26] Sotelo-Boyás R, Liu Y, Minowa T. Renewable diesel production from the hydrotreating of rapeseed oil with Pt/Zeolite and NiMo/Al_2O_3 catalysts[J]. Industrial & Engineering Chemistry Research, 2010, 50(5): 2791-2799.

[27] Pearlson M, Wollersheim C, Hileman J. A techno-economic review of hydroprocessed renewable esters and fatty acids for jet fuel production[J]. Biofuels, Bioproducts and Biorefining, 2013, 7(1): 89-96.

[28] Pearlson M N. A techno-economic and environmental assessment of hydroprocessed renewable distillate fuels [D]. Massachusetts Institute of Technology, 2011.

[29] Milbrandt A, Kinchin C, McCormick R. The Feasibility ofproducing and using biomass-based diesel and jet fuel in the United States[R]. NREL/TP-6A20-58015, 2013.

第十二章　微藻制生物燃料

第一节　概　　述

藻类含有叶绿素，可进行光合作用，并伴随放出氧气。有的藻类要利用显微镜才能观察到，称为“微藻”。微藻生产生物燃料的优点主要有：①产量大。微藻类比大豆和其他陆生作物的油单产高。②对水质要求不高。许多物种在海水，盐湖水，处理厂废水都能茁壮生长。③环境效益显著。微藻生长可以利用富营养化废水中氮、磷，还可以大量吸收工厂排放的 CO_2，发电厂、生物燃料工厂等大量排放 CO_2 工厂可以和藻类养殖基地整合在一起，提高环境效益和经济效益。④微藻生物柴油不含硫，使用中排放颗粒物、CO、HC、SO_x 明显低于普通柴油。⑤产品种类丰富。藻类中的酯类生产多种生物燃料，剩余的废弃物也有多种用处，如：燃烧产热、厌氧沼气、发酵制乙醇、高附加值副产品、动物饲料。

藻类生物燃料(Algal to biofuels)有两种转化途径，一种途径是把藻类看成农、林业废弃物一样的生物质原料，通过气化、热解、发酵、直接燃烧等工艺路线生产合成气、甲烷、生物油、生物乙醇、电力等，相关的内容本书其他章节已有介绍；另一种途径是利用微藻生产微藻油，微藻油可以采用和植物油、动物油脂类似的酯交换或加氢处理工艺，生产以脂肪酸甲酯为主要成分的第一代生物柴油，也可以加氢生产烃燃料。本章只重点介绍微藻油的生产及后续加工生产 FAME 或烃燃料，基本工艺过程主要包括：微藻养殖、微藻收获/脱水、萃取/分离微藻油、微藻油加工制生物燃料。榨油后剩余的微藻生物质可以制生物乙醇、甲烷、合成气或动物饲料等，提高微藻利用的附加值，降低微藻生物燃料的生产成本。

养殖微藻需要适宜的温度、光照、水源、CO_2 资源和氮、磷、铁等营养元素。微藻生物质的近似生物组成按公式来估计：$CO_{0.48}H_{1.83}N_{0.11}P_{0.01}$。碳元素约占微藻生物质量的 50%，微藻光合作用需要的碳来自于二氧化碳，产 100t 微藻生物质可以固定大约 188t 二氧化碳。空气中的 CO_2 不能满足微藻快速生长的需要，必须利用电厂、化肥厂等燃烧化石燃料排放的二氧化碳。氮、磷等营养物质约占微藻生物质量的 8%，年产万吨微藻的养殖工厂保守估算需要上千吨氮、磷营养元素，如果全部外购对产品价格影响很大，可以考虑氮肥的循环利用以及富营养化的城市和农业生产废水。微藻养殖对水质要求不高，敞开式池子(OP)养殖微藻对水的消耗较多，每生产 1L 燃料大约用水 200~1000L。

大规模养殖需要相对平整、成片的土地，这在我国属于稀缺资源。我国耕地面积约 18 亿亩，如果按照 2050 年亩产达到 3t 微藻油的乐观估算，若替代 10Mt 石油，微藻养殖面积将占中国耕地面积的 0.25%。

如何从千万种藻类品种中筛选、培育适用的能源微藻品种，是一个技术难题。微藻培育设备的选择也存在争议。开放式水池容易受到污染和被入侵物种的侵害，一些生物燃料公司主张采用密闭式光生物反应器，以便能够根据不同的藻类品种精确地控制阳光、CO_2 和水质。主流观点认为密闭式光生物反应器的生产成本太高，无法与化石燃料竞争。而且建设密闭式光生物反应器的全部材料的生产能耗均很高，导致系统的能量平衡也是问题。

微藻收获被认为是生产微藻油过程中的技术瓶颈，尚无工业生产经验。微藻的粒径只有2~20μm，养殖水池中的微藻浓度(按总固体物计)一般为0.02%~0.06%，微藻收获的目标是制取总固体物浓度达到2%~7%的微藻浆。可用的收获技术有沉降法、过滤法、浮选法和离心分离法等技术。沉降法中，使用化学絮凝剂的生物絮凝技术是可行的技术。离心分离是成熟的技术，但生产费用太高。解决和提高微藻收获技术的有效方法是引进食品工业、生物制药和污水处理所采用的技术并在此基础上进行改进。

微藻中提取的微藻油，多元不饱和脂肪酸含量高，因此生产生物柴油(FAME)耐氧化稳定性很难达到欧洲EN14214生物柴油标准要求，通过加氢工艺把微藻油变成碳氢化合物为主的可再生柴油或航空燃料，是微藻油较好的选择。最新技术对全部微藻采用高压液化水热处理，生产的高压液化油进一步加氢精制，或者将微藻先发酵制乙醇，再进一步提取出微藻油加氢处理可以提高微藻中碳的利用率，生产更多的液体燃料，从而降低生产成本。

微藻生物燃料技术仍处于研发阶段，尚未建成微藻农场和工业生产工厂，目前敞开式池子(OP)系统大规模生产微藻油生产率水平1~4L/(m^2·a)，微藻含油量30%~60%，对应的藻类质量产量约20~40g/(m^2·d)，如果考虑一年中四季和温度的变化，实际产量可能只有一半。目前技术水平规模化产出微藻油的成本每升约3~5美元，比常用的生物柴油原料棕榈油、菜籽油贵很多。规模的大小、养殖装置以及微藻油产出率对成本影响很大。需要通过研发，在生产工艺上取得技术突破，降低生产成本。产品价格构成中投资占到60%~70%，密闭式反应器(PBR)系统投资占比大于OP系统。一般认为OP造价每平米10美元数量级，PBR每平米造价100美元数量级.PBR不仅成本高，而且投入能量大于输出能量，如果微藻养殖作为高附加值的保健品和药品原材料，是可行的。如果养殖微藻作为生物燃料的基础原料，评估认为OP系统的微藻油价格、净能量产出、减排温室气体明显优于PBR系统。微藻油按照每升3~5美元的价格，相当于国际原油600美元/桶的价格水平，因此，微藻生物燃料要达到商业化目标，需要养殖规模放大3个数量级，成本降低1个数量级的技术飞跃。

美国能源部在2012年生物质多年规划(MYPP)中首次将藻类(微藻、宏藻等)和陆生生物质并列，作为重要的生物能源的原料，计划到2017年提供约1百万t干微藻生物质，2022年达到2千万t干微藻的规模。2022年微藻油生产技术达到约45t/公顷，加工成可再生柴油的售价为每升汽油当量1美元(2011年美元)。

第二节　微藻生物化学基础

一、微藻细胞结构与品种

藻类构造简单，其大小、形态、颜色多变。有的藻类要利用显微镜才能观察到，称为“微藻”。所有的藻类都含有叶绿素a和光合作用系统Ⅱ并能利用水作为氢的供体，在光合作用中释放出氧气。一些藻类属于原核生物，如蓝藻和原绿藻，更多的则属于真核生物，如绿藻、红藻、褐藻等。藻类分布极广，空气中、土壤里、水体中，无处不在。它们具有利用太阳光能效率高、营养丰富、无性繁殖、生长繁殖迅速、对环境的适应性强和容易培养等重要特性。

温度是影响藻类地理分布的主要因素。海藻根据生长地点温度的差异可分为 3 种类型：①冷水性种。生长和生殖最适温小于 4℃。②温水性种。生长和生殖的最适温为 4～20℃。③暖水性种。生长和生殖适温大于 20℃，又可分适温为 20～25℃的亚热带种及适温大于 25℃的热带种。淡水藻中多数硅藻和金藻类在春天和秋天出现，属于狭冷性种；有些蓝藻和绿藻仅在夏天水温较高时出现，为狭温性种。

藻类植物细胞含有各式各样的色素，不同的色素组成标志着进化的不同方向，是分门的主要依据。微藻可分为蓝藻门（Cyanophyta）又称蓝细菌（Cyanobacteria）、绿藻门（Chlorophyta）、金藻门（Chrysophyta）、红藻门（Rhodophyta）、硅藻（Bacillariophyceae）、褐藻门（Phaeophyta）、隐藻门（Cryptophyta）、裸藻门（Euglenophyta）、甲藻门（Pyrrophyta）等。其中形成产业的有蓝藻门的螺旋藻（Spirulina）、绿藻门的杜氏藻（Dunaliella）和小球藻（Chlorella），见图 12-1。

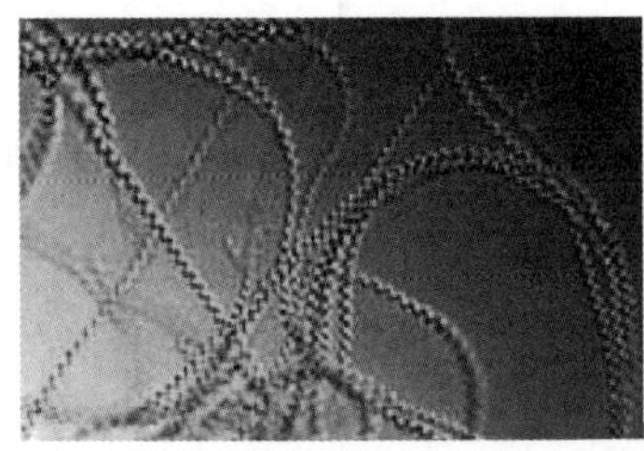
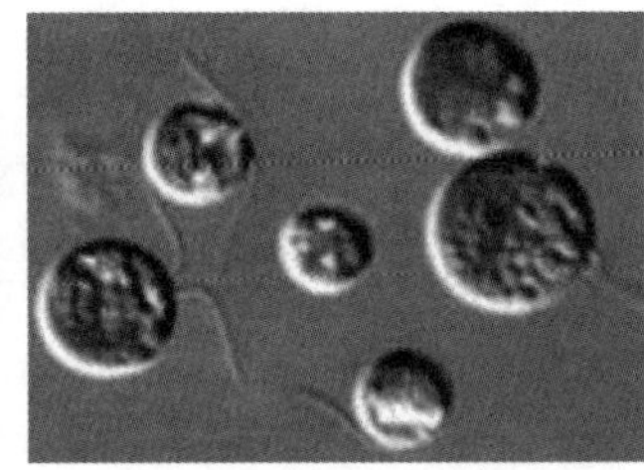
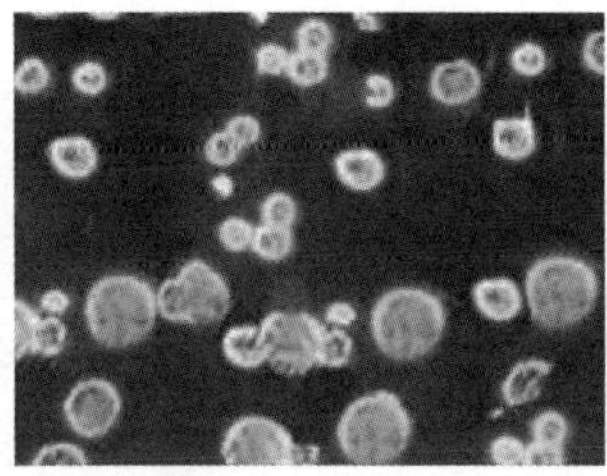

图 12-1　螺旋藻（Spirulina）、杜氏藻（Dunaliella）、小球藻（Chlorella）

绿藻门（Chlorophyta）是藻类植物中最大的一门。绿藻是现代植物的起源，淀粉是其储存能量的主要形式。绿藻的分布很广，以淡水中为最多，流水和静水中都可见到。硅藻门广泛分布于淡水、海水和半咸水中。硅藻是海洋浮游植物的主要组成者，是海洋初级生产力的一个重要指标。细胞壁包含聚合 Si，碳的固定形式为油脂和碳水化合物。硅藻死后，遗留的细胞壁沉积成硅藻土，可作耐火、绝热、填充、磨光等材料。蓝藻门有固氮作用的约 120 多种。蓝藻是地球上最早出现的绿色植物，大约出现在 33 亿～35 亿年前。金藻门类似于硅藻类，以天然油和碳水化合物为能量储存形式。对温度变化灵敏，多在寒冷季节，如早春和晚秋生长旺盛。在水体中多分布于中、下层。

美国能源部 1978 年就立项利用藻类制备生物柴油的研发工作[1]，从海洋和湖泊中分离了 3000 多种藻类，考察了不同盐度、pH、温度环境微藻耐受性和油脂含量。筛选出 300 多种绿藻和硅藻的优良品种，并进一步研究了许多品种的微藻在特殊营养环境诱导下产油脂的能力、油脂产生的生化反应机理。在诱导环境下，某些微藻能产生 60%（占干物质重）的油脂含量。

表 12-1 列出部分微藻品种的含油率和生产率，对 Botryococcus braunii 微藻，含油率能达到 75%，但是生产率很低，只有 3g/(m^2·d)，大多数微藻品种，如 Chlorella、Crypthecodinium、Cylindrotheca、Dunaliella、Isochrysis、Nannochloris、Nannochloropsis、Neochloris、Nitzschia、Phaeodactylum、Porphyridium、Schizochytrium、Tetraselmis，含油率在 20%～50%，生产率能达到 10 g/(m^2·d) 以上。

表 12-1 不同微藻品种的酯类含量和生产率[2]

海洋和淡水微藻品种	酯类含量/%（干物质）	酯类生产率/[mg/(L·d)]	微藻体积生产率/[g/(L·d)]	微藻面积生产率/[g/(m²·d)]
Ankistrodesmus sp.	24.0~31.0	—	—	11.5~17.4
Botryococcus braunii	25.0~75.0	—	0.02	3.0
Chaetoceros muelleri	33.6	21.8	0.07	—
Chaetoceros calcitrans	14.6~16.4/39.8	17.6	0.04	—
Chlorella emersonii	25.0~63.0	10.3~50.0	0.036~0.041	0.91~0.97
Chlorella protothecoides	14.6~57.8	1214	2.00~7.70	—
Chlorella sorokiniana	19.0~22.0	44.7	0.23~1.47	—
Chlorella vulgaris	5.0~58.0	11.2~40.0	0.02~0.20	0.57~0.95
Chlorella sp.	10.0~48.0	42.1	0.02~2.5	1.61~16.47/25
Chlorella pyrenoidosa	2.0	—	2.90~3.64	72.5/130
Chlorella	18.0~57.0	18.7	—	3.50~13.90
Chlorococcum sp.	19.3	53.7	0.28	—
Crypthecodinium cohnii	20.0~51.1	—	10	—
Dunaliella salina	6.0~25.0	116.0	0.22~0.34	1.6~3.5/20~38
Dunaliella primolecta	23.1	—	0.09	14
Dunaliella tertiolecta	16.7~71.0	—	0.12	—
Dunaliella sp.	17.5~67.0	33.5	—	—
Ellipsoidion sp.	27.4	47.3	0.17	—
Euglena gracilis	14.0~20.0	—	7.70	—
Haematococcus pluvialis	25.0	—	0.05~0.06	10.2~36.4
Isochrysis galbana	7.0~40.	—	0.32~1.60	—
Isochrysis sp.	7.1~-33	37.8	0.08~0.17	—
Monodus subterraneus	16.0	30.4	0.19	—
Monallanthus salina	20.0~22.0	—	0.08	12
Nannochloris sp.	20.0~56.0	60.9~76.5	0.17~0.51	—
Nannochloropsis oculata.	22.7~29.7	84.0~-142.0	0.37~0.48	—
Nannochloropsis sp.	12.0~53.0	37.6~90.0	0.17~1.43	1.9~5.3
Neochloris oleoabundans	29.0~65.0	90.0~134.0	—	—
Nitzschia sp.	16.0~47.0	—	—	8.8~21.6
Oocystis pusilla	10.5	—	—	40.6~45.8
Pavlova salina	30.9	49.4	0.16	—
Pavlova lutheri	35.5	40.2	0.14	—
Phaeodactylum tricornutum	18.0~57.0	44.8	0.003~1.9	2.4~21
Porphyridium cruentum	9.0~18.8/60.7	34.8	0.36~1.50	25
Scenedesmus obliquus	11.0~55.0	—	0.004~0.74	—
Scenedesmus quadricauda	1.9~18.4	35.1	0.19	—
Scenedesmus sp.	19.6~-21.1	40.8~53.9	0.03~0.26	2.43~13.52
Skeletonema sp.	13.3~31.8	27.3	0.09	—
Skeletonema costatum	13.5~51.3	17.4	0.08	—
Spirulina platensis	4.0~16.6	—	0.06~4.3	1.5~14.5/24~51
Spirulina maxima	4.0~-9.0	—	0.21~-0.25	25
Thalassiosira pseudonana	20.6	17.4	0.08	—
Tetraselmis suecica	8.5~23.0	27.0~36.4	0.12~0.32	19
Tetraselmis sp.	12.6~14.7	43.4	0.30	—

二、微藻油理化性质

微藻细胞内含有蛋白质、碳水化合物以及脂类(lipids)。微藻油(algae oil)和脂类并不完全等同，脂类是脂肪、类酯及其衍生物的总称，包括甘油三酯、磷脂、糖脂、类胡萝卜素、甾醇、蜡、叶绿素等，其共同特点是：不溶于水而溶于乙醚、氯仿等非极性有机溶剂。脂类中磷脂和糖脂等是构成各种细胞器膜及细胞质膜的主要成分，被称为极性脂肪。甘油三酯(TAG)、二酰甘油(DAG)和碳氢化合物通常被称为中性脂肪或油脂。

低脂类含量的微藻品种中蛋白质含量 30%~50%，碳水化合物含量 25%~40%，脂类占 5%~15%，高脂类含量的微藻品种中脂类含量达到 20%~60%。微藻油和植物油的主要成分都是甘油三酯，因此，植物和动物油脂生产生物燃料的技术同样适合于微藻油。但是微藻油的甘油三酯中多元不饱和脂肪酸(polyunsaturated fatty acids，PUFA)含量高，即脂肪酸碳链不饱和键较多，表 12-2 中列出部分海洋微藻中 PUFAs 的组成和含量[3]。如二十碳五烯酸(eicosapentaenoic acid，EPA)、二十二碳六烯酸(docosahexaenoic acid，DHA)在某些微藻中的含量很高[4]。这些多元不饱和脂肪酸对人体健康有利，有些品种的微藻(Monodus subterraneus；Phaeodactylum tricornutum)作为保健、营养品原料进行人工养殖。

表 12-2 海洋微藻多元不饱和脂肪酸含量[3]

品种	多元不饱和脂肪酸 PUFAs 占总脂肪酸含量/%		
	20：4(AA)	20：5(EPA)	22：6(DHA)
Chrysophyceae 金藻纲			
Monochrysis lutheri	1	19	—
Pseudopedinella sp	1	27	—
Coccolithus huxleyi	1	17	—
Cricosphaera carterae	3	20	—
C. elongata	2	28	—
Isochrysis galbana	—	15	7.5
Eustigmatophyceae 大眼藻纲			
Monodus subterraneus	4.7	32.9	—
Nannochloropsis sp.	—	35	—
Nannochloris sp.	—	27	—
N. salina	1	15	—
Chlorophyceae 绿藻纲			
Chlorella minutissima	5.7	45	—
Prasinophyceae 青绿藻纲			
Hetermastrix rotundra	1	28	7
Cryptophyceae 隐藻纲			
Chromonas sp	—	12.0	6.6
Cryptomonas maculata	2	17	—
Cryptomonas sp.	—	16	10
Rhodomonas sp.	—	8.7	4.6

微藻油中不饱和脂肪酸含量高，作为保健品对人体有利，但生产的生物燃料脂肪酸甲酯(FAME)易被氧化，储存稳定性较差。这种情况在某些植物油中也同样存在[5]，如油菜籽油含有亚油酸(18:2)、亚麻酸(18:3)，虽然亚麻酸氧化稳定性优于EPA、DHA，但是欧洲生物柴油标准EN14214中规定，亚麻酸甲酯含量不得超过12%(摩尔分数)，生物柴油中的碘值不得高于120gI_2/100g生物柴油，并且其中≧4个双键数的脂肪酸甲酯含量最高不能超过1%(摩尔分数)[6]。根据这一标准，预计大多数微藻油生产的生物柴油不能满足标准要求，需要添加抗氧化剂或通过加氢催化减少总不饱和度和单个脂肪酸的不饱和度。

三、提高脂肪积累的环境和基因调控

当外界条件发生变化时，生物有机体也不断进行代谢调整，以适应外界环境和生长发育的需要。环境因素正是通过某些分子机理，实现对脂类代谢相关酶的表达及活性的调控，从而影响油脂的含量和组成。影响脂肪含量与组成的环境因素包括营养元素(如氮、磷、铁)、pH、盐度、光照、温度等。

缺氮限制可以使细胞内脂肪含量提高2~3倍。磷和硅营养元素的限制同样对提高脂肪含量有效。虽然营养限制可以提高脂肪含量，但是同时细胞的生长和细胞内各组分的合成受到抑制，生物量下降。

温度也是影响微藻脂肪含量的主要因素之一。温度较低时，微藻生长和代谢缓慢，生物量和油脂含量都较低；温度升高，细胞内与油脂代谢相关的酶被激活，促进脂肪的合成。极端高温和低温条件下，微藻合成脂肪的量均减少。不同品种的微藻最佳生长温度范围虽然不同，但一般都在20~35℃，许多微藻能耐比最佳温度低15℃的低温，但超过最佳温度2~4℃生长就可能停止。

光照射是影响微藻光合培养最重要的因素。研究表明，完全处于黑暗条件下培养的微藻，生物量和油脂含量较低；随着光照强度的提高，生物量和油脂含量逐渐增加。之后，随着光照强度的增大，又呈明显下降趋势，存在光饱和、光抑制效应。

pH通过影响细胞内代谢酶的活性和藻细胞对离子的吸收作用，从而影响藻类的许多生理代谢过程。

针对微藻脂肪含量提高的基因工程策略主要包括增强脂肪酸合成途径、增强Kennedy途径、调控TAG的旁路途径、抑制脂肪合成的竞争途径以及抑制脂肪分解途径。近年来，又提出通过转录因子调节基因的新策略。转录因子策略影响多个代谢途径的大量基因，因此可以同时综合调控这些代谢途径，而不会有在基因工程操作中经常出现的“二级瓶颈”问题。

四、微藻生物技术研究重点

微藻的脂肪代谢机制目前较多地参考了高等植物的研究结果，两者虽然相似但可能仍有不同，有必要加强微藻脂肪代谢的基础研究。提高脂肪的积累可以通过环境调控或者基因工程策略，其中环境调控最有效的手段是限制氮源，但是环境调控往往是以牺牲细胞增殖和生长为代价的。现代生物技术的发展使构建高含油量微藻成为可能，要做到不影响甚至促进细胞增殖和生长，实现微藻的高密度规模化培养，最终降低生产成本，需要从以下两个方面加强研究：

(1) 加强真核微藻功能基因组的研究和高油微藻的遗传改良，扩大微藻脂类代谢研究的物种范围，为高油藻株的筛选和构建提供分子基础。

(2) 在深入研究油脂积累诱导机制的基础上，寻找诱导微藻油脂积累的生化："开关"和环境因子，优化培养条件和培养方式，结合遗传调控，达到提高产量和产率的目的。

第三节 微藻养殖

一、微藻产能分析

1. 叶绿体光合作用效率 PCE

生物叶绿体内光合作用理论上合成 1molCH_2O 需要 8mol 光子，假设生物将吸收的光子全部、有效地用于光合作用，并且除了合成生物质，维持其生命不需消耗能量，光合作用最大光能转化效率(photoconversion efficiency，PCE)26.7%。如图 12-3 所示，光合作用过程损失 73.3%的能量。

$$PCE_{PAR}=\frac{482.5\left(\frac{\text{kJ}}{\text{mol CH}_2\text{O}}\right)}{8\left(\frac{\text{mol photons}}{\text{mol CH}_2\text{O}}\right)\times 225.3\left(\frac{\text{kJ}}{\text{mol photons}}\right)}=26.7\% \tag{12-1}$$

实际上，生物体自身生理代谢限制，例如，并非所有的太阳辐射都能被光合作用利用，光合作用固定 CO_2需要消耗能量、生物表面的光反射、光合生物的呼吸、维持生命的正常能量消耗等都造成光合效率降低。即使光合生物暴露在 100%的日光下也会受到光抑制(photoinhibition)作用的影响。另外，环境因素，如营养剂、CO_2，也是导致太阳能转化为有机物的限制因素。因此，多年生草本植物芒草(Miscanthus)的 PCE 只有 1%~2%[7]，Zhu 等报道 C_3，C_4作物的最高效率分别为 2.4%，3.7%[8]。大多数陆生植物对太阳能的实际利用率只有 0.1%左右。

2. 影响微藻产量的主要生态学因素

微藻是 10~50nm 微生物，微藻在培育水池中流动、在营养介质中呈悬浮状态，交替处于日光照射和被遮蔽状态，接收日光的面积大大高于水池的表面积，而且微藻不需要消耗时间和能量制造茎、根、叶和果实，因此光能效率高于陆生植物。影响微藻光能效率的生态学因素如图 12-2 和表 12-3 所示。

(1) 自然条件下并非所有的太阳辐射都能被光合作用利用，非有效辐射损失约占 54%，有效辐射 PAR 一般为 0.43~0.46。

(2) 光传输效率：太阳光在大气中传播时，不可避免发生折射、散射，光能损失 5%~10%。

(3) 光子利用率：在较强的入射光条件下，增强的光强并不能提高叶绿体光合作用产率，这种现象被称为光饱和。它是生物体本身的局限，是由于光合系统内电荷传输速率成为限速步骤造成的[10]。

$$u_P=\begin{cases}\dfrac{I_S}{I_I}\left[\ln\left(\dfrac{I_I}{I_S}\right)+1\right] & I_I\geqslant I_S\\ 1 & I_I<I_S\end{cases} \tag{12-2}$$

式中 u_P——微藻光子利用率；

I_I——照射在微藻上的光合光量子通量密度，μmol/(m^2·s)；

I_S——微藻的光合光量子通量饱和密度，μmol/(m^2·s)。

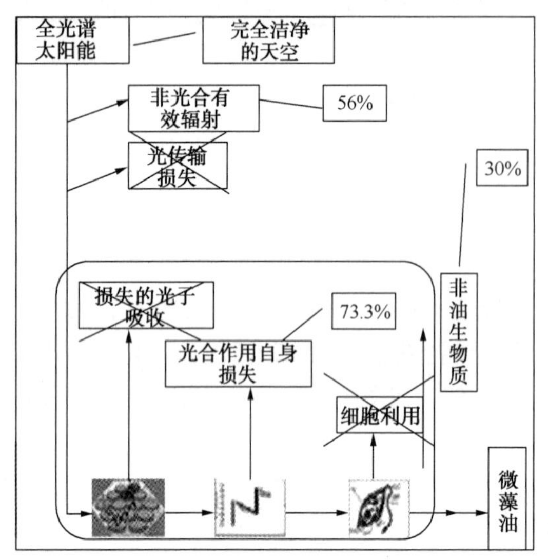

(a) 最大理论STO 8.6%

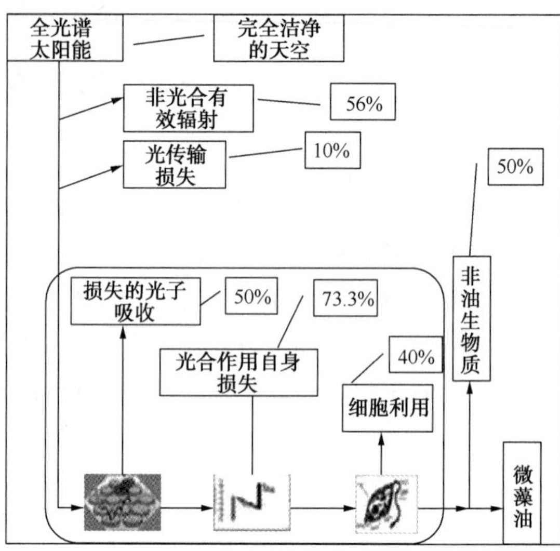

(b) 乐观情形STO 1.5%

图 12-2　太阳能-微藻油转化过程中各类光能损耗示意图

表 12-3　微藻理论最大产量和不同地区的最高产量[9]

项　　目	基 础 参 数	
光子能量/(kJ/mol)	225.3	225.3
光子数	8	8
碳水化合物内能/(kJ/mol)	482.5	482.5
生物质的内能/(MJ/kg)	21.9	21.9
油的密度/(kg/m^3)	918	918
光能利用率参数	理论情况	最好情况
全光谱太阳能/[MJ/(m^2·a)]	11616	5623~7349
总光谱中光合作用可利用比例/%	45.8	45.8
光子传输效率/%	100	95
光子利用效率/%	100	50
生物质的积累效率/%	100	50
细胞中油的含量/%	50	50
STO/%	6.1	1.5
每天最高产量/[g/(m^2·d)]	196	33~42
微藻油的年产量/[L/(m^2·a)]	35.4	吉隆坡 4.07 丹佛 4.4 马拉加 4.6 特拉维夫 4.88 檀香山 5.17 菲尼克斯 5.32

还有一种因素，也影响光子的利用率，即叶绿体天线因素。野生藻类在长期进化中倾向于吸收更多的光能，而不是更高的光能利用率。在叶绿体的光合色素中只有一小部分处于特殊状态的叶绿素 a 能够进行光化学反应，将光能转化为电子能。其余的光合色素负责光能的吸收和传递，被称为捕光色素或天线色素，这部分天线色素对光子的吸收 90% 为无效吸收，造成藻类光合作用光子利用率(Photon Use Efficiency)低。

因此，并不是叶绿体吸收的所有光子都参与光合作用，部分光子能量以热的形式耗散。这部分损失约 50%。

(4) 生物质的积累效率：微藻维持正常生理代谢，例如呼吸作用等需要消耗能量。这部分损失约 50%。

根据表 12-3 中数据，理论情况下，微藻光合作用最大效率(PCE)为：0. 267×0. 458＝0. 122。最好情况下，微藻光合作用效率(PCE)为：0. 267×0. 458×0. 95×0. 5×0. 5＝0. 03。其他文献也有类似的结论，Borowitzka[11]认为微藻的光合效率可达到 3%～6%；但一般认为 6% 的效率只是理论的最高极限，在实际培育条件不可能实现。Grobelaar[12]认为光生物反应器可靠的最高效率为 4%左右。

3. 光-微藻油转化效率 STO

微藻通过光合作用合成蛋白质、碳水化合物、脂类等能量物质，脂类中的中性脂肪(微藻油)只占这些能量的一部分。因此，微藻油效率(solar to oil)只是微藻光合效率(PCE)的一部分，微藻的 STO 低于微藻 PCE。

如图 12-2(a)所示，在理想情况下，脂类占 70%的能量，非油生物质占据 30%。微藻最大理论光油转化率 STO(solar to oil)＝0. 122×0. 70＝8. 6%。如果非油生物质占据 50%，STO 为 6. 1%。

如前所述，在自然条件下，8. 6%的光能产油率 STO 很难达到，还要考虑光子饱和利用率、叶绿素天线对光子的无效吸收和微藻生理呼吸作用消耗的能量等一系列生物学因素和工程因素的光能损失，根据图 12-2(b)计算的微藻油光能利用率 STO＝0. 03×0. 5＝1. 5%。这是乐观的光-油转化效率。

4. 提高光能利用率调控方法

(1) 提高太阳光中可以被微藻利用的有效吸收 PAR 的比例

利用变频染料把紫外线(300～400nm)变换为 450nm；

将绿色光频(500～600nm)，转换为 650nm；

通过基因工程得到高比例 chla/b 基因表达，剪短叶绿素天线，从而减少叶绿体对光能的无效吸收，降低光抑制效应，增加光线透射率，有利于提高微藻养殖密度。

(2) 增加 CO_2 固定量

增加 Rubisco 活化酶周围 CO_2 浓度，抑制光呼吸；

加强 Calvin 循环效率。

(3) 促进异养

循环利用微藻油加工过程产生的甘油，补充促进微藻异养生长，提高微藻产量。

5. 影响微藻产量的地理、气候因素

(1) 光照强度

微藻油产量不仅与光能利用率有关，还与太阳辐射量有关，不同地区实际太阳能辐射值和理想情况下太阳能辐射量与纬度的关系显示在图 12-3 中，最大辐射量接近 12000 MJ/(m²·a)，微藻油最大产量 35.4L/(m²·a)[9]。

但是实际太阳能辐射量比理想值低，需要考虑气候、云量、大气条件等因素的影响，而且低纬度地区不一定辐射量大，例如，靠近赤道的吉隆坡年平均光照和北纬 40 度左右的丹佛相近。世界范围内 6 个典型气候地域微藻油年产量如表 12-3 所示，在最好情况下，这些地区的微藻油产量只有 4.07~5.32L/(m²·a)。

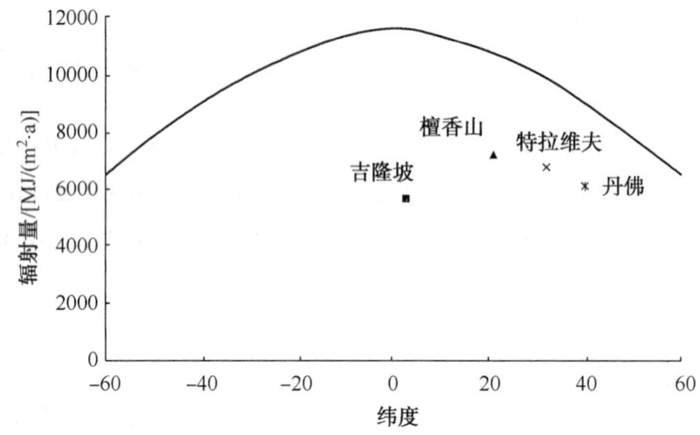

图 12-3 太阳年理论辐射量与纬度关系及不同地区太阳能年辐射量[9]

(2)水温、气候

Weyer 和 Zemke 等所做的预测分析，虽然考虑了光强和微藻光合作用本身的局限性，并给出相应的校正公式，但是他们没有考虑气候和季节对微藻产量的影响。事实上，水温对微藻生长有非常显著的影响。1988 年在新墨西哥州进行的微藻户外培育试验 OTF 发现，水温、气候对藻类的产率有很大影响，OTF 项目中，采用新月菱形藻(C. cryptica)，8 月份生产率 30g/(m²·d)，9~10 月份生产率降低一半。

Wigmosta[13] 在两人研究工作的基础上，引入水温影响因子 ε_t，

$$\varepsilon_t = \begin{cases} 0 & \text{当 } T < T_{min} \\ (T - T_{min})/(T_{opt\_low} - T_{min}) & \text{当 } T_{min} \leqslant T \leqslant T_{opt\_low} \\ \varepsilon_t = 1.0 & \text{当 } T_{opt\_low} \leqslant T \leqslant T_{opt\_high} \\ (T_{max} - T)/(T_{max} - T_{opt\_high}) & \text{当 } T_{opt\_high} \leqslant T \leqslant T_{max} \\ 0 & \text{当 } T > T_{max} \end{cases} \quad (12-3)$$

其中：T_{opt_low}是最佳生长率的温度下限，T_{opt_high}是最佳生长率的温度上限。

一年内不同月份的温度，以及一天内不同时间段，气温有较大的变化，也造成水体温度的改变。当水温低于 T_{min}，ε_t为 0，微藻生长率为 0，水温超过 T_{max}，微藻同样停止生长。不同品种的微藻最佳生长温度范围虽然不同，但一般都在 20~35℃，许多微藻虽然能耐比最佳温度低 15℃的低温，但超过最佳温度 2~4℃生长就可能停止。因此设定 T_{min} = 10℃，T_{opt_low} = 20℃，T_{opt_high} = 30℃，T_{max} = 35℃。敞开式池子的水温及变化通过计算机软件模拟计算，需要考虑水深、太阳短波辐射量、大气层长波辐射、蒸发等多种因素。计算所必须的 30 年光照、气候等基础数据由美国农业部及其他一些方法获得。结合水温等气候条件，光-生物质转化效率 1.2%，30 年平均微藻产率 8.7g/(m²·a)，最大 15.8g/(m²·a)。Wigmosta 认为这一

估算与美国能源部认可的大规模养殖微藻试验 10～20g/(m²·a)的结果是一致的。

6. 微藻油理论与实际产量比较

微藻是今后众望所归的生物油脂。美国能源部在上世纪末经过多年研究，未获理想成果，已写了结题报告，本世纪初重起炉灶，工作安排更为细致。很多私人企业一度炒作，但其成果不具说服力。需要注意，在实验室养殖微藻，温度、营养物质浓度等生长环境易于控制，容易达到较高的生长率、光能利用率以及油脂含量。但是自然环境下微藻的生长受多种因素影响，如白天生长迅速，夜间呼吸作用消耗能量，一年内不同月份的温度、光照强度不同，生长率变化很大。因此在自然环境中，大规模养殖微藻很难达到试验研究的产能和产量。

美国 ASP 项目试验中跑道式池子生物质年产量达到 30～60t/公顷，但在商业化系统中微藻年产量只有 10～30 t/公顷，德国 Klötze 最大 PBR 的设计小球藻生产率 130～150t /(公顷·a)，实际上只能达到最好的跑道式池子生产能力 25～50 t /(公顷·a)。有专家认为现阶段大规模养殖微藻的单位产量和 C_3、C_4陆生植物甜菜、甘蔗相当，并没有明显的优势[14]。

图 12-4 总结了不同研究者给出的单位面积的微藻油埋论年产量的大致范围[15]，4L/(m²·a)是目前敞开式池子系统能够达到的最佳水平，相当于 1 公顷每年产出 36.7t 微藻油。以油密度 918g/L，含油量 30%～50%估算，对应的藻类生物质产量约 20～33g/(m²·d)，这是目前的经济评估报告中乐观情景通常采用的生产率的数据，但是没有考虑温度波动和季节变化对微藻养殖的影响。

考虑到地区气候的差异，引入不同纬度、不同季节、不同气候条件下微藻的生产能力数据，目前大规模微藻养殖，微藻生物质产量约 15g/(m²·d)，含油率约 25%年，折合微藻油约 1.2L/(m²·a)。图 12-5 标出美国能源部对微藻生物质和微藻油产率的规划目标[16]，到 2022 年计划微藻生物质产量达 30 g/(m²·d)，含油率达 50%，产率达到 5.4 L/(m²·a)。即使是这样，离 NREL 给出的微藻油产率长期努力目标 14 L/(m²·a)还有很大的差距。

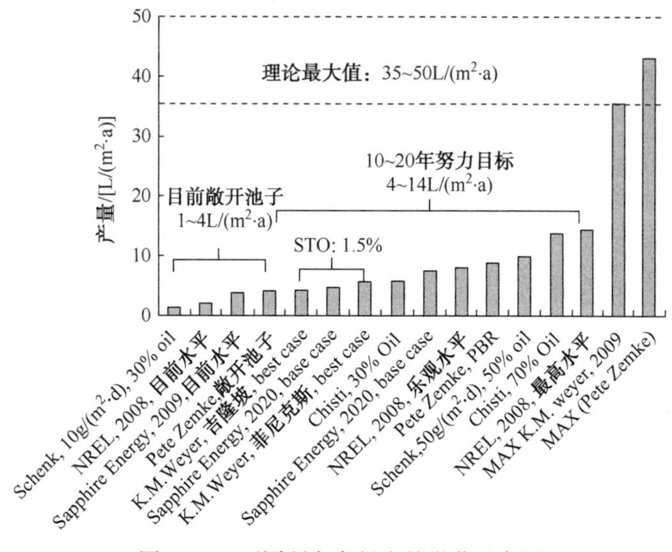

图 12-4　不同研究者得出的微藻油产量

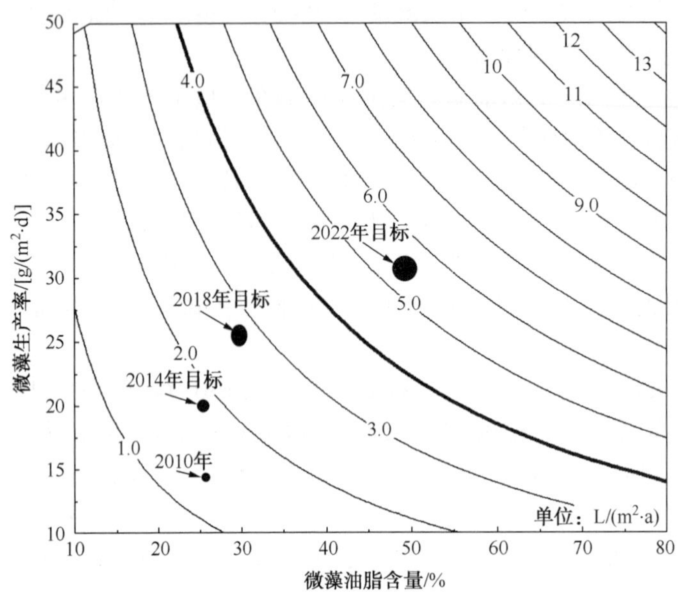

图 12-5　MYPP 规划的大规模生产微藻油的计划目标[16]

二、微藻养殖装置

1. 敞开式池子系统

敞开式池子系统养殖微藻始于 1950 年代，可分为自然水(湖泊、泻湖、池塘)系统和人工池子系统，目前普遍应用的是跑道式池子，用水泥或硬土辅以塑料。如图 12-6 所示，水深 0.2~0.5m，池子的深度以阳光能够对藻类有效照射为宜。一个移动式轮浆装置始终保持运转，以保持池中水的流动性，并使藻类悬浮于水中，水池弯曲处有些挡板引导水流。白天在轮浆的前面营养物和微藻回收料液不停地被输送进池子，在整个循环的末端，藻类被收集用于提炼油脂。池中可以安装输入 CO_2装置，增加 CO_2的供给。这类池子的尺寸以表面积而不是体积来表征。生产量表示为：生物质/天/单位面积。为了保证微藻的高产，必须补充 CO_2，可以利用煤和其他化石能源燃烧或加工中产生的废气。典型的煤热电厂的排放废气中有 13% 的 CO_2，该类大量排放 CO_2的工厂和藻类养殖的农场结合在一起，是较理想的生产方式[17]。该系统比密闭式光生物反应器的造价低一个数量级，运行期间能耗和维护成本低，清理方便。Earthrise Nutritionals 公司在美国加州 Calipatria 建有面积 44 公顷敞开式池子系统，生产螺旋藻营养品。目前超过 90% 的商业化微藻生产采用跑道式池子系统，池子系统生产能力受季节、温度影响，而且对环境要求较高，易受本地藻类、细菌、原生生物的污染，而且由于蒸腾作用造成水体 pH 改变、营养介质组成改变、温度波动、CO_2供给不足，搅拌混合效率低。

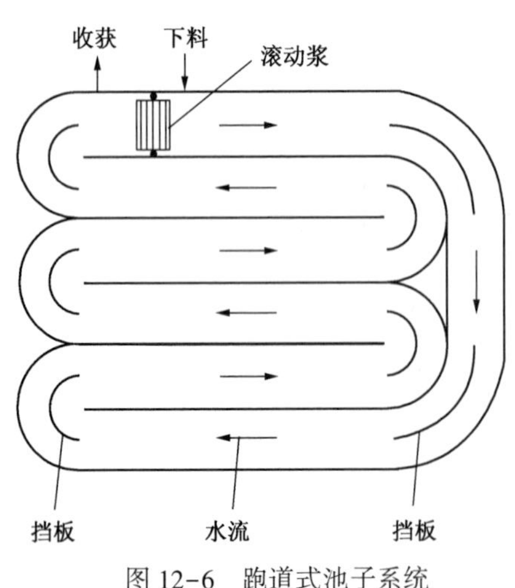

图 12-6　跑道式池子系统

2. 密闭式光生物反应器

密闭式光生物反应器按照水平、垂直、螺旋等方式规则排列一系列玻璃或塑料管，可分为平板式、管道式、环形、气升式生物反应器。可以最大限度避免污染和外来微藻品种的侵害，适合医药和化妆品生产领域高附加值微藻的养殖。反应器管道直径一般小于0.1m，便于接受阳光，提高微藻养殖密度，通过机械或空气提升系统循环(airlift system)，保证充气和混合完全，达到O_2、CO_2交换，从而可以提高微藻的养殖密度到80g/L。一些光生物反应器已经建成了小型示范装置[18,19]，制定了产品生产系列，但还不能说是工业化的生产装置。

3. 发酵法

除了利用光合作用养殖微藻，还有某些类型的微藻可以利用糖或其他形式有机碳源和氧气异养生长，如Thraustochytrids被异养养殖用于提取DHA和EPA不饱和脂肪酸。Solarzyme公司用异养发酵法养殖微藻用于生物燃料，选用何种廉价有机碳作为底物需要考虑。

4. 组合式养殖系统

把光生物反应器和敞开式池子系统组合在一起，形成组合式养殖系统。第一阶段在密闭反应器内，防止污染，保持微藻的良好分散状态，使微藻快速增殖，第二阶段微藻在特定营养条件下养殖，增加油脂含量，开放式池子更合适。Huntley[20]选用Haematococcus pluvialis生产微藻油和虾青素，生产率大于24.7t/(hm^2·a)，最大生产率59t/(hm^2·a)，他们认为采用高油脂的微藻品种，年产微藻油能达到188t/公顷。Rodolfi[21]等设计的两阶段法分为富N生长和缺N产油阶段，第一阶段和第二阶段油产率分别为10、80kg/(hm^2·d)，年产微藻油达到49~74t/公顷。

三、OP和PBR性价比

微藻生产能力不仅与季节、光照、微藻品种、油脂含量有关，还与微藻养殖、收获装置等养殖工程技术有关。

两种养殖方式都有明显的优缺点，光生物反应器在放大规模中存在混合、CO_2、O_2气体交换的问题，另外反应器壁需要定期清洁除去附着在上面的藻类，虽然水的蒸发量远小于敞开式池子，但是由此也带来反应器温度过高，需要设法维持合适的温度。光生物反应器的优点是不易被污染，消毒频率低，养殖过程持续性好，而且反应器比表面积大于敞开式池子，对光照的利用更充分，因此可以增加养殖密度，节约用水量。敞开式池子可以依靠蒸发降温，但养殖过程受到季节、昼夜温差、湿度的影响，温度波动大，而且水蒸发损失量大，水体易受污染，补充的CO_2容易挥发损失，养殖的微藻可能会被当地微藻或外来物种侵害。

1. 性能比较

用敞开式池子系统(OP)和密闭式光生物反应器(PBR)养殖微藻的一些生产率试验数据分别总结在表12-4、表12-5中。X_{mass}(g/L)表示养殖密度，P_{aerial}[g/(m^2·d)]表示单位面积生产率，P_{volume}[g/(L·d)]表示单位体积生产率，*PE*表示太阳能利用效率。虽然两个表中的数据离散型很大，但从统计平均的角度，对比两种养殖方式，可以得出几点普遍规律：

① PBR养殖密度比OP高一个数量级。

② PBR体积生产率比OP高一个数量级。

③ 表面积/体积(m^2/m^3)，数值越大，表示单位体积分摊的表面积越大。PBR比表面积比OP大一个数量级。

④ 但是两种养殖方式的单位面积生产率较接近。因为，不论如何设计 PBR，单位面积的光照强度和 OP 差不多。

表 12-4　敞开式池子系统微藻生物质生产率数据[22]

微藻品种	养殖密度 X_{mass}/(g/L)	单位面积生产率 P_{aerial}/[g/(m^2 · d)]	单位体积生产率 P_{volume}/[g/(L · d)]	太阳能利用效率 PE/%
Chlorella sp.	10	25		
Spirulina platensis	—	—	0. 18	
Spirulina platensis	0. 47	14	0. 05	
Haematococcus pluvialis	0. 202	15. 1	—	—
Spirulina	1. 24	69. 16	—	—
Various	—	19	—	
Spirulina platensis	0. 9	12. 2	0. 15	
Spirulina platensis	1. 6	19. 4	—	—
Anabaena sp.	0. 23	23. 5	0. 24	>2
Chlorella sp.	40	23. 5		6. 48
Chlorella sp.	40	11. 1		5. 98
Chlorella sp.	40	32. 2		5. 42
Chlorella sp.	40	18. 1		6. 07
平均值		23. 5	0. 155	5. 99

表 12-5　密闭光生物反应器系统微藻生物质生产率数据[22]

品种	反应器类型	体积规模/L	X_{mass}/(g/L)	P_{aerial}/[g/(m^2 · d)]	P_{volume}/[g/(L · d)]	PE/%
Porphyridium cruentum	气升管式	200	3	—	1. 5	—
Phaeodactylum tricornutum	气升管式	200	—	20	1. 2	
Phaeodactylum tricornutum	气升管式	200	—	32	1. 9	2. 3
Chlorella sorokiniana	斜管式	6	1. 5	—	1. 47	—
Arthrospira platensis	波纹管式	11	6	47. 7	2. 7	—
Phaeodactylum tricornutum	螺旋管式	75	—	—	1. 4	15
Haematococcus pluvialis	平行管式	25000	—	13	0. 05	—
Haematococcus pluvialis	鼓泡塔式	55	1. 4	—	0. 06	—
Haematococcus pluvialis	气升管式	55	7	—	0. 41	—
Nannochloropsis sp.	平板式	440	—	—	0. 27	—
Haematococcus pluvialis	平板式	25000	—	10. 2	—	—
Spirulina platensis	管式	5. 5	—	—	0. 42	8. 1
Arthrospira	管式	146	2. 37	25. 4	1. 15	4. 7
Chlorella	平板式	400	—	22. 8	3. 8	5. 6
Chlorella	平板式	400	—	19. 4	3. 2	6. 9
Tetraselmis	塔式	1000	1. 7	38. 2	0. 42	9. 6
Chlorococcum	抛物线式	70	1. 5	14. 9	0. 09	—
Chlorococcum	穹顶式	130	1. 5	11. 0	0. 1	—
平均值			2. 9	23. 1	1. 18	7. 46

这些规律也可以从 Chisti[23] 文献中得到印证。年产 100t 干微藻的两种生产系统的基本生产率指标和占地面积等数据的分析对比见表 12-6，密闭式生物反应器和敞开式池子相比，①养殖密度是池子系统的 8 倍；②体积生产率是池子系统的 13 倍；③面积生产率两种养殖装置很接近，这和表 12-4、表 12-5 得到的规律是一致的。每公顷土地产油量密闭反应器只比敞开式池子高约 40%。

表 12-6　密闭和敞开式反应器生产方式性价对比

参　数	密闭光生物反应器	敞开式池子
年产/t	100	100
体积生产率/[g/(L·d)]	1.535	0.117
面积生产率/[$g/(m^2 \cdot d)$]	48① 23③(=100t/365d/11943m^2)	35②
养殖密度/(kg/m^3)	4.00	0.47⑥
稀释速率/d	0.384=体积生产率/养殖密度	0.25=0.117/0.47
占地面积/m^2	5681	7828
产油率/(m^3/hm^2)	136.9④ 58.7⑤	99.4④ 42.6⑤
CO_2 年消耗/kg	183，333	183，333
装置规格	132 根平行管；80m×0.06m	978m^2/池子；12m×82m×0.30m
装置数量	6	8
装置总体积/m^3	179	2347
装置表面积/m^2	11943	7824
表面积/体积	66.7	3.33

①基于工厂面积。
② 基于池子面积。
③ 基于反应器面积，原文献值为 72。
④ 基于 70%含油量。
⑤ 基于 30%含油量。
⑥ 原文献为 0.14。

通过两种微藻养殖系统参数比较可以看出，密闭光生物反应器(PBR)优点是养殖密度大，体积生产率[g/(L·d)]比敞开式池子系统(OP)高一个数量级。但是，同样的养殖规模，OP 占地面积只略大于 PBR，两种养殖装置的单位面积生产率[$g/(m^2 \cdot d)$]相差不大。需要指出，同样的养殖规模，PBR 需要的水比 OP 少一个数量级。

2. 造价和运行费用比较

虽然密闭式养殖系统的生产率比开放池子高一些，上世纪美国 DOE 的 ASP 项目曾经关注过密闭式 PBR 系统的设计，但很快发现这类装置每平方米单价超过 100 美元，至少是敞开式池子系统的 10 倍价格[24]。就设备和原材料而言，PBR 类似于温室种植灌溉系统，这类系统造价 50~250 美元/m^2，用于高附加值的蔬菜、水果和鲜花种植。就 PBR 建造、运行和维护中的能量消耗而言，能量平衡为负值。

目前 PBR 系统规模只有几百 m^2，比敞开式池子规模小 100 倍，PBR 系统微藻生产费用在 3 万~7 万美元/t，这比 50 美元/t 的传统农林废弃物价格高 3 个数量级，比温室蔬菜、水果价格高 1 个数量级，也比 OP 系统运行费用 1 万美元/(hm^2 · a)高 1 个数量级。虽然规模化可能降低费用，但是 PBR 设备、管道、泵、电子元件、建筑、维护、清洁，和人工对规模并不敏感。

敞开式池子和密闭式光生物反应器的综合比较总结在表 12-7 中。通过比较，单位土地面积 OP 的生产效率并不比 PBR 低很多，但是投资和生产成本远低于 PBR。因此，只有个别专家[25]认为现在就断言 PBR 价格太高，没有竞争优势还为时尚早，大部分专家认为微藻规模化养殖需要采用 OP 养殖系统。

表 12-7　OP 与 PBR 养殖装置的性价比

项　　目	OP 与 PBR 对比
实际占地面积	OP 稍多于 PBR
水体微藻养殖密度	OP 比 PBR 小一个数量级
单位面积生产率	OP 稍低于 PBR
养殖装置造价	OP 比 PBR 小一个数量级
用水量	OP 比 PBR 大一个数量级
微藻油生产成本	OP 明显低于 PBR
全生命周期能量消耗	OP 明显小于 PBR

四、营养元素供给和控制

微藻的光合生长需要光、二氧化碳、水和无机盐，必要组分包括氮、磷、铁，有时还需要硅，最小营养需求可以用微藻生物质的近似生物组成公式来估计：$CO_{0.48}H_{1.83}N_{0.11}P_{0.01}$。其中氮约占微藻生物质重量的 6.6%，磷元素约占微藻生物质重量的 1.3%，年产万吨微藻的养殖工厂保守估算需要上千吨氮、磷营养元素。因此，规模化微藻养殖工厂选址和生产要考虑营养元素的成本、供给源。若有 50%的氮被循环利用，氮、磷、铁在每加仑微藻燃料中占 6~8 美分[26]，另外，还有硫、微量元素、维生素等也是必须的营养元素，某些需要异养生长的藻类还需要碳基营养元素。

氮肥的形态主要有氨、硝酸盐、尿素，通常的合成方法需要依靠化石能源，除了成本分析，在全生命周期分析中还要考虑温室气体的排放量。一种改进的方法是在微藻养殖中引入具有固氮能力的蓝藻，部分太阳能用来固氮，整体的光能利用率会有所降低。工厂排放废气中的 NO_x 和 SO_x 也可以作为营养元素的补充。

在养殖中对水体中营养元素的浓度控制也很重要，某类营养元素的缺乏会降低微藻生产率，但是可能会促进藻类油脂含量的提高。另一方面，营养元素的浓度过高，不仅有毒，还会产生富营养化的废水排放，给环境带来危害。

利用污水处理厂或农业生产的富营养化废水是减少营养元素投入，降低微藻养殖中营养元素采购成本的有效方法，但是要考虑养殖工厂的选址和土地的价格。另一种减少营养元素消耗的方法是实现营养元素的可再生利用，理论上源于微藻油的生物燃料不含氮、硫、铁等，这些元素主要存在于微藻剩余的生物质中，厌氧发酵制生物气的残渣可以重新返回养殖系统，但这方面的研究还不多。

营养元素的来源、控制对养殖成本、生产率和可持续性有很大影响。目前需要解决的问题有：营养元素的技术和经济分析与全生命周期分析，营养元素循环利用的规律，对废水资源分布的普查并研究废水养殖微藻的可行性。

五、规模化养殖的挑战

从实验室到商业化运行的放大过程面临许多技术和经济问题，例如实验室规模中不用考虑的营养元素的提供和水的循环处理在规模化养殖中成为经济和技术问题。借助农业生产和城市废水虽然可以降低营养元素成本，但会引入病原体、化学和重金属污染物等，对于人工池塘的生态和病理学也缺少深入了解。在规模化进程中的主要挑战包括：

① 规模化养殖稳定性，实用的微藻生物燃料需要目前养殖规模 3 个数量级的放大，这将给稳定生产带来挑战。

② 需要详细、深入地了解水体中各物种之间的竞争、共生、制约等关系。

③ 也需要了解大规模的微藻生长对资源的影响。某些情况下对环境和资源产生有利效应，例如，清除水质的富营养化并产生维生素，某些情况下要争夺和消耗现有的资源。

④ 最需要注意的是微藻捕食者和微藻致病菌，我们对这方面的了解还很缺乏。水中大约有 40000 种以上浮游生物，而我们只认识其中很小一部分。壶真菌(Chytrid fungi)就能引起工业养殖微藻的崩溃，但是我们对其发病和抗病机理缺乏了解。

为了进行规模化养殖，近期需要研究解决的问题有：

① 农业生产和城市废水，虽富含营养元素，但同样含有众多微生物，是否可以利用？

② 本地野生微藻对光生物反应器和敞开式池子的侵害程度如何？

③ 对侵害如何防护和处理？尽可能长地保持微藻的正常生长，提高生产效率。

④ 规模化养殖微藻还需要建立合适的分析、监控方法便于了解微藻的生态和化学变化，以及水体中微藻捕食者、致病菌的状况。这些方法应该实时、快速、灵敏并且成本较低。

⑤ 深入了解水体中各物种生存竞争关系，为有害物种和致病菌的侵入提供早期预警，分子学水平研究微藻生态学，为改良微藻品种提供信息和依据。

第四节　微藻收获与加工

细菌和酵母菌发酵浓度能达到 100g/L，而微藻的养殖密度很低，密闭 PBR 大约 5~10g/L，敞开式水池只有 0.5~1.0g/L[27]。收获过程必须把约 0.1%的“微藻汤”浓缩到至少 1%的浆料，然后干燥到微藻含水量 15%~25%满足下一步工序的需要。这个过程需要把微藻与大量的水分离，微藻的含水量不仅影响提取微藻油的工艺设计和技术方案，还影响微藻后续运输方式和生物燃料加工厂的选址等问题。收获过程约占产品费用的 20%~30%。

在研究微藻收获和加工技术时，我们必须考虑的问题是：作为能源微藻，现有的收获和脱水、干燥工艺过程消耗的能量与微藻生物燃料所能提供的能量相比，是否可行。

一、收获、干燥

收获微藻的方法主要有：①絮凝沉淀法，微藻和蓝藻细胞只有 1~30μm，需要添加絮凝剂帮助沉淀，絮凝剂的种类有明矾、石灰、纤维素、盐、聚丙烯酰胺、表面活性剂、壳聚糖以及人造纤维等化学添加剂，pH 的改变对絮凝也有影响。除了化学添加剂，生物和电絮凝法不用引入化学品，对水的后续处理和循环影响小。②气体/电浮选方法(DAF)，先使微藻絮凝聚集，然后把空气注入悬浮液中，使微藻簇悬浮于表面，刮出微藻富集层储存到浆料罐中。这种方法需要化学添加剂、电助凝，另外，悬浮液中气泡的大小、分布也影响收获效率。③过滤法，由于微藻尺寸太小，过滤时孔隙太大微藻的收获效率低，孔隙太小又可能堵塞孔隙，降低过滤速度，增加能耗。过滤时使用的材料应该有适当的疏水性和微藻亲和力，并能够重复使用。④离心法，该法收获微藻主要问题是设备投资大，操作费用较高。

表 12-8 列出几种收获方法的费用对比，目前主要采用沉降、化学絮凝、浮选、离心多级收获技术，逐步将微藻浓缩到 20%。收获的微藻如果进一步干燥降低含水量，所需的能耗随含水量降低将急剧增加。自然干燥法虽然成本较低，但却依赖于合适的天气和场地。因此，目前提取微藻油多采用湿法，干法的能耗太高，不适合生产生物燃料。

表 12-8　收获脱水费用对比[28]

收获/脱水技术	浓缩固含范围/%	费用/(美元/kg)
离心	10—15—30	0.7~1.8
DAF 气体浮选	7.5—10—20	0.9~1.6
电-浮选	2—4—8	0.2~0.7
生物浮选	7—10—15	<0.02

二、微藻萃取微藻油

现有的微藻油抽提技术主要用于实验室规模或针对高附加值微藻产品。上节提到，大规模制造生物燃料的能源微藻含水量较高，需要采用高效的抽提技术。

不同的微藻品种、生长状态和收获工艺将影响抽提技术的选择。油脂提取前需要先破坏细胞壁结构，使溶剂容易接触到油脂。机械破坏包括细胞均质机、砂磨机、超声和高压。非机械法包括冷冻，溶剂，渗透压冲击，酸、碱、酶反应，微波法。

抽提的溶剂主要有超临界 CO_2、氯仿、混合溶剂正己烷/异丙醇、二甲基亚砜/石油醚、正己烷/乙醇。混合溶剂中一种较强极性穿透细胞，另一种极性较弱与油脂相容性好。

近年来，微藻油高效、低成本的提取技术研究活跃。OpenAlage 公司[29]开发出一种裂解(lysing)技术，不用溶剂，利用机械和电力从浓度 5%~15%湿微藻提取出微藻油，效率 95%。SRS Energy 公司[30]采用 AlgaFrac™技术处理固含 10%、含油率 38%湿微藻，费用低于 0.14 美元/L。2009 年在新墨西哥建有 100kg/d 的中试装置。

三、微藻生物燃料转化技术

微藻主要成分是油脂、碳水化合物和蛋白质。由于微藻生产的高成本，它作为营养保健品价值更高，迄今为止，微藻燃料转化技术的系统试验研究仍然较少。借鉴动、植物油脂生产生物燃料技术，微藻油可以通过酯交换、加氢或催化裂化等技术转化为生物柴油等燃料。剩余的碳水化合物可以作为动物饲料或者厌氧发酵制甲烷。

燃料加入发动机需要满足一系列物理和化学性质，如能量密度，氧化性，生物稳定性，润滑性，低温性能，相容性，腐蚀性，排放量，黏度，蒸馏曲线，点火性能，气味，毒性，环境影响，闪点，金属、硫、磷含量，潜热，耐水性等。

虽然酯交换法生产的生物柴油技术成熟，但是对于微藻油，由于多元不饱和脂肪酸含量高，生产的生物柴油(FAME)耐氧化稳定性很难达到标准要求。最新的技术路线是将微藻油在氢气气氛中，300~360℃，压力3MPa以上，加氢催化剂作用下，转化成烷烃，同时生成CO_2、CO、H_2O和甲烷、丙烷。高级烷烃降凝异构，主要生产航空煤油和可再生柴油。可再生柴油被称为第二代生物柴油，与传统石油燃料成分非常接近，具有很好的调合性。

原料的化学组成以及反应的条件对产物影响很大，原料中不饱和键越多，生成的环烷烃和烷基苯越多，微藻油[31]和亚麻油[32](27%~40% C18：3)都含有较多的不饱和双键，因此断裂点较多，更适合作为低温性能优异的航空喷气燃料的原料。2009年，掺有2.5%微藻油的麻疯树油采用UOP/ENI技术加氢生产的航空燃料在Continental Airlines进行首次飞行试验。微藻油脂加氢制喷气燃料技术详见本书第十一章。

第五节 选址与运输

一、气候、水、CO_2

1. 我国气候特点

图12-7显示我国及世界一些典型气候地区太阳能辐射量。我国分为五级，其中宁夏北部、甘肃北部、新疆东南部、青海西部和西藏西部、甘肃西部为一级区，辐射量最大，年辐射量6680~8400MJ/m²，相当于日辐射量5.1~6.4kW·h/m²。四川虽然纬度与西藏相近，但是却为五级区，年太阳能辐射量只有西藏的一半。

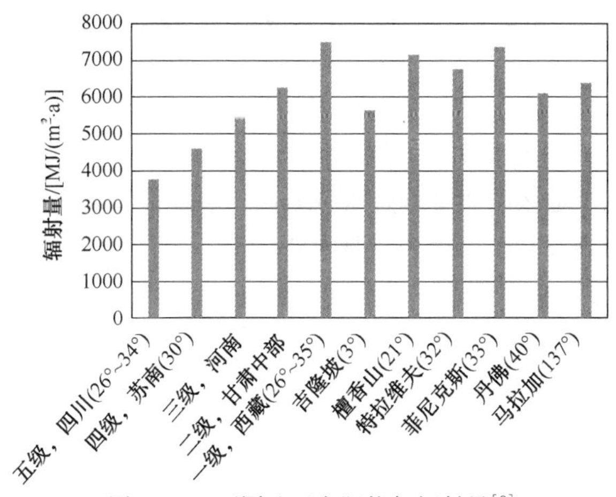

图12-7 不同地区太阳能年辐射量[9]

年平均气温>15℃是适合养殖微藻的地区，图12-8显示我国的年均气温分布和我国日照分布趋势相反，光照条件最好的西藏地区，年平均气温低于零度，这样的气候并不适合微藻养殖。

结合我国气温和光照时间分布的实际情况，在我国推广大规模微藻养殖既要考虑藻类品种的生物学特性，还需要考虑温度、日照、水、CO_2等影响藻类单产的环境参数。我国长江以南的东南地区，尤其是沿海地区温度、光照和温度条件较适宜海水养殖微藻。长江以北的中、东部地区年平均温度8~16℃，光照强于南方也较适合微藻养殖。西北地区光照充足，

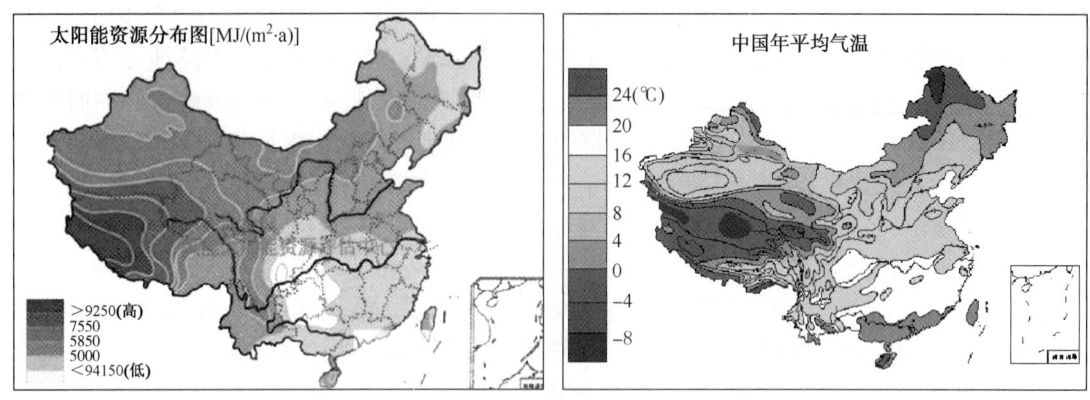

图 12-8　我国太阳能资源分布和年平均气温分布图

但年平均温度 4~10℃左右，而且年降水量少、蒸发量大，在西北有水的地方是否适合微藻养殖需要试验论证。日照充足的青藏高原由于地势高、空气稀薄，年平均气温低于 0℃，不适合大规模露天养殖微藻。

2. 水的来源、循环和回收处理

微藻养殖离不开水，虽然对水质要求不高，盐水、海水、甚至城市或农业污水也可以养殖微藻，但是规模化养殖需要的水量大。随着水的蒸发，长期使用造成毒素累积和盐度升高，必须考虑水的来源、补给、水循环和水的回收利用的能耗、费用、环境影响等问题。

密闭反应器水的挥发损失较小，露天开放式池子水的渗流和蒸发量很大。根据资料，一般地表浅湖每年的蒸发量为 50~270cm，按 150cm 蒸发量，$1m^2$水面年蒸发约 1.5t 水，$1m^2$水面微藻年产量约 7.3kg，相当于 1kg 干微藻蒸发损失 200kg 水。因此，养殖微藻的水蒸发量并不显著大于农业生产，但是在微藻收获阶段会额外损失一部分水。

如果补充较差的水质，盐、重金属和毒素在水中逐渐富集，到一定的浓度会影响微藻的生长，这类含微藻的废水直接排放可能会对周围环境和生物多样性造成破坏，需要研究废水的低费用处理方法。一个地区的年平均降雨量若高于蒸发量，降雨是水的有效补给途径。如地中海气候下，降雨与蒸发的平衡损失只有 300mm/a。

可见水的消耗量与气候密切相关。Lardon[33]认为地中海地区 1kg 干微藻损失 4L 水，NREL Darzins[34]则认为每升微藻油补水达到 420~2800L。水的消耗量不仅与气候有关，还可能与水的来源有关，海水、城市废水、或新鲜淡水的循环与处理方式并不相同。因此，大规模养殖微藻要认真考虑水的来源、补给、消耗量，并进行环境影响评价。

微藻的增殖速度很快，在适合条件下，一天可能增长一倍。为了保持稳定的养殖密度，必须随时把增长的微藻收获，因此水的循环量很大。以年产 100t 微藻的敞开式池子为例(参见表 12-6)，养殖密度 0.47 kg/m^3，平均每天微藻产量 0.117 $kg/(m^3 \cdot d)$，收获微藻密度介于 0.47~0.587 之间，意味着池子中每天 20%~25%的水要循环一次，需要耗费很多电能。因此，水循环方式、流速以及收获时水体微藻密度对操作费用、净能量产出和全生命周期温室气体排放量影响很大。

3. CO_2

微藻养殖除了植物生长三要素阳光、水、适宜的温度以外，试验已经证明需要充足的 CO_2微藻才能达到高产。根据微藻生物质组成 $CO_{0.48}H_{1.83}N_{0.11}P_{0.01}$(M=23.36)估算，每生产

100g 微藻需要固定 188gCO_2。空气中 CO_2 无法满足微藻快速生长的需要，必须人工补充 CO_2。能够大量产生 CO_2 的工厂，如发电厂、合成氨化工厂、水泥厂、大型发酵工厂的附近才适合建立大型养殖基地，这样可以减少 CO_2 的输送成本。来自不同工厂的 CO_2 纯度不一样，例如，燃烧尾气 CO_2 最高 12%，合成氨厂 CO_2 几乎 100%。有时 CO_2 需要经过净化。需要注意的另一个问题是比微藻质量多 1 倍的 CO_2 必须通过管道注入到池子中。为了使 CO_2 充分溶解，CO_2 注入的深度通常要达到 2~6m，这一过程需要消耗大量的能量，需要超过 20~100W・h/kgCO_2 [35]，对最终产品的价格有显著的影响。另一方面对电厂、水泥厂而言，通过微藻对 CO_2、NO_x、SO_2 的大量吸收，可以减少温室气体排放，比 CO_2 掩埋法对环境更加友好。

总之，规模化养殖微藻的选址需要相对平整、成片的土地，适宜的气候以及充足的水源，并且附近有电厂等 CO_2 资源，并对环境影响最小化。我国哪些地区适合养殖微藻，不同地区微藻产量高低，需要开展系统、详细的资源调查和论证工作，为微藻能源规划和决策提供详细的基础数据。

二、土地面积

微藻的大规模养殖对土地的要求甚至比农业生产更高，选址不仅需要相对平整，成片的土地，而且需要水资源丰富，附近有发电厂、水泥厂等 CO_2 资源提供。即使满足上述要求，相对产量还受纬度、气候、养殖品种等条件限制。大规模生产微藻油目前技术水平年产约 7t/hm^2，乐观预测到 2022 年微藻油露天年产 45t/hm^2，我国现有耕地面积 18 亿亩，若形成 20Mt 石油替代规模，在不考虑其他制约因素的情况下，不同类型的能源作物需要的土地面积如表 12-9 所示。其中微藻养殖面积将占中国耕地面积的面积 0.5%~3.0%。

表 12-9　不同类型的能源作物替代 20Mt 石油需要的土地面积

项目	产率/[kJ/(hm^2・a)]	20Mt 石油/(kJ/a)	国土面积/km^2	占中国耕地面积/%
玉米	5.87×10^6		1.57×10^6	130
油菜	4.14×10^7		2.22×10^5	18
棕榈油	2.08×10^8	9.2×10^{14}	4.43×10^4	3.6
微藻	10.8×10^8(乐观)		0.59×10^4	0.5
微藻	2.62×10^8(保守)		3.53×10^4	3.0

三、运输

储存和运输中需要考虑对微藻或微藻油的稳定性造成影响的因素，例如 1)自然界微生物对微藻的分解影响；2)微藻油中不饱和键的氧化作用；3)运输何种形式的原料到加工厂，是脱水或压缩微藻或微藻油还是其他形式需要考虑成本、对环境的影响，对交通工具的腐蚀、污染，以及加工厂的兼容性。

第六节　微藻燃料研究与开发进展

一、20 世纪发展回顾

20 世纪 50 年代 Meier 和伯克利大学 Oswald 等设想在废水中培养藻类，并利用藻类细胞产生的碳水化合物厌氧消化制造天然气。到 70 年代由于石油危机，上述设想受到重视。Uziel 和 Benemann 是这一时期主要专家，主要关注制造甲烷和氢气。主要的研究机构有 Energy Research and Development Administration（ERDA）和 DOE（SERI）。这些机构和早期研究者在 70 年代把能源和水处理结合在一起，对于环境和能源问题都有积极意义。

1980~2000 年是微藻生物燃料(Algal Biofuels)的研究阶段。虽然早在 40~60 年代，研究就发现许多微藻在特殊的生长环境下，例如缺氮、硅营养元素，能够产生较多的油脂(lipid)，但是利用微藻油生产生物燃料在 80 年代才受到重视。美国能源部 DOE 组织的的研究项目(Aquatic Species Program 1978—1996)开始关注于大规模替代化石能源的技术，不仅进行了高效藻类品种的筛选、分离，微藻理化、生物化学、基因工程的研究，还进行了示范规模的微藻养殖技术研究和技术经济分析。虽然取得了一些成果[36]，但是微藻油脂的获取成本远高于当时的石油价格，ASP 项目于 1996 年终止。

二、微藻养殖商业化进展

1. 微藻营养保健品

日本在 20 世纪 60 年代初开始商业化养殖小球藻作为食品添加剂，随后扩展到美国、中国、以色列、印度等国家，主要的品种有四种：螺旋藻 Arthrospira、小球藻 Chlorella、杜氏盐藻 D. salina 和水华束丝藻 phanizomenon flos-aquae。每年用于人类营养物质的微藻干物质年产量达 10000t，售价 5000~100000 美元/t，提取出的营养物质具有高附加值[22]，如虾青素 7150 欧元/kg，DHA 油 4.3 万欧元/kg。我国台湾地区是最大的小球藻 Chlorella 产地，年产 400t 干物质，海南思迈公司是世界最大的螺旋藻 Arthrospira 产地，年产 200t 微藻粉[37]。2010 年中国运到美国的螺旋藻 5000 美元/t，小球藻 10000 美元/t，最大的杜氏盐藻生产基地 100hm^2无搅拌池子位于澳大利亚。商业化养殖中 90%以上采用跑道式池子系统[14]，还有部分采用圆形和无搅拌开放池子，只有约 1%的微藻商业化生产采用密闭式光生物反应器，主要装置在德国和以色列。

2. 微藻处理污水

在美国活性污泥法最大处理能力 250 亿加仑/d 的废水，消耗电能 1.3~2.5MW·h/MG，生物膜法处理工业废水 60 亿加仑/d，需要消耗 0.8~1.8MW·h/MG 电能。微藻通过池子系统在不补充碳源的情况下能处理 20 亿加仑/d 的污水，消耗 0.4~1.4MW·h/MG 电能。微藻法处理污水虽然排放甲烷、占地面积大、悬浮固体微粒难去除、有机营养物处理能力差，需定期消毒，但是能耗和成本低于传统污水处理方法。通过补充 CO_2，调节水体的 C、N 比，可以更迅速、有效地处理污水，并收获微藻生物质[38]。在加利福尼亚已建有 680 英亩池子，微藻降解的甲烷排放相当于 2.8MW 天然气发电厂温室气体，若改建为补充 CO_2的高效池子，将年产 18000t 微藻、甲烷发电 31GW·h。将来要建设 25000 英亩污水处理池子，每年联产 660000t 微藻。Kent BioEnergy 公司利用农林废弃物和城市污水的营养物质养殖微藻，一方面从垃圾处理中获得收益，另一方面减少了微藻养殖过程中的成本投入[28]。

3. 电厂碳捕集

美国 algae@ work 公司利用 A2BE Carbon Capture[LLC]装置建立 CO_2的捕集和循环利用系统，输入 1tCO_2、200kg 水、61kg 氮、175kg 碳基废弃物，产出 725kg 纯氧、54kg 微藻油、135kg 蛋白质、76m^3甲烷、474kg 肥料。该公司设想在年发电量 200MW，排放 1.8MtCO_2的科罗拉

多 Ray Nixon 电厂边建设 16000 套 A2BE，捕捉 50%CO_2，占地 3200hm^2，建设投入 6.40 亿美元，微藻产品年毛收入 1.50 亿美元[39]。Arizona Power Service 公司利用 GreenFuels 公司技术取得的 1000m^2密闭反应器中试数据，计划在 Red Hawk 建设一座用地 3330hm^2的微藻工厂，利用 750MW 煤电厂烟气将 CO_2转化为生物质，预计年产 3800 万加仑生物油[40]。

三、21 世纪微藻燃料研究进展

进入 21 世纪后，世界各国面临高油价和能源安全问题，还有国际社会对环境和气候变化的关注，刺激政府和私人投资“藻制油”研究，使微藻生物燃料的科研投入和关注度重新上升。近几年的重要进展有：

① 微藻生物固碳技术路线图会议(2003-1-14)。

② 空军微藻生产喷气飞机燃料油会议（2008-2-19）。

③ 2008 年 12 月美国能源部发起召开微藻制油技术路线图会议(Algal Biofuels Technology Roadmap Workshop)，并于 2010 年 6 月出版国家微藻燃料技术发展路线图报告[26]。

2009 年 12 月能源部宣布 5.64 亿美元资助 19 个项目开展生物炼制技术整合，以加快商业规模设施的示范装置建设和运营。其中有四项与微藻燃料有关。

2009 年 7 月能源部宣布建立专项基金资助藻基生物燃料技术的发展，主要关注 5 个主要领域，包括：

① 原料供应：品种改良和养殖技术。

② 原料物流：收获和萃取技术。

③ 转化/生产：中间体收集和燃料、副产品的生产。

④ 基础设施：燃料测试和标准化。

⑤ 可持续发展：生命周期和经济分析、选址、资源和管理。

2010 年 1 月能源部 0.44 亿美元资助 National Alliance for Advanced Biofuels and Bioproducts（NAABB），用于整合公司、大学、国家实验室资源发展可持续商业化微藻燃料和生物基产品生产技术，攻克路线图上列举的微藻燃料成本、资源利用效率、温室气体排放、商业上的可行性等关键障碍。随后又拨款 0.24 亿美元资助 3 个研究联合体攻克微藻基燃料商业化生产的障碍。

除了美国、日本、法国、德国政府资助的研究项目，美国等一些国家的中小型科技公司也在开展微藻生物柴油工业化技术的研发[41]。美国亚利桑那州 PetroSun 公司在 Rio Honda 建立微藻生物燃料工厂，拥有 1100 英亩盐水池生产微藻，计划每年生产 4.4 百万加仑微藻油和 110 百万磅生物质，并计划在巴西、墨西哥、澳大利亚等地建立开放式微藻养殖场。欧洲 Neste 石油公司每年通过进口植物油和微藻生产 170，000t 生物柴油，适用于各种柴油发动机，计划到 2020 年所有的原料都来自于非食用油脂。以色列的 Seambiotic 公司成立于 2003 年，利用以色列电力公司的 CO_2生产保健品、化学品和生物燃料。总部位于伦敦的 Enhanced Biofuels & Technologies(www.ebtplc.com) 开发的 EBT 工艺把开放池与密闭反应器组合在一起，并利用煤电厂废气中 CO_2作为微藻营养物，生产的生物柴油和乙醇可供出售；GreenFuel Technologies(www.greenfuelonline.com)开发的 Emissions-to-Biofuels™工艺收集化石燃料发电厂和其他人工 CO_2排放源的 CO_2，养殖的藻类能经济性转化为固体燃料、甲烷、乙醇、生物柴油。Solix Biofuels（www.solixbiofuels.com）利用光生物反应器和化石燃料发电厂排放废气大规模生产生物柴油和其他高附加值微藻油产品。Algoil（www. algoil. com）是微藻生物柴油领域的先驱，致力于微藻油提取后生物质制氢、食物、生物燃料等利用。

我国在能源微藻基础研究方面拥有很强的研发力量，山东、天津、上海等地众多高校和科研院所承担了多项国家及省部级微藻分类、育种和保存技术研究，拥有一大批淡水和海水微藻种质资源。2009 年 4 月上海市科委立项的微藻制油项目已取得小试阶段性成果。上海交通大学科研人员正加紧研发既能产出柴油，又能减排二氧化碳的微藻制油新技术，并准备将成果率先应用于治理燃煤电厂废气。2009 年中国科学院与中国石化启动微藻生物柴油成套技术项目，合作开发微藻生物柴油技术，近期要完成小试研究；2015 年前后实现户外中试装置研发；远期将建设万吨级工业示范装置。但是从国家层面上支持、整合全国科研力量联合攻关的项目较少，2011 年我国微藻能源方向首个国家重点基础研究发展计划 973 项目“微藻能源规模化制备的科学基础”的研究课题正式启动。该项目以微藻能源规模化制备核心技术的重大突破为目标，研究从藻种选育到微藻能源规模化制备的关键科学问题，由华东理工大学、中国海洋大学等高校和研究所联合组织实施，共包括“能源微藻采收、油脂提取及生物柴油制备原理与方法”等 6 大系列研发课题。

四、美国生物质多年任务计划目标(MYPP)

美国能源部计划到 2022 年每年生产 360 亿加仑(约合 100Mt)的可再生运输燃料。2012 年 11 月新版的 MYPP[16] 将藻类(微藻、宏藻等)和陆生生物质并列，作为重要的生物能源的原料，提出的构想是在 2013 年完成地理、经济、环境资源评估基础上，到 2017 年提供约 1Mt 干微藻生物质，2022 年达到 20Mt 干微藻的规模。

提出的概念化的藻类供应系统包括：藻类生产、脱水和浓缩，以及藻类预处理，副产品加工、运输，然后可以进行藻类能源化加工转化。今后的工作重点是提高大规模微藻养殖生产率，以及预处理中脱水、土地、营养物、电力的利用率，为下一步的能源转化提供稳定原料。目标是 2022 年每英亩生产 5200 加仑油脂，约 $45t/hm^2$，售价 3. 27 美元每加仑汽油当量(2011 年美元)。加工成可再生柴油的售价为 3. 73 美元每加仑汽油当量(2011 年美元)。为了达到这一目标，今后几年的计划包括：

2013 年，建立一个藻类系统生产成品燃料的技术途径完整的技术经济分析，成本目标和技术目标包括可行性分析和价值较高的副产品的权衡分析。

2014 年，建立非优化的发展中示范装置，微藻生产率 $20g/m^2$，每年 $13t/hm^2$ 微藻油。

2018 年，建立非优化的发展中示范装置，敞开式池子不需要传统的塑料衬底，优化的营养物和水循环，微藻生产率 $25g/m^2$，每年 $22t/hm^2$ 微藻油。

2018 年，微藻供应系统达到 2. 4t/min 微藻的收获能力。

2022 年，达到每公顷年产 45t 微藻油生产能力。

五、今后研发工作主要课题

目前规模化养殖微藻的技术还不成熟，面临着一些难题，如太强的光线可能杀死微藻，养殖液温度如何保持稳定，高密度养殖对微藻生长的阻碍，代谢产生的氧气如何快速从水中移出，开放式池子水的蒸发和雨水带来的盐度和 pH 变化，本地野生藻类与养殖微藻的竞争，密闭式光生物反应器价格高昂(>100 美元$/m^2$)[23]，微藻养殖、收获、加工过程费用高昂，能量衡算结果不理想等。今后5~10年微藻研究需要解决的主要问题见表12-10。

表12-10　今后5~10年微藻能源研发工作分项内容要点和难点

研究领域	研发光照要点和难点
基础生物学	微藻物种分离和筛选 遗传学，基因工程，品种的改良 光合作用、光能利用效率 微藻油脂含量，生物化学，脂类富集机制
工艺研究	微藻产量 控制食藻生物，藻类病原体 系统设计和工程 微藻处理污水
生产和完整的过程放大	物种的长期稳定高产 混合的流体力学 微藻生产水资源的评估 二氧化碳的供给 收获技术 油脂提炼技术 油品生产工艺优化 微藻油的成分分析与ASTM标准的符合程度
经济分析	详细过程分析 副产物附加值分析 资源和选址分析 环境和社会问题分析 大规模生产环境影响评价 水的使用和加工水的处理 可变因素，尤其是转基因物种的培育种植 公众的态度和认知度

第七节　经济技术评估

在新技术发展的初期阶段，基于不断更新的研究成果，对生产的工艺技术、流程以及产品进行技术和经济评估(TEA)，并对产品全生命周期的温室气体排放(LCA)进行分析，甚至对原材料、资源量，生产潜力进行评估(RA)是欧美流行的作法。这些评估建立在最新科学试验成果之上，有助于我们判断新技术产业化的可行性，认清新技术发展方向和趋势，确定当前以及中远期亟需解决的问题和努力的方向。

经济技术评估也是严谨的系统工程。不同学者选择的养殖装置、水源等并不一致，给相互之间的对比带来困难。从另外的角度看，不同机构、不同研究者采用不同方法得到的评估结果类似于灵敏度分析。最近几年美国能源部专门委派下属的重点实验室如NREL、PNNL等定期更新“微藻生产运输燃料技术”经济技术数据，尤其是2012年统一了经济评估和生命周期评估的主要基础数据。此后结合不同工艺途径编制了较详细的TEA和LCA论证，给出

第 n 个工厂中长期的预测产品售价，快速推动了微藻制运输燃料的技术进步。

一、技术经济分析

1. 早期微藻生物柴油的技术经济分析

(1) 三种情景对比

Darzins 等以 20 世纪 80 年代 ASP 项目得到的生产数据为基准，并根据新的工艺信息和价格对年产 30kt 微藻基生物柴油（生产 37.8ML/a 微藻生物柴油需要微藻油 46.9ML/a）的经济技术进行评估[34]。对于 OP 微藻养殖方式，评估假定了三种情景，其中低油、低产情景采用 ASP 项目中较保守的数据，高油高产标准需要通过改良微藻品种实现。

经济评估结果如图 12-9 所示，接近目前大规模养殖实际水平的低油、低产情景微藻油约 5.8 美元/L。价格构成上固定投资和操作费用的贡献相当，各占 45%，土地费用约占 10%。

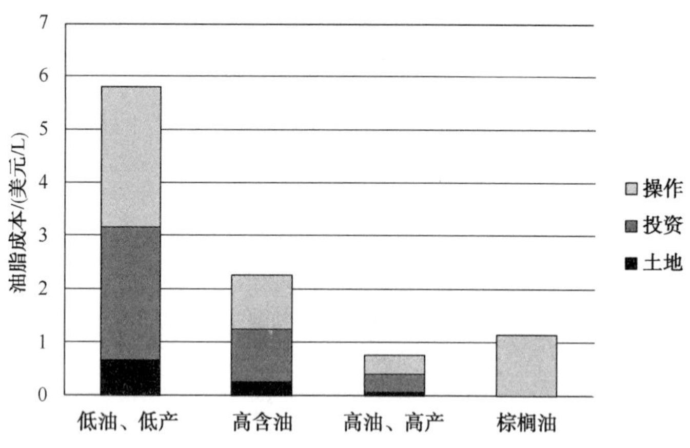

图 12-9　生产 46.9ML/a 微藻油的三种情景成本和成本构成

(2) 两种养殖设备对比

Davis 等[44]对光生物反应器（PBR）和敞开式池子（OP）两种微藻养殖系统进行对比，从表 12-11 中可以看出：①PBR 比 OP 系统耗水量少，只有 OP 系统的 30%，约为 300L/L 微藻油，OP 系统每升微藻油净耗水 1000L，其中蒸发损耗 570L，收获损耗和排放 430L。②PBR 系统单位面积生产率、土地面积等技术指标和 OP 相比，没有显著优势，生产率都是 25g/(m^2·d)，土地面积 2900hm^2，这与本章前面对 OP 和 PBR 生产效率的看法是一致的。③对于 CO_2、营养物质的需求量，OP 和 PBR 系统也是一致的。④同样 30kt 规模生产能力，总投资 OP 远少于 PBR 系统。OP 系统每吨产能总投资 1.3 万美元，而 PBR 系统吨产能 3.3 万美元。

进一步的灵敏度分析表明有较大余地从生态学和工艺优化方面降低成本，目前迫切需要解决的问题是提高微藻的油脂含量，这对价格影响最大。另外，需要考虑设计、建造更廉价的设备和装置。目前每升微藻柴油的产能投资 11 美元（2007 年美元），而 BTL 工厂的每升产能投资约 4 美元。鉴于 BTL 工厂投资费用已经很高，可见，微藻柴油产业化还需要大幅降低投资费用。

表 12-11　OP 和 PBR 过程经济性和资源评估

项目	敞开池子(OP)	光生物反应器(PBR)
规模/(10^6gal/a 微藻油)	10	10
柴油/(10^6gal/a)	9.3	9.3
土地/总工厂/hm^2	1950/2910	1950/2910
生产能力	25g/(m^2·d)	1.25kg/(m^3·d)
养殖密度/(g/L)	0.5	4
油脂含量/%	25	25
养殖天数/(d/a)	330	330
收获速率	微藻生长速率	微藻生长速率
	CO_2泵入池子深度 1.5m	平行管 8cm×80m
	池深 20cm	喷水冷却
	蒸发速率 0.3cm/d	
净耗水量/(10^6gal/a)	10000	3000
蒸发水量/(gal/gal 油脂)	570	250
循环损失/(gal/gal 油脂)	430	50
CO_2/(t/a)	145000	145000
净 NH_3/(t/a)	5100	5100
净 DAP/(t/a)	4800	4800
净电力输出/(10^6kW·h/a)	80	100
石脑油副产/(gal/a)	340000	340000
总投资(直接+间接)/10^6美元	390	990
净操作费用/(10^6美元/a)	37	55
总副产/(10^6美元/a)	6	/

(3)两代加工途径对比

微藻油加工采用第一代技术生产生物柴油与经过加氢技术生产第二代柴油(绿色柴油)的对比见表 12-12。

表 12-12　30kt 级生物柴油和绿色柴油评估比较

项　目	生物柴油	绿色柴油
微藻油年消耗量/(ML/a)	46.9	37.8
面积产率/[g/(m^2·d)]	10	25
油脂含量/%	40	25
地价/(美元/hm^2)	12500	12500
池子面积/工厂面积/hm^2	3000/3718	1950/2900
每公顷直接投资/美元	70000	100000/70000
年耗水量/(L/L 微藻油)	1050	1000
微藻油价格/(美元/L)	2.3	2.25
柴油加工工艺	甲醇酯化法	UOP 催化加氢技术
柴油价格/(美元/L)	2.4	2.6

2. 微藻养殖统一工艺技术标准的建立

基于各自的环境最优或经济性最优目标，LCA 和 TEA 评估的基本参数和假设往往有较大差别，为了便于人们比较和客观认识，2012 年美国能源部生物质项目(Biomass Program)组织下属的 ANL、NREL、PNNL 三个国家实验室和相关的能源微藻专家，为微藻油养殖及微藻油生产可再生柴油(renewable diesel，RD)建立了一个近期可行的基准工艺和技术标准。统一的分析评价[45]采用图 12-10 基本工艺流程，通过新鲜淡水养殖微藻，萃取微藻油，加氢转化生产柴油调合组分。提取微藻油后剩余的生物质原位厌氧发酵，沼气发电，产生的能量和 N、P 营养成分以及 CO_2循环利用。

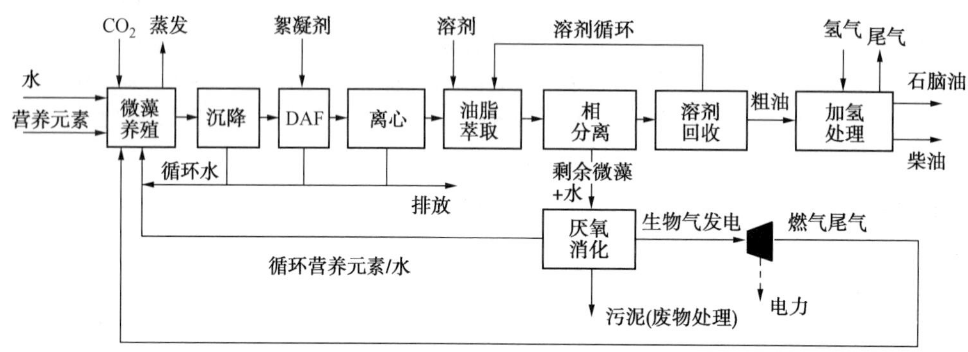

图 12-10 更新后的微藻油脂的生产工艺流程

统一后工艺技术参数的变动：

① 养殖场规模统一为 10 个 RA 基准的 405 公顷微藻养殖敞开式池子系统，池子总面积 4050hm^2，加所有附属设施后占地 4850hm^2，25 g/(m^2·d)，25%油脂含量，年产 20MGY 微藻油。

② 单个池子设计的变化：单个池子 4hm^2/个，并增加池子塑料膜内衬防止渗漏，衬底材料 5.06 美元/m^2，仅衬底一项每公顷池子将增加造价 5 万美元。

③ 水的供给和循环统一为新鲜水养殖，并假设淡水输送泵浦功率为水源地和池子 30m 落差。

④ 二级脱水 DAF 从 10%调整为接近实际的 6%。

⑤ 收获阶段的溶剂统一为正己烷，萃取总效率 85.5%。

⑥ 统一了厌氧发酵(AD)电力消耗。

⑦ CO_2 输送系统也很复杂，有众多的传输方式和影响因素，调整后，TEA 以 Aspen 管道模型模拟，假设燃烧尾气空气冷却到 60℃，除去冷凝水，分配到 4 个 1mile(1609m)长管道，每个 1mile 长的管道添加一个主风机，在到达养殖场后加压至 0.02MPa，分配到 CO_2池子注入系统。

3. 微藻生物柴油价格灵敏度分析

(1) 养殖装置造价

两种养殖设备的比较已在前面讨论。无论是降低敞开式池子，还是 PBR 设备，造价降低都能有效降低柴油价格。为了能与敞开式池子系统竞争，PBR 的造价需要远低于 50 万美元/hm^2。

（2）油脂含量和微藻产能

除了养殖设备造价，微藻油生产力水平对价格也产生巨大影响。从图 12-11 可以看出，在油脂含量 5%~25%范围内，脂含量增加 1 倍，产品价格降低 1 倍。微藻生产能力 5~25g/(m^2·d)区间内的提高，同样显著降低产品价格。因此，目前急需解决的问题是提高微藻养殖的单产和出油率。

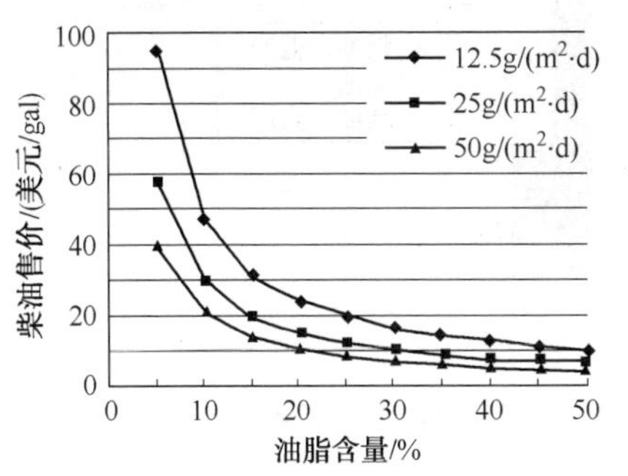

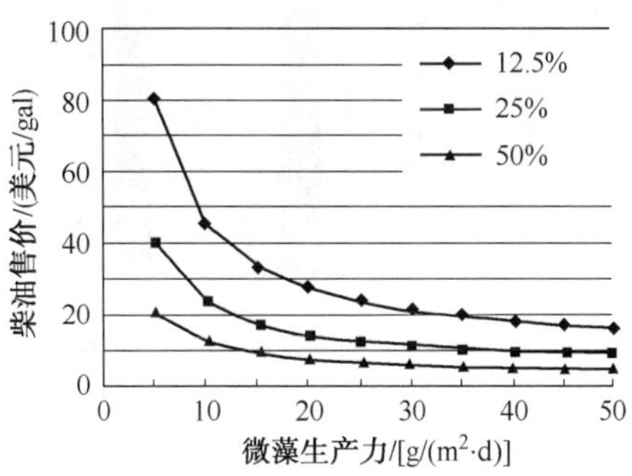

图 12-11　油脂含量与微藻生产率对柴油售价的影响

（3）CO_2价格对产品价格影响

CO_2的价格受来源、输送距离、形式的影响，有较大的变动，如果微藻养殖厂位于电厂的附近，CO_2价格很低，甚至因为减少了 CO_2的直接排放而得到一定的收益。图 12-12 显示 CO_2价格的变化对生物柴油价格的影响，当 CO_2价格从 50 降到 0 美元/t，三种情形下，生物柴油价格下降不到 1 美元。在目前微藻生物柴油价格较高的阶段，这一变化不算敏感，但将来微藻的养殖效率提高的情形下（高油、高产情形），CO_2价格的变动将对微藻生物柴油价格有较大影响。

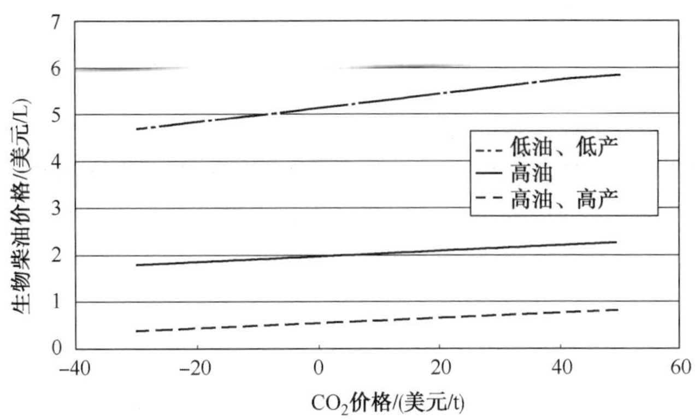

图 12-12　CO_2价格变动对微藻生物柴油的影响

（4）水价对产品价格影响

生产中水的消耗量受养殖设备、规模、池子深度、收获率、蒸发速率等影响。图 12-13 显示生产中用水量越大，水价对微藻生物柴油价格影响越大。尤其是生产效率 10g/(m^2·d)，15%含油率情形下，1L 燃料需要水 3460L，当水从基本评估中的 0.20 美元/m^3变动到 0.50 美元/m^3时，生物柴油价格增加约 1 美元/L。

（5）剩余生物质处理方式对产品价格影响

基础分析中剩余的微藻生物质被用于发酵制甲烷发电。图 12-14 灵敏度分析中假设剩余生物质含有50%的蛋白质用于动物饲料和50%的碳水化合物用于发酵制乙醇，售价9美元/t，这种情景下，微藻生物柴油的评估价格略有降低，尤其是对低油、低产的微藻养殖情形，通过微藻生物质的综合利用，生产乙醇，可以使生物柴油的价格降低7%~14%。

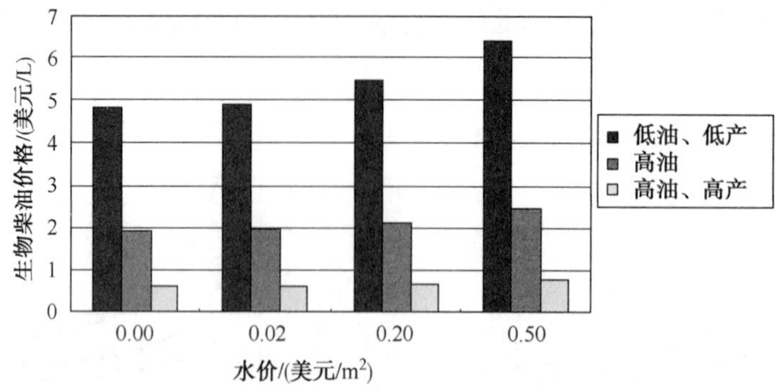

图12-13　水的价格对37.8ML/a微藻生物柴油成本的影响

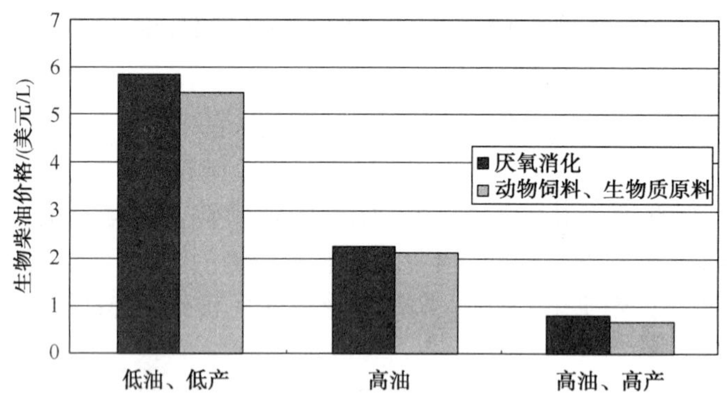

图12-14　剩余生物质不同用途对微藻生物柴油成本的影响

(6) 过程工艺参数改变的灵敏度分析

除了上述微藻养殖设备造价、生产率，以及资源价格对柴油价格产生影响，微藻收获及加工过程的工艺参数对价格的影响如图12-15所示，其中油脂萃取率对价格影响较大，基准微藻油萃取率85%，当萃取率低到60%，意味着更多微藻的浪费，将增加8.30美元/gal柴油。池子用不用塑料内衬防水渗漏对柴油价格同样影响巨大。1年中操作天数也对柴油价格有较大影响，某些时间池子可能结冰影响生产。

上述经济技术评估结果表明：固定投资费用高对价格影响最大，跑道式池子系统固定投资中养殖装置投资和收获、萃取分离费用占主导作用。灵敏度分析表明提高微藻产量和产油率能显著降低生产成本。另外，尽量提高油脂提取的效率有助于减少柴油的成本。

4. 中远期微藻生物柴油的技术经济分析

(1) 综合奋斗目标

以当前技术领先的美国为例。DOE/NETL根据美国2007年能源安全法案提出2022年应能生产360亿加仑替代汽油的燃料的要求，扣除玉米乙醇150亿加仑，其余210亿加仑为先进替代燃料，这就需要加速微藻柴油的研发，提供微藻柴油产能50亿加仑。于是DOE在Biomass MYPP November 2012的公报中重点提到微藻燃料研发的目标(2014年到2022年)。表12-13列出了其中若干项目的指标数值。萃取得到的微藻油脂需要进一步加工成为生物柴油产品，这项生产费用约为 0.5~1.0 美元/gal(gge)，因此 2022 年微藻柴油的最低出厂目标价格为 4.3~4.5 美元(2011 年)/gge。

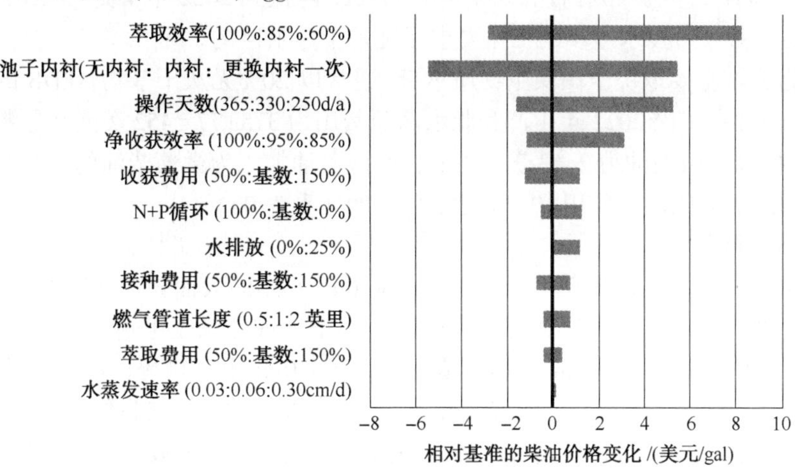

图 12-15　工艺参数变化对柴油价格影响(基准价格 19.60 美元/gal，5BGY)[45]

表 12-13　微藻油脂大规模生产的预测技术经济指标

项　　目	2010 年现状	2014 年推算	2018 年推算	2022 年目标
微藻油脂费用，2011 美元/gal(含投资回报)				
生产微藻/(美元/gge)	15.60	11.18	5.17	2.63
收获(脱水)/(美元/gge)	2.99	2.52	1.65	0.67
预处理(溶剂萃取)/(美元/gge)	1.72	1.56	1.11	0.77
循环回收(氮，磷，二氧化碳)/(美元/gge)	-2.08	-2.14	-1.63	-0.80
合计/(美元/gge)	18.22	13.13	6.30	3.27
生产费用中投资分摊费用，2011 美元/gal(含投资回报)				
生产微藻/[美元/t(干)]	650.9	436.3	207.5	174.5
收获(脱水)/[美元/t(干)]	71.6	59.6	47.3	30.1
预处理(溶剂萃取)/[美元/gge(油脂)]	0.88	0.84	0.53	0.27
生产费用中操作费用，2011 年美元/gal				
生产微藻/[美元/t(干)]	265.3	220.1	177.0	168.7
收获(脱水)/[美元/t(干)]	103.8	88.7	75.8	30.1
预处理(溶剂萃取)/[美元/gge(油脂)]	0.84	0.72	0.53	0.51
循环回收(氮，磷，二氧化碳)/[美元/gge(油脂)]	-2.08	-2.14	-1.63	-0.80
主要技术指标				
微藻单位面积产能/[g/(m^2·d)]	13.2	20	25	30
类脂含量/%(干)	25	25	30	50
收获净效率/%	95	95	95	95
萃取净效率/%	86	86	90	95
开放池规格 4000hm^2；年工作日 330d；固体浓度 0.5g/L(脱水前)，200g/L(脱水后)				
氮磷回收/(mg/kg 藻)		N57	P4	
CO_2 回收/(g/g 藻)	0.71	0.71	0.64	0.39
副产电力/(kW·h)	13248	20074	22592	16536

微藻油脂成本构成微藻柴油生产成本的主要环节，2010年成本高达18美元/gge以上，实现产业化并具有竞争力时则需从2014年13.1/gge降低到2022年4美元/gge，然后再降低到3美元/gge，对今后技术进步的工作要求无疑是十分艰巨的。

微藻油脂成本主要取决于微藻生物质本身(通常以20%无灰干基物AFDB的含水微藻为加工原料)，估计在美国2022年生产和脱水两项费用为375+77=452美元/t原料(按2011年价格估计)，换算为微藻油为2.63美元/gge，而微藻油加工为微藻柴油的费只是0.67美元/gge(如扣除副产品回收出售费用-0.80美元/gge后几乎为0)。

(2) 微藻原料费用

油脂含量高达50%，微藻单产年均高达30g/(m^2·d)的大面积产地需要采取多项措施，付出极大努力才能落实。美国加勒比海沿岸的某些土地或能满足上述要求。文献[48]提出了建设约100个OP面积各4050hm^2的微藻农厂，年产40Mt干基微藻，配合建设120座年产130~150kt微藻柴油的生物炼厂，可满足年产15Mt微藻柴油的战略目标。

微藻收获宜在晚期进行。早期收获的微藻蛋白质较高，灰分高；中期的碳水化合物高；只有晚期的油脂含量高，

微藻加工要求20%的原料的固含量，因此脱水要经过三道工序：首先自然沉降，然后气浮沉降到6%固含量，最后离心分离到20%固含量。但冬天气候产品固含量低，且产量低，无法满足工厂加工能力。这就需要把夏天的富裕产量进一步干燥脱水(固含量达到90%)，以便保存半年，供冬季加工工厂需要。干燥需要消耗天然气能源(每年每厂约0.3亿标准立方米)，增加费用，还要增加设备投资(约1500万美元)，但从整体衡量是合理的。

(3) 农场需用土地，消耗水量和二氧化碳量

一个标准微藻农场约需4800hm^2土地，年产20Mt柴油需140个农场，需占地约1000万亩，占国内耕地5.5%。

OP面积大，自然蒸发很多(视所在地区而异)，补充用水为油品产能的200~400倍，如何解决如此多的水资源，需仔细研究。

每吨微藻生物质(干基)要消耗2t二氧化碳，折合每吨柴油约5t；年20Mt柴油需二氧化碳100Mt，大约等于就近20GW火力发电厂的排碳量。

(4) 微藻下游加工工艺——萃取油脂联产乙醇

一种微藻加工过程是将微藻分步利用，联产乙醇/柴油[50]。工艺过程包括：①将收获脱水至20%的微藻生物质稀酸处理；②处理后的浆态物发酵法生产乙醇；③蒸馏后的酒糟溶剂萃取提取微藻油脂；④油脂纯化和加氢生产混合柴油RDB(C_{13}~C_{20}直链烷烃混合物)；⑤厌氧发酵及联产热、电系统；⑥储存及水电循环系统。其中微藻用硫酸(1%用量)预处理，此工序使用Incoloy-825材料，投资较贵。预处理得到的碳水化合物进一步发酵制乙醇。在3800m^3发酵罐内发酵1.5天，95%的葡萄糖和甘露糖转化为乙醇，经蒸馏工艺得到99.5%的乙醇，过程中产生的废水继续在系统内循环利用。CO_2可输送到微藻OP池。

脱除乙醇的生物质用正己烷萃取，溶剂对固体物比率为5。针对乳化相，萃取塔带旋转搅拌器，相当于常规脂肪酸甘油酯的萃取率达到95%，极性类脂质的萃取率为33%。溶剂回收塔底物含98%中性脂肪酸酯，1.7%极性类脂杂质和0.3%己烷。产品数量22.6t/h(夏季和春季)，相继通过三道净化工序：①加入磷酸脱除胶质；②加入硅胶脱除金属物；③加入白土漂白。22.1t/h净化产品送往加氢处理。

净化的类脂质在350℃、3.4MPa、氢油体积比1000、约1.2体积空速条件下进行加氢处理。化学氢耗1.7%，总用氢145300Nm^3/d。油品产率80%，其中柴油78.5%，石脑油1.5%。柴油系直链烷烃，十六烷值很高，但凝点、雾点高，需要异构化加工，然后作为优质调合组分。

萃取和净化产生的污水进入厌氧消化(AD)工序。在消化器内停留20d(水力学时间)，进料固含量9%，消化速率4.4g/(L·d)[挥发物3.3g/(L·d)]。排气组成：甲烷67%，二氧化碳33%。甲烷产率0.2g/L总固体。氮回收率76%，磷回收率50%，消化后残渣30%(其中生物氮40%)，该气体送往燃气轮机产生电力。

2022年第n个工厂成熟技术条件下，微藻生产力30g/(m^2·d)，每天处理1476t干微藻，年产46.3×10^6gge(约140kt)柴油，16.1×10^6gge(约50kt)乙醇。工厂总投资4.6亿美元，柴油的售价4.35美元/gge(2011美元)。分析还表明燃料的经济性主要取决于微藻原料的生产成本，原料成本474美元/t，在柴油售价4.35美元/gge中相当于3.05美元/gge，占燃料油售价的70%。

(5) 微藻下游加工工艺——全部微藻水热液化和提质

全部微藻高压水热液化后加氢提质(Whole Algae Hydrothermal Liquefaction, AHTL)[48,49]。其工艺过程包括：

① 微藻高压液化：固含量20%的微藻进入高压水热液化反应器，液化温度349℃，压力20MPa，停留时间15min。HTL产品收率(含灰干基)：HTL油(无水基)51%(正常含水5.6%，湿密度0.94g/mL)、水相有机物和灰分43%、气体4%、可过滤固体物2%，HTL油(无水基)的元素组成：C77.0%、H10.4%、O8.0%、N4.2%、S0.3%、灰0.14%。

② 液化水相产物的处理：水相中含有C和N需要回收，通过催化水热气化(Catalytic Hydrothermal Gasfiction, CHG)将有机物转化为CO_2和CH_4后送入制氢工段，CHG过程气化温度350℃，压力20MPa，保护层催化剂为Raney Ni，气化催化剂为7.8%Ru/C，体积空速2.0，质量空速4.0。气体组成(体积分数)：$CO_2$22%、$CH_4$71%、C_{2+}2%、H_2O5.8%，COD转化率57%。处理后水循环回微藻养殖池。

③ HTL油加氢处理：温度403℃，压力10.7MPa，CoMo催化剂，体积空速0.5，质量空速0.625；氢耗4.3%；产率：加氢油77%、气体7%、水相产物16%；加氢处理生成油的元素组成：C86%、H14%、O1%、N<0.05%、S0；黏度3.07mm^2/s；生成油密度0.755g/mL，气体组成(体积分数)：$CH_4$45%、C_{2+}54%、$NH_3$1%；加氢处理催化剂预防磷中毒问题有待研究，寿命暂按1年计。加氢处理生成油的柴油以上重油暂按常规石油加氢裂化考虑，温度370℃，压力7.3MPa，空速≥0.5，化学氢耗2%，产品分布：液体油品86%、气体(含氢)8%、水溶物6%。

④ 天然气水蒸气重整制氢：采用典型技术，包括预重整、重整、CO变换、PSA共4道工序。

⑤ 营养物循环：微藻中的氮元素和磷元素在加工过程的去向需要跟踪。以原料氮1kg举例：水热液化后有0.36kg进入油相，加氢处理后0.32kg进入水相，催化气化后有0.62kg进入水相，以上共有0.94kg可从水相回收，扣除在OP池中挥发损失外，应有90%的回收

率。磷在加工过程大部结合在 HTL 固体产物内，回收方法有待研究。CHG 净化后的水，CHG 和制氢工序产生的 CO_2 返回微藻养殖池。

2022 年第 n 个工厂成熟技术条件下[49]，微藻生产力 30g/(m^2·d)，每天处理 1476t 干微藻(40000hm^2 开放池的微藻产量)，年产 54×10^6 加仑柴油，11.2×10^6 加仑石脑油。每干吨微藻产 161.7 加仑的液体燃料。项目总投资 469×10^6 美元(HTL163，CHG132，HT+HC32，$H_2$42，动力公用设施等 17，建筑和场地 35，流动资金 22)，柴油售价 4.49 美元/gge(2011 年美元)。分析表明经济性主要取决于微藻原料的生产成本，原料成本 474 美元/t，在柴油售价中相当于 3.31 美元/gge，占燃料售价的 74%

二、全生命周期(LCA)分析

LCA 方法通过分析、量化微藻生物燃料在生产的各个环节的物料、能量消耗、温室气体排放量，有助于我们了解整个工艺流程的主要影响因素，帮助我们优化、改进生产工艺。LCA 分析主要包括能量分析和温室气体(GHG)排放分析。

1. 能量分析

NER(年 Net Energy Ratio)是衡量整个生产工艺过程绿色程度的一个重要指标，NER 定义为能量消耗与燃料产出的比率，该值小于 1 表示整个系统产出能量大于输入能量，意味着该能源生产过程是可持久的；该值有时也会大于 1，意味着该过程输入能量大于输出，并不是可持续生产的绿色方法。

对于微藻生物燃料工艺过程，多数研究者分析认为无论是敞开式池子还是 PBR 装置，微藻养殖阶段消耗的能量、排放的温室气体最多，甚至多于总计的能量消耗和 GHG 排放[35]。而微藻生物柴油生产过程中的副产物是降低 GHG 排放、减少能量消耗的最主要因素。

Batan[46]计算了浸于水池的聚乙烯密闭生物反应器(PBR)微藻生长阶段、脱水阶段、萃取阶段、化学转化阶段、产品分配派送阶段的物质和能量消耗数据，有几个步骤消耗了绝大多数电能，如微藻养殖阶段中 99%的电能用于空气压缩气升，萃取阶段 76%的电能用于溶剂回收。其他环节相比之下消耗的电能不到 1%。L. Batan 计算生长阶段耗能(MJ/MJ 生物柴油)0.73，收获脱水耗能 0.17，萃取耗能 0.21，化学转化耗能 0.17，可以扣减的副产物能量-0.79。合计 NER0.93。这种新型的 PBR 虽然产出净能量，但是绝大多数 PBR 的排放和净能量产出是不合算的。

Stephenson[35]分析认为跑道池(ORP)养殖阶段耗能约 30GJ/t 生物柴油，收获、萃取耗能约 14GJ/t 生物柴油，酯化阶段耗能约 7GJ/t 生物柴油，厌氧发酵提供能源约-45GJ/t 生物柴油，合计每生产 1t 微藻生物柴油，耗能 6.5GJ，相当于 NER0.15。进一步的灵敏度分析显示微藻生产率、养殖水体流速、CO_2 资源的浓度，甚至 CO_2 送入池中的装置深度等因素都对单位能耗产生巨大的影响。而气升管式 PBR 每生产 1t 微藻生物柴油能耗 199.5GJ，绝大多数能量消耗在微藻养殖阶段(231GJ)，消耗是产出的 4.62 倍。跑道池系统在生产率、流速、CO_2 泵入深度、尾气中 CO_2 浓度等条件变化对能量投入/产出比有较大影响，在适当条件下，只要每公顷跑道池微藻产量大于 10t/a，产出能量可以大于投入能量。如果每公顷跑道池微藻产量大于 40t/a，不管其他条件如何变动，产出能量基本大于投入能量。但是，对于气升式 PBR 养殖装置，即使每公顷 PBR 微藻产量大于 80t/a，在各种情形下能量投入大于产出，并且 CO_2温室气体净排放。

Lardon[33]对池子系统养殖小球藻 Chlorella vulgaris 进行“cradle to combustion”LCA 分析，试图找出影响微藻生物燃料发展的主要障碍和困难。他设想正常和缺氮情形下两种养殖方法，在正常和缺氮生长情况下，1kg 微藻分别需要 46g 或 11g 氮，生产 1MJ 生物柴油的能量分析显示，在正常生长情形下需要的氮肥较多，制造氮肥的能耗分摊到 1MJ 燃料里约 0.75～1.06MJ。这一数值与整个过程消耗的电能相当，如果是在缺氮条件下养殖微藻，肥料这一项的能耗贡献会降低到 0.1MJ 左右。Lardon 还假设微藻干、湿两种微藻加工处理工艺，可以看出干、湿工艺灵敏度比氮肥的影响更大。干加工工艺中产出 1kg 生物柴油的干燥步骤消耗热量分别是 81.8MJ(正常)、37.1MJ(缺氮)，而 1kg 生物柴油的热值才 37.8MJ，湿加工工艺干燥这一项为 0。因此，微藻缺氮环境下养殖和微藻湿加工工艺组合可以产生净能量输出，每生产 1MJ 生物柴油消耗的能源 0.43MJ，NER＝0.43。

2. 温室气体排放

表 12-14 总结了近几年文献上发表的 LCA 分析结果，并进行换算统一。石油基喷气燃料从油井到车轮(WTW)的平均排放为 87.5gCO_2e/MJ[47]，以此作为基准，可以比较微藻柴油生命周期碳排放量。从表 12-14 中结果看，PBR 养殖系统不仅能耗高，而且温室气体排放量超过石油柴油的排放量。用 PBR 系统生产能源微藻不能减排温室气体。另外，微藻的产率和含油量对温室气体排放量影响很大，在微藻的产率和含油量不太低的情况下，池子系统的温室气体排放低于石油柴油。

表 12-14　近期全生命周期分析结果总结

规　模	基本参数	养殖装置	NER	相对传统柴油排放的比例	参考文献
400hm^2	60g/(m^2·d) CO_2 Flue Gas 30g/(m^2·d) CO_2 Flue Gas	跑道池		从菌株到微藻油 0.93 0.85 从菌株到微藻油 1.01 0.93	[42]
小球藻 Chlorella vulgaris	40t/(hm^2·d) 80t/(hm^2·d) 20t/(hm^2·d) 10t/(hm^2·d) 流速 0.75m/s 流速 0.25m/s	气升管式 PBR	4.62 1.99 9.90 20.3 10.3 2.06	从油井到车轮 WTW 3.15 1.41 6.63 13.6 6.88 1.47	[35]
	40t/(hm^2·d) 80t/(hm^2·d) 20t/(hm^2·d) 10t/(hm^2·d) 流速 0.15m/s 流速 0.45m/s	跑道池	0.15 -0.002 0.46 1.08 -0.035	从油井到车轮 0.19 0.09 0.39 0.80 0.07	[35]

续表

规　模	基本参数	养殖装置	NER	相对传统柴油排放的比例	参考文献
10m×100m×0.3m 流速 0.25m/s 小球藻 Chlorella vulgaris	正常营养 24.75g/(m^2·d) 脂含量 175g/kg 缺氮 19.25g/(m^2·d) 脂含量 385g/kg	敞开式池子 干萃取 湿萃取 干萃取 湿萃取	3.59 1.15 1.75 0.43	从摇篮到燃烧 1.53 0.95 1.13 0.67	[33]
	40g/(m^2·d) (40%脂含量) 25g/(m^2·d) (25%脂含量) 20g/(m^2·d) (15%脂含量)	敞开式池子		从油井到车轮 0.16 0.58 2.21	[47]
20MGY	25g/(m^2·d) (25%脂含量)	敞开式池子		0.63	[45]
5BY	年均 13.2g/(m^2·d) (25%脂含量)	敞开式池子	0.68	0.89	[45]

第八节　中国微藻生物燃料发展建议

一、现状

微藻养殖不仅需要平整大片的土地，附近有电厂等 CO_2资源，而且需要充足的阳光、水和适宜的温度，每生产 1L 微藻油大约需要 1000L 水。微藻生物燃料技术仍处于研发阶段，尚未建成微藻农场和工业生产装置，一般认为目前敞开式池子系统大规模生产微藻油最好水平 4L/(m^2·a)，对应藻类产量 20~30g/(m^2·d)。但是，微藻实际养殖产量受地理纬度、季节、光照、温度、水源等气候条件影响，实际大规模养殖年平均产量目前只有大约 1L/(m^2·a)，相当于亩产 0.5 吨微藻基生物燃料。研究者对微藻油的成本评价目前每升 3~5 美元，密闭式光生物反应器(PBR)，不仅成本高，而且投入能量大于输出能量，如果养殖微藻作为生物燃料的原材料，跑道式池子系统具有价格优势和净能量产出。美国能源部计划到 2017 年生产约 1Mt 干微藻生物质，2022 年达到 20Mt 干微藻的规模。届时，微藻柴油的售价达到每加仑汽油当量 3.73 美元(2011 年美元)。

二、微藻燃料产业化建议

(1) 藻类养殖的选址

总的来说，适合农业生产的区域较适合微藻养殖，我国耕地面积约 18 亿亩，进一步增加的潜力有限。气候(阳光、温度)、以及土地、CO_2、水是影响微藻单产的重要环境和资源因素。我国西藏地区日照充足，但气温低、CO_2资源少；华中、华南地区是水、CO_2资源条件相对较好的区域，但土地资源相对稀缺；西部地区日照和温度适宜；但露天养殖水蒸发量大，水资源不丰富。海水养殖微藻也是可能的途径，但可能与海产养殖相冲突。因此我国适合大规模养殖微藻的区域并不多，在我国哪些地方适合规模化养殖微藻？选址地是否有充足的 CO_2资源？需要开展详细的调查和深入的分析论证及试验。

（2）规模化藻类养殖装置和造价

密闭的反应器比露天开放池子造价高 1 个数量级，尽管存在争论，但通常认为密闭式反应器只适合生产高附加值微藻营养品和医药保健品。敞开式池子是大规模养殖能源微藻的首选，增加塑料内衬虽然防止水的渗漏，但会增加池子造价一倍，需要试验更廉价易得、环保的防渗材料。

（3）微藻品种筛选

我国微藻品种众多，未来微藻生态学研究应关注于筛选出微藻优良品种，适合在我国不同地域和气候条件下养殖，并通过现代生物技术改良微藻，同时提高微藻生长率和油脂的生物合成。

（4）微藻生物燃料和微藻保健品

微藻油含有丰富的不饱和脂肪酸，对人健康有利，可提炼高附加值医药、保健品。如果在微藻生产生物燃料的同时，联产高附加值副产品，有利于降低生物燃料的成本。

（5）微藻油特性与加工技术

微藻油中不饱和双键较多，较适合采用加氢脱氧工艺，生产链烷烃为主的可再生柴油，尤其适合生产耐低温性能优异的航空燃料。微藻油的生物燃料加工工艺以及生产的生物燃料的性能需要深入研究。还需要研究微藻基生物燃料对发动机使用性能影响以及与石油基柴油的调合性能。

（6）多学科协作与科技攻关

进行大规模微藻养殖前所未有，微藻生物燃料技术是集成了微藻品种选育、养殖、化学加工等多种技术的前瞻性新能源技术，是一项涉及生物工程、基因工程、农业工程、化工工程等多领域跨学科的系统工程。生物学家与工程师之间应加强微藻养殖的气候、原材料供给等数据的沟通，更重要的是进行详尽和准确的生态环境影响评价、公众接受程度和社会影响评价、微藻生物柴油全生命周期能量分析和 LCA 分析，为规模化养殖提供依据。

（7）政府支持与加大投入

近年来，美国由政府支持赞助，组成多个跨学科、跨领域的科研团队，进行微藻生物燃料商业化应用的攻关，我国虽然把能源微藻列入重点基础研究发展计划 973 计划，但是我国在微藻柴油方面的整体规划、科研投入、技术储备与美国、欧洲有较大差距。为了我们国家生物燃料的长远发展，需要更加重视微藻柴油第三代生物燃料技术的研发投入。

参 考 文 献

[1] Sheehan J，Dunahay T，Benemann J，et al. A look back at the US Department of Energy's aquatic species program-biodiesel from algae. 1998，Close-Out Report，NREL/TP-580-24190，8-9.

[2] Mata T M，Martins A A，Caetano N S. Microalgae for biodiesel production and other applications：A review[J] Renewable and Sustainable Energy Reviews，2010，14：217-232.

[3] Wen ZY，ChenF. Heterotrophic production of eicosapentaenoic acid by microalgae[J]. Biotechnology Advances，2003，21：273-294.

[4] Belarbi EH, Molina E, Chisti Y. A process for high yield and scaleable recovery of high purityeicosapentaenoic acid esters from microalgae and fish oil[J]. Enzyme and Microbial Technology, 2000, 26: 516-529.

[5] SrivastavaA, PrasadR. Triglycerides-based diesel fuels[J]. Renewable and Sustainable Energy Reviews, 2000, 4: 111-133.

[6] Gerhard Knothe. Analyzing biodiesel: standards and other methods[J]. JAOCS, 2006, 83(10): 823-833.

[7] Heaton E. A, Dohleman F G, Long S P. Meeting US biofuel goals with less land: the potential of miscanthus [J]. Glob Chang Biol , 2008, 14: 2000-2014.

[8] Zhu X, Long S, Ort D. What is the maximum efficiencywith which photosynthesis can convert solar energy into biomass? [J] Curr Opin Biotechnol. 2008, 19: 153-159.

[9] Weyer K M, Bush D R, Darzins A, et al. Theoretical maximum algal oil production[J]. BioEnergy Research, 2010, 3(2): 204-213.

[10] Zemke P, Wood B, Dye D. Technoeconomic analysis of algal photobioreactors for oil production//Workshop on Algal Oil for Jet Fuel Production [EB/OL]. National Renewable Energy Laboratory, 2008. http: //www. nrel. gov/biomass/pdfs/zemke. pdf.

[11] Borowitzka M A. Marine and halophilic algae for the production of biofuels[J]. Journal of Biotechnology, 2008, 136: S7.

[12] Grobbelaar J U. Upper limits of photosynthetic productivity and problems of scaling[J]. Journal of Applied Phycology, 2009, 21(5): 519-522.

[13] Wigmosta M S, Coleman A M, Skaggs R J, et al. National microalgae biofuel production potential and resource demand[J]. Water Resources Research, 2011, 47(3).

[14] van Beilen J B. Why microalgal biofuels won't save the internal combustion machine[J]. Biofuels, Bioproducts and Biorefining, 2010, 4(1): 41-52.

[15] Ron Pate. Algal biofuels techno-economic modeling & assessment. National Algal Biofuels Technology Roadmap Workshop, December 9-10, 2008.

[16] US Department of Energy, BIOMASS Multi-Year Program Plan 2012, 11, Biomass Program, Office of Energy Efficiency and Renewable Energy, Washington, DC. http: //www1. eere. energy. gov/biomass/pdfs/mypp_ november_ 2012. pdf.

[17] Sheehan J, Dunahay T, Benemann J, et al. A look back at the US Department of Energy's aquatic species program-biodiesel from algae. 1998, Close-Out Report, NREL/TP-580-24190, 13.

[18] Wijffels R H, Barbosa M J. An outlook on microalgal biofuels [J]. Science (Washington), 2010, 329 (5993): 796-799.

[19] Schenk PM, Thomas-Hall S R, Stephens E, et al. Second generation biofuels: high-efficiency microalgaefor biodiesel production[J]. Bioenerg Res, 2008, 1: 20-43.

[20] Huntley M, Redalje D. CO_2 mitigation and renewable oil from photosyntheticmicrobes: a new appraisal[J]. Mitigation and Adaptation Strategies for Global Change, 2007, 12(4): 573-608.

[21] Rodolfi L, Zittelli G C, Bassi N, et al. Microalgae for oil: strain selection, induction of lipid synthesis and outdoor masscultivation in a low-cost photobioreactor[J]. Biotechnology and Bioengineering, 2008, 102(1): 100-112.

[22] Brennan L, Owende P. Biofuels from microalgae—A review of technologies for production, processing, and extractions of biofuels and co-products[J]. Renewable and Sustainable Energy Reviews, 2010, 14: 557-577.

[23] Chisti Y. Biodiesel from microalgae[J] Biotechnology Advances, 2007, 25: 294-306.

[24] Carvalho A P, Meireles L A, Malcata F X. Microalgal reactors: a reviewof enclosedsystem designs and per-

formances[J]. Biotechnology Progress, 2006, 22(6): 1490-506.

[25] René H Wijffels, Maria J Barbosa. Response to J Benemann's E-Letter. www. sciencemag. org/content/329/5993/796. short/reply.

[26] US DOE 2010. National algal biofuels technology roadmap. US Department of Energy, Office of Energy Efficiency and Renewable Energy, Biomass Program. A technology roadmap resulting from the National Algal Biofuels Workshop December 9-10, 2008.

[27] Pienkos P T, Darzins A. The promise and challenges of microalgal - derived biofuels[J]. Biofuels, Bioproducts and Biorefining, 2009, 3(4): 431-440.

[28] Schwartz G. Commercial applications of microalgae: considerations for scale-up by algae R&D companies. DOE Biomass 2011, Kent BioEnergy Corporation, 2011, 7.

[29] Thomas H. Processing technologies: fueling industry growth. DOE Biomass 2011, Open Algae.

[30] Brian L Goodall, Chandra P, Czartoski T. Next gereration algae extraction and fractionation technology: Helping move algae biofuels from "potential" to "practice", DOE Biomass 2011, SRS Energy.

[31] Hu Q, Sommerfeld M, Jarvis E, et al. Microalgal triacylglycerols as feedstocks for biofuel production: perspectivesand advances[J]. Plant J., 2008, 54: 621-639.

[32] Gunstone F D, Harwood J L. Occurrence and characterisation of oils and fats[M]//The lipid handbook. Boca Raton, FL: CRC Press; 2007: 37-141.

[33] Lardon L, Hélias A, Sialve B, et al. Life-cycle assessment of biodiesel production from microalgae[J]. Environmental science & technology, 2009, 43(17): 6475-6481.

[34] Darzins A, Pienkos P, Edye L. Current status and potential for algal biofuels production[J]. BioIndustry Partnes & NREL, Bioenergy Task, 2010: 131.

[35] Stephenson A L, Kazamia E, Dennis J S, et al. Life-cycle assessment of potential algal biodiesel production in the United Kingdom: a comparison of raceways and air-lift tubular bioreactors[J]. Energy & Fuels, 2010, 24(7): 4062-4077.

[36] 陈俊武，李春年，陈香生．石油替代综论[M]，北京：中国石化出版社，2009：331-346.

[37] Spolaore P, Joannis-Cassan C, Duran E, et al. Commercial applications of microalgae[J]. Journal of bioscience and bioengineering, 2006, 101(2): 87-96.

[38] Tryg J Lundquist. Production of algae in conjunction with wastewater treatment. PPT, Civil and Environmental Engineering Department California Polytechnic State University San Luis Obispo.

[39] Sears J. Algae's potential for driving a carbon capture and recycle industry. NREL Seminar Series, October 11, 2007. www. algaeatwork. com

[40] Sun X L, Hobbs R. Power plant emissions power emissions to biofuels. US DOE/NETL Contract No: DE-FC26-06NT42759 NREL-AFOSR Workshop on Algae oil for Jet fuel production, 2008, 2.

[41] Singh J, Gu S, Commercialization potential of microalgae for biofuels production[J]. Renewable and Sustainable Energy Reviews, 2010, 14: 2596-2610.

[42] Benemann J R, Oswald W J. Systems and economic analysis of microalgae ponds for conversion of CO_2 to biomass. Final report[R]. CaliforniaUniv., Berkeley, CA (United States). Dept of Civil Engineering, 1996.

[43] Alabi A O, Bibeau E, Tampier M. Microalgae Technologies & Processes for Biofuels-bioenergy Production in British Columbia: Current Technology, Suitability & Barriers to Implementation: Final Report[M]. British Columbia Innovation Council, 2009.

[44] Davis R, Aden A, Pienkos P T. Techno-economic analysis of autotrophic microalgae for fuel production[J]. Applied Energy, 2011, 88(10): 3524-3531.

[45] Davis R, Fishman D, . Frank E D, et al. Renewable diesel from algae liquids: an integrated baseline for

cast, emissions, and resource potential from a Harmonized model [EB/OL] . 2012, 6. http: //www. nrel. gov/docs/fy12osti/55431. pdf

[46] Batan L, Quinn J, Willson B, et al. Net energy and greenhouse gas emission evaluation of biodiesel derived from microalgae[J]. Environmental science & technology, 2010, 44(20): 7975-7980.

[47] Stratton R W, Wong H M, Hileman J I. Life cycle greenhouse gas emissions from alternative jet fuels[J]. PARTNER Project, 2010, 28: 133.

[48] Davis R, Fishman D B, Frank E D, et al. Integrated evaluation of cost, emissions, and resource potential for algal biofuels at the national scale[J]. Environmental science & technology, 2014, 48 (10): 6035-6042.

[49] Jones S, Zhu Y, Anderson D, et al. Process design and economics for the conversion of algal biomass to hydrothermal liquefaction and upgrading[EB/OL]. PNNL-23227, march, 2014. http: //www1. eere. energy. gov/bioenergy/pdfs/pnnl_ whole_ algae_ liquefaction. pdf.

[50] Davis R, Kinchin C, Markham J, et al. Process design and economics for the conversion of algal biomass to biofuels: algal biomass fractionation to lipid-and carbohydrate-derived fuel products[EB/OL]. Technical Report NREL/TP-5100-62368. http: //nrel. gov/docs/fy14osti/62368pdf.

第十三章　生物质发酵制氢

第一节　生物质制氢的途径和任务

生物原油由于含氧量较高，其作为燃料时存在热稳定性差、热值低、低挥发性和腐蚀性等缺陷，必须经过适当提质才能将其转化为优质燃料，而催化加氢是一种有效的生物油提质方法，能够将生物油由不饱和化合物转化为饱和物，热值接近石油类燃料及能广泛应用的商品油，可作为石油的替代品，将带来对氢能源需求量的增长。

另外，随着燃料电池汽车的快速发展，其对氢能的需求量也在不断增加，对大规模氢基础配套设施的需求也越来越迫切，急需建造大量千吨级加氢站和吨级制氢站，以满足燃料电池汽车的需要。据统计，世界目前有超过 370 座加氢站在运营和规划中，主要集中在日本、欧洲和美国等国家或地区。中国目前在北京和上海共有 4 座加氢站在示范运行，中国政府已把氢能与燃料电池技术列为中长期科学和技术发展规划战略的重点之一，近年来持续加大对研发和示范的投入。

因此，氢能制备技术的开发及应用成为生物油、燃料电池等新能源行业发展的关键之一，将在新能源系统中起到重要的作用。

目前，制氢途径主要有以下几种：①生物质化学转化制氢；②化石燃料制氢；③生物油制氢；④生物发酵制氢。在这几种制氢途径中，化石燃料由于其不可再生性，不适合作为替代能源。生物油制氢技术在本书第八章中已进行过分析，该过程的技术经济性较差，也不适合作为替代能源。生物质化学转化制氢又分为生物质气化制氢、生物质转化为生物乙醇后再制氢和生物质发酵制氢，对于生物质气化制氢的技术经济分析见本书第三章，生物质转化为生物乙醇等小分子制氢目前还处于实验室研究阶段。生物质生物制氢主要包括生物法制氢和光生物法制氢，光生物法制氢技术由于需要光源，过程对于光源的利用效率较低，且连续光源的获取较难，其产业化应用困难。生物法制氢中的生物质发酵制氢由于具有操作条件温和、原料来源丰富、已进行了大量广泛的前期研究并取得了较好的产氢效果，本章将对生物质发酵制氢技术进行较详细的介绍，并简单介绍光生物法制氢技术，对生物质发酵制氢技术的产业化技术经济可行性进行论证，以期为相关技术的发展及产业化提供参考。

第二节　生物质发酵制氢技术研究现状

一、背景

生物制氢以生物活性酶为催化剂，利用含氢有机物和水将生物能和太阳能转化为高能量密度的氢能。与几种传统制氢方法相比较，生物制氢技术具有以下优势：①所使用的原料极为广泛且成本低廉，包括一切植物、微生物材料，工业有机物和水；②在生物酶的作用下，反应条件为温和的常温常压，操作费用十分低廉；③产氢所转化的能量来自生物质能和太阳能，完全脱离了常规的化石燃料；④反应产物为二氧化碳、氢气和氧气，二氧化碳经过处理可作为化工产品，是可实现零排放的绿色无污染环保工程。

二、生物制氢技术的开发研究现状

(一) 国外生物制氢技术研究现状

国外对于生物制氢技术的研究开展较早。早在100多年前，科学家们就发现，在微生物的作用下，通过甲酸钙的发酵可以从水中制得氢气[1]。1931年，Stephenson等人首次报道了在细菌中含有氢酶，它可以催化氢的可逆氧化还原反应：$H_2 \rightleftharpoons 2H^+ + 2e^-$。1937年，Nakamura[2]观察到光合细菌在黑暗条件下放氢的现象，这是关于光合细菌产氢最早的报道。1942年，Gaffron & Rubin发现，一种已在地球上存在30亿年之久的蓝绿色海藻—栅藻能在一定的条件下通过光合作用产生氢气。1949年，Gest等在研究了深红红螺菌后建议，利用紫色光合细菌制氢。此类细菌在有机碳源存在下生长会放出氢气，氢也可以通过光还原CO_2使之变为醛，接着通过酶反应而从中被释放出来。此后，很多研究者从不同的角度开展了微生物产氢的研究[3]。1958年，Spruit证实了藻类可通过直接光解过程产生氢气，而不需要借助二氧化碳的固定过程。真正意义上利用生物制氢的想法最早是由美国科学家Lewis[4,5]在1966年提出的。自此，大家才从获取氢能的角度开展各种生物氢来源和产氢技术的研究[10]。80年代能源危机结束之前，人们对各种氢源及其应用技术已经进行了大量研究。石油价格回落后，氢及其他替代能源的技术研究一度停顿。到了90年代，人们对由以石化燃料为基础的能源所带来的环境问题有了更深入的认识，清醒地认识到石化燃料造成的大气污染，这使得生物制氢研究再度兴起。

目前，国外对于生物制氢的研究主要是发酵法制氢，研究方法与研究内容呈现多样性。关于生物制氢的研究重点关注产氢效率的提高和发现更多的可被生物利用的基质以及分离产氢菌的产氢效能分析。Sivaramakrishna等[6]采用选择性富集厌氧混合菌群，利用益生菌废水为基质进行生物制氢时，研究结果表明，当底物浓度为5g/L，pH为5.5时获得最佳产氢量1.8mol H_2/mol cathohydrate，最大产氢速率为168mL/h，氢气含量超过65%，生物气中没有检测到甲烷，主要液相产物为乙酸、丙酸和乙醇。Kongjan等[7]在极端嗜热温度(70℃)条件下利用木糖进行混合发酵生物制氢研究，在木糖浓度为0.5g/L时，获得最大产氢率。主要发酵产物是乙酸、乙醇和乳酸。液相中间产物为乙酸、甲酸和乙醇。Kaparaju等[8]进行了利用水解预处理麦秆进行生物制氢研究，利用麦秆产乙醇和甲酸后的发酵液相产物进行制氢研究，发酵产氢率为178.0mL H_2/g糖。Akutsu等[9]利用淀粉为基质，研究了温度对产氢过程的影响。在淀粉浓度为20g/L时，嗜热反应器的最大产氢率为2.8molH_2/mol葡萄糖，在淀粉浓度增大为30g/L时，产氢率都大大降低且液相产物有很大变化。Abreu等[10]研究了菌群降解糖类生物制氢。此外，有关利用不同基质进行产氢的研究还包括利用与区域有关的来源丰富的基质进行制氢。土耳其Ela Eroglu等利用不同橄榄油厂废水进行光发酵制氢潜力的研究，并研究了C/N对产氢的影响。希腊Ntaikou等以橄榄油厂废水进行生物制氢研究并同时利用制氢产生的挥发酸进行制取生物聚合物(聚羟基丁酸醋)。

同时，国外学者对于生物制氢反应器也进行了大量的研究。生物反应器制氢的选择和设计对于产氢系统的稳定性和实际应用具有决定性作用。目前，用于生物制氢的反应器多以可用于连续产氢的连续流生物制氢反应器和间歇产氢的间歇反应器为主。此外，也有采用升流式厌氧污泥床(UASB)、膨胀颗粒污泥床(EGSB)以及序批式活性污泥反应器(SBR)进行发酵产氢的。Gadhamshetty 等[11]运用无缓冲反应器在低温条件下进行生物制氢的可行性研究，研究在两个较低温度下(22℃、37℃)，以蔗糖为底物的厌氧发酵制氢。Zhang 等[12]运用不饱和流化床反应器进行产氢细菌 *Clostridium acetobutylicum* ATCC824 以葡萄糖为产氢基质的产氢实验，研究发现氢气含量为74%±3%，液相发酵产物为乙酸和丁酸。Hafez 等[13]利用自行设计的一体式连续流搅拌槽式反应器与重力自沉降反应器(IBRCS)研究了不同有机负荷对生物制氢的影响，在 HRT 为 8h，OLR 为 103gCOD/(L·d)时，获得最大产氢量为 2.8molH_2/mol 葡萄糖。

(二) 国内生物制氢技术研究现状

我国在生物制氢技术研究始于 20 世纪 70 年代，但进展十分迅速，涉及光解生物制氢技术和发酵法生物制氢技术两方面。刘克鑫等[14]在沼气发酵污泥的富集培养物中加入薯芋粉完全抑制了产甲烷，转而产氢气，并从中分离出了 24 株产氢细菌。任南琪等[15]于 1994 年提出了以厌氧活性污泥为氢原料的有机废水发酵制氢技术，利用碳水化合物为原料的发酵法生物制氢技术。2000 年，赖俊吉等[16]利用热处理后的厌氧消化污泥，进行淀粉连续发酵产氢的最适宜条件实验，获得最大产氢速率为 1600L/(m^3·d)、淀粉 COD 转化率为 1.29LH_2/g(COD)。2002 年，樊耀亭等[17]以牛粪堆肥为天然混合产氢菌来源，以蔗糖和淀粉为底物，通过厌氧发酵制得了氢气。至此，国内多家科研机构的学者们开始进行生物制氢技术的研究，他们在发酵生物制氢技术方面，在产氢的机理、细菌的选育、细菌的生理生态学、生物制氢反应设备的研制等多方面进行了大量研究，取得了较大的突破，从而使我国在生物制氢技术在前沿性技术领域占有了一席之地[18~20]。

第三节 生物质发酵制氢类型及机理

一、生物制氢的方法

生物制氢方法可分为 5 类：①利用藻类或者青蓝菌的生物光解水法；②有机化合物的光合细菌(PSB)光分解法；③有机化合物的厌氧发酵制氢；④光合细菌和发酵细菌的耦合法制氢；⑤酶催化法制氢[21,22]。目前，已研究的产氢生物类群有光合生物(绿藻、蓝细菌和厌氧光合细菌)、非光合生物(严格厌氧细菌、兼性厌氧细菌和好氧细菌)等。

生物制氢技术根据微生物生长过程中所需的能量来源，可以分为两类：光合微生物制氢和发酵法制氢[23,24]。要全面地理解生物制氢过程的机理，首先要知道过程中可能涉及到的两种酶：氢酶和固氮酶。它们是生物制氢过程中的两种关键性酶，但是它们均不是专一性产氢酶。这两种酶所催化的产氢反应见式(13-1)、式(13-2)[25]：

$$2H^++2e^-\xrightarrow{\text{氢酶}}H_2 \quad (13-1)$$

$$2H^++2e^-+4ATP\xrightarrow{\text{固氮酶}}H_2+4ATP+4Pi \quad (13-2)$$

氢酶除了在有足够还原能力时催化产氢外，还可催化作为一种能量回收机制的吸氢反应。固氮酶的主要功能是催化固氮反应—将分子氮还原为氨。只有当缺乏基质(分子氮)时才发生催化产氢反应。这两种酶不仅在不同的微生物中具有不同的功能，即使在同一种微生物中不同的氧化还原条件下也起到不同的作用。另外，氢酶催化的产氢反应不需要 ATP，固氮酶催化的产氢反应则需要 ATP。

二、生物制氢技术的机理

1. 发酵法生物制氢技术及其机理

在过去的近 30 年中，生物制氢技术的研究主要集中在光合细菌制氢，但 Benemann[24] 认为利用厌氧发酵细菌产氢比光合细菌更具前景。厌氧菌利用有机物质作为能量来源，并将其转化为氢气。

能够利用有机物质产氢的厌氧微生物较多，如厌氧菌中的梭状芽孢杆菌属（*Clostridium*）的巴氏梭菌（*C. pasteurianum*），丁酸梭状芽孢杆菌（*C. buytricum*），嗜热乳酸梭菌（*C. thermolacticum*），双酶梭菌（*C. bifermentants*）和类腐败梭菌（*C. paraputrificum* M－21）等[15-28]。按照形成氢的电子供体，生物发酵产氢细菌可以分为两大类群：①专性厌氧细菌类群；②兼性厌氧细菌类群。这两类群包括肠杆菌属、杆菌属、埃希式肠杆菌属和梭菌属四类[27]。

专性厌氧产氢细菌的代表主要是梭状芽孢杆菌属（*Clostridium*）的各种细菌，该类群不包括细胞色素型的电子供体，通过丙酮酸或丙酮酸式二碳单位产生氢。有机物氧化产生的 $NADH^+$ 和 H^+ 一般可通过与乙酸、丁酸和乙醇发酵等过程相连而使 NAD 再生；但当 $NADH^+$ 和 H^+ 的氧化过程慢于形成过程时，为了避免 $NADH^+$ 和 H^+ 的积累，细胞以释放 H_2 的形式保持体内氧化还原的平衡，丙酮酸经丙酮酸-铁氧还蛋白氧化还原酶作用后，当环境中无合适的电子受体时，氢化酶将接受铁氧还蛋白（Fd）传递的电子以 H^+ 作最终电子受体而产生分子氢。

兼性厌氧的细菌类群以细胞色素为电子供体通过甲酸来产氢。甲酸的前体是丙酮酸，如大肠杆菌（*E. coil*）可厌氧分解甲酸产生 H_2 和 CO_2，该过程由甲酸氢解酶（FHL）系统催化进行。FHL 系统含有甲酸脱氢酶（FDH）和氢化酶（HD）组分。与产氢有关的 FDH 催化非产能反应，受 O_2、NO_{3-} 和 MB 的阻遏。另外一种不分解甲酸产 H_2 的 FDH，推测是一种以 FAD 或 FMN 为辅基的黄素蛋白需氧脱氢酶类，与产能代谢有关，它可能与不同的厌氧还原酶系统相连。

发酵法生物制氢的形式主要有两种：①丙酮酸脱氢系统：在丙酮酸脱羧脱氢生成乙酰的过程中，脱下的氢经铁氧还原蛋白的传递作用而释放出分子氢；②NADH/NAD 平衡调节产氢，当有过量的还原力形成时，以质子作为电子沉池而形成氢气。发酵法生物制氢按照产氢途径的不同，主要包括丁酸型发酵产氢、混合酸发酵产氢和 NADH 途径产氢 3 种主要类型[28]。

丁酸型发酵产氢途径的典型微生物主要有：梭状芽孢杆菌属（*Clostridium*）、丁酸弧菌属（*Bu-tyrivibrio*）等，其主要发酵末端产物有：丁酸、乙酸、CO_2 和 H_2 等。丁酸型发酵产氢的反应方程式见式（13-3）、式（13-4）：

$$\text{Glucose（葡萄糖）} + 2H_2O \longrightarrow \text{Acetate（乙酸）} + 2CO_2 + 4H_2O \qquad (13-3)$$

$$\text{Glucose（葡萄糖）} \longrightarrow \text{Butyrate（丁酸）} + 2CO_2 + 2H_2 \qquad (13-4)$$

在丁酸型发酵产氢过程中，葡萄糖经 EMP 途径生成丙酮酸，丙酮酸脱羧后形成羟乙基与硫胺素焦磷酸酶的复合物，该复合物接着将电子转移给铁氧还蛋白(ferredoxin，简写为Fd)，还原的铁氧还蛋白被铁氧还蛋白氢化酶重新氧化，产生氢气。

混合酸发酵途径产氢的典型微生物主要有：埃希氏菌属(*Escherichia*)和志贺氏菌属(*Shigella*)等。发酵末端主产物有：乳酸(或乙醇)、乙酸、甲酸、CO_2和H_2等。混合酸发酵途径产氢见式(13-5)。

$$C_6H_{12}O_6 + H_2O \longrightarrow CH_3COOH + C_2H_5OH + 2H_2 + CO_2 \qquad (13-5)$$

在混合酸发酵产氢过程中，由EMP途径产生的丙酮酸脱羧后形成甲酸和乙酰基，然后甲酸裂解生成CO_2和H_2。

丁酸型发酵产氢和混合酸发酵产氢是两种直接的产氢途径，NADH途径产氢则是通过调节过程的$NADH/NAD^+$平衡来产氢[28]。在微生物的新陈代谢过程中，经EMP途径产生的NADH和H^+一般均可通过与丙酸、丁酸、乙醇或乳酸等发酵相耦联而得以再生，从而保证$NADH/NAD^+$的平衡。但当NADH和H^+的再生相对于其形成较慢时，必然要产生NADH与H^+的积累。对此，生物有机体必须采取其他的调控机制，如在氢化酶的作用下，通过释放分子氢以使NADH与H^+再生，反应见式(13-6)。

$$NADH + H^+ \longrightarrow H_2 + NAD^+ \qquad (13-6)$$

Tanisho在对产气肠杆菌E. 82005(*Enterobacter aerogenes strain* E. 82005)的产氢情况进行研究时，提出在微生物连续培养条件下，NADH途径是产氢的主要途径[29]。另外，任南琪认为，即使在丁酸型发酵和混合酸发酵的直接产氢过程中，也伴随着NADH途径的调节作用[18]。

2. 发酵法生物制氢的研究现状

大部分研究者主要从两个方面对厌氧发酵生物制氢进行研究：一方面是对菌种的深入研究；另一方面则是对发酵过程中生态因子对产氢细菌发酵产氢能力的影响的研究。另外，研究者们还研究了不同产氢菌株利用不同底物时的产氢能力。

(1) 发酵法生物制氢菌种的研究

在对菌种的研究上，现有的研究主要集中在纯菌种研究和细胞固定化技术方面。世界各国固定化微生物发酵制氢研究结果表明：细胞固定化技术的使用，提高了反应器内的生物量，使单位反应器的制氢率和运行稳定性有了很大提高，固定化系统均取得了较好的制氢效果。

Tsygankov对固定化微生物和悬浮微生物制氢进行了比较性研究，得出固定化微生物制氢具有制氢速率更高和反应流出液中不含细胞的优点。Karube等人利用聚丙烯酰胺凝胶包埋固定化丁酸梭状芽孢杆菌细胞进行产氢实验，以葡萄糖为供氢体，37℃下可连续产氢20d。任南琪等在连续流搅拌槽式反应器(CSTR)中填加密度为1.54g/cm^3、粒径小于2mm的多孔物质，以糖蜜废水为底物利用活性污泥制取氢气，考察了填加生物载体后反应器连续流稳定运行的系统特性，得到了较好的实验产氢效果[27]。Yokoi等对产气肠杆菌HO-39菌株进行的非固定化实验中，获得了120mL/(L·h)的产氢率；而采用多孔玻璃为载体对菌体进行固定时，产氢率提高到850mL/(L·h)(*HRT*=1h)，较非固定化细胞产氢率提高了7倍[28]。Tanisho和Lshiwata在对产气肠杆菌E. 82005菌株进行的聚氨基甲酸乙酯泡沫固定化细胞产氢试验中，获得持续产氢率为2.2molH_2/mol(糖)，最大产氢率达3.5molH_2/mol糖，同时，产氢速率最大达到了13mmolH_2/(L·h)[29]。

研究表明，固定化细胞制氢与非固定化细胞制氢相比有以下优点：①菌种能在较低的pH值下进行发酵产氢，即菌种能耐低pH值；②持续制氢时间长；③可抑制氧气扩散速率；④有效防止细胞流失等。但是，固定化纯菌种制氢也存在一些缺陷，主要是：①底物和反应器都需要高温消毒灭菌；②配制培养基需要大量蛋白胨、酵母膏和牛肉膏等比较昂贵的营养物质；③纯菌种在不断制氢过程中，易发生变种，甚至被污染，制氢能力会逐渐降低，因而需要定期更换新的细菌；④配套的纯菌种的分离、鉴定和扩大培养等设备，导致生物制氢的成本比较高。从目前的研究来看，小型的、短期的研究结果较多，长期的、大规模地连续制氢研究报道较少。总之，利用纯菌种固定化制氢不利于实现生物制氢产业化。

因此，研究者从另一种途径对厌氧发酵的菌种进行研究—混合菌发酵制氢。他们发现了一些天然菌源，例如活性污泥、产大豆的土壤、不同来源的堆肥等，将它们通过适当的物理化学预处理后，可用作天然混合产氢菌源直接用于厌氧发酵生物制氢。任南琪等以厌氧活性污泥为菌种来源，以废糖蜜和淀粉为原料，采用两相厌氧反应器制得了氢气。Sung等以土豆地和大豆地土壤为菌种来源，以蔗糖为底物，实现了持续产氢。方汉平等利用含有两种类型细菌的颗粒污泥处理含蔗糖的水溶液得到了生物氢气。任保增等以牲畜粪尿堆肥为菌源，通过处理蔗糖和淀粉的模拟有机废水成功制备出氢气，最高产氢速率达到381mL/(L·h)。

(2) 生态因子对微生物发酵产氢能力的影响

生态因子对产氢发酵细菌的生长和生理代谢有重要影响，也会影响细菌的产氢能力。目前对生态因子的研究主要集中在温度、pH值、氧化还原电位和金属离子等方面。生物发酵制氢过程中，能够影响发酵微生物的发酵末端产物组成和优势种群的限制性因子有：温度、pH值、有机和无机营养物质、$NADH/NAD^+$及酸性末端数量，其中可控的独立因子为前三个。王相晶采用间歇发酵实验，研究了葡萄糖浓度、接种量、温度、氮源、不同有机底物对发酵产氢细菌B49产氢能力的影响。李永峰等利用间歇培养研究了碳氮质量比对纯培养制氢工程中发酵产氢细菌产氢性能的影响，结果显示调节碳氮质量比可以成为调控发酵制氢的工程措施之一。

(3) 混合菌种产氢技术

利用混合菌种制氢具有诸多优点：首先，它不存在纯菌种系统的杂菌污染问题；其次，利用混合菌种为厌氧活性污泥时，可通过它的培养形成沉降性能良好的絮体，避免菌体在连续流状态下的流失。混合菌发酵运行操作简单，便于管理，提高了生物制氢工业化生产的可行性。早在1990年，王宝贞等就开始了有机废水发酵法生物制氢技术的研究并取得了较大成果，其开创的有机废水发酵法生物制氢技术，利用两相厌氧生物处理工艺的产酸相作为生物制氢单元，依靠厌氧活性污泥(混合菌种)的特性，通过发酵从有机废水中制取氢气。小试研究以甜菜制糖厂的废糖蜜为底物，获得了10.4LH_2/(L·d)的最大比产氢速率。在中试研究的稳定运行期，产氢能力达到5.7LH_2/(L·d)。该技术具有诸多的优点：①实现了有机废水的连续流持续产氢。以有机废水作为制氢底物，能够大幅度地降低工业化制氢的生产成本，而且采用了两相厌氧工艺的产酸相，可以实现连续进水，持续产氢。②以具有自絮凝作用的非固定化的混合菌种作为产氢菌源，反应器中的厌氧活性污泥来源广泛，不需固定化处理，只需对接种污泥进行一定时间的驯化，就能达到连续产氢的目的，过程操作简便，易于管理。③该技术集发酵法生物制氢和高浓度有机废水处理为一体，在处理高浓度有机废水的同时回收大量的清洁能源氢气，降低了产氢成本。

近几年，混合菌种产氢技术成为生物制氢研究的主流。Majizat 等以葡萄糖为底物，利用接种厌氧活性污泥的反应器进行了连续流的产氢研究，当稀释率为 $0.25h^{-1}$时，反应器的产氢速率为 7.1L/d；林明也利用厌氧污泥对葡萄糖的发酵作用进行了产氢试验，提高系统产氢效率、完善调控对策、降低运行成本是研究的主要目标。宫曼丽等采用连续流搅拌槽式反应器，以糖蜜废水为底物，探讨了 pH5 条件下生物制氢反应器的启动和运行特性。李建政等的研究发现，厌氧折流发酵生物制氢反应器具有结构简单、运行稳定、操作灵活、生物持有量和容积利用率较高等优点。任南琪采用连续流搅拌槽式反应器，以制糖废水为底物，利用厌氧活性污泥探讨了生物制氢反应器连续流稳定运行的工程控制参数。李建政等研究了发酵生物制氢污泥反应系统的启动规律和驯化乙醇型发酵优势菌群的对策。邢德峰等利用分子生物学技术研究了产氢混合菌群的多样性和群落结构的动态变化。但是，发酵产氢菌群的生态学机制仍然没有完全揭示，尤其是缺乏一套针对群落结构变化的快速、直接的监测系统，限制了生态学研究的深入。

第四节 生物发酵制氢技术存在的问题及发展趋势

一、存在的问题

目前，生物质发酵制氢技术还处于试验阶段，存在的主要问题为：

1. 过程细菌的代谢机理

高效产氢菌种的选育与菌种的协同产氢是生物质发酵制氢的关键问题之一。厌氧暗发酵细菌产氢，特别是混合细菌菌群产氢的生化反应机理和代谢途径相当复杂，很难进行精确的化学计量学的计算及反应动力学的表达。由于目前生物质发酵制氢反应器规模和性能上的局限，细菌产氢过程，特别是连续产氢过程的数据极为有限，需进一步研究。

2. 生物发酵制氢底物研究存在的问题

在目前生物质厌氧发酵制氢过程所用底物范围狭窄，利用效率不高，对底物消耗机理的研究不明晰。导致过程对底物利用受到极大的限制，影响了过程的产业化的可行性和成本。

3. 生物质发酵制氢的反应器研究存在的问题

生物质发酵制氢过程对微生物产氢机理、产氢工艺的研究、菌种的筛选、培育、菌种改良和新菌种的培育等与基因工程相关的研究，其目标都是要早日实现氢能的清洁、廉价生产，加快生物质发酵制氢的规模化和工业化。以工业化大规模生产为目标的生物质发酵制氢过程，是以各种可利用的生物质为原料，以混合菌为微生物，在一定的环境条件下进行的复杂生物代谢过程。

已有的大型生物发酵反应器在工作原理和结构特点等方面不完全符合生物质发酵产氢的条件，不能完全满足过程的工艺要求。能够满足生物质发酵连续产氢这一复杂生物代谢过程的反应器的研制应包含对反应器型式与结构、操作模式、反应器中流体的传输及混合、热交换器及温度调控系统等多方面的设计和研究。

二、发展趋势

1. 生物质发酵制氢菌种的深入研究

生物质发酵制氢菌种的性能及稳定性制约了生物质发酵制氢技术的进一步发展，研究出性能优越、运行稳定、对底物适应能力强的菌种显得尤其重要。对于菌种的研究主要为：

(1) 生物质发酵制氢菌种主要的产氢酶(如氢酶和固氮酶)都对氧气十分敏感，短暂的接触也能抑制其活性，甚至使其完全失活。因此，通过遗传学方法增加产氢相关酶对氧的耐受力，可有效提高产氢能力。生物质发酵制氢是一个生物过程，受到多种代谢过程的调控，需要找出氢代谢过程的调控点，从而对关键调节基因进行遗传学改造。

(2) 选育高效产氢菌，对选育出的产氢细菌和产氢酵母进行鉴定，用激光诱变等生物技术对产氢细菌进行诱变育种，得到稳定的正突变株。分别研究产氢细菌的原始株和突变株的动力学。将高效产氢细菌和高效产氢酵母进行混合培养协同产氢，研究其产氢特性和发酵条件对混合培养的协同产氢的影响。

(3) 对细菌的产氢机理研究，根据产氢底物的消耗和产物的形成特征，结合对产氢微生物产氢机理的研究，以期获得产氢效果更好，底物利用范围更广泛、效率更高的产氢菌源。

2. 扩大底物利用范围和效率

大部分产氢生物的底物利用范围是有限的，这在一定程度限制了生物制氢的应用和发展。虽然也有一些梭菌能够分解利用多种有机质(如利用纤维素和半纤维素)产氢，但这种产氢生物在自然界中是很少的，而且其产氢量一般也不高。纤维素和半纤维素在自然界中广泛存在，如果以此为产氢底物，可大大降低产氢成本。由于纤维素和半纤维素结构的复杂性，如何利用生物工程的方法，提高对生物质中纤维素、半纤维素的降解效率，进而提高底物的产氢效率，是值得研究的问题。

3. 大规模制氢反应器的设计

在生物质发酵制氢过程中，一个好的反应器可对 pH、氧化还原电位(ORP)、水力停留时间(HRT)、化学需氧量(COD)等多种反应动力学指标进行有效控制。现有的生物制氢反应器大多是对现有的产甲烷反应器、污水处理反应器以及藻类培养反应器进行改造得到的，如 UASB、CSTR 和 IC 等。但近年来，一些新型的制氢反应器也不断涌现，如微生物燃料电池(MFC)，厌氧流体床反应器和微型产氢反应器等，但反应器的产氢效率普遍不高、稳定性能差，因此，需要进行生物质发酵制氢反应器的放大及优化，具体内容包括：

(1) 生物发酵反应器中流体混合效果对反应器放大性能的影响

反应器中流体的性质、流动状态、混合特性，对于提高反应器的放大性能至关重要，通过优化反应器的结构，找到合适的发酵流体流动模型，进而提高反应器的产氢稳定性和效率，是值得研究的问题。

(2) 生物质发酵产氢动力学模型的预测与验证

制氢菌种的预处理与富集、产氢底物的预处理、发酵过程菌种的生长机制、发酵过程的物质流通和反应机理、过程产氢动力学模型的预测及验证是值得探讨的问题。

(3) 生物质发酵制氢反应器放大模型的预测与验证，工业化规模发酵制氢反应器模拟设计

以反应器中流体流动模型和过程产氢动力学模型为依据，对生物质发酵制氢反应器放大

模型进行预测，采用 Fluent、Aspen 等软件进行模型的验证和工业化规模发酵制氢反应器模拟设计，为实际的工业化过程提供依据。

第五节　生物质发酵制氢技术原料和技术路线

一、生物质发酵制氢技术的原料研究现状

高效率、低成本的制氢技术是目前急待解决的问题。降低产氢底物的成本对整个氢气生产的成本降低有着十分重要的意义。

目前，厌氧发酵制氢所采用的底物大多为糖和淀粉类，包括一些从糖厂和淀粉厂排出的高浓度有机废水。尽管利用糖和淀粉发酵制氢的效果较好，但是其成本相对较高，必须进一步对发酵制氢的底物进行研究，找到能够高效产氢的廉价底物。

研究者也对一些比较复杂的底物进行了深入性的研究。Noike 等对豆渣进行了厌氧发酵研究，比产氢速率达到 45mL/(gVSS · h)，制得的生物气中氢气的含量高于 60%，达到了较好的产氢效果[30]。Annika 等对模拟家庭废物做了详尽的研究，并制得了氢气[31]。研究者们成功地将一些成分比较复杂的有机固体废弃物，如土豆淀粉渣、麦麸、食物废弃物、市政有机固体废弃物等转化为氢气，但产氢效率大多比较低。

对于纤维素类难生物降解的生物质，如农作物秸秆(玉米秸秆、麦秸秆和稻草等)，如用传统的发酵方法直接以这类生物质为底物，几乎不能制得氢气，或者氢的转化效率和产氢速率极低。樊耀亭、任保增等进行了大量的实验研究，以牛粪堆肥为菌源，对生物质玉米秸秆采用物理法和化学法相结合的方法进行预处理后，进行产氢发酵试验，获得了较好的实验效果。进一步对其进行深入研究，最大程度地提高秸秆利用率和产氢过程的稳定性，利用秸秆进行生物发酵制氢将会有很好的工业化前景。

二、不同类型生物质发酵制氢技术比较

秸秆类木质纤维素的水解产物是以木糖为主的五碳糖和以葡萄糖为主的六碳糖的混合物。充分有效地利用其中的每一类糖，是提高生物质利用效率、降低成本的最佳途径。在木质纤维素的预处理液中，主要的糖类是木糖为主的五碳糖和少量的葡萄糖等六碳糖；而预处理物的水解产物是由葡萄糖为主的六碳糖和少量的木糖等五碳糖组成。

(一) 木质纤维原料发酵制氢

目前，利用木质纤维原料生产氢气的发酵工艺，按照各生物转化程序的特点可以划分为以下 3 种方法：

1. 分步糖化发酵法

分步糖化发酵法中纤维素的酶解与发酵产氢分两步进行，其优点是酶解和发酵都可在各自最适条件下进行，50℃左右酶解，中温 37℃ 发酵产氢，缺点是在酶解过程中会出现纤维二糖的累积效应。

2. 同步糖化发酵法

纤维素的酶解与糖的产氢发酵在同一个反应器中进行，这样，由酶解过程中产生的糖能被微生物所迅速利用，可以解除纤维二糖对纤维素酶的反馈抑制作用，有效地提高了酶解效

率。但此工艺存在的主要问题是，由于酶解与发酵的最适温度不一致，使得两者都不能达到最佳状态，为了两者兼顾，一般综合二者取其相对适宜的条件。

3. 统合生物工艺(CBP)

统合生物工艺是在一个生物反应器中利用同一种微生物，完成木质纤维素转化为氢气所需的酶制备、酶水解及多种糖类的产氢发酵全过程。这就要求纤维素酶生成和产氢发酵都由一种微生物或一个微生物群体来完成。此时，纤维素水解被看作是一步微生物过程，而不仅是一步酶反应。这是理想的纤维素原料生产氢气的工艺。

（二）木糖等五碳糖发酵产氢的研究

木糖作为木质纤维素原料水解产物中含量很丰富的一种单糖，主要是由半纤维素水解生成，含量可达植物纤维素水解糖类的35%以上，在有些原料中甚至超过了葡萄糖的含量。因此，能否利用木糖发酵制氢是利用木质纤维素的关键。对这方面的研究较早的是Taguchi等，1994年，他们分离到一株既能利用葡萄糖又能利用木糖的产氢菌 *Clostridium* sp. No. 2。

但是，在之后很长的一段时间内，并未有专门利用木糖的产氢菌获得。直到进入新世纪后，研究者也只是将利用葡萄糖代谢的产氢菌用于发酵木糖，并未获得理想的产氢效果。不过，这样的状态没有维持多久。2004年，Kadar等在高温条件下分离获得 *Caldicellulosiruptor saccharolyticus* 下的一个产氢菌株，其利用木糖和葡萄糖的比产氢量分别达到了2.24mol/mol木糖和2.5mol/mol葡萄糖，从这之后开启了高温利用木糖产氢的研究。2008年，Ren等同样是在高温条件下分离获得 *T. thermosaccharolyticum* W16，同样具有较高的转化木糖和葡萄糖产氢的能力，利用木糖和葡萄糖的比产氢量分别达到了2.12mol/mol木糖和2.49mol/mol葡萄糖。对于混合菌群发酵木糖的产氢的研究也处于起步阶段，并且还未获得比较理想的效果。2006年，Lin等以活性污泥为菌源，以木糖为底物，采用连续流工艺研究其产氢特性，结果表明，在pH值为6.5时，体系的产氢状况最佳，得到最大比产氢和最大产氢速率分别为1.3mol/mol木糖和0.25mol/(L·d)。2006年，Lin等利用混合菌发酵木糖，获得了更好的产氢效果，比产氢率为1.92~2.25mol/mol木糖，产氢速率则为5.94~8.93mmol/(L·h)。虽然，木质纤维素的转化再利用问题越来越受到人们的重视，但是相比较葡萄糖等六碳糖生物转化的利用效果，对木糖等五碳糖生物转化技术的研究还需要进一步的加强，尤其是对于发酵产氢的研究。

（三）木质纤维素的酶解与发酵在不同的反应器中进行

目前，对木质纤维素的分步糖化产氢的研究，主要是将木质纤维素经过预处理后发酵。一方面，是以木质纤维素预处理液为基质进行产氢，例如，2006年，Datar等研究了热击活性污泥发酵玉米秸秆预处理液的产氢，结果表明，经中性和酸化汽爆后，比产氢量分别为2.84molH_2/mol基质和3.0molH_2/mol基质，转化效率达到了71%~75%。由于采用汽爆后，得到的水解液中的主要成分是以木糖为主的五碳糖，表明了五碳糖也具有很高的产氢潜力。Pattra等将甘蔗采用不同浓度的硫酸处理后，利用 *Clostidium butyrium* TISTR 1032发酵半纤维素水解液产氢，获得了预处理的最佳条件为：0.5% H_2SO_4，121℃，0.15MPa，在该条件下处理60min，可获得24.5gCOD/L的总糖，并且在初始pH5.0和总糖浓度20gCOD/L的条件下，得到的最大比氢率为1.73molH_2/molTS，展示出较好的产氢能力。但预处理副产物会对发酵产氢菌造成抑制，而使得其生长缓慢，产氢效率低下。目前，解决的办法是对预处理液进行脱毒处理。

另一方面，是将预处理后所得到的固体物质进行纤维素酶解，再用于发酵产氢。Lo 等(2010 年)采用纤维素分解菌 *Acinetobacter junii* F6-02 水解稻草秸秆，然后，通过产氢菌 *Clostridium butyricum* CGS5 发酵酶解液产氢，最后获得 26.8mL/(L·h)产氢速率。纤维素酶能有效水解预处理后的固体物，但是会出现产物抑制现象，从而降低纤维素酶的活性，更为重要的是由于商品化的纤维素酶很昂贵，基本上还处于试验阶段。因此，采用生物水解纤维素是一个不错的选择，这也是纤维素糖化研究的一个热点。但是，该方法存在利用率不高和处理成本较高等问题，还需要进一步的深入研究。

(四) 预处理秸秆类生物质同步糖化发酵产氢

木质纤维素的酶解与糖的产氢发酵在同一个反应器中进行，这样由酶解过程中产生的糖能被微生物迅速利用，可以解除纤维二糖对纤维素酶的反馈抑制作用，有效地提高了酶解效率，但此工艺存在的主要问题是由于酶解与发酵的最适温度不一致，使得两者都不能达到最佳状态，为了两者兼顾，一般综合二者取其相对最佳的条件。

Li 等采用中性汽爆法处理玉米秸秆，然后以 *Clostridium butyricum* 纯菌进行发酵产氢，得到最佳酶负荷为 25IU/(gSECS)(SECS 指蒸汽爆破玉米秸秆)最大比产氢速率和最大产氢量分别为 126mLH_2/(gVSS·d)(VSS 指挥发性固体)和 68mLH_2/gSECS。周俊虎等对活性污泥发酵稻草秸秆产氢进行了研究，结果表明，与强酸预处理相比，强碱预处理稻草后发酵产氢效果更佳。在其他条件相同的情况下，经 NaOH 水溶液预处理的稻草比产氢量达到 90.5mLH_2/g 稻草，而经 H_2SO_4水溶液预处理的稻草比产氢量为 68mLH_2/g 稻草。但是，预处理方法对最大产氢速率的影响不大。而过量的纤维素酶用量则会限制稻草的发酵产氢，当纤维素酶用量加倍后，稻草单位总产氢量由 90.5mLH_2/g 稻草降至 30.5mLH_2/g 稻草，最大产氢速率由 0.58mLH_2/(h·g 稻草)降至 0.22mLH_2/(h·g 稻草)。Guo 等首先采用里氏木酶固态发酵玉米秸秆产纤维素酶，而后直接采用这些粗酶用于纤维素的酶解并同时产氢，比直接利用玉米秸秆的产氢量提高 45 倍。

(五) 预处理秸秆类生物质一步发酵产氢

预处理秸秆类生物质一步发酵产氢指的是在一个生物反应器中利用同一种微生物，完成木质纤维素转化为氢气所需的酶制备、酶水解及多种糖类的产氢发酵全过程。这就要求纤维素酶的生成和产氢发酵都由同一种微生物或一个微生物群体来完成。此时的纤维素水解被看作是一步微生物过程，而不仅是一步酶反应。任保增等采用稀 HCl 联合微波处理秸秆，以牛粪堆肥为菌源进行发酵产氢，最大累积产氢量达 68.1mLH_2/gTVS(TVS 指总挥发性固体)，最大产氢速率为 101.4mLH_2/(gTVS·h)。Zhang 等采用稀 HCl 在 100℃下处理秸秆，以牛粪堆肥为菌源进行发酵产氢，得出最大比产氢量为 149.69mLH_2/gTVS，最大产氢速率为 7.6mLH_2/(L·h)，产氢状况与糖的得率呈现一种正相关性。Pan 等将玉米芯在 100℃下，1%的盐酸中处理 30min，采用混合菌群发酵产氢，得到最大比产氢量为 107.9mLH_2/(gTVS)，最大产氢速率为 4.2mLH_2/(gTVS·h)。2009 年，Ren 等采用新分离获得的纤维素降解菌 *Clostridium acetobutylicum* X9 同发酵产细菌 *Ethanoigenens harbinense* B49 进行复配，以酸化汽爆秸秆为基质进行产氢，获得了不错的效果。

如能直接利用木质纤维素发酵产氢，这将会是最经济的方式，但是与利用简单基质产氢相比，中温细菌利用木质纤维素产氢的效率极为低下，仍未达到工业化的水平。为了加快细菌生长及产氢速率，高温发酵细菌成为了研究者们新的选择对象。De Vrije 等采用 12%

NaOH 在 70℃条件下处理 *Miscanthus*，以 *Thermotoga elfii* 纯菌为菌源利用处理生物质进行发酵产氢，获得了不错的效果。Nguyen 等采用离子性的液体对纤维素粉末进行预处理后，利用 *Thermotoga neapolitana* 进行产氢发酵，氢气累积产氢量可达 1280mL H_2/L 细菌，比产氢量为 2. 2molH_2/(molGE)(葡萄糖当量)。相比较而言，高温发酵产氢细菌直接利用木质维素产氢的能力更强一些，但是其纤维素的降解能力及产氢效率还需要进一步提高，筛选得到高效产氢气菌株有待深入研究。

三、生物质发酵制氢技术的原料

生物质发酵制氢技术产业化的核心是过程的经济性，即如何提高底物到氢气的转化率，降低底物成本。那么，首要考虑的问题是发酵过程底物的选择。

高浓度有机废水存在成分复杂、色度高、可生化性差、成分不稳定等缺陷，农作物秸秆来源最为丰富，其价格也较低廉，可再生性强，过程转化率较高，利用其进行发酵制氢，可减少秸秆由于其他途径利用产生的污染问题。

四、生物质发酵法制氢技术路线

本节将参考美国 NREL 关于生物质制氢的相关内容，以及对过程的技术路线的描述[32]。

（一）发酵制氢的反应机理

与光合法生物制氢技术相比较，厌氧发酵法生物制氢技术表现出以下优越性：①发酵产氢菌种的产氢能力要高于光合产氢菌种，且发酵产氢细菌的生长速率一般比光解产氢的要快很多；②发酵产氢无需光源，可以实现持续稳定地生产，而且反应装置的设计、操作及管理更为简单方便；③产氢设备的反应容积可以比较大，从而能从规模上提高单台设备的产氢量；④发酵产氢的原料来源广、成本低廉；⑤兼性发酵产氢细菌更易于保存和运输。所以，发酵法生物制氢技术比光合微生物制氢的产业化更容易实现。因此，本书选择对厌氧发酵法进行制氢过程技术经济性分析，并将其与光合法生物制氢技术的技术经济性进行比较。

纤维素和半纤维素类原料是由葡萄糖、木糖和其他糖类构成的多聚体，在发酵反应中，可假定为葡萄糖发酵产氢的过程。理论上，若葡萄糖全部转化为氢气，则该反应可描述为式(13-7)。

$$C_6H_{12}O_6 + 6H_2O \longrightarrow 12H_2 + 6CO_2 \quad (13-7)$$

实际上以上反应不可能发生，在生物质发酵制氢过程中，微生物在产氢的同时，还会产生乙酸、丁酸等副产物，这导致了氢气产量的降低。那么，在一个葡萄糖的产氢反应中，除转化为 H_2 和 CO_2 外，同时副产乙酸的理想化反应为式(13-8)。

$$C_6H_{12}O_6 + 2H_2O \longrightarrow 4H_2 + 2CO_2 + 2CH_3COOH \quad (13-8)$$

由式(13-8)可知，所产生的氢气的质量收率为葡萄糖原料质量的 4. 5%，但是，目前还未发现哪种微生物菌源能够达到这一产率。另一种氢转化途径为葡萄糖产生 H_2 和 CO_2 的同时，副产丁酸，其反应见式(13-9)。

$$C_6H_{12}O_6 \longrightarrow 2H_2 + 2CO_2 + CH_3CH_2CH_2COOH \quad (13-9)$$

假设水解过程和糖化/发酵过程的转化率均达到 90%。基于此，经过发酵反应，可获得 3. 2molH_2、1. 6molCO_2，以及由挥发性脂肪酸、醇，未转化的葡萄糖、木质素和木聚糖等组成的副产物。在该条件下计算，整个发酵产氢过程的氢气质量转化率为 3. 6%。而本书选择的底物所含纤维素和半纤维素的理论含量为64%，因此，氢气的理论转化率为2.32%（gH_2/g葡萄糖）。

（二）产氢菌源

目前，对于生物发酵制氢菌源的研究主要为两类：①纯种厌氧产氢细菌；②混合厌氧产氢菌群。

1. 纯种厌氧产氢细菌

纯种厌氧产氢细菌包括严格厌氧产氢细菌和兼性厌氧产氢细菌，严格的厌氧产氢细菌主要包括梭状芽孢杆菌属（*Clostridium*）的各种细菌。丁酸梭菌（*Clostridium butyricum*）是一种典型的严格厌氧产氢细菌，Karube等采用聚丙烯酰胺凝胶对其进行包埋后，用葡萄糖作为底物进行培养，持续产氢达到20天，最大产氢能力为1.8~3.2L/（L·d）。Brosseau[33]等研究了其中的巴氏芽孢梭菌（*Clostridium pasteurianum*）的产氢情况，利用1mol葡萄糖可以产生1.5mol的氢气，最大产氢速率达9.0mmol H_2/h，比产氢速率为2.5mmol H_2/（h·g干细胞），产生的气体中只含有氢气和CO_2，且氢气浓度大于85%。同时，Brosseau等还对兼性厌氧产氢细菌的中间柠檬酸细菌（*Citrobacter intermedius*）的产氢情况进行了试验研究，发现每利用1mol葡萄糖，中间柠檬酸细菌可以产生1mol H_2，最大产氢速率为3.7mmol H_2/h，比产氢速率为9.5mmol H_2/（h·g干细胞），产生的气体中只含有氢气（>60%）和CO_2。阴沟肠杆菌菌株ⅡT-BT08（*Enterobacter cloacae* ⅡT-BT08）也是一种兼性厌氧产氢菌，其可以利用多种碳源产生氢气，当以葡萄糖、蔗糖和纤维二糖为基质时，比产氢量较高，分别达到了2.2、6.0和5.4mol H_2/mol底物。

2. 混合厌氧产氢菌群

高效菌种的选育在厌氧发酵法生物制氢过程中非常关键。卢文玉等对产气肠杆菌进行激光诱变，筛选出一株能够耐受pH3.0的高效产氢突变菌株，产氢量比出发菌提高48%。高温菌为嗜热微生物，是一种极端微生物，利用嗜热微生物发酵制氢是生物制氢技术新的研究领域。该方法简化了发酵工艺条件，提高了产氢效率，为大幅度降低生物制氢的成本提供了有利条件。牛莉莉等人，把菌株T42和热自养甲烷热杆菌（*Methanothermobacter thermautotrophicus*）Z245共培养时，由于降低了氢分压，葡萄糖利用率和H_2产量分别提高了1倍和2.8倍，发酵产物乙酸和乙醇的比例也从1升高到1.7。选择混合法培养制氢，利用菌种之间的互补性，创造互为有利的生态条件，是较为可行的生物制氢途径。

3. 产氢菌源的假定

尽管纯种厌氧产氢细菌也能够得到较好的产氢效率，但大都是在小试试验的规模上进行的，一旦进行大规模的产业化运行，纯菌种存在稳定性差、条件控制困难、对外部环境要求高等缺陷，而混合菌由于自身可以进行调节，不同类群的细菌之间在一定条件下，抵御外部环境变化的能力强于纯菌种，因而，稳定性也高于纯菌种。因此，本技术论证采用混合菌厌氧发酵进行。

在进行过程经济性论证时，对于发酵产氢菌源，我们做出如下假定：①根据细菌的基因工程，产氢菌源的理论摩尔产氢率为4mol，且该菌群可长期稳定产氢；②发生反应的两种有机物纤维素和半纤维素的糖化和发酵过程在同一反应器中进行；③发酵反应体系具有自我提供纤维素酶的能力，勿需外部添加纤维素酶；④假定发酵的非气体产物主要是乙酸，木质素不发生反应。

（三）发酵反应器

生物发酵制氢反应器的产氢能力直接影响到过程的产氢效果、运行成本和实现大规模产业化的可行性。

发酵法生物制氢可采用各种形式的反应器，在实际工程应用中，更适宜采用连续流发酵反应器。连续流发酵设备保持较高的生物持有量，而且在高容积负荷下的稳定运行是获得高效产氢的关键。近几年来，学者广泛探讨了多种不同形式的生物制氢设备的运行和产氢特性，优化发酵产氢设备形式，以期达到提高设备单位容积的氢气产量。本论证采用连续流搅拌槽式反应器(CSTR)进行过程的经济性分析。

（四）发酵末端产物分离

发酵后，发酵末端产物分为气相产物和液相产物，分离任务主要是对气相产物而言。以玉米秸秆厌氧发酵生物制氢为例，气相产物主要成分为：H_2(45%～50%)，CO_2(50%～55%)。用于气体分离提纯成熟的工业化技术有变压吸附(PSA)、变温吸附(TSA)、膜分离技术以及电化学泵等。

变压吸附(PSA)与其他几种方法比较，具有分离纯度高、操作条件易于达到、能耗较低、适用性强、工业化成熟度高等优势，更较适合于生物氢气的分离。因此，本书采取PSA法进行生物氢气的经济性分析。

（五）生物发酵末端副产物的资源化利用

由前文假定条件知，生物质发酵制氢末端液相副产物主要成分为乙酸、乙醇、丁酸，其余为少量的醇、酸。找到利用这些液相副产物的合理方法，可进一步降低生物质制氢的成本，提高过程的经济可行性。

微生物电解池(MEC)可利用简单的有机物如乙酸、乙醇等发生反应产生H_2。将MEC与木质纤维素发酵制氢系统结合起来，MEC恰好可将发酵制氢所产生的副产物转化为氢气，提高过程的资源利用率。因此，本书将对发酵法制氢—MEC组合技术进行详细分析。

第六节　生物质制氢技术经济性分析

本节将前述的生物质制氢技术路线为理论基础，将发酵法制氢技术与MEC技术组合，进行过程的投资预算，通过这些计算分析，对过程的经济性进行评价。

一、生物质发酵制氢流程简介

采用木质纤维素作为发酵制氢的底物，以玉米秸秆为例，木质纤维素发酵制氢工厂可分为7个相互联系的过程：Ⅰ. 秸秆预处理过程；Ⅱ. 预处理/水解过程；Ⅲ. 发酵过程；Ⅳ. 发酵种子生产过程；Ⅴ. 存储过程；Ⅵ. 废水处理过程；Ⅶ. 气体产物压缩分离过程。

生物制氢工厂的流程图见图13-1。

本制氢工厂的设计是参照NREL前期的一个关于木质纤维素制乙醇的工厂设计和成本核算[34]，使用该报告中燃料乙醇厂相同的原料和近似的过程，因而，我们推算的成本及物料需求得以简化。发酵过程的其他控制参数已在前文作了假定。对于生物制氢工厂的规模，也参考纤维乙醇工厂的规模。因此，各过程涉及到的设备、组件的型号及价格也参照该报告进行评估。过程的产氢量按照每天消耗玉米秸秆2000t(干基)计算，这是纤维素乙醇报告中的秸秆最具经济性的用量。

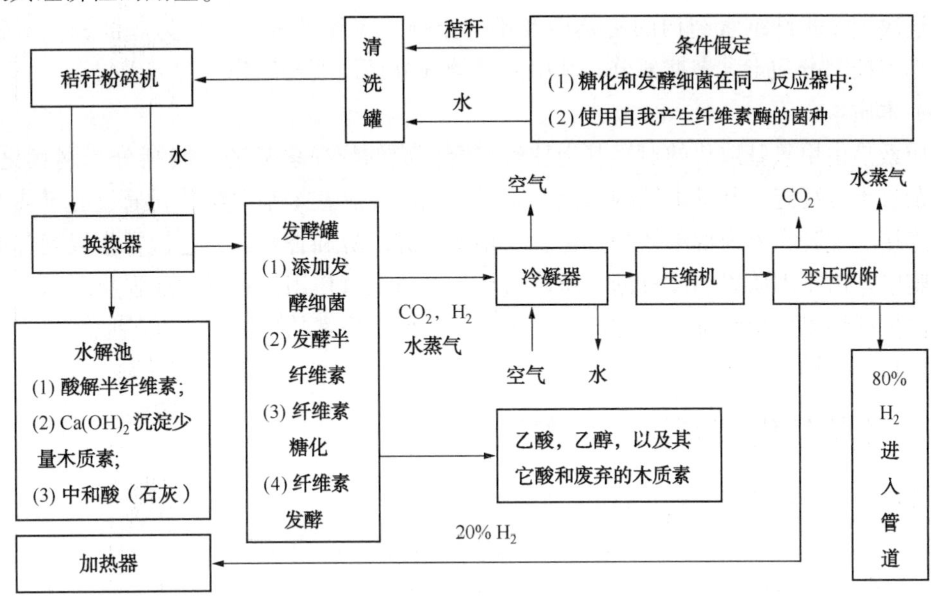

图 13-1 木质纤维素制氢工厂流程简图

二、发酵制氢原料

玉米秸秆的主要成分是木质纤维(包括纤维素、半纤维素和木质素)。作为细胞壁的主要组成部分，木质纤维不仅为植物提供了必要的支撑而且塑造了植物的形状。表 13-1 列出主要农作物秸秆组成成分。

表 13-1 三大农作物秸秆的主要成分 %

成　　分	玉米秸秆	稻　　草	小麦秸秆
纤维素	32.9	39.6	43.2
半纤维素	32.5	34.3	22.4
木质素	4.6	6.3	9.5
粗蛋白	9.3	3.2	2.6
灰分	7.0	19.4	6.4

(1) 纤维素

纤维素是植物细胞壁的主要组成成分。D-葡萄糖长链间通过氢键相互作用形成并列的晶体结构并进一步形成微纤维。天然纤维素实际都是以微纤维的状态存在；同一条 D-葡萄糖长链中的两个葡萄糖单元也会形成氢键。这些链内氢键和链间氢键相互交织形成了天然纤维素的结晶区和无定形区。构成微纤维的纤维素称为结晶性纤维素，其余的部分称为非结晶性纤维素，这种特殊结构使纤维素水解变得非常困难。而纤维素是生物制氢过程中产氢的最主要成分，所以纤维素对生物制氢意义重大。

(2) 半纤维素

半纤维素是由木糖、甘露糖、半乳糖等组成的高聚物。各单糖聚合体呈现稳定的化学结构。半纤维素种类繁多，结构无定性，且随原料、产地、植物部位的不同复合糖的组分也不相同，这决定了半纤维素结构的复杂性及不确定性，半纤维素常被分为三部分：木聚糖部分、甘露聚糖部分和半乳聚糖部分。其中木聚糖部分是最主要部分。

(3) 木质素

木质素是由甲氧基取代的对羟基肉桂酸聚合而成的异质多晶的三维高分子网状化合物，结构复杂且十分稳定。其基本结构单元为苯丙烷结构，这些苯基丙烷单元通过醚键或者碳碳键相互连接。三种类苯丙烷单体分别是：松柏醇、芥子醇和香豆醇，它们常常以糖苷形式贮存于细胞中。由于木质素中没有糖，所以对秸秆制氢没有作用，相反它还强化了木质纤维的结构，保护纤维素和半纤维素免遭微生物袭击，因此木质素的降解成为有效地转化、利用植物纤维材料的关键。

三、生物质发酵制氢过程参数

发酵过程的系统基本参数见表 13-2。

表 13-2 发酵系统基本参数

项目		指标
玉米秸秆用量干重/(t/d)		2000
H_2产率/(tH_2/d)	发酵罐出口	46.5
	变压吸附出口	37.2
用水量/(m^3/d)		398
电耗/(MW·h/d)		152.4
/(kW·h/kgH_2)		4.10
产氢微生物		梭状芽孢菌群或梭状芽孢嗜热菌群
持续产氢周期/h		36
发酵温度/℃		55
假定反应效率：水解/%		90
糖化与发酵/%		90
原料-H_2转化率/%	H_2/葡萄糖	3.6
	H_2/秸秆	2.3
反应体积(发酵罐)/m^3		18220
理论产物比		4molH_2；2molCO_2；2mol Acetate
设定目标产物比		3.2molH_2；1.6molCO_2；1.6mol Acetate

注：目前研究所得到的H_2产率接近 2molH_2/(mol 葡萄糖)。

四、发酵制氢过程流程

(一) 秸秆准备过程

在秸秆进行发酵前，需要进行预处理(收集、运输、贮藏、粉碎及水解)，该过程需要的基本设备见表 13-3 所示，流程简图见图 13-2 所示。

表 13-3　秸秆预处理车间投资

项　　目	设 备 名 称	总费用(2005 年)/万美元
1	秸秆捆运输机	80.0
2	解捆机	30.0
3	玉米秸秆清洗台	20.8
4	粉碎机	120.8
5	混凝土原料存储板	45.1
6	带式压滤卸料机、粉碎机送料机等	107.2
	总计	403.9

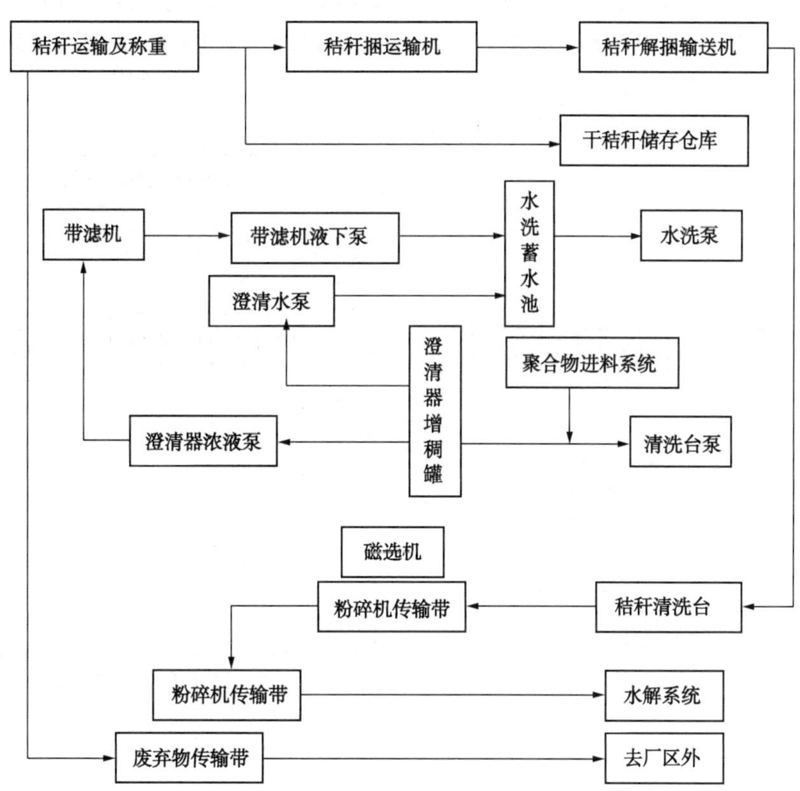

图 13-2　秸秆预处理过程流程简图

由图 13-2 可以看出，卡车首先运送玉米秸秆捆，采用升降机进行称重和卸载。一部分秸秆送至仓库，另一部分直接送往输送带。输送带把捆状的秸秆送至能够自动解捆的系统，解捆后的秸秆被送至清洗台清洗。清洗后的秸秆通过磁选机脱去其中的金属质，然后被送到第一、第二级粉碎机粉碎为细小的粉末。最后，秸秆粉末被送往预处理或水解设备。其中，清洗秸秆后的污水由泵输送至澄清浓缩器，澄清浓缩器中得到的清水返回至清洗台循环使用，澄清浓缩器底部的浓水在带式压滤机中得以脱水。大部分的水得到了循环使用，纯清水需求量较低。

(二) 秸秆水解预处理过程

秸秆水解预处理过程的主要设备组件及投资见表 13-4 所示。

表 13-4　秸秆水解预处理过程的投资

项　　目	设 备 名 称	总费用(2005 年)/万美元
1	水解混合罐式搅拌器、水解搅拌罐	6.06
2	在线硫酸混合器、硫酸泵、硫酸罐、石灰进料器、石灰卸载机、水解池泵	19.33
3	石灰尘风袋式除尘器、石灰储料仓、水解加热锅炉	59.31
	合计	84.7

秸秆的水解预处理过程的简易流程图见图 13-3 所示。清洗过的秸秆在水解罐中在 150℃、4.7atm 下的稀酸溶液中进行水解预处理，经水解转化为半纤维素衍生的可溶性糖和结晶纤维素，以为后续的微生物的糖化和发酵过程提供原料。来自秸秆准备过程的洁净的秸秆经过换热器 HX-1、HX-2 加热，然后由锅炉加热至 150℃(该锅炉的热由 PSA 副产的 H_2/CO_2燃烧提供)。加热后的秸秆悬浮液由泵输送至加有稀酸(1.1%)，温度为 150℃的水解反应器中进行反应，秸秆中的半纤维素得到降解。水解 2min 后进行超施石灰处理，此过程体系的 pH 增加，使得随后需要分离的木质素得到凝结。

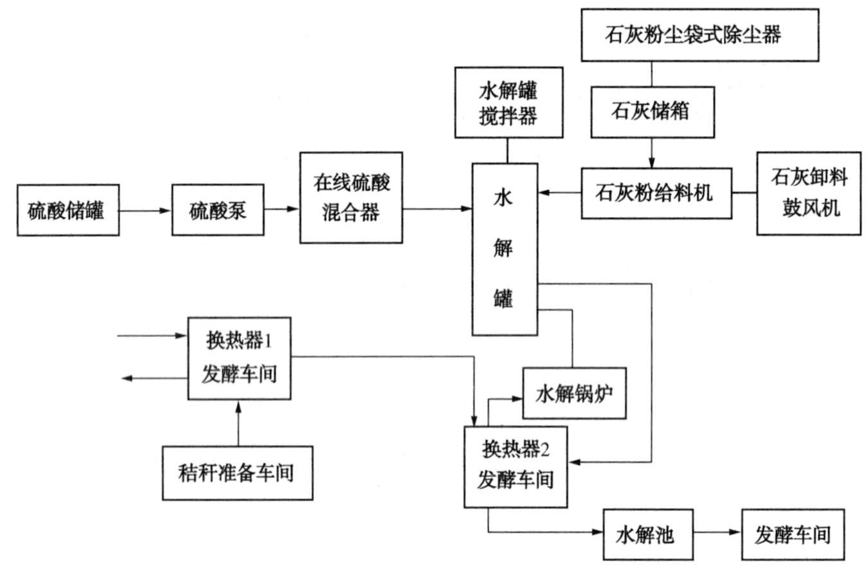

图 13-3　秸秆水解预处理过程简易流程图

(三) 发酵过程

发酵过程是生物质发酵制氢的核心单元，决定了过程的性能。本论证中假定发酵过程包括秸秆水解液的糖化和发酵两个环节。糖化过程在酶的催化作用下，水解过程得到的多糖被转化为单糖。发酵过程则是利用培养的产氢微生物将糖化过程得到的单糖转化为氢气。过程基本设备及价格见表 13-5 所示。

表 13-5　发酵过程基本设备投资

项　　目	设 备 名 称	总费用(2005 年)/万美元
1	发酵罐、搅拌及温控(3 套)	266.7
2	乙酸储罐	16.1
3	发酵往复循环泵、木质素湿滤饼螺旋压滤机等	26.3
	合计	842.5

过程的简易流程图如图 13-4。由图 13-4 可知，前期水解预处理过的玉米秸秆悬浮液和由种子培养罐培养的发酵菌种由泵送至发酵罐中。为保持体系温度在有利于发酵的状态，部分发酵液在发酵罐的温控下，经过发酵罐外的换热器冷却后返回发酵罐循环，一个完整的糖化发酵停留时间约为 40h。该过程除产生 H_2和 CO_2外，还会产生副产物乙酸，发酵产生的乙酸先储存在一个临时的储罐中，需要时进入后续 MEC 系统进行处理，再次进行产氢或其他处理。

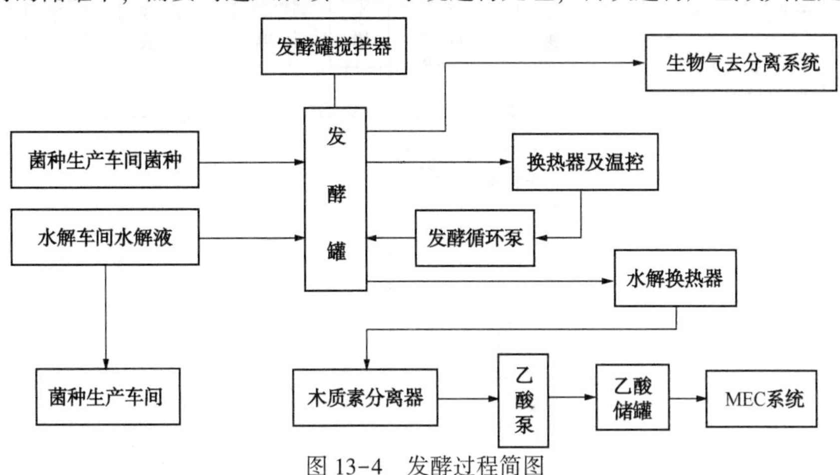

图 13-4　发酵过程简图

（四）菌种生产过程

菌种生产过程的目的是为发酵产氢反应器提供产氢菌种。该过程所需的基本设备及价格见表 13-6，过程的工艺流程简图见图 13-5。菌种在一系列的种子发酵罐中培养生长。玉米浆和磷酸二氢钾等营养液与在实验室小规模培养的接种菌混合，然后在种子发酵罐中进行放大培养，经过一系列不同规模的放大培养，直至满足后续发酵制氢过程的需求。

表 13-6　菌种生长过程的投资

项　目	设 备 名 称	总费用(2005 年)/万美元
1	种子罐及各级发酵罐	78.9
2	种子罐和四、五级发酵罐搅拌器	5.6
3	种子传输泵	13.0
4	四、五级种子罐加热线圈	3.3
	合计	100.8

（五）仓库

仓库的作用是为生物制氢各过程提供所用的化学品及为原料提供存贮空间，包括主要工艺过程需用水的储存。构成仓库的基本设备及其投资见表 13-7 所示，过程的工艺流程见图 13-6 所示。

表 13-7　仓库基本设备的投资

项　目	设 备 名 称	总费用(2005 年)/万美元
1	CSL 储罐及搅拌器等	23.1
2	CSL 泵、CSL/DAP 泵、冷却水泵等	29.5
3	DAP 固体输送装置、DAP 卸料风机、DAP 通风袋式除尘器等	6.2
4	工艺水箱	33.7
	合计	92.5

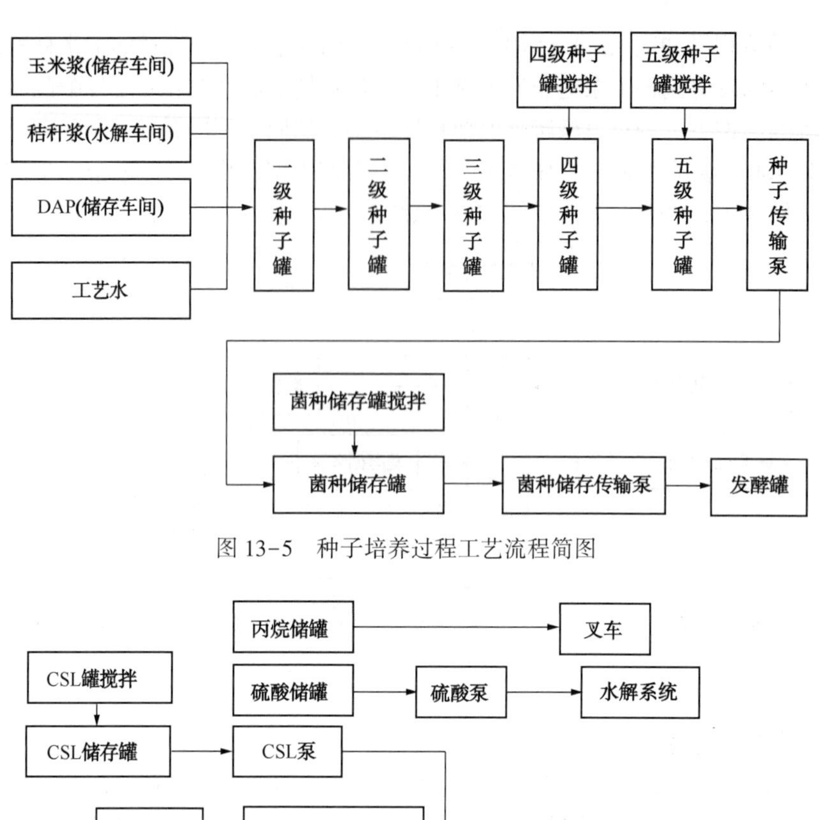

图 13-5　种子培养过程工艺流程简图

图 13-6　仓库设计工艺流程简图

（六）废水处理过程

废水处理过程的作用是处理工艺废水，提高废水的回用率，尽量减少工艺补充新鲜水的量。废水首先经过过滤，其中的大颗粒固体物被截留后送至垃圾填埋场。然后，水中的有机物由厌氧-好氧处理除去，该过程会产生消化污泥和沼气，所产生的沼气可用作加热的燃料。废水处理过程所需的基本设备及成本见表 13-8 所示。

表 13-8　废水处理过程基本设备的投资

项　　目	设 备 名 称	总费用(2005 年)/万美元
1	调节池搅拌器、厌氧搅拌器、好氧菌塘搅拌器	186. 1
2	厌氧消化池料液冷却器、铁栅筛、澄清器等	155. 2
3	厌氧进料泵、厌氧污泥泵等泵	23. 9
4	均化池、厌氧消化池	410. 4
5	带式过滤器、厌氧消化器	433. 3
	合计	1208. 9

过程的工艺设计见图 13-7 所示。废水处理过程参照 NREL 关于纤维素乙醇的报告，在该设计的基础上进行放大，以匹配本论证中的设计规模。

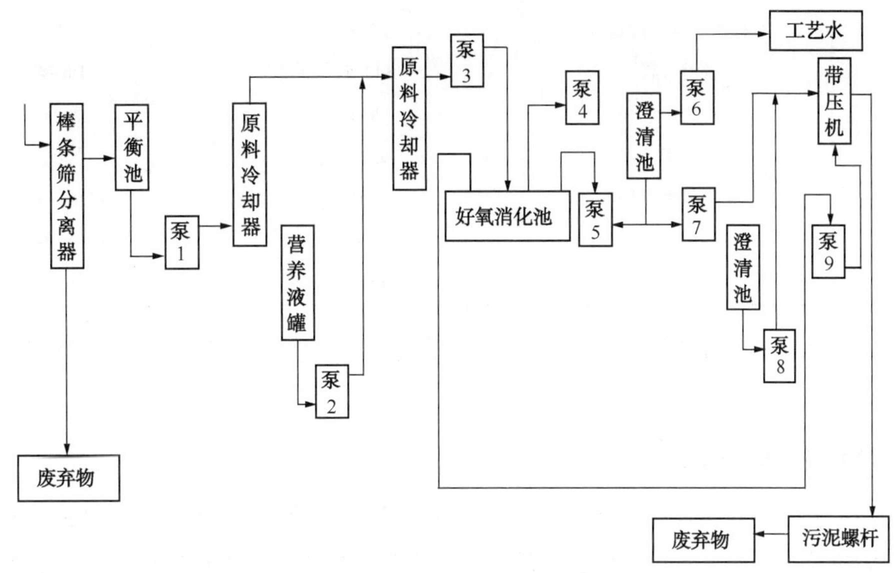

图 13-7 废水处理过程工艺流程简图

（七）气体压缩和分离过程

气体压缩和分离过程的任务是把所制得的气体压缩到 300psi，把 H_2从水蒸气和 CO_2中分离出来，把 H_2输送到生产界区。过程的基本设备及成本见表 13-9，该过程的工艺流程简图见图 13-8。

表 13-9 气体压缩分离过程设备的投资

项　　目	设 备 名 称	总费用(2005 年)/万美元
1	发酵罐压缩机	1573. 0
2	变压吸附分离器	152. 7
3	发酵罐冷凝器 1、发酵罐中冷器 1、2 等	40. 3
	合计	1766

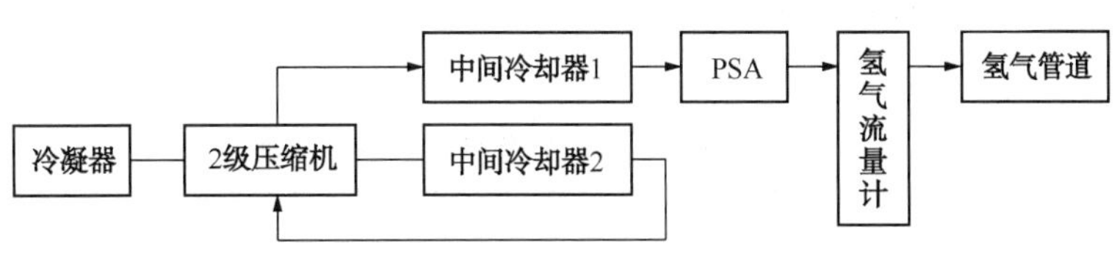

图 13-8 气体压缩及分离过程工艺流程简图

（八）厌氧发酵制氢过程总成本

由以上生物质厌氧发酵制氢各过程的设备及成本的预算，可得到厌氧法制氢过程的总投资费用，具体见表 13-10 所示。

表 13-10 发酵法制氢的投资构成

项目	过程名称	费用(2005 年)/万美元	组成/%
1	秸秆准备过程	403.9	8.99
2	秸秆水解预处理过程	84.7	1.88
3	发酵过程	842.5	18.74
4	菌种生产过程	100.8	2.24
5	仓库	92.5	2.06
6	废水处理过程	1204	26.79
7	气体压缩和分离过程	1766	39.30
	合计	4494.4	100

由表 13-10 知，发酵法生物制氢的总费用折算为人民币(2012 年)为 31496.81 万元人民币。

五、MEC 制氢过程

由前文所述知，生物质秸秆在经过厌氧法发酵制氢过程中，除了产生目标产物 H_2外，还会产生乙酸等副产物，如不进行合理的利用，必然会影响过程的经济性。因此，本书将采用研发中的 MEC 过程，将发酵法产生的乙酸等副产物转化为 H_2，以解决有机物污水的处理问题。

(一) MEC 制氢技术反应机理及假定条件

在 MEC 体系中加入 1mol 乙酸，当体系电压高于 0.4V 时，发生的乙酸电解反应见式(13-10)。

$$CH_2COOH+2H_2O \longrightarrow 4H_2+2CO_2 \qquad (13-10)$$

MEC 过程已被美国宾夕法尼亚州立大学研究并证实[35]。在实验室规模获得乙酸转化率达到 96%±1%，其中 95%的反应生成 H_2和二氧化碳，即 3.8molH_2/mol 乙酸。假设过程的转化率为 90%，则乙酸至氢气的转化率为 12.8%(gH_2/g 乙酸)。

本文的技术经济分析中对 MEC 过程做出以下假定：①阳极和阴极材料都是低成本和能够长期持久操作(20 年)；②外部电源提供维持反应的电流；③MEC 系统所需的乙酸及葡萄糖以发酵废水产生的量为准，以实现两过程的系统集成；④所使用的乙酸的成本按照国际市场价格 0.595 美元/kg。

(二) MEC 制氢过程操作参数

MEC 制氢过程操作的基本条件列在表 13-11 中。

表 13-11 MEC 制氢过程基本参数一览表

项目	参数	备注
操作电压/V	0.9	
乙酸用量/(t/d)	767	
氢气产量/(tH_2/d)	88	PSA 氢气回收率 90%
用水量/(m^3/d)	34940	
耗电量/[(MW·h)/d]	3289	

续表

项　目	参　数	备　注
菌源(阳极)	Pseudomonas spp. 和 Shewanella Spp.[52]	
反应周期/h	24	
反应控制温度/℃	30	
假定反应效率/%	90	
乙酸-H_2转化率(gH_2/g 乙酸)/%	12.08	
反应物体积/m^3	346682	
反应器体积/m^3	346016	

(三) MEC 制氢过程

MEC 制氢可分 MEC 制氢过程、储存过程及气体压缩分离过程，简易流程见图 13-9。

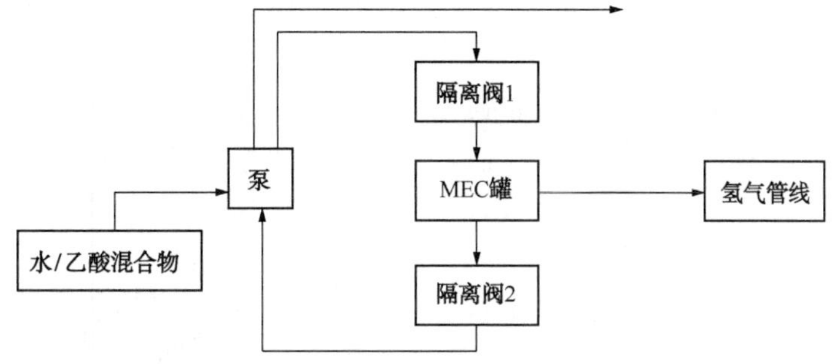

图 13-9　MEC 制氢过程简易工艺流程图

(四) MEC 制氢工厂设备总投资费用

对于独立的 MEC 体系，乙酸量 767t/d，所产生的气体也配备有独立的气体压缩和提纯过程。MEC 工厂的总投资费用见表 13-12。

表 13-12　MEC 制氢工厂总投资费用一览表

项　目	过程名称	费用(2005 年)/万美元	组成/%
	MEC 制氢过程		
1	MEC 反应器	5748.9	
2	电刷阴、阳极	46300.2	
4	电力供应、MEC 输送泵	2145.7	
	合计	54194.8	96.96
	储存过程		
6	乙酸储罐、工艺水储罐	8.9	
7	乙酸传输泵、工艺水循环、输送泵	79.5	
	合计	88.4	0.16
	气体压缩分离过程		
11	压缩机	1526.8	
12	PSA 装置、MEC 中冷器 1、2 等	83.3	
	合计	1610.1	2.88
	总成本	55893.3	100

六、工厂生产成本

前文中，对于发酵法制氢和MEC制氢过程的工艺流程、所需设备及费用进行了分析。上述两个过程进行投资预算，除以上设备投资外，过程的投资还包括能耗(电耗、水耗)、化学药品消耗、劳动资源消耗、原材料消耗等几方面。下面，就这几方面进行投资分析。

(一) 过程原料消耗预算

1. 发酵法制氢系统原材料消耗

发酵法制氢过程的原材料消耗见表13-13所示。

表13-13　发酵法制氢过程的原材料消耗一览表

名　　称	日消耗量/t	单价/(美元/kg)	年消耗/(万美元/a)	单位消耗/(美元/kgH_2)
玉米秸秆	2000.0	0.03	2409	1.97
工艺水	279.0	0.004	37.3	0.03
硫酸	78.9	0.03	78.6	0.06
玉米浆	31.5	0.18	202.4	0.17
石灰	57.5	0.08	1.60.6	0.13
磷酸二氢钾	3.9	0.16	22.2	0.02
丙烷	0.48	0.005	0.08	6.9×10^{-5}
净水聚合物	0.67	2.75	67.5	0.06
合计	—	—	2977.6	2.44

2. MEC系统原材料消耗

独立的MEC制氢过程的原材料消耗见表13-14。

表13-14　MEC制氢过程的原材料消耗一览表

名　　称	日消耗量/t	单价/(美元/kg)	年消耗/(万美元/a)	单位消耗/(美元/kgH_2)
乙酸	767.3	0.595	16663.3	5.76
工艺水	9242.6	0.002	561.9	0.19
合计			17225.2	5.95

(二) 过程能耗预算

1. 电能消耗

(1) 发酵法制氢过程电耗

发酵法制氢过程的电耗最大的设备为气体压缩机，其次是传输设备、泵及搅拌设备，基本电耗见表13-15。

表13-15　发酵法制氢电耗

项　　目	数　　值	项　　目	数　　值
设备总功率/kW	6350	年成本(2005年)/万美元	278.1
年总电耗/(MW·h)	55621	单位H_2电耗/(kW·h/kgH_2)	4.10

（2）MEC 制氢过程电耗

MEC 过程的功率需求主要来自于 MEC 电池本身，另外还有气体压缩、PSA 以及一些泵设备，见表 13-16 所示。

表 13-16　MEC 制氢过程电耗

项　　目	数　　值	项　　目	数　　值
总功率/万 kW	13.7	年成本(2005 年)/万美元	6002.4
年总电耗/(MW·h)	1200471	单位 H_2 电耗/(kW·h/kgH_2)	37.34

2. 制氢过程水消耗

发酵系统的水损失主要产生于发酵反应过程中，另外还有夹杂在固体废弃物中的水分。过程中的绝大部分水蒸气由冷凝器和中间冷却器凝结回收。过程中反应消耗的水由假定的反应机理，通过氢气的产量计算得到。对于液体副产物中的水，大部分则得到回收利用。MEC 系统所需的底物稀释率较一般的工业发酵罐需要的水多，假定系统没经过 10 个周期的运行则需要进行清洗，每天生产氢的过程总体 10%的水将需要更换来补偿水的消耗。

两过程的水耗见表 13-17。

表 13-17　发酵及 MEC 制氢系统水耗　　m^3/d

项　　目	发 酵 制 氢	MEC 制氢
反应用水	204	412
木质素分离水损失	844	0
MEC 水损失(10%)	0	34520
PSA 水损失	3	4
水耗合计	1051	34936

（三）发酵法制氢及 MEC 制氢过程成本分析

发酵法制氢和 MEC 制氢过程的生产成本见表 13-18 所示。

表 13-18　生物制氢过程总成本(2005 年)　　美元/kgH_2

成 本 组 成	发 酵 系 统	MEC 系统
建设成本	1.19	4.37
停运成本	0.01	0.05
固定运营成本	0.87	0.71
原材料成本	1.60	5.18
可变成本(包括公用事业)	0.23	2.12
额外耗材	0.43	0.00
总计	4.33	12.43

由表 13-18 中看出，发酵法制氢成本略高于 MEC 法的三分之一，发酵法/MEC 法集成工艺制氢成本达到 6.61 美元/kg，显然缺乏竞争力。应指出前面列举的成本估计完全来自中试装置，MEC 采用了纯乙酸盐进料，并用水稀释到 2g/L，致使反应器总体积达到 $360000m^3$，需要 113 台反应器，相应地配置昂贵的阳极、阴极，投资很大。如果能提高乙酸

在水中的浓度，采用较高的操作压力，优化电极设计，那么产业化的反应器数目和投资将大幅度减少，给降低 MEC 产氢成本留下很大空间。发酵法成本中未计算多达 700t/d 的大量水相有机物的回收和利用，如果能用精馏等提纯方法将其回收，按 120 美元/t 售价计算，氢气成本将降至 2.09 美元/kg。当然要考虑如此大量的乙酸产品对市场的冲击，效益不尽良好。

本章介绍的发酵法制氢技术(含 MEC 集成工艺)只是给读者展示这项尚处于研究开发阶段的前景技术经济指标有待创新完善，需要我们进一步关注。

第七节　光生物制氢技术经济性分析

一、光生物制氢技术及其机理

光微生物制氢包括藻类直接利用光能光解水制氢和光合细菌在光照条件下分解有机物的光合细菌制氢两类。藻类等是光合自养微生物，主要依靠分解水来产生氢气；光合细菌是光合异养微生物，主要依靠分解有机质来产生氢气。虽然它们产氢的生化途径不同，但具有相似的光学反应机理。

藻类光制氢的过程可以分为两个步骤：首先微藻通过光合作用分解水，产生质子和电子，并释放氧气；然后微藻通过特有的产氢酶系的电子还原质子释放氢气，其作用机理和绿色植物光合作用机理相似。

光合细菌产氢的机理：一般认为是光子被捕获得光合作用单元，其能量被送到光合反应中心，进行电荷分离，产生高能电子并造成质子梯度，从而形成腺苷三磷酸(ATP)。另外，经电荷分离后的高能电子产生还原型铁氧还原蛋白(Fdred)，固氮酶利用 ATP 和 Fdred 进行氢离子还原生成氢气。

目前，研究较多的产氢光合细菌主要有深红红螺菌、红假单胞菌、液胞外硫红螺菌、类球红细菌、夹膜红假单胞菌等。光合细菌属于原核生物，催化光合细菌产氢的酶主要是固氮酶。一般而言，光合细菌产氢需要充足的光照和严格的厌氧条件[36,37]。徐向阳等分别利用红假单胞菌株 D 和 B_{21}、B_{22}、4、1、SB 处理有机废水，结果均表明，产氢速率随光强度的增大而增大[38]。但也有研究显示，光合细菌还能进行暗下发酵产氢。例如紫色非硫细菌在暗下发酵时，能依靠丙酮酸：甲酸裂解酶系统代谢丙酮酸而产生氢气。Mat sunaga 等采用微厌氧、明暗交替的二段式光生物反应器连续发酵 150h，利用非硫光合细菌(*Rhodovulum* sp.)产氢，每隔 6h 在每个反应器中通入 12μmol 的微量 O_2，在微量氧、暗条件下，菌体的呼吸作用受到促进而产生大量的 ATP，接着在光照条件下，由于高浓度的 ATP 存在，可大大提高固氮酶的活性，产氢量是绝对厌氧条件下的 4 倍。与连续光照反应器相比，二段式光反应器的 H_2 产率大大提高。

二、光生物制氢研究现状

光合细菌(Photosynthetic Bacteria，PSB)是一类具有光能合成体系的原核微生物，是地球进化史上最古老的细菌之一。光合细菌在厌氧光照条件下可以将有机物转化为 H_2 和 CO_2。自 1942 年 Gest 发现光合细菌产氢现象以来，国内外的研究者们对光合细菌产氢机理、光合细菌内电子转移规律、光反应中心及其立体结构、产氢酶的分子结构、光合基因、光合细菌的进化和遗传规律等进行了广泛研究，逐步揭开了光合细菌的产氢机理，并从分子生物学的角度对光合细菌进行了鉴定和归类。

目前，光合法生物制氢的研究主要集中在光合细菌产氢的应用技术研究方面，如产氢酶结构及基因表达、光合细菌的进化、优势高产菌株的筛选、单一及混合菌株利用不同底物进行联产及光合细菌制氢反应器的研制等，这些研究为光合细菌生物制氢的实际生产提供了理论依据。下面，对光合法生物制氢过程的几个主要方面进行阐述。

(1)光合产氢菌群

在光合法生物制氢的影响因素中，光合产氢菌群对过程产氢效率的影响较大，进行相关方面研究的也很多。张立宏等对活性污泥中分离得到的光合产氢混合菌群的产氢特性进行了研究，发现混合菌群较单菌株有更高的产氢能力和更好的稳定性，混合菌群可利用淀粉产氢，而单菌株则几乎不能利用淀粉产氢。Seon 采用海藻酸钠固定 R. *rubmm* KS. 301 菌株，产氢速率达到 91mL/h。Weetall 利用琼脂固定化 R. *rubmm* 和肺炎克氏杆菌(*Klebsiella pneumoniae*)的混合培养物进行了纤维素产氢的研究，比产氢量达 6mol H_2/mol(Glucose)。Kondo 等将两种不同特性的光合细菌混合培养，较纯菌种发酵产氢提高了 33%。Kern 等得到了 *R. rubrumde hup*-变异株，其对底物的转化效率从原来的 52%提高到 82%。Ooshima 等获得了 *R. capsulatus* 的吸氢酶缺失菌株，结果表明其产氢活性较野生菌株高得多。此外，已有研究发现采用 EDTA 可以使光合细菌的氢酶活性有效下降，也可有效提高产氢效率。Eui-Jin Kim 等利用遗传技术得到了缺失 B850-800 复合物和缺失 B875 复合物的 *R. sphaeroides* 变异菌株，他们发现缺失 B875 复合物的变异株的生长和产氢与野生菌株相比都会明显降低，而缺失 B850-800 复合物的变异株的生长没有受到限制，产氢能力却提高了两倍，并且该株产氢不随着光强的增加而增加。Kondo 分离得到了一株 R. sphaeroides Rv 突变株，在 350~1000nm 的波长范围内吸收的光比野生菌株的少，其色素含量(LH1-RC 含量不变，LH2 减少)也比野生菌株的少，但产氢量却提高了 50%。

(2) 光合产氢底物

产氢底物始终是决定产氢过程可行性的关键性因素之一，底物的成本从某种程度上决定了过程的经济性。为了获得低成本的产氢原料，国内外对各种工业废水、生活有机废水及工农业废弃物的光合产氢性能进行了研究，取得了显著的效果。Türkarslan 等研究了牛奶厂的生产废水产氢，发现生产废水中添加苹果酸盐后产氢效果明显；E. Fascetti 等研究了乳酸发酵废水产氢，发现乳酸废水是一种良好的产氢底物，产氢效果良好，他们还研究了蔬菜市场固体垃圾发酵产酸后联合产氢的研究，也取得了较好的效果。

(3) 光合产氢反应器

光合法制氢反应器是光合细菌利用外界环境条件进行生产和产氢的场所。随着光合细菌产氢研究的不断深入和完善，光合制氢反应器的开发逐渐成为另一个研究重点。但是，由于光合细菌在产氢过程中对光的依赖性及其产氢过程中的复杂性，使其成为大容积光合生物产氢反应器开发的瓶颈。

在光生物制氢反应器中生长的生物体是利用光能尤其是太阳能产氢。光生物制氢反应器的产氢效率通常采用光化学效率来评价，即光合生物制氢过程中光能转化成氢能的效率。光谱范围和光照强度对光生物制氢反应器的设计具有重要影响。当光强很弱时，光反应器的制氢受到光能的限制，此时需要提高表面积/体积比，从而保证光照。当光强很强时，过高的光强会降低细胞生长速度，从而抑制产氢，甚至会形成光饱合现象，这时可以利用遮光或增大搅拌速率的方法稀释光能。

光反应器的设计受到培养生物种类的限制，绿藻和蓝藻主要利用可见光区的光能，并且细胞的生长需要光暗交替。藻类在光合作用过程中也会释放氧气，氧气会强烈抑制产氢，另外，氧气对于藻类的生长是必不可少的。所以用于培养藻类放氢的光反应器设计更为复杂。光合细菌主要利用近红外区的光能，它的产氢不必有光暗周期，而且在其产氢过程中也不会有氧气的释放，所以用于培养光合细菌产氢的光反应器的设计得到大大简化。

光生物制氢反应器的设计原则主要是充分利用光能，提高光合效率。按照光反应器的形状，光反应器可以分为：多层光反应器(multi-layered photobioreactors)、平板式光反应器(flat-panel photobioreactors)和管状光反应器(tubular photobioreactors)等。这几种反应器的光能利用效率较高，产氢能力也很强。

光合细菌不是利用水而是利用一些有机酸或碳水化合物作为产氢的底物，与藻类相比，反应需要较少的自由能(8.5kJ/mol 氢气，对于乳酸)，并可将有机质全部降解。但是，该过程需要较高能量来驱动氢化酶，所以转化效率也不比藻类细菌光解高。通过对光合制氢理论的分析，微生物将有机物质转化为氢气的潜力很大。但是，在经过半个多世纪的研究后，光合法生物制氢技术并未得到理想的结果，这主要是由于光合微生物生长速度慢，生长过程必须以充足的光照为前提，无法进行大规模的工业化生产等原因，也成为制约光合生物制氢技术发展的主要障碍。

三、发酵法生物制氢技术与光生物制氢技术的比较

光生物制氢是利用光合细菌直接将太阳能转化为氢能，将太阳能利用、有机废水处理和产氢过程相结合，能利用小分子有机物进行产氢，不存在氧的抑制，是一个较理想的制氢过程。但是，光生物制氢技术存在以下问题：①由于其不能降解大分子有机物，因而在产氢底物的选择和实际应用上受到一定的限制；②固氮酶自身需要大量的能量，太阳能转换机利用效率低；③光生物制氢氢气产率低、产氢代谢过程稳定性差；④光生物反应器占地面积较大，以及光生物反应器的设计、运行困难，综合控制能力弱，运行成本较高等。由于以上系列问题，导致光生物制氢技术的产业化目前难以实现，需要从菌种的产氢稳定性、光源的利用效率、可利用碳源的拓展和反应器的设计等方面进行进一步的深入研究。

同光生物制氢技术相比，发酵法生物制氢技术具有一定的优越性，主要体现在以下几方面：①发酵法生物制氢是利用有机底物的降解来制取氢气，且不需要光源，产氢过程不依赖于光照条件，工艺控制条件温和、稳定性好；②发酵产氢菌的产氢能力要普遍高于光合细菌；③发酵细菌的生长速率高于光合细菌，发酵细菌可快速地为发酵设备提供更丰富的产氢微生物；④发酵法生物制氢可利用的碳源范围广，包括葡萄糖、蔗糖、淀粉，纤维素，半纤维素，木质素等，其底物产氢效率明显要高于光合法制氢。发酵细菌利用的产氢底物是大多为植物光合作用的产物，还可以利用工农业生产的废弃物作为产氢原料，从而降低了发酵法制取氢气的原料成本。

综上所述，同光合法生物制氢相比，厌氧发酵制氢法更具有发展潜力。

四、光生物制氢技术经济性

2008 年至 2009 年，美国能源部(DOE)下属的国家可再生能源实验室进行了光生物水解制氢的技术经济性评估[36]。本书将根据该报告的评估结果，为前文与生物质发酵法制氢的技术经济性进行比较。

(一) 技术说明

1. 光生物系统

研究发现，一些藻类和蓝藻以短时间光合产氢作为摆脱多余能量的方式。研究者意识到这种制氢的形式可作为一种能源的来源，经过研究，已经找到了延长和控制它们制氢持久性的方法。本书中，拟采用 5 种藻类进行光合制氢的经济性分析，它们分别为：①具有耐氧氢化酶并同时产生 H_2 和 O_2 的绿藻(B-1)；②具有耐氧氢化酶并同时产生 H_2 和 O_2 的蓝细菌(B-2)；③因叶绿体上硫酸盐通透酶基因突变只产生 H_2 的硫酸盐通透酶突变藻(B-3)；④可长时间产氢的固定化去硫酸盐绿藻(B-4)；⑤光照下产氢的紫色非硫菌(B-5)。

2. 光生物制氢机理

(1) 具有耐氧氢化酶的 B-1 和 B-2 系统

具有耐氧氢化酶的 B-1 和 B-2 的光合产氢反应原理如下：

产氢过程： $$2H_2O+光能 \longrightarrow 2H_2+O_2 \tag{13-11}$$

呼吸作用： $$6O_2+C_6H_{12}O_6 \longrightarrow 6CO_2+6H_2O \tag{13-12}$$

光合/生长： $$6CO_2+6H_2O+光能 \longrightarrow C_6H_{12}O_6+6O_2 \tag{13-13}$$

由式(13-11)至式(13-13)知，B-1 和 B-2 系统得到的生物气为 H_2 和 O_2 的混合物，该混合物在一定的比例下为高度可燃气体。该混合气体处于反应器的上方，出反应器后采取 PSA 对其进行纯化。

(2) 硫酸盐通透酶绿藻 B-3 和固定化去硫酸盐绿藻 B-4 系统

硫酸盐通透酶绿藻和固定化去硫酸盐绿藻 B-4 的光合产氢反应原理如下：

产氢阶段：

产氢反应： $$2H_2O+光能 \longrightarrow 2H_2+O_2 \tag{13-14}$$

呼吸作用： $$6O_2+C_6H_{12}O_6 \longrightarrow 6CO_2+6H_2O \tag{13-15}$$

生长/再生阶段：

光合作用： $$6CO_2+6H_2O+光能 \longrightarrow C_6H_{12}O_6+6O_2 \tag{13-16}$$

呼吸作用： $$6O_2+C_6H_{12}O_6 \longrightarrow 6CO_2+6H_2O \tag{13-17}$$

(3) 光照下产氢的紫色非硫菌 B-5 系统

光照下产氢的紫色非硫菌 B-5 系统同前面 4 中系统不同，B-5 为光合异养型的固氮生物，在厌氧条件下，以简单有机物或甘油为电子供体，这些微生物在光驱动下产生 H_2，过程的产氢反应原理如下：

产氢反应： $$C_2H_4O_2+2H_2O+光能 \longrightarrow 2CO_2+4H_2 \tag{13-18}$$

发酵反应： $$2C_6H_{12}O_6+2H_2O \longrightarrow 5C_2H_4O_2+2CO_2+4H_2 \tag{13-19}$$

生长反应： $$3C_2H_4O_2 \longrightarrow (C_5H_8O_2)_n+CO_2+2H_2O \tag{13-20}$$

3. 光合生物水解制氢过程参数

光合生物水解制氢过程除了光合反应床之外，还包括四个辅助的过程，分别为：①生物原料过程；②循环过程；③气体捕获过程；④控制系统。过程的设计生产规模为日产$H_2$1000kg。

（二）过程技术经济分析

五种藻类中，B-1进行光合制氢目前更为经济可行，因此，在此以具有耐氧氢化酶并同时产生H_2和O_2的绿藻(B-1)为例，进行光合生物水解制氢过程的技术经济分析。

1. 光合生物制氢过程的理论假定

（1）太阳能假定

日照量是决定藻类生长和产氢速率的关键因素，假设全年平均日照为5.5kW·h/(m^2·d)。

（2）床深、藻类浓度和产氢速率假设

反应床深度和藻类浓度应相互匹配以保证光子被生物完全捕捉。如果深度一定生物浓度过稀，光会渗透到床层底部且光子将被"浪费"。如果生物浓度过于集中，光子可能会在反应床上部就完全被吸收，使底层生物处于饥饿状态对它们的健康产生不利影响。生物体浓度和床的深度很重要，它们也影响其他系统组成的规格，如泵和阀门、固体分离设备的类型，以及搅拌设备类型。床的深度和藻类浓度的选择取决于生长模式、批处理模式或连续操作。对于批处理模式，理想的生物反应器固定量(用于在不断增长的分散细胞中实现恒定的光传输)允许随着细菌数量增长细菌浓度增高，路径长度持续下降。一个固定体积的连续稀释生物反应器可在达到稳态生长之后在一个固定细胞浓度下进行操作，从而有恒定的光子吸收率。如果后者的增长模式不被使用而被批式增长模式代替，则必须选择床的深度来保证达到固定相之后的吸收率，例如在光合产氢的初始阶段产氢率最大。

（3）光子吸收模型

给定床深度下的光子吸收速率和最大产气量由Beers定律决定。在每个深度递增Δd计算吸收的光子数然后乘以每个光子上的产氢速率(这是相当于实验测量不同细胞类型或突变下的光合制氢的光饱和曲线)。

Beers定律见式(13-21)。

$$A=b\cdot C\cdot \varepsilon \tag{13-21}$$

式中　A——吸光度，吸光率，为出、入光强度之比的负对数，$A=-\lg(I/I_0)$；

b——液体深度，cm；

C——细胞浓度，g(干重)/L；

ε——吸收系数，L/[cm·g(干重)]。

由此定义可得在一定床深度b下的I/I_0：

$$I/I_0=10^{-\varepsilon bC}$$

为了使这种方法和Beer定律有效，需要假设：①样品的生命周期，假设细胞浓度在恒化器中保持恒定；②混合，导致生物膜的形成；③细胞密度必须足够低，不会发生细胞的"阴影"，通过稀释使细胞阴影最小化，保持细胞浓度小于0.2g(干重)/L；④生物反应器中细胞的光散射(浊度)所产生的的光损失修正一般估计较低：在本论证细胞浓度和正常入射角下以10%计。

（4）光饱和

虽然Beer定律使细胞的光子吸收和床层的特性相关联，但是由于细胞的光饱和/电子转换能力使H_2生产仍有额外的限制。光合作用途径存在一个电荷转移限制或者说是饱和限制，限制了光子/电子通过 PSⅡ反应处理速率。这因而限制了入射光子的利用率，限制了 PSI 的反应速率和产氢速率，从而降低了太阳能到氢能的转化率。设定在光照强度约为 60W/m^2 ETR(ETR 指光合电子传递速率)达到峰值，如果不受速度限制细胞能够处理 19W/m^{2}光照强度的光子。

(5) 光子吸收饱和的替代模型

假设的 M2T 藻类的产氢率条件：①服从 Beer 定律的生物体；②衣藻细胞浓度为 0.2g/L 和床深度为 10cm；③质量吸收系数 ε=1L/[cm·g(干重)]；④触角降低突变体与野生型比为 5：1；⑤最大的电荷转移饱和限制为 1 摩尔电子每天每克细胞干重；⑥在最大电子转移限制下氢产率与低于产生电子转移需要的光照强度成线性关系；⑦假设所有被细胞吸收的光子都影响叶绿素触角；⑧所有的光子成功进入 PSII/PSI 链高效生产氢气(即没有光子通过增长、热或荧光损失)。据此，估计全年的年度平均 STH(太阳能/氢能转换效率)能量转换效率为 3.1%。

2. 光合生物制氢过程的工艺流程及设备

(1) 光合生物制氢过程系统参数

选取具有产生氢气和氧气及拥有耐氧氢化酶的绿藻作为光合生物制氢的微生物有机体。该制氢路径的基本参数见表 13-19 所示。

表 13-19　绿藻光合生物制氢过程生物参数

指　标	参　数	备　注
有机体	C. reinhardtii	衣藻
触须类型	LHC(收获光线复杂)的缺失突变体	
反应床运行模型	Chemostat	
微生物生长条件		
水	新鲜	
温度/℃	25~35	
最终浓度/g(干重)/L	0.2	
无机营养物质	含有钾、磷、氮和微量元素的肥料	
日效率/(g/g 有机物)	K：3.071×10^{-6}，P：4.913×10^{-5}，N：6.142×10^{-6}	
日 CO_2需要量/(gCO_2/g 干质量)	0.73	
生长期/d	2	
产 氢 条 件		
水	新鲜	
温度/℃	25~35	
细胞浓度/g(干重)/L	0.2	
无机营养物质	含有钾、磷、氮和微量元素的肥料	
日效率/(g/g 有机物)	K：7.677×10^{-7}，P：1.228×10^{-5}，N：1.535×10^{-6}	
日效率/(g/m^2)	K：1.54×10^{-5}，P：2.46×10^{-4}，N：3.07×10^{-5}	
日 CO_2需要量/(gCO_2/g 干质量)	0.16	
厌氧/耗氧类型	耗氧	
生产周期	半间歇/连续型	

续表

指　　标	参　　数	备　　注
理论/假定产氢参数		
有效光辐射率/%	44	
光子/(mol/molH_2)	4	
理论产率	2molH_2，1molO_2	
太阳能/氢气转化率/%	12.2	
太阳能/细胞生长率/%	3	
太阳能/氢气转化率(上限)/%	9.2	
太阳能/氢气转化率(近期估计)/%	2	
反应床深度/cm	10	
反应器参数		
产 H_2 速率/(kgH_2/d)	1111	
反应床数	20	
反应面积/m^2	80968	

(2) 光合生物制氢工厂流程

光合生物制氢工厂分为光生物反应床和四个配套设施，分别为：①有机物供应车间；②循环车间；③气体捕集车间；④控制系统。各车间的布置见图 13-10 所示。该工厂的装置产氢能力为 1000kgH_2/d。

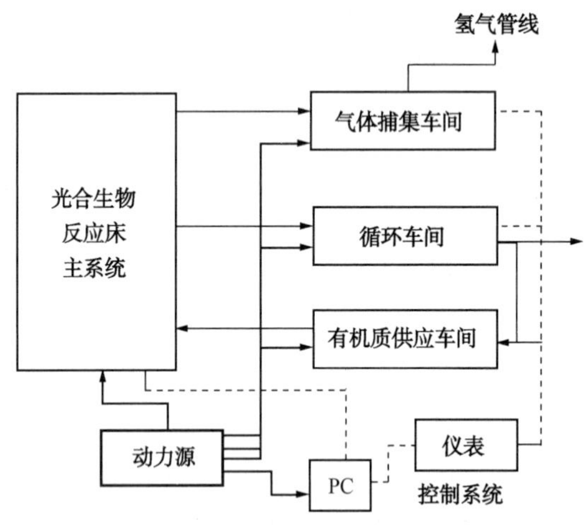

图 13-10　光合生物制氢工厂车间布置简图

(3) 光合生物制氢过程工艺流程

本论证过程选取恒化反应床作为反应装置。在初期生长的繁殖后，该反应床同时用来微生物增长和氢气生产。在生长初期没有出现产品，此时该床充满了藻类繁殖需要适当的营养，用来获得藻类的目标浓度。此后，调整气候条件以便让藻类在其正常速率的 1/4 下生长，生物体使用有限的能源来完成维持细胞功能，并且其余的能量用于生产氢气。恒化器系统可连续产氢，而无需停止和补充藻类。该系统的优势是：只需单一反应区域、面积小、投资少、营养量需求小，缺陷为：连续养分供给可能导致产品的稀释。在增长和降低生产流程中的增长期间，阳光是必须的。对于该系统，菌落生长所花的天数与产氢天数相比可忽略不计。繁殖的浓度每小时将略有增加。在连续操作时，藻类溶液从床上移出，反应床将需要补给额外的水分和养分来维持在恒定浓度、大小、pH 值下繁殖。该反应床由透明薄膜、水池衬里、搅拌桨轮等组成。

光合生物制氢系统采用具有耐氧性能、带有突变触角的变种衣藻作为产 H_2 微生物。恒化反应床中藻类初始以正常细胞的生长率繁殖生长，达到最高的菌体浓度后切换到稳态模式，在反应床中进行同步增长和产氢，这可通过操纵养分和二氧化碳的提供来达到。预计太阳能/H_2 上限转化效率为 9.2%，且假定在制氢正常期间，有足够的细胞活性来保持微生物出现新的细胞生长(20%每天~80%每天)。20 个宽约 40 英尺，长约 1090 英尺的水道都用于全年产氢(1000kgH_2/d)。反应床深度为 10cm，细胞浓度为 0.2g/L 以对应全光子捕获，水/衣藻浆通过水车进行循环。水/衣藻浆滑流不断抽出从而维持 0.2g/L 的微生物浓度。通过转鼓过滤器从循环流中移除微生物。移除的滑流量应该与增长速度相匹配以保持系统内恒定的有机体的质量(假设固定在床上的藻类浓度)。移除的微生物用于土地填充、发酵或以其他方式处置。商业肥料与回用水混合用来提供微生物所需营养。二氧化碳在返回水储液罐中采用鼓泡的形式将二氧化碳溶入水中用来供微生物使用。由于较低的二氧化碳需量就能维持细胞的正常，因而在反应床顶没有二氧化碳的明显积聚。用活塞压缩机压缩气体混合物到 211MPa，采用变压吸附(PSA)系统净化氢气。

(4) 光生物制氢工厂投资

该制氢工厂的投资情况见表 13-20。

表 13-20　光合生物制氢工厂投资(2005 年美元)

车　间	投资/万美元	备　注	车　间	投资/万美元	备　注
光合生物反应床	91.44		循环车间	28.38	
气体捕集车间	73.27		化学品供应(CO_2等)	0.73	
绿藻供应车间	7.71		控制车间	14.92	
合计	216.45				

(5) 光生物制氢工厂成本

假定过程的太阳能-H_2 转化率的上、下限分别为 9.2%和 2%，光生物制氢过程的成本见表 13-21。

表 13-21　光合法水解制氢成本[36](2005 年美元)　　美元/kgH_2

系　统	上　限	下　限	系　统	上　限	下　限
固定投资费用	1.74	5.61	原料消耗	0.40	0
折旧费用	0.0	0.06	其他(公用事业)	0.23	0.41
固定输入/输出	0.60	2.08	合计	2.99	8.15

制氢成本是制氢过程经济性的重要影响因素，按照太阳能-H_2 转化率上、下限的情况下，制氢成本分别为 8.15 美元/kgH_2 和 2.99 美元/kgH_2，按汇率换算为体积，则氢气的成本分别为 5.09 元/m^3 和 1.87 元/m^3。

第八节　结论及展望

一、结论

经济的快速发展带来了能源的日益枯竭和环境的不断恶化，人类正面临着能源短缺、资源枯竭、环境恶化的严峻挑战。寻找和开发新的、可再生能源，是人类亟待解决的难题。本技术为生物质发酵制氢技术，采用可再生的农作物秸秆，利用生物发酵的方法，将农作物废弃物转化为洁净的能源氢能，成为开发可再生能源的一条新途径。

本书对于生物质秸秆制氢技术的经济性进行了分析，结合目前国内外现有技术的研究进展，在现有的技术中，参考美国 NRTL 关于生物制氢的报告，选取较成熟可行的发酵技术和未来具有产业化潜能的 MEC 制氢技术，分别对两过程的工艺技术及投资进行了设定及分析。结果表明，在假定条件下发酵法制氢技术产氢成本要远低于 MEC 技术，但是文中引用的 MEC 技术经济数据系来自实验室的初步资料，今后存在很大降低成本的空间。关于发酵法通过出售以乙酸为主的大量副产品以降低成本的前景，存在提纯工艺复杂，残余有机物难以排放，况且由于乙酸数量较大，可能带来市场冲击，不确定的因素难以预见。发酵法和 MEC 法集成在技术上比较稳妥，经济上竞争力较差。

二、展望

生物质发酵制氢技术是目前制氢技术领域的新型研究领域，目前还处于实验室研究的阶段，需要进行进一步的深入研究。前文经分析评价，以本书设定的工艺技术进行产业化，生物质发酵制氢的成本为 1.31 元/Nm^3，制氢成本较低。但是，假定的工艺还需要作深入的研究才有望实现。那么，我们认为，要实现秸秆发酵法制氢的大规模产业化，还需要进行以下研究：

（1）开展发酵菌源的研究，开发出性能优越、运行稳定、对底物适应能力强的菌种，展开菌种产氢机理的研究，提高对菌种的产氢效率。

（2）开发出大规模高效生物质发酵制氢反应器，优化反应器的结构，提高反应器中物料的传递效率、菌种的适应性，进而提高反应器的产氢性能。

（3）展开发酵底物农作物秸秆的消耗转化机理研究，采用合理高效的处理技术，提高底物的转化率。

相信经过进一步的深入研究，生物质发酵制氢技术能够早日实现规模产业化，缓解日益严峻的能源危机。

参　考　文　献

[1] Stickland L H. The bacterial decomposition of formic acid[J]. Biochemical Journal, 1929, 23(6): 1187.

[2] Gaffron H, Rubin J. Fermentative and photochemical production of hydrogen in algae[J]. The journal of general physiology, 1942, 26(2): 219-240.

[3] 魏琪，孙启玲，张兴宇．关于生物制氢[J]. 微生物学杂志，2002，22(6)：52-54.

[4] Fang H P, Zhang T, Liu H. Microbial diversity of mesophilic hydrogen-producing sludge [J]. Apply Microbial

Biotechnology, 2002, 58: 112-118.

[5] 刘克鑫，徐洁泉，廖多群等．沼气池中产氢菌的研究[J]．微生物学报，1980，20(4)：385-389.

[6] Sivaramakrishna D, Sreekanth D, Himabindu V, et al. Biological hydrogen production from probiotic wastewater as substrate by selectively enriched anaerobic mixed microflora [J]. Renewable energy, 2009, 34 (3): 937-940.

[7] Kongjan P, Min B, Angelidaki I. Biohydrogen production from xylose at extreme thermophilic temperatures (70℃) by mixed culture fermentation[J]. Water research, 2009, 43(5): 1414-1424.

[8] Kaparaju P, Serrano M, Thomsen A B, et al. Bioethanol, biohydrogen and biogas production from wheat straw in a biorefinery concept [J]. Bioresource Technology, 2009, 100(9): 2562-2568.

[9] Akutsu Y, Li Y Y, Harada H, et al. Effects of temperature and substrate concentration on biological hydrogen production from starch[J]. International Journal of Hydrogen Energy, 2009, 34(6): 2558-2566.

[10] Abreu A A, Karakashev D, Angelidaki I, et al. Biohydrogen production from arabinose and glucose using extreme thermophilic anaerobic mixed cultures[J]. Biotechnology for Biofuels, 2012, 5(1): 1-12.

[11] Gadhamshetty V, Johnson D C, Nirmalakhandan N, et al. Feasibility of biohydrogen production at low temperatures in unbuffered reactors[J]. International Journal of Hydrogen Energy, 2009, 34(3): 1233-1243.

[12] Zhang H, Bruns M A, Logan B E. Biological hydrogen production by clostridium acetobutylicum in an unsaturated flow reactor[J]. Water Research, 2006, 40(4): 728-734.

[13] Hafez H, Nakhla G, El Naggar M H, et al. Effect of organic loading on a novel hydrogen bioreactor[J]. International Journal of Hydrogen Energy, 2010, 35(1): 81-92.

[14] 任南琪，王宝贞，马放．厌氧活性污泥工艺生物发酵产氢能力研究[J]．中国环境科学，1995，15 (6)：401-406.

[15] Lay J J. Modeling and optimization of anaerobic digested sludge converting starch tohydrogen[J]. Biotechnology and Bioengineering, 2000, 68(3): 269-278.

[16] 樊耀亭，李晨林．天然厌氧微生物氢发酵生产生物氢气的研究[J]．中国环境科学，2002，22(4)：370-374.

[17] 左宜，左剑恶，张薇．利用有机厌氧发酵生物制氢的研究进展[J]．环境科学与技术，2004，27(1)：97-99.

[18] 任南琪，林明，马汐等．厌氧高效产氢细菌的筛选及其耐酸性研究[J]．太阳能学报，2003，24(1)：80-84.

[19] 杨艳，卢滇楠，李春等．面向21世纪的生物能源[J]．化工进展，2002，21(5)：299-302.

[20] Levin D B, Pittl, Love M. Bio-hydrogen production: prospects and Limitations to practical application-erratum[J]. International Journal of Hydrogen Energy, 2004, 29(13): 173-185.

[21] 王建龙，文湘华．现代环境生物技术[M]．清华大学出版社，2000，360-364.

[22] Rákhely G, Kovacs A T, Maroti G, et al. Cyanobacterial-type, heteropentameric, NAD+-reducing NiFe hydrogenase in the purple sulfur photosynthetic bacterium Thiocapsa roseopersicina[J]. Applied andEnvironmental Microbiology, 2004, 70(2): 722-728.

[23] Kovács Á T, Rákhely G, Kovács K L. Genes involved in the biosynthesis of photosynthetic pigments in the purple sulfur photosynthetic bacterium Thiocapsa roseopersicina[J]. Applied and Environmental Microbiology, 2003, 69(6): 3093-3102.

[24] Benemann J R. The technology of biohydrogen[M]. Bio-Hydrogen Plenum Publishing Corporation, 1998.

[25] Yokoi H, Saitsu A S, Uchida H, et al. Microbial hydrogen production from sweet potato starch residue[J]. Journal of Bioscience and Bioengineering, 2001, 91(1): 58-63.

[26] Taguchi F, Chang J D, Tadiguchi S, et al. Efficient hydrogen production from starch by a bacterium isolated

from termites[J]. Journal of Fermentation and Bioengineering, 1992, 73(3): 244-245.

[27] Karube I, Urano N, Matsunaga T, et al. Hydrogen production from glucose by immobilized growing cells of-Clostridiumbutyricum[J]. European Journal of Applied Microbiology and Biotechnology, 1982, 16(1): 5-9.

[28] Yokoi H, Tokushige T, Hirose J, et al. Hydrogen production by immobilized cells of aciduricEnterobacter aerogenes strain HO-39[J]. Journal of Fermentation and Bioengineering, 1997, 83(5): 481-484.

[29] Tanisho S, Ishiwata Y. Continuous hydrogen production frommolasses by fermentation using urethane foam as a support of flocks[J]. International Journal of Hydrogen Energy, 1995, 20(7): 541-545.

[30] Lay J J, Lee Y J, Noike T. Feasibility of biological hydrogen production from organic fraction of municipal solidwaste[J]. Water Research, 1999, 33(11): 2579-2586.

[31] Nielsen A T, Amandusson H, Bjorklund R, et al. Hydrogen production from organic waste[J]. International-Journal of Hydrogen Energy, 2001, 26(6): 547-550.

[32] JamesB D, Baum G, Perez N J, et al. Technoeconomic boundary analysis of biological pathways to hydrogen production. NREL/SR-560-46674, September 2009. http://www.nrel.gov/docs/fy09osti/46674.pdf.

[33] Brosseau J D, Zajic J E. Hydrogen-gas production with Citrobacter intermedimand Clostridium pasteurianum [J]. Journal of Chemical Technology and Biotechnology, 1982, 32(3): 496-502.

[34] Aden A, Ruth M, Ibsen K, et al. Lignocelulosic biomass to ethanol process design and economics utilizing co-current dilute acid prehydrolysis and enzymatic hydrolysis for corn stover. NREL/TP-510-32438, June 2002. http://www.nrel.gov/docs/fy02osti/32438.pdf.

[35] Call D, Logan B E. Hydrogen production in a single chamber microbial electrolysis cell lacking amembrane [J]. Environmental Science & Technology, 2008, 42(9): 3401-3406.

[36] Williams T, Remick R, Ghirardi M. Photobiological production of hydrogen (fact sheet). NREL/FS-560-42285, Colorado, November 2007. http://www.nrel.gov/hydrogen/pdfs/42285.pdf.

[37] Collet C, Adler N, Schwitzguébel J P, et al. Hydrogen production by Clostridium thermolacticum during continuous fermentation of lactose[J]. International Journal of Hydrogen Energy, 2004, 29(14): 1479-1485.

[38] Wang C C, Chang C W, Chu C P, et a1. Producing hydrogen from wastewater sludge by Clostrldium bfermentans[J]. Journal of Biotechnology, 2003, 102(1): 83-92.

第十四章　生物质化学催化法制取运输燃料

第一节　前　　言

我国农作物秸秆年产生量约600Mt，除部分作为造纸原料和畜牧饲料外，大约300Mt可作为燃料使用，折合约150Mt标准煤。林木枝桠和林业废弃物年可获得量约900Mt，大约300Mt可作为能源利用，折合约200Mt标准煤。上述农林废弃物主要成分是纤维素，半纤维素和木质素，合计可供转化为液体运输燃料的年资源量为350Mt标准煤[1]，不仅资源量巨大，而且不与民争粮，不与粮争地。

木质生物质中CHO占98%以上，S、N很少，因种类和产地的不同，元素比例有所变化，但总的特点是氧含量高于40%的天然高分子材料。人类很久以前就作为燃料使用，但直接使用的能量密度低，生物质作为补充与替代石油的新能源，需要通过化学或生物方法把低热值的固体转化为适合现代交通工具使用的液体运输燃料[2]。除了人们熟知的纤维乙醇、热解生物油和F-T合成油，近年来又兴起一类新的生物质转化途径，首先，生物质预加工断裂纤维素和半纤维素的糖苷键，得到单糖及其衍生物糠醛、乙酰丙酸等生物质基化合物；然后，利用这些生物质基化合物不同的官能团性质，设计相应的催化反应路线，生产适合作运输燃料使用的C_{5+}烷烃，因此可以称之为化学催化法[3]。化学催化法中生物质基化合物的生产可以借鉴生物质生产纤维乙醇工艺和现有的生物炼制工艺，下游增长碳链、加氢脱氧等几步高选择性催化反应，可以借鉴现有的石化产业生产工艺和催化剂。得到的烷烃产品碳数分布一般在5～15之间，可以和汽柴油调配使用，而且不需要改造发动机，很快融入现有燃料油生产配送和使用体系。

木质生物质中木质素约占15%～30%，纤维素约占30%～50%，半纤维素约占25%～30%。木质素由苯丙烷系酚类通过醚氧键组成的聚合物，热值高于碳水化合物但颜色较深，目前还没有被有效利用，常常作为热源直接烧掉。半纤维素和纤维素是由不同类型的单糖(sugars)通过糖苷键聚合产生的高聚物，其中半纤维素容易降解成戊糖，是制备糠醛的原料。糠醛既是重要的化工原料，最近几年提出的化学催化新工艺有可能使糠醛成为制取液体运输燃料的重要前体；自然界中产量最多的纤维素水解得到的六碳糖主要制纤维乙醇，但新的工艺采用单糖制烷烃，并在最近的实验室研究中取得重要进展。由单糖加氢得到的多元醇(山梨醇)去掉了糖中活泼的醛(酮)基，更利于减少催化过程中的积碳，有望成为重要的燃料中间体。六碳糖水解中间产物5-羟甲基糠醛(HMF)化学性质比糠醛更活泼，作为化学品日益受到重视，但商业化生产的工艺还不成熟，要想成为燃料中间体，需要大大降低生产成本。5-羟甲基糠醛容易分解为乙酰丙酸(LA)和甲酸，乙酰丙酸可以通过脱水/加氢或酯化转化为燃料级产品。由此可见，经过这些年的发展，传统的生物质炼制工业和近年来兴起的生物质替代石油研究之间的界限已经被打破，以生物质为原料，除了可以通过条件相对温和的生物质炼制(bio-refine)生产化学品外，还可以通过一系列化学催化步骤(cascade catalysis and multi-step conversions)制取适合汽柴油使用的碳氢化合物燃料[4]。图 14-1 所示为糖及其水解衍生物为原料的几种化学催化法制备液体燃料的路径，与热解和气化相比，由于采用了原料和产物选择性可控的化学催化方法，相对温和的反应条件，并和现有的生物质炼制工业体系联系在一起，在原材料的利用率、生产成本和能耗以及产品品质等方面具有优势。本章主要介绍化学催化法制取液体燃料的研究现状和最新进展，对比不同路径的能量转化利用效率，并分析评估工业化过程中需要解决的科学和工程难点。

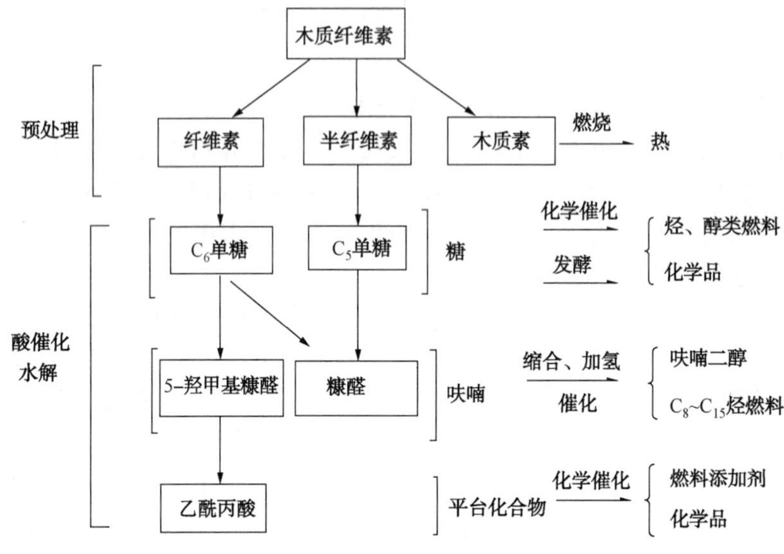

图 14-1　由糖及其水解衍生物制液体燃料示意图

第二节　生物质基燃料中间体

一、生物质预处理

对生物质原料进行预处理，可以破坏木质纤维素组织结构，降低纤维素结晶度，脱去木质素或半纤维素，从而增大酶与底物接触面积，提高酶解效率。目前常用的预处理方法有蒸气爆破、热水处理、稀酸处理、碱处理、低温氨爆处理、湿氧法、有机溶剂处理、超临界水处理等[2]。但预处理的成本很高，以生产纤维乙醇为例将增加 0.08 美元/L 乙醇[5]。化学催化过程不象发酵过程那样对木质素和半纤维素有太多限制，建议统一考虑预处理和水解工艺。

二、燃料中间体

1. 单糖

木质纤维素水解有酸水解和酶催化水解两种工艺[6]，酸水解又可分为浓酸水解工艺和稀酸水解工艺。

① 浓酸水解的原理是结晶纤维素在室温下可完全溶解在浓度高达 77%硫酸中，转化成含几个葡萄糖单元的低聚糖。把此溶液加水稀释并加热，经一定时间后就可把低聚糖水解为

葡萄糖。浓酸水解的优点是糖的回收率可高达90%以上，并极少降解，但对设备要求高。Arkenol公司开发两级浓酸水解工艺，中试装置实验可得12%~15%浓度的糖液，纤维素的转化率稳定在70%，酸回收率可达到97%。

② 稀酸水解的机理是溶液中的氢离子可和纤维素上的氧原子相结合，使其变得不稳定，容易和水反应，温度200℃时纤维素长链即在该处断裂，同时又放出氢离子，从而实现纤维素长链的连续解聚，直到分解成为最小的单元葡萄糖。稀硫酸一般浓度为0.5%~2%，水解原料处理时间短，且较易实现工业化，但由于产生的糖会进一步发生分解，因此影响了糖的收率。近年来，又出现超低酸水解工艺，庄新姝、王树荣等研究了超低酸条件下纤维素水解规律，在0.05%H_2SO_4、5%的固体浓度、215℃、4.0MPa下反应35min，可获得46.6%的还原糖转化率和55.1%的纤维素转化率。对速生杨、玉米秸秆、白松三种生物质用两步超低酸水解法水解，分别得到57.8%、53.4%、41.8%的原料转化率和42.8%、23.8%、39.3%总还原糖转化率。总的来说，由于纤维素的特殊构造，酸水解葡萄糖得率一般不超过70%，酶解得率可达到95%。NREL实验室估算的木质纤维素酶解法制得的粗单糖溶液合12~14欧元/kg糖[5]。

2. 山梨醇

加氢还原葡萄糖上的醛基制备山梨醇已经实现工业化，可以采用连续的或间歇的高压加氢，温度150℃，氢压5MPa，葡萄糖转化率大于90%，常用的催化剂为Ni基或Ru基金属催化剂。山梨醇年产量上百万吨，主要用于生产维生素C，或作为牙膏、食品、医药添加剂。

3. 糠醛

相比之下，五碳糖脱水产物糠醛(furfural)比5-羟甲基糠醛稳定，是已经工业化生产的化工原料。生产主要源于半纤维素类生物质，现有的生产技术每千克原料生产的糠醛：玉米芯0.22kg，甘蔗渣0.12kg，玉米杆0.17kg，葵花壳0.16kg，硬木0.16kg。每年产量300000t以上。生物质水解/脱水制备糠醛的生产方法分为一步法和两步法。一步法是戊聚糖水解和戊糖脱水生成糠醛的两步反应在同一个水解锅内一次完成；两步法是戊聚糖先在100℃左右水解生成戊糖，戊糖再在较高温度条件下脱水环化生成糠醛。

4. 5-羟甲基糠醛

5-羟甲基糠醛(HMF)是由C_6单糖脱水而得，Carlini[7]等用非均相Nb_2O_5、Nb-P催化糖类脱水，100℃6%果糖水溶液催化反应0.5h后HMF选择性90%以上，转化率30%以上。Román-Leshkov[8]等采用离子交换树脂在水-二甲亚砜双相反应器使原料果糖的转化率达到90%，产物羟甲基糠醛(HMF)的选择性达到80%。进一步的研究表明，用无机盐饱和水-有机相体系能促进HMF与水相的分离从而提高选择性。由生物质直接水解制备HMF工艺简单，但产品收率较低。吕惠生[9]等采用高热水-二氧化碳体系水解纤维素制HMF，在CO_2加入量5.0%，反应温度250℃，反应时间30min，反应压力7.25MPa条件下HMF的质量收率为16.2%。

5. 乙酰丙酸

在酸催化下，六碳糖脱水形成5-羟甲基糠醛(HMF)。HMF作为中间体很不稳定，容易生成乙酰丙酸(Levulinic acid)，LA是重要的平台化合物，BioMetics Inc. 开发的两阶段工艺[10](the Biofine Process)以1t/d的规模由纤维素生产LA的产率达到70%。公司估计以

1000~2000 千 t/d 规模生产 LA 合 0.09~0.11 美元/kg，每公斤纤维素大约产出 0.5kgLA。

6. 其他生物质基小分子

在较高的水解温度下，单糖可能发生碱催化 retro-adol 等反应，造成 C—C 环键断裂，生成乙酸、乙醇醛(glycolaldehyde)、赤藓糖(Erythrose)、甘油醛(glyceraldehyde)、二羟基丙酮(dihydroxyactone)、丙酮醛(pyruvaldehyde)等 C_4以下的羟基醛、酮、酸有机物[11]。

山梨醇等多羟基有机物在 Pt-Re/C 催化下，经历 C—C 和 C—O 键的断裂，部分碳水化合物发生重整反应，生成 H_2并用于剩余化合物的脱氧反应，吸热的制氢反应和放热的脱氧反应在一个反应器中同时进行，整体上呈温和的放热过程，超过 90%的反应物能量被保留在产物中。经历 C—O 键断裂的山梨醇生成疏水的 C_4，C_5，C_6单官能团醇、酮、酸以及四氢呋喃或吡喃有机物[12]。

三、燃料中间体对比

木质生物质经过单糖可以合成山梨醇、木糖醇、糠醛类、乙酰丙酸等化学品，图 14-2 所示，这些生物质基化合物具有制造运输燃料的潜力，它们的产量和价格是作为燃料前体竞争力的重要条件。

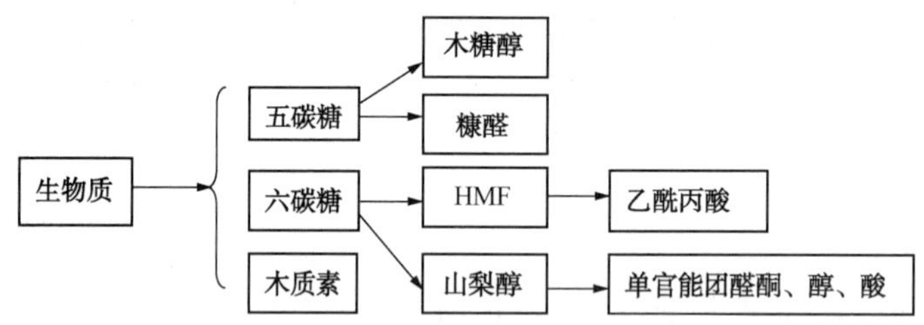

图 14-2 生物质生产各种燃料中间体

其中秸秆等农林废弃物收购价格约 400 元/t 干物质，已经实现工业化生产的糠醛市场价格约 8000 元/t，山梨醇约 7500 元/t，因此，从生物质基化学品生产运输燃料在经济上是不合算的，必须从生物质原料出发，经过连续的催化步骤，制取运输燃料才具有经济性。

不同中间体的氧含量如图 14-3 所示，糠醛、乙酰丙酸等燃料中间体的氧含量较高，催化反应需要达成几项目标：①降解(水解)纤维素和半纤维素，生成 C_6以下的小分子燃料中间体；②燃料中间体延长碳链，达到 C_5~C_{25}左右的链长；③加氢/脱氧满足燃料的要求。

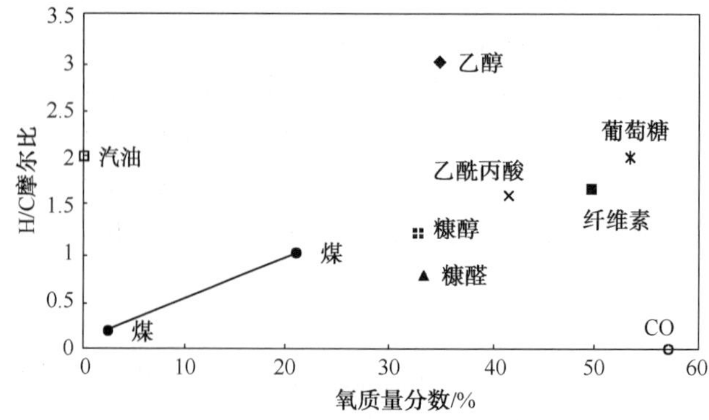

图 14-3 不同中间体 C、H、O 含量对比

四、化学催化法与其他加工方法比较

表 14-1 对比了化学催化法与其他生物燃料制备方法的异同。化学催化法首先把木质生物质中的纤维素和半纤维素聚合物降解，生成单糖或者单糖衍生物，这一过程和纤维乙醇制备六碳糖类似。降解的温度比热解法、气化法低，才能使纤维素链糖苷键选择性断裂。

然后，单糖等燃料前体经过几步催化反应，转化为烃类燃料。这一过程需要增长碳链，并且加氢除去氧元素，反应条件更接近热解油的催化精制和油脂加氢。总体上化学催化法反应的温度、压力条件介于生物发酵法和热化学法之间，是与生物炼制有很多共同点的燃料制备新方法。

表 14-1　化学催化法与其他生物燃料生产方法对比

原料种类	木质生物质				油料作物
组成	纤维素	纤维素、半纤维素	纤维素、半纤维素、木质素	纤维素、半纤维素、木质素	油脂
生物质降解方式	预处理/酶水解	酸水解	热分解	气化	物理压榨/萃取
降解温度/℃	小于 70	70~200	300~700	700~1000	常温
停留时间	2~5d	1~3h	<1s	<0. 1s	
燃料前体	六碳糖	单糖、糠醛、乙酰丙酸等	热解油	合成气	甘油酯或脂肪酸酯
精制过程	发酵	化学催化	加氢脱氧	F-T 合成	加氢
压力/atm	1	1~100	50~250		
反应温度/℃	小于 70	100~300		300~400	200~400
燃料类型	乙醇	汽油、柴油、喷气燃料	汽油	柴油、喷气燃料	柴油、喷气燃料

第三节　延长碳链和脱氧催化反应

一、延长碳链

生物质中间体的官能团主要有醛酮、羧酸和羟基，延长碳链的主要反应类型有：

1. 醛或酮的羟醛缩合

羟醛缩合(aldolcondensation)是有机化学中延长碳-碳键的重要反应之一。具有 α 氢原子的醛或酮在碱或酸催化下形成烯醇结构，再与另一分子的羰基发生加成反应，并形成 β-羟基羰基化合物的化学催化反应，如式(14-1)所示。

$$R_1COR_2 + R_3COCH_2R_4 \xrightarrow[\text{2. 后处理}]{\text{1. 酸或碱催化}} R_1R_2C(OH)CH(R_4)COR_3 \xrightarrow[-HOH]{\text{脱水}} R_1R_2C{=}C(R_4)COR_3 \qquad (14-1)$$

β羟基羰基化合物　　α,β—不饱和羰基化合物

R_1为 H，烷基或芳基；R_2，R_3，R_4为烷基或芳基。

2. 羧酸的酮化反应

羧酸在固体氧化物催化剂上直接气相催化酮化(ketonization)合成酮，负载的催化剂预先装到反应炉中，原料经气化后连续进料送入反应器，在反应过程中为了减少副反应的发生，可通入氮气、氩气、水蒸气等气体进行保护。反应时 2 个羧酸分子脱去 1 个羰基酮化生成 1 个酮分子，同时生成二氧化碳和水，反应过程可如式(14-2)所示。

$$RCOOH + R'COOH \longrightarrow RCOR' + H_2O + CO_2 \quad (14-2)$$

到目前为止，对于羧酸气相催化缩合制备酮的反应机理仍然没有统一的认识。研究者对反应机理的阐述大多只能解释某一特定体系的实验结果，对于其他体系则不一定适用。

3. 诺文葛耳反应

在弱碱性催化作用下，醛或酮与具有活泼亚甲基的化合物缩合反应，称为 knoevenagel reaction 反应。常用的碱性催化剂有吡啶、胺、哌啶等。亚甲基上的氢活泼，活泼亚甲基化合物优先与弱碱反应，并且形成碳负离子，降低醛分子间发生 Aldol 缩合的可能。故此反应收率较高，广泛应用于α，β-不饱和化合物的合成。

二、脱氧方式

催化脱 H_2O 和脱 CO/CO_2是燃料中间体脱氧的两种主要方式，两者催化反应机理不同，脱水主要发生在羟基官能团上，在酸中心催化下分子内 C—O 键断裂，形成的碳碳双键需要进一步催化加氢，因此消耗氢气量较多；脱 CO_2通常发生在羧基官能团，多羟基有机物如山梨醇催化脱 CO 往往伴随 C—C 键的断裂，使产物的碳数减少。

第四节　中间体生产运输燃料

一、糠醛生产运输燃料

糠醛可沿四种途径分别制得不同用途的生物燃料。①糠醛直接催化氢化能得到生物汽油组分：2-甲基呋喃，2-甲基四氢呋喃和 C_4、C_5短链烃类；②糠醛先制得糠醇，接着在酸性条件下醇解得到生物柴油调合成分乙酰丙酸酯；③糖醛经醛酮缩合，然后加氢脱氧制汽油、柴油烃类燃料；④2-甲基呋喃增长碳链，再脱氧得到 C_8～C_{15}等碳数分布适合做航空烃类燃料[13]。下面主要介绍糠醛在生物能源方面的研究进展。

1. 糠醛生产汽油组分

(1) 2-甲基呋喃

作为燃料添加剂 2-甲基呋喃[14]在能量密度、含氧量、疏水性等方面超越乙醇表现出优良的性能。90000km 的公路测试表明，2-甲基呋喃是一种非常有实用价值的汽油燃料添加成分。

糠醛制 2-甲基呋喃虽然已实现工业生产，但是其制备采用的催化剂都是含有金属铬[15]。这类催化剂中铬化合物的毒性很大，会带来严重的环境污染问题。Lessard[16]制得Cu-Fe催化剂气相催化糠醛加氢，糠醛的转化率为99%，2-甲基呋喃产率为98%，但是催化剂寿命较短，只有20h。Ni也是常用的加氢催化剂，但纯Ni催化糠醛和糠醇加氢制2-甲基呋喃的选择性并不好。Sitthisa[17]在Ni基催化剂中加入2%的Fe助剂，将2-甲基呋喃的产率从1.4%提高到39.1%，产率依然很低。催化剂的无铬化将是未来的重要发展方向。目前，采用无铬催化剂制备2-甲基呋喃工艺尚不成熟，无法运用于大规模生产。

（2）2-甲基四氢呋喃

2-甲基四氢呋喃拥有比2-甲基呋喃更高的能量密度和辛烷值(87)。美国能源部(USDOE)1999年批准2-甲基四氢呋喃作为P系列燃料汽油[18](包括乙醇、2-甲基四氢呋喃、戊烷)组分使用。其中2-甲基四氢呋喃的含量最高可占达55%。

Ahmed[15]等先将糠醛汽化，糠醛与H_2摩尔浓度比为1：2充分混合，在175℃下，Cu基催化剂催化得到2-甲基呋喃，再补充H_2至摩尔浓度2：1，接下来蒸汽在100~130℃通过Ni基催化剂后通入冷凝器冷凝，冷凝液分为有机相2-甲基四氢呋喃和水相。2-甲基四氢呋喃综合收率超过90%。2010年，James[19]等设计了一个实时转换系统，能随时改变糠醛加氢的产物。超临界CO_2氛围中，先在240℃下以Cu-Cr催化糠醛加氢，得到2-甲基呋喃，再在300℃下，以Pd/C催化制取2-甲基四氢呋喃，收率只有82%，相对较低。

（3）C_4、C_5烃类

糠醛也可以经过化学催化脱氧加氢生成石脑油组分C_4、C_5烃类。石脑油价格远低于车用汽油，使用石脑油和石化助剂调配车用无铅汽油已成为民营石化企业增加成品油利润的重要方式。与此同时，糠醛脱氧加氢制短链烷烃的研究也为呋喃类化合物生产中长链烃类燃料提供了借鉴。

糠醛脱氧加氢过程中，催化剂起重要作用。脱氧加氢催化剂是双功能催化剂，必须同时具备脱氧酸性位(γ-Al_2O_3、SiO_2-Al_2O_3、$HZSM_5$、ZrO_2等)和金属加氢活性位(Pd、Pt、Ni、Rh等)。2010年，Zhang Xinghua[20]等对Ni基催化剂糠醛液相加氢制戊烷做了细致的研究，在间歇釜中加入5%的糠醛水溶液进行加氢实验，系统考虑了催化剂的载体、Ni的负载量和反应温度对糠醛转化率和目标产物戊烷选择性的影响。研究发现，以SiO_2-Al_2O_3作载体负载Ni比γ-Al_2O_3具有更高的催化活性，14%Ni/SiO_2-Al_2O_3在转化率为62.99%，而14%Ni/γ-Al_2O_3在相同反应条件下转化率只有19.19%。糠醛的转化率也受到反应温度的影响，随着温度的升高转化率增加，但戊烷的选择性下降。最终确定催化剂为14%Ni/SiO_2-Al_2O_3，反应温度为140℃。糠醛转化率为63%，戊烷选择性达到93%。2011年，Chen Zhao[21]等采用固体酸HZSM-5分子筛为酸性载体，负载Ni(负载量为20%)催化糠醛制戊烷，糠醛的转化率达100%，戊烷选择性为64%。

（4）糠醛类经诺文葛耳反应路径

2008年，Hoskins[22]研究了糠醛、5-羟甲基-2-糠醛(HMF)以及乙酰丙酸分别与丙二酸的诺文葛耳反应。丙二酸由丙三醇或葡萄糖沿着酶的路线生成，丙二酸含有活泼的亚甲基。糠醛、5-羟甲基-2-糠醛(HMF)以及乙酰丙酸都含有羰基(—C＝O)，醛类/酮类和含有活泼的亚甲基的化合物可发生诺文葛耳反应形成碳碳双键，如图14-4所示，生成不饱和化合物和水。这些不饱和化合物在贵金属(如 Ru/C)或者硫化双金属催化剂(如 Co/Mo)[23]的催化作用下，加氢生成烷烃，这些烷烃可作汽油组分(C_8~C_9)。

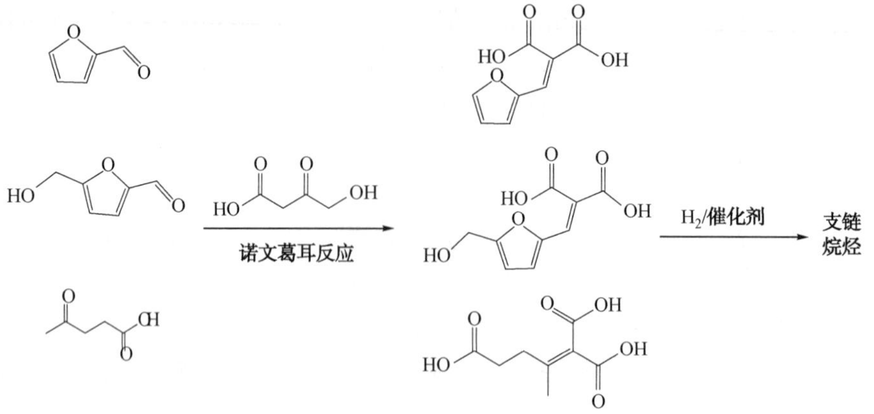

图 14-4 生物质基化合物通过诺文葛耳反应制备烷烃

2. 糠醛生产生物柴油

上述 2-甲基呋喃等物质碳数少，沸点低，还只是汽油添加成分，要生产柴油、航空燃料等运输燃料，必须通过醛酮缩合、酯化等途径增长碳链，并进一步加氢脱氧。

乙酰丙酸酯的性质与生物柴油接近，可以作为石化柴油和生物柴油等运输混合燃料，能有效改善燃烧清洁度，且具备优良的润滑能力、闪点稳定性和低温流动性[24]。传统的生物柴油是以动植物油脂经酯交换得到的脂肪酸单烷基酯。而利用动植物油生产运输燃料并不适合我国的国情。以农业废弃物秸秆类木质纤维素生产乙酰丙酸酯为生物柴油提供了新的思路。

糠醛经选择性加氢制取糠醇，随后在酸性条件下醇解得到乙酰丙酸酯。传统研究主要以液体无机酸(硫酸、盐酸等)催化糠醇醇解。然而在强酸作用下糠醇容易发生聚合反应，影响乙酰丙酸酯收率。而且无机酸催化剂对设备腐蚀严重，反应后的废酸处理麻烦。绿色的固体酸催化剂可以有效的克服这些缺点。Zhang Zehui[25]以 HY 分子筛，离子交换树脂[NKG-9]、[MIMBS]、$H_3PW_{12}O_{40}$、$[BMIMSO_3H]_3PW_{12}O_{40}$、$[MIMBS]_3PW_{12}O_{40}$五种固体酸催化剂分别催化糠醇和丁醇生成乙酰丙酸丁酯。原料最佳配比为糠醇 1.130mol，正丁醇 5mL。在 110℃剧烈搅拌下离子交换树脂$[MIMBS]_3PW_{12}O_{40}$表现出非常好的催化活性，乙酰丙酸丁酯收率达到 93%，而且催化剂易分离回收，并可多次重复使用。Khusnutdinov[26]等在 CCl_4 中，糠醇和低级烷醇在 $Fe(acac)_3$或 $Rh(PPh_3)_3Cl$ 催化下，用糠醇生产乙酰丙酸酯，收率在 80%~98%。Jean-Paul Lange 等[27]分别用一系列的离子交换树脂(大孔树脂、凝胶型树脂等)和分子筛(ZSM-5、ZSM-12、ZSM-23、丝光沸石和 Y 型分子筛)作为催化糠醇和乙醇生产乙酰丙酸乙酯。乙酰丙酸乙酯的产率为 80%~90%。

除了糠醇和脂肪醇在酸性条件下直接得到乙酰丙酸酯，在没有脂肪醇时，糠醇水解可以得到另一种重要生物质基平台化合物乙酰丙酸。乙酰丙酸在生物能源方面的应用也有一些最新研究成果，例如经过中间产物 γ-戊内酯，再通过开环、聚合、酯化、脱氧、加氢等措施转化为丁烯、C_{12}~C_{15}烃类燃料、戊酸酯燃料等[28]。

3. 糠醛生产航空燃料

（1）糠醛丙酮交叉缩合

2005 年，Dumesic 小组[29]提出一种生物质碳水化合物化学催化制备 C_7～C_{15}液态烃类燃料的方法，见图 14-5。此过程分四步进行，首先，生物质酸解得到五碳糖和六碳糖，再分别脱水得到糠醛和 5-羟甲基糠醛。接着糠醛、5-羟甲基糠醛和丙酮在碱性催化剂（Mg-Al-O_x）下缩合得到 C_{13}和 C_{15}中间体。然后用金属催化剂（如 Pd/Al_2O_3）催化 C=C 和 C=O 加氢得到水溶性大分子有机物。最后在具有酸性位和金属活性位的双功能催化剂（Pd/MgO-ZrO_2）作用下脱水得到烷烃。2008 年，他们[30]对脱氧加氢催化剂做了改进，用 Pt/$NbOPO_4$替代 Pd/MgO-ZrO_2，改进后的加氢工艺不需要正十六烷载流，进料空速也从原来的 0.003～0.036h^{-1}提高到了 0.15～0.79h^{-1}。在此工艺路线的初步探索中，原料均是纯净的模型化合物，与现实中生物质原料相差较远。为此，在 2010 年，Xing 等[31]利用东北硬木树加工的废弃物，提取半纤维素，经糠醛制取喷气燃料。实验中每千克木糖能制得 0.46kg 的燃料，收率达到 76%。

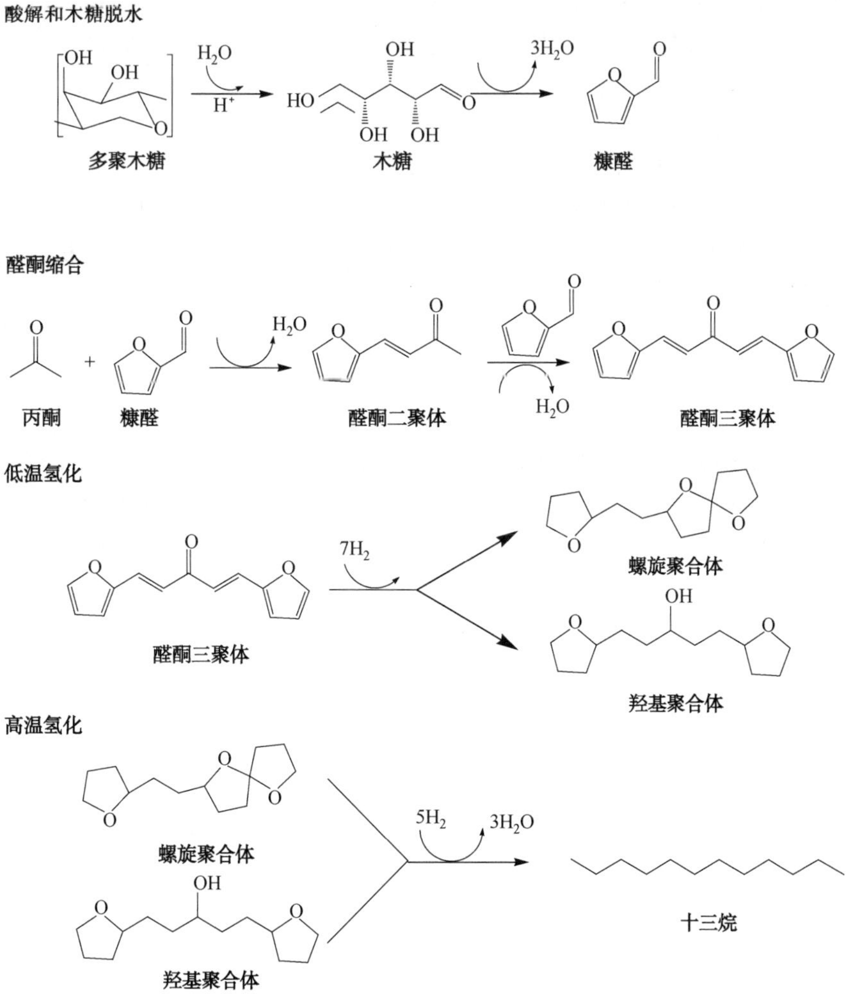

图 14-5　糠醛经醛酮缩合得到长链烷烃

Dumesic 和 Huber 等的研究为糠醛制长链烷烃开辟了新的路径，但工艺条件要求比较苛刻，需要 5.6~6MPa、200~300℃进行，对设备要求较高、能耗大。最近几年，不少科学家针对此工艺进行研究和改进。2011 年，徐文杰等[32,33]通过对反应过程拆分，降低了反应温度和压强。他们先把糠醛与丙酮的缩合产物精馏分离，溶解于甲醇、乙醇、四氢呋喃、乙醚等溶剂中，然后采用他们自行开发的呋喃衍生物开环加氢反应的催化剂，在 1~2.5MPa，60~160℃条件下，得到多元醇的混合物。再在 150~200℃，1.5~3MPa 条件下脱氧加氢，最后得到烷烃。Julis[34]则是用 Ru/C 催化剂催化糠醛与丙酮的缩合物[4-(2-呋喃基)-3-烯-2-丁酮(F-Ac)]双键加氢得到 4-(2-四氢呋喃基)-2-丁醇，然后加入离子液体[BSO_3BIM][NTf_2]和[EMIM][NTf_2]制得正辛醇和正辛醚，综合产率为 93%。他们将温度和 H_2压强降低到 150℃和 12MPa。Chatterjee 等[35]研究了在超临界 CO_2环境中 4-(2-呋喃基)-3-烯-2-丁酮加氢得到辛烷的反应。得到最佳反应条件，温度(T)80℃，CO_2压力 14MPa，H_2压力为 4MPa，反应时间 20h，在 Pd/Al-MCM-41(Si/Al=10，1.0%Pd)的催化下原料转化率大于 99%，辛烷的收率达到 99%以上。他们还发现，反应过程中从 4-(2-呋喃基)-3-烯-2-丁酮到中间产物 4-(2-四氢呋喃基)-2-丁酮的反应速率非常快，反应时间在 1h 内对 4-(2-四氢呋喃基)-2-丁酮的选择性非常高。而脱氧加氢生成辛烷反应主要发生在 2h 后，且辛烷选择性在 15~20h 达到最高。此反应中，4-(2-四氢呋喃基)-2-丁酮脱氧加氢的反应时间过长，大大增加了生产成本。

需要指出，糠醛通过与丙酮缩合制运输燃料的工艺，需要大量的丙酮，但丙酮价格较高。羟醛缩合物加氢过程还需要消耗 11%~13%产品的氢气。另外，此途径生产的直链烷烃凝固点过高(喷气燃料要求冰点最高为-40℃)，因此还需进行异构化来提高抗凝性能。

(2) 甲基呋喃聚合途径

2011 年，Corma[36]等提出了一种以甲基呋喃为基本物增长碳链制支链烷烃的方法。反应历程如图 14-6 所示，首先，甲基呋喃与醛类(丁醛、5 羟甲基糠醛、5 甲基糠醛、乙酰丙醛)在酸(对苯甲磺酸、Amberlyst 15 树脂)催化下聚合生成 C_{14}~C_{16}的含氧聚合物。静置分液分离产物。然后对生成的聚合物脱氧加氢得到相应的 C_{14}~C_{16}支链烷烃。以丁醛为例，甲基呋喃与丁醛聚合反应，丁醛最高转化率达到 93%，缩合产物的选择性为 95%。聚合产物在催化剂 Pt/C 和 Pt/TiO_2作用下分两步加氢最终得到 C_9~C_{14}类支链烷烃(其中 C_{14}，76%；C_{12}，2%；C_9，17%)。产物中 C_9烷烃的大量存在是由于甲基呋喃与丁醛没有完全三聚，形成了部分二聚体。

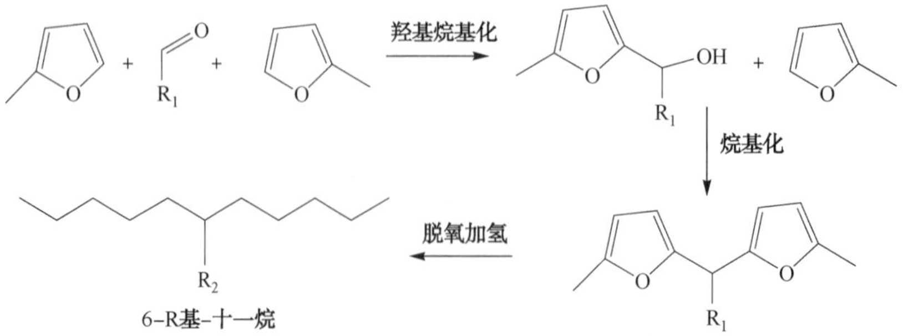

图 14-6　2-甲基呋喃聚合制烷烃

他们还研究了只以甲基呋喃作为反应原料，不引入第二组分避免聚合不完全的方法。如

图 14-7 所示[37]，在 2-甲基呋喃水溶液中加入硫酸，2-甲基呋喃开环得到 4-氧代戊醛。4-氧代戊醛能迅速与 2-甲基呋喃聚合得到 2-甲基呋喃三聚体。产物分离后，有机相层继续加氢，最终得到相应碳数的 C_{15} 烷烃，产率达到 87%。改进后的工艺路线副反应较少，且对 C_{15} 烷烃的选择性也有明显提高。

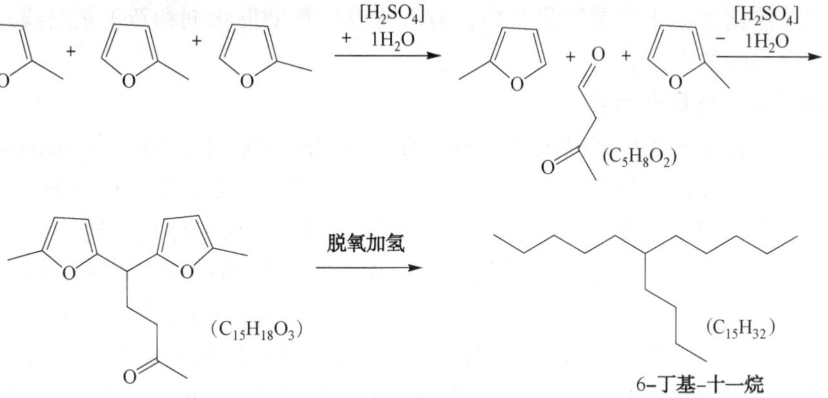

图 14-7　2-甲基呋喃自聚合制 C_{15} 支链烷烃

（3）自缩合路径

糠醛与丙酮交叉缩合路径需要消耗大量丙酮和氢气，一条由 5-羟甲基糠醛制 C_6 以上液体烃或醇燃料的路径，整个过程不需要丙酮等外加活泼酮类。①加氢反应：HMF 或 Fur 首先选择性加氢还原 C ═C 双键，得到四氢呋喃醛（HMTHFA）。②羟醛自缩合反应：HMTHFA 醛基边的 α-C 上具有活泼 H 原子，可以发生羟醛自缩合反应（aldol self-condensation）生成 β-羟基酮。③加氢脱氧：β-羟基酮中酮基选择性加氢生成燃料级化合物缩合呋喃二醇类，可以减少燃料生成过程中氢气的用量。呋喃二醇类化合物如果继续加氢脱氧将得到 C_{12} 烷烃。

孙绍晖等开发了一种由糠醇生产 $C_5 \sim C_{25}$ 烷烃的方法[38]，通过糠醇非均相自缩合增长碳链，该方法可以很好地控制糠醇的缩合程度，从而保证产物碳数分布在 $C_{10} \sim C_{25}$ 之间，并且分布的比例可以调整优化，以适应不同交通工具的使用。糠醇是糠醛的加氢产物，每年糠醛产量的一半用于生产糠醇，糠醇主要用途是生产铸造用呋喃树脂。酸催化下的糠醇容易在 α-位发生亲电取代反应，如果聚合反应不加控制，将生成高分子聚合物，无法满足燃料的碳数要求。为了控制糠醇缩合的分子量，在水相中加入一定比例的糠醇和无机酸，糠醇溶于水，反应开始时是透明的水-糠醇-酸均相体系，一旦有糠醇的二聚或三聚缩合产物生成，因为难溶于水，很快从水相中分离形成乳浊液，形成水相和油相非均相体系。实验发现绝大多数无机酸催化剂分布在水相中，产物和大部分糠醇分布在油相中，接下来的缩合反应主要发生在两相的界面。通过控制温度、反应时间、搅拌速率、酸催化剂用量、糠醇浓度等因素可以得到 n 为 0~3 的呋喃环缩合物。分离出的缩合产物再经过加氢脱氧得到 $C_5 \sim C_{25}$ 碳数分布的烷烃。

二、单糖生产运输燃料

1. 单糖直接催化转化

1986 年 Chen 等研究了使用分子筛催化剂催化单糖溶液。在 1atm，510℃以及 ZSM-5 催化下，单糖主要生成碳氢化合物、碳（coke）、二氧化碳、一氧化碳以及水。其中碳氢化合

物主要包括 $C_8 \sim C_{10}$ 芳香苯，$C_1 \sim C_3$ 烷烃，苯，甲苯，$C_4 \sim C_6$ 烷烯烃。例如葡萄糖25%转化为C，44%转化为 H_2O，但是不到10%转化为碳氢化合物。由 H_2O 的量可算出葡萄糖中的 O 几乎全部以 H_2O 的形式脱除，H 损失较多，形成大量积碳。如果添加 4 倍于糖质量的 CH_3OH 可以减少很多的积碳，提高碳氢化合物的比例至 19%。这些早期的研究表明碳水化合物有可能通过化学催化法转化为碳氢化合物，但需要设计新型催化剂和新工艺路线，既能有效脱氧，又能减少积碳的产生。

2. 单糖制单官能团化合物

相比于单糖直接催化生产碳氢化合物只有大约 20%的收率，2008 年 Dumesic 小组[39]设计了一条路线，通过以碳为载体的 Pt-Re 催化剂，将糖类和多元醇(40%~60%)的水溶液转化为疏水性的单官能团化合物，包括 $C_4 \sim C_6$ 的醇、酮、酸和杂环化合物。但是这些单官能团化合物的碳链长度在 C_6 以下，为了合成适合做汽油，柴油和航空煤油的高分子量的化合物，这些单官能团化合物需要经过 C—C 键重整。包括：①两分子的酸经酮基化作用生成直线型酮类、CO_2 和水；②两分子的酮或醇经羟醛缩合/氢化作用生成高分子的具有支链的酮类。经酮基化作用和羟醛缩合/氢化作用生成的 $C_7 \sim C_{12}$ 直线型和支链型酮类，在以固体酸为载体贵金属催化剂($Pt/NbOPO_4$)的作用下通过脱水/氢化作用转化成燃料类烷烃[20]。

(1) 羧酸类途径

2009 年 Gaertner 等[40]以 $Ce_{0.5}Zr_{0.5}O_2$ 为催化剂，以己酸、1-戊醇和 2-丁酮分别作为羧酸类、醇类和酮类的代表物，研究了羧酸通过酮基化作用生成酮类的反应，如图 14-8 所示。在温度为 448~623K，己酸的局部压力为 0.05~0.3atm 的实验条件下，发生了两种不同类型的反应：酯化反应和酮基化反应，都消耗己酸。己酸吸附在催化剂表面是一步重要的反应，随着己酸局部压力的增加酮基化反应由二级变为零级。己酸可测的酮基化反应活化能(132kJ/mol)比可测的酯化反应活化能(40kJ/mol)要高，因而在高温条件下(>573K)酮基化反应的可逆性比酯化反应的可逆性更有利。有羧酸存在时酯类不能直接发生酮基化作用，而是先发生水解作用然后再与羧酸发生酮基化作用。

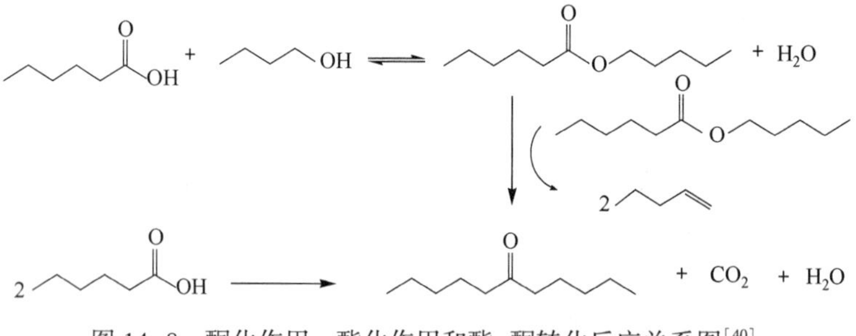

图 14-8 酮化作用、酯化作用和酯-酮转化反应关系图[40]

(2) 酮类/醇类途径

大多数的关于羟醛缩合/氢化作用的研究主要集中在丙酮或异丙醇的自身缩合，很少有关于更大分子量的酮类的报道。与丙酮相比，C_4^+ 甲基酮类具有单一活泼的 α-氢原子，所以反应活性逐级递减。为了达到所需的反应，需要更高的温度和合适的催化剂。2009 年 Kunkes 等[39]以 $Pd/CeZrO_x$ 和 $CeZrO_x$ 为催化剂，在温度为 573~673K，压力为 1.5~2.6MPa 下研究了 2-己酮的羟醛缩合/氢化作用，$Pd/CeZrO_x$ 催化剂由具有还原功能的固态的可溶的

$CeZrO_x$组成。动力学表明具有较低含量的 Pd 催化生成 C_{12}类化合物，$CeZrO_x$基催化剂催化生成次级产物 C_9、C_{18}类化合物以及轻质烷烃($C_1 \sim C_7$)。

另外，单官能团的醇类在 $CuMg_{10}Al_7O_x$双功能催化剂和 H_2作用下，先被氧化为醛然后缩合，随后缩合物在 $Pt/NbOPO_4$催化剂作用下氢化得到具有支链的烷烃，这些烷烃可作柴油。

三、乙酰丙酸生产运输燃料

1. 乙酰丙酸经 GVL 生成烷烃途径

2010 年 Serrano-Ruiz 等[41]设计了一条路线，可将木质纤维素转化成液态运输燃料，如图 14-9 所示。首先使用水溶性硫酸将固态纤维素水解成葡萄糖，葡萄糖在酸催化下脱水生成等摩尔的乙酰丙酸和甲酸。甲酸分解成 H_2和 CO_2，在 Ru/C 催化剂的作用下乙酰丙酸与上述氢气生成 GVL。GVL 比乙酰丙酸更难溶于水，因而可以将硫酸从 GVL 中分离，分离的硫酸进一步用于分解纤维素。溶于水的 GVL 和少量的硫酸，在耐硫酸的以 niobia 为支撑体的钯金属催化剂以及 H_2的作用下生成戊酸，戊酸在 CeO_2-ZrO_2的催化作用下经酮基化反应生成高产率(90%)的 5-壬酮，5-壬酮通过加氢、脱水和/或异构化作用生成适合用于柴油或汽油的液态烃类燃料。

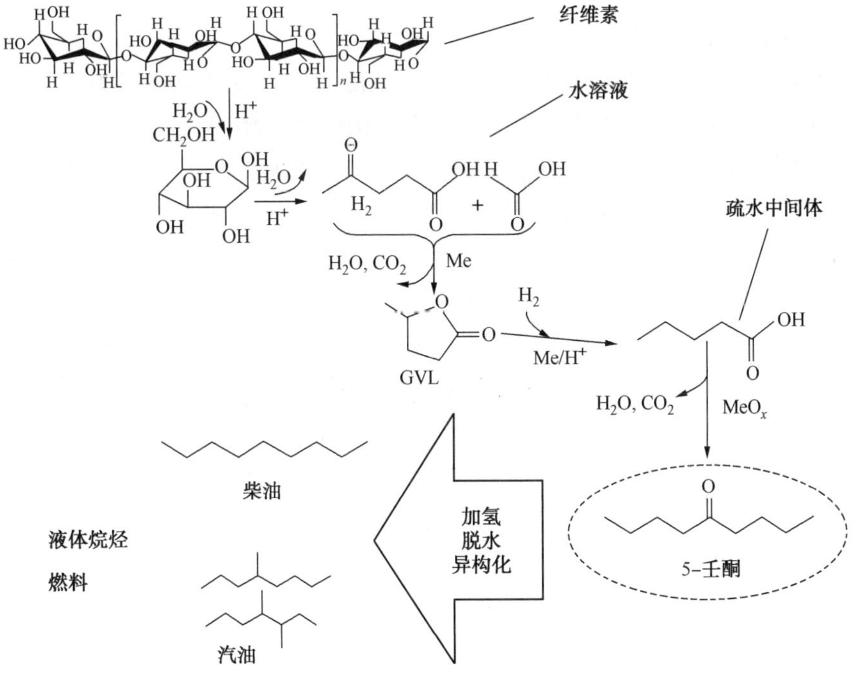

图 14-9　固态纤维素转化为液烃燃料路线图[41]

H^+：酸中心；Me：金属中心；MeO_x：金属氧化物中心

2. 乙酰丙酸经 GVL 生成烯烃路径

2010 年 Bond[42]将 γ-戊内酯(GVL)的水溶液转化为适合做运输燃料的液态烯烃，γ-戊内酯(GVL)可由乙酰丙酸转化而来。此过程需要催化重整，但不需要外加氢源。如图 14-10 所示，在高压条件下(如 3.6MPa)，以及二氧化硅/氧化铝的催化下，GVL 原料经历脱羧过程产生了由丁烯和二氧化碳等量组成的混合气。这股混合气直接进入含有酸催化剂(如

HZSM-5，Amberlyst-70)的齐聚反应器，丁烯生成凝烯烃，这些烯烃可用做汽油和/或者喷气燃料。流出的气态二氧化碳在高压下可被捕获，然后经过处理可以缓解温室气体排放的压力。

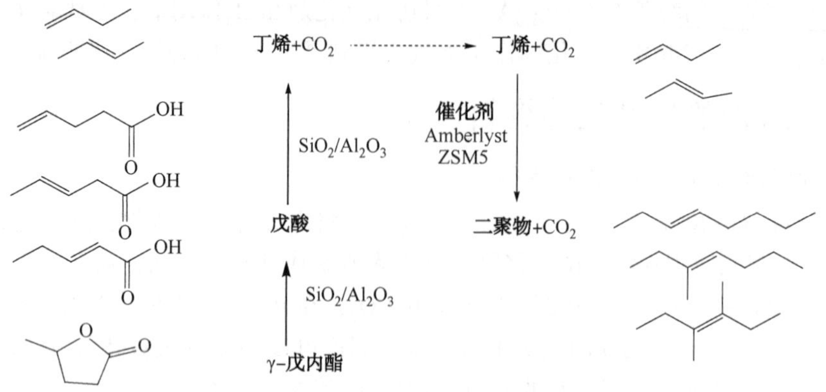

图 14-10 GVL 转化适合做运输燃料的烯烃路线图[42]

四、非 C—C 扩链方式的应用

1. 糠醛类经醚化反应路径

2011 年 Lanzafame 等[43]研究了 5-羟甲基-2-糠醛(HMF)和乙醇的醚化反应，如图 14-11。以一系列的二氧化硅中孔材料(不同 Si/Al 比例的 Al-MCM-41 材料，氧化锆或者以 SBA-15 为支撑体的硫酸化氧化锆)为催化剂，并且与 H_2SO_4和大孔树脂 15 做了比较。可观测到的反应产物有 5-(乙氧)呋喃-2-甲醛(EMF)，1，1-二乙氧基乙烷(DE)，乙基-4-氧代戊酸甲酯(EOP)。和单糖与醇类混合催化途径相比，HMF 与生物乙醇反应时改变催化剂的酸度就可以有选择性地获得 EMF、DE 或 EOP。EMF 是很好的柴油添加剂，能量密度为 8.7kW · h/L，与普通汽油(8.8kW · h/L)相似，接近柴油的值(9.7kW · h/L)，比乙醇(6.1kW · h/L)的要高。DE 也是一种具有潜力的生物燃料添加剂[44]。

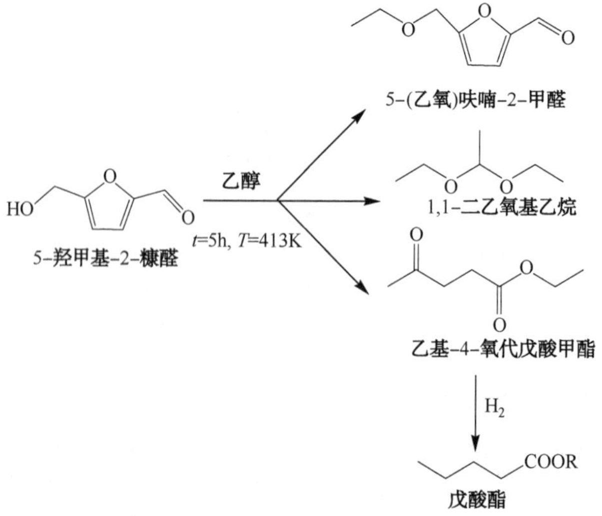

图 14-11 以中孔酸为催化剂 HMF 与乙醇的醚化反应图

2. 单糖与醇类混合催化路径

由于单糖中氧的含量较高，并含有活泼的羰基，直接分子筛催化脱氧过程容易产生积碳。Gruter[45]设计了一条新路线，将葡萄糖、醇类以及一种或者多种稀释剂的混合溶液在酸催化剂的催化下转化为5-羟甲基糠醛(HMF)的醚类衍生物，如5-烷氧基甲基糠醛醚类(EMF)，可以用作燃料或燃料添加剂。此方法克服了以往在酸性条件下由单糖制备的5-羟甲基糠醛(HMF)不稳定而导致其产率不高的缺点。

3. 乙酰丙酸酯化

乙酰丙酸可以通过脱水/加氢或酯化转化为燃料级产品，如图14-12所示，LA酯化生成乙酰丙酸酯，然后加氢脱水生成甲基四氢呋喃(MTHF)。MTHF含氧量20%，辛烷值87，和汽油共混是USDOE批准的P系列燃料。LA脱水后形成的当归内酯和醇反应生成的乙酰丙酸酯同样是理想的汽油添加剂。

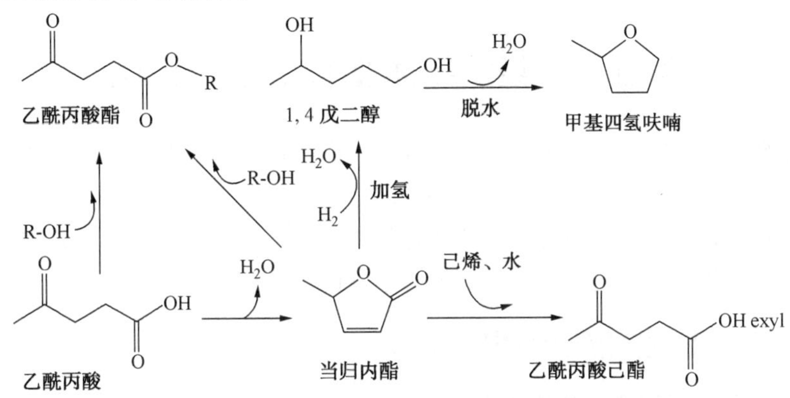

图14-12 乙酰丙酸制备燃料添加剂路线图

4. 丙三醇途径

目前，丙三醇主要应用于非燃料领域，比如：丙二醇，寡核苷酸，甘油碳酸盐，甘油酸等。丙三醇具有潜力和前景的价值就是将其转化为燃料添加剂。通过酯化和醚化反应[46]将丙三醇转化成燃料汽油得到了许多研究者的关注。甘油醚，乙酰甘油，甘油缩醛已经被证明具有取代传统汽油的价值，而且这些以丙三醇为基础的燃料可以减少碳氢化合物和一氧化碳的排放量，可以用作生物柴油低温流动改进剂和去黏剂，以及汽油抗爆剂。

将丙三醇转化成丙三醇基燃料添加剂大致可以分为以下几个路径：①丙三醇和异丁烯发生醚化反应，以磺酸基二氧化硅为催化剂，温度60~90℃；②丙三醇和丙三醇发生醚化反应，在固体介孔催化剂的作用下，在533K及常压下进行；③丙三醇和醋酸发生乙酰化或酯化反应，以酸性氧化硅为催化剂，温度100~150℃；④丙三醇和丙酮、酸酐发生缩醛反应，以无水碳酸钠为催化剂。

5. 山梨醇途径

2004年Huber等研究了山梨醇在水相中脱水/加氢(APD/H)制备烷烃。在酸中心和金属中心双功能催化剂的作用下，山梨醇经过多次脱水/加氢可以形成水、氢气、二氧化碳以及C_1~C_6直链烷烃。C—C断裂、脱水、加氢反应的相对速率决定了各种烷烃的选择性，调节烷烃的选择性可以通过改变反应条件、催化剂组成、反应器结构来实现。例如，在265℃，5.76MPa，0.75h^{-1}条件下，以Pt/Al_2O_3为催化剂，山梨醇转化率约88%不变，5%山梨醇pH

由 7 到 2，但己烷在含碳化合物中的比例从不到 5%增加到 23%，氢气选择性由 43%减小到 6%；往反应器中加入空速 120~900h^{-1}的氢气，将使加氢速率加快，己烷增加到 54%[47]。而烷烃在不含酸中心的 Pt-Al_2O_3催化剂上生成量很小，研究者认为引入酸中心是提高烷烃选择性的关键[48]。

6. 木糖醇途径

Ting 等[49]以 Pt/HZSM-5 和 Ni/HZSM-5 为催化剂通过水相重整(APR)将木糖醇转化为戊烷，并考察了温度、压力和金属催化剂的用量对木糖醇的转化率以及对戊烷选择性的影响。在 240℃，4MPa，Ni/HZSM-5 和 Pt/HZSM-5 的金属含量都为 2%的条件下，两种催化剂对木糖醇的转化率相同，Ni/HZSM-5 对戊烷的选择性为 95%，Pt/HZSM-5 对戊烷的转化率为 58%。在木糖醇的 APR 反应中，Ni 对戊烷的选择性比 Pt 要高，而 Pt 对 C—C 键的断裂具有较强的作用，可得到 C_1~C_4的烷烃。

第五节　经济技术指标的分析对比

以源于生物质的糖类或衍生物为原料生产液体运输燃料是处于实验室研究阶段的新工艺，与热解、气化相比，工艺条件较为温和，能量利用率较高，目标产品附加值高。但是在反应规律、催化机理、催化剂设计、工艺流程优化等方面还需要许多基础研究工作。缺少对工艺路线进行经济技术评估的数据，只能做些定性的对比分析判断。

一、不同转化途径热效率的比较

1. 气化、热解和发酵工艺的热效率

过程的能量分析通常有转化过程热效率 PTE(the process thermal efficiency)和生命周期热效率 LCTE(the life cycle thermal efficiency)等指标。PTE 定义为产品中热值/生物质原料热值。LCTE 定义为产品中热值/(生物质原料热值+生物质生长、运输、建厂、产品运输等一系列过程消耗化石燃料能量)。作为参照，由石油提炼柴油的 PTE 和 LCTE 分别为 0.94、0.83。

(1) 气化(gasfication)

气化生物质的温度大于 1000℃，得到合成气 CO、H_2，整个过程是吸热反应。为了达到热平衡，需要燃烧近 1/4 的产物，热力学上 H_2比 CO 更易燃烧，因此许多气化工艺都加 O_2或空气推动气化反应顺利进行。合成气随后可以转化为甲醇或经 F-T 合成得到碳氢化合物。合成气的 H_2/CO 约 0.5，远低于 H/C 比为 2 的要求，为此需要通过水煤气变换反应调整 H_2/CO 比。所有的反应合并用理论方程式表示为[50]：

$$C_6(H_2O)_6+3/2O_2 \longrightarrow 3/n\,[CH_2]_n+3H_2O+3CO_2 \quad \text{(理论热效率为 72\%LHV)}$$

$$C_6(H_2O)_6+3/2O_2 \longrightarrow 3CH_3OH+3CO_2 \quad \text{(理论热效率为 75\%LHV)}$$

因此，糖类经气化转化为烷烃或甲醇历程的最大理论碳利用率 50%，理论热效率为 75% LHV。从烃转化式还可以看出生物质中的氧 2/3 以 CO_2形式，1/3 以 H_2O 形式脱除。实际生物质经气化和 F-T 合成转化为烷烃的 PTE 为 0.16~0.43，转化为甲醇的 PTE 为 0.29~0.65。

(2) 热解(pyrolysis)

生物质热解油(bio-oil)做运输燃料需要提质，氢化(Hydrotreating)提质需要消耗氢气得到稳定、热值高、无腐蚀性的油，而分子筛重整(Zeolite)不需要氢气但催化剂容易积碳。表14-2以氢化提质为例，实际得到的精制油质量为生物质的27%，保留了55%的原料能量。高于生物质气化、F-T制烃类的热效率(PTE)。

表14-2　热解油氢化(Hydrotreating)处理过程质量收率及热效率(PTE)[51]

热解油 pyrolysis oil		部分氢化 partially hydrotreated		粗油 crude hydrocarbons		精制油 refined hydrocarbons	
质量收率	PTE	质量收率	PTE	质量收率	PTE	质量收率	PTE
0.83	0.70	0.50	0.66	0.30	0.63	0.27	0.55

(3) 糖发酵

单糖发酵理想方程式为

$$C_6H_{12}O_6 \longrightarrow 2C_2H_5OH+2CO_2$$

碳的理论利用率66%，糖中的氧以CO_2形式脱除66%。相当于51%的糖化为乙醇，虽然49%的糖化为CO_2，但生成的乙醇几乎保留了糖中所有能量。燃料乙醇是较早工业化产品，估算的纤维乙醇PTE为0.49，LCTE为0.39~0.45[52]，纤维乙醇的热效率PTE和生物质快速热解、精制过程相当，高于生物质气化平台热效率。

2. 单糖为原料的化学催化

由于生物质化学催化工艺路线研究时间很短，缺少描述实际生产过程能耗的PTE(process thermal efficiency)，只能根据不同转化途径理论反应方程式，不考虑生产过程的能量损耗，侧重于比较(生成产品热值/理论所需原料热值)这一理论热效率；以产品中的碳/原料中碳的比值代表碳的利用率。

(1) 山梨醇制已烷

山梨醇经水相脱水/加氢催化反应(APD/H)制已烷。理论方程式如下，式(14-3)表示过程中所需H_2通过水相重整(APR)制取。假设氢气自给自足，净反应结果属于放热反应[53]。68%的原料用于制烷烃，32%用于制氢。理论热效率95%。生物质中63%的氧转化为CO_2，37%的氧转化为H_2O。

$$C_6O_6H_{14}+6H_2 \longrightarrow C_6H_{14}+6H_2O$$

$$C_6O_6H_{14}+6H_2O \longrightarrow 6CO_2+13H_2$$

$$\frac{19}{13}C_6O_6H_{14} \longrightarrow C_6H_{14}+\frac{36}{13}CO_2+\frac{42}{13}H_2O \tag{14-3}$$

(2) 单糖经糠醛制C_6以上烷烃

以六碳糖为原料，过程中需要的H_2若能自给自足，经5-羟甲基糠醛缩合氢化制十二烷烃理想方程式可以简化得到式(14-4)，由这些方程可以推断：65%的原料将转化为烷烃，35%的原料已糖用于制氢。生物质中的氧70%以CO_2形式，30%以H_2O形式脱除。

$$C_6H_{12}O_6+6H_2O \longrightarrow 6CO_2+12H_2$$

$$2C_6H_{12}O_6+13H_2 \longrightarrow C_{12}H_{26}+12H_2O$$

$$\frac{37}{12}C_6H_{12}O_6 \longrightarrow C_{12}H_{26}+\frac{13}{2}CO_2+\frac{11}{2}H_2O \tag{14-4}$$

(3) 单糖制单官能团含氧有机物

以六碳糖为原料，催化重整/加氢生成单官能团含氧化合物的理想方程式如式(14-5)，理想条件下碳的利用率为75%，25%的原料用于制氢。原料中52%的氧以CO_2形式、35%的氧以H_2O形式脱除。剩余的氧以单官能团含氧有机物形式存在，可以进一步脱氧精制。

$$1.36C_6H_{14}O_6 \longrightarrow C_6H_xO_y+2.13CO_2+2.88H_2O \tag{14-5}$$

比较以上过程的理论值可见，由糖开始的制烷烃的各种化学催化过程，理论热效率达到90%以上，原料的利用率约65%。这和发酵法制乙醇工艺的理论热效率相当，但比气化工艺原料碳的理论利用率以及热效率高约30%，主要原因可能是气化工艺中添加了氧气，有部分生物质燃烧转化成了热能。考虑到单糖催化氢化和生物油(bio-oil)的加氢精制相类似，我们利用表14-2中热解的数据估算：得出单糖化学催化制烷烃的PTE大约范围0.55~0.80，质量(mass)约为0.27~0.33。Dumesic研究小组[39]披露的实验室规模山梨醇到单官能团有机物这一步催化反应的热效率0.65，质量0.29。

二、反应过程能耗对比

糖类制烷烃尤其是糖类制高碳烷烃还处于实验室阶段，为了估算单糖水相催化(APD/H)制烷烃的过程能耗，我们参考发酵制乙醇过程的耗能[53]。

乙醇热值/生产乙醇消耗能量：由玉米制乙醇为1.1，考虑副产品为1.3~2.2。生产乙醇消耗包括：玉米生产、玉米运输、乙醇生产、乙醇运输，合计约21525kJ/L乙醇。其中蒸馏乙醇耗能5000~5500kJ/L乙醇。乙醇和糖的转化率为362L乙醇/t生物质和0.82g糖/g生物质。若不考虑蒸馏过程，估算的糖转化乙醇耗能为6300kJ/kg糖。假定此为糖制烷烃工艺过程能耗，并假定糖转化为烷烃保留96%热值，葡萄糖的燃烧热2540kJ/mol，1kg糖/180×2540kJ/mol×96%=13547kJ，即13500kJ/kg糖，因此估算得出的由糖制烷烃的产出热值/生产消耗为2.1。

三、由半纤维素水解液制航空燃料的经济技术分析

需要指出，化学催化法生产运输燃料仍然处于实验室规模和基础研究阶段，技术经济分析只是简单概念化分析，帮助我们初步了解催化法制运输燃料的可行性和大概成本范围。下面介绍糠醛经羟醛缩合生产运输燃料的简单的经济技术分析结果[31]。

该工艺是以木材加工企业(纸浆厂)副产品木糖低聚物水溶液为原料，木糖浓度21.2g/L，经过两相法酸催化水解制糠醛，产率87%，被抽提到四氢呋喃有机相中的糠醛和丙酮催化羟醛缩合反应，生成糠醛-丙酮-糠醛(F-Ac-F)二聚体，产率达到96%，第三步，二聚体在110~130℃，5.5MPa氢压，5%Ru/C催化下，生成氢化二聚体，最后，氢化二聚体彻底开环加氢，主要生成C_{12}、C_{13}烷烃，产率91%。理论上每1kg木糖可以生产0.61kg烷烃，试验表明，实际产率达到理论值的76%，即1kg木糖生产0.46kg烷烃。评估的航空燃料价格2.06~4.39美元/加仑，主要影响因素为木糖溶液的浓度、工厂规模，以及催化步骤的整体产率。灵敏度分析表明，原料价格、脱水两相(水/有机相)质量比，以及木糖水溶液浓度是影响产品价格的最主要因素。

1. 反应技术路线

如图 14-13 所示，7kg 木屑经过 160℃水热处理，得到半纤维素抽提液，其中含有 1.3g/L 木糖和 19.9g/L 低聚木糖，然后在 160℃，适量四氢呋喃、NaCl、盐酸，发生木糖水解反应 5~60min，生成糠醛进入四氢呋喃相，在有机相中加入丙酮和 6.5%~26%的 NaOH 水相混合，25~80℃反应 24h，析出 F-Ac-F 羟醛缩合二聚体，接着在 110~130℃，5.5MPa，5%Ru/C 催化下，间歇釜内加氢，加氢后二聚体在连续管式反应器中 4%Pt/Al_2O_3 -SiO_2($SiO_2/Al_2O_3=4$)催化剂，260℃，6.2MPa，LHSV1.1h^{-1}，深度加氢转化率 91%，其中 C_{13}72.6%，C_{12}15.6%，还有少量 C_4。

实验表明脱水制糠醛步骤、羟醛缩合、加氢、加氢脱水的催化转化率分别为 87%，96%，100%，91%，整体转化率 76%。

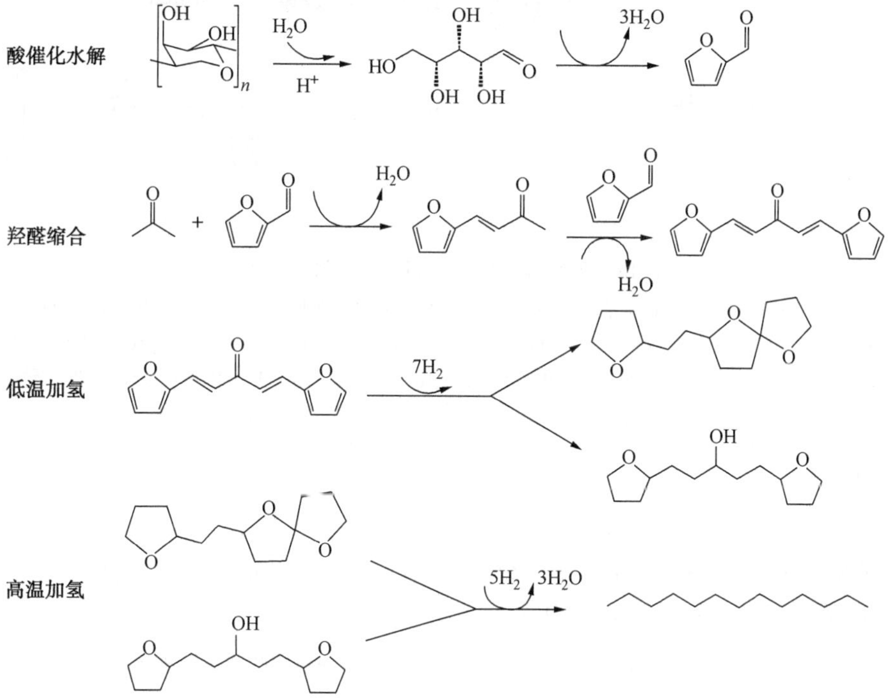

图 14-13　木糖转化为 C_{13}烷烃反应路线

2. 工艺流程和物料平衡

如图 14-14 所示，半纤维素抽提液(1)、固体 NaCl(2)、37%HCl 溶液(3)、预处理 THF(4)一起进入第一个带搅拌釜式反应器(CSTR)反应釜(R-01)，其中有机相和水相质量相等，NaCl 质量为半纤维素抽提液的 20%。反应在 160℃，1.5MPa，停留时间 5min，得到产物(5)进入分离器，四氢呋喃、糠醛(7)与水相(6)分离，水相(6)可以进一步回收 NaCl、HCl、乳酸、甲酸、乙酸。经过上述液液分离的有机相(7)送入闪蒸分离器，通过分离约 96%的四氢呋喃，糠醛被浓缩至 37%(9)，分离的四氢呋喃(8)重新进入 R-01 利用。浓缩的糠醛(8)与 26%NaOH(11)、丙酮(10)一起进入反应器(R-02)，常温、常压下羟醛缩合反应 24h，生成含 F-Ac-F 的四氢呋喃相和少量水相，经分离器 2 分离的水相(13)可以进一步回收

NaOH，有机相(14)和氢气流(17)进入第三个反应器(R-03)，在此反应器中110℃，5.5MPa，5%Ru/C催化下二聚体加氢生成H-FAF。H-FAF的四氢呋喃溶液(16)与氢气流(18)进入最后一个反应器(R-04)，在此反应器中260℃，4%Pt/Al_2O_3-SiO_2，6.2MPa条件下，生成航空燃料。最后两步加氢反应需要的高压氢通过压缩机1、2实现，剩余氢和新鲜氢的比例为2，加氢后流体(23)进入分离器3，在此剩余的THF被蒸出(26)，进入反应器1循环，水(24)被分离，航空燃料和柴油(25)从有机相得到。所有的分离器温度25℃，压力101.325kPa。

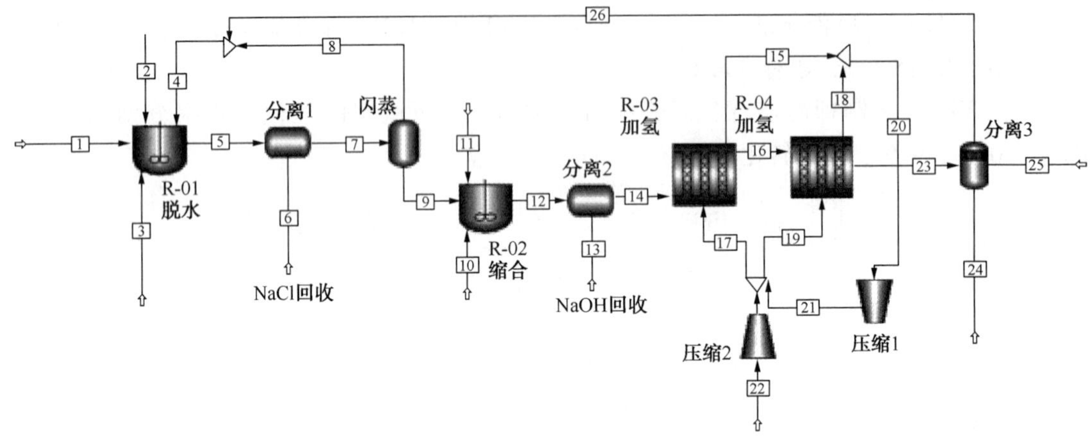

图14-14　半纤维素抽提液制航空燃料工艺流程图

物流说明：1—3.3%半纤维素抽提液；2—NaCl；3—37%HCl；4—THF；5—Furfural+THF+水相；6—水相；7—Furfural+THF；8—THF；9—Furfural+THF；10—Acetone；11—26%NaOH；12—F-Ac-F+THF+水相；13—水相；14—F-Ac-F+THF；15，19，20，21—循环H_2；16—H-FAF；17，18—输入H_2；22—新鲜H_2；23—十三烷+THF+水相；24—水相；25—十三烷；26—THF

3. 经济分析

纸浆厂半纤维素抽提液制糠醛，糠醛制运输燃料的基本技术指标列于表14-3中，经济评估主要结果列于表14-4，其中丙酮原料的费用占40%，氢气占23%，生产1L燃料的原料成本约0.47美元，加工费用约0.3~0.7美元。

表14-3　半纤维素抽提液制取航空燃料和柴油目前和将来预期产率

项　目	转化率/%				
	脱水	羟醛缩合	加氢	加氢脱氧	整体
目前	81	96	100	91	71
将来	95	98	100	98	88

表14-4　原料价格和分摊成本

项　目	原料价格/(美元/kg)	原料在燃料中分摊费用/(美元/gal燃料)	比例/%
原料		1.79	
木糖	0.1	0.66	36.9
H_2	1.0	0.41	22.9
丙酮	0.7	0.72	40.2

表 14-5 列出三个不同规模加工厂的主要设备和运行费用，约合 1700t 燃料/a，1.7 万 t/a 和 17 万 t/a。该经济分析省略了管道、热交换器、HCl、NaOH 等费用，现在建厂的费用分别大约为 111 万美元、561 万美元、4430 万美元。最大是设备费用为羟醛缩合反应器(R-02)，约占 50%，原因是该设备停留时间太长，减少停留时间可以减低费用。运行费用主要考虑用电和蒸汽花费，最大的一笔运行费是 R-01 设备，约占 98%，原因是半纤维素水解液浓度很稀。对比将来和目前，提高转化率可以降低运行费约 22%。

表 14-5 投资与运行费用，以及产品价格构成[31](2007 年美元)

项 目	$1890m^3/a$	$18900m^3/a$	$189000m^3/a$
总投资/万美元	111	561	443
单位产能投资/(美元/L)	0.58	0.30	0.24
运行费用/万美元	39	385	3850
产品价格构成			
原料价格/(美元/L 燃料)	0.47	0.47	0.47
加工费用/(美元/L 燃料)	0.69	0.37	0.30
产品价格/(美元/L 燃料)	1.16	0.84	0.77

灵敏度分析发现，原料价格变化对产品价格影响显著，其中丙酮价格影响最大，将来可以考虑不用丙酮，实现 C—C 链的延长工艺；另外半纤维素水解液浓度对产品价格有较大影响，提高单糖溶液浓度能显著降低产品价格。原因是 R-01 反应器温度 160℃，需要加入四氢呋喃，设备投资和运行费用受水解液浓度影响很大，同时浓度也影响分离器设备大小。而改变 R-01 中有机相和水相比例，对产品费用影响不大，原因是增加有机相虽然可以增加糠醛收率从 81%到 87%，但同时增加了设备和运行费用。

灵敏度分析还发现，催化剂 Pt、Ru 价格对产品价格影响小于 1%，采用高效的催化剂，提高催化过程转化率到表 14-3 中预期水平能降低产品价格 13%(17 万 t/a 规模)；虽然评估中忽略 HCl 和 NaOH 的费用，但是 HCl 对 3%水解液产品价格影响到达 13%，对 10%水解液影响 4.4%，将来可以考虑采用可重复使用的固体酸。

四、由纤维素经 LA、GVL 制运输燃料经济分析

详细的反应技术路线前面已经介绍，模拟的工艺流程如图 14-15 所示，工厂规模 748t/d，参照纤维乙醇规模，基本技术参数如催化剂活性、收率、反应器尺寸参照文献数据[54]。

评估结果为不同的生物质原料生产的烷烃最低售价 4.31～6.46 美元/GGE，低于纤维乙醇 5.15 美元/GGE。价格构成中操作费用占约 45%～60%，资本回报 ROI 占 35%～40%，税占 10%。总投资 3.417 亿美元，折合年产每升烷烃燃料投资 1.58 美元，在建厂投资费用上低于 F-T BTL 工厂。每年生产费用 4620 万美元，木质生物质原料费用约占 59%。

Virent Energy Systems，Inc 公司致力于由糖制氢水相重整(APR)技术的商业开发，并发展出 BioForming® process 技术生产液体和气体燃料以及化学品，2009 年 BioForming® process 获得美国总统绿色化学挑战奖。

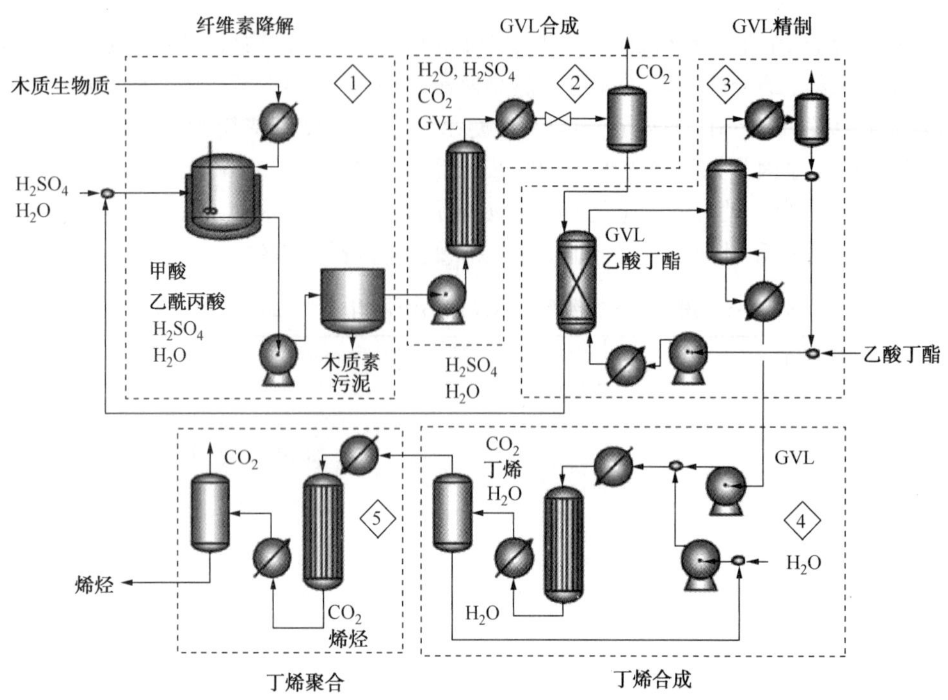

图 14-15　纤维素制烷烃工艺流程

1—纤维素降解；2—GVL 生产；3—GVL 精制；4—丁烯生产；5—丁烯聚合

五、工业化的科学和工程问题

现有研究表明，生物质降解产物单糖、糠醛、乙酰丙酸等作为能源前体，制备运输燃料，理论上是可行的。但要实现工业化还有许多化学和工程上的难题需要解决，还需要进行大量的基础研究。例如：

(1) 原料问题。生物质原料预处理，其中的纤维素和半纤维素可以经过化学或生物降解生成单糖。木质素如何分离、利用，并避免对单糖下一步的催化反应产生干扰，需要研究。

(2) 催化路线的选择和优化。由单糖催化制糠醛、乙酰丙酸的转化率不高，有聚合、分解等副反应发生。选择的能源前体需要进一步催化 C—C 扩链反应，达到常用运输燃料碳数分布的要求。需要提高每一步骤中碳的转化率和目标产物的收率。

(3) 能量问题。生物质炼制生产化学品已经有商业化先例，但是经过化学催化路线生产生物燃料却是全新的思路，实际生产过程能耗、热效率等指标需要更多的试验和理论研究。

(4) 脱氧机制和氢气问题。在化学催化过程中，生物质中的氧主要以 CO_2、CO 和 H_2O 的形式脱除，脱水除氧需要消耗大量氢气，需要考虑氢气的管理、控制和制备问题。据测算，糠醛工艺 100kg 产品的耗氢量 13~14kg，稍好于煤炭加氢 20% 的耗氢量。但仍需改进，选择合适的能源前体，并规划合理的催化路线，降低脱氧成本和反应难度。

(5) 催化剂回收、再生和积碳问题。催化步骤的每个环节需要考虑催化剂的活性、寿命和稳定性问题。生物质中含有无机盐、灰分、蛋白质、硫等，需要开发高忍受度的催化剂，减少积碳。

(6) 经济性问题。目前化学催化法处于实验室基础研究阶段，需要进行更详细的经济技术评估，为产业化积累基础数据。

参　考　文　献

[1] 中华人民共和国国家发展和改革委员会．可再生能源中长期发展规划[EB/OL].(2007-09-04)[2013-12-26]. http：//www. china. com. cn/policy/txt/2007-09/04/content_ 8800358. htm.

[2] Himmel M E，Ding S Y，Johnson D K，et al. Biomass recalcitrance：engineering plants and enzymes for biofuels production[J]. Science，2007，315(5813)：804-807.

[3] Wettstein S G，Alonso D M，Gürbüz E I，et al. A roadmap for conversion of lignocellulosic biomass to chemicals and fuels[J]. Current Opinion in Chemical Engineering，2012，1(3)：218-224.

[4] 孙绍晖，孙培勤，马国杰等．单糖化学催化制取运输燃料[J]. 化学进展，2010，22(9)：1844-1851.

[5] Aden A，Ruth M，Ibsen K，et al. Lignocellulosic biomass to ethanol process design and economics utilizing co-current dilute acid prehydrolysis and enzymatic hydrolysis for corn stover[R]. National Renewable Energy Lab Golden Co，2002.

[6] 张素平，颜涌捷，任铮伟等．纤维素制取乙醇技术[J]. 化学进展，2007，19(7)：1129-1133.

[7] Carlini C，Giuttari M，Galletti A，et al. Selective saccharides dehydration to 5-hydroxymethyl-2-furaldehyde by heterogeneous niobium catalysts[J]. Applied Catalysis A：General，1999，183：295-302.

[8] Román-Leshkov Y，Dumesic J A. Solvent effects on fructose dehydration to 5-hydroxymethylfurfural in biphasic systems saturated with inorganic salts[J]. Topics in Catalysis，2009，52(3)：297-303.

[9] 吕惠生，李向科，张敏华．Decomposition of Cellulose to Produce 5-Hydroxymethyl-Furaldehyde in Subcritical Water[J]. 天津大学学报：英文版，2008，14(3)：198-201.

[10] Hayes D J，Fitzpatrick S，Hayes M H B，et al. Thebiofine process：production of levulinic acid. furfural and formic acid from lignocellulosic feedstocks[J]. Biorefineries，2006，1：139-164.

[11] Srokol Z，Bouche A G，van Estrik A，et al. Hydrothermal upgrading of biomass to biofuel；studies on some monosaccharide model compounds[J]. Carbohydrate Research，2004，339(10)：1717-1726.

[12] Edward L Kunkes，Dante A Simonetti，Ryan M West，et al. Catalytic conversion of biomass to monofunctional hydrocarbons and targeted liquid-fuel classes[J]. 2008，science，322(5900)：417-421.

[13] Lange J P，van der Heide E，van Buijtenen J，et al. Furfural—a promising platform for lignocellulosic biofuels[J]. ChemSusChem，2012，5(1)：150-166.

[14] Thewes M，Muether M，Pischinger S，et al. Analysis of the impact of 2-methylfuran on mixture formation and combustion in a direct-injection spark-ignition engine[J]. Energy & Fuels，2011，25(12)：5549-5561.

[15] Ahmed I. Processes for the preparation of 2-methylfuran and 2-methyltetrahydrofuran：US，11/446，793[P]. 2006-6-5.

[16] Lessard J，Morin J F，Wehrung J F，et al. High yield conversion of residual pentoses into furfural via zeolite catalysis and catalytic hydrogenation of furfural to 2-methylfuran[J]. Topics in Catalysis，2010，53(15-18)：1231-1234.

[17] Sitthisa S，An W，Resasco D E. Selective conversion of furfural to methylfuran over silica-supported Ni Fe bimetallic catalysts[J]. Journal of Catalysis，2011，284(1)：90-101.

[18] Alternativefuel transportation program；P-series fuels Federal register，1999，5，64(94)：26822-26826.

[19] Stevens J G，Bourne R A，Twigg M V，et al. Real-time product switching using a twin catalyst system for the hydrogenation of furfural in supercritical CO_2[J]. Angewandte Chemie，2010，122(47)：9040-9043.

[20] Zhang Xinghua，Wang Tiejun，Ma Longlong，et al. Aqueous-phase catalytic process for production of pentane from furfural over nickel-based catalysts[J]. Fuel，2010，89(10)：2697-2702.

[21] Zhao C, Lercher J A. Upgradingpyrolysis oil over Ni/HZSM - 5 by cascade reactions[J]. Angewandte Chemie, 2012, 124(24): 6037-6042.

[22] Travis Justin Christopher Hoskins. Carbon-Carbon bond forming reactions of biomass derived aldehydes[D]. Georgia: Georgia Institute of Technology, 2008: 1-83.

[23] Laurent E, Delmon B. Study of the hydrodeoxygenation of carbonyl, carylic and guaiacyl groups over sulfided CoMo/γ-Al_2O_3 and NiMo/γ-Al_2O_3 catalyst: Ⅱ. Influence of water, ammonia and hydrogen sulfide[J]. Applied Catalysis A: General, 1994, 109: 97-115.

[24] Windom B C, Lovestead T M, Mascal M, et al. Advanced distillation curve analysis on ethyl levulinate as a diesel fuel oxygenate and a hybrid biodiesel fuel[J]. Energy & Fuels, 2011, 25(4): 1878-1890.

[25] Zhang Z, Dong K, Zhao Z K. Efficientconversion of furfuryl alcohol into alkyl levulinates catalyzed by an organic - inorganic hybrid solid acid catalyst[J]. ChemSusChem, 2011, 4(1): 112-118.

[26] Khusnutdinov R I, Baiguzina A R, Smirnov A A, et al. Furfuryl alcohol in synthesis of levulinic acid esters and difurylmethane with Fe and Rh complexes[J]. Russian Journal of Applied Chemistry, 2007, 80(10): 1687-1690.

[27] Lange J P, van de Graaf W D, Haan R J. Conversion of furfuryl alcohol into ethyl levulinate using solid acid catalysts[J]. ChemSusChem, 2009, 2(5): 437-441.

[28] Lange J P, Price R, Ayoub P M, et al. Valeric biofuels: a platform of cellulosic transportation fuels[J]. Angewandte Chemie International Edition, 2010, 49(26): 4479-4483.

[29] Huber G W, Chheda J, Barrett C B, et al. Production of liquid alkanes by aqueous-phase processing of biomass-derived carbohydrates[J]. Science, 2005, 308: 1446-2079.

[30] West R M, Liu Z Y, Peter M, et al. Liquidalkanes with targetedmolecular weights from biomass - derived carbohydrates[J]. ChemSusChem, 2008, 1(5): 417-424.

[31] Xing R, Subrahmanyam A V, Olcay H, et al. Production of jet and diesel fuel range alkanes from waste hemicellulose-derived aqueous solutions[J]. Green chemistry, 2010, 12(11): 1933-1946.

[32] Xu W, Xia Q, Zhang Y, et al. Effective Production ofoctane from biomass derivatives under mild conditions[J]. ChemSusChem, 2011, 4(12): 1758-1761.

[33] 华东理工大学. 一种从生物质衍生物糠醛或 HMF 制备长链烷烃的催化新技术: 中国, CN1201110182936.7[P]. 2011-12-28.

[34] Julis J, Leitner W. Synthesis of 1-octanol and 1, 1-dioctyl ether from biomass-derived platform chemicals[J]. Angewandte Chemie: International Edition, 2012, 51(34): 8615-8619.

[35] Chatterjee M, Matsushima K, Ikushima Y, et al. Production of linear alkane via hydrogenative ring opening of a furfural-derived compound in supercritical carbon dioxide[J]. Green Chemistry, 2010, 12(5): 779-782.

[36] Corma A, de la Torre O, Renz M. High-quality diesel from Hexose-and pentose-derived biomass platform-molecules[J]. ChemSusChem, 2011, 4(11): 1574-1577.

[37] Corma A, de la Torre O, Renz M, et al. Production of High - Quality Diesel from Biomass Waste Products[J]. Angewandte Chemie, 2011, 123(10): 2423-2426.

[38] 郑州大学. 一种由糠醇制备 C_5~C_{25}烷烃的方法: 中国, CN201210006640.4[P].

[39] Kunkes E L, Simonetti D A, West R M, et al. Catalytic conversion of biomass to monofunctional hydrocarbons and targeted liquid-fuel classes[J]. Science, 2008, 322(5900): 417-421.

[40] Gaertner C A, Serrano-Ruiz J C, Braden D J, et al. Catalytic coupling of carboxylic acids by ketonization as a processing step in biomass conversion[J]. Journal of Catalysis, 2009, 266(1): 71-78.

[41] Serrano-Ruiz J C, Braden D J, West R M, et al. Conversion of cellulose to hydrocarbon fuels by progressive removal of oxygen[J]. Applied Catalysis B: Environmental, 2010, 100(1): 184-189.

[42] Bond J Q, Alonso D M, Wang D, et al. Integrated catalytic conversion of γ-valerolactone to liquid alkenes for transportation fuels[J]. Science, 2010, 327(5969): 1110-1114.

[43] Lanzafame P, Temi D M, Perathoner S, et al. Etherification of 5-hydroxymethyl-2-furfural (HMF) with ethanol to biodiesel components using mesoporous solid acidic catalysts[J]. Catalysis Today, 2011, 175(1): 435-441.

[44] Imhof P, Dias A S, DeJong E, et al. Furanics: versatilemolecules for biofuels and bulk chemicals applications. 21st NAM S. Francisco, USA, OA02, June, 2009.

[45] Gruter G J M, Dautzenberg F. Method for the synthesis of 5-alkoxymethyl furfural ethers and their use: European Patent, EP 2004620[P]. 2011-2-9.

[46] Rahmat N, Abdullah A Z, Mohamed A R. Recent progress on innovative and potential technologies for glycerol transformation into fuel additives: a critical review[J]. Renewable and Sustainable Energy Reviews, 2010, 14(3): 987-1000.

[47] Huber G W, Cortright R D, Dumesic J A. Renewablealkanes by aqueous-phase reforming of biomass-derived oxygenates[J]. Angewandte Chemie: International Edition, 2004, 43(12): 1549-1551.

[48] Davda R R, Shabaker J W, Huber G W, et al. A review of catalytic issues and process conditions for renewable hydrogen and alkanes by aqueous-phase reforming of oxygenated hydrocarbons over supported metal catalysts[J]. Applied Catalysis B: Environmental, 2005, 56(1): 171-186.

[49] Jiang T, Wang T, Ma L, et al. Investigation on the xylitol aqueous-phase reforming performance for pentane production over Pt/HZSM-5 and Ni/HZSM-5 catalysts[J]. Applied Energy, 2012, 90(1): 51-57.

[50] Gabriele Centi, Rutger A van Santen. Catalysis for renewables[M]. Wiley com, 2008: 32-33.

[51] Huber G W, Iborra S, Corma A. Synthesis of transportation fuels from biomass: chemistry, catalysts, and engineering[J]. Chemical reviews, 2006, 106(9): 4044-4098.

[52] Shapouri H, Duffield J A, Wang M Q. The energy balance of corn ethanol: an update[R]. United States Department of Agriculture, Economic Research Service, 2002.

[53] Huber G W, Dumesic J A. An overview of aqueous-phase catalytic processes for production of hydrogen and alkanes in a biorefinery[J]. Catalysis Today, 2006, 111(1): 119-132.

[54] Murat Sen S, Henao C A, Braden D J, et al. Catalytic conversion of lignocellulosic biomass to fuels: Process development and technoeconomic evaluation[J]. Chemical Engineering Science, 2012, 67(1): 57-67.

第十五章　生物基化工产品

利用纤维素、淀粉、脂肪、蛋白质和木质素等可再生生物质原料，通过化学、物理和生物加工过程可以生产例如醇类和聚合物的大宗化工产品，例如食品添加剂、饲料添加剂、油田化工产品等特殊化工产品，例如表面活性剂、水处理剂、造纸化工产品、酶制剂、农药和医药中间体等的精细化工产品，这些产品统称为生物基化工产品，它是生物化工产业的主要支撑和重要组成部分。生物基化工产品的发展将会推动生物炼制技术和化工技术的变革与进步，产生巨大的经济效益和社会效益。因此，生物技术在化学工业中的应用研究将越来越受到世界各国的普遍关注，各国纷纷增加投入，优先发展生物基化工产品行业。生物基化工产品工业已经成为当今世界高技术竞争的重要焦点之一和新的经济增长点。(本章的美元价格指 2006 年 6 月)。

第一节　生物基化工产品概述

生物基化工产品主要是指以生物质为主要原料，在生物或化学催化剂的作用下，通过生物和化工技术手段，包括发酵、酶或动植物大量培养、热裂解、气化、液化、分离纯化等过程，获得的系列产品。生物基化工产品与化石基化工产品不同，后者是以石油、煤炭、天然气为原料通过化工方法生产的产品。生物基化工产品作为替代能源不同于生物医药和生物农业，具有产品生产规模大、资源消耗多、产品具有可替代性等特点，特别是由于化石能源价格进入高位震荡时代，生物能源和生物基化工产品具有难以估计的市场潜力。

根据《生物产业发展“十一五”规划》和《可再生能源中长期发展规划》，我国要大力发展用于替代相关以石油为原料的生物基化工产品，如燃料乙醇、生物柴油、乙醇乙烯、玉米塑料、氨基酸、有机酸等，以保护环境和维持人类可持续发展。2010 年，我国生物质发电总装机容量达到 550 万 kW，生物质固体成型燃料年利用量达到 1.0Mt，沼气年利用量达到 190 亿 m^3，非粮食原料燃料乙醇年利用量增加 2.0Mt，生物柴油年利用量达到 200kt。到 2020 年，生物质发电总装机容量达到 3000 万 kW，生物质固体成型燃料年利用量达到 50Mt，沼气年利用量达到 $44Gm^3$，生物燃料乙醇年利用量达到 10Mt，生物柴油年利用量达到 20Mt。

生物基化工产品的原料多为植物资源，包括谷类、农作物残余物、油料作物种子、糖类作物、草料作物以及各种纤维素类木本作物。不同植物原料组分差别很大，谷类主要组分为淀粉，农作物秸秆主要组分为纤维素、半纤维素和木质素，而油料作物种子以油脂为主要组分。归纳起来植物基化工产品原料主要有 4 种基本化学物质：碳水化合物(糖、淀粉、纤维素和半纤维素)，木质素(多聚酚)，酯类和蛋白质。除了这些基本结构化合物外，还有几百种具有商业价值的有机化合物，包括植物药材、特殊营养物、天然产物和工业产品等。

由图 15-1 可见，潜在的生物基化工产品原料主要有淀粉类多糖、纤维素、半纤维素、

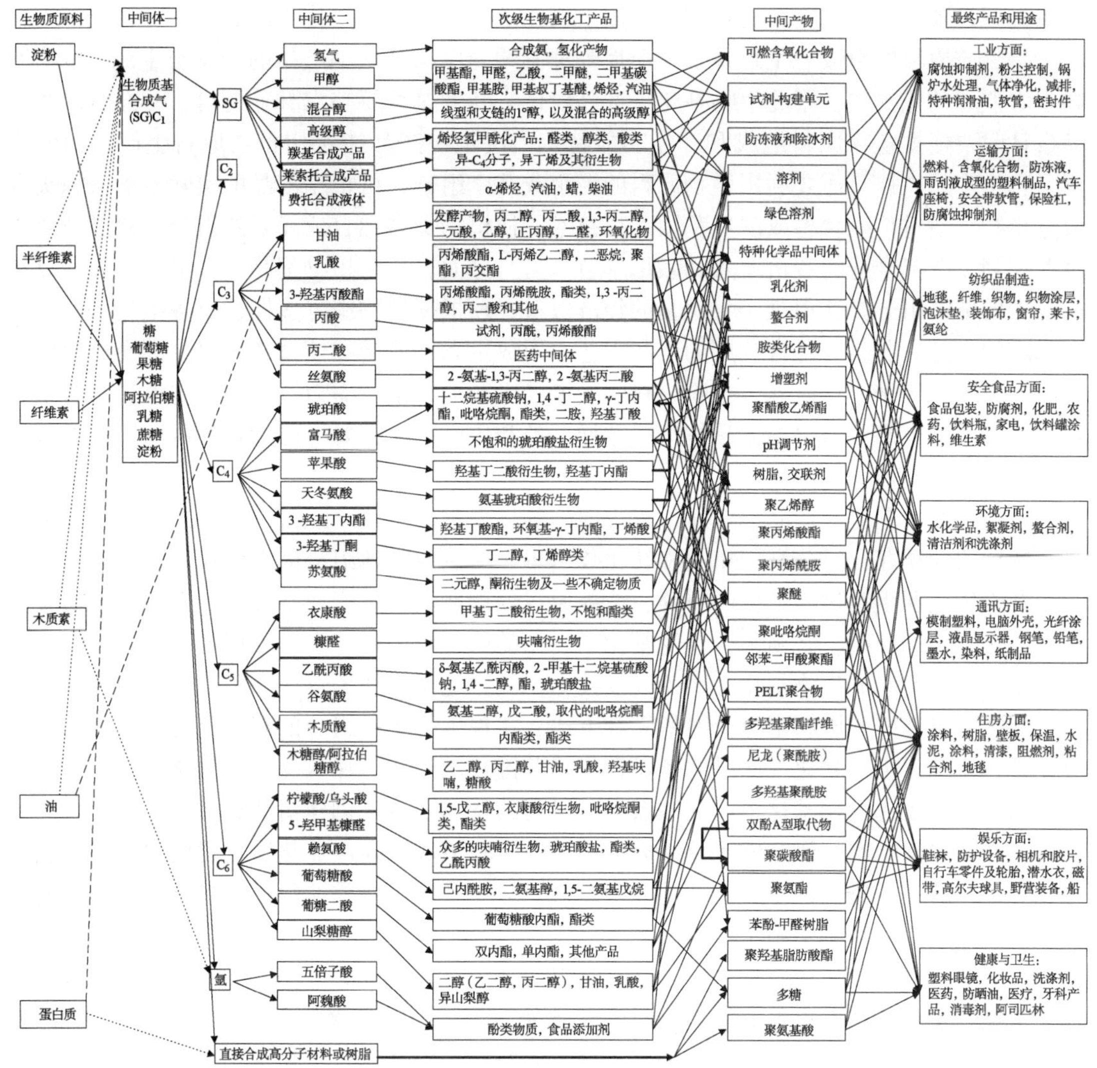

图 15-1　生物基化工产品开发路线图

木质素、生物油料和蛋白质；未来产品多达 300 多种，包含合成氨、丙烯酰胺、氨纶、涂料、聚氨酯、农药等产品。

由于生物质原料的多样性，因此在生物基化工产品设计时，不仅要考虑产品本身的用途，还必须选择相应的植物原料及转化途径，要把产品、原料和生产过程有机地联系在一起。生物基化工产品的生产除了应用物理或化学法进行分离加工外，主要利用生物化学转化法进行生产，该方法具有反应条件温和、副产物少、环境友好等优势。生物化学转化法是利用生物酶降解生物质原料为小分子糖，然后由微生物发酵生产各种化工产品。热化学转化法也常常用于制备生物燃料和化工产品，包括热解、气化、液化、酸碱水解以及化学修饰和改性。一些典型的单元操作包括萃取、层析、超滤等，主要用于提取各种天然产物、油脂和中药材加工，这些单元操作的原料的利用率和产率相对较低。生物质原料组成复杂，包括多种物质并含有羟基、羰基、苯环等含氧基团，与以石油原料生产的化石基化工产品相比，能提供更多开发新产品的机会，更有利于采用生物化学方法生产各类化工产品。

生物质原料的组成、生长季节、产地等都制约着生物基化工产品的开发与生产。植物原料由农业和林业提供，因此生物基化工产品设计、开发过程要与农林业配合。一方面，在产品设计时要根据植物原料组成和产品功能特点，决定该产品能否用植物原料生产、如何生产。特定产品往往只需要利用植物原料的一个或几个组分，可根据产品的实际要求从源头上改造植物，通过传统育种或现代基因工程技术，使植物更多地合成需要的组分，通过农业或林业规划，选择合适的栽培地点和栽培季节。另一方面，任何植物都是由多组分构成，只利用其中的单一组分往往很难产生明显的经济效益，须根据植物组分多样性及各组分特性，设计相应的产品和各组分综合利用的生产工艺，形成生态产业链，使植物各组分都变成相应的产品，无废弃物排放。此外，植物原料的生产受生产地、生产季节等影响，这也将制约生物基化工产品的生产，需要根据具体情况选择厂址和生产规模，要考虑设备的通用性，以适应不同季节的不同植物原料供应。

目前，生物基化工产品产业化过程中面临的最大难题是技术经济问题。究其原因，主要是生物质的利用存在组分利用单一和转化技术单一，造成其他组分的浪费和环境污染；缺乏系统技术集成和生态过程工程的研究，造成原料处理费用和生产成本过高。为解决生物质资源高值化利用的问题，必须结合生物基化工产品的原料和生产特点，采用多种转化方法相结合的手段，研究新的生物基化工产品开发技术。具体地说，从生物质原料组分结构多样性和不均匀性出发，研究原料组分分离机制和方法，实现生物质各组分的有效分离；结合过程工程原理，梳理出生物基化工产品制备过程中的关键共性问题，深入探讨生物质利用的特点和技术瓶颈，建立起生物基化工产品制备关键过程的技术平台，创建清洁高效的工艺、流程和设备；并且将实验室的研究成果总结放大，解决实验室成果向产业化转化的瓶颈问题，强化工艺和工程的一体化，并达到预期的经济效益，最终实现生物质原料多组分分层多级集成利用和生物基化工产品的生态工业化生产。

按照走新型工业化道路的要求，大力发展生物基化工产品，实现对化石原料的部分替代，重点开发以农林可再生资源为原料的聚乳酸、生物乙烯、聚羟基脂肪酸酯、纤维素醚、1，3-丙二醇、1，4-丁二醇和糠醛等聚合物单体原料，提高已有生物基化工产品赖氨酸、谷氨酸、柠檬酸、木糖醇、维生素和多糖等生产技术水平和产品质量。

本章着重介绍除生物基能源产品以外，以碳氢化合物(糖与合成气)、木质素、木质纤维素和木质半纤维素等为生物基化工产品原料的开发途径、技术难点、市场潜力和经济性问题。

第二节　以糖和合成气为原料生产化工产品

目前以生物糖和合成气为原料的生物基化工潜在产品较多。通过考察这些生物基化工产品能否直接取代相应的化石基化工产品、与相应的化石基化工产品相比是否具有新的特性和潜在用途，并借鉴石油化工产品的研究开发历程、产品应用状况和市场信息等，发现有约50种生物基化工产品的产业化程度较高。再根据：①产品的多种复合特性是否适合转化为其它衍生物或者同分子族化合物；②能否以淀粉类多糖或者纤维素类生物质为原料生产；③其分子单体是否为 $C_1 \sim C_6$化合物；④该产品不是从木质素中分离到的芳香族化合物；⑤该产品不是目前市场上已经存在的性能优异的化合物，五个原则进一步考察这 50 种化合物，发现在当前的工程技术条件下，其中的 30 种生物基化工产品具有良好的经济性，这些产品可以采用生物质多糖和生物质合成气为原料进行生产。以生物质合成气为原料可以生产氢气、甲醇、二甲醚、混合醇、乙醛、费托合成液体等，这些产品的经济性仍可提高，特别是生物合成气的清洁纯化成本较高，可通过改进生物合成气的生产方法和分离工艺进一步降低成本。

生物基化工产品的开发技术主要是基于分子生物学理论，把生物大分子团簇中某些多功能官能团转化为有巨大应用价值的新官能团，进而生产出性能类似石化基的化工产品。目前已经投放市场和正在研究开发的生物基化工产品大多是基于这个思路开发的。据此，可将这 30 种生物基化工产品归纳为 12 大类，分别是 1,4-二羧酸基四碳酸类(琥珀酸，反丁烯二酸和苹果酸)、2,5- 呋喃二羧酸类、3-羟基丙酸类、天冬氨酸类、葡糖二酸类、谷氨酸类、衣康酸类、乙酰丙酸类、3-羟基丁内酯类、丙三醇类、山梨醇类和木糖醇/阿拉伯树胶酸类，这些产品以生物化学途径生产是经济可行的，生产原料主要是淀粉类多糖或生物质合成气，原料价廉易得，产品市场竞争力强，潜在市场巨大，同时这些产品也可以被转化为多种高附加值的生物基化工产品。本节主要对这 12 类生物基化工产品进行技术经济分析，包括技术开发的难点和潜在可行的生产工艺。每个大类中第一部分介绍由糖类与合成气原料的转化途径，第二部分介绍该物质的衍生化工产品的开发途径，生物转化方法是生物基化工产品的主要转化途径，化学转化方法在衍生产品和中间体的开发中起重要作用。

一、1,4-二羧酸基四碳酸

1. 1,4-二羧酸基四碳酸

常见的糖基化工产品原料琥珀酸、反丁烯二酸、苹果酸等都是 1,4-二羧酸基四碳酸。反丁烯二酸又名富马酸、延胡索酸、别马来酸、别失水苹果酸、反式 1,2-乙烯二羧酸。全球反丁烯二酸的年产量约为 15000t，其可以直接应用于甜味二肽和纸浆，我国生产能力约 4000~5000t/a，以生物质发酵产酸量约占 5%。苹果酸又名羟基琥珀酸、羟基丁二酸或 1-羟基乙烷二羧酸。世界苹果酸的年生产能力约 50000t，远远满足不了市场需求量，其中 *L*-苹果酸为 30000t/a。我国苹果酸年产量约为 10000t，主要分布在南方地区。*L*-苹果酸主要应用于食品行业，用作酸味剂和保鲜剂；另外在化工、印染、医药输液及手性药物合成中也有需求。琥珀酸别名丁二酸，全球年产量约 50000t，我国年产量约为 15600t。琥珀酸主要用于制备琥珀酸酐等五杂环化合物，也用于制备醇酸树脂、油漆、染料、食品调味剂、照相材料等。医药工业中可用琥珀酸可用于生产磺胺药、维生素 A、维生素 B 等抗痉挛剂、松痰剂、利尿剂和止血药物。琥珀酸作为化学试剂，用作碱量法标准试剂、缓冲剂、气相色谱对比样品。还可用作润滑剂、表面活性剂和有机合成的原料。

由于琥珀酸、反丁烯二酸、苹果酸等 1,4-二羧酸基四碳酸大多参与生物体内的三羧酸循环，而且其主要是由生物化学转化法生产，所以可以把它们归为一个大类。具有代表性的琥珀酸生物化学转化途径为：

葡萄糖→厌氧菌发酵→琥珀酸盐→ 离子交换→琥珀酸

琥珀酸与石化基化工产品中的马来酸或酐相似，其产业化的关键是寻求一条简单经济的生物化学转化生产技术路线。根据文献资料报道有两种原料(六碳糖或五碳糖)发酵生产琥珀酸工艺与石化基琥珀酸相比具有一定的经济性。

生物发酵方法生产琥珀酸过程中，目前可以采用以下四点措施降低生产成本和提高经济性：

① 提高琥珀酸发酵生产率：这需要开发新技术，降低建设投资和发酵生产的费用，以六碳糖或五碳糖为原料生产琥珀酸的经济性最低生产率为每小时每升发酵液生产 2.5g 琥珀酸。

② 最小养分需求量：开发或改善发酵技术，实现稀醪发酵，有利于降低生产能耗。该值越低越好，但是受限于最低当量消耗玉米浆量。

③ 最终发酵浓度：开发或改善发酵技术，提高琥珀酸最终发酵浓度，该值越高越好。这非常重要，该值越高后续浓缩纯化的工艺成本就会越低。

④ pH 值：一般中性的发酵液，即 pH 值在 7 附近时发酵成本较低，发酵过程也相对容易控制。pH 值太高或太低都需要加酸或碱中和，所以开发出酸碱中性发酵的生产工艺有利于降低琥珀酸的生产成本。

以前 1,4-二羧酸基四碳酸类化工中间体的制备主要采用化学合成法。例如采用苯氧化法可生产反丁烯二酸和 DL-苹果酸，以苯为原料先合成顺丁烯二酸，然后异构化为反丁烯二酸，再经加热催化合成产生 DL-苹果酸。化学合成方法的原料是石油炼制产品(例如苯)，这在能源危机和环境污染日趋严重的情况下是不可持续的。以生物质(例如葡萄糖)为原料采用生物化学转化方法生产 1,4-二羧酸基四碳酸类产品前景广阔，但是目前该生产技术仍不成熟。目前采用生物化学方法生产 1,4-二羧酸基四碳酸的技术难点主要有以下三点：

① 需要开发出高效的生物催化剂(生物酶或细菌等)，以降低发酵过程中乙酸副产物的产量和浓度，并提高生物催化的生产率。

② 需要开发新技术，降低生产中对不利于和不影响发酵盐类的回收成本。

③ 虽然实验室规模和小试规模发酵生产 1,4-二羧酸基四碳酸取得了巨大成功，但是在工业化大规模生产时，却碰到了很多意想不到的问题。这就需要开发新技术以有效解决工业放大和工艺系统集成中碰到的各类难题。

2. 以 1,4-二羧酸基四碳酸为原料生产化工产品

1,4-二羧酸基四碳酸的多功能官能团可以通过生物化学方法转化为多种衍生物，这些衍生的化工产品大多具有极大的潜在市场前景。对 1,4-二羧酸基四碳酸的分子团簇进行生物化学转化生产衍生化工产品的途径有以下三种：

第一种方法是把 1,4-二羧酸基四碳酸加氢还原，可以生产四氢呋喃(THF)、丁二醇(BDO)和 γ-丁内酯(GBL)等化工产品。目前该技术亟待突破的难点是如何控制选择性还原的程度，即控制醇类、内酯和呋喃内还原酸的含量；如何保证温和的加氢还原反应工艺环境(压力、温度等)；如何开发出对抑制剂高耐受性和长寿命的催化剂等。利用该方法生产的生物基化工产品(THF、BDO、GBL 等)能用做溶剂行业和光纤行业中的原料和中间体。

第二种方法是利用氨基化还原反应，以 1,4-二羧酸基四碳酸原料生产吡咯烷基类(例如吡咯烷酮)化工产品。该技术目前在产业化过程中遇到的难点主要有：如何在生产中控制酸式盐的选择性还原程度；如何保证温和(压力、温度等)的氨基化还原反应工艺环境；如何开发出对抑制剂高耐受性的催化剂和在连续生产中如何保证催化剂的寿命。利用该方法生产的吡咯烷基类化工产品衍生物可以用于生产一些环境友好的溶剂、水溶剂和水基高分子材料。由于该生产原料和工艺基于生物化学过程，所以广受市场关注。

第三种方法是以 1,4-二羧酸基四碳酸为原料直接聚合反应，生产直链高分子材料和支链聚合物。前者不存在任何技术难题，并且已经有产业化的产品问世，例如生物基光纤材料等；后者产业化的难点是如何控制聚合支链的选择性酯化作用以及如何控制聚合反应生成的聚合物分子质量和特性，截至目前该技术仍未有任何进展。

以 1,4-二羧酸基四碳酸为原料可以生产很多化工产品，图 15-2 表明以琥珀酸为原料能生成多达 10 种化工产品。

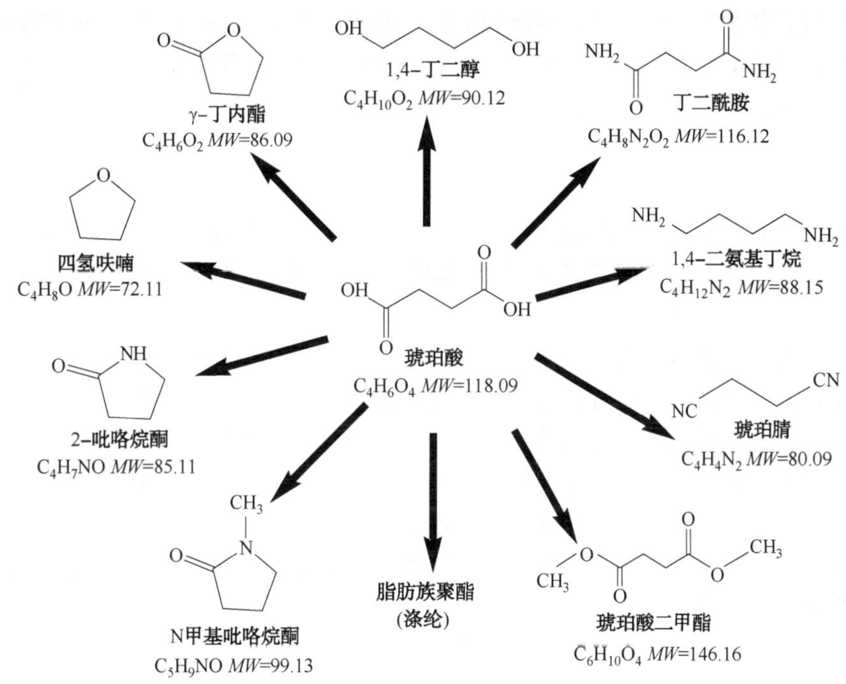

图 15-2　以琥珀酸为原料生产化工产品的理论途径

但是广为人知的是以琥珀酸为原料，采用选择性加氢还原反应生产丁二醇(BDO)、四氢呋喃(THF)、γ-丁内酯(GBL)。琥珀酸加氢还原生产化工产品技术类似雄酐的化学转化方式，其关键是加氢还原催化剂能耐受发酵液杂质的影响，这能大幅降低发酵成本。含胺基的 γ-丁内酯(GBL)是生产吡咯烷酮以及 N-甲基吡咯烷酮等的主要原料，在溶剂市场上吡咯烷酮前景广阔。琥珀酸也可以通过添加磷酸氢二胺发酵生产吡咯烷酮，其优点是二者的反应产物磷酸氢二胺琥珀酸酯可以直接发酵转化为吡咯烷酮，这对吡咯烷酮生产成本的降低非常有利。同时，这种吡咯烷酮生产方法也消除了低 pH 值所需的中和反应。以反丁烯二酸(富马酸)和苹果酸为原料生产化工产品的技术途径与琥珀酸类似。当然也可以采用选择性还原反应将反丁烯二酸转化为琥珀酸。苹果酸也可以作为生产四氢呋喃(THF)类化工产品的原料。

3. 总结与建议

目前源自 1,4-二羧酸基四碳酸的生物基化工产品具有非常良好的市场前景，其产业化的主要技术难点是如何有效降低发酵成本。与石化基化工产品相比，该类生物基化工产品的发酵成本需要低于每千克 0.55 美元才有市场竞争力，这在目前非常困难，而且长期难以获得突破。但总体来说，以1,4-二羧酸基四碳酸为原料的生物基化工产品将会有非常良好的市场。

二、2,5-呋喃二羧酸(FDCA)

1. 2,5-呋喃二羧酸

2,5-呋喃二羧酸(FDCA)又名呋喃-2,5-二甲酸，碱性条件下能溶解于水，酸性条件下为白色粉末状固体。2,5-呋喃二羧酸(FDCA)可以替代石化基化工产品对苯二酸和各种聚酯纤维，用于制造聚对苯二甲酸乙二醇酯(PET)、对苯二酸聚丁烯(PBT)等耐腐蚀塑料。PET全球市场年需求约1.8Mt；PBT全球市场需求为454kt。聚对苯二甲酸乙二醇酯的具体价格取决于市场行业，其用作高分子膜或工程材料的原料时，价格一般在每千克2.2~6.6美元间波动。

目前尚无采用生物酶催化法大规模生产2,5-呋喃二羧酸的文献报道，工业中一般采用六碳糖(例如葡萄糖)氧化脱水化学方法生产。2,5-呋喃二羧酸可以直接作为原料(中间体)生产类似聚对苯二甲酸乙二醇酯的高分子聚合物，后者多用于制作塑料瓶、膜、容器等。

六碳糖氧化脱水技术的关键是脱水和氧化。脱水步骤的难点在于无副反应的选择性脱水反应工艺开发，其能把六碳糖选择性脱水转化为酐或酯。另外，六碳糖脱水程度控制技术开发也非常关键，如果脱水控制得当就能生产一系列成本低廉的生物基化工副产品。但是目前六碳糖脱水程度控制机理依然未知，而且脱水过程均是非选择性的，并且附带生成了很多不稳定的中间产品。氧化步骤的难点在于开发出能取代液相催化剂的新型多相催化剂(例如固体酸)，这一点相当重要，该新型催化剂不仅能控制羧酸基和羟基官能团之间的化学转化，确保醛基氧化为酸以及醇氧化为醛的过程能正常进行，而且能耐受生物化学加工过程中产生的各种抑制剂。另外，生产设备的密封系统稳定可靠也至关重要，其能确保设备外界氧化剂，如氧气、空气、过氧化氢等不能渗透进入生产工艺设备内部，否则将会导致氧化过度而产生很多意想不到的产物。

2. 以2,5-呋喃二羧酸为原料生产生物基化工产品

如图15-3所示，以2,5-呋喃二羧酸为原料理论上可以生成五种化工中间体，这些中间体又是生产多种化工产品的原料，其转化途径总体上可以归纳为以下两类方式：

① 通过加氢还原反应，把2,5-呋喃二羧酸转化为2,5-呋喃二醇、2,5-二羟甲基呋喃、2,5-二羟甲基四氢呋喃、2,5-呋喃二胺、乙酰丙和琥珀酸等各种部分加氢和全加氢化工产品。其中乙酰丙和琥珀酸可用于生产新的聚酯纤维和光纤、新型尼龙等高分子材料，2,5-呋喃二胺是新型尼龙的良好原材料。国际市场上2,5-二羟甲基四氢呋喃的价格范围为每千克1.87~4.85美元，而其年需求将近4.1Mt。2,5-呋喃二羧酸加氢还原的技术难点是急需开发呋喃侧链烯烃基选择性还原程度控制技术和羧酸基团直接还原为醇羟基团技术，其中所需的选择性还原催化剂研究和加氢还原后化工产品性能的测试分析，是当前亟待克服的技术难点。

② 通过聚合反应，将2,5-呋喃二羧酸转化为聚乙烯、对苯二酸盐类似物和聚呋喃胺等化工中间体，进而用于生产呋喃聚酯纤维和聚酰胺化工产品。呋喃聚酯纤维可以用于制作瓶子、膜和容器；聚酰胺是一种新型尼龙的原材料。该技术的难点是如何控

制单体反应速率和聚合反应速率，以及如何控制呋喃支链的选择性酯化作用程度和聚合物分子的重量与性质。

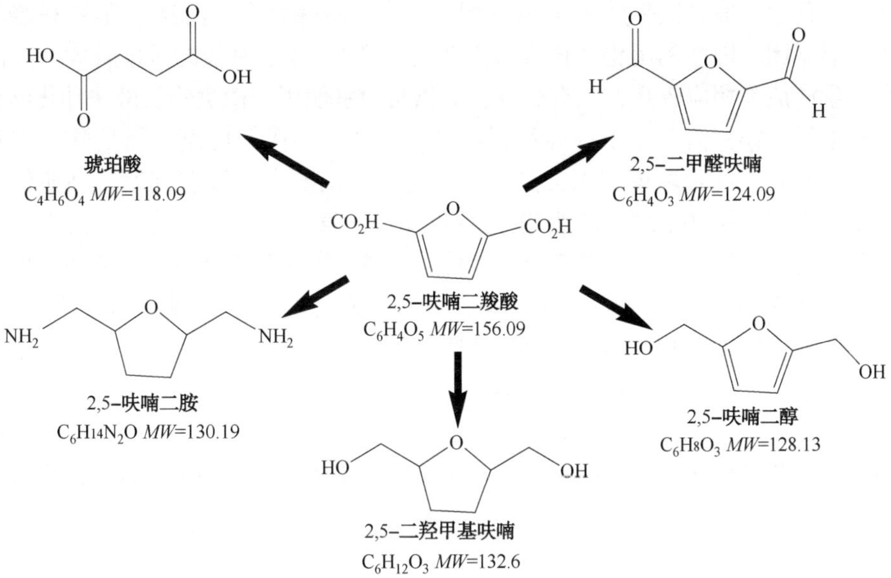

琥珀酸
$C_4H_6O_4$ *MW*=118.09

2,5-二甲醛呋喃
$C_6H_4O_3$ *MW*=124.09

2,5-呋喃二羧酸
$C_6H_4O_5$ *MW*=156.09

2,5-呋喃二胺
$C_6H_{14}N_2O$ *MW*=130.19

2,5-呋喃二醇
$C_6H_8O_3$ *MW*=128.13

2,5-二羟甲基呋喃
$C_6H_{12}O_3$ *MW*=132.6

图 15-3　以 2,5-呋喃二羧酸为原料生产化工中间体的理论途径

3. 总结与展望

2,5-呋喃二羧酸经氧化脱水后生成一系列高附加值的呋喃族化工产品。2,5- 呋喃二羧酸及以其为原料的生物基化工产品具有较好的市场潜力，其工业化生产的关键是生物质发酵产糖的氧化和选择性脱水技术开发，特别是糖类脱水程度控制技术。但是目前的脱水过程均是非选择性的，并且附带产生了很多不稳定的中间产物。通过聚合反应，2,5 呋喃二羧酸可以转化为许多新型高分子材料的原料，但目前碰到的技术障碍也比较多。随着科技研究的深入，这些技术难点终将突破，以 2,5- 呋喃二羧酸为原料的生物基化工产品将会形成良好的市场竞争力。

三、3-羟基丙酸(3-HPA)

1. 3-羟基丙酸

3-羟基丙酸，又名 α-羟基丙酸，是一种无色无味的油状液体，可与水、醇、醚和氯仿等多种有机溶剂互溶，有吸湿性，主要用于医药、农药、表面活性剂的生产。在医药方面，3-羟基丙酸可用于合成抗癌药环膦酰胺、心可安、泛酸、泛醇等，尤其是近年来在新药合成中又有许多新的应用，受到人们极大的关注。

3-羟基丙酸与乳酸为同分异构体，该分子两端分别带有一个羟基和一个羧基，化学性质较为活泼。工业上，3-羟基丙酸可以用来合成很多重要的化工产品，如脱水生成丙烯酸，氧化生成丙二酸，与醇酯化作用生成酯，还可通过还原作用生成 1，3-丙二醇等。其中 1，3-丙二醇可用作溶剂抗冻剂或保护剂精细化工原料以及新型聚酯、聚对苯二甲酸丙二醇酯(PTT)和聚氨酯的单体。另外 3-羟基丙酸还可用于生产涂料胶黏剂水处理化学品和个人护理用品。基于 3-羟基丙酸的这些优良性质其在商业上具有重大的开发价值。

3-羟基丙酸可以采用化学合成方法和微生物发酵方法生产。化学合成法生产3-羟基丙酸的方法在实验室内较为常见，例如，α-溴基丙酸水解法、2-氰基乙醇酸碱法、3-羟基丙醛氧化法等。化学合成方法生产3-羟基丙酸不但合成步骤繁多，而且很难在3-羟基丙酸的一端引入功能基团。因此利用化学合成法工业化生产3-羟基丙酸的难度较大，产品的分离纯化复杂，生产成本相应较高，只有少量合成供实验室使用。微生物发酵法和化学合成法相比，具有成本低、操作简单、条件温和副产物少、绿色环保等优点。但是微生物发酵生产3-羟基丙酸多是建立在经验模型上，其工业化生产中也要克服许多问题，例如仍不清楚由生物基质发酵生产3-羟基丙酸的具体生物转化途径；发酵过程中的营养总需求量与产量之间的定量关系也是未知的；急需选育出性能优异的微生物生物催化剂，以减少发酵过程中其他副产物，增加3-羟基丙酸产量和生产率；另外，发酵过程中低成本回收盐类技术研发、发酵工艺放大和发酵系统有效集成也比较迫切。

2. 以3-羟基丙酸为原料生产生物基化工产品

如图15-4所示，以3-羟基丙酸为原料理论上可以生成8种化工中间体或化工产品，这些中间体又是生产多种化工产品的原料，其转化途径总体上可以归纳为以下两类方式：

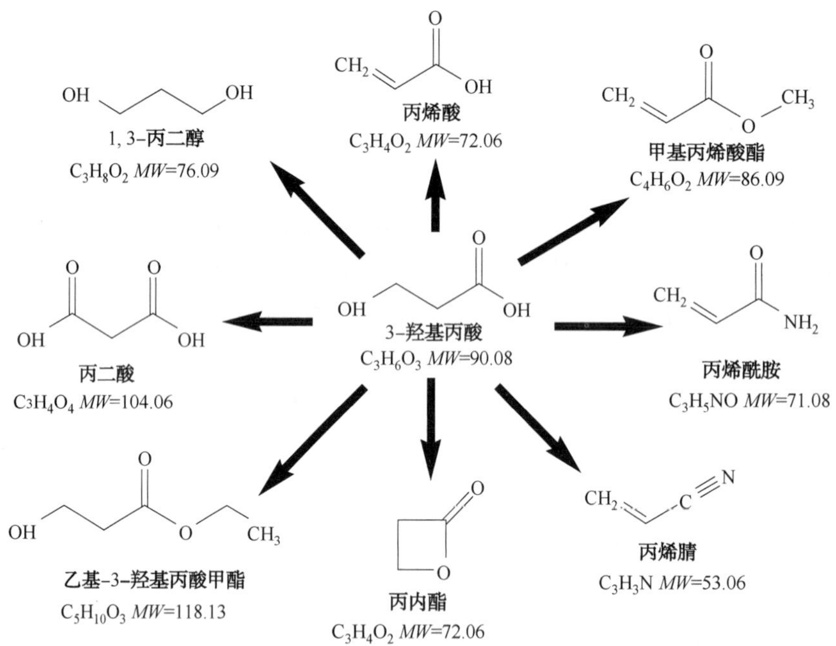

图15-4 以3-羟基丙酸为原料生产生物基化工产品的理论途径

① 通过加氢还原反应把3-羟基丙酸转化为1,3-丙二醇，其可用作光纤的生产原料。3-羟基丙酸的化学加氢还原反应技术产业化目前最大的难点是急需开发出一种新型催化剂，其能不经过醛基直接将羧酸还原为醇类，而且该催化剂强度高、寿命长、能耐受生物基发酵液中产生的各种抑制剂。另外，温和的加氢还原反应条件(大气压，常温)也是该工艺开发过程中亟待解决的难题之一。3-羟基丙酸加氢还原转化产品1,3-丙二醇可用于制作光纤和地毯的单体，这在新型生物质基高分子化学品行业备受关注。另外，1,3-丙二醇还具有染色性能和优良的伸缩性等新性能。

② 通过脱水反应把3-羟基丙酸转化为丙烯酸酯，丙烯酸酯在隐形眼镜、高级棉麻织物替代品(SPAs，高性能高分子吸收材料)等领域中应用广泛。利用这种方法生成丙烯酰胺的优点是起始物料可以为3-羟基丙酸铵，这有利于保证发酵所需的低pH值环境。将3-羟基丙酸脱水生成丙烯酸盐，接着转化为丙烯酸和丙烯酰胺，再进一步合成丙烯酸酯，这在技术上比较容易，但是成本却很高。降低发酵生产成本的技术难点是需要开发或改良新的固体酸类催化剂以代替传统的液相催化剂，该催化剂能耐受生物质基发酵中各种抑制剂，提高发酵产物浓度和生产速率。由于发酵产品的分离纯化也会带来相当大的成本，所以新开发的催化剂应用中不能产生任何副产物，并且能适应选择性脱水工艺。另外，催化剂的选择性脱水性能对于聚合反应也可能是有利的，当然脱水过程中也需要避免过催化作用。

3. 总结与展望

通过生物化学转化方法生产3-羟基丙酸及相关的化工产品，在传统的石油化工生产方法之外开拓了一条新的生产途径，这在化石资源日益枯竭的情况下非常重要。利用发酵生产新方法将3-羟基丙酸转化为丙烯酸酯技术上比较容易实现，也引起了广泛关注，但目前的发酵成本比较高。因此利用生物发酵方法生产3-羟基丙酸及相关化工产品的主要难点是开发出低成本的发酵工艺和构建一个适宜的生物质基发酵生产系统。从长期来看，3-羟基丙酸和乳酸的市场和应用相似，随着相关技术难点的突破，以3-羟基丙酸为原料的生物基化工产品市场前景广阔。

四、天(门)冬氨酸

1. 天门冬氨酸

天门冬氨酸又称为天冬氨酸，是包括人类在内的动物体内必不可少的代谢物质，是蛋白质的一种。其有几种同分异构体，最常见的有*L*-天门冬氨酸和*D*-天冬氨酸两种。*L*-天冬氨酸是天然存在的重要氨基酸，为白色结晶或结晶性粉末，无臭，略带酸味，微溶于水，不溶于乙醇和乙醚。*L*-天冬氨酸是一种酸性氨基酸，可作为合成其他氨基酸如丙氨酸、苯丙氨酸的主要原料，也可用作合成其他精细化学品，是重要的化工原料。工业上*L*-天冬氨酸是合成*L*-丙氨酸和天冬酰胺的主要原料；食品上主要用于鲜味剂和高甜味剂；医药上主要作为治疗心脏病、肝功能促进剂、氨解毒剂、疲劳消除剂和氨基酸输液成分。目前我国*L*-天冬氨酸产量不大，生产能力约每年1000~15000t，产品主要供应外贸出口和合成*L*-丙氨酸、天冬酰胺以及供应国内药厂使用，供不应求。*D*-天冬氨酸是重要的手性化合物，广泛用于药物的合成，如主要用于治疗病毒感染药物的合成，用于合成青霉素合成的中间体，以及用于免疫抑制剂的合成等，具有重要的开发和应用前景。目前国际市场的需求量约为每年100t，而生产能力仍较低。

L-天冬氨酸有四种生产方法：①化学合成法，如用氨水使反丁烯二酸氨基化生产*L*-天冬氨酸，该方法的难点是需要开发出一种高效的不对称氨基化工艺；②蛋白质萃取；③发酵；④生物酶转化。后二种方法也称生物化学转化法，主要根据克雷伯氏循环，利用多种细菌或酶制剂把草酰乙酸酯转化为天冬氨酸。目前生物化学转化方法的工业应用较广泛，特别是生物酶转化方法备受关注，这个方法的优点是副产物少、产物浓度高、生产率高、结晶分离容易。但是生物化学转化方法也碰到很多技术难题，例如在工业化生产中，如何保证细菌或酶等有机体与物料液间的充分接触反应生产大量草酰乙酸酯，同时又不对有机体的发育造

成伤害；如何保证一个温和的生物反应环境；如何控制酶对草酰乙酸酯的氧化程度；以及低成本产糖工艺开发和适宜的廉价生物质发酵原料探索等。

目前市场上天冬氨酸产品大多采用生物酶法生产，经过多年研究和生产工艺改良，成本仍然居高不下，这也限制了天冬氨酸的广泛应用。因此，开发一种比生物酶转化工艺成本更低廉的，特别是以糖为培养基的直接发酵工艺成为当务之急。目前虽然一步糖发酵工艺成本仍较高，但随着生物技术的发展，这一技术难题必将被克服。另外，改良当前工艺技术也可以降低天冬氨酸的生产成本，这种策略的核心是降低反丁烯二酸的生产成本，它是天冬氨酸生产的主要原料，这不仅较为实际，而且比降低投资和基础设施建设更有利。高效糖基发酵生产工艺和产品分离纯化工艺开发是目前天冬氨酸工业生产中两个主要的努力方向。如果发酵工艺改良成功的话，糖类直接发酵生产天冬氨酸可能比反丁烯二酸生物酶转化法和氨水化学合成法生产工艺更经济。例如，Bayer AG 公司已经开发出了一种以雄酐为发酵底物更经济的糖基发酵生产工艺。

总体来说，目前可以从以下 4 个方面降低天冬氨酸的生产成本：

① 提高天冬氨酸生产率。降低投资和减小发酵操作成本均可相对提高天冬氨酸的生产率。目前通过生物酶转化反丁烯二酸生产天冬氨酸的工艺得到了令人满意的结果，但是只能小规模间歇生产，仍不能进行大规模工业化生产。优化发酵工艺条件降低发酵操作成本和提高发酵生产速率是生物酶转化工艺改良的主要目标。当然，新型性能优异的生物酶和发酵菌株生物催化剂开发是提高生产率的根本方法。

② 降低天冬氨酸的分离和纯化成本。目前有竞争力的天冬氨酸生产方法是氨水化学合成和反丁烯二酸生物酶转化工艺，这两种方法生产的产品浓度较高，最终产品大多采用操作相对容易的结晶方法分离纯化。但是，结晶是最昂贵的高能耗分离单元操作，所以有待开发从发酵液中分离纯化天冬氨酸产品的新型低成本工艺。

③ 尽量提高发酵液中天冬氨酸产品的最终浓度。众所周知，发酵最终产物浓度越高，后续工艺的分离纯化与浓缩成本就越低。目前均相液体发酵方法所得产物浓度不高，固体发酵的最终产物相对较高，所以天冬氨酸固体发酵生产工艺开发是今后的努力方向之一。

④ 尽量降低发酵过程中的养分需求量。总体目标是在满足发酵需求的前提下越少越好。固体发酵过程中养分滴定添加利用机理研究会有助于降低养分需求量。

2. 以天冬氨酸为原料生产生物基化工产品

图 15-5 所示为以天冬氨酸为原料的 7 种生物基化工产品理论生成途径。总体来说，可以分为以下 3 种途径：

① 利用加氢还原反应把天冬氨酸转化为丁二醇胺、四氢呋喃胺、丁内酯胺等二羧酸基四碳酸氨或结构和性能类似的化工产品。这些化工产品在溶剂市场上具有较好的前景。这个转化途径中主要的技术难点与苹果酸、反丁烯二酸、琥珀酸的加氢还原生产化工产品工艺中的难点相似；如何控制选择性加氢还原的程度，如何保证转化过程中温和的操作环境(常压、常温等)，以及对抑制剂高耐受性和长寿命催化剂的开发等是亟待解决的技术难题。在二羧酸基四碳酸氨类化工产品技术开发过程中，如果开发出一个全新的可靠的工艺，能够选择性加氢还原进而降低羧酸含量，同时确保在温和的操作条件下(常温、常压等)完成转化过程，那么必将使天冬氨酸加氢还原转化为胺类化工产品技术具有

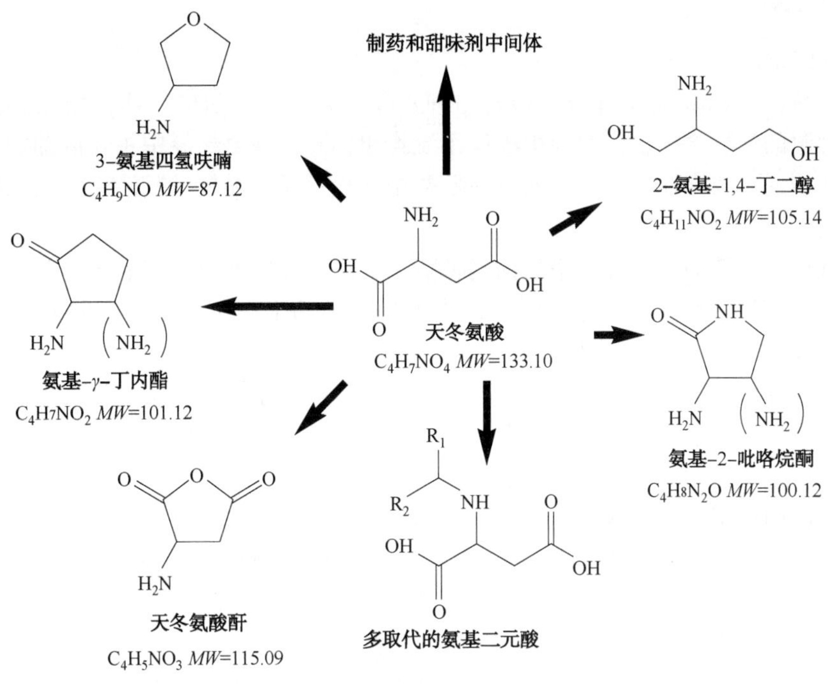

图 15-5　以天冬氨酸为原料生产生物基化工产品理论途径

更强的市场竞争力。

② 利用脱水反应把天冬氨酸转化为天冬氨酐。在酸性催化剂作用下，天冬氨酸选择性脱水生成天冬氨酐的反应大多被认为是一个热力学过程。如何降低该过程中天冬酸酐的生产成本是当前的技术主要难点。目前的研究大多着力于能够替代传统的液相催化剂的新型多相催化剂(如固体酸)开发，另外，该催化剂能实现无副反应的选择性脱水反应。天冬氨酐在很多未知新领域内可能有较大的潜在应用。

③ 利用直接聚合反应把天冬氨酸转化为新型高分子材料。利用该技术法能合成可生物降解的特殊高分子材料，例如聚天冬氨酸和聚天冬氨酸酯(PAA)，这些新型高分子材料的性质可能与聚合谷氨酸类似，可能可以代替聚丙烯酸和聚羧化物。这个合成技术理论上并不困难，但一直没有突破，主要的技术问题是控制聚天冬氨酸等高分子支路反应的酯化作用程度和聚合物分子质量与性质较为困难。

3. 总结与展望

在天冬氨酸及其化工产品开发过程中高效发酵生产工艺和低成本产品分离纯化单元操作研究一直是两个主要的努力方向。随着生物技术，特别是遗传工程技术和菌种选育工程的发展，未来一定会开发出较为经济的以糖类为原料的直接发酵生产天冬氨酸工艺。另外，从 2006 年起，全球天冬氨酸需求量每年均保持 2%～3%的增长率，2016 年后聚天冬氨酸类高分子材料就能替代目前市场流行的聚丙烯酸和聚羧化物。另外，天冬氨酸类聚合物也可用作洗涤剂、水处理剂、腐蚀抑制剂、高吸收剂的高分子材料。因此，以天冬氨酸为原料的生物基化工产品市场前景广阔。

五、葡糖二酸

1. 葡糖二酸

葡糖二酸(D. gluearic acid, GLA)是一种六碳二元羧酸，结构与葡萄糖酸类似，是葡萄糖在体内代谢的产物之一，主要经由泌尿系统排出体外，在自然界中主要以葡糖二酸钙或葡糖二酸氢钾盐的形式存在。葡糖二酸可在乙醇中获得针状结晶体，其溶于水、乙醇，不溶于醚，易与氨生成盐。

化学氧化葡萄糖能得到高产率的葡萄糖酸，也可由淀粉通过硝酸氧化制备葡糖二酸。葡萄糖、木糖、阿拉伯糖、甘油等都可以作为葡糖二酸的生产原料，所以葡糖二酸是氧化性糖，并且葡萄糖也可氧化为葡聚糖。

理论上，葡糖二酸的市场潜力很大。葡糖二酸可以用于生产一系列具有很大市场容量的其它产品，例如新型尼龙。葡糖二酸和葡糖二酸酯也是一种潜在的新型多支聚酯的起始生产原料，这种新型聚酯的市场规模和价值与目前的尼龙相当。利用葡糖二羧酸离子的螯合特性，可以将其用于制作市场潜力巨大的表面活性剂。葡糖二酸经过简单的化学转化能够生成α-酮葡糖二酸，后者可作为更多生物基高分子聚合材料的起始生产原料。1998 年全球葡聚糖消费量已达 4. 17Mt，但是，葡糖二酸产品的前景仍困难重重，主要原因是目前仍没有开发出适宜的生物转化法用于葡糖二酸的生产。目前工业中大多是采用一步硝酸氧化淀粉等糖类物质，或催化氧化含有漂白剂的淀粉等糖类物质的化学法生产葡糖二酸。这种化学氧化法不但成本较高，而且还有很多技术难点仍未解决，例如亟待开发能取代液相催化剂的多相催化剂(固体酸等)，这种催化剂不但能耐受生物质基发酵液中的各种抑制剂，而且能将醇羟基选择性氧化为羧酸基；另外，新型安全的密封技术开发也很重要，要确保外界的诸如空气、氧气和稀过氧化氢类的氧化剂不能进入生产系统，为了生产安全起见，应尽量降低生产工艺中氧化剂的浓度。

2. 以葡糖二酸为原料生产生物基化工产品

图 15-6 所示为以葡糖二酸为原料生产生物基化工产品的六种理论途径，总体来说，可归纳为以下两类转化方式：

① 利用脱水反应，葡糖二酸可以被转化为葡糖二酸内酯，后者可以作为溶剂使用。该技术的难点是需要开发出没有副反应的选择性脱水工艺，以及葡糖二酸选择性脱水生成酐或酯的控制方法。其中最关键的是能够开发出能取代液相催化剂的多相催化剂(固体酸)。

② 通过氨基化反应，葡糖二酸可以被转化为葡糖二酸胺；或利用直接聚合反应，葡糖二酸可以被转化为葡糖二酸聚合物，它们可用于生产新型尼龙或各种纤维材料。氨基酸市场即将出现一种源自碳氢化合物的新物质，即已经问世的多羟基聚酰胺，被称为新尼龙，其将迎来一个非常重要的市场机遇。葡糖二酸胺的生产原料是便宜的葡萄糖和随处可得的二元胺，未来其年需求量大约为 4. 08Mt，随着需求量变化，其价格区间为 1. 76~4. 55 美元/kg。葡糖二酸/酯也是一种新型材料多支聚酯纤维的潜在原料，其市场状况和价格与新尼龙材料类似。由于葡糖二酸对阳离子有螯合作用，所以其也能用于生产洗涤类表面活性剂。

已有实验研究表明，以α-葡糖酮类化合物为原料可以生产新型的聚合材料，所以可由葡糖二酸制取生物基高分子聚合物化工产品，这使得生物基高分子聚合物原料不再局限于葡萄糖。这类技术的难点是如何实现对工艺操作途径的控制，特别是如何控制有支路反应的选

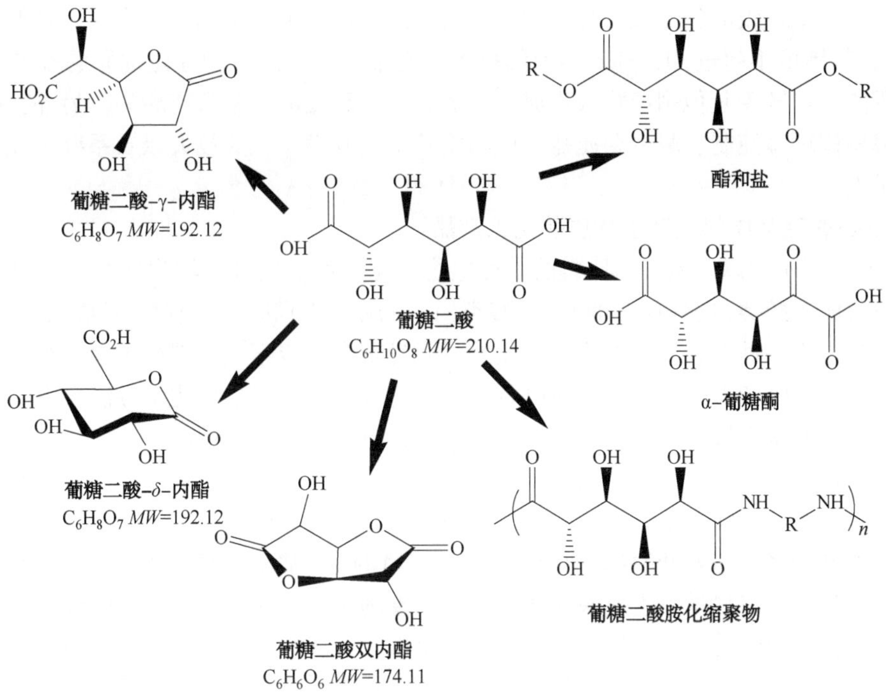

图 15-6　以葡糖二酸为原料生产生物基化工产品的理论途径

择性酯化作用与程度，以及如何控制聚合物分子的质量与性质。

3. 总结与展望

葡糖二酸及其相关的化工产品的市场前景主要取决于低成本生产工艺的开发。把较为便宜的葡萄糖转化为葡糖二酸具有 2 个明显的优点：①作为一种原料，葡糖二酸可以转化为更多高附加值的化工产品，其具有更大的潜在市场；②开发高效的葡糖二酸生产工艺更适合氧化处理那些价格低廉的糖，例如木糖、树胶醛糖等。最近研究表明，利用已经开发出的新型催化剂和廉价氧化剂，可以把葡萄糖转化为葡糖二酸，而且这个生产过程的效率很高。随着技术的进步，葡糖二酸将会直接用于生产很多材料，包含木糖、树胶醛糖和丙三醇等，也会有更多的以葡糖二酸为原料的生物基化工新产品问世。

六、谷氨酸

1. 谷氨酸

谷氨酸是一种与三羧酸循环有密切关系哺乳动物非必需的酸性氨基酸，分子内含两个羧基，化学名称为 α-氨基戊二酸。常温常压下，谷氨酸是无色晶体，有鲜味，微溶于水，而溶于盐酸溶液，等电点为 3. 22。

谷氨酸在生物体内的蛋白质代谢过程中占重要地位，是构成蛋白质的 20 种常见 α-氨基酸之一，参与动物、植物和微生物中的许多重要化学反应，可用于治疗肝昏迷等病症。其中 L-谷氨酸是蛋白质合成中的重要编码氨基酸，在体内可以由葡萄糖转变而来。D-谷氨酸参与多种细菌细胞壁和某些细菌杆菌肽的组成。

谷氨酸最重要的产品是谷氨酸钠，俗称味精，全球年产量达 220 多万吨，大多集中在亚洲市场。目前工业级的谷氨酸均是通过微生物发酵生产，但微生物发酵产酸率较低，一般为6%~9%，最高值不超过11.3%。当前的技术研究集中于优选一种性能优异的谷氨酸发酵菌种，其既能大量减少其他副产物酸生成，又能大幅提高发酵产量和产酸率。另外，能够实现良好发酵操作环境控制、减少杂质盐生成的发酵工艺开发、工业放大以及系统集成也是当前研究的重点。

2. 以谷氨酸为原料生产生物质基化工产品

图15-7所示为以谷氨酸为原料的十种生物基化工产品的理论转化途径。谷氨酸可通过加氢还原生成二醇类(1,5-戊二醇)、二酸类(1,5-戊二酸)和氨基类(5-氨基-1-丁醇)化工产品。同时作为一种五碳糖，理论上谷氨酸可通过聚合反应生成五碳糖类聚合物的高分子材料，例如聚酯纤维和聚酰胺。并且与以石油炼制物雄酐为原料采用化学方法获得的高聚物相比，这些谷氨酸基高聚物可能有许多不同的功能，也有很多新的用途。

但是，目前仍未获得谷氨酸转化为聚合物高分子材料过程中的化学选择性还原反应机理，特别是在水溶液状态下二者间的反应机理。以谷氨酸为原料的生物基化工产品开发中遇到的主要困难较多，需要开发出一个还原反应环境温和(常温、常压等)的生产工艺，该生产工艺中的各个反应尽量不生成酸式盐，并且能控制选择性还原脱氨基反应程度；还需要选育出比较强壮和能耐受生物基发酵原料的优良菌株。谷氨酸基化工产品开发中要求其每升发酵液每小时最少产量为2.5g，否则就没有经济性可言；当然，在满足发酵需求的前提下，营养添加越少越好，尽量不采用酵母膏和维生素类培养基；另外，发酵生产应尽量在偏酸性的环境中进行，最终发酵产酸率和发酵浓度越高越好。

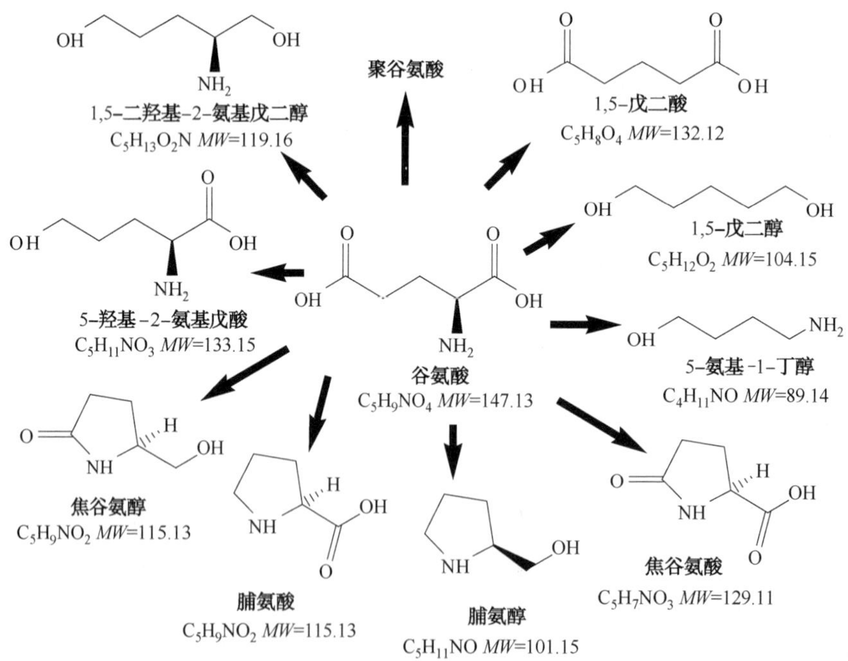

图15-7 以谷氨酸为原料的生物基化工产品的理论转化途径

3. 总结与展望

谷氨酸及其相关的化工产品应用广泛，目前主要的技术难点是低成本发酵工艺的开发，以提高最终发酵产酸率、发酵浓度和整体生产率。只要该类产品的发酵生产成本低于 0.55 美元/kg，就会比源自石油化工原料和方法的相同产品更具有市场竞争力。

七、衣康酸

1. 衣康酸（itaconic acid）

衣康酸又名甲基丁二酸、亚甲基琥珀酸，是一种不饱和五碳二元羧酸，自然界中存在很少，产品为白色晶体，溶解于水和乙醇，极微溶于苯、醚、氯仿和二硫化碳。衣康酸有两个结构相似、化学性质相近的同分异构体，柠康酸和中康酸。

目前，衣康酸大多由需氧真菌发酵生产，产衣康酸的微生物主要是土曲霉和衣康酸曲霉。衣康酸的性质与石油炼制产品雄酐或酸类似，其主要作为一种特殊的共聚物单体，与丙烯酸或苯乙烯和丁二烯共聚。衣康酸是重要的有机原料，在药物、高效除臭剂、大孔弱酸性阴离子交换树脂、高吸水性和保水性树脂以及两性高分子聚合物、涂料、丝绸、毛织物、造纸等行业应用广泛。

目前，衣康酸是化工行业中的一种紧缺物质，全球年需求量在 200kt 以上，年需求增长量为 12%，而只有美国、日本、中国和俄罗斯能生产衣康酸，年生产能力约 100kt。其中我国年生产能力约 33kt，国内年需求量约为 30kt，其中 20%用于橡胶工业，30%用于化纤工业，20%用于树脂工业，16%用于造纸工业，约 10%用于农药行业。

理论上采用化学方法也可以合成衣康酸，但是化学合成步骤繁多，合成成本居高不下，工业生产中仍未见到一个能切实可行的化学合成法用于生产衣康酸。微生物发酵生产衣康酸的最大技术问题是需要开发出成本低廉的发酵工艺。为此，需要选育出能减少其他产酸副反应、提高生产量和生产率的优良菌株；需要开发一个便于控制发酵操作环境、产品分离纯化成本低廉、便于工业放大和系统集成的发酵工艺。目前，衣康酸发酵生产工艺主要的努力方向是改良发酵工艺以提高发酵最终产酸率、产酸浓度和生产率。以五碳糖和六碳糖为培养基的发酵生产衣康酸的工艺具有一定的成本优势，只要发酵生产率不低于每升发酵液每小时 2.5g，就会有经济效益。当然，在满足发酵要求的前提下，养分需求量越低越好，尽量不使用酵母膏和维生素作为培养基；发酵最终浓度和产酸率越高越好；与谷氨酸一样，衣康酸在酸性环境下进行发酵生产较好，而在中性环境下衣康酸发酵成本会增加。

2. 以衣康酸为原料生产生物基化工产品

图 15-8 所示为以衣康酸为原料的六种生物基化工产品的理论转化途径。衣康酸可以通过加氢还原反应生产类似甲基-丁二醇（BDO）、γ-丁内酯（GBL）和四氢呋喃（THF）高分子聚合物，这与通过加氢还原化学反应由雄酐生产甲基-丁二醇（BDO）、γ-丁内酯（GBL）和四氢呋喃（THF）的工艺类似。衣康酸也可以通过加氢还原反应生产吡咯烷酮类物质，这与通过加氢还原化学反应由 γ-丁内酯（GBL）生产吡咯烷酮的工艺类似。

衣康酸加氢还原反应转化为化工产品的技术难点是：如何保证特殊功能的选择性还原反应，如何使还原反应在温和的操作环境（常温、常压等）下进行，以及如何能优选出优良的能耐受生物质发酵液中各种抑制剂的强壮的发酵菌株。衣康酸加氢还原化工产品大多作为溶剂和高分子材料的生产原料，它们广泛应用于涂料、树脂、橡胶等行业。

衣康酸还可以通过自身直接聚合反应生成聚衣康酸。但是，直到现在仍未获知聚衣康酸的性质，其可能会有许多新的高分子材料性质和新的应用领域。衣康酸自身聚合反应生成聚

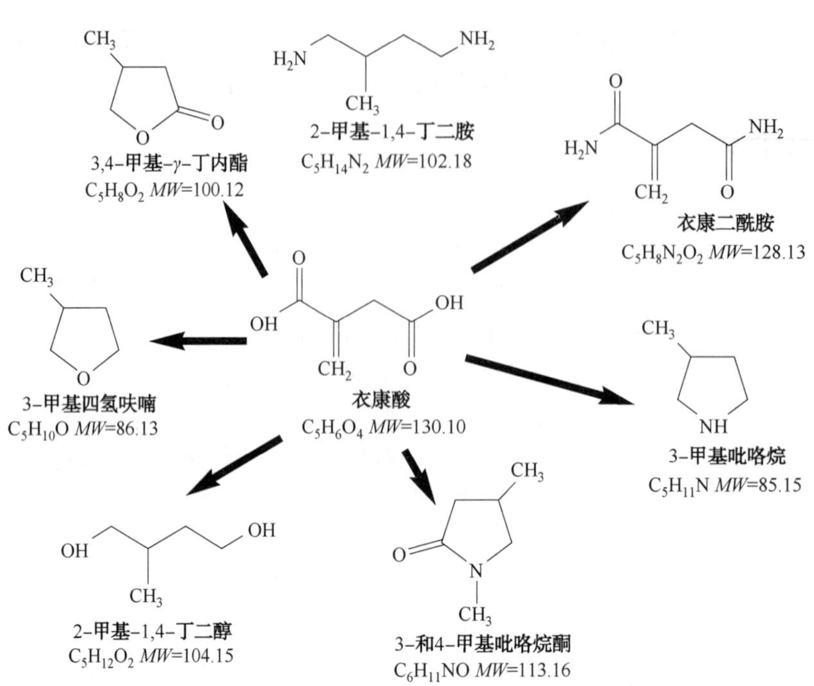

3,4-甲基-γ-丁内酯 $C_5H_8O_2$ MW=100.12

2-甲基-1,4-丁二胺 $C_5H_{14}N_2$ MW=102.18

衣康二酰胺 $C_5H_8N_2O_2$ MW=128.13

3-甲基四氢呋喃 $C_5H_{10}O$ MW=86.13

衣康酸 $C_5H_6O_4$ MW=130.10

3-甲基吡咯烷 $C_5H_{11}N$ MW=85.15

2-甲基-1,4-丁二醇 $C_5H_{12}O_2$ MW=104.15

3-和4-甲基吡咯烷酮 $C_6H_{11}NO$ MW=113.16

图 15-8　以衣康酸为原料生物基化工产品的理论转化途径

衣康酸的技术难点较多，例如衣康酸聚合反应路径较难控制；另外，聚合歧化反应的选择性酯化作用程度也难于控制；聚合过程中如何控制聚合高分子的质量和性质非常困难。

3. 总结与展望

衣康酸及相关的化工产品均为重要的有机化工原料，是生产合成树脂、合成纤维、塑料、表面活性剂和高分子螯合剂等化工产品的聚合单体和重要组分。衣康酸及相关化工产品的经济生产成本为 0.55 美元/kg。如果衣康酸基化工产品为类似 2-甲基-1,4-丁二醇(BDO)、3-甲基-四氢呋喃(THF)、γ-丁内酯(GBL)和 2-甲基-1,4-丁二胺，则低 pH 值下的发酵工艺更有利于降低生产成本。目前，衣康酸和衣康酸基化工产品供不应求，市场潜力巨大。并且随着未来生物技术的发展，如果低成本发酵工艺开发和优良菌株选育的获得成功，衣康酸和衣康酸基化工产品将会有更广阔的应用领域和市场前景。

八、乙酰丙酸

1. 乙酰丙酸

乙酰丙酸又名左旋糖酸、果糖酸、γ-戊酮酸，常温常压下为白色片状结晶或无色至浅黄色透明液体，低毒易燃，有吸湿性，易溶于水、醇、醚、酮和芳香烃等，不溶于脂肪烃。

乙酰丙酸是一种同时含羰基、α-醇羟基和羧基的多官能团化合物，是合成各种轻化工产品的基本原料，在有机合成和工农业、医药行业上，具有广泛的使用价值。乙酰丙酸的氢化产品 γ-戊丙酯是一种高级溶剂，并可作为制取合成橡胶、耐寒增塑剂及表面活性剂的中间产物。氯化乙酰丙酸可作为工业循环水的抑菌剂。在农业上，氯化乙酰丙酸的胺盐可作为除草剂和落叶剂。在医药上，由乙酰丙酸可制得消炎药与静脉注射剂。

工业中一般不采用生物化学转化法，而大多采用由淀粉、葡萄糖或木质纤维素酸经深度水解的化学法制备乙酰丙酸。通常在盐酸(或硫酸)或其他水解催化剂存在的条件下加热5-羟甲基糠醛，再经5-羟甲基糠醛分解得到乙酰丙酸，经过滤浓缩后，再用减压蒸馏或萃取的方法分离制得成品。有些来自于五碳糖的半纤维素(即木糖和树胶醛糖)的原料也可通过增加一个还原反应和酸处理后生成乙酰丙酸。乙酰丙酸在生物质深加工中可以作为各种糖类基质，所以其也是很多化合物的起始原料。乙酰丙酸生产工艺中的技术难点主要有无副反应的选择性脱水技术开发、多相催化剂(固体酸)开发和目前液相催化剂改良。

2. 以乙酰丙酸为原料生产生物基化工产品

图15-9所示为以乙酰丙酸为原料的九种生物基化工产品的理论转化途径，总体来说，可以归纳为下列三种方式：

① 通过加氢还原反应把乙酰丙酸转化为甲基-四氢呋喃和γ-丁内酯，这些产品可以用作潜在性的氧化性燃料和溶剂。该技术的难点是开发出能耐受生物质发酵液中各种抑制剂的优良催化剂，以及构建出能在温和的操作条件(稍微较低的温度和适当的压力)下选择性还原乙酰丙酸生产醇、内酯和呋喃的工艺。

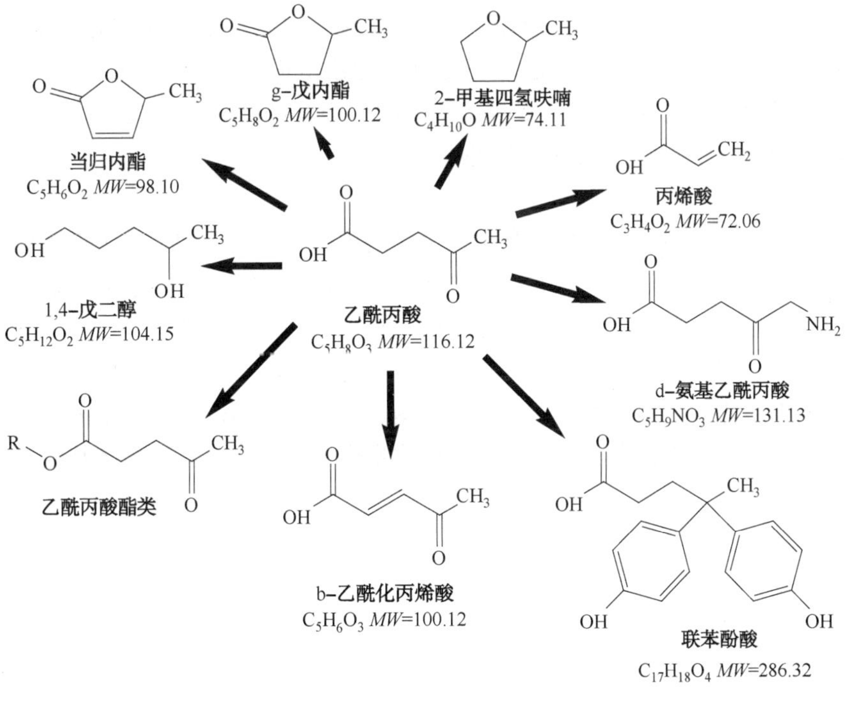

g-戊内酯 $C_5H_8O_2$ *MW*=100.12
2-甲基四氢呋喃 $C_4H_{10}O$ *MW*=74.11
当归内酯 $C_5H_6O_2$ *MW*=98.10
丙烯酸 $C_3H_4O_2$ *MW*=72.06
1,4-戊二醇 $C_5H_{12}O_2$ *MW*=104.15
乙酰丙酸 $C_5H_8O_3$ *MW*=116.12
d-氨基乙酰丙酸 $C_5H_9NO_3$ *MW*=131.13
乙酰丙酸酯类
b-乙酰化丙烯酸 $C_5H_6O_3$ *MW*=100.12
联苯酚酸 $C_{17}H_{18}O_4$ *MW*=286.32

图15-9 以乙酰丙酸为原料生物基化工产品的理论转化途径

② 通过氧化反应，把乙酰丙酸转化为乙酰基丙烯酸酯/盐和丙烯乙酸基琥珀酸，这些化工产品能与其他单体聚合生成功能更为优异的聚合物。该技术的难点较多，包括新型催化剂的开发，其不但能耐受生物基发酵液中的各种抑制剂(例如多糖类)，而且能使所述过程中醇羟基选择性氧化为羧酸基，而越过醇羟基氧化为醛基的过程；安全可靠的密封及其施工技术研究，这可以避免外界的氧化剂如空气、氧气和过氧化氢等进入反应系统设备，避免所述过程的过度氧化；如何在满足工艺要求的前提下，尽量降低所需氧化剂的浓度，以确保生产

系统的安全；如何控制容易进行的由醛酸基到羧酸基和由醇羟基到醛基的选择性反应；开发出性能优异的能在反应系统内起辅助氧化作用的生物酶。

③ 通过缩合作用把乙酰丙酸转化为联苯酚酸，后者可以在聚碳酸酯合成中替代双酚 A。该技术的难点是开发一个成本低廉、比较容易实现的工艺过程。另外，该工艺要能实现对聚合过程、聚合物分子的质量与性质的控制。

乙酰丙酸既有羧酸基又有酮酰基，能通过酯化、卤化、加氢、氧化脱氢、缩合以及其他化学反应，可制得各种各样的产品，例如塑料改性剂、溶剂、医药、工业化学品、香料、农药中间体、有机合成中间体、聚合物添加剂、润滑油添加剂、表面活性剂、印刷油墨、橡胶助剂、化妆品添加剂(包括洗发剂、漱洗用品)等。乙酰丙酸可以转化为甲基四氢呋喃和乙酰丙酸酯化工产品，二者均是汽油和生物质燃料的良好添加剂，所以乙酰丙酸在燃料市场应用前景广阔。乙酰丙酸可用于灭草剂 4-氨基-乙酰丙酸的生产原料，全球市场每年需要这类除草剂约为 91~13.6kt，而其生产总成本约为 4.41~6.61 美元/kg。β-乙酰丙酸是市场需求量巨大的 δ-氨基乙酰丙酸的中间体。乙酰丙酸是生产一种新的高分子材料丙烯酸酯的主要原料，后者的价格约为 2.87 美元/kg，预计年需求量约为 1.0Mt。乙酰丙酸基化工产品联苯酚酸可以替代双酚 A 用于生产聚碳酸酯，而聚碳酸酯树脂年需求量将近 18Mt，价格约为 5.3 美元/kg。已有研究表明，可以通过氧化过程把乙酰丙酸生产丙烯酸类产品，也可通过缩聚反应把乙酰丙酸转化为 *N*-甲基吡咯烷酮的相似物，可以利用全还原反应使乙酰丙酸转化为一种新型聚酯纤维的原料 1,4-戊二醇。

3. 总结与展望

总体来说，乙酰丙酸及相关化工产品的市场潜力巨大，当前的技术工作主要是改良乙酰丙酸的生产工艺，进一步降低生产成本，提高产量与生产率。其中的难点是新型催化剂开发。如果能开发出性能优异的催化剂，那么即使在现有的工艺条件下，乙酰丙酸的产量也可增加 70%。另外，优选出合适的选择性脱水过程，也有利于提高乙酰丙酸的产量。乙酰丙酸能被转化为许多化工产品，例如甲基四氢呋喃、琥珀酸、丙烯酸、联苯酚酸等，而且其市场需求量逐年攀升。随着技术不断进步，生产成本会逐渐下降，乙酰丙酸基化工产品的市场前景将更加广阔。

九、3-羟基丁内酯

1. 3-羟基丁内酯

3-羟基丁内酯是环状四碳化合物，常温常压下为无色或淡黄色的液体，常用作高附加值药物化合物的中间体。

目前，工业生产中多采用以过氧化氢作为氧化剂氧化淀粉的化学反应方法合成 3-羟基丁内酯，该方法步骤繁多，生产成本一直居高不下。但是，生物合成方法仍存在许多技术障碍。例如，需要开发出能耐受生物质中各种抑制剂的催化剂；需要构建出新的合成工艺，能使大多数纤维素能替代淀粉作为主要生产原料。另外，氧化过程需要安全可靠的密封技术以确保外界的诸如空气、氧气和稀过氧化氢类氧化剂不能进入生产系统，而造成过度氧化现象；并且为了生产安全起见，应尽量能降低工艺设备中氧化剂的浓度。这些技术障碍一旦克服，3-羟基丁内酯的生产成本就会急剧下降，其市场前景也会逐渐明朗。

2. 以3-羟基丁内酯为原料生产生物基化工产品

图15-10所示为以3-羟基丁内酯为原料的六种生物基化工产品的理论生成途径。3-羟基丁内酯可以进行开环反应生成结构类似羟基琥珀酸的化工产品，也可以经脱水作用生成结构类似于γ-丁内酯的化工产品，也可以经过酯化作用生成结构类似于丙烯酸内酯的化工产品，并且这些化工产品可用作新型高分子材料的生产原料。总体来说，3-羟基丁内酯基化工产品的生成途径可以归纳为以下两种方式：

① 通过加氢还原反应把3-羟基丁内酯转化为结构类似于呋喃和吡咯烷酮的化工产品，这些产品能用于制作溶剂。该技术的难点是需要开发特殊加氢还原工艺。该工艺不但能选择性加氢还原醛基为醇羟基，而且能实现特定官能团的选择性还原，例如“C=C”上羟氢氧基的加氢还原。另外，该工艺能确保加氢还原反应在温和的条件(常温、常压等)下进行，能控制生产系统中酸式盐的产量与浓度。当然，该工艺过程也需要开发出能耐受生物质原料中各种抑制剂的强壮的催化剂。

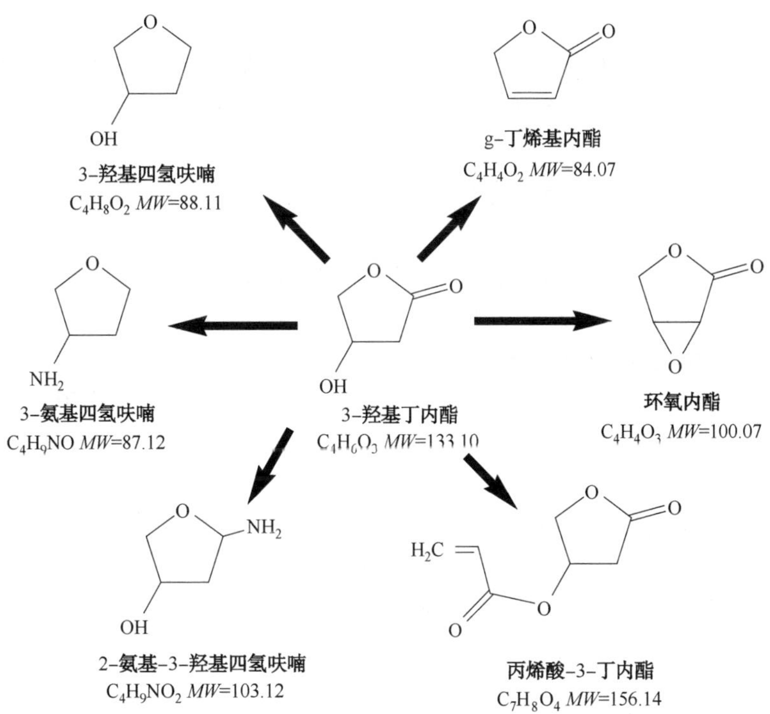

图15-10　以3-羟基丁内酯为原料生物基化工产品的理论生成途径

② 通过直接聚合反应把3-羟基丁内酯转化为结构类似于氨基四氢呋喃的化工产品，其可用于结构类似氨基光纤的生产原料。该技术的难点是开发出特殊的选择性酯化反应工艺，不但能控制歧化反应，而且能控制聚合物的分子质量和性质。

3. 总结与展望

采用化学氧化法生产3-羟基丁内酯工艺流程复杂，生产成本较高，因此，开发出以糖为底物的生物发酵法生产3-羟基丁内酯的工艺是重要的发展方向，这有利于降低3-羟基丁内酯的生产成本，提高市场竞争力。

工业生产中曾经采用化学氧化苹果酸合成制取3-羟基丁内酯，而苹果酸可以经糖类基质发酵生产获得，这就为生物发酵生产3-羟基丁内酯提供了一条思路。苹果酸，也称为2-羟基琥珀酸，可以经化学方法生成羟基琥珀酸酐，后者可以通过还原反应生成3-羟基丁内酯。目前苹果酸的生物化学转化步骤仍较多，首先由生物质氧化发酵生产马来酸酐，然后再通过化学合成方法把马来酸酐转化为反丁烯二酸或顺丁烯二酸，最后利用生物发酵方法将顺丁烯二酸或反丁烯二酸转化为苹果酸。随着生物技术的发展，可能会开发出由糖类生物质直接发酵生产苹果酸的工艺，这或许成本更低。甚至，未来会开发出由糖类生物基质直接发酵生产3-羟基丁内酯的生物转化技术，其必将是一个高效的转化途径。

十、甘油

1. 甘油

甘油又称为丙三醇，常温常压下是无色、无嗅、吸湿性极好、有甜味的粘性液体。甘油能与水、醇及酚互溶，也能与乙二醇、丙二醇、胺类和杂环碱(如吡啶和喹啉等)互溶，微溶于乙二醚、乙酸乙酯和二氧杂环己烷，不溶于烃类。

甘油是重要的工业原材料，广泛用于纺织、印染、造纸、国防、印刷、洗涤剂、日化、制酒、食品、卷烟、玻璃纸、搪瓷、石油、电子、橡胶、塑料、制革、化工、化纤等行业，主要用作保湿剂、保润剂、吸湿剂、润滑剂、柔软剂、软化剂、增稠剂、增塑剂、稀释剂、防冻剂等。全球甘油的年生产能力约1.2Mt，年消费量约1.0Mt。美国是全球最大的甘油生产和消费国。

天然的甘油一般为人造黄油、肥皂行业和生物柴油的副产品；人工甘油多采用丙烯氯化或氧化方法化学合成。美国消费的甘油大约有75%来源于天然，另外25%来源于丙烯合成。所有天然的甘油使用之前均要经过精炼。随着生物质技术发展，生物柴油/汽油副产甘油量越来越多，化学方法的油酯交换反应副产甘油技术早已成熟。生物酶作用下的酯交换反应副产甘油技术是较新的方法，但需要开发出能在甲醇/水溶液体系中保持较高活性的强壮的生物酶，以降低生产成本。

2. 以甘油为原料生产生物基化工产品

甘油可以直接消费，也可以在分子结构上适当修正生成其他化工产品。目前甘油基化工产品主要有三醋酸基甘油、甘油酯(硬脂酸盐、油酸盐)等，其均为化学催化剂催化合成。由于甘油具有独特的分子结构和化学性质，同时又是其他产品的副产物，产量大，所以，如果生产成本较低，那么以甘油为原料生产的化工产品将会具有巨大的市场潜力。甘油也是一种无毒、可食用、能生物降解的化合物，所以甘油基化工产品更容易被公众接受，也将会有很大的环境效益。成本低廉的甘油可能打开高分子材料、乙醚和其他化合物可观的市场。甘油与糖类似，可以通过转化技术生成很多化工产品，例如便宜的葡萄糖、木糖等。从技术的角度来看，甘油多功能结构的开发可以通过九种不同的途径，如图15-11所示，总体来说，可以归纳为以下三种方式：

① 通过氧化反应把甘油转化为不饱和聚合物(类似PLA)和甘油酸，这些不饱和聚合物性能优异，可作为具有新功能聚酯纤维的原料。利用选择性氧化技术可以将甘油转化为一些新的化学中间体，或一些新的化合物，例如歧化聚酯纤维、尼龙等，这些产品市场潜力巨大。根据市场应用情况，聚酯纤维市场年需求量为90万~135万吨，价格大约为2.2~7.7美元/kg，尼龙市场年需求量约为4.08Mt，价格为1.9~4.8美元/kg。该技术难点是需要开

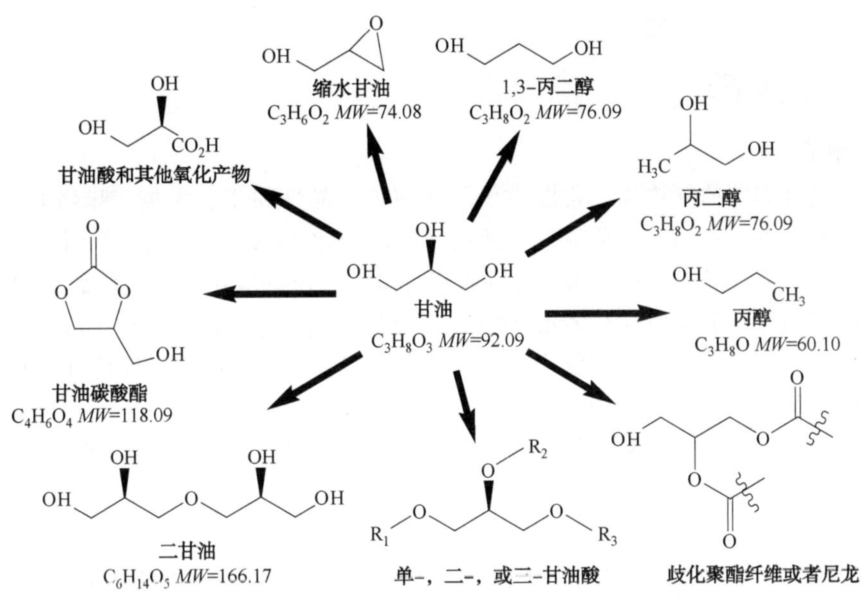

图 15-11　以甘油为原料生物基化工产品的理论转化途径

发出能进行选择性氧化的催化剂，其能应用于诸如甘油的多官能团分子的操作上，能控制醇羟基直接转化为羧酸基的途径。这个氧化过程要尽量使用简单的氧化剂，例如氧气或空气，去完成所需的转化。另外，要避免外界的氧化剂，例如空气、氧气和过氧化氢进入反应系统。所开发的催化剂必须能耐受生物质流体中所含的各种抑制剂。

② 通过氢解作用将甘油中的C—C 和C—O 键选择性断裂生成丙二醇和1,3-丙二醇，这些化工产品可以用作防冻剂、润湿剂等原料，也可以用于生产新型光纤等。利用新的氢解作用技术也可以将甘油转化为贵重的化工中间体。丙二醇(PG)和1,3-丙二醇(PDO)是较有市场前景的化工产品，它们能通过开发相似的催化系统技术来生产。虽然1,3-丙二醇(PDO)可由需氧发酵生产，但是由甘油到1,3-丙二醇(PDO)的直接氢解生产途径的成本可能更低廉。由甘油到丙二醇(PG)的转化也将会需要化学催化剂来完成。美国的丙二醇年消费量达680kt，随着丙二醇(PG)生产能力的提高，丙二醇(PG)可以为甘油提供一个非常巨大的潜在市场。甘油氢解技术的关键是开发出一个成本比当前的石化途径更低廉的氢解生产工艺。另外，一个非常重要的技术难点是需要开发出性能优异的催化剂，其不但能完成C—C 和C—O 键的选择性断裂，而且能耐受生物质流体中的各种抑制剂。

③ 通过直接聚合作用把甘油转化为歧化聚酯纤维和多羟基化合物，它们可以作为不饱和聚亚胺酯和用于隔音、隔热绝缘树脂材料的生产原料。该技术的难点是聚合工艺过程控制，即控制歧化反应的选择性酯化作用程度，控制聚合物的分子质量和性能。

3. 总结与展望

尽管用途广泛，但甘油的市场价格仍较低，并且仍没有一个完善的价格机制，目前，甘油的较高价格约为1.3~2.0美元/kg。甘油是生物柴油生产的一个关键副产物，随着生物柴油市场的扩大，甘油产量会越来越大，生产成本也会越来越低，毛料甘油的最低成本价格会降低大约0.11美元/kg。如果甘油的成本价格能降低到0.44~1.1美元/kg，那么甘油就能成为生物炼制行业内一个潜力巨大的产品。特别是脂肪酸燃料和相关产品消费量的些许增长就能导致甘油需求量急剧增加。

十一、山梨醇

1. 山梨醇

山梨醇是甘露醇的异构体，常温常压下为白色结晶性粉末、无臭、味略甜、微有引湿性、易溶于水、溶于乙醇。山梨醇是一种用途广泛的化工原料，分为医药维生素 C 级、日化级、食品级，在食品、日化、医药等行业都有极为广泛的应用，可用作甜味剂、保湿剂、赋形剂、防腐剂等。山梨醇具有多元醇的营养优势，具有低热值、低糖、防龋齿等功效。

目前，山梨醇全球年总生产能力已达 1.50Mt，主要生产国有法国(约 0.5Mt/a)、美国(约 0.3Mt/a)、中国(约 0.2Mt/a)、日本(约 0.2Mt/a)、德国(约 0.2Mt/a)。2000 年全球山梨醇消费量超过 1.0Mt，为各种糖醇之首，主要消费国家及地区为美国、西欧、日本，其中维生素 C 用山梨醇约占 20%左右，食品添加剂和日用化工用量也比较大。近几年山梨醇的需求量平稳上升。

山梨醇的主要生产方法是采用镍基催化剂对葡萄糖进行加氢还原的化学法，工业中多采用间歇工艺生产。这种方法没有任何技术难点，而且能确保葡萄糖完全转化，山梨醇的生产率可达 99.7%。采用这种方法的主要原因是山梨醇主要用于医药、食品和化妆品等行业，这些行业对山梨醇中所含杂质酸量有严格的要求。

2. 以山梨醇为原料生产生物基化工产品

图 15-12 为以山梨醇为原料的七种生物基化工产品的理论转化途径。总体来说，可归纳为下列三种方式：

① 通过脱水反应把山梨醇转化为异山梨醇和山梨醇糖酐，后者可以生成结构类似于

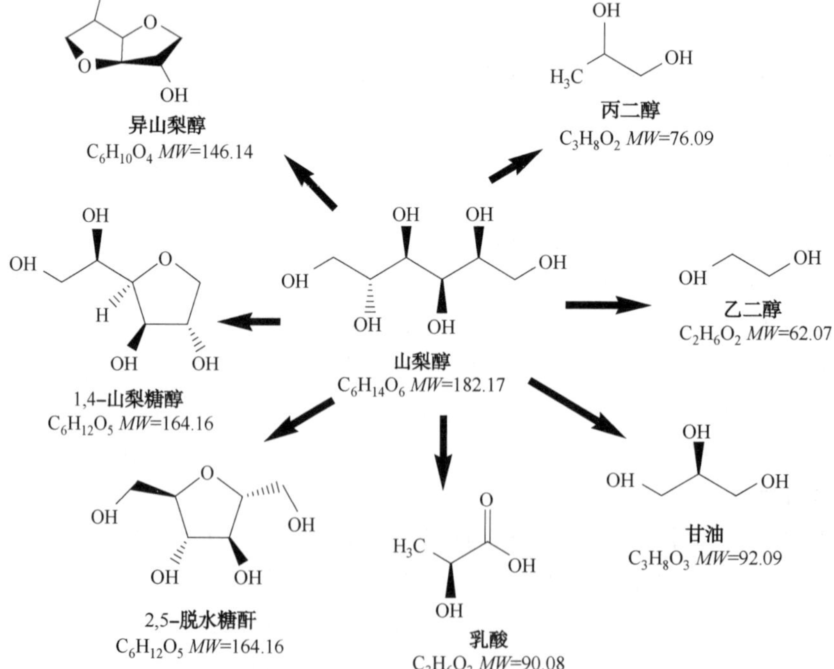

图 15-12　以山梨醇为原料生物基化工产品的理论转化途径

PET 的高分子材料，如聚乙烯异山梨醇、聚对苯二酸盐或酯等。该技术的难点是开发无副反应的选择性脱水工艺和新型的多相催化剂(如固体酸)。这种催化剂能在由醇羟基脱水生成糖酐或内酯过程中起决定性作用，能用于取代当前工艺中常用的液相催化剂。如果以上技术难点得以克服，可使以山梨醇为原料生产异山梨醇的生产率由目前报道的最高值 76%提高至 90%，这有利于降低异山梨醇的生产成本。

② 利用氢解作用把山梨醇转化为丙二醇和乳酸等二醇类化工产品，这些化工产品可作为防冻剂和不饱和聚酯的生产原料。该技术的难点是高生产率的丙二醇生产工艺开发，该反应工艺能在氢解过程中辨识 C—C 或 C—O 键。这非常困难，目前文献中报道的最好的结果是产率是 35%，而该产率达到 60%才有商业利润。另外，能耐受生物抑制剂的催化剂开发也是当前的技术难点之一，特别是能大幅提高丙二醇的产率的新型催化剂的开发尤为迫切。

③ 利用直接聚合作用把山梨醇转化为歧化多糖，后者可以用作水溶性高分子(水处理剂等)，并且能与其他二醇类物质共聚合生成新的化合物不饱和高分子树脂。该技术的难点是如何控制歧化反应的选择性酯化作用程度以及如何控制高聚物分子质量和性质。

3. 总结与展望

山梨醇是一种应用前景广阔的化工产品，山梨醇基化工产品较多，其应用领域广泛。全球山梨醇及相关化工产品年产量将近 2.0Mt，并且年需求量稳步增长。由葡萄糖加氢生产山梨醇的工艺成熟，工业放大也较为容易。以山梨醇为原料的成本最低的化工产品是异山梨醇，它能显著提高高分子材料的脆性转变温度。以山梨醇为原料生产化工产品的技术多年来没有新的进展，唯一的变化是在间歇生产过程的基础上开发出了连续生产过程。我国每年需要进口 3 万多吨山梨醇，随着生物技术的发展，山梨醇及相关化工产品的需求量会越来越多。

十二、木糖醇和阿拉伯树胶

1. 木糖醇和阿拉伯树胶

木糖醇是木糖代谢的中间产物。常温常压下，纯木糖醇外形为白色晶体或白色粉末状晶体，无臭、无味、凉甜、易吸湿、易溶于水、微溶于甲醇。

自然界中，木糖醇广泛存在于果品、蔬菜、谷类、蘑菇之类食物和木材、稻草、玉米芯等植物中，它可用作甜味剂、营养剂和药剂，在化工、食品、医药等工业中应用广泛。世界木糖醇总生成能力不足 50000t/a，远远不能满足需求。

天然的阿拉伯树胶产于双子叶植物、药豆科植物阿拉伯树的树皮，可作为糖酐、不饱和聚酯等。在医药、食品、日化、印刷、涂料等行业应用广泛。

实验室内，可由五碳木糖和树胶醛糖通过加氢还原作用生成木糖醇和阿拉伯树胶。目前有小批量的商业生产木糖醇的工艺问世，而尚未见报道有阿拉伯树胶的商业化生产方法。最新研究表明，在生物质液体燃料开发过程中部分生物质预处理溶液中可以萃取分离出五碳木糖和树胶醛糖，它们可以通过加氢还原转化为木糖醇和阿拉伯树胶。

对于糖醇而言，五碳木糖的加氢反应过程受控于活性氢催化剂的开发，例如镍基、钌基、铑基催化剂，这在实验室和小试规模中，技术上没有任何困难，完全可以参照由葡萄糖到山梨醇的转化工艺，当务之急是开发出适合工业规模的木糖醇和阿拉伯树胶酸生产工艺。另外，也可以采用生物化学转化方法，从木质素水解工艺中提取生物质前处理液体中的五碳糖类产物来生产木糖醇和阿拉伯树胶，其技术难点在于从杂质糖中分离纯化出所需要的产品。

2. 以木糖醇和阿拉伯树胶酸为原料生产生物基化工产品

图 15-13 为以木糖醇为原料的生物基化工产品的理论转化途径，以阿拉伯树胶为原料生产生物基化工产品的途径与之类似。总体来说，可归纳为下列三种方式：

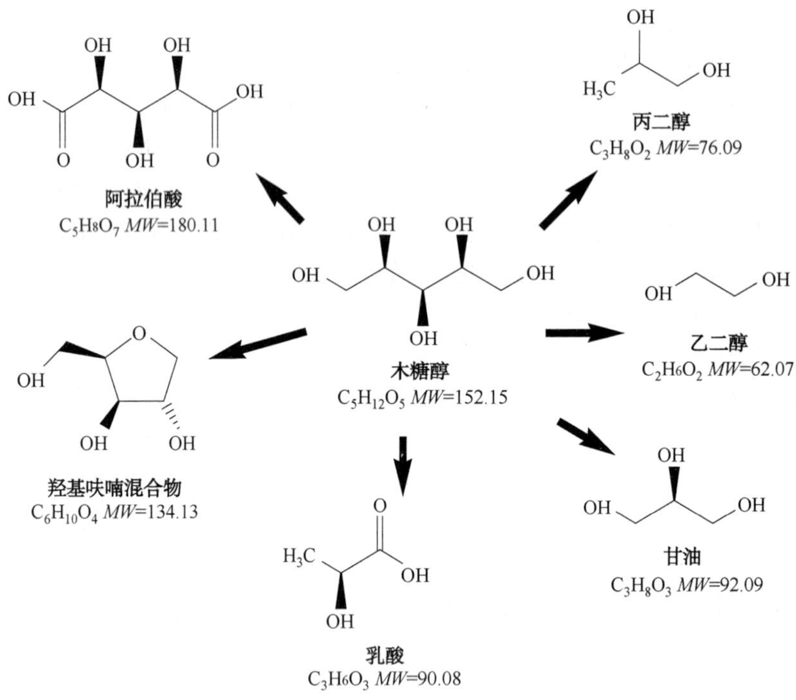

图 15-13　以木糖醇为原料生产生物基化工产品的理论转化途径

① 通过氧化反应把木糖醇或阿拉伯树胶转化为木质素酸、木质纤维素酸、阿拉伯糖酸和阿拉伯树胶酸，这些化工产品可能有新的应用价值。该技术的难点是开发一套多种酶制剂综合氧化作用下的高效低成本的生产工艺。这个工艺能较好地控制由醇羟基到羧酸基的选择性氧化程度；在安全和生产需要的前提下，可以使生产系统中氧化剂的浓度尽量降低。另外，需要开发出性能可靠的密封技术，能防止外界氧化剂如空气、氧气和稀过氧化氢等进入生产设备和管道，使得产物过度氧化。最后，还需要开发出一种性能优异的催化剂，其不仅能耐受糖基生物质流体中所含的各种抑制剂，而且能较容易地使分子基团中的醛基选择性地氧化为羧酸基和使醇羟基选择性地氧化为醛基。

目前研究较多的该类化工产品是木质素酸，其可以通过选择性氧化木糖醇生成。工业生产木质素酸的工艺是借鉴已报道的将山梨醇氧化为葡萄糖二酸的化学氧化方法，但木糖醇的转化效率只有 60%，经济性不高，而且从混合物中分离出葡萄糖二酸是相当困难的。因此，需要开发出新型催化剂以提高木质素酸的生产率。另外，急需开发出新型木质素酸生产工艺，该工艺中最好能采用与硝酸或过乙酸性质不同的氧化剂，而且必须使总产率达到或超过 90%。如果以上技术困难得以克服，那么木质素酸的商业生产经济可行。

② 通过氢解作用使木糖醇或阿拉伯树胶分子基团中的 C—O 或 C—C 键断裂生成多羟基

化合物丙二醇、乙二醇和乳酸等二醇类物质，这些产品可用作防冻剂或不饱和聚酯生产的中间体。理论上，由木糖醇生产乙二醇和丙二醇的产率可达 80%，产率若能提高到 90%以上，经济性会更好。目前的技术难题是开发出一种低成本高转化率的木糖醇氢解工艺，其能对 C—O和 C—C 键进行特异性识别和断裂，该工艺中的催化剂能耐受生物质流体中所含的各种抑制剂。如果以上技术难点得以克服，那么二醇类化合物的生产成本就会相当低廉，就可以开发一种由混合糖，包括木糖、树胶醛糖和葡糖等，生产二醇类产品的工艺，初级产品是丙二醇，次级产品是乙二醇。这就可以大幅提高丙二醇、乙二醇和乳酸等二醇类化工产品的经济性。

③ 通过直接聚合反应把木糖醇或阿拉伯树胶转化为聚木糖醇、聚木质素、聚木质纤维素、聚酯纤维、尼龙和聚阿拉伯树胶酸，这些聚合物可能有许多新的潜在应用。木糖醇和阿拉伯树胶可与二醇类化合物发生聚合反应生成不饱和聚酯类高分子材料，这可能会产生许多新型高分子材料和拓展出高分子材料新的应用领域。该技术的难点是开发出聚合反应工艺控制技术，能控制支路反应的选择性酯化作用程度，以及控制生成的聚合物分子质量和性质，这对新型高分子功能材料的开发非常重要。

3. 总结与展望

以木糖醇和阿拉伯树胶醛糖类五碳糖为原料生产大宗化工产品市场潜力巨大。借鉴由葡糖生产山梨醇的工艺技术，理论上，由木糖生产木糖醇，以及由木糖醇生产化工产品的过程几乎没有任何技术难点，并且木糖转化为木糖醇的转化率也可达 99%。但目前仍未能实现工业级的木糖醇连续生产，这说明在木糖转化为木糖醇的过程中存在有很多预先未知的困难，这需要在工业逐级放大中才能碰到。另外，目前仍难以获得清洁便宜的生产木糖的原料，这也导致木糖醇的生产成本居高不下。随着科技的进步，未来会逐步降低木糖醇和阿拉伯树胶生产成本，也会有更多价格低廉、功能新颖的木糖醇和阿拉伯树胶基化工产品问世。

第三节　木质素基化工产品

木质素来源丰富，价格低廉，秸秆、芦苇、草、木材、造纸废液和废纸等均富含木质素。目前实验室内利用木质素可以合成 50 多种化工产品，随着技术的不断进步，未来会有更多的木质素基化工产品被开发出来。但是，能实现工业规模生产的木质素基化工产品仍较少，主要原因是原料中木质素的分离提取非常困难，木质素生物炼制技术仍不成熟。根据木质素基化工产品未来可能工业化生产的时间，把它们分为三类：①近期目标产品：主要利用木质素是清洁碳燃料的特性，生产电、热、绿色燃料和合成气；②中期目标产品：主要是利用木质素生产改性的天然大分子物质，高分子聚合物材料；③远期目标产品：主要是对木质素大分子结构进行局部破碎，生产芳香族类化工产品。近期是指 2016 年以前，这一时期木质素基化工产品开发所必须的生产技术，例如高温热解和合成气技术，已经被成功开发出来。中期是指 2016 年到 2026 年之间的 10 年，在一些重大理论和技术突破以后，将能利用木质素生产结构类似天然高分子物质、聚合物材料等；长期是指 2026 年以后，在重大新理论和新技术获得突破以后，能利用木质素直接接触反应生成生物质汽油、合成香料和复合单体类化工产品。只要技术上获得突破，可利用木质素原料生产更多的化工产品。下面对每类木质素基化工产品的技术难度和经济性进行分析。

一、近期目标木质素基化工产品

2016年以前，木质素原料的生物炼制大多用于生产压缩清洁燃料、热、电、蒸汽、合成气。尽管近期木质素基化工产品开发中仍有些技术挑战，但是目前这类产品基本上已经没有较大的技术难度，仅仅是工艺过程的进一步集成和工艺参数优化以降低生产成本。

木质素气化合成过程可以单独进行，也可以耦合其他过程进行。气化合成最佳的最终产物是乙醇，最重要的单元设备是气化炉。图15-14为以林业加工剩余物为原料，利用木质素气化合成生产化学甲醇、乙醇等化学醇工艺；图15-15为耦合生物发酵技术，以秸秆和干草为原料气化合成生产乙醇工艺。

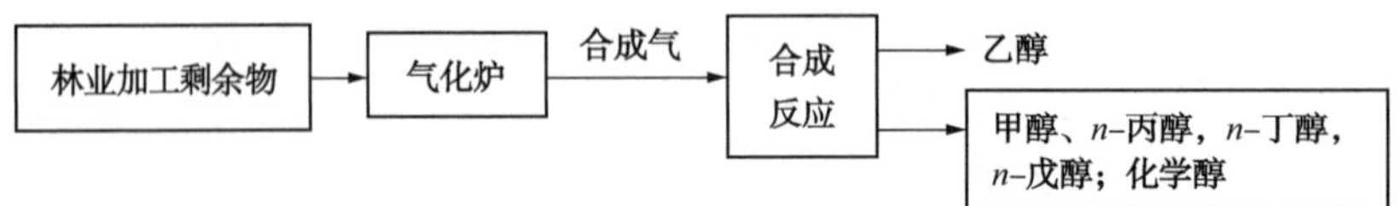

图15-14 木质素气化热化学生产化学醇工艺

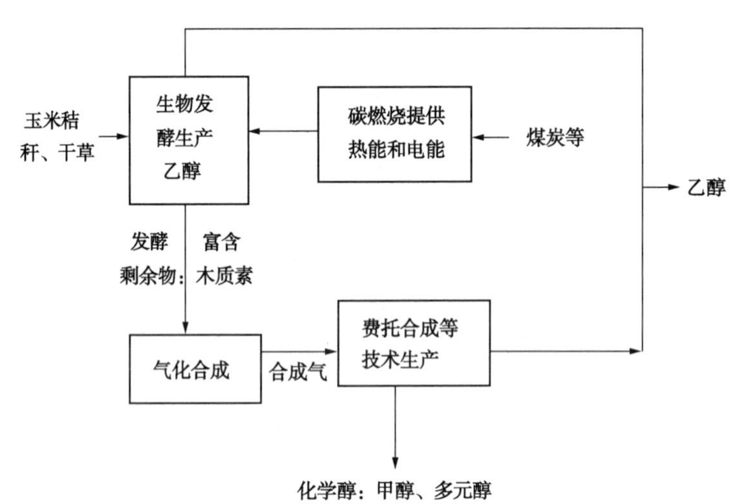

图15-15 热化学和生物化学耦合的木质素气化合成生产化学醇工艺

利用快速热裂解技术可以将木质素转换成热裂解油或生物燃油等液体产品。但是初级裂解生物油的黏度变化和氧化性很不稳定，需要进一步加氢还原处理才能作为燃料。木质素热裂解油可以替代由石油精炼工艺生产的汽油/柴油。目前该产品的商业化仍需在以下三个方面加强技术研发：①初级热裂解油预处理技术，木质素初级热裂解油性质非常不稳定，很容易过度氧化，所以防止过度氧化的油品保护和冷却技术至关重要；②木质素热裂解油的储存和运输技术，生物热裂解油输运过程中也会氧化变质，需要开发催化剂阻止某些化学反应以保证油品；③稳定木质素热裂解油的催化剂与当前石油炼制产品所采用的催化剂间兼容性的验证，以及木质素生物炼制和石油炼制过程兼容性的验证。另外，这些催化剂的寿命仍是一个问题。

木质素快速热解的条件一般是在一个大气压、500℃和催化剂作用下，在0.5s内裂解完毕。快速裂解过程可以单独进行，也可以耦合气化、生物化学过程进行。图15-16为林业加工剩余物中木质素的热裂解单独进行的过程，初步裂解产物为水溶性热解液、热裂解油和未裂解的木质素，再利用水相重整和合成技术将裂解产生的水相和油相产物转化为乙醇、甲醇和多元化学醇；再次裂解剩余的木质素并利用氢化重整技术可制取生物汽油/柴油。图 15-17为以玉米秸秆为原料，首先利用生物发酵方法生产乙醇，再利用热裂解技术处理富含木质素的发酵剩余底物生产生物汽油。这两个典型过程代表了目前不同木质素原料的不同裂解工艺。热裂解油的主要成分是愈创木酚，热解液大多是淀粉、纤维素类多糖的裂解物。另外，热解过程中可能会伴随产生气化合成气和甲烷。

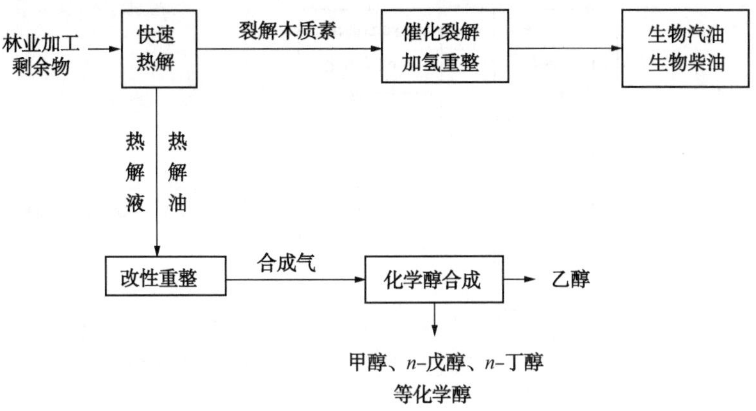

图 15-16 林业加工剩余物热裂解制取多元化学醇和生物汽油/柴油工艺

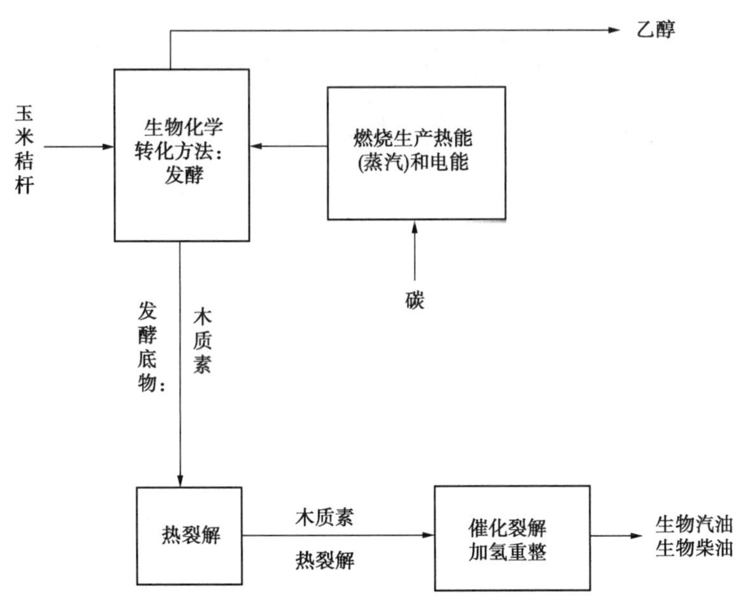

图 15-17 生物化学发酵耦合热化学裂解玉米秸秆生产乙醇、生物汽油/柴油工艺

一种新型的汽油也是木质素基化工产品开发的近期目标之一。这方面的研究比较多。相对成熟可行的是美国可再生能源实验室(NREL)所开发的生产工艺，它能把木质素转化成多种带支链的芳烃化合物，这些化合物可以加入到石化汽油中以提高燃烧效率，也可以单独燃烧驱动发动机。该转化的基本过程如图 15-18 所示，转化产物可作为一个新配方汽油的混合组成。第一步，利用碱性催化剂的解聚作用，把木质素聚合物转化为结构类似酚类的化合物；第二步，对木质素解聚生成的混合物进行加氢脱氧；第三步，对加氢脱氧混合物进一步

加氢裂化。该木质素转化过程的最终产品是环烃和芳烃混合物，该混合物的燃烧性质与汽油类似。该工艺已经实现工业小试规模生产，小试生产的类似汽油的混合物在火花点燃式发动机燃烧驱动测试中结果良好。该木质素基汽油的开发需要进一步完善工艺过程和开发出活性高、寿命长的催化剂。虽然工业小试取得了成功，但是在工业放大过程中仍有许多意想不到的技术困难，该木质素基汽油燃料不但要燃烧性能好，而且生产成本低廉，否则就不会被消费者和市场认可。

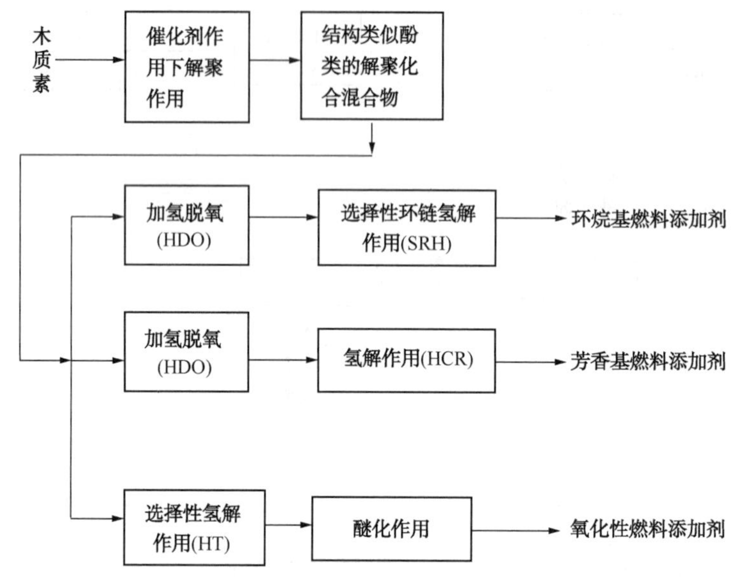

图 15-18　木质素催化解聚加氢生产新型生物液体燃料

总体来说，以木质素为原料生产近期能商业化的化工产品主要有以下六点：

① 木质素燃烧产生热能，热能既可以用于产生蒸汽发电，也可以直接应用。这在技术上没有任何困难，但是可靠的低成本高效率的木质素燃烧工艺开发一直是该领域内的关注的焦点。

② 利用热化学技术气化木质素，并把气化合成气转化为二甲醚、化学醇、生物石蜡燃料。该类产品已经有比较切实可行的工业化生产技术问世，但在工业放大过程中可能会碰到新的技术困难，另外，木质素气化后生成的混合气的经济的分离纯化单元操作开发一直是科研开发的重点。

③ 利用热化学技术气化木质素，并结合费托合成技术把合成气转化为清洁燃料。这类产品的技术接近成熟，存在的主要难点是需要开发出活性高寿命长耐受性好的催化剂，需要改良目前所开发的转化工艺以尽可能地减少甲烷的含量。当然，在工业逐级放大过程中，这类产品的开发可能会遇到新的技术难题；并且经济可靠的分离单元操作开发一直是木质素气化领域内技术研发的重点。

④ 把木质素热化学气化的合成气转化为燃料乙醇、燃料丙醇、燃料丁醇等燃料多元化学醇。这类产品开发技术在实验室和小试规模上已经获得成功，目前存在的技术难点与木质素气化合成气生产清洁燃料类似，需要开发出性能优异的催化剂，改良目前的工艺，尽可能生成更多的乙醇和多元化学醇，而减少甲醇的生成量。当然，在工业逐级放大过程中这类产品开发也可能会遇到新的技术难题；同时，经济可靠的分离单元操作开发一直是木质素气化

领域内技术研发的重点。

⑤ 利用快速热解技术把木质素转化为性能类似石化产品的裂解生物油、清洁燃料等化工产品。在实验室内，这类产品开发已经取得了成功，也有工业小试规模生产的报道。目前这类产品开发的技术难点是需要开发出经济可靠的稳定剂，以防止木质素热裂解油在冷却和输运过程中氧化变性。因此，经济可靠的热裂解油的稳定改性机理研究是当务之急。当然在工业放大过程中也会遇到许多技术难题。

⑥ 利用催化解聚作用，并结合氢化脱氧或氢化裂解技术，把木质素转化为性能类似石化汽油/柴油的生物质改性燃料油。这类产品的实验室规模开发过程已经成熟，目前亟待开发工业规模的小型示范厂。技术上的难点主要是需要开发出长寿命活性高的催化剂，另外，该转化工艺步骤繁多，经济性差，因此，低成本、步骤简单的木质素改性燃料油生产工艺开发是未来该技术研发关注的焦点之一。当然，这类产品在工业逐级放大过程中也会遇到许多困难。

二、中期目标木质素基化工产品

2016 年到 2026 年间的 10 年内，随着一些重大理论和技术突破以后，将会有以木质素为原料生产的结构类似天然高分子物质、聚合物材料问世。其实，目前已经有部分的这类产品应用，例如木质素磺酸盐。这类产品都是大分子，主要用作分散剂、乳化剂、粘合剂、碳纤维、树脂、填料和螯合剂。

木质素是天然的产量第二丰富的高分子化合物，其本身有很多独特的性质，但是很难将单体木质素从生物质混合原料中分离出来，目前仅能分离出一大类混合木质素。一旦能实现木质素单体分离纯化，并对木质素形成理论获得重大认知，那么就可以利用化学改性技术把木质素转化为具有新功能的聚合物材料。

以木质素为原料开发中期目标产品大多是利用木质素的聚合物和聚电解质性质，随着适当的化学和催化过程的发展，木质素这些特性的商业应用可以极大地扩展到高价值的大分子单体和聚合物的应用。通过适当的化学改性可以控制和增强木质素的聚电解质和化学反应活性，甚至包括共聚反应、与其他单体和聚合物兼容性特性，这可以生成许多具有未知新功能的木质素基高分子聚合物材料。利用甲基化试剂甲醇-盐酸、重氮甲烷、甲基碘-氧化银、硫酸二甲酯-氢氧化钠等，可使木质素分子中的羟基、羧基和羰基等烷基化。利用卤族试剂使木质素的芳环上 C_1、C_5 和 C_6 位发生氯化、溴化、碘化反应，同时可能伴随侧链的断裂。在催化剂或引发剂作用下，利用木质素的自由基反应活性，使木质素与烯类单体发生游离基接枝共聚反应，通过木质素或木质素磺酸盐与丙烯酰胺、丙烯酸、苯乙烯、丙烯酸丁酯、丙烯酸甲酯等的接枝共聚反应，可以得到一些具有优良性能的高分子聚合物。在碱的催化下，木质素与甲醛能发生缩合反应，生成木质素酚醛树脂。在一定条件下，木质素还能与苯酚发生缩合反应，生成木质素-苯酚缩合物。木质素磺酸盐与甲醛的缩合反应能显著提高改性木质素对无机盐的分散能力。木质素磺酸盐与甲醛、三聚氰胺磺酸或 β-萘磺酸盐共聚缩合反应可制备超塑化剂。木质素分子含有很多活性基团，其骨架苯丙烷结构具有疏水非极性，羟基、羧基等官能团是亲水性活性极性基团，通过化学改性，可以显著改善木质素的表面活性、粘合性、络合性等性能，工业用途广泛，可以作为农药、染料的分散剂、水泥的外加剂、水处理剂、沥青乳化剂、井泥浆稀释剂、三次采油用化学剂和液体燃料乳化剂等。通过适当的化学反应在木质素分子中引入恰当的亲水、亲油基团，然后可以再制备为钠盐、钾盐、铵盐、铬盐和非离子化合物等新型表面活性剂，例如磺化改性处理、烷基化改性处理、胺化改性处理等。

以木质素为原料的中期目标化工产品较多，有些已经实现商业生产和工业应用，大体上有三类中期目标产品的工业用途广泛，商业价值较高。首先是木质素基碳纤维产品，这可以替代许多石油基化工产品，例如聚丙烯腈（PAN）。该产品的技术开发已经取得了初步成功，如图 15-19 所示，经低温热解后木质素的分子在催化剂的作用下可在溶液状态旋转重新排列为比较整齐的三维网状结构，再经高温氧化处理为性能优异的碳纤维。这种碳纤维的强度高、密度小、柔韧性好，可以替代钢材用作机动车的某些零部件。到 2030 年，美国计划在国内乘用车约 10%的零部件将采用木质素基碳纤维制造。这不但能降低汽车重量，提高燃油经济性，而且有利于减少对石油原料的依赖和环境保护。

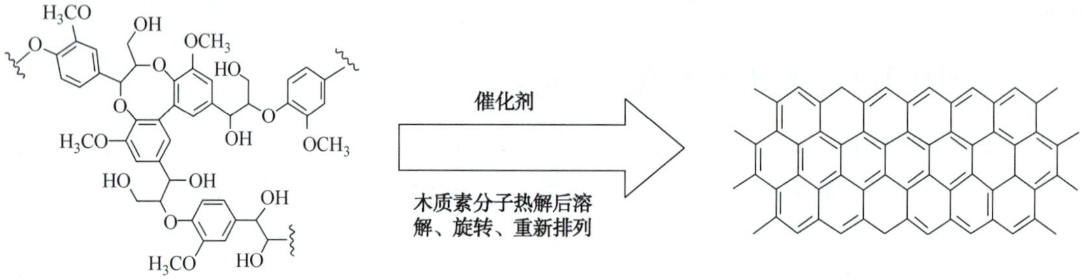

图 15-19　低温热解木质素生成碳纤维

木质素基碳纤维产品的开发过程中首先要对富含木质素的生物质原料净化除杂，去除多糖、盐、微粒污染物、水和其他挥发成分，其实也即是混合型木质素组分的分离纯化。目前实验室规模的分离纯化成本比较高，要实现低成本的木质素分离纯化还是相当困难。接着分离出的木质素单体或混合体可以被加热熔融为液态，在催化剂的作用下去除一些侧链基团或重新排列形成致密的排列整齐的网状结构。这其中最大的困难是木质素的分子量大多具有分散性，如何选择催化剂和调整工艺参数，使其中一定分子质量分数的侧链选择性移除比较困难。当然，低廉高效的木质素熔融技术开发也相当重要，同时切实可行的木质素基碳纤维改良剂和性能稳定剂的开发将有助于温度这类产品的性能，优化其玻璃态转换温度、热传导系数、熔体流动性和熔点特性。另外，如何处理不同生物质来源的木质素以提高碳纤维的生成量和收益率也是目前研究的焦点之一。

采用化学改性提高木质素聚合物的性能可能是成本低廉简单可行的，例如新型木质素基填料或高附加值的聚合物材料。改性木质素基聚合物是未来 10 年内最具价值的新型高分子功能材料，提高木质素聚合物与金属的相互溶解度、交联度以及控制二者交联的程度和聚合物颜色是未来该领域内主要研究内容。涉及到的技术开发包括可预测的分子量控制、灵巧的反应活性功能开发和聚电解质功能开发。分子量控制可能包括多分散性、解聚、分子量的增加、分子间交联或增加酚醛功能。经化学改性的木质素聚合物可用于生产高强度工程塑料、耐热聚合物底层材料、抗菌表面、高强度和无甲醛的胶粘剂、质量轻能抗紫外线的新型聚合物工程材料等。当然，如果能控制新型木质素基聚合物功能材料的颜色将会极大提高其附加值。

源于生物质的木质素基树脂/粘合剂/胶结剂中不含甲醛，而甲醛被认为是一种致癌物质，所以这类产品的市场前景广阔，特别是在包装市场、建筑市场、甚至军事领域内的应用潜力巨大。目前的技术大多着重于开发切实可行的高效率的方法，控制聚合物的分子量和黏度。在木质素分子上增加一些官能团，例如，羰基化、羧化、胺化、环氧化和醚化等，也可以使甲氧基转换为酚醛等，提高木质素基树脂/粘合剂/胶结剂抗氧化能力和热稳定性。同时，在木质素分子上增加的官能团有助于为这类产品提供一致的机械加工性能，有利于控制产品颜色和提供精确动力学控制。另外，如何确保该类产品物理性质的各向同性以提高产品的实际应用效果，也将是技术开发的焦点之一。

未来 10 年内，以木质素为原料能实现商业生产的具有较高价值的大分子物质主要有碳纤维、改性木质素聚合物、粘合剂和树脂。虽然这些新产品的研究早已展开，也有很多取得了实验室规模的成功，甚至有部分商业产品问世，但是不同产地和不同种类的木质素有显著不同的化学反应特性，其分子量分布、熔点与聚电解质性质也有差异。这说明木质素基的大分子高聚物产品的开发会有很多难以预料的技术难题。总体来说，这些新产品的开发要注重突破以下技术难点：

① 木质素基碳纤维：主要的技术难点有开发出低成本高效的木质素原料的分离纯化单元操作；性能优异的热解催化剂研究和低成本木质素基碳纤维生产工艺开发；热解状态下球状木质素熔融、侧链去除、分子结构重排机理研究。

② 木质素基高分子材料改性剂：主要的技术难点有提高与其他高分子的溶解度和兼容性的低成本改性技术开发；木质素基高分子材料改性剂生产工艺控制技术开发，能控制所生成的改性聚合物的分子量、改性聚合物的颜色、改性聚合物的电解性质；改性木质素基聚合物功能性官能团的增强机制开发。

③ 木质素基树脂/粘合剂/胶结剂：这类产品原料来自天然生物质，整个加工过程无甲醛，最终产品也不含甲醛，这类产品将会导致包装、工程塑料、建筑建材领域内新的技术变革。主要的技术难点有生产工艺控制开发，能实现该类产品的分子量、黏度和颜色控制；该类产品分子中功能性官能团(羰基化作用、羧基化作用、二甲醚化作用)的完善以提高该类产品的抗氧化性和稳定性；提高加工能力，确保生产的该类产品物理性质的各向同性。

三、木质素基芳烃类化合物

木质素分子结构的主体是苯丙烷，如果能有办法把木质素长链结构断裂，就有可能生成大量的芳香族化合物。由于木质素产量大、原料易得、可以再生，所以如果该类技术得以突破，那么木质素就会成为重要的高容量的芳烃化合物的唯一可再生资源。这不但能减少对石化原料的依赖，而且源于生物质的芳香族化合物将会对合成香料等行业产生重大影响。各国的科技人员已经开始了这方面的研究，2026 年以后，在重大新理论和新技术获得突破以后，能利用木质素直接接触反应生成生物质汽油、合成香料和复合单体类化工产品。

由木质素分子解聚生产芳香族化合物是木质素原料利用的远期技术目标，这具有非常大的诱惑力，一旦实现，将会对未来合成香料、食品加工、化妆品、日化、化学添加剂等行业产生巨大的影响。不同生物质来源的木质素基本上有两种不同的结构，所以，未来技术的发展可能生产出两类化合物。其中之一，由于自发的非选择性解聚作用，使得木质素分子上碳-碳键和碳-氧断裂，生成以苯、甲苯、二甲苯和苯酚形式的芳烃化合物和以 $C_1 \sim C_3$形式的脂肪族化合物，如图 15-20 所示，这些化合物是常见的石油化工产品的生产原料。当然，若能开发出选择性木质素解聚反应途径，那么就能以木质素为原料生产所需的各类芳香族化合物，这在目前技术上确实很难有所突破。但是，自发的、非选择性的木质素大分子解聚反应途径开发较为容易，这已经引起了广泛的关注。

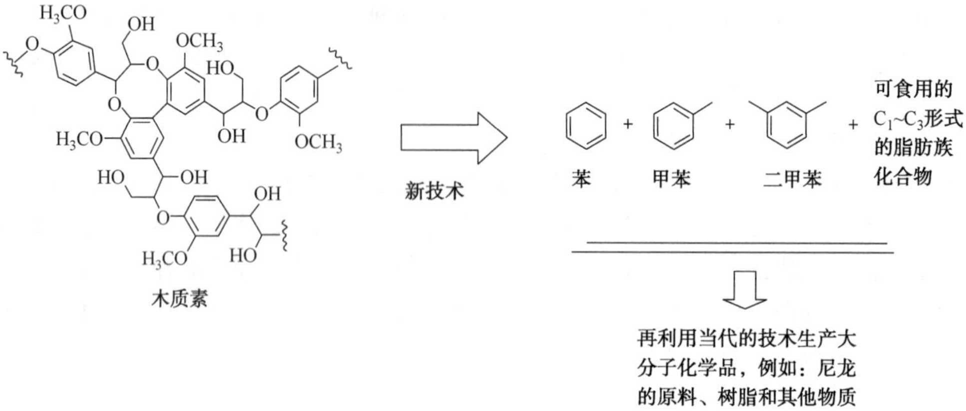

木质素

新技术

苯 + 甲苯 + 二甲苯 + 可食用的 C_1~C_3形式的脂肪族化合物

再利用当代的技术生产大分子化学品，例如：尼龙的原料、树脂和其他物质

图 15-20　木质素解聚生成苯、甲苯、二甲苯等芳香族化合物

对于以木质素为原料生产化工产品的技术开发途径，目前还有一种观点，就是应用选择性解聚技术，使木质素分子中的 C—C 键和 C—O 键破裂，可以产生大量的复杂的芳烃，而这些芳烃化合物目前仍很难通过传统石油化工技术工艺路线制取。如图 15-21 所示，这些芳烃化合物与木质素的基本结构单元密切相关，如果未来能以木质素为原料制取，进行工业化商品生产，那么就要解决三个最基本的技术问题。首先，需要开发出新技术，能把木质素单体从生物质原料中分离出来，这在目前比较困难，但是对于木质素工业来说至关重要。其次，需要开发出能使木质素单体分子高度选择性键断裂技术，然后才能从混合物中进行分离纯化出不同的芳烃化合物。这种技术的开发将会比生产苯、甲苯、二甲苯或酚类化合物的过程更加困难。最后，不同种类木质素分子单体的性质研究，以及木质素选择性解聚后产生的各种芳烃化合物的性质研究，这有助于这类产品的功能开发以适应市场需求。木质素原料远期目标产品大部分没有在市场上大规模应用，而且大部分的化学工业一般使用单体分子作为生产原料，如果使用解聚混合物作为化工原料，难度很大。所以，需要在重大新理论和新技术获得突破以后，才有可能实现木质素分子选择性解聚产物的商品化。

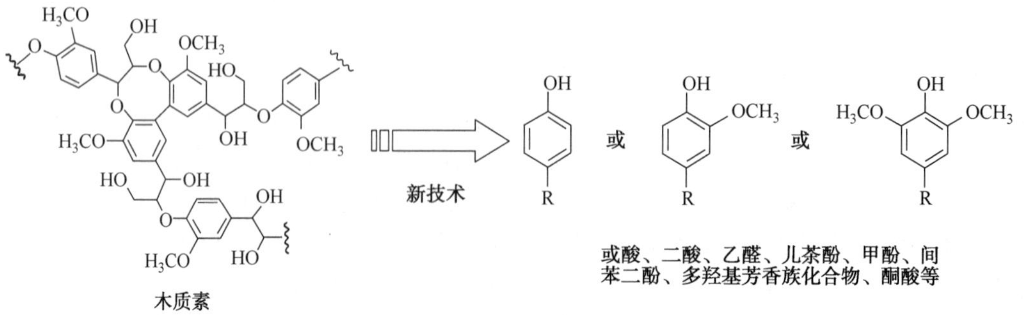

木质素

新技术

或　或

或酸、二酸、乙醛、儿茶酚、甲酚、间苯二酚、多羟基芳香族化合物、酮酸等

图 15-21　大分子单体的木质素的解聚产品生成过程

在木质素加工过程中，伴随着芳香族化合物的生产，也会产生一些低分子量的副产物，

例如脂肪族化合物（$C_1 \sim C_3$）、甲酸、乙酸和石蜡等。这些低分子量物质可以用作催化重整合成气、烷基化汽油或丙烷燃料。另外，石蜡和脂肪族化合物也可以脱氢裂化产生更低分子量物质。当然，这些低分子量副产物也可以燃烧发电或产热，为木质素加工过程提供能量。

利用木质素为营养基，采用发酵技术生产化工产品，这也是木质素基产品开发的良好思路。对此，学术界的研究兴致较高，商业上可行的木质素发酵技术，大多基于生物学原理，如用改良的“白腐”真菌作为发酵菌种。虽然，这是一个高风险的研究领域，但目前也有实验室成功发酵生成了一些化工产品，例如“白腐”真菌发酵木质素生产2-酮己二酸。

以木质素为原料生产的远期目标化工产品较多，甚至有些是未知的产品。目前可预见的产品主要有以下九类，在其开发过程中可能会遇到的技术困难如下：

① 木质素基苯、甲苯、二甲苯。主要的技术难点是需要开发出促使木质素解聚的新型催化剂，能实现选择性脱羟基作用、脱甲氧基作用、脱烷基作用；在这类产品开发过程中，可能需要开发出类似化学工业的催化重整技术。

② 木质素基苯酚。主要的技术难点和①项类似，需要开发出促使木质素解聚的新型催化剂，能实现选择性脱羟基作用、脱甲氧基作用、脱烷基作用；在这类产品开发过程中，可能需要开发出类似化学工业的催化重整技术。

③ 木质素基单体分子解聚化合物，例如丙基苯酚、丁香油酚、丁香油醇、芳基醚、烷基芳烃基甲基醚等。主要的技术难点包括：需要开发出新型催化剂，能实现木质素单体分子选择性解聚作用；木质素单体分子解聚工艺开发；解聚后的化合物加酰基、加氢重整反应工艺开发；木质素单体分子催化脱烷、脱甲氧基、水解催化剂与工艺开发；木质素分子中醚键快速裂解技术开发；木质素分子侧链结构改性控制技术；木质素解聚生成的芳香族化合物的防止过氧化保存、还原稳定控制技术开发；木质素解聚化合物分子甲基氧化控制技术。

④ 木质素单体氧化物：香兰醛　丁香醛　香草酸。主要技术难点是开发出新型催化剂，其能控制木质素单体分子局部氧化程度。

⑤ 木质素基新型二酸或芳香酸。主要技术难点是木质素选择性氧化技术的开发，以及相应的催化剂；木质素分子上羟基的活化聚合机理研究、羰基化作用机理研究，由此需要开发出木质素解聚后形成的小分子物质重新羰基化，或羟基聚合生成新的聚合物材料技术，以及这些聚合物材料的性质研究和功能开发。

⑥ 木质素基β-酮基己二酸、脂肪酸。主要的技术难点包括：新型生物催化剂开发，例如改良白腐真菌等；需要开发出由木质素为原料的选择性生物化学转化生成芳香族化合物的反应工艺；需要开发出木质素过氧化酶和漆酶的选择性氧化反应工艺；木质素发酵产物的聚合反应工艺开发；厘清木质素发酵过程中假单孢氧化蛋白酶的传递机理；需要开发出新的木质素提炼工艺。

⑦ 木质素基芳香族多羟基化合物：甲酚，儿茶酚。主要的技术难点包括：需要开发出木质素解聚为甲酚或儿茶酚过程中的羟基化反应工艺，特别是相关的新型催化剂开发；木质素解聚生成芳香族化合物过程中的脱水反应、脱甲氧基反应机理和反应工艺开发；木质素解聚为芳香族分子的选择性还原反应工艺和还原反应程度技术开发。

⑧ 木质素基环己烷或替代环己烷。主要的技术难点是需要开发出木质素解聚分子的选择性还原或脱烷基技术。

⑨ 木质素基苯醌。主要的技术难点有开发出新型的催化剂；该产品开发过程中所需要

的价格低廉的选择性氧化剂开发，例如氧气、空气、羧酸基等；该产品开发过程中涉及的完全氧化技术开发，以及酚醛塑料与石碳酸氧化剂反应工艺技术开发。

四、结论与展望

在未来的生物质可再生能源开发过程中，木质素是第二丰富的重要资源，是仅有的芳烃可再生来源。将木质素低成本高效地转化为各种化工产品是极具吸引力的目标。根据目前的技术预测，未来随着新理论和新技术的发展，能够进行商品生产的可预见的木质素基化工产品有 50 多种。根据技术开发的进程，这些产品有近期、中期、远期目标投资组合供选择。

由于以木质素为原料生产化工产品的技术的开发处于初期阶段，技术难度较大，木质素基化工产品的技术评价参数很难获得。尽管如此，我们对部分即将商品化的木质素基化工产品的目前技术水平、预计技术的难度、市场前景、市场可能的价值、市场风险、有无进一步的衍生产品和木质素基化工混合产品进行了列表分析，如表 15-1 所示。

其中木质素基化工产品的市场分析，包括潜在市场，是采用类似化学工程经济分析手册确定该产品的价值。用 L 代表市场风险较低的木质素基化工产品，例如苯、甲苯、二甲苯等；用 H 代表那些未确定的市场风险较高的木质素基化工产品，例如丁香油酚或混合物等。表 15-2 中所列产品均可以木质素为原料进行生产，表中所列的混合产品是指近期无法分离纯化的以木质素为原料生产出的混合物。表 15-4 中用 H 表示技术高度发展或成熟；M 表示技术中等发展或未完全成熟；L 表示该技术刚刚出现，难度很大而未获得任何突破的技术产品；? 表示未见到任何信息的技术产品；Y 表示可能会出现的产品，NA 表示不可能应用的产品。

表 15-1　木质素基潜在产品概况（本表为 2006 年 6 月美元价格）

木质素产品	目前技术水平	预计技术难度	市场潜力	市场价值	市场风险	系列衍生产品	木质素混合物产品
过程热或能	H	L	?	5.7 美元/10^6kJ	L	NA	NA
合成气	H	L	H	变化的	L	H	NA
甲醚或二甲醚	H	L	H	0.2 美元/L	L	H 或 燃料	Y
乙醇或杂多醇	L	H	H	0.26~0.9 美元/L	L-M	H 或燃料	Y
费托合成液体	H	L	H	0.4~0.53 美元/L	L-M	L	Y
混合液体燃料	M	M	H	0.34~0.53 美元/L	L	L	Y
一碳到七碳气体副产物；烃；氧化物	L	L-M 或其他的转化物	NA	变化的	L	有可能或者用于气化重整	Y
苯、甲苯、二甲苯和其他高烷基化物	L-M	L		0.53 美元/L	L	H	Y
环己烷	L	M	H	0.58 美元/L	L	M	Y
苯乙烯	L	L-H	H	1.54 美元/kg	?	?	?
联苯	L	H	L-M	?	?	L	Y?
苯酚	L-M	L	H	1.2~1.4 美元/kg	L	H	N

续表

木质素产品	目前技术水平	预计技术难度	市场潜力	市场价值	市场风险	系列衍生产品	木质素混合物产品
取代酚类			M	1. 54～4. 4 美元/kg	M	M	Y
儿茶酚、甲酚、间苯二酚	L	H		>3. 3 美元/kg	?	M	Y
丁香油酚	L	H	?	M-H	?	?	Y
紫丁香酚	L	H	?	M-H	?	?	Y
针叶树酚	L	H	?	M-H	?	?	Y
邻甲氧基苯酚（愈创木酚）	L	H	?	M-H	?	?	Y
香草醛	H	L	L	13 美元/kg	H	L	N
香草酸	M	M	?	?	H	?	?
二甲基亚砜	H	L	M	<2. 2 美元/kg	H	L	N
芳香酸	L	H	H	0. 88～1. 1 美元/kg	L	H	Y
脂肪酸	L	H	H	0. 99～1. 4 美元/kg	L	M-H	Y
丁香醛	L	H	?	?	M-H	L	Y
苯醌	L	H	L-M	>2. 2 美元/kg	?	L	?
环己醇	L	H	H	>1. 65 美元/kg	L	H	Y
β-酮基己二酸			?	?	H	M	?
碳纤维	L-M	M-H	H	ACC 的目标约 6. 6～11 美元/kg	M	L	N
聚乙烯	M-H	M	M	3. 3～6. 6 美元/kg	M-L	M	Y
聚合物合金	L-M	L	?	2. 2～4. 4 美元/kg	M	NA	Y
填充剂、聚合物添加剂	M	H	M	<2. 2 美元/kg	M-H	NA	Y
取代木质素							
羰基化合物	L	H	?	?	M-H	?	Y
乙氧基化合物	L	M	L	3. 3～5. 5 美元/kg	M-H	?	Y
羧酸酯	L	M	L	3. 3～5. 5 美元/kg	M-H	?	Y
环氧化合物	L	H	?	?	M-H	?	Y
乙酰化合物	L	H	?	?	M-H	?	Y
热固性材料	L	H	?	?	M	N	Y
混合物材料	L-M	M-H	?	?	M	N	Y
甲醛基粘合剂	L-M	M-H	H	依赖于工艺管理环境	M-H	N	Y
木材防腐剂	L	H	M	M	?	N	Y
营养保健品或药物	L	H-M	H	H	H	N	Y
混合芳香族多羟基化合物	L	H	?	?	M	?	Y

参 考 文 献

[1] Werpy T, Petersen G. Top value added chemicals from biomass: Volume Ⅰ—Results of screening for potential. Candidates from sugars and synthesis gas[EB/OL]. August, 2004. http://www.nrel.gov/docs/fy04osti/35523.pdf.

[2] Holladay J E, Bozell J J, White J F, et al. Top value-added chemicals from biomass: Volume Ⅱ—Results of screening for potential. Candidates from biorefinery Lignin[EB/OL]. PNNL-16983, October, 2007. http://www1.eere.energy.gov/bioenergy/pdfs/pnnl-16983.pdf.

第十六章　技术经济综合论证

本书前面多章对生物质替代运输燃料的单条路径进行了技术经济评估，由于不同路径的开发程度和工业化进程差别很大，不可能都用严格的、统一的技术经济评估方法进行论证。本章第一节简要介绍一下严格的、精确的技术经济评估方法，然后在单条路径进行技术经济评估的基础上，进行综合技术经济比较，尽管目前仍缺乏足够准确的数据，但力求得到本书的初步对比结论。本章第二节到第十一节的对比内容是：

(1) 同一原料不同工艺路线生产同一产品(第二节至第四节)

第二节　①生物质快速热解，生物原油制烃；②生物质气化，合成气制烃。

第三节　①生物质发酵制乙醇；②生物质气化，合成气催化合成制乙醇；③生物质气化，合成气发酵制乙醇。

第四节　①生物质发酵制氢；②生物质气化，合成气催化转化制氢；③生物质快速热解，生物原油制氢。

(2) 同一原料生产不同产品(第五节至第七节)

第五节　①生物质发酵制乙醇；②生物质发酵制丁醇。

第六节　①生物油脂(含微藻油脂及地沟油)制第一代生物柴油；②生物油脂(含微藻油脂地沟油)制第二代生物柴油。

第七节　①生物质燃烧发电；②生物质发酵制乙醇。

(3) 不同原料生产同一产品(第八节)

第八节　①生物质气化，合成气制喷气燃料；②生物油脂(含地沟油)制喷气燃料。

(4) 两种原料生产同一产品的组合(第九节至第十节)

第九节　①生物质快速热解，生物原油制氢和生物原油单独加工的独立工厂；②生物质快速热解，生物原油稳定后集中在炼油厂加工的协作型工厂。

第十节　①生物质燃烧发电，煤制合成油(CTL)；②煤燃烧发电，生物质气化制合成油(BTL)；③生物质和煤混合燃烧发电(CBTE)并混合气化制合成油(CBTL)。

(5) 综合评述

第十一节　生物能远期替代运输燃料评述。

第一节　技术经济评估方法

一、概述

进行工程设计与经济评估有多种层次，从非常简单和快速但不太准确的估算起，一直到我们能够进行最详细的精确计算。解决各种设计问题时，要首先开发出最简单的方案，然后再逐层细化，即采用分层次的决策方法。任何一个过程可以提出多种方案，常常采用数量级分析方法来简化过程的物料衡算、设备的设计方程和费用计算，简捷计算常常精确得足以消去90%左右的无效益方案。如果初步的分析结果显示出良好的前景，就应该增加计算的细节，并且采用较为严格的计算方法。

美国国家可再生能源实验室(NREL)对生物质制运输燃料的多条路径进行了经济评估。其评价得出的结论对未来的技术开发与工业化有一定的指导意义。

本节首先介绍一下NREL的技术经济评估方法，然后介绍一下生物质替代石油的技术指标和经济指标，最后介绍一下从初始的第一个先锋工厂的价格如何估计将来商业成熟的第N个工厂的价格。

二、NREL工艺分析与技术经济评估方法

生物质制运输燃料的过程开发，有多种工艺方案可以选取，哪一种方案在经济上比较可行，需要借助一定的手段进行评价。

美国可再生能源实验室(NREL)提出的技术经济评估方法如图16-1所示[1]。利用这种方法，该实验室已对生物质热化学法制乙醇、生物质生物化学法制乙醇、生物质快速热解制运输燃料、微藻制生物柴油等过程进行了过程设计与经济评价。

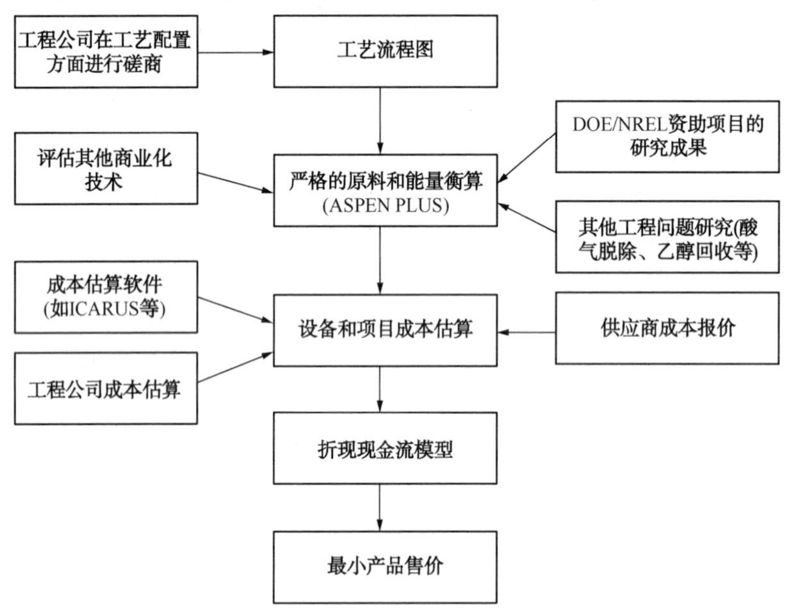

图16-1　NREL的工艺分析方法

该工艺分析方法对一个工艺方案进行经济评价的过程是：先建立相应的基准流程，使用流程模拟软件完成严格的物料和能量衡算；然后进行设备与项目成本估计；最后借助财务评价方法，确定产品的最低售价。将设计方案的最低售价与其他替代性方案相比，可以得出所假定的工艺过程是否具有经济性。

NREL确定的基准流程案例是根据概念工艺过程设计(过程概念设计，Conceptual Process Design)制定的，建立基准案例后可以方便地将新的方案以及预期成果转化为新的工艺设计，进而确定不同替代方案的产品绝对成本和经济性。

NREL所用的工艺分析方法，实际上是一种概念设计的方法。与一般的概念设计不同的是，其概念设计采用的一些设备操作参数与经济参数使用的是未来科技进步之后的值；其概

念设计的结果不是一个静态的结果，基准流程案例模型中的参数可以不断地改进；其概念的实际的目的是估算产品的绝对生产成本以及判定不同替代方案的经济性。

在其进行工艺分析时，ASPEN 软件应用较多。在其第一步根据概念设计建立相应工艺模型后，第二步即是使用流程模拟软件 Aspen Plus 对工艺进行严格的物料和能量衡算；后期进行设备和项目成本计算时所使用的成本估算软件 Icarus，也是 ASPEN 软件的一部分。

ASPEN(Advanced System for Process Engineering)软件的开发始于 1976 年，其作为流程模拟和经济评价系统，不仅能模拟不同的工艺流程并给出详细的热量和物料衡算结果，而且还能估计设备大小和提供投资、操作费用及进行经济可行性的初步估算。

三、生物质替代石油的技术指标和经济指标

1. 生物质替代石油的技术指标

① 通过无水基(干基)的物料衡算，得到转化过程中以每吨主产品为基础的原料(生物质)消耗和副产品消耗。

② 为了进行全生命周期(LCA)分析，应取得生物质生长过程的物料消耗，如化肥、农药、除草剂、杀虫剂的数量，农业生产、收获、脱粒、运输、干燥、储存等环节的燃料动力消耗量等数据。

③ 通过无水基(干基)的能量衡算，得到生物质生产、收集、运输与转化过程中以每吨主产品为基础的能量(均折合为一次能源，石油产品单列)消耗，以单位质量主产品消耗能量表示。

④ 进行全生命周期能量衡算，得到以每吨主产品为基础的能量(均折合为一次能源，石油产品单列)消耗，以单位质量主产品消耗能量表示。

将生物质本身能量计算在内，计算过程的能量转化效率。

⑤ 计算温室气体排放指标，温室气体(GHG)排放可折合二氧化碳当量，也可只列二氧化碳本身排放量。生物质本身在转化中一般会释放二氧化碳，另外生物质生产、收集、运输和转化过程消耗的能量动力也应折合为 GHG 或 CO_2。

⑥ 新鲜水消耗与污水排放指标，计算每吨主产品消耗新鲜水的量。

⑦ 计算综合能量效率(WTW)和综合 GHG 排放量。

其中的第②、④、⑤、⑥、⑦相关的指标已结合对环境生态的影响，包括：全生命周期分析、温室气体排放、污水排放等。

2. 生物质替代石油的经济指标

① 原料价格：到厂原料市场价格随国家、地区甚至季节而异，更受时期影响。对长期价位变动应做预测。废弃生物质原料价格主要由运输距离和包装方式(散装或密实)决定，一般产地距加工厂 50km 以内较好，个别 100km 尚可。运距近则收集量少，工厂规模小。副产品市场价格也应充分调查确定。

② 成本核算：加工费用除到厂原料费用(含购进费用和厂内储存费用)外，其他加工费用所占比例不大；开工率受多种因素影响，一般偏低；投资额按单位产品(折合石油当量)计算一般较高，正在开发中的技术应尽量科学计算，增加可信度；有些生物质专门为替代石油而生产，其农业(林业)开发投入产出应认真估算。微藻养殖和采集加工的投资与工艺过程(不同光化学反应器和二氧化碳来源)密切关联，更要仔细估算。

③ 占用土地：生物质与化石能源替代石油的明显区别之一是占用土地面积很大。按公顷计算单位面积替代产品产量。在我国基本农田保持不变的前提下要充分利用废弃生物质与边际可垦荒地。

④ 经济评估：多种生物质替代石油方案是否可行(含今后可行)，要做认真的前瞻性经济评估，(包括多方案对比)，结合国情，进行深入的灵敏度分析；具有前景的大方案列入专题，大力组织技术开发，必要时组织攻关；生物质替代石油运输燃料对环境带来的有利影响应做定量分析，作为社会效益；国家的补贴非常必要，可采用多种形式，充分论证。

四、从第一个厂价格估计第 N 个厂价格

下面介绍从初始的第一个先锋工厂(FOAK，first-of-a-kind)的价格如何估计将来商业成熟的第 N 个工厂(NOAK，N^{th}-of-a-kind)的价格[2]。估计将来价格的方法有两种。第一种是传统的工程-经济设计方法，这种方法要依据工程过程模型、以前和现在卖主相关的资料、标准的因素和索引，对关键过程和经济参数提出改进意见的各领域专家提出的预测。第二种是学习曲线计算方法，所用的学习曲线或经验曲线是根据类似系统、类似技术的历史数据得到的。

1. 工程经济计算方法

一个新技术在商业化之后价格会下降。实际的投资以及操作费和维修费的估计来源于具体的设计参数、工程过程模型，以前和现在卖主相关的资料，标准的因素和索引，对关键过程和经济参数提出改进意见的各领域专家提出的预测。NOAK 价格可以从 FOAK 价格根据设计参数和工程判断进行估计，美国 NETL(The National Energy Technology Laboratory) 大部分技术经济研究的价格估计精度在-15%～+30%之间。许多因素影响将来建成技术(甚至在技术商业成熟之后)的价格，一些因素分析如下：

① 市场因素：一个特定的技术需求量很高或生产材料短缺，这个技术的生产量和价格会提高。假如需求量小或供应过剩，价格会降低。市场供需达到平衡条件之后，小的需求变化不会对价格产生大的影响。国内和国外的竞争都会对价格产生影响。

② 生产因素：生产技术的零部件在大厂生产或大批量生产比小厂或小批量生产价格低。

③ 放大因素：(特别是经济的规模)大设备单位生产能力的价格要比小设备单位生产能力的价格要低，技术成熟和生产能力提高以后，单个设备会做得更大。

④ 材料价格因素：增加或减少生产设备原料的价格或改变操作费和维修费都会影响整个技术或工厂的价格。

⑤ 通货膨胀因素：以前估算的价格要根据价格随时间变化索引进行更新。价格索引如：化学工程工厂价格索引(Chemical Engineering's Plant Cost Index)等。

⑥ 地点位置因素：土地、劳动力、运输、设备安装、设计和建设都会随着地点位置而变化。设计和建设会受海拔、水供应、天气、地震带等的影响，从而影响工程价格。

⑦ 调节因素：税收、许可申请、执照费、政府的激励都会影响投资价格以及操作费和维修费。

投资价格依赖于设计的精度和完整性。概念化估计依赖于原始估计的精确性。许多这些外部的因素厂与厂之间变化很大，与技术的成熟性无关。为保证从 FOAK 价格估计 NOAK 价格的精确性，必须充分考虑各种因素的影响。

2. 学习曲线方法

学习曲线或经验曲线是根据类似系统、类似技术的历史数据得到的。学习曲线用于预测在生产中取得一些经验后产品的生产时间或费用，也可以用于预测采用相同技术的后续工厂的建设费用。学习曲线的数学表达式为：

$$Y = AX^{-b}$$

表达式中，Y 是生产第 X 个的时间或费用；A 是生产第一个的时间或费用；X 是累积的个数、容量、或容量的比值；b 是学习率指数。

学习率指数 b 的表达式为：

$$b = -\lg(1 - R)/\lg 2$$

R 是学习率，$R = 1-2^{-b}$。学习率是生产能力每增长 1 倍(翻一番)的投资降低率。

学习率可以从文献中查出，也可以从历史数据中推导出来。

图 16-2 是不同学习率的学习曲线，学习率 R 越大，费用降低越大。R 值会随着工业的不同，公司的不同，公司内部工厂的不同而不同，不同的技术之间 R 值也是不同的。

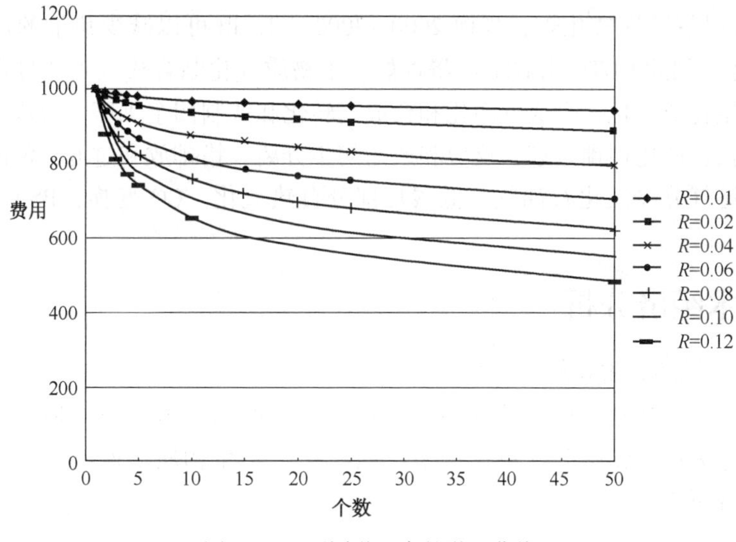

图 16-2　不同学习率的学习曲线

第二节　生物质快速热解生物原油制烃与生物质气化合成气制烃对比

一、概述

生物质快速热解是指生物质原料在无氧条件下，在较高的升温速率($10^3 \sim 10^5$℃/s)下，热解温度 500℃左右，较短的停留时间(<2s)下，发生快速裂解。如果反应条件合适，生物油产率可达 60% ~70%。生物质快速裂解的工艺过程包括原料的粉碎、干燥、快速热解、炭的分离和收集、快速冷凝等。经过 30 多年的研发，常规快速热解技术已经实现了工业示范，芬兰已建成了年产生物油 5.5 万 t 的快速热解装置，折合木材原料处理量为 300t/d。生产的生物油用作联合发电供热工厂的燃料，已于 2013 年建成投产。生物油经后续的加氢提质制

成汽油和柴油的工艺过程包括：生物油加氢脱氧，产品分离为汽油和柴油，油气收集，加氢裂化、天然气蒸汽重整制氢，还有污水处理、冷却水系统、罐区、火炬等系统设施。后续热解油加氢提质制汽柴油仍处于实验室水平和小规模的中试，在优化工艺条件、改进催化剂品种、提高产品收率等方面仍有技术课题待解决。近年来，出现了催化热解、混合热解、加氢热解等新型热解技术，希望能生产优质生物油，提高生物油产率，降低加氢改质生产费用，并取得初步研究成果。快速热解-加氢改质路线的主要优点是：液体燃料产率、能量转化效率高于其他生物燃料生产路线；大型快速热解工厂可以和热电联产装置组成联合系统，提高工厂的综合热效率，降低生物燃料的生产成本。因此，快速热解生产汽柴油将发展成为主要的生物燃料生产路线。

合成气制液体烃燃料根据原料不同，主要有天然气制烃(GTL)、煤制烃(CTL)、生物质制烃(BTL)，以及煤和生物质制烃(CBTL)。生物质制合成气的主要问题是生物质气化炉规模小，最大只有600 t/d，对生物质水分和尺寸有一定要求，因此工厂规模小，建设和运营成本高。而且单独气化温度低，会产生焦油，给合成气净化带来很大的困难。煤和生物质共气化(CBTL)可以借助煤气化炉，规模2000 ~3000 t/d，既可以减少焦油的产生，又减排了CO_2等温室气体。因此CBTL比BTL经济性好。生物质气化制合成气工艺过程包括：原料预处理和干燥、生物质气化、合成气净化和合成气转化和调制四个工序。合成气制烃的工厂内部工艺过程包括：催化剂预处理，反应和产品初步分离，蜡排放和过滤，油品馏分加氢脱氧和加氢裂化，尾气分离液化石油气，低碳烃部分自热氧化，CO变换，PSA氢分离和循环，合成水处理。

二、技术经济分析

1. 生物质快速热解生物原油制烃

文献[1]对生物质快速热解生物原油制烃进行了全面的技术经济评估。工厂规模：2000 t/d，原料成本：80美元/t(干)(进厂价格)。表16-1是生物质快速热解生物原油制烃工厂的建设总投资分析[3]。

表16-1　生物质快速热解生物原油制烃工厂的建设总投资分析

项　目	数据(按2011年美元计)	
	亿美元	%
热解装置	1. 75	25. 0
加氢处理装置	1. 15	16. 4
加氢裂化及产品分馏	0. 19	2. 7
制氢装置	0. 69	9. 9
其他	0. 09	1. 3
合计	3. 87	55. 3
直接和间接费用	3. 13	44. 7
总投资	7. 00	100

表16-2是快速热解路线生产汽柴油生产成本。

表 16-2　快速热解路线生产汽柴油生产成本

项　　目	年生产成本/亿美元	汽、柴油生产成本	
		美元/加仑汽油当量	%
原料成本	0.579	0.92	27.2
天然气	0.062	0.10	3.0
催化剂及化学药剂	0.204	0.32	9.5
污水处理	0.005	0.01	0.3
电力及其他公用工程	0.055	0.09	2.7
固定成本	0.336	0.53	15.7
投资折旧	0.222	0.35	10.3
平均所得税	0.066	0.10	2.9
平均投资利润率	0.609	0.96	28.3
总成本	2.138	3.39	100.0

美国生物质多年项目计划(MYPP2013)[4]对生物质快速热解制汽油和柴油进行了技术经济分析，2009 年当时状态到 2017 年目标状态的不同年份汽油和柴油的价格见表 16-3。

表 16-3　生物质快速热解制汽油和柴油的价格(2011 年美元基准)

项　　目	2009 年状态	2012 年状态	2014 年目标	2017 年目标
汽油最低售价/(美元/加仑汽油)	9.01	5.23	3.83	2.59
柴油最低售价/(美元/加仑柴油)	9.09	5.29	3.91	2.59
总转化费用/(美元/加仑汽油)	7.55	4.15	2.82	1.83
总转化费用/(美元/加仑柴油)	7.61	4.20	2.88	1.83
总转化费用/(美元/加仑总燃料)	7.58	4.18	2.85	1.82
快速热解/(美元/加仑总燃料)	0.62	0.50	0.51	0.39
加氢提质为稳定油/(美元/加仑总燃料)	5.70	2.69	1.09	0.55
加工为汽油和柴油/(美元/加仑总燃料)	0.35	0.33	0.30	0.13
工厂辅助和公用工程/(美元/加仑总燃料)	0.91	0.66	0.95	0.75

表 16-3 中看出总转化费用中加氢提质为稳定油的费用降低最多，从 2009 年的 5.7 美元/加仑降低到 2017 年的 0.55 美元/加仑。汽油最低售价从 2009 年的 9.01 美元/加仑降低到 2017 年的 2.59 美元/加仑。

2. 生物质气化合成气制烃

文献[5]对生物质气化合成气制烃进行了全面的技术经济评估，以 2007 年美元为基准，细致分析了日处理 2000t BTL 合成油路线(气流床高温气化和流化床低温气化)，两项基本技术经济指标见表 16-4。

表 16-4　高温气化情景和低温气化情景合成油工厂技术经济指标估计

项　　目	高温气化情景		低温气化情景	
	工厂总投资/10^6美元	合成油出厂价格/(美元/gge)	工厂总投资/10^6美元	合成油出厂价格/(美元/gge)
第 n 座工厂	606	4.27	498	4.83
第一座工厂(乐观估计)	1030	6.30	830	6.30
第一座工厂(悲观估计)	2200	12.60	1740	11.50

以高温气化路线为例，该文献作者们采用较稳妥的指标，得到对第 n 个产业化工厂的评

估结果。现选择有关数据汇总于表16-5。

表16-5 BTL工厂的技术经济评估指标

项　　目	指　标	项　　目	指　标
工厂规模		原料价格(干基)/(美元/t)	83
原料生物质(干基)/(t/d)	2000	自有资金/%	100
合成油产品/(加仑/a)	41.7×10^6	税后内部收益率/%	10
年开工率/%	85	财务费用占投资比率/%	17.6
总投资额/美元	606×10^6	年生产费用/美元	
设备安装投资/美元，其中	309×10^6	原料	51.3×10^6
合成气制造占比/%	48	水和蒸汽	5.0×10^6
合成油生产占比/%	27	油品加氢	4.4×10^6
公用设施占比/%	15	其他材料	2.9×10^6
其他工程占比/%	11	固定操作	14.4×10^6
单位产能投资/[美元/(桶·d)]	202000	副产品收益	-5.6×10^6
		副产电力收益	-11.2
合成油出厂价格/(美元/gge)，其中	4.26	折旧	26.3×10^6
原料	1.23	所得税	21.9×10^6
折旧	0.63	投资回报	58.2×10^6
所得税	0.52	工厂总热效率/%	52.7
投资回报	1.39		

不同原料CTL、BTL、CBTL路线的合成油出厂价格估算见表16-6。

表16-6 合成油出厂价格估算

项　　目	CTL	BTL	CBTL
是否有CCS	有	有	有
工厂加工能力/(桶/d)	50000	5000	30000
年开工率/%	90	85	90
单位产能投资/[美元/(桶·d)]	113100	237000	138880
油品年出厂收入/(10^6美元/a)	665	183	528
柴油出厂价格/(美元/gdeq)	2.46	6.95	3.46
相当原油市场价格/(美元/桶)	92	234	132
油品价格分项/(10^6美元/a)			
原料煤	323	0	154
原料生物质	0	116	132
非燃料可变操作费	58	7	36
固定操作和维修费	280	62	206

注：资料摘自文献[6]，原料煤单价1.75美元/GJ(HHV)，生物质单价5.59美元/GJ(HHV)。

* 按天然柴油当量计算(按合成柴油热值相当原油柴油0.91倍)。

三、GHG减排效应分析

1. 生物质快速热解生物原油制烃

表16-7为生物质快速热解-加氢改质路线生产低碳燃料的生命周期GHG排放效应的研

究结果[7]。

表 16-7　生物质快速热解-加氢改质的 GHG 减排效应的研究结果

原料种类	林业废料	林业废料	林业废料	杨木
电力来源和制氢原料	电网供电 天然气制氢	生物质发电 天然气制氢	电网供电 天然气制氢	电网供电 天然气制氢
工艺条件	原料含水率 50% 干燥后含水率 7% 原料破碎和干燥耗电 8MW， 制氢用放出气 2.2t/h		原料含水率 30% 干燥后含水率 10% 原料破碎和干燥耗电 4.8MW 制氢用放出气 5.0t/h	
热解汽油的 GHG 排放量/(gCO_2/ MJ)	38.9	25.0	31.5	36.8
石油汽油的 GHG 排放量/(gCO_2/ MJ)	93.4	93.4	93.4	93.4
热解汽油 GHG 减排效应/%	58	73	66	61

表 16-8 为玉米秸秆快速热解-加氢改质生产汽柴油的 GHG 减排效应。

表 16-8　玉米秸秆快速热解-加氢改质生产汽柴油的 GHG 减排效应

项　　目	数　　据	
生产条件	原料：玉米秸秆 电力；网络供电 制氢原料；天然气	原料：玉米秸秆 电力；网络供电 制氢原料；生物油制氢
热解汽油 GHG 排放量/(gCO_2 当量/MJ)	30.3	13.2
常规石油汽油 GHG 排放量/(gCO_2 当量/MJ)	93.4	93.4
GHG 减排率/%	68	86

2. 生物质气化合成气制烃

将生物质原料转化为烃类油品的生产工序很长，在气化与组分配比过程需要将碳元素与水汽反应产生氢气，就是以“脱碳补氢”的方式为烃产品提供不足的氢元素。同时得到的大量二氧化碳不得不排入大气层。虽然 BTL 的原料由于光合作用对大气层不造成“净排碳”，但从全生命周期分析角度(LCA)仍然是“正排碳”。只有采取 CCS(碳捕集和封存)的手段才能实现“负排碳”，从而达到碳减排的目标。表 16-9 是 CTL、BTL、CBTL 过程合成低硫柴油 LCA 碳减排数据[8]。

表 16-9　合成低硫柴油 LCA 碳排放数据　　$kgCO_{2\,eq}$/GJ LHV

项　　目	天然原油	CTL		BTL①		CBTL	
		无 CCS	有 CCS	有 CCS，无土地利用	有 CCS，有土地利用	有 CCS，无土地利用	有 CCS，有土地利用
生物质含量	0	0	0	100	100	20	20
碳排放	89.1	194.8	97.2	17.7	-2.0	56.9	53.0
碳排放与原油差值	基准	+105.7	+8.1	-71.4	-91.1	-32.2	-36.1
碳减排率/%	基准	+119	+9	-80	-102	-36	-41

① 所用生物质为柳枝稷。

四、小结

通过技术经济分析和 GHG 减排效应分析可以得出如下结论：生物质快速热解生物原油制烃途径经济性好，GHG 减排效应显著，技术进步改进空间很大，今后将发展成为主要的生物燃料生产路线。生物质气化合成气制烃 BTL 途径，GHG 减排效应显著，但经济性较差，建议发展经济性良好，又有一定 GHG 减排效应的 CBTL 途径生产烃燃料。

第三节　生物质生成乙醇的路径比较

目前由生物质生成乙醇的路径共有三条：一是生物质经过水解糖化后，采用微生物发酵的方式生产乙醇(水解发酵路径 hydrolysis fermentation pathway，HFP)；二是以生物质气化后得到的气体为原料，利用微生物转化的方法生成乙醇(气化生物合成路径 gasification biosynthesis pathway，GBP)；三是同样以生物质合成气为原料，采用化学催化剂催化的方法生成混合醇(气化化学催化路径 gasification chemical synthesis pathway，GCP)。三种方法的工艺路线各具特色，为生物质资源生产乙醇提供了不同的转化路径。

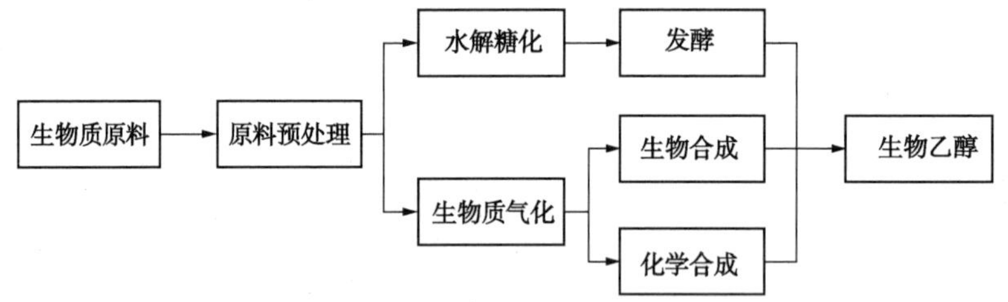

图 16-3　生物质生成乙醇的三条路径

以生物质原料发酵法生产乙醇的工艺是目前研究报道最多的工艺路径。该过程主要包括：原料预处理、纤维素水解、糖发酵、产品回收和精制等过程。该工艺主要是由粮食乙醇的工艺过程衍生而来，最大的区别在于原料的差异。如何将生物质中纤维素和半纤维素转化为微生物利用的糖，是该工艺过程的核心技术问题。而相关发酵和产品回收的技术和装备可以从粮食乙醇的生产工艺中进行移植。

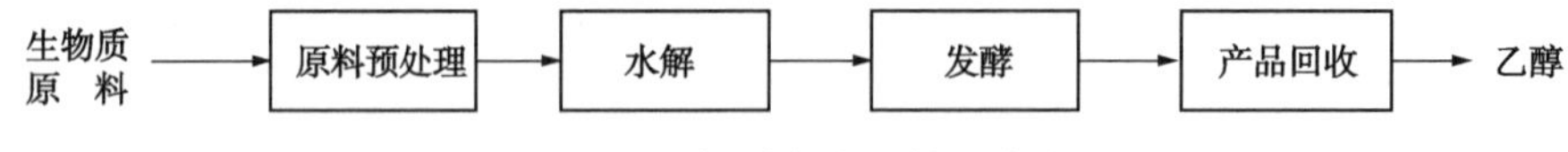

图 16-4　生物质发酵法制乙醇流程

生物质气化技术是生物质在一定温度，且有气化介质(空气、氧气等)存在条件下，高分子量的碳氢化合物裂解和氧化变成 CO、CO_2、H_2、CH_4等气体。整个过程包括干燥、热裂解、氧化和还原四个阶段。以生物质气为原料，可以采用两种不同的转化路径生产乙醇。

合成气发酵法生产乙醇是生物质气化生成富含 CO 和 H_2的可燃气体，经过微生物发酵，CO 和 H_2气体可转化为乙醇，该法集成了热化学和生物发酵两种工艺过程，是一条独特的乙醇生产工艺路线。目前，该工艺路线的主要核心技术问题是菌种的性能较差，筛选乙醇产率高、耐氧性好的菌种一直是该领域的研究热点。合成气化学催化法生产乙醇也是采用生物质气为原料，经过化学催化剂催化，生物质气体转化生成乙醇。

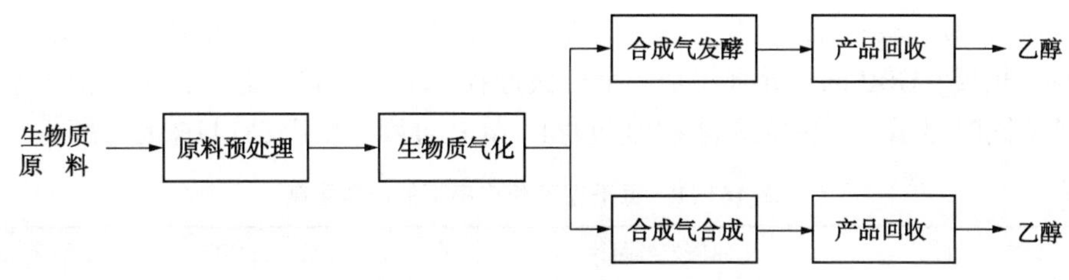

图 16-5 生物质合成气生产乙醇流程

三种生物质生成乙醇的工艺各具特点，其制约因素在于生产成本和高效、廉价化学催化剂、酶及适宜微生物的开发等关键技术上。生物法具有选择性优、活性好、反应条件温和等优点，但原料利用率低，反应时间长，产物浓度低及酶、微生物活性易受影响且纤维素降解和单糖转化所需酶、微生物适于不同反应条件，不能很好耦合。化学法具有原料利用率高，反应时间短，催化剂构成简单，没有严格反应条件限制等优点，但属高温、高压过程，对设备要求高。

为了进一步加深对生物质产乙醇路径的认识，Lin 等[10]以木材为原料，从过程工程的角度，对生物质生成乙醇的三种路径进行了对比分析。利用黑箱模型，对物料、能量平衡进行了估算，结果如表 16-10 所示。

表 16-10 每千克乙醇产率下的物料平衡

项 目	水解发酵路径 HFP	气化生物合成路径 GBP	气化化学催化路径 GCP
质量输入			
木片	5. 99	3. 81	5. 30
水	58. 00	11. 30	2. 46
酸	0. 10	0. 00	0. 00
碱	0. 10	0. 00	0. 00
酶(纤维素酶 10FPU/g)	0. 031	0. 00	0. 00
营养物	0. 00	0. 00	0. 00
催化剂	0. 00	0. 00	1. 00
合计	64. 23	15. 11	8. 76
质量输出			
乙醇	1. 00	1. 00	1. 00
液体副产物	59. 00	11. 23	3. 47
固体残渣	2. 43	0. 26	0. 53
排出气体	0. 97	1. 97	2. 25
催化剂	0. 00	0. 00	1. 00
质量损失①	0. 83	0. 65	0. 51
合计	64. 23	15. 11	8. 76
质量转化效率(乙醇：硬木)/%	16. 69	26. 25	18. 87

① 质量损失包括原料的干燥和加热，流体冷却和乙醇提取。

该模型得到的结果显示：GBP 路径相比于 HFP 路径，每单位原料可以多生产 57. 22%的乙醇。这是因为，生物质气化可以实现全组分(纤维素、半纤维素和木质素)的转化，进而获得乙醇。另一个显著的差异在于，HFP 的质量流量是 GBP 质量流量的 2. 7 倍，且 HFP 的水消耗也是 GBP 水消耗的 2. 3 倍。由于 HFP 需要大量的水对预处理后的原料进行洗涤，同时HFP还需要酸、碱和纤维素酶，这些化学物质的使用会造成大量的废水，因此HFP的用水量最高。相反，GBP的预处理仅是一个机械过程，不仅节省了能量，也减少了水的使用。表中的结果同时显示，每单位原料GBP过程比GCP过程多生产39.11%的乙醇。

表16-11 每千克乙醇产率下的能量平衡

项 目	水解发酵路径HFP	气化生物合成路径GBP	气化化学催化路径GCP
能量输入			
木片	112.01	71.25	99.11
电	17.67	4.36	7.99
热(蒸汽)	13.05	3.20	2.15
合计	142.73	78.81	109.25
能量输出			
乙醇(LHV)	26.70	26.70	26.70
回收热(LHV)	42.53	33.52	37.73
使用能量	61.51	11.62	33.04
热损失①	11.69	6.97	11.78
合计	142.73	78.81	109.25
能量转化效率(乙醇：硬木)/%	23.84	37.47	26.94

① 热损失包括原料的干燥和加热，流体冷却和乙醇提取。

关于能量转换，如表16-11结果显示：GBP的能量转化率最高(37.47%)，然后是GCP(26.94%)和HFP(23.84%)。HFP能量转换效率低的主要原因，是原料的转化率较低，同时需要较高的能耗，该过程的能耗比GBP高1.59倍。如果考虑热量回收，HFP将是能量利用的受益者，大量的固体残渣(每1000kg硬木产生405.5kg残渣)可以用来进行能量利用。

表16-12 三种工艺过程特点比较

工艺过程	HFP	GBP	GCP
原料	可持续，来源广，价格低	可持续，来源广，价格低	可持续，来源广，价格低
预处理	尺寸越小越好(<1mm)，高能量消耗，需要酸和碱	颗粒之间10-100mm，低能量消耗，不需要化学物质	颗粒之间10-100mm，低能量消耗，不需要化学物质
酸水解/气化	发展中技术，低温低压，酶价格高，需要大量水，产生大量固体残渣，产生热量少	成熟技术，高温低压，合成气净化费用高，废水少，固体残渣少，产生大量热量	成熟技术，高温低压，合成气净化费用高，废水少，固体残渣少，产生大量热量
发酵/生物合成/化学合成	成熟技术，反应温和，反应速度适中，产生纯 CO_2，产生固体残渣，产生大量水(可循环)	发展中技术，反应温和，低反应速率，混合气原料，固体残渣少，需要大量水(可以回收)	发展中技术，高温高压，需要化学催化剂，高反应速率，合成气原料，固体残渣少，需要少量水，可回收混合醇
提纯	需要高能耗	需要高能耗	需要低能耗
废弃物处理	固体残渣利用产热和电，废水循环使用	回收乙酸，废水循环利用	回收混合醇，较少废水生成
质量转化效率/%	16.69	26.25	18.87
能量转化效率/%	23.84	37.47	26.94
反应过程时间/d	3	25	1

由黑箱模型计算的结果显示，合成气合成路径(GCP)的反应速率最高，水消耗最少，但其物料和能量转化效率较低。而HFP的反应速率适中，但能量消耗和水消耗在三种工艺中最高。尽管，GBP具有最高的物料和能量效率，但其反应速率最低。因此，根据表16-12中的数据，结合过程工程的角度，对三种工艺从高到低依次排序，分别为GCP、HFP和GBP 。

Piccolo[11]在利用Aspen Plus软件对两种工艺路径进行模拟的基础上，从技术经济角度对比分析了HFP和GBP两种工艺路线的区别。按照日处理2000t原料的生产规模，两种工艺路线的投资费用与生产成本比较分别如表16-13和表16-14所示(以下均以2007年汇率为参考)。

表16-13　HFP和GBP投资费用比较　　百万美元

HFP		GBP	
项目	安装费用	项目	安装费用
预处理	31.52	预处理	38.2
热交换器	10.87	气化炉	73
蒸馏	4.27	旋风分离器	1.8
发酵设备	12.86	发酵设备	12.87
压缩机	0.31	蒸馏	2.68
蒸汽轮机	44.5	热交换器	9.45
污水处理	10.40	O2车间	27.63
		蒸汽轮机	53.83
工程总投资	270.78	工程总投资	517.93

表16-14　HFP和GBP生产成本比较

项　　目	HFP		GBP	
	10^5美元/a	美元/L	10^5美元/a	美元/L
生物质	487.1	0.230	487.1	0.352
其他原料	749.4	0.354	2.0	0.001
公共设施	33.3	0.016	1.3	0.001
劳动力	126.4	0.059	33.3	0.240
废弃物处理	9.3	0.004		
折旧(5年)	387.3	0.184	946.3	0.687
电费收入	-21.3	-0.015	-103.8	-0.073
总生产成本	1758.3	0.740	1665.1	1.209

从表16-13、表16-14可以看到，在相同的生产规模条件下，无论在工程投资还是生产成本，HFP比GBP都具有较明显的优势。

由上述分析可以看到，气化化学催化路径(GCP)和水解发酵路径(HFP)是当前生物质制乙醇首选的两种技术方案。美国能源部2012年发布的生物质多年项目计划(Biomass Multi-Year Program Plan，MYPP)中，对这两种技术路径进行技术经济的对比[12]。由以木质原料气化、合成气净化、混合醇合成和回收工艺路线组成的气化化学催化路径，按照每天2000干吨生物质的处理规模，不同工段的费用比例如表16-15所示。

表 16-15　气化化学催化路径各工段费用　　美元/加仑乙醇

工　段	2007 年技术现状	2009 年技术现状	2010 年技术现状	2011 年技术现状	2012 年测算
气化	0.37	0.33	0.29	0.29	0.28
合成气净化	1.22	0.58	0.42	0.43	0.17
酸性气体与硫脱除	0.27	0.20	0.17	0.17	0.17
合成气压缩与能量回收	1.28	0.81	0.67	0.67	0.67
燃料合成反应	0.24	0.11	0.06	0.04	0.03
产物回收与精制	0.14	0.12	0.11	0.11	0.10
配套设施	0.17	0.11	0.09	0.09	0.10
合计	3.35	2.03	1.65	1.62	1.31

从表 16-15 可以看到，生物质转化费用可以下降 61%，即从 2007 年的 3.35 美元/加仑乙醇下降至 1.31 美元/加仑乙醇(以 2007 年美元为参考)。

在以玉米秸秆为原料的水解发酵路径中，采用稀酸预处理、酶解、乙醇发酵和回收、木质素燃烧产热和电的工艺路线，在日处理 2000 干吨的规模基础上，乙醇的处理费用如表 16-16所示。

表 16-16　水解发酵制乙醇各工段费用　　美元/加仑乙醇

工　段	2007 年技术现状	2009 年技术现状	2011 年技术现状	2012 测算
预水解/处理	0.89	0.78	0.59	0.29
酶生产	0.39	0.36	0.34	0.34
糖化与发酵	0.35	0.33	0.24	0.20
蒸馏与固体回收	0.14	0.13	0.12	0.12
配套设施	0.77	0.64	0.51	0.46
合计	2.54	2.24	1.80	1.41

从表 16-16 可以看到，乙醇的费用可以从 2007 年的 2.54 美元下降至 1.41 美元。这里需要指出的是，此处美国能源部的数据与前面第六章中所引用的 NREL 报告的数据并不一致，这主要是两者所参照的基础数据略有不同。本节中 GCP 和 HFP 路径的对比基准一致，因此所得到的数据对于两种工艺的比较具有一定的参考价值。

2015 年的 MYPP[13] 报告进一步提供了 GCP 和 HFP 路径的乙醇出厂最低售价，采用玉米秸秆原料的气化合成乙醇产业化工厂预计售价为 2.05 美元/加仑乙醇(2007 年美元)，同样原料发酵法乙醇测算值为 2.15，两者十分接近 2022 年 3.0 美元/加仑汽油当量的攻关目标。

小结：从目前研究现状和商业化进程看，发酵法制纤维乙醇是当前纤维乙醇研究的热点和重点，随着近年来技术的不断发展，其商业化进程也在不断推进，预计在今后的 5~10 年内，发酵法制纤维乙醇将得到快速发展并最终实现商业化。从技术经济角度分析，生物质气化化学合成途径具有更好的竞争力，相信该技术也将在生物质乙醇产业发展的进程中占据越来越大的比例。

第四节　多种制氢路径的比较

一、概述

目前，由生物质转化为氢气的技术路线有：①生物质发酵制氢；②生物质气化制氢；

③生物油重整制氢。以上三种技术现行研究较多，示意图见图 16-6 所示。

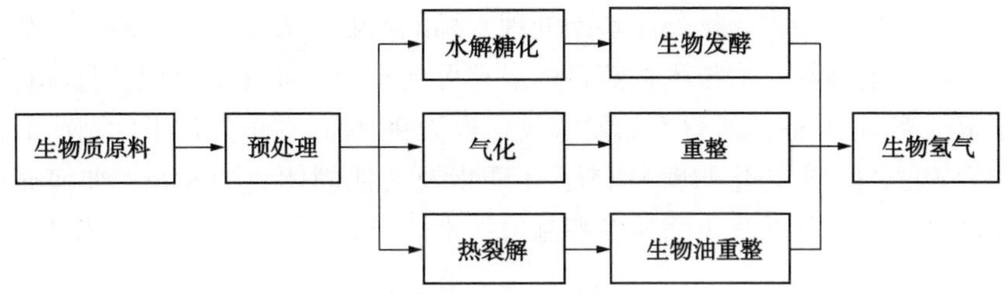

图 16-6　生物质转化为氢气的三条路径简图

生物质发酵法制氢过程如图 16-7 所示。该技术主要的核心问题及难点在于如何将生物质原料高效糖化进而发酵转化为氢气。生物发酵法具有反应条件温和、选择性好等优势，但存在生物质转化率较低、反应时间长、微生物稳定性较差、有机酸副产物利用困难等问题。

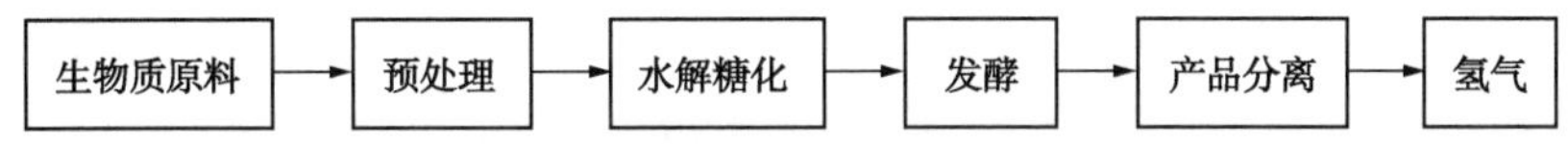

图 16-7　生物质发酵法制氢流程简图

生物质气化制氢技术是指生物质首先经气化转化为含 CO、CO_2、H_2、CH_4等的混合气体，流程简图如图 16-8 所示。生物质气化制氢技术突出的瓶颈问题是气化炉产能低、粗煤气焦油含量高，需要苛刻的重整过程。

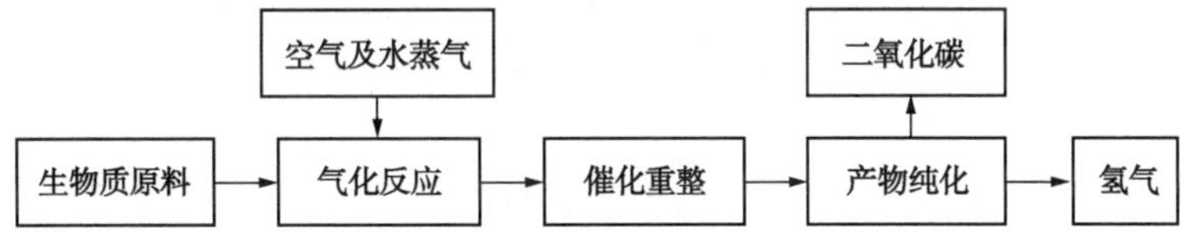

图 16-8　生物质气化制氢工艺流程简图

生物质快速热裂解或催化裂解转化为生物原油，生物原油经水蒸气重整得到目标产物氢气，工艺流程如图 16-9 所示。该技术仍然处于研究阶段。生物油便于运输，可分送到各个加氢站。分散式制氢装置建在加氢站内，用蒸汽重整技术就地生产氢燃料，为燃料电池汽车加注氢燃料。

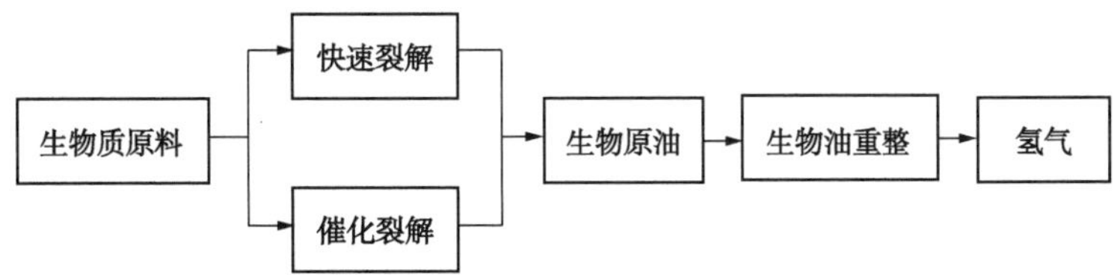

图 16-9　生物原油热分解制氢工艺流程简图

二、三种生物质制氢工艺技术的经济性比较

（一）生物质发酵制氢技术的经济预测

1. 生物质发酵制氢

NREL[14,15]开发了纤维生物质发酵制氢技术，研发重点是用梭状芽孢嗜热杆菌直接将玉

米秸秆的纤维素降解为生物氢，并编制了日加工秸秆 2000t，日产氢气 37.2t 的发酵制氢工厂可行性方案。主要工序为：秸秆原料预处理、稀酸水解、发酵、发酵种子菌生产、气体产物分离纯化及污水处理等。该技术按照目前最有可能实现产业化的反应转化率计算，同时假定秸秆的水解效率为 90 %，所得糖的发酵效率也为 90 %。在该条件下，副产品以乙酸和乙醇计，产量为 692t/d，未转化的糖为 15t，木质素及其他固体废物 846t。如何充分利用这些副产物，提高氢产率，是纤维生物质发酵制氢技术的重要研究课题。该技术的建厂投资及成本见表 16-17 所示。

表 16-17　玉米秸秆发酵制氢工厂建设投资及制氢成本一览表(2000t 玉米秸秆/d)

建设投资			生产成本		
项　　目	数　　据		项　　目	数　　据	
	成本/万美元	比例/%		成本/(美元/kg)	比例/%
秸秆预处理	404	9	原材料	1.6	37
稀酸水解	85	1.9	可变成本(包括公用事业)	0.23	5.3
发酵	843	18.7	额外耗材	0.43	9.9
发酵菌生产	101	2.2	投资成本	1.2	27.7
氢分离提纯	1766	39.3	固定运营成本	0.87	20
物料储罐	93	2.1	副产品收益	0	0
污水处理	1204	26.8	合计	4.33	100
合计	4496	100			

注：以上数据按 2005 年美元计。

在不计副产物回收的情况下，氢气的生产成本为 4.33 美元/kg。若采用精馏提纯等方法对 700 t/d 的大量水相有机物(醋酸)进行回收和利用，按 120 美元/t 售价计算，氢气成本将降至 2.09 美元/kg，但是考虑大量的醋酸产品对市场的冲击，效益不尽良好，此途径未必可行。

2. 微生物电解池(MEC)制氢技术

微生物电解池(MEC)制氢技术是指使用微生物电化学辅助的微生物电解池、用有机液体(醋酸或乙醇)为原料的电解制氢工艺。根据实验室示范试验数据为依据，电极供电电压>0.4V 时，醋酸的转化效率可达 95%；1 mol 醋酸原料可产 $H_2$3.8 mol。相对于醋酸的氢气质量产率为 12 %，即 60kg 醋酸可产氢 7.2kg。微生物电解池(MEC)制氢技术已完成了实验室规模的研究示范，技术上可行，经济上仍有障碍。根据美国 NRTL[1] 编制的 MEC 制氢方案，日产 88t 氢气的工厂建设投资为 5.6 亿美元，制氢成本为 12.4 美元/kg，高于单独发酵制氢的成本(按 2005 年美元计)。

3. 生物质发酵联合 MEC 制氢工艺

将生物质发酵制氢及利用发酵副产物发酵制氢的 MEC 工艺联合起来，可解决副产物处理难题。仍采用玉米秸秆处理量 2000t/d，发酵产氢量为 37.2t/d，副产乙酸 767.3 t/d，MEC 产氢量为 88t/d，则总产氢量为 125.27t/d，过程的总建设投资为 5.9332 亿美元，氢气生产成本为 6.61 美元/kg。

下面，将美国能源部(DOE)制定的生物质制氢经济指标列在表 16-18 中。

表 16-18 DOE 制定的生物质制氢经济指标

项目	指标		
	2005 年状态	2012 年状态	2017 年目标
氢燃料出厂价格/(美元/kg)	< 2.0	1.60	1.10
总建设投资/亿美元①	1.94	1.50	1.10
能效率/%	> 35	43	60

① 生物质制氢工厂规模按生物质日处理量 2000t(干)计。

由以上可以看出，玉米秸秆发酵制氢联合 MEC 技术的氢气成产成本为 6.61 美元/kg，按照 2009 年汇率换算为 6.86 美元/kg，也超过了 DOE 的计划目标。主要原因是：本书论证的 MEC 技术经济数据为实验室的初步资料，该技术若经过进一步的研发进步存在很大降低成本的空间。因此，仍需要优化秸秆发酵-MEC 联合制氢工艺，降低 H_2 生产成本。

(二) 生物质气化制氢技术的经济预测

1. 生物质气化制氢技术的特点

生物质原料的氢含量低(6%左右)，氧含量高(达 40%)，导致产氢率低；生物质的收获、运输和预处理过程的费用均较高；生物质气化技术包括间接加热气化(如 BCL 气化炉)和直接加热气化(如 IGT 气化炉)技术，处理能力较小，大都处于试验和示范阶段。

2. 生物质气化制氢技术的经济性

(1) 工厂建设投资

本书的第三章第六节中对生物质气化制氢技术的经济性进行了较详细的分析论证，选取生物质间接气化制氢工艺，制氢工厂建设投资见表 16-19。

表 16-19 生物质气化制氢工厂建设投资 (按 2009 年美元计) 亿美元

项目	总建设投资		
	低值	基准值	高值
第一个工厂[500t(干)/d]	1.88	2.14	2.69
第 n 个工厂[2000t(干)/d]	3.10	3.34	4.20

(2) 原料价格

生物质气化制氢过程原料价格范围见表 16-20 所示。

表 16-20 生物质的价格范围 美元/t(干)

项目	生物质原料价格		
	低值	基准值	高值
第 1 个工厂	50	60	80
第 n 个工厂	40	80	120

(3) 转化效率和氢产率

由本书第三章第六节知，生物质气化制氢过程的转化效率和氢产率见表 16-21 所示。

(4) 制氢成本

综合以上，得到 2000t/d 生物质气化制氢的成本为 2.80 美元/kgH_2。

表 16-21　氢产量/产率/转化效率估算结果

项　　目	低成本	基准值	高成本
第 1 个工厂(500t/d)			
H_2产量/(t/d)	38	36	34
H_2产率/[kg/t(干)]	76	72	68
BTH 转化效率/%	52	49	46
第 *n* 个工厂(2000 t/d)			
H_2产量/(t/d)	160	150	160
H_2产率/[kg/t(干)]	80	75	70
BTH 转化效率/%	54	51	47

(三) 生物原油重整制氢技术的路线及投资成本

1. 生物原油掺甲醇催化重整制氢

本书第八章第七节对这一制氢过程的氢气生产成本进行了介绍，设定第 *n* 个制氢工厂的规模为 1500 kg H_2/d，则工厂总投资为 188 万美元，设定生物油的价格为 236 美元/t，H_2成本为 4.2 美元/kgH_2。加上压缩、储藏、运输的费用后为 5.9 美元/kgH_2。

2. 生物油水蒸气催化重整制氢

本书第八章第七节结合美国 DOE 的报道，对生物油水蒸气催化重整制氢过程的经济性进行了分析，1500 kgH_2/d 的小装置生产成本为 4.6 美元/kgH_2。。

初步看来掺甲醇重整制氢的成本低于生物油水蒸气催化重整制氢的成本，具有一定的优势，但仍不具备大规模产业化前景。

三、制氢途径的技术和经济性前景

1. 技术前景

制氢途径的生产方式主要包括分散式生产和集中式生产两种。分散式生产不需要运输和大规模的基础设施，是较可行的生产方式。在分散式制氢的方法中，天然气或液体燃料重整制氢和小规模的水电解制氢具有良好的发展潜力。

但是，从长远来看，集中生产制氢在未来可以利用其规模上的优势来满足日益增长的氢能需求。在集中生产制氢的途径中，天然气重整制氢是成熟的商业技术；生物质气化制氢由于其可再生性和温室气体近乎零排放，具有较好的发展潜力；基于可再生能源的水电解制氢，通过技术进步，不断减少设备投资，降低用电成本，将是可行途径之一；在下一代核能电站项目中，高温电解制氢具有可行性；随着水电解过程的物质和能量循环效率的提高，利用集中式太阳能高温热化学制氢或者可行；光电化学制氢和生物制氢则需要进行长期的研究以提高过程的经济性。

制氢的另一种方式为半集中式生产，该方式的生产工厂多位于偏远地区。半集中生产制氢的工厂为中等规模，且需要在加氢站附近建设以降低成本，并减少氢气运输基础设施成本。以太阳能或风能驱动的电解制氢、生物油重整制氢、天然气重整制氢、电化学制氢以及生物制氢均是可行的半集中式生产制氢途径。尽管以上途径均是半集中式生产制氢的可行途径，但是由于该方式的经济性，它不是未来制氢技术发展的重点方向。

在制取氢气的同时将其和热、电能相结合，实现氢能的制取、使用一体化，这种方式称之为联合制氢方式。该方式获得的氢能可用作固定式燃料电池产生电和热，也可作为运输燃料。

降低氢能供应成本的具体目标：集中式天然气重整制氢很难降低生产成本，要实现制氢成本在2.00~4.00美元/gge，主要依靠技术进步来减少储氢站压缩、储存和分发的成本。

对于水电解制氢途径，电价极大地限制了廉价氢气的发展。集成与兼容的电解槽的设计，同时使用低成本、近乎零排放的电源，水电解制氢的成本才会降低，效率也得到提高。但是，电解制氢的电力如果来自煤炭，还需要采用碳封存技术。

生物质衍生物重整或生物质气化及热解均可制氢。诸如乙醇或其他衍生液体，其成本需要降低。生物质的气化、热解及重整效率也亟待提高，过程的投资成本则需通过技术进步来降低。

利用太阳能驱动高温热化学循环制氢技术目前还处于研究阶段。该途径需要提高各种热化学循环途径的性价比。如果可以实现，高温热化学循环将可能提供一种清洁、高效和可持续的利用水制氢途径。

基于半导体光电极或光催化剂的光电化学制氢途径处于初级发展阶段，今后需要(1)开发高性价比的材料，并对PEC制氢的氢气产生及腐蚀机理有基本的了解；(2)采用减少损耗机理研究轻质廉价材料以提高效率；(3)通过功能化材料的有效组合优化其光吸收电荷传输和催化界面效率，开发复杂多元装置和系统以获得高效的水分解制氢效率。

生物制氢途径处于早中期发展阶段，面临着较多的技术难题。微生物工程上着重提高产氢率。光生物制氢技术的优势是无需高纯水，且不产生有毒或污染的副产物。

2. 技术指标

各种原料及途径的制氢技术正在研发过程中，每种途径均处于不同的发展阶段，同时有着不同的机遇和挑战。经济性较好的途径短期内可行，其他途径随着技术进步也会逐渐具有可行性。表16-22列出美国DOE提出的各种制氢途径的近远期技术指标，可供我国参考。

表16-22　各种制氢途径的近远期技术指标　　美元/kg(2007年美元)

制氢途径	2011年现状	2015年	2020年	终极目标
分散式生物油制氢(乙醇重整)	9.1	7.7	4.0	—
分散式电解水制氢	6.6	5.6	4.0	—
集中式电解水制氢(绿色电源)	4.1	3.2	2.0	—
生物质气化/热解制氢	2.2	2.1	2.0	—
太阳能热化学制氢	—	14.8	3.7	2.0
光电化学制氢	—	17.3	5.7	2.1
光解生物制氢	—	—	9.2	2.0
暗发酵制氢+MEC	6.6	—	—	—

3. 技术瓶颈及任务

为了达到以上制氢的技术目标，需要克服各途径在氢气制备中存在的技术和经济瓶颈。下面列出将中期可能实现的制氢途径的技术瓶颈及相应的研究开发任务，见表16-23。

表 16-23　几种制氢途径的技术经济瓶颈及相应的研究开发任务

<table>
<tr><th colspan="2">制氢途径</th><th>技术经济瓶颈</th><th>任　务</th></tr>
<tr><td colspan="2">分布式可再生液体燃料制氢</td><td>建设成本太高，效率低；可再生原料成本高；设备复杂、可靠性差、寿命短；催化剂活性及寿命需要提高；生物质原料的质和量受地区限制；原料中杂质对产品质量的影响；加氢站的占地需减少以提高经济性；系统运行及控制的安全性能较低</td><td>分析并研究选取可替代再生原料；开发优化原料利用率和氢产率的催化剂；利用分布式天然气重整技术的概念，开发高效、集成、紧凑和稳健的可再生液体燃料制氢技术；探索如低温水相技术等新工艺，改良可再生液体燃料制氢技术</td></tr>
<tr><td colspan="2">生物质气化制氢</td><td>原料成本高，需开发经济、高效的原料收集和储存技术；投资成本高，需要对过程进行强化以降低成本；运行操作费用高，需开发高效耐用设备；生物质气化及生物质-煤共气化过程的操作安全性需要改善</td><td>降低原料准备成本；研发包括热气体净化、焦油裂解及其他具有成本效益的相关技术；研究用于裂解、重整催化剂和反应器改进、气化炉气体产品调整的可行性；提高氢气产量和选择性，进行整体热集成以提高热效，降低成本；开发生物质-煤共气化过程，替代生物质单独气化技术</td></tr>
<tr><td rowspan="4">生物制氢</td><td>光解水制氢（绿藻或蓝藻）</td><td>光转化效率低；氢气转化率极低；产氢过程氧气积累会抑制氢化酶的活性；光解水制氢需要对制氢过程进行经济性评估，廉价的储氢罐、氢气搜集、生物反应器、系统维护、土地需求等系统工程需要考虑；过程同样具有操作的不连续性</td><td>优化反应器材料和系统设计；开发廉价、透明及不透氢的生物制氢材料；开发氢气捕集和分离技术；开展光解水制氢过程微生物的分子生物工程研究；研发耐氧氢化酶，提高光转化率，消除蚀氢代谢途径；开发厌氧条件下的光解水制氢技术</td></tr>
<tr><td>光合细菌制氢</td><td>光转化效率低；光合细菌在制氢过程中存在蚀氢机制，需要通过基因工程提高光合细菌的产氢选择性；需要考虑反应过程的 C/N 比；光合细菌在制氢的同时释放二氧化碳；操作的不连续性</td><td>开展光合细菌制氢微生物的分子生物工程研究；研究光和微生物，提高光转换和光合电子传递效率；消除蚀氢的代谢途径</td></tr>
<tr><td>暗发酵制氢</td><td>葡萄糖转化为氢气的理论产率为 4 mol H_2/mol 葡萄糖，终产物抑制、其他生物途径的竞争机制等将氢气转化率限制在 2molH_2/mol 葡萄糖，因此需通过基因工程提高氢气的产率；葡萄糖是较经济的生物制氢原料，要替代传统运输燃料，其成本价应在 0.05 美元/磅；需要开发低成本的生物质整体利用生物制氢技术；开发降低生物质转化为葡萄糖的低成本技术；鉴别直接利用未处理生物质纤维素降解细菌；开发与绿/蓝藻、光合细菌共养的纤维素降解细菌以提高产氢率</td><td>研究开发纤维素的分解微生物，提高制氢过程的纤维素利用率；提高氢气产率，消除蚀氢的代谢途径</td></tr>
<tr><td>微生物电解池制氢（MEC）</td><td>电极材料成本极高，占微生物电解池制氢的大部分；较早的微生物电解池制氢利用昂贵的燃料电池碳极、铂催化剂和全氟磺酸胶黏剂；氢气的体积产率有待提高；需要开发致密堆积电极，提高单位体积产氢量</td><td>降低制氢反应器所用材料的成本，提高反应器单位体积的产氢速率，开发高效的制氢系统</td></tr>
</table>

四、小结

本文提出的三种生物质制氢途径的估计成本均与美国DOE2017年的目标差距很大。上述工艺技术目前均还处于试验研究阶段，离规模化生产有较大的距离。初步看来，生物质间接加热气化制氢技术在未来将具有更好的竞争力。

第五节 发酵法生物丁醇与生物乙醇对比

生物丁醇与生物乙醇具有相似的工艺路线。从相同的原料出发，经过相似的工艺步骤，可以分别得到乙醇和丁醇。二者的工艺流程如图16-10所示。

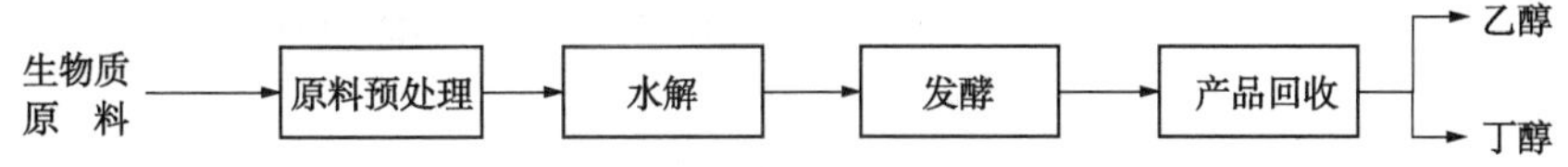

图16-10 生物质生产乙醇和丁醇流程

虽然乙醇和丁醇的工艺路线极其相似，但它们的生产过程仍存在以下主要差异。首先从菌种的培养及维护的角度分析，丁醇发酵的微生物大多为 *C. acetobutylicum*，为了防止染菌，丁醇发酵过程一般需要较严格的无菌操作条件，如果染菌，将会造成整个发酵的失败。而乙醇发酵所用的微生物仍以酵母为主，酵母在发酵过程中，由于生长旺盛，往往能够产生菌种优势，因此发酵所需的条件相对较低，不需要非常严格的无菌操作和相应的设备。两种工艺对无菌要求的差异，会带来设备的不同。此外，两种工艺菌种的来源上也不尽相同。目前，乙醇发酵所需的酵母可以由专业的酵母供应商提供，这可以简化企业培养酵母的过程，有利于降低设备的投资和操作成本。而丁醇发酵所需的菌种，需要经过在线的逐级扩大培养，才能满足生产的要求。如果发生意外，如发生噬菌体污染，还需要及时调换菌种，以保证生产的顺利进行。因此，丁醇发酵相比乙醇发酵需要增加投资和操作成本。其次，从发酵过程分析，丁醇发酵过程原料浓度一般较低，产物溶剂浓度一般约为2%；而对于乙醇，原料的浓度可以很高，如玉米发酵的原料浓度可达25%~30%，发酵终了的乙醇浓度随之提高，粮食乙醇的浓度可达到15%。此外，乙醇的沸点(78℃)也低于丁醇的沸点(117℃)。这些因素使得乙醇的下游提取工艺要比丁醇简单的多。因此，其经济性也相对较优。总之，丁醇和乙醇虽然工艺路线相似，但其他差异将造成两种工艺路线经济性的明显差异。

Peter等曾对生物乙醇和丁醇的技术经济性进行了对比评价，首先对采用粮食玉米为原料的两种工艺进行了模型分析比较。利用美国能源部历史数据和模型假设，以及市场需求和供应的信息，未来20年(2007年至2027年)的价格走势如图16-11所示。

从图16-11可以看到，丙酮和丁醇的价格始终高于乙醇的价格。丙酮20年的平均价格为0.92美元/kg，标准偏差约为0.07美元/kg；丁醇和乙醇的平均价格分别为0.77美元/kg和0.59美元/kg，二者价格的标准偏差分别为0.06美元/kg和0.07美元/kg。

在丁醇发酵生产过程中，尽管丁醇自身销售价格较高，而且丙酮和乙醇等副产物也能带来一定的利润，但如果将乙醇生产厂改造为丁醇生产厂并非是一种盈利的投资。从图16-12可以看出，如果2010年取消乙醇生产的补贴，乙醇生产在2022年可以开始盈利。但是，20年内的净收益值仍为负值，即-2600万美元(贴现率为8.5%计)。如果有补贴，则20年内的正净收益为 1.164 亿美元。而溶剂生产过程的净收益为-306.6 百万美元，比没有补贴进行乙醇生产的净收益低 12 倍。

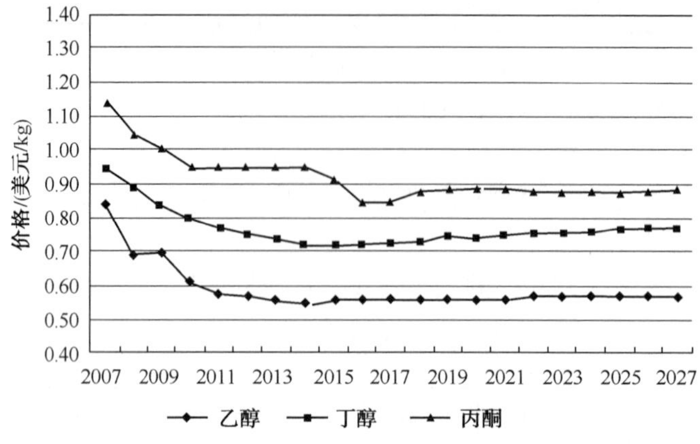

图 16-11　乙醇、丙酮、丁醇价格走势

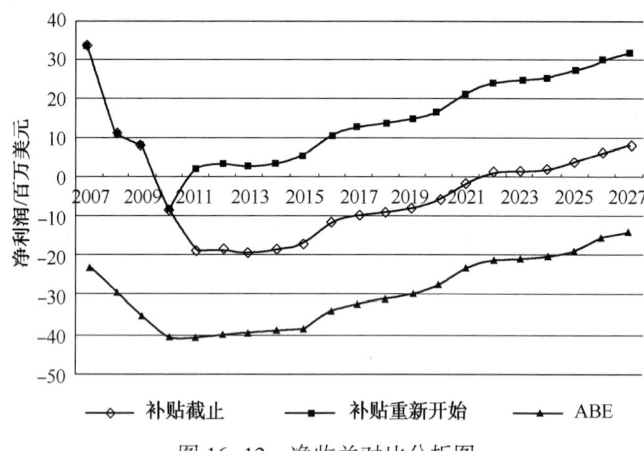

图 16-12　净收益对比分析图

此外，尽管丁醇的输送与现有的管道输送系统有很好的兼容性，但管道输送的成本大约为 0.005 美元/kg，相比于乙醇内陆运输成本 0.027 美元/kg，丁醇工艺仍不能与乙醇工艺相竞争。以上所有的结论都表明，以粮食为原料的生物丁醇工艺路线，相比于粮食类生物乙醇路线，在技术和经济上仍然存在着较大差距。

近年来，利用农业废弃物生产醇类已经成为生物燃料领域的研究热点。纤维素原料，如玉米秸秆、小麦秸秆、柳枝稷等被认为是生产第二代生物燃料的潜在原料。与粮食原料工艺类似，纤维乙醇和纤维丁醇的生产工艺基本相同，二者主要的差异主要还是在于发酵菌种和产物后提取过程的不同。但从发酵过程分析，纤维丁醇的发酵过程具有一定的优越性，这是因为目前丁醇发酵的菌种 *Clostridium spp.* 能同时利用来自于纤维素的六碳糖和来自于半纤维素的五碳糖，而纤维乙醇发酵通常需要采用基因工程菌，才能实现五碳糖和六碳糖的同时利用。从现有的技术水平看，纤维乙醇和纤维素丁醇的工业化规模生产都还没有实现，相比而言，纤维乙醇产业化已经取得了重要的突破，它将比纤维丁醇的产业化提前到来。

虽然不同的学者分别对纤维乙醇和纤维丁醇进行了经济性分析，但由于所采用模型的不确定性、基础数据来源和基准不同，因此所得到的结果相差较大。为了对比两种工艺的差别，有研究者对柳枝稷生产纤维乙醇和丁醇的物料的碳平衡进行了对比分析。对比模型中，纤维乙醇和纤维丁醇工艺的原料采用柳枝稷，日处理量为1689t，两种工艺的碳平衡分别如图16-13和图16-14所示：

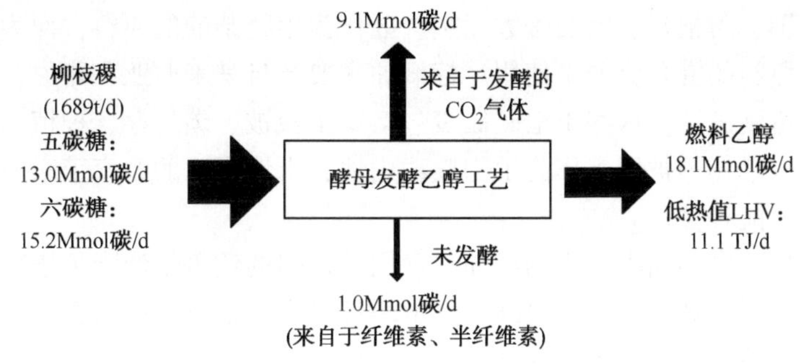

图16-13　纤维乙醇工艺的碳平衡

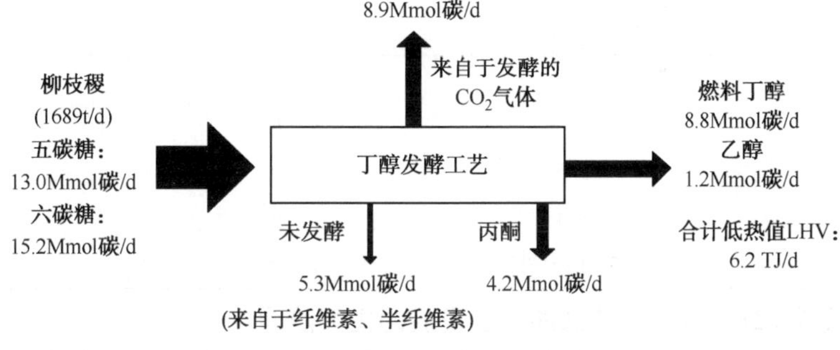

图16-14　纤维丁醇工艺的碳平衡

从两种碳平衡数据对比可以看出，无论产率和LHV值，纤维乙醇都明显高于纤维丁醇。

综上讨论，可以看出丁醇发酵与乙醇发酵相比并不具有优越性，其主要原因是丁醇生产过程中的低热值燃料产率较低，而且产物的生产效率也相对较低。即使副产物丙酮和乙醇可以出售，其经济性仍不具竞争性。虽然丁醇可以利用现有的管路进行输送，但由于产量有限且距离过长，也限制了这一优势。此外，原料运输费用和能量的消耗也严重阻碍了其集中生产。考虑到丁醇生产过程的不利因素，如：产量低、浓度低、无菌程度要求高、噬菌体感染、下游分离过程复杂等，丁醇生产目前仍无法与乙醇生产相竞争，这需要不断发展丁醇生产新技术，以增加其竞争力。

第六节　生物油脂制第一代与第二代生物柴油

一、原料供应

生物油脂可以生产第一代或第二代生物柴油，生物油脂包括植物油脂、动物脂肪、地沟油和微藻油，最主要的9种植物油包括豆油、棕榈油、棕榈仁油、菜籽油、花生油、葵花油、橄榄油、椰子油、棉籽油，2012年全球产量约1.5亿t。其中豆油、棕榈油、菜籽油占总产量70%以上，目前它们是主要的生物柴油原料。

1. 传统食用油料增长潜力有限

菜籽油具有相对适中的氧化稳定性和可接受的低温流动性，是欧洲生物柴油生产中的主要原料。大豆油氧化稳定性不能达到欧盟的标准。由于美国标准没有关于碘值的限制，所以大豆油可以在美国、阿根廷、巴西等大豆主产区作为生物柴油的原料，而为了达到欧洲标准它必须作为多种原料的混合成分来使用。棕榈油主要产自马来西亚和印尼，为了扩大棕榈油种植，热带雨林遭到破坏。这些土地碳储量包括本土植被、碳封存、种植作物年收成、副产物等，如果森林、草场等被用来作为生物柴油用地，土地用途的改变带来一次性温室气体释放，需要上百年才能补偿。

上述原料均属于食用油脂。生物柴油与食用油之间的竞争使油脂价格高企，而且波动较大。另外这些油脂对种植土地要求较高，产量增长潜力有限，长远来看，不能满足生物柴油发展的需要。油脂原料单产见表 16-24。

表 16-24　油脂原料单产比较[17]

项　　目	产量/（t/hm²）	出油率/%	油脂产量/（t/hm²）
大豆	3.0	18	0.54
棕榈果	19.2	22	4.22
麻风树果	2.5	35	0.88
油菜籽	3.4	44	1.50
微藻	91.3(乐观估计)	25	22.8

2. 油脂原料短缺是我国生物柴油产业发展的主要障碍

我国油料作物种类丰富，但是菜籽、大豆、花生、棉籽仍是我国主要食用油原料，原料价格制约了我国生物柴油产量的提高，必须发展非食用油料作物。可用作规模化生物柴油原料基地的乔灌木种不足 10 种，如黄连木、文冠果、麻风树、蓖麻、油桐树、光皮树等。虽然可以在贫瘠、半干旱土地上种植这些含油作物，但要提高产量和出油率，仍需要灌溉和施肥，也增加了种植成本，原料基地持续性发展受到挑战。目前地沟油仍是我国生物柴油的主要原料。总之，原料差异、紧缺，无法建立持续、稳定的原料供应体系，造成我国生物柴油质量参差不齐、产量不高。

3. 微藻柴油是发展的方向

微藻油的单产远远高于陆生植物，美国能源部为了满足 2022 年生产 360 亿加仑替代汽油燃料的要求，在 Biomass MYPP November 2012[18] 以后历年的公报中均提到微藻燃料的内容，计划到 2017 年提供约 1 百万 t 干微藻生物质，2022 年达到 2 千万 t 干微藻的规模。我国更需要加速微藻柴油的研发，如果替代 2 千万 t 石油，乐观估算微藻养殖面积将占中国耕地面积的 0.5%。

微藻油中不饱和脂肪酸含量高[19]，作为保健品对人体有利，但生产的生物燃料脂肪酸甲酯易被氧化，储存稳定性较差，这种情况在某些植物油中也同样存在。根据欧洲生物柴油标准，预计大多数微藻油生产的第一代生物柴油不能满足标准要求，需要添加抗氧化剂或通过加氢减少脂肪酸的不饱和度。相比之下，微藻油更适合加氢制第二代生物柴油。微藻加工另一种工艺是将全部微藻湿法高压液化，液化后生成的微藻液化油含氧量约 8%，储存稳定性好，便于运输和集中在一个加工厂进一步加氢提质生产微藻柴油。

二、第一代生物柴油性能

生物柴油要满足技术规范，并不容易，一些副反应和残存化学品对燃料性能产生不利影响，如热值、黏度、流动性、游离脂肪酸、固体颗粒、一和二甘油酯、催化剂盐、甘油、甲醇、水等。此外生物柴油馏程窄且含氧，热值低，与石油柴油组分调合时比例不高。由于脂肪酸链中含有双键，所以安定性差，不能长期储存，总之燃料性能不及石油柴油。

1. 调和性能差

国外常用的生物柴油调配量是2%、5%、10%、20%，分别称为B2、B5、B10、B20柴油。B2柴油中生物柴油的作用是提高柴油的润滑性；在更高的混合比例上，比如B50或者B100，则需要使用加热器或者更改密封圈、垫圈，将这些接触到燃料的部件更换成对高比例生物柴油兼容性更高的材料，可行性不大。

2. 氧化安定性不好

对于第一代生物柴油，氧化安定性和低温流动性是一对相互制约的指标，脂肪酸链中双键多，柴油的氧化安定性变差，易生成老化产物，造成发动机滤网堵塞和喷射泵结焦。双键少，柴油的低温流动性不好，冬季使用不便。EN14214标准规定生物柴油的碘值不得高于120gI_2/100g生物柴油，欧洲生产生物柴油的主要原料菜籽油和棕榈油碘值完全符合标准。但是，美国、意大利、澳大利亚等国家对生物柴油中不饱和度含量并没有严格限制。为了提高氧化安定性，需要在生物柴油中添加抗氧化剂。

生物柴油在储存、运输、调配环节也存在一些问题，例如氧化问题、吸水、被污染、相容性差等，可能造成喷油器系统沉积、磨损、金属腐蚀、燃油滤清器堵塞的发动机故障。因此，在生物柴油分配系统需要规范的质量控制。

3. 燃烧性能

第一代生物柴油密度大于传统烃类燃料，十六烷值一般都高于传统柴油。热值低于传统柴油，但是B20与传统柴油在功率、扭矩和燃油经济性方面仅相差1%~2%，至于B5差别可以忽略不计。

全生命周期CO_2、CO排放量，总颗粒污染物、PM10排放量、SO_x的排放减少，NO_x排放多于石油柴油。

三、第一代生物柴油经济技术分析

1. 技术指标

第一代生物柴油工艺流程是将甘油三酯和甲醇混合，在NaOH或CH_3ONa催化剂作用下发生酯交换反应，生成脂肪酸甲酯(FAME)和低浓度甘油。

反应过程详细物料平衡见表16-25，生物柴油对精制油脂的质量收率约96%。

表16-25 第一代和第二代生物柴油物料平衡表[20,21]

原料	FAME	HRD	HRJ
粗、脱胶豆油	100	100	100
甲醇	8.6		
氢气		2.7	4
烧碱(50%)	0.4		

续表

原料	FAME	HRD	HRJ
盐酸(36%)	2.0		
甲醇钠	2.3		
产物			
水，CO_2		14.2	14.1
轻质 HC		5.8	10.2
石脑油		1.8	7
喷气燃料		12.8	49.4
柴油	96.4	68.1	23.3
粗甘油(80%)	12.0		
皂化物	0.1		

2. 经济指标

表 16-26 列出不同规模第一代大豆生物柴油加工厂投资和生产成本，当产能从约 8 万 t/a 扩大到 32 万 t/a，总投资从 0.32 美元/L 下降到 0.22 美元/L。分摊到每 L 生物柴油价格下降 0.03 美元。图 16-15 总结了生物柴油价格与油脂价格及生产规模的关系，可以得出如下主要结论：

表 16-26　第一代生物柴油加工厂经济分析主要结果（2005 年美元）

项　　目	规模/(m^3/a)		
	95000	189000	378000
豆油价格/(美元/L)	0.486	0.486	0.486
生物柴油产率/(L/t)	1127	1127	1127
投资和运行费用/10^6美元			
直接固定投资 TIC	19.55	31.76	51.60
总工厂投资 TPI	26.81	43.56	70.75
土地	3.83	5.80	11.61
总投资费用 TCC	30.64	49.36	82.36
可变操作费用	50.46	100.93	201.85
不变操作费用	2.85	3.88	5.42
年生产成本	53.31	108.61	212.68
生物柴油价格/(美元/L)	0.59	0.58	0.56

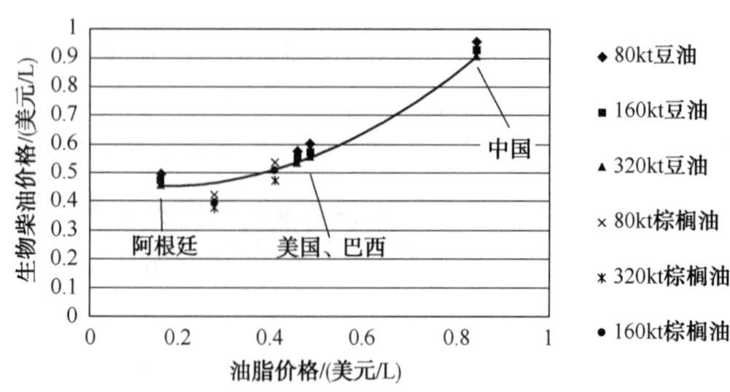

图 16-15　生物柴油价格与油脂的价格关系[22]

① 影响生物柴油价格的主要因素是原料油脂价格，生产成本中原料油脂占80%以上。

② 投资费用不高，远小于F-T合成生物柴油的投资费用。

③ 规模对价格影响可以忽略，原料价高低决定了生物柴油的价格。中国作为油脂进口国，原料价格太高，制约了生物柴油的发展。

四、生物柴油生命周期分析

1. 第一代生物柴油净能量比率

每生产1t豆油基生物柴油，需要消耗化石能源折合石油0.27t，生命周期净能量比率NER=0.31，牛油、棕榈油、大豆油、蓖麻油生产的生物柴油的净能量比率NER分别为牛油0.16、棕榈油0.29、豆油0.31，蓖麻油1。

2. 温室气体排放

生物柴油替代传统柴油，减少了温室气体的排放。菜籽油、豆油等植物为原料的生物柴油减排10%~90%，动物油脂、地沟油为原料减排70%~90%。地沟油和动物油脂生产生物柴油减排温室气体的效果最好。调合的生物柴油比例越高，减排的CO_2越多。

3. 其他空气污染物排放

生物柴油燃料的生产、加工、运输和发动机使用阶段，主要排放的大气污染物包括CO、NO_x、TPM(总颗粒)、SO_x和THC(总碳氢化合物)，以及HCl和HF等，HCl和HF主要是电厂烧煤过程中的排放，氨氮、N_2O主要是农作物种植阶段的排放。

B100的CO排放量减少35%。TPM排放量减少32%，尤其是城市公交车尾气PM10排放减少68%。SO_x的排放减少8%，CH_4排放也减少约3%。

THC排放量增加35%。大部分THC产生在大豆种植和压榨阶段，汽车尾气中THC减少37%。

NO_x无论在生物柴油生产和使用中都是排放增加的一种污染物。TPM和NO_x排放呈现相反的关系，减少一个会增加另一个，需要进一步加强发动机技术和燃料燃烧性能的研究，减少排放量。

4. 废水、固废

废水的排放石油基柴油是生物柴油B100的5倍，其中来自石油开采占78%。生物柴油废水有2/3来自油脂转化过程，含有皂化物和少量油脂。

固体废物可以分为有害和无害两类，生产1kg普通柴油产生约6.9g有害固体废物，大多数源自炼油过程。无害固体废物约47g，源于炼油和石油开采阶段。

而1kg大豆生物柴油生命周期中只产生0.3g有害固体废物，大多数源自大豆种植阶段。但是产生180g无害固体废弃物，主要是垃圾和金属，源自大豆压榨阶段。

五、第二代生物柴油

1. 工艺与技术

第二代生物柴油有不同的称谓，我们把酯交换工艺生产的生物燃料称为第一代生物柴油，而把各种工艺加氢生产的烃类成分为主的生物基柴油统称为第二代生物柴油。

植物油生产第二代生物柴油工艺包括催化加氢和异构降凝两个步骤，植物油首先在加氢催化剂作用下，通过脱氧反应转化成C_{15}~C_{18}烷烃，同时生成CO_2、CO、H_2O和甲烷、丙烷。为了得到低温流动性合格的柴油和航空燃料，需要进一步加氢催化异构化或裂解反应，生产航空煤油馏分和柴油馏分。在加氢过程中需要大量氢气，采用在炼油厂下游加入油脂的工艺，植物油加氢与炼油厂整合在一起，可以降低氢气的价格，有利于降低能耗、人工、运输及后勤等各项运行和投资费用。

原料的化学组成以及反应的条件对产物影响很大。原料中不饱和键越多，生成的环烷烃和烷基苯越多。微藻油和亚麻油含有较多的不饱和双键，因此断裂点较多，更适合生产低温性能优异的喷气燃料。

几个典型的商业化加氢技术包括美国 UOP 与意大利 ENI 公司合作开发的 Ecofining 技术，以及 Neste 石油 NExBTL 技术、巴西国家石油公司的 H-Bio 技术，以及中石化自主研发的加氢技术。

美国 UOP 与意大利 ENI 公司合作开发的 Ecofining 技术，采用两段法加氢生产喷气燃料，对生物油脂的收率 62%，同时副产 28%的石脑油。这种合成烷烃煤油可以与常规喷气燃料 JP-8 调合使用，已经通过飞行试验。

芬兰 Neste 石油公司开发的项目以菜籽油、棕榈油和动物油脂为原料，经预处理除去固体杂质后，先加氢处理，再经过异构化反应，生产第二代生物柴油。目前已建立独立的生物柴油炼厂，第二代生物柴油生产规模达到百万吨级。

2. 燃料性能

加氢处理得到的第二代生物柴油性能见表 16-27。第二代柴油与第一代生物柴油相比，不含氧，储存稳定性好，热值高，与石油基柴油可以任意调配，并且减少温室气体排放。虽然总酸值和实际胶质含量略高于石油基喷气燃料，但基本不含硫、氮和芳烃，可用作石油基柴油的高十六烷值调合组分，与石油基柴油任意调配。

油脂经过加氢处理得到的航空燃料 HRJ 如按 10∶90、30∶70 和 50∶50 的调和比与石油基喷气燃料调和，均符合我国 3 号喷气燃料质量标准。

表 16-27 传统柴油与第一代、第二代生物柴油性能比较[23]

项目	超低硫柴油	第一代生物柴油	第二代生物柴油
氧含量/%	0	11	0
密度/(kg/L)	0.84	0.88	0.78
硫/(μg/g)	<10	<1	<1
热值/(MJ/kg)	43	38	44
云点/℃	5	5~15	10~20
馏程/℃	200~350	340~355	265~320
十六烷值	40	50~65	70~90
油品安定性	好	不好	好

六、第二代生物柴油技术经济分析

1. 可再生柴油物料平衡

从表 16-25 可见，第二代生物柴油和喷气燃料收率约 73%~81%，耗氢量 3%~4%。需要指出，上述工艺由于尾气含丙烷较多，氢循环前必须脱除。当独立装置规模大时根据具体情况可考虑将丙烷部分氧化制氢，如与炼油厂有协作条件则可将丙烷送往炼油厂，并从炼油厂取得氢气。尾气处理流程因地而异。因此全过程实际氢耗比化学氢耗高。

2. 投资和最低售价

目前，第二代生物柴油不如第一代生物柴油成熟，还没有足够的工业化数据来准确评估它的价格。Pearlson 对第二代生物柴油经济分析结果见表 16-28，两代生物柴油主要经济技术指标对比见表 16-29。投资费用第二代生物柴油比第一代生物柴油高约 50%，约为 0.40 美元/L 年产能(Dynamic Fuels 75MGY 工厂投资为 1.5 亿美元，合 0.53 美元/L)。除了投资费用增加，第二代生物柴油加工费用也高于第一代生物柴油，主要是由于生产第二代生物柴油需要消耗氢气，氢气费用较高。尤其是加工厂自己制氢，每 L 柴油成本将进一步增加 0.06 美元。

表 16-28　加氢 HEFA 柴油产品出厂价及灵敏度分析结果[23](2010 年美元)　　美元/L

项　目	规模/10^3m^3		
	116	232	378
加工费用	0.46	0.35	0.31
豆油价格	0.70	0.70	0.70
基准出厂价	1.16	1.05	1.01
灵敏度分析			
产品分布			
汽油馏分减价 50%	0.01	0.01	0.01
最多喷气燃料产率	0.08	0.07	0.07
厂址			
建在工业区内	-0.07	-0.05	-0.04
现场制氢	0.09	0.06	0.05
财务			
100%产权	-0.10	-0.07	-0.06
25%贴现率	0.04	0.03	0.02
产能			
3 年产能提升：50%/75%/100%	0.14	0.10	0.08
原料短缺，产能 50%	0.56	0.40	0.34

表 16-29　两代生物柴油工厂经济技术评价

技术路线	规模/(10^3m^3/a)	燃料产率/[L/t(干基)]	总投资/[美元/(L·a)]	油脂价格[美元/t(干基)]	加工费用/(美元/L)	出厂价(美元/L)
第一代生物柴油 FAME	189	1127	0.26	530	0.09	0.58①
第二代生物柴油 HEFA	232②	946③	0.40	760④	0.35	1.05⑤

注：①2005 年美元；②4000 桶/d，年产约 196kt 柴油，350 天开工率；③按 68.1%柴油和 12.8%喷气燃料总和，相对密度 0.85 估算；④按豆油 2.64 美元/加仑，相对密度 0.92 估算；⑤2010 年美元，3.70 美元/gge，最多喷气燃料增加 0.07 美元/L，原地制氢增加 0.07 美元/L，原料短缺 50%增加 0.40 美元/L。

七、第二代生物柴油碳排放

以菜籽油为例，全生命周期各个阶段碳排放总结如下，植物在种植阶段储备 $-70.5gCO_2/MJ$,在种植阶段需要化肥、除草剂，播种、收获需要使用农业机械，收获、压榨阶段也需要消耗电力、天然气、石油等能源，排放的 CO_2 为 17.2 gCO_2/MJ。植物油在运输、加工转化以及燃料配送环节也需要能量消耗，排放的 CO_2 为 14.0 gCO_2/MJ。燃料在发动机中燃烧又排放70.4 gCO_2/MJ，燃烧过程中排放的N_2O和CH_4为23.7 gCO_2e/MJ。全生命周期排放的CO_2合计54.9 gCO_2/MJ，比石油基喷气燃料87.5 gCO_2e/MJ的排放基准要少，只有基准的0.63。按照不同的排放情景，菜籽油基喷气燃料碳排放是石油基燃料的0.45~0.87。减排温室气体13%~55%。

不同的油料作物减排量有所差别，主要原因是不同作物的单产不一样，棕榈油单产明显高于豆油和菜籽油，种植、收获环节碳排放少，而其他阶段各种植物油相差不大，因此，棕榈油基喷气燃料碳排放减少最多。土地用途的变化可能会造成温室气体排放的额外增加，尤其是将植物茂密的原始森林开垦成农业用地，东南亚热带雨林改种棕榈，土地用途变化带来的一次性碳排放的增加，差不多要20~60年棕榈种植才能抵消。

八、小结与建议

1. 小结

① 油脂原料价高低决定了生物柴油的价格。中国作为油脂进口国，原料价格制约了生物柴油的发展。地沟油仍是今后一段时期我国生物柴油的主要原料。

② 现有植物油增加种植面积和单产的潜力并不大，受原料供应量的限制，生物柴油产量很难持续增长。微藻油是解决油脂来源的重要突破口，美国已经列上发展日程。

③ 第一代生物柴油比重大、热值低，而且低温流动性、耐氧化性较差；第二代生物柴油以烃类为主要成分，不含氧，储存稳定性好，热值高，可以与石油基柴油任意调配。第二代生物柴油将逐渐取代第一代生物柴油。但是现阶段油脂加氢成本高过酯化成本。

④ 第二代生物柴油现阶段主要用于生产高附加值的生物喷气燃料，减少航空业的碳排放。

2. 建议

① 无论发展第一代还是第二代生物柴油，都需要建立持续、稳定、可靠的原料供应体系，并制定严格的质量标准。为此需要政府资助、税收优惠和公众支持。

② 油脂基柴油加工厂的选址需要降低原料供应、产品加工过程、配送体系的费用，例如将油脂基柴油工厂和原油炼厂整合在一起，共享热源、动力、原料、后勤、运输平台。

③ 微藻产油量高于陆生油料作物，发展生物柴油应加快微藻柴油技术研发。

第七节　生物质燃烧发电与发酵制乙醇途径的比较

在生物质转化利用的众多途径中，生物质燃烧发电和生物质发酵制乙醇都已经实现了规模化的开发和应用，是当前生物质资源开发利用的主要方式。其中，生物质燃烧发电是以农林业废弃物为燃料，将燃料燃烧产生的化学能转换为热能，再借助汽轮机等热力机械将热能变为机械能，并由汽轮机带动发电机将机械能变为电能。该过程可分为直接燃烧发电和混合燃烧发电两种形式。生物质发酵制乙醇是生物质经过水解糖化后，利用微生物发酵的方式，将糖转化为乙醇，进一步精制得到燃料乙醇。两种生物质转化利用的途径如图16-16所示。

以上两条路径各具特点，生物质燃烧发电是典型的物理转化过程，生物质经过简单处理甚至无须处理就可投入锅炉内燃烧，进而产生蒸汽并进一步发电。和常规燃煤发电相比，生物质燃烧发电机组只是在燃烧处理、供给和燃烧系统有所差别，后续的汽轮机发电环节和燃

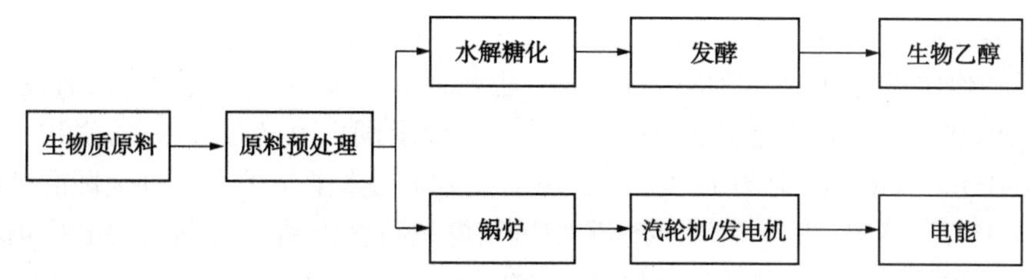

图 16-16　生物质转化利用的两种路径

煤机组完全相同，但是与常规煤电厂比较，设备规模过小，蒸汽参数过低，因此投资和成本比煤电高近一倍！所以说，生物质燃烧发电的过程尽管简单实用，在国家补贴下是目前生物质大规模转化利用的常见方式，为我国农村供电，同时解决部分劳动力就业也有一定优势：生物质(如秸秆)是一种很好的清洁能源，每两吨秸秆的热值就相当于近 1 吨标准煤，但其平均含硫量不到千分之五，大大低于煤的平均含硫量 1%；其次生物质燃烧发电适用于村镇范围内的分布式发电，发电输出稳定，不需要与外部电网连通。但生物质发电的成本和原料收集困难的问题还需要不断地改进完善。

相比于燃烧发电，生物质发酵制乙醇也是目前备受重视的另一条生物质转化途径，转化所得的乙醇是代替石油最重要的液体燃料之一。相比于生物质燃烧发电，该转化路径的工艺过程和技术要求相对更高。目前，许多国家已将燃料乙醇作为能源政策的主要方向。作为可再生的替代能源，燃料乙醇对于解决能源紧张、减少环境污染、促进经济发展具有十分重要的意义。但目前纤维乙醇的生产成本仍然偏高，还不能完全取代粮食乙醇，也需要进一步发展和完善。

从两者的工艺角度分析，生物质发电和生物质发酵制乙醇各具特点，由于两种产品的转化方式和产品的利用方式不同，所以它们在生物质替代能源领域中分别占据重要的地位。从发展现状看，生物质发电和生物质发酵制乙醇都面临着许多挑战。

生物质发电虽然已经实现了工业化的实施和运行，但关于生物质发电的争议也一直存在。支持者认为，发展生物质发电是当前我国生物质秸秆规模化利用的理想方式，一座典型的农林生物质发电厂不仅可以大量消耗农林废弃物，其燃烧产物中硫化物、氮氧化物及粉尘等污染物的排放浓度亦很低。与此同时，对秸秆等燃料的采购补贴了农民收入，有一定社会意义。但也有人认为，现有的生物质发电在经济上和环境上未必如预期的效果，在生产规模和经济上生物质发电远不如火电。据报道，2012 年底，江苏 15 家生物质能发电厂已建成装机容量 37.2 万 kW，但自建成投产以来就一直处于亏损状态，平均年亏损超过 1000 万元，最大亏损近 3000 万元，这无疑对生物质发电产业的发展起到了负面的影响。

相比于生物质燃烧发电，生物质纤维发酵制乙醇的高成本也是制约纤维乙醇发展的关键因素。与生物质燃烧发电类似，如何建立经济高效的生物质供应链是当前急需解决的关键问题之一。此外，纤维乙醇工艺中的原料预处理技术、高效纤维素酶技术、先进乙醇发酵技术、高效节能蒸馏脱水技术等都是该工艺过程的核心技术，如何提高这些技术水平并降低相应生产成本，对纤维乙醇总成本的降低至关重要。

从两者的经济性角度分析，二者均面临成本较高的压力。首先，在影响生物质燃烧发电经济性的指标中，生物质原料成本所占的比例最大，通常占发电成本的 60%～70%，秸秆目前入炉价格普遍在 300 元甚至 350 元以上，这使得许多企业经营吃力。生物质电厂建设成本一般是火电的 1.5 倍左右，同时生物质原料运输半径一般不超过 80～120km，否则运输成本的上升会导致生物质发电经济性下降；生物质发电原材料短缺，燃料成本大幅上升，降低了生物质电厂的经济效应和社会效应。近年来，生物质原料成本一直在上升，而按照2006年制定的补贴标准已经不能适应当前的市场环境。目前全国已有超过60%的生物质发电企业可以获得0.1元/(kW·h)时的临时性电价补贴，实际相当于全国大部分地区的补贴电价已经上升为0.35元/(kW·h)。但从现行生物质发电运行情况看，补贴后的电价仍不足以弥补过高的发电成本，对于一些标杆电价较低的省份，情况还十分严峻。

与生物质燃烧发电不同，影响生物质纤维乙醇成本的因素除了原料成本外，预处理成本、纤维素酶成本、糖化与发酵成本、蒸馏与固体回收等成本都对乙醇生产成本产生重要的影响，这也是当前纤维乙醇成本比粮食乙醇成本高的主要原因。目前，国内报道的纤维乙醇生产直接成本均在8000元以上，在国家未出台相关的优惠政策之际，纤维乙醇行业的利润还微乎其微。因此，如何提高生产技术水平，降低纤维乙醇生产成本是当前急需解决的问题。国内已建立了万吨级规模的纤维乙醇生产线，美国近年通过攻关已取得重大突破，为2017年纤维乙醇产业化奠定了基础。

生物质燃烧发电和生物质发酵制乙醇是两种各具特色的生物质转化利用方式，也是未来生物质替代能源领域中不可或缺的重要途径。从发电的角度看，目前生物质发电比其他新能源发电更适用于分布式发电。我国在《"十二五"国家战略性新兴产业发展规划》提出，"十二五"时期，生物质能发电装机容量在未来5年要达到1300万kW，这表明生物质发电在未来能源领域中具有重要的地位。同样，作为液体燃料的生物燃料乙醇也是全世界发展的重要领域，我国在可再生能源发展十二五规划中也提出，到2015年生物燃料乙醇年利用量要达到3.5~4.0Mt，因此未来生物燃料乙醇的发展同样备受关注。

在大力发展两种生物质转化利用产业的同时，必须充分考虑原料供应的问题。由前文已知，目前单一进行生物质发电的原料已经出现了供应问题，如果再加上生物质发酵制乙醇原料的需求，原料的供应将是未来首要解决的关键问题。为此，在进行工厂建设时，首先一定要避免扎堆建设的现象，必须将有限的生物质资源进行合理优化的配制，保障企业原料的供给充足。这就需要政府从生物质资源分布角度，完善规划布局，同时要建立包括土地、税收、运输等在内的支持发展政策体系，扶持、引导生物质加工企业建立完善有序的原料收储体制，并提供有利的政策和市场环境。此外，从生物质资源转化利用的现状看，目前发展生物质发电是当前生物质规模化利用的一种方式。但从长期的眼光看，随着生物燃料乙醇大规模生产经济技术水平的提高，将会增大对生物质原料的需求，这将造成两种产业对原料需求的竞争。建议在大力发展生物燃料乙醇的同时，可考虑在满足局部区域供电前提下，逐步降低发电额度，将更多的生物质资源用于生物质燃料乙醇的生产中，将其转化为更高利用价值的液体燃料，为高水平的开发利用提供重要的支撑。

第八节　生物合成气或生物油脂制喷气燃料

一、生产技术

1. 生物质气化制喷气燃料

根据原料不同，合成气制液体燃料有天然气GTL、煤CTL、生物质BTL，以及煤和生物质 CBTL 的几种途径。单纯生物质制气的主要问题是生物质气化炉规模小（只有 600t/d），对生物质水分和尺寸有一定要求，因此工厂规模小，建设和运营成本高。而且单独气化温度低，会产生焦油，给合成气净化带来很大的困难。煤和生物质共气化 CBTL 可以借助煤气化炉，规模达 2000~3000 t/d，既可以减少焦油的产生，又减排了 CO_2 等温室气体。因此 CBTL 比 BTL 经济性好。

净化后的合成气经过两步合成喷气燃料和柴油，首先合成气在 F-T 反应器内转化为具有各种碳链长度的直链烃混合物，基本反应为：

$$nCO+2nH_2 \longrightarrow n(CH_2)+nH_2O+\text{热量}$$

产物是烷烃和 α-烯烃，碳数分布取决于反应条件、催化剂类型、H_2/CO 比例。反应压力 2~4MPa，温度 240~260°C。产生的蜡状产品进入加氢裂化反应器，最大限度获得柴油或航空燃料。催化剂一般采用铁剂或钴剂。F-T 合成是高放热反应，固定床、流化床和浆态床反应器[24]内需要特殊的取热构件。

2. 生物质原料收集和运输

农林废弃物虽然属于非食用生物质，但是能量密度低，原料分散。为了减少投资和运营成本，BTL 工厂希望尽量扩大规模，但是原料需求量大，造成收集半径延长，收集困难，运输成本高，多排放 CO_2。而且原料的储存需要很大的场地。因此，商业化 CBTL 一般只需 500 t/d 规模，并和已有的工厂园区整合。

3. 油脂制喷气燃料工艺路线

以 UOP 油脂两段法加氢生产喷气燃料为例[25]，第一段是原料油加氢脱氧，把甘油三酯转化为 C_{16}~C_{20} 可再生柴油（HRD），该过程的质量平衡表达式为：

$$1.12\text{kg oil} + 0.024\text{kg}H_2 \longrightarrow 1.00\text{kg HRD} + 0.14\text{kg}H_2O$$

然后在第二段进行选择性裂化合成烷烃短链 C_{10}~C_{14}，称为喷气燃料（Hydroprocessed Renewable Jet Fuel，HRJ），质量平衡表达式为：

$$1.00\text{kgHRD} + 0.0079\text{kg}H_2 \longrightarrow 0.697\text{kgHRJ} + 0.311\text{kg 石脑油}$$

这种合成烷烃煤油满足石油基航空燃料的所有规格要求（如闪点、冰点和安定性等），但是实际的收率低于理论收率。

4. 燃料性能

F-T 合成生成的石蜡状烷烃经过裂解，得到的生物燃料 C_{12}~C_{20}，能量密度高（33.1~34.3MJ/L），芳烃少，不含硫，十六烷值高（70~80）。与油脂生产的烃类燃料具有类似的组成和性能，可以直接融入现有石油体系，适合作为长途运输工具的燃料，例如飞机喷气燃料。

二、质量、能量转化效率

表 16-30 列出 HRJ 和 BTL 两种生物燃料技术路线的质量收率指标，油脂加氢转化过程简单，产率高。每千克油脂可以生产 0.843~0.857kg 的喷气燃料、柴油和石脑油等运输燃料。BTL 转化过程中净化合成气经过 F-T 合成生成轻质馏分油、重质馏分油和合成蜡三种初级产品，再经过加氢精制分馏得出石脑油和柴油，塔低重油通过加氢裂化转化为以柴油为主的轻质油品。如需要生产喷气燃料，则需增加一套异构降凝装置。

表 16-31 对比了油脂加氢喷气燃料和 F-T 合成喷气燃料的质量、能量转化效率。油脂

热值 38.9MJ/kg，氢气 142MJ/kg，转化得到的各类燃料折合 38MJ，包括氢气在内的 HRD 能量转化效率 88%，HRJ 能量转化效率 75%。BTL 整个加工过程复杂，燃料产率 5.8%~15.4%，干生物质热值 20MJ/kg，每千克生物质生成 2.6~6.9MJ 燃料。

表 16-30　HRJ 和 F-T 合成浆态床反应器质量收率

项　目	HRJ	项　目	BTL
原料/%		原料	木质生物质
豆油油脂	100	净化合成气/(Nm^3/h)	809100
氢气	4		
总入	104		
产物(最多 HRJ)/%		合成油/(t/h)	143.8
水	8.7	水/(t/h)	173.7
CO_2等气体	5.4	CO_2/(Nm^3/h)	44670
丙烷	4.2	CH_4/(Nm^3/h)	10025
液化气	6	精制后液化油气/(t/h)	4.4
石脑油	7	精制后石脑油/(t/h)	27.6
喷气燃料	49.4	精制后柴油及蜡/(t/h)	109.0
柴油	23.3		
总出	104		

表 16-31　生物喷气燃料与 F-T 喷气燃料质量、能量产率比较[26,27]

项　目	原料/kg			燃料产率/%			能量产出指标	
工艺过程	干木质生物质	油脂	氢气	柴油	喷气燃料	石脑油+液化气	燃料能量 LHV/(MJ/kg)	能量产出/(MJ_{fuel}/$kg_{生物质}$)
最多 HRD		100	2.7	68.1	12.8	3.4	44.7	37.7
最多 HRJ		100	4	23.3	49.4	13		38.3
BTL	100			5.8~15.4				2.6~6.9

三、经济指标

1. 投资对比

F-T 法制喷气燃料工厂规模越大，单位产能投资费用越低。而油脂制喷气燃料的投资少，对规模变化不敏感。

Carter[28]统计了 20 家 F-T 工厂的投资，其中 6 家 GTL，6 家 CTL，5 家 BTL，3 家 CBTL。显示投资费用与生产规模具有相关性，规模越大，单位产能投资费用越小。关联方程式 $y=1532710x^{-0.227}$[x 表示每天生产量，桶/d，y 表示单位产能投资费用，美元/(桶/d)(2010 年美元)]。BTL 生产规模最小，因此，每升燃料折合的投资费用最大。表 16-32 中年产 $290\times10^3m^3$的 BTL 工厂投资约 11 亿美元，折合 3.7 美元/L 燃料。而 CTL 工厂规模 $3480\times10^3m^3$，投资折合 2 美元/L 燃料。BTL 需要的投资比 HRJ 的投资高 10 倍。

2. 加工费用对比

生物合成气制喷气燃料 BTL 是将木质生物质先转化为 C_1，C_1再转化为 C_{10}~C_{14}；生物油脂制喷气燃料 HRJ 是将脂肪酸酯加氢脱氧，BTL 加工过程比 HRJ 复杂。因此，产品价格构成中，除了原料费用以外的 BTL 加工费用占约 93%，而 HRJ 加工费用占 38%。

表 16-32　不同技术路线生产航空燃料经济性比较[29,30]

项　　目		HRJ	BTL	CTL	CBTL	GTL(中型)
工厂规模/(10^3m^3/a)		232	290	3480	3480	1740
原料价格	低		0 美元/t	0 美元/t	10%生物质，90%煤	0
	中	0.70 美元/升	85 美元/t	15 美元/t		0.159 美元/m^3
	高		120 美元/t	150 美元/t		0.424 美元/m^3
加工费用		0.42 美元/L	0.81 美元/L①			
投资/(美元/L_{fuel})	低		1.17	0.64		0.76
	中	0.40	3.69	2.00		2.36
	高		7.03	3.93		4.50
工厂最低售价/(美元/L)	低		0.19	0.11		0.13
	中	1.12	0.88	0.41	0.47	0.63
	高		1.57	1.35		1.38

① 根据表中数据推算的结果。

3. 原料费用对比

BTL 生产过程中原料是农林废弃物等木质生物质，原料的价格低于油脂。但是收集、运输和储存不方便。HRJ 工艺路线油脂原料价格是产品价格敏感因素，在产品价格占比中超过 60%。

4. 单位土地面积喷气燃料产量对比

图 16-17 中油脂制喷气燃料 HRJ，1t 优质油脂生产约 0.5t 喷气燃料，每公顷种植面积产棕榈基燃料约 3000L，豆油却不到 1000L，因此替代石油需要的土地面积较大，如果改变土地用途，种植能源作物，增加的温室气体排放，需要上百年补偿。而合成气制喷气燃料 1

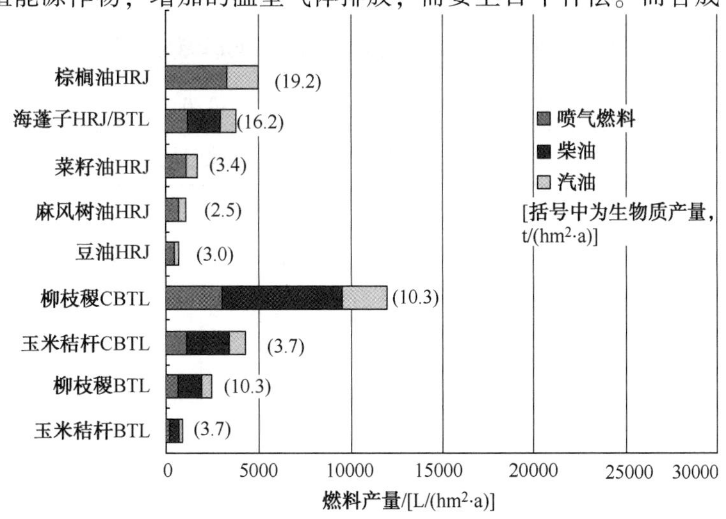

图 16-17　不同生物质基喷气燃料的产量对比[31]

（其中 CBTL：生物质 25%，煤比例 75%；F-T 合成油假设 25%喷气燃料，55%柴油，20%石脑油）

吨干生物质大约生产75~200L生物燃料，喷气燃料占其中25%，其余是柴油等燃料。总之，单位土地面积BTL和HRJ产量差不多，大约每公顷土地每年生产500~5000L液体燃料。但是BTL原料能量密度小，不方便运输和储存，生产投资很大；CBTL能提高产量，降低生产成本，但是减排CO_2与掺入生物质的比例有关。

5. 产品价格对比

HRJ价格主要受原料油脂价格影响，在豆油价格0.70美元/L基础上，加上加工费0.42美元/L，约合1.12美元/L。BTL比CTL工厂规模小，相对单位投资大，每升燃料价格范围0.2~1.6美元，如果生物质价格高，就会削弱其竞争力。德国能源署的报告[32]，BTL每升柴油约0.90~1.05欧元，乐观情景约0.70~0.90欧元。

四、生命周期分析

1. 加工过程能耗

F-T过程的能量效率是影响温室气体排放的一项重要指标，能量转化效率E(process efficiency)定义为[31]

$$E = 产品热值/(原料热值 - 过程能耗)$$

通常，天然气GTL效率介于60%~65%之间，煤CTL效率47%~53%之间，生物质BTL效率42%~52%。对于生物质，比煤和石油的含氧量高，加工处理这样的原料需要消耗较多的能量，因此能量转化效率低于天然气和煤。相比之下，油脂加氢制柴油的能量转化效率92.3%，远高于BTL过程。

表16-33　F-T合成喷气燃料排放

原　　料	天然气(GTL)	煤(CTL)	生物质(BTL)		
	无/有碳捕集	无/有碳捕集	玉米秆	林废物	柳枝稷
能量转化效率/%	63	50	45	45	45
WTW/(gCO_2e/MJ)	101.0	194.9/97.2	9.0~13.6	12.2	17.7~2.0
相对传统喷气燃料比例	1.15/0.99	2.23/1.11	0.10~0.16	0.14	0.20~0.02

表16-34　煤、生物质共气化F-T合成喷气燃料排放

项　　目	有碳捕集			无碳捕集
	低	中	高	中
生物质重量比例/%	40	25	10	25
生物质	柳枝稷	柳枝稷	柳枝稷	柳枝稷
碳捕捉效率/%	90	85	80	0
CBTL能量转化效率/%	48.9	46.0	44.1	46.0
WTW/(gCO_2e/MJ)	12.4	56.9	99.8	163.0
相对传统喷气燃料比例	0.14	0.65	1.14	1.86

2. 全生命周期碳排放

表16-33显示天然气作为F-T合成原料，碳排放和石油生产柴油差不多，煤必须在有

碳捕集设施的条件下，排放才能近似于石油。但是由于生物质是可再生原料，即使能量转化效率不高，全生命周期碳排放的量也只有石油基柴油的10%～20%。不同生物质BTL的LCA略有差别，例如玉米秸秆0.10，林业废弃物0.14。

从表16-34看出，煤和生物质共气化制合成油CBTL的生命周期碳排放影响因素较多，主要包括能量转化效率、掺入生物质比例、是否实施CO_2捕捉，甚至煤的开采深度。不进行碳捕集的CTL排放是基准的2～3倍，是否进行碳捕集对排放影响最大。其次是生物质的掺入量。一种理想的方案是煤、生物质共气化，在有碳捕集设施条件下，假如煤中掺入25%生物质，F-T合成柴油碳排放为石油基的0.65，比传统喷气燃料减排35%的温室气体。

总体来看，F-T合成油比生物喷气燃料具有更好的减排效果，BTL通常减排80%以上的温室气体，CBTL在进行碳捕集的情况下，减排随着掺入生物质比例提高。

五、产业化情况

F-T合成技术最早应用于二战中的德国，目前领先者是Shell和Sasol公司，20世纪80年代南非公司建立了三套CTL Sasol工厂，并持续运营。Shell oil 1993年在马来西亚建立一套GTL(SMDS)商业化装置，生产低硫柴油和食品级石蜡。生物质经F-T合成喷气燃料油BTL属于第二代生物燃料技术，投资和生产成本高于第一代生物燃料。德国Choren公司计划在示范装置成功的基础上，建设年产200kt液体燃料的BTL厂。

油脂加氢是第二代生物柴油技术，适合生产低温性能好、十六烷值高、无硫、CO_2排放少的生物喷气燃料。几个典型的商业化加氢技术包括Neste石油公司NExBTL技术，UOP和ENI公司Ecofining技术，巴西国家石油公司的H-Bio技术。Neste公司是第二代生物柴油技术的领先者，目前达到每年2Mt可再生柴油生产规模。2011年7月德国汉莎航空公司推出了全球首个使用生物燃料的定期民航旅客航班，使用的燃料是经过氢化处理的植物油和非食用动物脂肪与传统航空燃料各占百分之五十的比例混合而成。2013年4月，我国自主研发生产的生物喷气燃料首次试飞成功。HRJ生物燃料主要以椰子油、棕榈油、亚麻油、餐饮废油、动物脂肪等为原料生产。产量的增长需要开发非食用油脂，包括微藻替代传统棕榈油等食用油脂。微藻油的单产远远高于陆生植物，美国能源部为了满足2022年生产360亿加仑替代汽油燃料的要求，曾经计划到2017年提供约1Mt干微藻生物质，2022年达到20Mt干微藻的规模。我国更需要加速微藻柴油的研发。

六、小结和建议

HRJ和BTL的异同点总结在表16-35中，目前商业化应用上生物油脂制喷气燃料领先一步，BTL由于规模小、投资费用高，产品价格不具有竞争优势。长远来看，HRJ发展要求稳定、持续的非食用油脂原料供应，需要依靠微藻养殖技术的成本降低和商业化推广。BTL需要进一步降低投资成本，CBTL技术可以扩大生产规模，同时减排CO_2，有可能取代BTL，使投资和生产成本降低。建议我国在有煤、有生物质的地区，优先发展CBTL技术，同时，加快微藻柴油技术研发。

表 16-35　HRJ 和 BTL 经济技术对比

HRJ(HEFA)	BTL(F-T)
原料价格高，与食品竞争	原料便宜，非食用，但运输、储存不方便
投资少，加工费用低，需要购买氢气	投资高，加工费用高，CBTL 减低成本
产品价格对工厂规模不敏感	产品价格对工厂规模非常敏感
排放只有传统喷气燃料的 0.3~0.8，减排较显著，但改变土地用途带来的一次排放难补偿	排放只有传统喷气燃料的 0.20 左右，减排显著
已通过飞行试验，有示范工厂	有示范工厂
产品无硫、无芳烃，十六烷值高，和传统喷气燃料调和好	产品无硫、无芳烃，十六烷值高，和传统喷气燃料调和好
能量转化效率约 92%[33]	能量转化效率约 45%[31]

第九节　快速热解工厂方案比选

生物质快速热解-加氢改质工艺是发展烃类运输燃料主要路线。经过多年的研究开发表明，当前该工艺已是成熟可行的技术。

设想产业化的热解工厂由快速热解、生物油加氢改质、加氢裂化、制氢装置和公用工程设施组成。工厂规模：生物质原料处理量=2000t/d。重点论述以下方案：

(1) 两种供氢方案：

① 按制氢原料分为天然气制氢方案(天然气+自产气)和生物油制氢方案。

② 按氢来源分为自产氢方案和外购氢方案，外购氢气供生物油加氢改质等。

(2) 按热解工厂内工艺装置配置情况，有两个可选方案：

① 生物质快速热解，生物油加氢改质和制氢的独立型热解工厂。

② 热解工厂(生物质快速热解，生物油加氢稳定化)只生产稳定油，然后将其送石油炼厂加工的协作型工厂。

一、独立热解工厂(采用天然气和自产气制氢方案)的基本数据

美国能源部按 2013 年技术现状规划的 2000t/d 热解工厂的主要数据见表 16-36。

表 16-36　2000t/d 的热解工厂技术经济数据

项　　目	数　值	项　　目	数　值
原料处理量/(t/d)	2000	汽柴油产率/(t/t 生物油进料)	0.45
生物油产量/(kt/a)	410	化学氢耗量/(标 m^3/h)	36000
汽柴油产量/(kt/a)	185	燃料价格/(美元/gge)	3.39
汽柴油产率/(kg/t 生物质原料)	281	工厂投资①/亿美元	7.00

① 建设投资按 2011 年美元计。

工厂建设投资和生产费用见表 16-37。

表 16-37　热解工厂投资和加工费用

项　　目	数据(2011 年美元)	
	亿美元	%
一、建设投资		
生物质热解装置	3. 17	45. 2
生物油加氢改质装置	2. 08	29. 7
加氢裂化及产品分馏装置	0. 34	4. 9
制氢装置	1. 25	17. 8
公用工程及其他	0. 17	2. 4
建设总投资	7	100
二、生产费用		
原料及预处理	0. 679	30. 4
天然气	0. 062	2. 8
催化剂及化学品	0. 204	9. 1
污水处理	0. 005	0. 02
电力及其他公用工程	0. 055	2. 5
固定成本	0. 336	15
折旧	0. 222	9. 9
平均所得税	0. 066	2. 9
投资利润率	0. 609	27. 3
合计	2. 238	100

二、生物油加氢改质和制氢装置的工艺说明

有关数据详见本书第八章，现扼要摘录于下：

1. 生物油加氢改质装置

生物油加氢改质装置包括生物油稳定和加氢处理两道工序。

(1) 生物油稳定

羰基化合物和烯烃转化，耗氢量为 0. 08%，稳定过程放热量很低，使用 Ru/C 催化剂。

反应温度：180℃；反应压力：8. 0MPa.；液时空速(LHSV)：0. 5 h^{-1}；

化学氢耗量(相对于热解生物油)：0. 08%(质量分数)。

(2) 稳定油两段加氢处理

第一段加氢处理：使用 Ru/C 催化剂，在低耗氢条件下将更多的活性化合物加氢转化，过程放热量很低。

反应温度：176℃；反应压力：13. 0MPa.；液时空速(LHSV)：0. 5h^{-1}；

化学氢耗量(相对于热解生物原油)：0. 18%(质量分数)。

第二段加氢处理：使用钼催化剂将剩余的含氧化合物转化为烃，一部分芳烃饱和，过程放热量高，需要考虑热回收问题。

反应温度：408℃；反应压力：13. 0MPa.；液时空速(LHSV)：0. 22 h^{-1}；

化学氢耗量(相对于热解生物油)：5. 54%(质量分数)。

生物油稳定和加氢处理的产品收率见表 16-38。

表 16-38 生物油稳定和加氢处理的耗氢量和产品收率

项目	稳定反应器	第一段加氢处理反应器	第二段加氢处理反应器
反应器型式	管壳式	固定床	固定床
反应器台数	1	1	4
产品收率/%			
油	96	83	48
气体	4	10	24
水	—	7	28
总耗氢量/%	5.8(相对于生物油进料)		

2. 加氢裂化装置

原料：加氢处理的>350℃重馏分油。

工艺指标：原料处理量 70t/d；反应温度 750℃；压力 8.6 MPa；氢耗量(相对于进料)0.9%。

产品收率：C_7组分（甲基-环己烷)44.4%；C_8组分(正辛烷)19.8%；C_9组分(正壬烷)35.88%。

3. 制氢装置

制氢原料：天然气，用量 4400 标 m^3/h。热解和加氢装置放出气用量：按甲烷当量计，相当于天然气用量。一部分加氢排放气用作重整炉的燃料气。

耗氢量：总耗氢量 50000 标 m^3/h。其中，生物油加氢改质耗氢量 45000 标 m^3/h，加氢裂化耗氢量 5000 标 m^3/h。

三、比较

重点介绍不同原料的制氢方案和热解工厂的工艺装置配置方案，主要说明两种原料(生物油和天然气)的制氢工艺。

(1) 生物油制氢技术

优点：热解工厂和汽柴油产品的 GHG 减排效应好。

缺点：

① 生物油制氢为开发中技术，尚未建成工业化装置。

② 原料成本高：热解工厂的生物油成本：240 美元/t，折合 14 美元/GJ；天然气价格：3~4 美元/GJ。

③ 原料含氢量低、氢气产率低：生物油含氢 6%，天然气含氢 25%。

④ 与相同规模的热解工厂(天然气制氢)相比较，汽柴油产量约减少 40%。

生物油制氢的热解工厂方案：

生物油产量为 1240t/d；制氢用生物油量约为生物油产量的 38%，470t/d；生物油制氢的氢产率 9%~11%(质量分数)，1000~1200 标 m^3/t。

加氢改质装置规模 770t/d，即 32t/h；总耗氢量约 23000 标 m^3/h，其中生物油加氢改质耗氢量约 21000 标 m^3/h，加氢裂化的耗氢量约 1900 标 m^3/h；耗氢指标约 1600 标 m^3/t 汽柴油。

按 2013 年热解工厂方案的加氢改质流程，总耗氢量应为 30000 标 m^3/h，耗氢指标约 2100 标 m^3/t 汽柴油。

(2) 天然气制氢

天然气制氢为工业化的制氢技术，制氢成本低、效率高。

制氢原料：天然气+热解/加氢的排放气；天然气用量 4400 标 m^3/h；天然气用量指标 0.55 标 m^3/加仑生物燃料(一部分原料为热解/加氢的排放气体)。

热解/加氢的排放气用量，按热量计，用量相当于天然气；一部分加氢排放气用作重整炉燃料。

建设投资：制氢装置投资 1.25 亿美元，占总投资额的 17%。

四、热解工厂生产装置配置方案

(1) 第一方案：快速热解，生物油加氢改质-生物原油制氢的独立热解工厂

工厂规模 2000t/d；生物油产量 185000t/a；1240t/d。

加氢改质装置处理量 770t/d，254000t/a；汽柴油产量 115000t/a。

制氢原料：生物原油，约 500t/d。

建设投资：工厂总投资=5.96 亿美元，其中，热解装置 3.17 亿美元，加氢装置(包括加氢改质和加氢裂化)1.73 亿美元，制氢装置 0.9 亿美元。

(2) 第二方案：快速热解，生物油加氢改质-(天然气+排放气)制氢的独立热解工厂

生物原油产量 1240t/d；汽柴油产量 185000t/a。

制氢装置投资 1.25 亿美元，氢气产量 50000 标 m^3/h。

天然气制氢的 GHG 排放量高于生物油制氢。

工厂建设投资 7.0 亿美元。

燃料出厂最低销售价格(MFSP)3.39 美元/gge。

两种配置方案的热解工厂技术经济比较见表 16-39。

表 16-39 两种配置方案的热解工厂技术经济比较

项目	第一方案	第二方案
生物原油产量/(kt/a)	410	410
加氢改质装置处理量/(kt/a)	254(770t/d)	410(1240t/d)
制氢原料	生物油，500t/d	放出气+天然气①
汽柴油产量/(kt/a)	115	185
氢气耗量/(m^3/h)	23000	50000
工厂总投资/亿美元	5.96	7.00
汽柴油最低销售价格/(美元/gge)	< 3.39	3.39

① 天然气用量 4400 标 m^3/h，放出气用量相当于天然气量(按热值计)。

(3) 第三方案：协作型联合工厂

生物原油经过加氢稳定后，就可运输到石油炼厂加工，生产合格的运输燃料。

① 热解工厂装置组成包括：原料预处理及生物质热解装置、生物油加氢改质装置。

生产的稳定油送炼油厂加工，利用炼油厂既有或扩建的氢气系统，热解和改质装置的排放气作为制氢原料和重整炉的燃料(补充一部分天然气)。

② 由于改变了加氢处理的工艺条件，导致轻石脑油发生芳烃饱和反应，需要在炼油厂用催化重整技术处理，才可生产合格汽油组分。

③ 利用炼油厂已有的装置和公用设施，可降低燃料生产成本。

生物油加氢改质过程设在热解工厂中，需用的氢气从炼油厂供应。

经济评估结果表明，联合工厂的建设投资和产品生产成本均低于独立工厂方案。工厂建设投资约可降低 30%，汽柴油最低售价约可降低 10%~15%。

五、方案比选小结

(1) 制氢方案比较

生物原油加氢改质的耗氢量高(2100 标 m^3/t 汽柴油)，因而制氢装置投资高(1.25 亿美元)，优化制氢工艺(选择原料及工艺技术)十分重要。

生物原油制氢方案不可取(生物原油制氢用量 40%，汽柴油产量降低约 40%)。

天然气(补充一部分热解气)制氢是经济可行的方案。

(2) 独立热解工厂与协作型工厂的比较

石油炼油厂加工稳定油有利于合理分工、提高生产能力、节约建设投资、降低生产成本，但建设协作型工厂需要根据生物质资源、地区(现有炼油厂规模、运输、公用设施等)条件确定其可行性。

(3) 提高生物油加氢改质技术水平至关重要

美国能源部通过技术经济分析认为，当前加氢改质成本的份额最高；今后随着技术进步，改质成本将逐年降低，2009 年改质成本的份额最高值达 80%，2013 年改质成本已降低至约 60%。

加工费用(不含原料)持续降低的技术经济进步指标：

2011 年，燃料最低成本 7.10 美元/gge(已实现)，催化剂更换周期 30d。

2012 年，燃料最低成本降至 4.59 美元/gge ，催化剂更换周期 40d。

2017 年，燃料最低成本达标(2.50 美元/gge)，催化剂更换周期 1 年。优化改质工艺包括：提高反应空速，改进催化金属和催化剂用量，改进催化剂再生技术等技术措施。

第十节　生物质制合成油与生物质发电的比较

本节将对比分析生物质制合成油(BTL)、煤发电技术(CTE)与生物质发电(BTE)、煤制合成油技术(CTL)的技术经济性，并延伸分析生物质—煤炭联合气化制合成油(CBTL)以及生物质—煤混烧发电(BCTE)的技术经济性。通过综合对比分析，探讨各种工艺技术路线的经济可行性及其发展前景。

一、BTL 与 CTL 的经济性对比分析

生物质制合成油(BTL)工艺过程包括生物质预处理、气化、净化、合成、生成油加氢改质等工艺过程。由于 BTL 技术仍处于研究示范阶段，暂缺工业生产数据。所以现有的技术经济评估结果是比照 CTL/GTL 工厂生产数据估算的。BTL 工厂的投资约比相同规模的 GTL 工厂高出 60%。受生物质原料经济合理供应量的约束，BTL 工厂的规模以日处理生物质原料≤4000t 为宜。BTL 工厂的经济评估数据见本书第四章。

BTL、CTL 与 CBTL 的经济性对比分析见表 16-40。

表 16-40　BTL、CTL 与 CBTL 方案的技术经济评估

工艺方案	生产规模/(t/d)	建设投资		合成柴油 RSP 价格/(元/L)
		总投资/亿元	单位投资/[万元/(t/d)]	
CTL-无 CCS	6472	360.5	557	4.61
CTL-CCS	6472	371	573	4.73
CTL-CCS+ATR	6472	395.5	611	5.07
8%，CBTL-CCS	6472	399	617	5.09
15%，CBTL-CCS	6472	402.5	622	5.22
30%，CBTL-CCS	3883	451.5	698	5.97
BTL-无 CCS	6472	759.5	1174	11.93
BTL-CCS	647	773.5	1244	>11.93
BTL-CCS+ATR	647	776.3	1282	>11.93

注：经济评估数据取之 2008 年；1 美元按 7 元人民币计；1t 按 7 桶计；1 美加仑 = 3.785L；使用的生物质原料为柳枝稷。

从表 16-40 工艺方案 2 与方案 7 对比计算得知，生物质制油的柴油合理售价是煤制油的 2.5 倍，单位油的投资是煤制油的 2.1 倍。因此，生物质制油远不如煤制油经济。

二、BTE 与 CTE 的技术经济对比分析

1. BTE 的技术经济分析

按使用生物质种类的不同，生物质发电技术有生物质直接燃烧和生物质气化两种发电方式。

生物质燃烧-蒸汽轮机发电。此类电厂规模在 10～50MW；发电效率偏低，约 18%～33%；发电效率与电厂规模有关，一般略低于同等规模的燃煤(天然气)电厂。

生物质气化-燃料气发电。生物质气化生产燃料气和燃料气发电均为通用技术。燃料气可使用内燃机或燃气轮机发电，发电效率高于汽轮机。燃气机发电最小规模为 5～10MW，规模大于 30MW 的大型燃气发电厂可采用燃气轮机-蒸汽机组成的联合循环系统，称为生物质联合循环技术(BIGCC 技术)。大型煤炭气化的 IGCC 电厂的发电效率可达 40%(无 CCS)。

影响生物质发电技术经济性的因素比较多，如生物质原料、采用的发电技术、发电厂规模、运行模式(独立发电或电热联产等)等。

表 16-41 给出了 25MW 生物质直燃发电的技术经济分析[36]。

表 16-41　25MW 生物质直燃发电经济性

项　目	数　据	项　目	数　据
机组容量/MW	25	生产成本/(元/MWh)	593.37
年发电小时数/h	6000	其中燃料成本/(元/MWh)	292.44(占 42.12%)
年发电量/MWh	150000	保本电价/(元/MWh)	694.25
建设总投资/(亿元/kW)	2.5	上网电价/(元/MWh)	786
单位投资/(元/W)	10000		

由表 16-41 可知，生物质直燃发电成本为 593.37 元/MWh，上网电价 786 元/MWh，其中燃料成本约占 50%。说明燃料价格是影响成本的主要因素。

表 16-42 为 IEA 给出目前生物质发电的经济数据和 2030 年的预期值[37]。

表 16-42　生物质发电的经济数据和 2030 年预期值

项　　目		发电规模			
		<10MW	10~50MW	>50MW	煤/物质混烧①(BCTE)
发电效率/%	2010 年	14~18	18~33	28~40	35~39
	2030 年	16~20	23~38	33~45	33~45
单位投资②/(万元/kW)	2010 年	4.96~8.10	3.20~4.80	1.98~3.47	0.25~0.59
	2030 年	3.97~5.07	2.57~3.80	1.58~3.47	0.25~0.59
生产费用：占投资成本/%	2010 年	5.5~6.5	5~6	3~5	2.5~3.5
	2030 年	5.5~6.5	5~6	3~5	2.5~3.5

① 数据仅包括生物质燃料部分的投资和费用，不包括燃煤系统的投资、费用；发电效率为无 CCS 系统的效率。

② 为 2004 年数据，按 1 美元兑换 8.27 元人民币折算。

2. CTE 的技术经济分析

表 16-43 给出了 2010~2030 年燃煤电厂的投资估计[38]。表 16-44 给出了各种 500MW 大型燃煤电厂的主要经济指标。

表 16-43　2010~2030 年燃煤电厂的投资估计

项　　目	电厂单位投资/(元/kW)			总热效率 HHV/%		
	2010 年	2020 年	2030 年	2010 年	2020 年	2030 年
常规粉煤炉(高燃料价格，无 CCS)	65723	640673	62418	38.9	39.6	39.6
常规粉煤炉(低燃料价格，无 CCS)	65723	63484	61992	38.9	39.6	39.6
先进煤技术(高燃料价格，无 CCS)	73340	65190	57031	44.2	41.0	41.0
先进煤技术(低燃料价格，无 CCS)	76596	76596	76596	41.0	52.6	52.6

注：表中为 2005 年数据，按 1 美元兑换 8.2 元人民币折算。

表 16-44　各种 500MW 大型燃煤电厂的主要经济指标

项　　目	亚临界 PC		超临界 PC		超超临界 PC		IGCC	
	无 CCS	有 CCS	无 CCS	有 CCS	无 CCS	有 CCS	无 CCS	有 CCS
发电热效率(HHV)/%	34.3	25.1	38.5	29.3	43.3	34.1	41.1	32.0
煤用量/(t/h)	208	284	185	284	164	243	—	—
CO_2生成量/(t/t 煤)	2.24	2.24	2.24	1.92	2.25	1.93	—	—
CO_2捕集量/(t/h)	0	573	0	415	0	369	0	—
CO_2排放指标/(g/kWh)	931	127	830	109	738	94	638	67
单位投资/(元/kW)	1280	2230	1330	2140	1360	2090	1977	2668
发电成本/(元/MWh)	48.4	81.6	47.8	76.9	46.9	73.4	80.5	110.4

注：按 1 美元兑换 6.5 元人民币折算。

3. BTE 与 CTE 的技术经济对比分析

生物质发电成本约合 600 元/MWh，无 CCS 的燃煤发电成本约合 310 元/MWh，带 CCS 的燃煤发电成本约合 500 元/MWh。生物质发电约为无 CCS 燃煤发电成本的 1.9 倍，约为带 CCS 燃煤发电成本的 1.2 倍。

由此可见，生物质发电比煤炭发电(带 CCS)的成本略高，而生物质用来制合成油要比煤炭用来制合成油成本高得多，因此总体上看，生物质用来发电，煤炭用来制合成油更经济合理。

三、CTL、CBTL 和 BTL 的综合经济分析

1. CTL、CBTL 和 BTL 的经济分析

表 16-45 为 7 种方案在不同碳排放价格下，各种生产方案的当量原油价格(美元/桶)[15](代表合成柴油的 RSP 价格)。

表 16-45　各种生产方案在不同碳价格条件下的原油当量价格(合成柴油 RSP 价格)

生产方案	碳排放价格/(美元/tCO_2当量)		
	0	45	90
CTL 无 CCS	84.5	100.09	115.69
CTL+CCS	86.58	80.98	75.37
CTL+CCS+ATR	92.52	85.97	79.43
8% CBTL+CCS	93.09	85.41	77.74
15% CBTL+CCS	95.44	85.95	76.43
BTL 无 CCS	218.43	198.29	178.14
BTL+CCS+ATR	234.94	180.11	125.27

表 16-45 数据表明，在碳价格较低的情况下，煤制油(CTL)技术的经济性优于煤炭/生物质联合气化(CBTL)技术；在碳价格较高的情况下，煤炭/生物质联合气化(CBTL)技术的经济性优于煤制油(CTL)技术，而且各种 CBTL 技术的经济性均好于生物质制油(BTL)，且与碳价格无关。

2. CTL、CBTL 和 BTL 的 GHG 减排效应

表 16-46 给出了 CBTL 的 GHG 减排效应。

表 16-46　CBTL 工厂的生命周期 GHG 减排量

CBTL 中生物质用量比率/%	CCS 流程		
	无 CCS	CCS	CCS+ATR
	相对于石油柴油的生命周期 GHG 减排量/%		
0(CTL)	+147	-5	-12
8		-20	-28
15		-33	-42
30		-63	-75
100(BTL)	-109	-322	-355

由表 16-46 可见：

① 常规 CTL 工厂，即不设 CCS 系统的煤制油工厂的 GHG 排放比石油柴油高 147%。增加 CCS 系统的 CTL 工厂，其 GHG 排放量可降低至比石油柴油低 5%。增设深度 CCS 系统(CCS+ATR)后，可使 GHG 排放量比石油柴油的 GHG 排放量低 12%。

② CBTL 方案的 GHG 减排效应好于 CTL 工厂。生物质用量比率为 8%的 CBTL 工厂(包括 CCS 系统)，其 GHG 排放量比石油柴油的 GHG 排放量低 20%。提高生物质用量比率的 CBTL 工厂，其 GHG 减排效应会更好。例如：生物质用量比率为 15%和 30%的 CBTL 工厂，其 GHG 排放量分别比石油柴油的 GHG 排放量减少 33%和 63%。采用深度 CSS 技术(即：CCS+ATR)的 CBTL 工厂，其 GHG 减排效应更好，但投资额和生产费用增大。

③ BTL 方案的 GHG 减排效应良好，与石油柴油对比，GHG 减排量可达 109%～358%，

但该评估没有考虑生物质收集运输过程造成的排放且投资过高，总体效益不佳。

综上分析可见，CBTL 技术是生物质制油的可行方案。CTE/CBTL 的组合优于 BTE/CTL 的组合，但前提是建厂地区两种能源都能充足供应，分别满足电厂与油厂的合理规模。

3. CBTL 与 CBTE 的区域限制

虽然煤炭—生物质联合气化和费托合成组成的替代燃料生产技术，具有一定优势，但将受建厂地点限制。山东、黑龙江、江苏、河南等地区拥有较好的生物质资源，发展煤炭—生物质联合气化和费托合成组成的替代燃料生产技术有一定便利条件，但是江苏、河南等地区煤炭资源不足，煤价偏高。而有些煤炭资源较好的区域，却缺少生物质资源。比如新疆虽然具有较好的煤炭资源，但新疆[39]各地区的生物质资源在绝对数量、人均占有量、空间分布密度上极不均衡，差异较大。此外，新疆的优势生物质资源主要分布在传统的农牧业区，生物质能源资源蕴藏潜力分布，在一定程度上与常规一次能源蕴藏潜力分布呈现互补状态。例如，博州、喀什地区、塔城地区等生物质资源丰富，但常规一次能源蕴藏潜力有限。虽然新疆有些地区可建设 CBTL 工厂，但油品外运存在一定不利条件。这就使得煤炭—生物质联合气化生产替代燃料存在困难。再比如内蒙，虽然煤炭资源丰富，但生物质资源相对匮乏。据调查[40]，目前在内蒙，依靠农作物秸秆等发电的生物质发电项目，由于燃料保障瓶颈的局限，以及在布局方面的问题，一方面由于原料供应不足无法正常运转；另一方面，因为燃料成本上涨使生物质发电企业走入亏损的境地。因此，需结合具体环境，因地制宜地开展煤炭—生物质联合气化和费托合成组成的替代燃料生产技术。

第十一节　生物能远期替代运输燃料评述

一、生物质能潜力和利用程度

1. 世界情况

人类社会应用生物能由来已久，工业革命以后才逐渐采用化石能源。但是迄今发展中国家的广大农村仍大量应用传统的生物能源，其能量利用效率只有 10%~20%。目前世界应用现代技术的生物能源数量约为全部一次能源数量的十分之一，即 50EJ。今后从能源安全和环境保护出发，应该努力提高生物质能源现代化应用的比重和在二次能源中的份额。中期目标是到 2030 年使其数量翻一番，达到 100EJ，并实现可持续增长。到 2050 年实现生物质能发电 3100TWh，占当时世界总发电量 7.5%，此外还要提供工业最终能源消费的 15%，约合 20EJ，建筑供热（农村为主）的 20%，约合 24EJ。以上 100EJ 左右的热能和电力需 5.0~7.0Gt 生物质（干基），另加生产 60EJ 运输燃料的生物质 3.0~4.0Gt（干基），总计 160EJ，合 8.0~11.0Gt（干基）。

除了森林废弃物之外，2050 年从现有森林中增加 60EJ 到 100EJ 木材能技术可行。特别在北美、俄罗斯和斯堪地纳维亚地区具备有利条件。

一些木本和草本速生能源作物能提供相对高的生物质产能，在某些适宜地区可以实施。美国在保证 2050 年 1.0Gt 生物质供应方案中，速生能源作物的推广是一项重要措施。估计 2050 年其产能潜力为 30EJ 到 200EJ，东非、南美和东欧已有牧场和未保护草场的土地面积约 3 亿公顷，还可提供未保护的边际土地面积 5~9 亿公顷，但应核实，以确认其产能潜力。

从以上资料得到的印象是世界生物能潜力较大，但是地理分布不均衡，某些地区潜力能够充分发掘，另外某些地区由于发展迟缓，限制了潜力的发挥。

2. 美国情况

现举美国为例：美国土地广阔，经济发达，十分重视生物能的科学应用。从发掘资源潜力上作了细致工作，美国能源部提出 2030 年能提供 1.0Gt 生物质(干基)的宏伟方案[41]，见表 16-47，当前已纳入利用计划的林业和农业资源有关数据见表 16-48。

表 16-47 林业和农业和废弃物生物质资源潜力

Mt(干基)/a(按 67 美元/t 计)

项　目	2012 年	2022 年	2030 年
林业废弃物潜力	88	91	95
农业废弃物潜力	147	200	239
能源作物潜力	0	235	362
合　计	235	545	694
已纳入利用计划和可利用潜力合计	429	828	991

表 16-48 已纳入利用计划的林业和农业生物质资源

Mt(干基)/a(按 67 美元/t 计)

项　目	2012 年	2022 年	2030 年
林业资源	117	190	205
农业资源	77	92	92
合　计	194	192	297

表 16-48 中已纳入计划的林业资源主要供应发电和供热；农业资源最终提供年产 150 亿加仑乙醇和 10 亿加仑生物柴油的原料，其中玉米用量 1.157 亿吨(干基)，但需扣除 0.356 亿吨(干基)的副产品 DDG 饲料。

林业废弃物含未利用的林业一次和二次加工废弃物和城市废弃的木材物品，农业一次废弃物有秸秆麦杆等，约占 45%，二次废弃物有大米、棉花、甘蔗和果园的枝干，牲畜的粪便等。

能源作物是新生的生物能源，2014 年开始栽培，含草本和木本两类；预期 2020 年后将成为生物能潜力的一大亮点，值得有条件的国家和地区参考推广。

3. 中国情况

中国生物能源潜力和利用也是本书关注的重点。匡廷云等在文献[42]第四章中的数据汇集如表 16-49 所示。

表 16-49 中国中远期生物能源潜力预测

亿 t

项　目	2020 年资源预测	2050 年资源预测
农作物秸秆(生物质自然状态)	5.4	8.1
农作物秸秆(生物能折合标煤)	2.7	4.0
畜禽粪便	1.2	1.6
林业资源	4.8	6.1
能源作物		约 1.1~1.5
合计	约 10	约 12

表 16-49 中估计的数据可能偏于乐观，其中林业资源有待核实，能源作物的种植有待

国家和地方的巨大努力才能实现。

中国作为发展中国家，长期以来以传统方式应用秸秆、粪便等供热或做炊事燃料，或通过小型简易的沼气池提供燃料气。较现代的应用是糖厂以蔗渣发电供热。20 世纪 80 年代诞生了世界第一座以秸秆为燃料的发电厂，其后北美、北欧、中西欧和东南亚、巴西等一些国家和地区投产运行了多座秸秆或工业剩余物的直燃发电机组。丹麦已有 15 家大型生物质电厂，美国则有 350 多座以林产品和纸制品提供原料的电厂。中国对生物质发电的研究始于 20 世纪 80 年代，21 世纪通过引进建设了 20MW 的秸秆直燃发电国家级示范项目，自行建设了 6MW 的秸秆气化发电示范项目。2011 年末中国秸秆发电能力 3494MW，垃圾发电能力 2097MW，沼气发电能力 381MW。根据“十二五”发展规划，2015 年生物质发电装机容量将达到 13000MW，(其中秸秆发电能力 8000MW)，年发电量约 780TWh，生物质年供气 220 亿 m^3，生物质成型燃料 1000 万 t，生物液体燃料 500 万 t，合计生物能源年利用量将超过 50Mtce，相对来说发展趋势较好，但 2015 年生物能源现代化利用率占可再生能源的份额不到 10%。[43]

国内尚未正式发表中国生物能远景规划，本文参考 IEA 2010 年版的能源技术展望资料[44]，将不同情景的棒状图度量数据(有一定误差)列于表 16-50，其中主要是全世界数据，也在括号内列出对应的中国数据。可以看出按常规发展情景生物能的利用水平较低，而按“蓝图情景”到 2050 年生物能源利用量将为 2007 年的 3 倍。实现该情景需世界各国齐心协力，付出极大努力，对农业和林业大力改进，使作物单位面积产能较当前提高 3 倍，才能满足人口增长下的粮食供应并为发展生物能源提供原料。

表 16-50　2050 年世界和中国生物能源发展情景预测　　供应量 Mtoe/a

序　号	类　　别	2030 年常规发展	2050 年常规发展	2050 年“蓝图情景”
1	氢气			120(40)
2	运输燃料	100	160	770(200)
3	工业用生物原料			40(120~200)
4	居民生活(建筑物)	70	130	110(25)
5	发电	180	260	530①
6	供热	310	390	520
7	转化损失	150	280	890
1~7	现代方式应用合计	810	1220	2980(560)
8	传统方式应用	760	730	420
1~8	总计	1570	1950	3400

① 2050 年“蓝图情景”世界生物质发电装机 560GW，发电量 3100TWh(中国 920TWh)。

二、醇醚燃料发展述评

文中所指醇醚燃料来自生物质的乙醇、丁醇、二甲醚和脂肪酸甲酯等含氧的碳氢化合物，它们之中除二甲醚外，在常温均是液态，和石油烃应用方式相近。

1. 乙醇汽油

乙醇是人们最熟悉的汽油替代物，在中国抗日战争时期曾广泛使用。近年来国家从节约石油出发，推广应用乙醇汽油，曾一度采用粮食为原料。后来鉴于与民争粮不符合国情而改用非粮作物。美国为了减少从中东地区进口石油，大力发展乙醇汽油，以玉米为原料，制定了庞大的发展计划。

虽然粮食乙醇来自生物质，但其全生命周期的生产过程消耗了不少化石燃料，温室气体减排数量不尽人意。就世界范围而言，粮食乙醇触动了“民以食为天”的底线。产业界和科技界开始寻求以农林废弃物为原料，将其中纤维素转化为乙醇的途径，经过十多年的努力终于取得实效。本书第五章和第六章已经详细介绍，本章第三节进一步展开了对比论述。

虽然废弃物的价格较低，但纤维素转化为醇的难度远大于淀粉，因此纤维素乙醇的成本较高。科学评估纤维素乙醇的方法不在于与粮食乙醇简单对比，而是从替代石油角度，按“汽油当量”的乙醇售价与汽油售价对比，预期今后原油的价格的变动较粮价变动更为显著，只要汽油当量的纤维素乙醇售价低于同期原油加工所得汽油的售价，不论从经济角度或是从政治角度都有理有利。表 16-51 列举了美国能源信息署(EIA)估计的中期世界原油和汽油价格。

表 16-51 中期世界原油和汽油价格估计(按 2011 年美元计)

项 目	2017 年	2020 年	2022 年	2035 年
参考情景				
原油/(美元/桶)	116	118	121	136
汽油/(美元/加仑)	3.11	3.21	3.25	3.59
高油价情景				
原油/(美元/桶)	178	181	183	191
汽油/(美元/加仑)	4.63	4.63	4.64	4.60

美国能源部在生物质多年研究发展项目计划(Biomass MYPP)中详细分析了生物化学法(发酵法)和热化学法(气化合成法)两条纤维素乙醇路线，按现有的研究成果得到今后在第 n 个工厂实施预期能达到的一系列技术经济指标(出厂乙醇售价误差率±30%)，为纤维素乙醇生产路线对比提供了可信度较高的一套数据。兹摘选部分数据列于表 16-52。

表 16-52 生物化学法和热化学法纤维素乙醇技术进步指标(2007 年美元)

项 目	2007 年现状	2009 年现状	2011 年现状	2012 年现状
生物化学法纤维素乙醇技术进步指标				
单位生物质乙醇产能/[加仑/t(干)]	76	81	86	87
原料价格/[美元/t(干)]	85.8	77.4	66.2	64.9
单位乙醇产能投资/[美元/(加仑/a)]	11.33	10.60	9.53	6.92
乙醇出厂最低价格/(美元/加仑)	3.53	3.08	2.56	2.15
热化学法纤维素乙醇技术进步指标				
单位生物质乙醇产能/[加仑/t(干)]	68	77	88	93
单位生物质合成醇产能/[加仑/t(干)]	74	86	98	104
原料价格/[美元/t(干)]	95.3	95.3	79.0	79.0
单位乙醇产能投资/[美元/(加仑/a)]	12.76	9.24	7.85	7.60
乙醇出厂最低价格/(美元/加仑)	4.75	3.26	2.51	2.05

将表 16-52 中的乙醇出厂最低价格从 2007 年改为 2011 年，需要参考该两年的工厂投资指数(525.4；646.3)、化学制品指数(203.3；218.1)和工资指数(19.6；21.8)得出成本构成项目的加权系数为 1.16。笔者将 2007 年乙醇出厂最低价格乘该系数即为 2011 年价格。然后再换算为汽油当量的价格，列于表 16-53。

表 16-53　生物化学法和热化学法纤维素乙醇出厂最低价格(汽油当量，2011 年美元)

项　目	2011 年现状	2012 年估计
生物化学法	3.82	3.20
热化学法	3.74	3.06

从表 16-53 的汽油当量价格数据不难看出若采用现有的先进技术，在 2020 年建成第 n 个工厂后，应该在市场上具有竞争力。生物化学法早期在经济上占有优势，但由于多年来酶的成本仍然偏高，与期待值差别较大。近年来热化学法由于技术进步，逐渐成为后起之秀。总之，10 年来的技术进步增加了经济上的竞争力，表 16-53 的价格数据今后存在降低趋势。

原料选择上生物化学法可用秸秆，以减少木质原料分解产生醋酸基对酶的毒害。热化学法则以木材废弃物为宜，以降低粗气体的硫含量对焦油转化催化剂的毒害。

文献[45]列出的单位乙醇产能投资较低(生物化学法 183/45＝4.07，热化学法 241/45＝5.35)，而表 16-53 的对应数据较高(6.92，7.60)；原料价格在文献[45]中均为 46，而表 16-53的对应数据较高(58.5，71.6)；可见选取经济数据和方案评估应慎重从事。

2. 丁醇汽油

本书第十章已介绍了丁醇燃料，并在本章第六节作了对比。正丁醇和乙醇相比，前者热值较高，和汽油调合更好，属于优秀的醇类运输燃料。正丁醇和丙酮、乙醇作为谷物发酵的联产品早为产业界熟知，但提炼费用较高，只是当原油价位飙升后才引起人们注意，几家公司宣布了开发成功丁醇燃料。目前产业化仍然以玉米为原料，将来以秸杆为原料通过研发应属可行。文献将谷物发酵法生产丁醇和乙醇比较，前者投资和生产费用较高：每年产加仑项目总投资分别为 6.14 和 2.92 美元(2007 年)，每加仑生产成本分别为 1.53 美元和 1.96 美元；如按 2011 年美元计价，再折合为汽油当量，需另计算。

基于售价的差别，还有销售系统的附加投资和管理的复杂化(加油站增加几种牌号)和乙醇汽油先入为主的客观情况，预期大范围推广应用丁醇汽油举步维艰。

3. 二甲醚

天然气基和煤基二甲醚作为柴油机替代燃料先后进入市场，虽然从环境保护方面性能优异，但常温为气态产品，需要加压成为液态储存，且热值低于液化石油气，一次行驶距离较短，一般只适合在液化石油气供应困难的边远地区的出租汽车应用，从而限制了大范围推广。生物基二甲醚也存在类似问题。

4. 脂肪酸甲酯

脂肪酸甲酯(简称 FAME)是动物或植物油脂(或废弃物)与甲醇进行酯交换反应生成，又称为第一代生物柴油。20 世纪后期在欧洲和北美逐步推广，形成规模较小的替代石油运输燃料。有关内容已在本书第十一章和本章第三节叙述，文献[47]提供的 FAME 生产成本和出厂价格见表 16-54。

表 16-54 脂肪酸甲酯生产若干技术经济指标(工厂规模 45×10^6 加仑/a)

项 目	指 标	项 目	指 标
单位生物质 FAME 产能/[加仑/t(干)]	300	原料大豆价格/(美元/t)	221
单位产能投资/(美元/年加仑)	0.52	FAME 最低出厂价格/(美元/加仑)	3.3
原料大豆油价格/(美元/t)	662	原料大豆价格/(美元/t)	442
FAME 生产成本/(美元/加仑)	2.55	FAME 最低出厂价格/(美元/加仑)	5.0

迄今美国主要使用大豆油为原料，德国主要使用油菜籽油为原料。中国不允许与民争油，只能用如小桐子、黄连木籽等非食用原料，就需要在边缘地带开垦种植。由于缺乏经验，过去在南方几省实践效果不尽人意。油料成本是生物柴油企业发展的决定因素，事先应认真规划，稳妥实施。

第一代生物柴油的生产技术，包括副产品甘油的回收，国内外已开发成功多项技术。但综合多方因素，中国发展第一代柴油难成大气候，一是原料供应有限，工厂规模小，二是质量差(安定性、十六烷值)；三是调入石油基柴油的比率只有 3%，替代份额过低。

5. 综合评述

醇醚类生物质燃料中发展前景较好的应是乙醇燃料，当前达年百万吨级产能，预计 2020 年可达年千万吨级。今后应充分利用潜在生物质资源，争取 2050 年产能达到 5000 万吨。根据资源分布分别采用生物化学法和热化学法两种技术。通过初步论证秸秆发电的效益不如秸秆制乙醇，我国今后应增加生物运输燃料在生物能应用中的份额。

三、烃类生物燃料发展述评

本文所指的烃类燃料是生物质转化后最终形成的烃类燃料，包括生物质热分解所得生物原油经加工为烃类油品，生物质热化学转化为气体后经费托合成得到的烃产品以及生物油脂(脂肪酸甘油三酯)加氢转化后生成的长链烷烃产品。加氢的氢源可来自生物质，也可来自化石燃料。

1. 热分解途径制烃

生物质热分解制生物原油和生物原油制运输燃料已分别在本书第七章和第八章介绍，其技术经济评估已在本章第二节论述。美国能源部在生物质多年研究发展项目计划(Biomass MYPP)中[46]详细分析了日处理原料 2000 短吨(干基)热分解制烃工厂各个环节的技术进步指标，见表 16-55。

表 16-55 生物质热分解制烃工厂的技术进步指标(2011 年美元)

项 目	2009 年现状	2012 年现状	2014 年估计	2017 年估计
单位生物质烃燃料产能/[加仑/t(干)]	66	66	76	96
木质原料价格/[美元/t(干)]		72.2	78.2	73.2
单位烃燃料投资费用/(美元/加仑)	1.97	1.71	1.45	0.92
汽油出厂最低价格/(美元/加仑)	9.01	5.23	3.83	2.59
柴油出厂最低价格/(美元/加仑)	9.09	5.30	3.91	2.59
原料预处理费用/(美元/加仑)	1.46	1.09	1.03	0.76
快速热解费用/(美元/加仑)	0.62	0.60	0.51	0.40
生物原油加氢改质费用/(美元/加仑)	5.70	2.42	1.09	0.55
烃产品加氢裂化分馏费用/(美元/加仑)	0.35	0.33	0.30	0.13
制氢和公用设施费用/(美元/加仑)	0.91	0.82	0.95	0.75

美国能源部2012年来进一步加大生物原油技术研发的重视，在MYPP报告中提出2011年到2017年的短短6年内将单位产品化学转化过程的费用降低60%以上的宏伟目标。在4个过程领域中(快速热解、加工为稳定生物原油、后加工为汽油和柴油以及公用设施)，加工为稳定生物原油领域的费用降低目标达77%，绝对值是2.45美元/加仑。其具体内容有三方面：一是改进生物质分解工艺技术，采用催化热分解降低生物原油的氧含量，或是开发新的技术如临氢热解、水热液化和溶剂液化，从而改变生物原油的氧含量、水含量与黏度；二是研发提高生物原油稳定性的改质手段，脱除水分、颗粒物和金属及某些导致不稳定的氧化合物，在生物原油送到炼油厂之前，采用加氢处理和类似热催化加工技术，降低其氧含量和有机酸含量，以满足中间油品储存运输的稳定性能；三是提高加氢改质催化剂的寿命和功能，研究生物原油的腐蚀机理和防蚀材料，研究新的传感器和控制系统。

DOE表示今后对新领域将陆续进行技术经济评估，对研发目标作出修正。

针对如此艰巨的研发目标，笔者从已发表的研究报告认为技术进步远不够成熟；能否如期实现，难免令局外人疑惑，但DOE确实给以足够重视。

还有一项由美国生物能中心NBC组织实施的水热液化技术(HTL)研发项目，是将生物质在接近水的临界条件(374℃，1.7~2.1MPa)下分解得到生物原油，然后进一步加工为烃燃料。以木材原料的水解产品收率：生物原油29.4%，水溶有机物46.8%，木炭3%，气体17.8%。连续生产的工艺流程是高黏度液体的换热问题，在初步设想的五个情景中，以2000t/d进料量的工厂为例，最低和最高投资额3.44~17.28亿美元(2011年)，高低出入很大，需要通过开发验证；年操作费用估计在2200~4700万美元[33]。粗略估计的每吨生物油成本在250~1000美元范围，竞争力前景不够乐观。

2. 气化后通过F-T合成烃

生物质除生焦外基本气化，粗气经过改质和化学转化制成合成气，然后进行费托(F-T)反应，生成从甲烷到碳原子数约100的链烷烃。80年前此技术已在德国产业化，二次世界大战后由于廉价石油的出现而发展迟缓，但20世纪后期随着原油价格的飚升，陆续开发成功用天然气制合成气然后进行F-T合成，简称GTL；用煤制合成气然后进行F-T合成，简称CTL；用生物质制合成气然后进行F-T合成，简称BTL，相继出现，有的已产业化，另一些处于产业化示范阶段。催化剂和反应器水平显著提高，工厂规模较过去上升了一个数量级。本书第三章和第四章已经做了介绍，这里补充一些技术经济评估。

BTL的技术经济指标可援引美国DOE/NREL技术报告[47]列举的高温法与低温法若干数据，见表16-56。

BTL工厂的技术经济指标缺乏竞争力，主要原因是其单系列规模小(5000桶/d，约20万t/a，原料(干)约3600t/d)。美国空军为了实现喷气燃料减排温室气体20%的目标，和美国能源部合作，提出煤和生物质在大型炉内高温下混合气化，产能不变，粗煤气成分基本不变，免除了昂贵的焦油转化工序。这就给BTL转型为CBTL创造了条件。表16-57摘录了其中若干数据[48]。

表 16-56　高温法和低温法 BTL 工厂若干技术经济指标(2007 年美元)

项　　目	高温法	低温法	基本技术经济设定	指标
单位生物质烃燃料产能/[加仑/t(干)]	67	52	自由资金和贷款率	100/0
木质原料价格/[美元/t(干)]	83	83	所得税率/%	39
单位烃燃料总投资费用/(美元/加仑)	14.52	15.43	内部收益率/%	10
油品出厂最低价格/(美元/加仑)	4.26	4.83	折旧年限(动力系统除外)/年	7
单位烃燃料总投资费用各领域构成/%			电力价格/(美元/MWh)	54
原料预处理	7	9	工艺蒸汽价格/(美元/t)	9.1
气化和气体净化，制氧	40	30	冷却水价格/(美元/t)	0.34
F-T 合成(钴催化剂)	16	23	加氢费用/(美元/桶)	4.0
加氢处理和加氢裂化	11	12	F-T 催化剂费用/(美元/t)	33100
公用设施	26	26	焦油转化催化剂费用/(美元/t)	33100

表 16-57　CBTL 工厂(50000 桶/d)技术经济指标(2007 年美元)

项　　目	指　标	项　　目	指　标
柴油产能/(桶/d)	34003	自由资金/%	40
石脑油产能/(桶/d)	15698	贷款率/%	60
煤用量/(t/d)	18443	所得税率/%	38
生物质用量(干基)/(t/d)	3254	内部收益率/%	20
设备及安装投资/10^6美元	4247	折旧年限/年	20
项目总投资/10^6美元	7061	煤价格(入厂基)、(美元/t)	42.1
单位产能总投资/(美元/桶)	141220	柳枝稷价格(干基)/(美元/t)	97.1
项目总投资构成百分比/%		柴油最低出厂售价/(美元/加仑)	3.0
		对应当量原油售价/(美元/加仑)	104
原料预处理	17	柴油最低出厂价格构成百分比/%	100
气化，制氧	39	原料煤/%	13.4
气体净化和转化	11	原料生物质/%	4.9
合成油	9	副产电力/%	-1.4
油品加工	4	固定操作费/%	11.8
公用设施	16	可变操作费/%	8.3
CO_2运输储存	4	财务费用(含投资回报)/%	62.8

CBTL 工厂与同等规模的 CTL 工厂主要指标比较，BTL 分担的单位产能投资和生产费用较 5000 桶/d 的单一 BTL 工厂明显下降，达到具有竞争力的水平！该技术不仅在减少温室气体排放方面具有优越性，还结合 CBTL 工厂的建设减少原油进口，从节省外汇中得到巨大收益。

3. 油脂加氢转化为链烷烃

第一代生物柴油属于含氧化合物 FAME，它的性能不如链烷烃。第二代生物柴油又称 HEFA(Hydrogenated esters and fatty acids)，是动植物油脂或 FAME 的加氢转化产物，其碳原子数和原有油脂相等或减少一个，产品链烷烃异构化后成为性能优异的柴油或煤油组分。本书第十一章已有较详细介绍，本节只选择若干技术经济指标以便和其他石油替代途径比较。

工厂规模有三类($116\times10^3m^3/a$、$232\times10^3m^3/a$、$378\times10^3m^3/a$)，采用大豆油(单价 0.70 美元/L)原料。参见表 16-58。

表 16-58 HEFA 工厂技术经济指标(2010 年美元) 美元/L

项目	$116\times10^3m^3/a$	$232\times10^3m^3/a$	$378\times10^3m^3/a$
最大喷气燃料方案			
最低喷气燃料出厂售价	1.24	1.12	1.08
最大柴油方案			
最低柴油出厂售价	1.16	1.05	1.01

HEFA 生产的灵敏度分析表明：①氢源来自炼油厂比较合算，否则以天然气为原料的独立制氢装置将增加油品价格 0.05～0.09 美元/L；②开工负荷是否饱满对灵敏度影响极大，保证原料供应至关重要；③生产喷气燃料的成本高于柴油，而市场价差通常在 0.02 美元/L 以内。

总之，原料油脂价格和市场原油价格的差额将是今后 HEFA 能否发展的重要指标。

为了在不与民争油的原则上解决油脂资源不足问题，近年来美国能源部提出了将生物乙醇发酵氧化为 C_{16} 脂肪酸，然后加氢转化为以 C_{15}～C_{16} 烃为主的柴油调合组分的技术路线。最近通过技术经济分析认为具有良好的前景[52]，详见本书第九章第八节。这样一来就扩大了生物基烃燃料的资源。

4. 氢源

本节提到生物质转化为烃燃料的三条途径均需解决氢源，从本书第三章、第八章和第十三章介绍的几种以生物质为原料的制氢工艺成本均高，只适合用氢量少的个别场合，或者用于燃料电池汽车发展早期的供氢站，对于生产烃燃料则不适用。制备烃燃料的加氢与制氢最好与炼油厂结合，能降低油品成本，增加竞争力。从中国炼油厂的具体情况出发，制氢原料炼厂气将逐步改用天然气，甚至采用煤制氢。

四、微藻柴油

从特殊培养的高油脂含量微藻中制取替代石油燃料又称第三代柴油，是人们期待中的理想生物燃料，虽然已研究多年，但迄今未能产业化。但美国已由政府支持，编制了路线图。中国也列入了重大科技研究项目。有关资料已在本书第十二章介绍。下面只选录产能指标和其他路线进行比较。从表 16-59 得知高产方案中比种植大豆获得油料高 10～20 倍之多[49]。

表 16-59 微藻油脂与大豆油产能对比

项目	大豆油	微藻油脂低产	微藻油脂中产	微藻油脂高产
单位面积产藻(干)/[$g/(m^2\cdot d)$]		10	25	50
油脂含量/%		15	25	50
油脂产能/(加仑/hm^2)	120	1580	6590	26370
总面积/Mhm^2	25	25	100	2.5
总产能/(Mt/a)	9	1.2	2.0	2.0

DOE/NETL 根据美国 2007 年能源安全法案提出 2022 年应能生产 360 亿加仑替代汽油的燃料的要求，扣除玉米乙醇 150 亿加仑，其余 210 亿加仑为先进替代燃料，这就需要加速微藻柴油的研发，提供产能 50 亿加仑。于是在 Biomass MYPP November 2012 的公报中重点提到微藻燃料的内容，提出了 2014 年到 2022 年的技术经济指标。表 16-60 选录了其中若干项目的指标数值。萃取得到的微藻油脂需要进一步加工成为生物柴油产品，这项生产费用约为

0.5~1.0 美元/gge，因此 2022 年微藻柴油的最低出厂目标价格为 3.73 美元/gge(2011 年美元)。

表 16-60 微藻油脂大规模生产的预测技术经济指标(2011 年美元)

项目	2010 年现状	2014 年推算	2018 年推算	2022 年目标
微藻油脂费用(含投资回报)/(美元/gge)				
生产微藻	15.60	11.18	5.17	2.63
收获(脱水)	2.99	2.52	1.65	0.67
预处理(溶剂萃取)	1.72	1.56	1.11	0.77
循环回收(氮，磷，二氧化碳)	-2.08	-2.14	-1.63	-0.80
合计	18.22	13.13	6.30	3.27
生产费用中投资分摊费用(含投资回报)				
生产微藻/[美元/t(干)]	650.9	436.3	207.5	174.5
收获(脱水)/[美元/t(干)]	71.6	59.6	47.3	30.1
预处理(溶剂萃取)/[美元/gge(油脂)]	0.88	0.84	0.53	0.27
生产费用中操作费用				
生产微藻/[美元/t(干)]	265.3	220.1	177.0	168.7
收获(脱水)/[美元/t(干)]	103.8	88.7	75.8	30.1
预处理(溶剂萃取)/[美元/gge(油脂)]	0.84	0.72	0.53	0.51
循环回收(氮，磷，二氧化碳)/[美元/gge(油脂)]	-2.08	-2.14	-1.63	-0.80
主要技术指标				
微藻单位面积产能/[g/(m^2·d)]	13.2	20	25	30
类脂含量/%(干)	25	25	30	50
收获净效率/%	95	95	95	95
萃取净效率/%	86	86	90	95
开放池规格；年工作日；固体浓度	4000hm^2；330d/a；0.5g/L(脱水前)，200 g/L(脱水后)			
氮磷回收/(mg/kg 藻)	N57；P4			
CO_2 回收/(g/g 藻)	0.71	0.71	0.64	0.39
副产电力/kW·h	13248	20074	22592	16536

从表 16-60 得知，微藻油脂成本构成微藻柴油生产成本的主要环节，尽管当前成本高达 18 美元/gge 以上，实现产业化并具有竞争力时则需减低到 3.3 美元/gge 以下。短短十年内要达到这一目标，必须抓住关键，付出极大努力，取得专家们期待的各项优化成果。以下简述美国能源部确定的 2013~2022 年研发工作里程碑。

2013 年提出另一微藻系统的完整技术经济分析，推荐从生产微藻到制得成品燃料，同时得到高价位副产品的新途径。

2014 年建成非集成式示范工厂，无水无灰基(AFDW)微藻单产达到 20 加仑/(m^2·d)[或微藻油脂 1500 加仑/(英亩·a)]；

2018 年建成非集成式示范工厂，取消传统的开放池塑料薄膜内衬，采用集成式营养物和水循环系统，微藻单产达到 25 加仑/(m^2·d)[或微藻油脂 2500 加仑/(英亩·a)]；验证微藻供应站达到每分钟 800 加仑的收获能力。

2022 年验证微藻油脂产能达到 5200 加仑/(英亩·a)。

五、中国生物质替代石油展望

1. 可用资源

本书有关章节对于不同类型的生物质运输燃料作了技术经济分析和评述，本章各节作了几种方式的对比。虽然由于技术发展水平不尽相同，而且有些处于起步阶段，多数尚未迈进产业化门坎，多种前景影响使中长期展望的不确定因素太多，很难提出确切的数据和定论的意见。但是生物质能源属于自然界赋予人类的低碳一次能源，部分替代化石能源是大势所趋，从长远规划角度分析其应用前景已是当务之急。

世界生物能的现代化大规模应用即将于 21 世纪 20 年代起步，30 年代步伐加速，世纪中叶或能达到全部一次能源消费的四分之一。中国情况有所不同，第二章和本节开始部分已经介绍了中国的生物质资源状况，由于人多地少，粮油原料被排除在外，已有的耕作土地必须保证 18 亿亩基本农田，只有作物的多余的秸秆可资利用。除尽量利用废弃焚烧的秸秆外，应将分散使用的取暖、炊事和小型沼气池统筹改进，采用大型集中沼气池和成型燃料，节约使用秸秆，使发电和替代石油的秸秆总量(干基)达到 3 亿吨。中国森林面积偏少，造林育林任务是当务之急，多余的林业废弃物可能不到 2 亿吨。因此应从边际土地取得生物质资源。石元春引用农业部针对可用于发展液体生物燃料的宜能荒地的专项报告[60](见表 16-61)，其中直接可用的为Ⅰ等地，改造后可用的为Ⅱ等地，需有工程措施才可用的为Ⅲ等地，三者合计为 2680 万公顷。成片面积在 50 万公顷以上的从蒙东-东北三省西部地区、蒙中地区、大别山及其周边地区、西南岩溶地区及武陵山区等。

表 16-61　中国宜能荒地的等级、面积及产能潜力

宜能荒地等级	宜能荒地面积/万 hm^2	可垦净面积/万 hm^2	生物液体燃料生产能力	
			单位面积产能/(t/hm^2)	总产能/Mt
Ⅰ	433.33	260.00	3.5	9.10
Ⅱ	873.33	524.00	3.0	15.72
Ⅲ	1373.33	824.00	2.5	20.60
合计	2679.99	1608.00		45.42

以上宜能荒地按垦殖系数开垦后可获得 45.0Mt 的燃料乙醇生产潜力。当然应根据土壤和其他自然条件，有些适合种植非食用油料作物，因此折合为年 30Mt 油当量。

在这样形势下，作者综合本书已叙述的内容，按照替代汽油、柴油、煤油(喷气燃料)和石油化工基本原料四类石油产品所需秸秆、林业废弃物、非粮作物及非食用油料和微藻等四类生物质原料加以归纳梳理，试图对中国生物质替代石油的大致份额做一初步探讨。

2. 替代汽油燃料

轿车和轻型卡车的燃料中汽油仍居主要位置，液化石油气和压缩天然气一般用于城市内的出租汽车，数量比例较少。E10 乙醇汽油已在多省推广应用，目前乙醇均由粮食生产，不允许进一步发展，所替代石油比率不到百分之一。今后重点应使用纤维素原料，采取发酵法途径；也可将生物质气化，采取化学合成途径。美国能源部正在组织合成途径的攻关，预期十年左右化学合成途径将居优势。中国酒类发酵工艺历史悠久，只是纤维素酶研发工作相对落后，但国外每加仑乙醇的酶成本多年达不到预期 0.1 美元的攻关目标，确有难度。气化工艺(含净化)过于复杂，未必适合国情。国内专家们认为充分利用秸秆资源每年生产 50Mt 乙醇应属可行，按国外先进指标，年需无水基秸杆约 200Mt。按日加工 2000t 计算，大约要建设 300 座工厂，每个产能较大的省应建设 40～50 座。乍看这数字很大，对照当前生物质发电厂的原料不足情况，根本不能实现。当前开发实力较强的企业集团提出按年产 40000t 乙醇的工厂规模布局发展，这一方案的投资和成本比上述国外标准增加不少。试想如继续迁就现状，不能打破地方界限，合理确定厂址，科学组织供应，全国远期年 300Mt 秸杆(无水基)的现代化利用就无从谈起了。

高的替代比率需要高的掺兑比例，E85 乙醇汽油将是必然趋势，相应地需要生产灵活燃料汽车，并发展成为 E85 混合动力汽车。

丁醇汽油性能好于乙醇汽油，但尚无用纤维素原料的研究成果。此外醇类汽油增加一个新品种将给销售部门带来麻烦，推广前景难料。

生物原油加氢处理后得到接近于石油产品组成的轻烃产品，其中大部分是柴油，少部分是汽油，且不能生产喷气燃料。

作者认为，生物质替代汽油燃料非乙醇汽油莫属，扩大生物乙醇原料资源十分必要，秸秆发电与秸秆生产乙醇争夺原料的矛盾，需要认真论证。目前后者未实现产业化，秸秆发电一枝独秀。发电厂比乙醇厂投资低，建设速度快。但秸秆用于发电，能量转化效率只有20%左右，不及转化为乙醇的一半。发电每千度需国家补贴 200 元，折合每吨约生物质 150 元。预计 2050 年制乙醇将不需补贴。

3. 替代柴油燃料和喷气燃料

中国地域辽阔，公路运输量大，还有一定规模的铁路运输、水运、渔业和农业以及工业部门的物流输送均消费柴油，甚至有的部门采用柴油机发电以保证用电，因此我国柴油消费量约比汽油多出一倍。虽然近年来推行液化天然气(LNG)作为公路运输燃料，但其规模受多方因素制约。曾经试用二甲醚燃料，也因局限性而难于推广。预想直到 21 世纪中叶，烃类仍是柴油机的主要燃料。由生物质生产烃类燃料的途径有四种：其一是生物质快速热分解为生物原油(BCO)，再加工成为以柴油为主的烃燃料。这项正在研发的技术已被美国能源部列为攻关项目，预期今后进展较快，各项技术经济指标将不断改进，2025 年可能实现产业化。中国也在研发这项技术，初步认为其产业化并不单纯受制于技术经济指标，而是生物质原料的供应量以及与炼油厂的协作问题。按每个热分解工厂日加工 1800t 计算，年需木本生物质原料 600kt，生产生物原油 400kt，在炼油厂加工后得到液态烃燃料约 150kt。粗略计算全国采用此工艺年生产 10Mt 柴油和汽油需要生物质原料 40Mt，建设 67 座热分解工厂。若就近(100km)送炼油厂加工，炼油厂数目达 17 座之多。若远距离输送又存在生物原油质量保证问题。无疑这又是一个需要全国宏观统筹安排的难题。其二是生物质气化为合成气，然后通过费托合成转化为液体烃燃料(石脑油、喷气燃料、柴油)，通称 BTL 技术。但是生物质单一气化的气体需要繁琐的净化转化工序才能成为合成气，这是 BTL 的软肋。于是煤和生物质共同气化制合成气的技术(CBTL 技术)应运而生，很多学者认为具有良好前景。美国空军和能源部合作，将 CBTL 技术作为实现喷气燃料减少排碳 20%的重要手段。CBTL 同时生产性能优良的作为石油化工基本原料的石脑油产品。由于我国已开发成功了 CTL 技术，进而掌握 CBTL 技术难度较小。这就在利用国内丰富的煤炭资源的同时，为生物质转化为烃产品开辟一条出路。当前需要论证的是中国 CTL 的最终规模以及派生的 CBTL 规模问题。前者应从煤化工远期发展规划确定，在缺少权威资料的情况下，本文暂按年产能60Mt，即建成15个大型CTL企业估计，后者应根据CBTL工厂所在地的生物质供应潜力而定，暂按前者的三分之二，即年产能40Mt估计，初步得出2050年来自生物质的合成油品约10Mt。单纯从这一数据看来生物质替代石油的贡献不够大，但同时煤做的贡献却不少。其三是从植物或动物油脂生产柴油，第一代生物柴油是脂肪酸甲酯，性能较差，第二代是链烷烃，经过异构化的产品性能优异，可作为喷气燃料的调合组分(最高为50%)。我国幅员广阔，今后航空运输将快速发展，低碳喷气燃料的供应无疑将依靠生物原料。其四是利用发酵法得到的乙醇，进一步发酵生成C_{16}脂肪酸，然后加氢转化为柴油烃调合组分。

4. 中国生物燃料长期生产供应问题

在上面讨论的基础上，参照文献[51]提出的设想方案(A，B)，2050年中国主要液体生物燃料将通过不同原料和不同工艺途径分别年供应100~130Mt产品(折合70~90Mt石油当量)，详见表16-62。

表16-62　中国2050年生物质替代石油基运输燃料情景设想

生物质类别	数量/Mt(干基)	当量热值/Mt_{ce}	转化产品/Mt	替代产品/Mt
草本植物秸杆			乙醇	汽油
情景A	200	100	50	30
情景B	280	140	70	50
木本植物废料			合成油	柴油，喷气燃料
情景A	100	60	20	12
情景B	150	90	30	18
非粮油料和废油脂			生物柴油	柴油，喷气燃料
情景A	22	30	20	16
情景B	22	30	20	16
微藻油脂			新一代柴油	柴油，喷气燃料
情景A	13	18	12	10
情景B	9	12	8	7
合计				
情景A	335	208	102	68
情景B	461	272	128	91

根据表16-62的数据，2050年替代石油运输燃料的生物质量约为340~460Mt(干基)，不含替代石油化工产品和燃烧发电的数量。

研究一个国家生物燃料发展的远景是一项非常复杂的庞大系统科学工作。涉及生物质产能潜力的发掘、生物质原料市场竞争机制、生物质转化为能源或运输燃料的技术经济、国家和地方政策约束条件下如何满足多方面需求(农村供热和供电能源，全国交通运输燃料的替代程度)等一系列变量，迄今为止国外只进行了有限度的工作(例如美国能源部EIA，国际能源署)，而且随着时间的推移定期修改。国外在基础研究方面也只有一个开端(见文献[31])，国内的有关工作尚未见报道。本书只将有关问题初步展开，给读者呈现一个大屏幕的视野，期待着专家学者们的深入研究。

六、作者建议

本书根据文献资料叙述了生物质转化为运输燃料的多种途径，在本章内从不同角度作了初步技术经济比较。在此基础上本书作者们提出以下建议，请学者们指正，供国家决策参考！

(1) 认真评估落实生物质资源

已发表的中国生物质资源数据多来自学者的估计，精确度和权威性不足。鉴于中国人口众多，人均土地资源很低，在今后城市化过程中这一资源的数量和质量还会减少，不能像发达国家那样动用食用粮油原料，只能采用农林废弃物和垃圾粪便等原料，因此必须精打细算一切可利用的资源，使替代石油基液体燃料的数据翔实可靠。

(2) 打造生物质供应链

生物质从产地到加工转化工厂距离数十公里，每年运输量数十万吨。供应方来自众多的农户和农场或分散林场，每处数量多在百吨以内，质量不一，运输工具多种多样，这样的物流方式急需科学化和现代化。原料预处理包括质量检查，破碎到规定尺寸，干燥到规定含水量，按规格密实包装，通过适当运输工具发送到工厂。这样的产业化供应链不可或缺，可由地方政府规划组织，由企业家投资实施，在工厂门口付款交货。打造生物质供应链是项艰难、细致和繁琐的工作。

美国能源部在《生物质多年发展计划》中，以第二篇的长篇幅叙述了木本和草本生物质供应链的范围和技术经济指标，内容结合美国国情[52]，其技术、装备、投资和费用可供参考。

(3) 确保纤维素乙醇成为替代汽油的主力

我国推行 E10 乙醇汽油已有丰富经验，但受制于非粮原料发展缓慢。纤维素乙醇技术将于十年内实现产业化，成本将和石油基汽油相近。我国纤维素资源尚属充足，应抓住时机，在 20 年内形成年产 50Mt(相当于 30Mt 汽油当量)的产能，并逐步转用 E85 乙醇汽油。

从上述数字看来，这是一项十分庞大的国家级系统工程，急需未雨绸缪，细致规划，不宜单纯依靠个别企业集团运作。

(4) 把握天然油脂转化为替代柴油的生产路线

第一代生物柴油质量较差，成本偏高，原料供应困难，发展前景不好。第二代生物柴油实质上已属烃燃料，但加工费用高，需和炼油厂配合协作。两类生物柴油均存在资源问题(含废弃油脂资源)。

突破了资源制约的微藻类脂质几十年来就为人瞩目，但微藻本身高产技术和脱水提取油脂的技术成为一道壁垒，正待国内外的技术攻关取得成效。

(5) 瞩目纤维素发酵生产烃燃料的新路线

烃燃料和目前广泛使用的内燃机匹配，运输车辆和燃料供应基础设施均不需更换，从纤维素生物质而不是从油脂生物质大量生产烃燃料是恰当的选择。但其技术路线局限于费托合成又存在不利条件。快速热解途径也存在生物原油的分散生产和集中加工的问题。正在开发的发酵法生产脂肪酸，进一步转化为柴油烃的途径可能是较好的一条路线，应注意其发展动态。

参 考 文 献

[1] Dutta A, Worley M, Process design and economics for conversion of lignocellulosic biomass to ethanol—thermochemical pathway by indirect gasification and mixed alcohol synthesis, technical report[EB/OL]. NREL_ TP/

5100-51400, May 2011. http://www.nrel.gov/biomass/pdfs/51400.pdf.

[2] Quality guikelines for system studies technology learning curve (FOAK to NOAK) [EB/OL]. DOE/NETL-341/042211, January 2012.

[3] PNNL, NREL, INL. Process design and economics for the conversion of lignocellulosic biomass to hydrocarbon fuels, fast pyrolysis and hydrotreating bio-oil pathway[EB/OL]. PNNL-23053, NREL/TP-5100-61178, November 2013. https://www.nrel.gov/docs/fy14osti/61178.pdf.

[4] DOE/EERE. Multi-year program plan, bioenergy technologies office [EB/OL]. May 2013. https://www1.eere.energy.gov/biomass/pdfs/mypp_may_2013.pdf.

[5] Swanson R M. Techno-economic analysis of biofuels production based on gasification, technical report[EB/OL]. NREL/TP-6A20-46587, November 2010. https://www.nrel.gov/docs/fy11osti/46587.pdf.

[6] Tarka T J. Affordable low carbon diesel fuel from domestic coal and biomass[EB/OL]. DOE/NETL-2009/1349, January 14, 2009. http://www.netl.doe.gov/File%20Library/Research/Energy%20Analysis/Coal/CBTL-Final-Report.pdf.

[7] Snowden-Swan L J, Male J L. Summary of fast pyrolysis and upgrading GHG analysis[EB/OL]. PNNL-22175, Dec 2012. http://www.pnnl.gov/main/publications/external/technical_reports/PNNL-22175.pdf.

[8] Stratton R W. Life cycle greenhouse gas emissions from alternative jet fuels[EB/OL]. PARTNER-COE-2010-001. http://web.mit.edu/aeroastro/partner/reports/proj28/partner-proj28-2010-001.pdf.

[9] 何杰，张文楠．热化学法生物质乙醇转化技术[J]．节能与环保，2008，1：34-35.

[10] Lin W, Lester O P. Process engineering evaluation of ethanol production from wood through bioprocessing and chemical catalysis[J]. Biomass and Bioenergy, 2009, 33: 255-266.

[11] Piccolo C, Bezzo F. A techno-economic comparison between two technologies for bioethanol production from lignocellulose[J]. Biomass and Bioenergy, 2009, 33: 478-491.

[12] Biomass multi-year program plan[EB/OL]. US Department of Energy, 2012, 4. www1.eere.energy.gov/biomass/pdfs/mypp_april_2012.pdf.

[13] DOE/EERE. Multi-year program plan, bioenergy technologies office. March, 2015. http://www.energy.gov/sites/prod/files/2015/03/f20/mypp_beto_march2015.pdf

[14] James B D, Baum G N, Perez J, et al. Technoeconomic boundary analysis of biological pathways to hydrogen production[EB/OL]. NREL/SR-560-46674, September 2009. https://www1.eere.energy.gov/hydrogenandfuelcells/pdfs/46674.pdf.

[15] Steward D, Ramsden T, Zuboy J. H2A production model, version 2 user guide[EB/OL]. NREL/TP-560-43983. Golden, CO. September 2008. https://apps1.hydrogen.energy.gov/cfm/2a_active_folder/h2a_production/04P_H2A_Hydrogen_Production_Model_User_Guide,_Version_2.pdf.

[16] Pfromm P H, Amanor-Boadu V, Nelson R, et al. Bio-butanol vs bio-ethanol: A technical and economic assessment for corn and switchgrass fermented by yeast or Clostridium acetobutylicum[J]. Biomass and Bioenergy, 2010, 34(4): 515-524.

[17] Stratton R W, Wong H M, Hileman J I. Life cycle greenhouse gas emissions from alternative jet fuels[J]. PARTNER Project, 2010, 28: 133.

[18] NREL biomass multi-year program plan[EB/OL]. US Department of Energy, 2012. www1.eere.energy.gov/biomass/pdfs/mypp_November_2012.pdf.

[19] Wen Z Y, . Chen F. Heterotrophic production of eicosapentaenoic acid by microalgae[J]. Biotechnology Advances, 2003, 21: 273-294.

[20] Bain R L. World biofuels assessment; worldwide biomass potential: technology characterizations (Milestone Report)[R], National Renewable Energy Laboratory (NREL), Golden, CO, 2007.

[21] Pearlson M, Wollersheim C, Hileman J. A techno-economic review of hydroprocessed renewable esters and fatty acids for jet fuel production[J]. Biofuels, Bioproducts and Biorefining, 2013, 7(1): 89-96.

[22] Sheehan J, Camobreco V, Duffield J, et al. Life cycle inventory of biodiesel and petroleum diesel for use in an urban bus. Final report[R]. National Renewable Energy Laboratory, Golden, CO(US), 1998.

[23] Naik S N, Goud V V, Rout P K, et al. Production of first and second generation biofuels: a comprehensive review[J]. Renewable and Sustainable Energy Reviews, 2010, 14(2): 578-597

[24] Evans G. International biofuels strategy project[R]. Liquid transport biofuels-technology status report. The National Non-Food Crops Centre, Heslington, York, 2007.

[25] Bain R L. World biofuels assessment; worldwide biomass potential: technology characterizations (Milestone Report)[R]. National Renewable Energy Laboratory (NREL), Golden, CO, 2007.

[26] Pearlson M, Wollersheim C, Hileman J. A techno - economic review of hydroprocessed renewable esters and fatty acids for jet fuel production[J]. Biofuels, Bioproducts and Biorefining, 2013, 7(1): 89-96.

[27] Bioenergy I E A. From 1st-to 2nd-generation biofuel technologies[R]. An overview of current industry and RD&D activities. IEA-OECD, 2008.

[28] Carter N A, Stratton R W, Bredehoeft M K, et al. Energy and environmental viability of select alternative jet fuel pathways[C]//47th AIAA Joint Propulsion Conference, San Diego, CA, 2011.

[29] Pearlson M. "A techno-economic and environmental assessment of hydroprocessed renewable distillate fuels," MS Thesis, Master of Science in Technology and Policy, Massachusetts Institute of Technology, 2011.

[30] Robert Malina. HEFA and FT jet fuel cost analyses. Nov 27, 2012.

[31] Newes E. Biomass resources allocation among competing end uses[EB/OL]. NREL Technical Report, May 2012. http: //www. nrel. gov/docs/fy12ost/54217pdf.

[32] German energy agency, biomass to liquid-BTL implementation report: Summary, December 2006.

[33] Knorr D. Production of advanced biouels via liquifaction, hydrothermal liquifaction reactor design. NREL Subcontractor Report NREL/SR-5100-60462, Nov 2013.

[34] Jones S. Meyer P. Process design and economics for the conversion of lignocellulosic biomass to hydrocarbon fuels[EB/OL]. PNNL23053, Nov 2013. http: //www. osti. gov/bridge.

[35] Jones S B, Snowden-Swan L J. Fast pyrolysis and hydrotreating: 2013 state of technology R&D and prijections to 2017[EB/OL]. PNNL23294, Mar 2014. http: //www. osti. gov/ordering. html.

[36] 张巍．生物质直燃发电项目上网电价测算与分析[J]．电力建设，2008，29(2)：72-74.

[37] IEA. Energy technology perspectives 2012 slidedeck [EB/OL]. http: //www. iea. org/etp/publications/etp2012/ETP2012SlideDeck. pptx.

[38] 陈俊武，李春年，陈香生．石油替代综论[M]．北京：中国石化出版社，2009：894.

[39] 新疆哲学社会科学网．新疆能源生物质资源的估算及分布特点，2011-07-01.

[40] 赵杰，王文明．内蒙古发展生物质能源机遇和挑战并存[N]．中国经济时报，2010-04-12.

[41] US DOE/ORNL. US billion-ton update, biomass supply for bioenergy and bioproducts industry, Aug 2011.

[42] 严陆光，陈俊武．中国能源可持续发展若干重大问题研究[M]．北京：科学出版社，2007.

[43] 庄会水．生物发电与纤维素乙醇整合发展前景光明[EB/OL]．中国科学报微博评论，2013-01-09. http: //www. china5e. com/show. php? contentid=262588.

[44] IEA. Energy technology perspectives 2010—Scenarios and strategies to 2050. Paris, 2011.

[45] DOE/NREL. Biomass multiyear program plan, 2013.

[46] Tao L, Aden A. The economics of current and future biofuels[J]. In Vitro Cell Dev Biology—Plant, 2009, 45(3): 199-217.

[47] Swanson R M, Satrio J A, Brown R C, et al. Techno-economic analysis of biofuels production based on gasi-